suhrkamp taschenbuch
wissenschaft 2379

Der Ausdruck »Geisteswissenschaftler« evoziert das Bild von einsamen Menschen am Schreibtisch, deren ganze Aufmerksamkeit der versunkenen Auseinandersetzung mit komplizierten Texten gilt. Aber stimmt dieses Bild? Nur mit großen Einschränkungen, sagen Steffen Martus und Carlos Spoerhase, die in ihrem Buch im Rückgriff auf zahlreiche unpublizierte Quellen die Praxis der Geistesarbeit am Beispiel Peter Szondis und Friedrich Sengles untersuchen. Sie zeigen, was Forschen, Lehren und Verwalten im akademischen Alltag tatsächlich bedeuten, vor welchen Herausforderungen die Geistesarbeit jeden Tag steht und was sie leistet. Gegen die abstrakte Rede von der »Krise der Geisteswissenschaften« plädieren sie für eine Neujustierung des Blicks, und zwar darauf, was an einem geisteswissenschaftlichen Arbeitsplatz wirklich geschieht.

Steffen Martus ist Professor für Neuere deutsche Literaturwissenschaft an der Humboldt-Universität zu Berlin.

Carlos Spoerhase ist Professor für Neuere deutsche Literaturwissenschaft an der Ludwig-Maximilians-Universität München.

Steffen Martus
Carlos Spoerhase

Geistesarbeit

Eine Praxeologie der Geisteswissenschaften

Suhrkamp

Klimaneutral
Druckprodukt
ClimatePartner.com/14438-2110-1001

2. Auflage 2023

Erste Auflage 2022
suhrkamp taschenbuch wissenschaft 2379

Umschlag nach Entwürfen
von Willy Fleckhaus und Rolf Staudt
Druck und Bindung: C. H. Beck, Nördlingen
Printed in Germany
ISBN 978-3-518-29979-1

www.suhrkamp.de

»Intelligent practice is not a step-child of theory.«
(Gilbert Ryle)

Inhalt

Einleitung: Weshalb über die Praxis der Geisteswissenschaften nachdenken?

Dramedy des Geistes

Im Sommer 2021 war es so weit: Mit *The Chair* haben es die Geisteswissenschaften zu Netflix geschafft. Bekannte Schauspielerinnen und Schauspieler,[1] die zuvor in *Greys Anatomy* (Sandra Oh), *Transparent* (Jay Duplass) oder *13 Reasons Why* (Nana Mensah) als Ärztinnen, Musikproduzenten oder Krankenschwestern aufgetreten waren, geisterten nun durch das English Department der Pembroke University. Die Vorfreude war groß: Endlich würden wir dem Geist bei der Arbeit zuschauen dürfen. Die Handlung der Serie war dann geprägt von dem Tenure-Verfahren einer jüngeren Kollegin, der Organisation des Lehrangebots, dem Umgang mit Studierendenprotesten, dem Kampf um die angemessene Raumausstattung oder der Suche nach passenden Kandidaten für administrative Ämter. Die Arbeit des Geistes erschöpfte sich aus der Perspektive von *The Chair* weitgehend in der akademischen Selbstverwaltung.

Wo aber blieb die Forschung? Hier scheiterte mal eine Person am Kopierer, dort saß eine am antiquiert anmutenden Microfichelesegerät. Das zeugt durchaus von Realitätssinn. In keiner Szene aber sah man, was die Mitglieder des Departments in der Bibliothek oder ihrem Büro am Schreibtisch tun (nicht auf der Couch oder am Fußboden!). Gerade die Tätigkeiten also, die gemeinhin im Zentrum des geisteswissenschaftlichen Selbstbilds stehen, wirkten offenbar zu langweilig und unspektakulär, um auch nur Gegenstand eines satirischen Augenzwinkerns zu werden. Von außen gesehen passiert ja auch wirklich nicht sehr viel: Der angestrengte Blick richtet sich starr auf ein Papier, auf ein Buch oder einen Bildschirm. Manchmal kratzt sich die am Arbeitstisch sitzende Person am Kopf, legt das Kinn in die Hand, rückt den Stuhl, greift nach einem Buch oder einer Kopie. Wenn es gut läuft, bewegen sich die Finger auf der Tastatur. Wenn es schlecht läuft, steht sie kurz auf, geht aus dem Zimmer, kehrt mit einer Tasse Kaffee zurück. Dann wieder Stille. Es handelt sich um eine unscheinbare und einsame Tätigkeit.

Die Netflix-Serie blickt strikt in Richtung des hektischen akademischen Betriebs. Diese betriebliche Seite der Wissenschaft hat in Deutschland im Rahmen der grundlegenden Reformen der letzten beiden Jahrzehnte das Bild geprägt: eine Welt des »akademischen Kapitalismus«,[2] in der immer häufiger »Strategiepapiere und Zukunftskonzepte, quantitative Indikatoren, Leistungsvergleiche und Evaluationen, Pakte, Selbstverpflichtungen und Zielvereinbarungen, strategisches Management, Qualitätssicherung und Monitoring sowie das Wissenschaftsbranding und Wissenschaftsmarketing« den Ton angeben.[3] Neue Qualifikationswege (Juniorprofessur, Nachwuchsgruppen u. a.), Projektorientierung und Verbundforschung (nicht zuletzt stimuliert durch die Exzellenzinitiative), die Ersetzung von schwer messbarem, aber mächtigem Renommee durch die Drittmittelquote oder die nachdrückliche Forderung jüngerer Wissenschaftlerinnen und Wissenschaftler nach der Planbarkeit von Karrieren sowie der Vereinbarkeit von Beruf und Familie haben die Imagination des zurückgezogen forschenden Geistesheroen zunehmend irritiert. In *The Chair* tritt er allenfalls noch als vertüdelter, nicht mehr wirklich zurechnungsfähiger älterer Mann im unförmigen Tweed-Sakko auf, der seine große Zeit offenbar lange hinter sich hat.

The Chair ist eine Serie, die Genrekonventionen gehorcht. Sie folgt aber auch einer anderen Konvention: der merkwürdigen Trennung von Geist und Arbeit. Einerseits findet sich kulturell die Bereitschaft zur Emphatisierung des einsamen Einzelgeistes, dessen wissenschaftliche Aktivität den Blicken – auch der Dramedy – entzogen wird. Andererseits wird die zur Schau gestellte Arbeit als etwas Ungeistiges dargestellt. Die Serie gibt das in chaotischer Betriebsamkeit versinkende Berufsleben des akademischen Departments der Lächerlichkeit preis und isoliert es von der wissenschaftlichen Arbeit im engeren, eigentlichen Sinne. Der quälende administrative Alltagsquatsch negiert also nicht notwendig die Vorstellung einer ehernen Einsamkeit des Forschens, sondern rückt diese geistige Tätigkeit vielmehr in einen separaten Bereich. Diese Aufspaltung des geisteswissenschaftlichen Arbeitslebens findet sich nicht nur in Netflix-Serien, sondern auch in der geisteswissenschaftlichen Selbstbeobachtung, wenn die eigentliche Tätigkeit, die einsam am Schreibtisch stattfinden muss, von dem ganzen Rest geschieden wird, der mit einem gewissen Widerwillen auch erledigt sein will.

Es verwundert deshalb nicht, dass trotz aller Satiren auf die Wissenschaft, deren Arbeitsbedingungen sich in den vergangenen Jahrzehnten tiefgreifend verändert haben, das Bild der geisteswissenschaftlichen Praxis merkwürdig stabil bleibt, und sei es als schmerzhafter Kontrast, um einer aussterbenden Spezies nachzutrauern.[4] Als Sehnsuchtsorte wahrer Gelehrsamkeit dienen in der Gegenwart dann die betrieblichen Ausnahmesituationen der Institutes for Advanced Study, die im turbulenten Wissenschaftsbetrieb Reservate anbieten – nicht weil sie Laborräume, Personal, Gerätschaften sowie andere kostspielige und organisationsaufwendige Ressourcen zur Verfügung stellen, sondern einen ruhigen, abgeschiedenen Arbeitsplatz [→ Kap. 27].[5]

Das auch in den Geisteswissenschaften selbst gepflegte Leitbild der einsamen Schreibtischarbeit wurde also durch die fundamentalen Veränderungen von Wissenschaft und Universität kaum angegriffen.[6] Als Gesamtbild hat es aber nie gestimmt und die enorme Fülle an Aktivitäten verdeckt, die den Alltag in der Kombination von Forschung, Lehre, akademischer Selbstverwaltung und öffentlichkeitswirksamer Kommunikation bestimmten. Schon in der Etablierungsphase des modernen Wissenschaftssystems haderten Gelehrte mit den Spannungen, die sich aus dem Berufsbild etwa des Professors und den entsprechenden institutionellen Verpflichtungen einerseits und der Idee des Forscherlebens andererseits ergaben.[7] Wer einen Blick in die Briefwechsel des 19. Jahrhunderts wirft, findet dort äußert umtriebige Personen, die kollegiale Netzwerke und Feindschaften pflegen, Dienst- und Studienreisen planen, um die angemessene Ausstattung von Arbeitsräumen ringen, ins Prüfungswesen eingebunden sind, über die Abstimmung von Forschung und Lehre rätseln, in ihren Vorlesungen und Seminaren mit ganz diversen Bildungsvoraussetzungen und Erwartungen der Studierenden zurechtkommen müssen, wissenschaftspolitische Entscheidungen halbwegs vernünftig zu integrieren versuchen, Mitarbeitende einweisen und qualifizieren, Querelen in Projekten schlichten oder Zeitungsartikel für das größere Publikum lancieren. Dazwischen finden sich die kostbaren Minuten des Lesens, Exzerpierens und Annotierens von Quellen und Forschungsbeiträgen, für das Skizzieren, Projektieren und Schreiben von Büchern, Aufsätzen, Miszellen, Gutachten oder Anträgen. Und dann bleibt möglicherweise noch ein wenig Zeit für Familie, Freundinnen und

Freunde und hier und da für ein paar Urlaubstage – in denen man mit dem Bleistift in der Hand weiterliest.

Uns geht es im Folgenden um das Gemisch von Praktiken, das den Alltag des geisteswissenschaftlichen Arbeitens bestimmt. Wir möchten dabei den Blick insbesondere darauf lenken, dass es sich bei dieser Praxis stets um eine vielfältige, soziale und kollektive Aktivität handelt. Selbst eine so unscheinbare und einsame Praktik wie das individuelle Anstreichen einer interessanten Stelle in einem Buch erweist sich als ein Vorgang, der unverständlich bleibt, solange man nur auf eine einsame Person blickt und nicht auch auf das ganze Drumherum [→ Kap. 1, 2 u. 18]. Die Ökonomie der Geistesarbeit, für die wir uns interessieren, besteht im Wesentlichen in der Kunst der Moderation unterschiedlicher Interessen, Absichten und Anliegen, die sich mit dieser Aktivitätsfülle verbinden.

Krisen des Geistes

Die Geisteswissenschaften, so scheint es, sind in der Gegenwart nicht nur dann interessant, wenn sie ihre betriebliche Seite zeigen, sondern auch, wenn sie sich in der Krise befinden oder im Krisenmodus thematisiert werden können – meistens handelt es sich ohnehin um zwei Seiten einer Medaille.[8] Was in den Geisteswissenschaften geschieht, erfährt besonders dann eine erhöhte Aufmerksamkeit, wenn diskutiert wird, was ihnen gerade nicht so gut gelingt. Als 1991 aus sozialwissenschaftlicher Perspektive »die erste quantitative und institutionelle Gesamterhebung der Entwicklung der Geisteswissenschaften an bundesdeutschen Universitäten seit Mitte der fünfziger Jahre« vorgelegt wurde, setzte die Einleitung nicht umsonst mit einem Kapitel über »Die Geisteswissenschaften und ihre Krise« ein.[9] Schon die Rubrik »Geisteswissenschaften« selbst war und ist eine äußerst krisenanfällige Bündelung, in der sich die entsprechenden Fächer mehr oder weniger gut aufgehoben fühlen und entsprechend mit dieser Einordnung hadern.[10] Wir verbinden mit »Geisteswissenschaften« übrigens keine besonders emphatische oder kämpferische Auffassung, sondern nehmen den Begriff als nach wie vor verbreitete Bezeichnung für eine lose Gruppe von Fächern, die sich typischerweise zu Mitgliedern einer philosophischen Fakultät eignen, bestimmte Kooperationsneigungen entwickelt haben und sich wechselseitig besonders intensiv beobachten.

An den Geisteswissenschaften werden also mit Vorliebe Fehlstellen thematisiert und nicht das, was dort tagtäglich gemacht wird. So entstehen lange Wunschlisten, die sie erfüllen sollen, ohne dass ein Interesse daran besteht, was tatsächlich geleistet wird. Dieses schiefe Bild der Geisteswissenschaften hat viel damit zu tun, dass sie bislang primär aus der Perspektive der Theorie und nicht aus der Perspektive der Praxis wahrgenommen worden sind: Aus einer nicht selten philosophischen Blickrichtung wurden immer wieder theoretische Überlegungen angestellt, was Geisteswissenschaft eigentlich sein und leisten sollen – sehr häufig ohne sich dafür zu interessieren, was die Geisteswissenschaften in ihren sehr unterschiedlichen Ausprägungen tatsächlich tun und tun müssen. Während sich in der theoretischen Reflexion über die Naturwissenschaften schon lange die Auffassung durchgesetzt hat, dass derartige Überlegungen nur sinnvoll sein können, wenn man den Gegebenheitsweisen und praktischen Vollzugsformen der Forschung viel Aufmerksamkeit widmet und etwa die Einsichten der Laboratory Studies einbezieht, scheint sich diese Auffassung im Rahmen der theoretischen Reflexion der Geisteswissenschaften noch nicht etabliert zu haben. Womöglich weil man ohnehin dazu neigt, diese Gegebenheitsweisen und Vollzugsformen als defizitär zu empfinden – womit wir wieder bei der Krise als grundlegendem Wahrnehmungsmodell der Geisteswissenschaften wären.

Debatten setzen typischerweise mit der dramatischen Beobachtung ein, die Geisteswissenschaften befänden sich »weltweit in einer Krise«[11] oder es bestünden »Anzeichen eines sich beschleunigenden Niedergangs hin zu ihrem historischen Ende«.[12] Es ist keine sehr neue These, dass sich »die Geisteswissenschaften für die Zukunft schlecht gerüstet« zeigen und sich daher entweder grundlegend »ändern« oder »untergehen« müssen.[13] Nicht selten wird dabei über die »Geisteswissenschaften schlechthin« verhandelt, obwohl, wie kritisch dagegen eingewandt wurde, meist spezifische »Problemlage[n] [...] von bestimmten Geisteswissenschaften« (und vielleicht auch bestimmten Geisteswissenschaftlerinnen und Geisteswissenschaftlern) zu diskutieren wären.[14] Selbst wenn nur einzelnen Fächern, etwa aus dem weiten Bereich der Literaturwissenschaft, mit sorgenvoller Miene der Puls gemessen wird,[15] bleibt es bei einer forsch verallgemeinernden Rhetorik: Das ausgewählte Fach[16] befinde sich als solches und insgesamt »in Dauerkrise«.[17]

Bemerkenswert an den genannten Krisendiagnosen ist, dass sie unausgesprochen meist eine Perspektive privilegieren, etwa die einer bestimmten Statusgruppe. Ist aber eine Krise der Geisteswissenschaften eine Krise der Studierenden, des »Mittelbaus« oder der Professorinnen und Professoren? Und wie steht es mit den Mitarbeitenden im Bereich »Technik, Service und Verwaltung«? Befinden sich Promovierende in derselben Krise wie Postdocs oder bedeutet die Krisenbewältigung auf der einen Seite die Krisenverschärfung auf der anderen? Und wie verhält sich die Personalsituation in unterschiedlichen Fächern? Von der Position mancher fest angestellter Hochschullehrerinnen und -lehrer aus gesehen mag die Forderung nach verlässlichen Berufsbiografien, die unter dem Label »#IchBinHanna« für gewaltige Bewegung gesorgt hat, vornehmlich den legitimen Konkurrenzdruck einer meritokratisch organisierten, vielleicht auch notwendigerweise idealisierten Universität gefährden, also mehr Probleme mit sich bringen als lösen und damit in die Krise führen.[18] Aus Perspektive des engagierten ›Mittelbaus‹ verhält es sich genau umgekehrt: Die Rhetorik der Bestenauslese zementiere letztlich Strukturen und führe dazu, dass viele begabte Wissenschaftlerinnen und Wissenschaftler das System enttäuscht verlassen. Statt für intellektuelle Qualität sorge die meritokratische Idealisierung unter der Hand für eine Auslese, die nichts mit Leistungswillen und -fähigkeit zu tun habe, viel hingegen mit habituellen Dispositionen oder finanziellen Voraussetzungen.[19]

Eine andere typische Blickverengung betrifft unausgesprochen nationale Perspektiven. Leiden die geisteswissenschaftlichen Fächer in Österreich oder der Schweiz unter denselben Krisen wie die in Deutschland? Wie steht es um die Geschichtswissenschaft in Spanien, die Philosophie in Frankreich, die Germanistik in Großbritannien, die Kunstgeschichte in Polen oder die Musikwissenschaft in Italien? Befinden diese sich in vergleichbaren Krisen? Oder in anderen Krisen? Oder in gar keiner Krise? Von außereuropäischen Universitätssystemen ganz zu schweigen. Zweifellos lassen sich in einigen Ländern in den letzten Jahren abrupte Schließungen von Departments, rabiate Kürzungen von Fördermitteln oder eine Zunahme an politischer Reglementierung konstatieren.[20] Diese Maßnahmen werden dann von nationalen Krisendiskursen begleitet, ohne dass meist klar würde, wo die Ähnlichkeiten und Unterschiede zu den Krisen in angrenzenden Ländern und deren Wissenschaftssystemen liegen. Betrachtet man etwa die Förderpolitik des National Office for Philosophy and Social Sciences (NOPSS), einer Art chinesischem Pendant zur DFG in den Geistes- und Sozialwissenschaften, wird man in den letzten Jahren eine stetige finanzielle Unterstützung der Geisteswissenschaften finden – mit positiven und negativen Ausnahmen wie etwa der »ausländischen Literatur«, die Einbußen zu verzeichnen hat, der »Weltgeschichte«, die offenbar wichtiger genommen wird, oder der »Chinesischen Geschichte«, die geradezu einen Boom erlebt.[21] Dass sich dies nicht einfach auf andere Wissenschaftssysteme übertragen lässt, liegt auf der Hand.

Eine weitere Besonderheit liegt darin, dass im chinesischen Wissenschaftssystem weniger das studierte Fach als die Universität, an der man studiert, bestimmte Karrierewege vorgibt. Daher liegt eine Entwicklung wie etwa in den USA eher fern, wo das Renommee der Universität gemeinsam mit der Entscheidung für einen Studiengang wichtig sind. Wenn sich die Studierenden für bestimmte Fächer zunehmend weniger interessieren, provoziert dies partielle Krisen. Es handelt sich um eine dramatische Entwicklung schon deswegen, weil die geisteswissenschaftlichen Disziplinen dort über die Studiengebühren finanziert werden.[22] In den USA vermag auch die Förderung von Seiten des Staates oder der Wirtschaft diesen Schwund nicht auszugleichen, weshalb der klassische Philologe Justin Stover in einem vielgelesenen Essay die Situation der angloamerikanischen Geisteswissenschaften in sehr dunklen Farben gemalt hat: »Die Geisteswissenschaften liegen nicht etwa im Sterben. Sie sind so gut wie tot.«[23] Malt man die Krise in derart dunklen Tönen, sieht man möglicherweise bald überall nur noch tiefschwarz: Auch Stover schlägt die Geisteswissenschaften als solche über den angloamerikanischen Leisten. Ist aber die Situation im deutschsprachigen Raum tatsächlich ähnlich schlimm? Oder – um in den USA zu bleiben – in »Harvard«, »Stanford« oder »Yale« genauso wie in einer Bildungseinrichtung, in deren Titel »Southern«, »Northern«, »Eastern« oder »Western« vorkommt?[24] Drastische Katastrophenbilder, die auf alle Grautöne verzichten und keine geografisch differenzierte Lagebeschreibung anstreben, müssen wohl in einem wissenschaftspolitischen Quietismus münden, der darauf besteht, dass sich die Geisteswissenschaften gar nicht mehr um »Rechtfertigungen für [ihr] Tun« bemühen sollten, weil es letztlich ohnehin »keine guten Gründe zur Verteidigung [...] gibt«.[25]

Meist wird auf die gängigen Krisendiagnosen aber auf andere Weise reagiert: Einerseits erfolgt eine nicht minder stereotype Kritik eines überzogenen »Krisengerede[s]«.[26] Es wird also auf das »Elend des Krisengeredes«[27] hingewiesen und darauf, dass die Rede über die »Dauerkrise« bestimmter Fächer so alt ist wie diese Fächer selbst,[28] dass es sich bei dem Lamento mithin um einen etablierten »Topos« handle – wobei der Einwurf, dass die Krise nur ein Topos sei, selbst topischen Charakter gewinnt.[29] Andererseits finden sich vielfach Vorschläge, wie man die Geisteswissenschaften aus ihrer Krise endlich befreien könne. Den krisengeschüttelten Disziplinen werden dann nicht selten große Aufgaben aufgetragen: Sie sollen ihre feste Bestimmung endlich in der Bearbeitung einer als krisenhaft verstandenen Moderne finden, für die Kompensation von Modernisierung verantwortlich sein, als Lieferantinnen großer Erzählungen dienen, nachhaltig Aufklärung fördern, lebenslange Orientierung schaffen oder Sinn stiften.[30] Angesichts derart vollmundiger Vorschläge kann man schon den Eindruck gewinnen, dass die eigentliche Krise sich daran ablesen lässt, dass mehr versprochen wird, als man einzulösen vermag.[31] Die lange Liste der guten Ratschläge reicht jedenfalls von der Parole »Denker in die Produktion« über »Schreiben lernen« oder »Vergesst die Medien« bis »Mehr Bildzeitung für die Geisteswissenschaften« oder »Aufs Ganze gehen!«.[32] Selten sind in den recht vorhersehbaren Debattenverläufen allein Beiträge, die eine Krisenhaftigkeit abstreiten und sich zu der These durchringen, es gebe gar keine Krise.[33]

Entscheidend ist für uns nun aber ein anderer Aspekt: Die meisten Diskussionen der Geisteswissenschaften konvergieren in einer größeren Öffentlichkeit in Krisendiagnosen, doch die beobachteten Krisenphänomene divergieren radikal. Krisenphänomene sind in den Debatten unter anderem: Probleme durch permanentes Größenwachstum (Expansionskrise) oder durch Stellenstreichungen (Marginalisierungskrise); zu viele Studierende (Massenfächer) oder zu wenige (Orchideenfächer); zu wenig Interdisziplinarität (Versäulung) oder zu viel (Verlust von Disziplinarität); Überspezialisierung oder Entspezialisierung; zu viel Fachsprache (Jargon) oder das Fehlen jeglicher Fachterminologie (Unwissenschaftlichkeit); Methodenüberfluss oder Methodenmangel; eklatante Theorieschwäche oder unerträgliche Übertheoretisierung; zu wenig Geschichte (ahistorischer Ästhetizismus) oder zu viel (anästhetischer Historismus); mangelndes Interesse an vertieften Einzelanalysen (keine Detailforschung) oder überzogene Versessenheit auf mikrologische Einzelheiten (keine Syntheseleistung). Und nicht nur das: Die in den Geisteswissenschaften verfassten Bücher seien alle zu dick (niemand kann das mehr lesen) oder es gelinge nicht mehr, umfassende und umfangreiche Monografien zu schreiben (alle verzetteln sich in kleine Formen, denen der lange Atem fehlt); es mangele an medialer Resonanz (Kritik des Rückzugs in den akademischen »Elfenbeinturm«) oder es störe die mediale Dauerpräsenz und damit einhergehende ›modische‹ Anpassung an Gegenwartsdebatten (Kritik der Anmaßung von Allzuständigkeit); es fehle eine Politisierung im Hinblick auf Gegenwartsfragen oder es fehle die wissenschaftliche Distanz zum politischen Tagesgeschäft; die Geisteswissenschaften litten am permanenten Schielen nach Drittmitteln oder am disziplinären Desinteresse an Wettbewerb (im Gegensatz z. B. zu den Naturwissenschaften); es wird der endgültige Verlust der sozialen Trägerschicht des Bildungsbürgertums oder das krampfhafte Festhalten an dieser ›überkommenen‹ Trägerschicht beklagt; schließlich wird das Fortbestehen eines Kanons (Kritik der kulturellen Exklusion) oder der endgültige Verlust des Kanons (Kritik des Traditionsverlusts) als Ursache der Krise festgemacht. Die diversen Beobachtungen von Krisenphänomenen münden dann auch in ganz unterschiedlichen Krisenbeschreibungen (Legitimitätskrise, Finanzierungskrise, Leistungskrise, Überlastungskrise, Marketingkrise). Nur darüber, *dass* eine Krise bestehe und dass diese Krise *die* Geisteswissenschaften oder zumindest einzelne Fachgruppen oder Fächer als Ganzes betreffe, besteht meist ein Konsens.

Wie der Literaturwissenschaftler Louis Menand hervorgehoben hat, hat sich in den USA mittlerweile ein eigenes Buchgenre etabliert, das die krisenhaften Geisteswissenschaften publizistisch bewirtschaftet.[34] Tatsächlich gibt es schon seit langem mehr Krisendiagnosen und wohlmeinende Rettungsappelle, »als irgendjemand verkraften kann«.[35] Auch lässt sich mittlerweile eine gewisse Banalisierung der Krisendiagnose beobachten.[36] Diese Tendenz mag damit zu tun haben, dass Krisenzuschreibungen in den Geistes- und Sozialwissenschaften eines der erfolgreichsten Modelle sind, sich auf Gegenwart zu beziehen. Die konstatierte Krise ist dann legitimer Ausgangspunkt, um über sich nachzudenken und sich in der Gegenwart zu positionieren. Dies gilt nicht selten auch für die kulturellen Bereiche, die die Geisteswissenschaften berühren und betreffen: Dort befinden sich etwa ›die‹ Literatur oder ›die‹ Literaturkritik in der Krise; ›das‹ gute Buch, ›das‹ aufmerksame Lesen oder ›die‹ humanistische Bildung sind wiederkehrend in krisenhaften Konstellationen. Und über ›den‹ Intellektuellen, gleichsam die öffentliche Verkörperung der Geisteswissenschaften, lässt sich im Grunde schon gar nicht mehr anders als im Modus der Krisendiagnose diskutieren. Nicht nur verschiedene Geisteswissenschaften, sondern auch die an sie angrenzenden kulturellen Felder verhalten sich krisenhaft.

Diese Diagnose lässt sich mit unterschiedlichen polemischen Pointen versehen. So hat etwa der kanadische Literaturwissenschaftler Andrew Piper, der für seine Pionierbeiträge zu den Digital Humanities weltweites Renommee genießt, in seinem Debattenbeitrag *Can We Be Wrong?* auf die selbst gestellte Frage, was denn in seinem Fach nicht stimme, im Gestus der globalen Krisendiagnose geantwortet: eigentlich alles. Er sieht die Literaturwissenschaft nicht nur in einer Replikations- oder Verifikationskrise, sondern auch in einer Generalisierungskrise. Auf Grundlage ziemlich willkürlich ausgewählter Lektüren, so die kritische Beobachtung, würden ohne Unterlass haltlose Verallgemeinerungen vorgenommen.[37] Neu ist diese Krisenanalyse Pipers allerdings nur insofern, als sie das gängige und nicht selten auch berechtigte Argument gegen geisteswissenschaftliche Übergeneralisierung selbst in höchstem Maße generalisiert. Das Argument wird von allen konkreten Kontexten, wie sie für die literaturwissenschaftliche Argumentationspraxis charakteristisch sind, abgelöst und auf die Literaturwissenschaft als Ganze verallgemeinert. Es ist nun nicht mehr diese oder jene Behauptung in dieser oder jener germanistischen Studie, die sich einer Übergeneralisierung schuldig macht, es ist die *gesamte* Literaturwissenschaft, die von einer überall grassierenden Praxis der Übergeneralisierung in eine tiefgreifende Krise gestürzt wird.[38]

Für uns ist an dieser Stelle entscheidend, dass selbst die Kritik an schlechten Verallgemeinerungen genau dies tut: schlecht verallgemeinern, und dass dies eine wesentliche Bedingung dafür ist, eine große Krise zu behaupten. Bis in die Gegenwart legitimieren sich umfassende Versuche der methodologischen »Grundlegung der Geisteswissenschaften« damit, dass sie die geisteswissenschaftlichen Disziplinen der Gegenwart »bis ins Mark gefährdet« sehen.[39] Derart globale und grundsätzliche Krisenzuschreibungen werden jedoch, wie wir in unserem Buch zeigen möchten, nicht einmal der tatsächlichen Krisenhaftigkeit der geisteswissenschaftlichen Praxis gerecht, die bestimmte Orte, bestimmte Teile von Fächern, bestimmte Personen, bestimmte Fragestellungen, Theorien oder Themen betreffen. Statt pauschale Krisendiagnosen zu stellen und dann diskursiv zu bewirtschaften, gilt es genau zu beobachten, wo und wie in den Geisteswissenschaften überhaupt Krisen entstehen: Wie werden sie konkret ausgelöst und beobachtet, wie bearbeitet und aufgeklärt? Wann und warum lohnt es sich, sie zu thematisieren oder vielleicht sogar zu dramatisieren?

Die Perspektive, auf die es uns vor allem ankommt, liegt jedoch noch ein wenig anders. Der Hinweis auf die differenzierten Gegebenheiten lässt sich nämlich wiederum leicht in eine Krisendiagnose wenden: Gerade die Geisteswissenschaften leiden dann unter einem Mangel an Einheit und Übersichtlichkeit beziehungsweise unter dem, was wir im Folgenden immer wieder als strukturelle Überforderung thematisieren werden. Die Themenfelder haben sich entgrenzt, die Methoden und Theorien immer weiter ausdifferenziert, die Arbeitsanforderungen im Quadrat von Forschung, Lehre, Verwaltung und Wissenschaftskommunikation vervielfältigt und die Ansprüche, die an die Fächer der Geisteswissenschaften herangetragen werden, multipliziert, nicht zuletzt von Seiten der Studierenden, denen ihrerseits eine immer größere Heterogenität im Blick auf ihre Eingangsvoraussetzungen zum Studium attestiert wird. Es ist kein Zufall, dass in der Hochzeit der Reformdiskussionen in den 1960er Jahren ein gemeinsamer Befund der unterschiedlichen Debattenbeiträge etwa von Helmut Schelsky, Karl Jaspers, Georg Picht oder Ralf Dahrendorf in der Überforderungs- und Überlastungskrise bestand, aus denen allerdings unterschiedliche Forderungen abgeleitet wurden: mehr Stellen, neue Institutionen (etwa Fachhochschulen), Egalisierung von Entscheidungsverfahren, Abschaffung von strukturellen Barrieren (etwa der Disziplinengliederung) und vieles andere mehr.[40] Die Widersprüchlichkeit der Krisendiagnosen, die wir oben aufgelistet haben, resultiert auch aus dieser überbordenden Vielzahl an Erwartungen, von denen je nach Innen- oder Außensicht der Geisteswissenschaften mal die eine, mal die andere privilegiert wird.

Wir vermuten, dass jede Homogenisierung und jede einheitliche Lösung, die die Krise zu beseitigen verspricht, bei ihrer Durchführung tatsächlich ›die‹ Krise der Geisteswissenschaften einleiten würde. Hier gilt es, zumal im Blick auf die Leistungsperspektive beziehungsweise die Ansprüche, die von außen gestellt werden, an Niklas Luhmanns trockenen Hinweis auf die soziale Realität zu erinnern: »Jedes Handlungssystem ist einer fluktuierenden, rücksichtslosen, in sich nicht abgestimmten, widerspruchsreichen Umwelt ausgesetzt, der es sich nicht voll anpassen kann, weil gute Anpassung in einer Hinsicht schlechte Anpassung in einer anderen Hinsicht bedeutet, weil eine heute akzeptierte Reaktion morgen als verfehlt behandelt wird, weil den einen Partner kränkt, was dem anderen wohltut.«[41] Es sind mithin die vielfältigen Karrierewege mit ihren mehr oder weniger großen Sicherheiten und Unsicherheiten, die vielfältigen Methoden und Theorien, die vielfältigen Typen von Wissenschaftlerinnen und Wissenschaftlern, die vielfältigen Eingangs-, Bleibe- und Abgangsmöglichkeiten und vor allem die vielfältigen und stetigen Veränderungen, die die geisteswissenschaftliche Praxis (die wir nur aus rhetorischer Verlegenheit im Singular anführen) so bewahrenswert machen. Eine wertvolle und so überaus staunenswerte Institution wie die Universität hat aus unserer Perspektive die Aufgabe, die Vielfalt von Möglichkeiten, wissenschaftlich tätig zu sein, stabil zur Verfügung zu stellen und dafür zu sorgen, dass in dieser Pluralität insgesamt ›Wissenschaft‹ erkannt wird. Gewiss muss sich bisweilen die Diversitätsrealität der Einheitsfiktion anpassen. Die Gefahr, dass dabei übersteuert wird, scheint uns jedoch größer als im umgekehrten Fall.

Eine derartige Sichtweise führt weg von generellen Polemiken über den Niedergang der Geisteswissenschaften und allgemeinen Programmatiken zu ihrer Rettung und hin zu einer intensiveren Beschäftigung mit den alltäglichen Aktivitäten des geisteswissenschaftlichen Arbeitens. In dieser ›werktäglichen‹ Arbeitspraxis ereignen sich, wenn man so will, die eigentlich interessanten Krisen, die der weit verbreitete Krisendiskurs aber ignoriert. In den Geisteswissenschaften werden ständig erstaunlich vielfältige Leistungen vollbracht, die extrem unterschiedlichen Interessen gerecht werden müssen und daher nie alle Wünsche erfüllen können. Insgesamt jedenfalls, um doch selbst einmal zu pauschalisieren, verhält es sich mit den geisteswissenschaftlichen Fächern wie mit Berlin: Wenn es einem dort nicht gefällt, hat man sich einfach im falschen Stadtteil aufgehalten. In den folgenden Kapiteln möchten wir deshalb zeigen, wie vielfältig die Praxis der akademischen Geistesarbeit bereits auf der Ebene ihrer einfachsten Vollzüge ist. Was auch immer man an den Geisteswissenschaften bewahren oder reformieren möchte: Man sollte grundsätzlich mit einem voraussetzungsvollen, ebenso intrikaten wie empfindlichen Gefüge von Praktiken rechnen. Dies gilt nicht zuletzt dann, wenn die gesellschaftlichen Grundlagen dafür erhalten oder überhaupt erst geschaffen werden sollen, die die Teilhabe an dieser aufwendigen Praxis mehr als einer kleinen Schar von Auserwählten ermöglichen.

Praktiken des Geistes

Wirft man nochmals einen Blick auf die aktuelle Debatte über die Krise der Geisteswissenschaften, so ist auffällig, dass viele Lösungsvorschläge, wie die Krise zu überwinden sei, auf »Theorie« abstellen [→ Kap. 11]: So möchte Vittorio Hösle in seiner umfangreichen »Grundlegung« den massiven »Bedeutungsverlust« der Geisteswissenschaften mittels einer Theorie des Verstehens bekämpfen und in seinem beeindruckenden Theoriewerk unter anderem zeigen, wie richtiges Verstehen überhaupt möglich sei.[42] Aus einer praxeologischen Perspektive ist die grundlegende Frage jedoch eine andere. Eine derartige Einstellung setzt nämlich nicht beim Verstehen, sondern bei ›eingebetteten‹ Verstehenspraktiken an: bei einer bestimmten Person, die als Teil ihres akademischen Alltags zu einer bestimmten Tageszeit an einem bestimmten Ort ein bestimmtes Buch auf eine bestimmte Weise durcharbeitet. Ein praxeologischer Blick fokussiert mithin die konkreten Vollzüge der akademischen Lektüre. Wir wollen Näheres darüber erfahren, wie ein Lesealltag strukturiert ist, welche Buchformate gebraucht, welche Lesehaltungen bevorzugt, welche Lesemöbel benutzt und welche Lesetechniken eingesetzt werden. Und dabei ist es wichtig zu wissen, wie diese auf vielfältige Weise miteinander verknüpften Aktivitäten die lesende Person mit anderen Personen verbinden: wie die Lektürepraktiken also in einen übergreifenden akademischen Sozialzusammenhang eingebunden sind. Damit wird eine Blickrichtung auf die Geisteswissenschaften gewählt, die konkrete soziokulturelle Bedingungen nachdrücklich betont.

Um es zu pointieren: Während es für das Verstehen im Allgemeinen grundsätzlich keinen Unterschied macht, ob und wie eine Gesellschaft von der Corona-Pandemie betroffen ist, macht das für die ›eingebetteten‹ Verstehenspraktiken möglicherweise einen großen Unterschied. Arbeiten die Leserinnen und Leser zu Hause oder in der Seminarbibliothek? Können sie auf die physischen Bestände einer Privatbibliothek oder der Universitätsbibliotheken zugreifen oder nicht? Nutzen sie überhaupt physische Bücher oder nur digitale Dateien? Wie verknüpfen sich diverse Praktiken der Lektüre – des Unterstreichens und Annotierens, des Exzerpierens und Kommentierens – mit dem Gebrauch dieser unterschiedlichen Formate? Und welche Effekte haben die Arbeitsräume, die Infrastrukturen und die Lektüremedien darauf, wie sich das Verstehen von bestimmten Texten in einer konkreten Konstellation faktisch vollzieht? Wir möchten zeigen, dass eine derartige Perspektive, die sich für den faktischen Vollzug geisteswissenschaftlichen Arbeitens interessiert, bislang vernachlässigt wurde, sich aber als hilfreich erweisen könnte, auch weil sie erlaubt, dem komplexen Verhältnis von Geistesarbeit und Gesellschaft bereits auf der Ebene einzelner Praxiszusammenhänge nachzugehen.

Das Interesse an der tagtäglich vollzogenen Praxis in den Geisteswissenschaften hat sich – mit bedeutenden Vorläufern[43] – seit einigen Jahren merklich intensiviert, wie man unserem Literaturverzeichnis ansieht. Im Vergleich mit der Praxeologie der Naturwissenschaften lässt sich jedoch eine bemerkenswerte Verzögerung feststellen, die unterschiedliche Gründe hat. Einerseits ist sie der bereits geschilderten Konstellation geschuldet, dass die Praxis der Geisteswissenschaften sehr häufig als krisenhaft wahrgenommen wurde, mithin als etwas, das es weniger eingehend zu erkunden als resolut zu reformieren gilt. Andererseits hat die Verzögerung damit zu tun, dass sich parallel zur Theoriebegeisterung in den Geisteswissenschaften ein mächtiger Praxisdiskurs etabliert hat, der die »Praxis« der Geisteswissenschaften außerhalb der Universität und der Wissenschaft situiert. »Praxis« ist hier etwas, das in der außerakademischen Welt stattfindet (im »Berufsleben«), etwas, auf das man sich allenfalls durch zusätzliche universitäre »Praxismodule«

vorbereiten kann (möglicherweise auch nicht). Dass die Geisteswissenschaften selbst eine äußerst anspruchsvolle Praxis sind und über ein eigenes Arbeitsleben verfügen, dass man die Geisteswissenschaften überhaupt nur erfolgreich betreiben kann, wenn man sich selbst in ihre Praxis einübt, gerät dabei vollkommen aus dem Blick. Dies ist für die Selbstaufklärung der Geisteswissenschaften ein wichtiger Aspekt, ermöglicht aber vor allem auch dem Blick von außen ein besseres Verständnis für geisteswissenschaftliches Arbeiten im akademischen Alltag.

Die praxisorientierte Perspektive, für die wir werben, richtet das Augenmerk auf eine Vielzahl von Phänomenen, die in gegenwärtigen Beschreibungen der Geisteswissenschaften häufig eine untergeordnete Rolle spielen. Wofür genau interessiert sich nun aber eine praxeologische Herangehensweise? Eine grundsätzliche Pointe besteht darin, dass die akademische Welt unentwegt und meist beiläufig durch soziale Arbeitsaktivität hergestellt und wiederhergestellt wird [→ Kap. 24 u. 25].[44] Die Welt der Geisteswissenschaften ist nichts bereits Feststehendes, sondern das Ergebnis immer wieder erneuerter alltäglicher Anstrengungen. Nur durch eine wiederholte Performanz von gebündelten beziehungsweise miteinander verknüpften einzelnen Praktiken entstehen und stabilisieren sich die akademischen Arbeitszusammenhänge, die wir als ›Geisteswissenschaften‹ wahrnehmen. Die Hinsichten, die für eine praxissensible Perspektive auf das akademische Arbeiten eine wichtige Rolle spielen, lassen sich anhand der Lektürepraxis kurz erläutern [→ Kap. 20]: Sie interessiert sich nicht nur für die Ergebnisse der Lektüre, sondern zudem für die Vollzugsordnungen des Lesens (Prozesscharakter); sie berücksichtigt die temporale und lokale Einbettung des Lesens (Situativität); sie fokussiert nicht krisenhafte Ausnahmekonstellationen, sondern das tagtägliche Agieren in den Wissenschaften (Alltäglichkeit); sie spricht den Artefakten und technischen Infrastrukturen (Materialität) eine ebenso wichtige Rolle zu wie der Interaktion unter Anwesenden (Körperlichkeit); sie berücksichtigt die Dimension der Könnerschaft als Konglomerat eingekörperter ›handwerklicher‹ Fähigkeiten (implizites Wissen) und interessiert sich schließlich für die durch Teilhabe an Praxisvollzügen ›gelebte‹ Sinnstiftung (Orientierung).

Einige dieser Punkte verdienen, schon hier etwas ausführlicher vorgestellt zu werden.[45] Im Folgenden interessieren wir uns für praktische Könnerschaft und dafür, wie sie sich ergibt: Wir fokussieren auf den inkorporierten Charakter von mehr oder weniger artikulierbaren Vollzugskompetenzen. Die Könnerschaft, an einem Praxiszusammenhang kompetent partizipieren zu können, setzt nicht nur den Erwerb von explizitem Wissen, die Anwendung von formalisierten Regeln oder die Ausführung von ausdrücklichen Protokollen voraus, sondern auch die Enkulturation in eine Praxis durch Teilhabe – dabei geht es weniger um klar ausformulierbare, institutionell abgesicherte explizite Normen als vielmehr um die ›stille‹ und ›unsichtbare‹, nicht weiter explizierte Orientierung.

Der partizipatorische Charakter von Praktiken ist aus dieser Perspektive kaum zu überschätzen.[46] Um kompetent an einer Praxis teilhaben zu können, reicht es nicht aus, dass eine Person ›neutral‹ oder ›distanziert‹ beobachtet, sie muss auch an der Praxis mitwirken, sich persönlich involvieren und sich für den Fortgang der Praxis gleichsam ›mitverantwortlich‹ fühlen [→ Kap. 29]. Diese ›Teilhabe‹ an Praxis erfolgt jedoch graduell: Praktiken verfügen nämlich über unterschiedliche Zonen. Teilhabe kann in unterschiedlicher Intensität, unterschiedlichen Formalitätsgraden und verschiedenen Formen partieller beziehungsweise relativer Teilnahmslosigkeit stattfinden. Periphere Formen der Teilhabe haben gerade bei den ersten Schritten einer sukzessiven Integration in Arbeitszusammenhänge eine hohe Relevanz. Am Anfang werden etwa Personen, die zum ersten Mal einer großen Fachtagung beiwohnen, vielleicht eher hinten im Saal sitzen oder an der Seite Platz nehmen, sich unauffällig verhalten und sich nur vorsichtig an den Diskussionen beteiligen [→ Kap. 28]. Erst mit zunehmender Könnerschaft bewegen sie sich bei Konferenzen ins Zentrum und intensivieren ihre Teilhabe. Das bedeutet aber nicht, dass sie nicht bereits von Anfang an mit höchstem intellektuellem und affektivem Engagement in die Praxis des Konferierens involviert gewesen wären (vielleicht sogar mehr als diejenigen auf den vorderen Rängen). Zugleich werden sie im Zuge dieser Könner-Karriere auch dazu befugt, sich auf neue Weise kompetent peripher am Geschehen zu beteiligten, unaufmerksam zu sein, ihre Anteilnahme ungleichmäßig zu verteilen – es gibt, *for better or worse*, auch eine Könnerschaft des Konferenzschlafs.

Ein Konzept, das diese Zusammenhänge gut zu erfassen vermag, ist dasjenige der Praxiskollektive (»communities of practice«) [→ Kap. 2].[47] Mit diesem Konzept ist vor allem ein Interesse für die

Erforschung der Integration von »Novizen« in bereits bestehende Konstellationen verbunden. Hervorgehoben wird in der entsprechenden Forschung, dass das Hineinfinden in eine Praxis immer verknüpft ist mit der schrittweisen Integration in einen bestimmten sozialen Zusammenhang (»community«). Bei der Einbettung in ein Praxiskollektiv wird von den Novizen nicht nur ein bestimmtes Wissen, sondern auch ein bestimmtes Wertgefüge inkorporiert. Wichtig ist auch die Einsicht, dass diese schrittweise Integration keineswegs nur vertikal durch die Interaktion mit dem »Meister« erfolgt, wie es traditionelle Perspektiven wollen, sondern in hohem Maße in der horizontalen Interaktion mit anderen, weniger, gleich oder besser informierten Novizen. Und schließlich: Die Interaktion erfolgt zudem nicht nur mit Menschen, sondern auch mit materiellen Objekten.[48]

Ein weiterer wichtiger Aspekt betrifft demgemäß die Rolle von Räumen, materiellen Objekten und Dingen für das Verständnis von Praktiken [→ Kap. 25]. Aus einer praxisorientierten Perspektive ›sedimentieren‹ sich Praktiken nicht nur als Könnerschaft in menschlichen Körpern, sondern auch in Objekten und Dingen als Teil materieller Infrastrukturen. Eine große Konferenz findet nicht in einem abstrakten Raum statt, sondern in einem Saal, der mit Tischen und Stühlen, vielleicht einem Podium und einem Rednerpult sowie einer Projektionsleinwand ausgestattet ist. Die an einer Konferenz Teilnehmenden treten mit diesen Objekten und Infrastrukturen auf vielfältige Weise in Interaktion, weil sie wissen, wie man sich dazu verhält (und wie man von diesen sozialen Vorbelastungen kompetent abweicht). Objektgruppen wie z. B. eine bestimmte Anordnung von Tischen und Stühlen lassen ein breites Spektrum von Aktivitäten zu – doch haben sie im Kontext einer konkreten Praxis einen bestimmten Aufforderungscharakter (unterbreiten bestimmte Affordanzen), erleichtern oder erschweren also bestimmte praktische Vollzüge, lassen bestimmte Artikulationen für die Teilnehmenden plausibler oder unplausibler erscheinen. So ist etwa in einer Konstellation, in der sich ein innerer Kreis von Teilnehmenden um ein größeres Tischrondell gruppiert, zwischen diesem inneren Kreis wenigstens prinzipiell eine permanente wechselseitige Aufmerksamkeit gegeben; die Personen, die im zweiten oder dritten Stuhlkreis sitzen, sind im Vergleich dazu eher peripher und gehören in einem geringeren Maß ›dazu‹. Was aber ist mit der Koryphäe, die in der zweiten Reihe Platz nimmt und auf deren Kommentar alle gespannt sind? Materielle Arrangements von Objekten und Dingen wiederholen sich und werden von den Personen, die mit ihnen interagieren, routiniert gehandhabt. Bereits dieses einfache Beispiel zeigt jedoch, welches Spektrum an Möglichkeiten die Routine ausmacht.

Ein letzter herauszuhebender Punkt betrifft ebendiesen Routinecharakter von Praktiken: Praktiken werden durch wiederholtes Einüben angeeignet und zu Gewohnheit. Gewohnheit heißt hier, dass von der Implizitheit des prozeduralen Wissens auszugehen ist, das im Zuge des Einübens erworben wurde. Die Akteure verfügen über viele praktische Fähigkeiten, die ihnen häufig gar nicht erklärlich sind. Blickt man auf die bereits genannten Einführungsprozesse in Praxiskollektive, so ist auffällig, dass formalisiertes Regelwissen und ausdrückliche Anweisungen häufig nicht ausreichen, um eine routinisierte Könnerschaft herbeizuführen, dass es vielmehr der Einübung bedarf. Häufig ist noch die klarste Regel für Novizen nichtssagend, weil unverständlich bleibt, was damit gemeint beziehungsweise wozu es gut ist.[49] Erst indem man die Regelanwendung wiederholt in einem sozialen Zusammenhang vollzieht, etabliert sich ein angemessenes, wenn man so will: regelkonformes Agieren.

Die vorgestellten Gesichtspunkte sollen allerdings keine einheitliche Praxistheorie präsentieren. Vielmehr handelt es sich um ein plurales Gefüge von praxisorientierten beziehungsweise praxissensiblen Perspektivierungen, die in vielen Fällen miteinander verknüpft und gemeinsam ›mobilisiert‹ werden können, ohne zu einer übergreifenden Theorie synthetisiert werden zu müssen.[50] Methodisch gesehen ist die praxissensible Perspektive, für die wir mit unserem Buch werben möchten, daran interessiert, die prozessuale Dimension des Sozialen – gerade auch in ihrer Dynamik und Vorläufigkeit – in den Blick zu rücken. In der Regel wird eher die soziale Mikroebene in den Blick genommen, auf der sich einzelne Praktiken beobachten lassen, die dann schrittweise mit weiteren Einzelpraktiken verknüpft werden und sich so zu größeren Praxisformationen verbinden: Wir erkunden zunächst jene fieberhafte Unruhe, die das Formulieren geisteswissenschaftlicher Forschungsbeiträge charakteristiert, um den grundlegend sozialen Charakter der »Geistesarbeit« heuristisch zu profilieren (Kap. 1-2). Von dort wechseln wir zu Praktiken der Kollaboration im Sinn des konkreten

Zusammenarbeitens von Forscherinnen und Forschern (Kap. 3-6). Die Komplexität der Abstimmungen im Gemeinschaftsunternehmen ›Geisteswissenschaft‹ führt zu der Frage, wie sich die Vielfalt und Vielgestalt von Normen bewältigen lässt (Kap. 7-10). ›Theoretisieren‹ erweist sich dabei als eine besonders wichtige und als wertvoll eingeschätzte Praktik, die nicht nur anspruchsvolle normative Moderationen ermöglicht, sondern auch die Mobilität geisteswissenschaftlicher Forschung in unterschiedlichen Hinsichten fördert (Kap. 11-15). So wie das Theoretisieren nur eine Praktik unter anderen ist, gehen praxeologische Ansätze generell von der Annahme einer ›flachen‹ Ontologie aus, in der die Auffassung von Objekten und der Umgang mit ihnen (insbesondere in Praktiken des Lesens und Schreibens) unauflösbar verflochten sind (Kap. 16-20). Wie diese Aktivitäten strukturiert werden sollen, ist eine laufende geisteswissenschaftliche Diskussion, die nicht zuletzt Sinn und Zweck des ominösen ›Lehrstuhls‹ betrifft (Kap. 21-23). Die Frage, welches Licht die Praxeologie auf solche Arbeitsformen und -strukturen wirft, berührt weitere – insbesondere für die akademische Lehre – zentrale Aspekte: die institutionelle, körperliche und räumliche Verortung und Verdauerung der fluiden Praxis (Kap. 24-26) sowie das Verhältnis von Praxis und Präsenz beziehungsweise die Bezüglichkeit von Praktiken untereinander (Kap. 27-30). Abschließend behandeln wir an einem exemplarischen Fall, welche Konsequenzen sich für das Entstehen, die Etablierung und das Ende einer Praxis ergeben, wenn wir sie als einen Zusamenhang sich wechselseitig bestimmender Praktiken beobachten (Kap. 31-33).

Das Spektrum der Praxis

Wir möchten einen praxeologischen Zugriff auf die Geisteswissenschaften auch vorschlagen, um einen empirisch dichteren und gesättigten Eindruck des wissenschaftlichen Alltags zu vermitteln. Generell legen wir großen Wert darauf, dass wir es stets mit einem Spektrum von Möglichkeiten zu tun haben: Die Besonderheiten und Spitzenleistungen der Geisteswissenschaften sind für uns nicht weniger alltäglich als das viel gescholtene Mittelmaß. Ein derartiger Eindruck lässt sich unserer Auffassung nach nur aus dem Archiv heraus entfalten. Die folgenden Kapitel werden sich deshalb quellennah um die Rekonstruktion der alltäglichen Arbeitskonstellationen von zwei Geisteswissenschaftlern bemühen, die auf ganz unterschiedliche Weise für ihr Fach prägend waren und die Möglichkeiten der Praxis für sich genutzt haben: einerseits der international berühmte, bis in die Gegenwart gefeierte Komparatist Peter Szondi; andererseits der national äußerst einflussreiche, heute allenfalls in kleinen Teilen der Literaturwissenschaft bekannte Germanist Friedrich Sengle. Wir greifen damit auf zwei exemplarische Konstellationen zurück, die sich wegen ihrer Gegensätzlichkeit und vor allem wegen ihrer archivarischen Quellenlage besonders gut dazu eignen, die Komplexität und Vielfältigkeit geisteswissenschaftlicher Arbeit ins Bewusstsein zu rufen.

Die intrikate Verknüpfung von ›kleinen‹ Praktiken zu ›größeren‹ Praxisformationen lässt sich nur rekonstruieren, wenn man auf Archive zurückgreifen kann, in denen sich diese Praxiszusammenhänge umfassend überliefert finden. Anhand der umfangreichen, bisher allenfalls punktuell erkundeten Nachlässe von Friedrich Sengle und Peter Szondi erschließt sich eine große Bandbreite geisteswissenschaftlicher Praktiken. Szondi und Sengle sind für uns nicht nur aufgrund der günstigen Überlieferungslage von großem Interesse, sondern auch aufgrund ihrer Profile. Ohne Übertreibung darf man sagen, dass die beiden Literaturwissenschaftler in vielen Bereichen, die uns in diesem Buch interessieren, geradezu exemplarische Gegensätze sind.

Peter Szondi ist zweifellos einer der berühmtesten Komparatisten der zweiten Hälfte des 20. Jahrhunderts. Geboren wurde er 1929 in Budapest als Sohn einer Sprachlehrerin und eines Psychiaters (Professor der Psychopathologie und Chefarzt des staatlichen Heilpädagogischen Laboratoriums für Psychopathologie und Psychotherapie). Als Juden von der Ermordung durch die Nazis bedroht, floh die Familie in die Schweiz durch den von Reszö Kasztner organisierten Transport, der über das KZ Bergen-Belsen führte.[51] Szondis akademische Laufbahn brachte ihn nach Zürich, Paris, Berlin, Heidelberg und Göttingen, später dann auf Professuren in Berlin, Princeton, Jerusalem und Zürich, wobei sein Suizid 1971 den Antritt der Zürcher Stelle verhinderte. Ein kleiner Kreis von engagierten Schülern und Freunden besorgte postum Ausgaben der Schriften, Vorlesungen und Briefe Szondis, der als zentrale Gründungsfigur einer Allgemeinen und Vergleichenden Literaturwissenschaft in der

Bundesrepublik Deutschland gelten darf. Seine Bücher und Aufsätze erfreuen sich bis heute andauernder Aufmerksamkeit in der Literaturwissenschaft und darüber hinaus.[52]

Zwanzig Jahre vor Szondi wurde Friedrich Sengle geboren. Er kam 1909 in Indien als Sohn eines im schwäbischen Pietismus verankerten evangelischen Missionars zur Welt. Seine akademische Laufbahn, die bereits vor dem Zweiten Weltkrieg begonnen hatte, führte ihn im Studium nach Tübingen und Berlin, später auf Professuren in Köln, Marburg, Heidelberg und München.[53] Er war ab 1937 Mitglied der NSDAP und von 1939 bis 1945 im Kriegsdienst, wobei er während dieser Zeit weiterhin akademisch aktiv war und einen antisemitischen, völkisch-rassistischen Beitrag über Ludwig Börne schrieb, der erst spät einer größeren Öffentlichkeit bekannt wurde.[54] Eine Auseinandersetzung mit seinen ideologischen Verwicklungen im Nationalsozialismus oder denen seines akademischen Fachs hat er unterlassen.[55] Er wurde in der Bundesrepublik Deutschland zu einem der institutionell besonders einflussreichen Germanisten und versammelte während seiner Laufbahn einen großen Kreis von Schülerinnen und Schüler um sich – auch weil er ein beliebter Universitätslehrer war, der sich für die akademische Förderung jüngerer Personen engagierte.[56] Er gab führende Fachzeitschriften und Reihen heraus, saß in wichtigen förderpolitischen Gremien und betrieb selbst erfolgreich drittmittelgeförderte Projektforschung. Seine Bücher und Aufsätze, an denen er bis zu seinem Tod 1994 weiterarbeitete, werden heute nur noch von wenigen Spezialisten in eng begrenzten Teilfeldern der Germanistik gelesen.[57]

Diese biografischen Abrisse sollen an dieser Stelle genügen, weil es uns nicht darum geht, die beiden Wissenschaftler hier in eine »Parallelbiographie« einzuspannen, wie sie Wolfgang Schivelbusch jüngst für Szondi angeregt hat.[58] Es geht vielmehr darum, dass sich die Gegensätzlichkeit der beiden Geisteswissenschaftler auch an der Ausrichtung ihrer Forschungs-, Lehr- und Verwaltungspraktiken nachvollziehen lässt.[59] Hier genügt bereits ein Blick auf die beiden Monografien, die in retrospektiven Darstellungen das geisteswissenschaftliche Œuvre der beiden definieren [Abb. 1].

Abb. 1: Sengles und Szondis Hauptwerke.[60]

Auf der einen Seite stehen die drei dicken, grünen, in Leinen gebundenen Bände der monumentalen formgeschichtlichen und kulturhistorischen Studie über die *Biedermeierzeit*, die Sengle über einen Zeitraum von mehreren Jahrzehnten verfasst hat und für deren Finalisierung er, wie die *Frankfurter Allgemeine Zeitung* 1980 zu berichten wusste, ganz »aufs Fernsehen verzichtet« hatte.[61] Als Sengle den ersten Band seiner Epochenstudie im Programm des germanistischen Fachverlags Metzler herausbrachte, hatte er seinen 60. Geburtstag bereits hinter sich. Auf der anderen Seite steht die nicht minder ambitionierte Gattungsuntersuchung Szondis: Seine *Theorie des modernen Dramas* war zunächst ein schmaler, mit einer noblen weißen Broschur versehener Band, der bei Suhrkamp, einem erfolgreichen Publikumsverlag, herausgebracht wurde. Szondi war Ende zwanzig, als das Buch herauskam und Furore machte: Es wurde vom Verlag schon bald als gelbes Taschenbuch vertrieben und verkaufte sich bis 1971 über 50 000 Mal.[62] Wohl keine literaturwissenschaftliche Doktorarbeit hat seitdem eine derart erstaunliche Resonanz erfahren.[63]

Während Sengle in seiner langen Laufbahn etablierte germanistische Großgenres wie die Schriftstellerbiografie, die Gattungsgeschichte oder die Epochensynthese praktizierte, bevorzugte Szondi kompakte Genres, die über fachwissenschaftliche Grenzen hinausweisen, etwa Theorie, Traktat, Versuch und Essay. Während Sengle große Textmengen untersuchte (und sich im Zuge dessen auch für statistische Verfahren interessierte) und ein Verfahren der »Reihenbildung« praktizierte, das nach epochalen Parallelerscheinungen fahndete,[64] konzentrierten sich die Arbeiten Szondis primär auf das Singuläre einzelner eminenter Werke, weshalb er eine philologische Praxis, die mit Parallelerscheinungen argumentierte, scharf kritisierte. Sengle hingegen wusste nichts mit Ansätzen anzufangen, die die »Fäden, die vom Werk nach allen Richtungen laufen«, rigoros abschneiden.[65]

In seinen interdisziplinären Suchbewegungen bemühte sich Sengle deshalb um die Kooperation mit der Geschichtswissenschaft. Er zielte in seinen Arbeiten auf die Einbettung der Literatur in außerliterarische, nämlich geistes-, religions-, sprach-, sozial- und kulturhistorische Kontexte und betrieb eine »pluralistische Methodenkombinatorik«.[66] Konsequent votierte er daher für die Erweiterung des Literaturbegriffs und diskutierte immer wieder nicht-kanonische Werke und teilweise sogar Gebrauchstexte. In seiner Gegenstandswahl verfuhr er allerdings auch recht wertungsfreudig und äußerte Vorbehalte gegen politisch oder ästhetisch revolutionäre Strömungen. Szondi war eher an einem interdisziplinären Kontakt mit der Philosophie und an der internationalen Theoriediskussion interessiert. Seine skrupulösen werkzentrierten Deutungen literarischer Texte, die mit dem Repertoire der Werkimmanenz, der Kritischen Theorie, später auch des Strukturalismus und frühen Poststrukturalismus arbeiteten, setzten einen engeren Literaturbegriff voraus. Bevorzugte Arbeitsobjekte waren singuläre Kunstwerke. Selbst als er 1967 im Prozess gegen Fritz Teufel und Rainer Langhans, denen vorgeworfen wurde, mit Flugblättern zur Brandstiftung aufgefordert zu haben, ein Gutachten verfasste, vertrat er ein entsprechendes philologisches Ethos. Im Rückblick bemerkte er 1970 dazu:

Obwohl ich die Flugblätter bei der ersten Lektüre selbst für kriminell hielt und gegen eine Verurteilung etwa wegen ›groben Unfugs‹ nichts einzuwenden gehabt hätte, war ich von der Anklageschrift des Generalstaatsanwalts entsetzt: sie beruhte durchweg auf Fehlinterpretation. Nachdem ich die (wie sich später herausstellen sollte: falsche) Information erhielt, daß als Strafmaß mindestens mehrere Jahre Zuchthaus vorgeschrieben sind, hielt ich es für meine Philologenpflicht, die Interpretationsfehler in einem Gutachten nachzuweisen.[67]

Es ging Szondi weder um die »Pläne« der Kommune I noch um die »Wirkung« der Flugblätter, sondern allein um die Frage, »was in diesen Flugblättern gesagt [...] und inwiefern das in der Anklageschrift falsch ausgelegt« wird.[68]

Sengle war, auch weil er mit großen Textmassen hantierte, eher ein Kollektivarbeiter, der seine größten Publikationsprojekte arbeitsteilig organisierte und viel auf externe Expertise zurückgriff. In diesem Prozess wurden dann auch die Studierenden und Promovierenden, die Mitarbeitenden und Assistenten involviert, die von Sengle wiederum eine intensive Förderung erfuhren. Das Kollektiv, das durch dieses kollaborative Forschen entstand und sich an dem thematischen und methodischen Rahmen von Sengles Forschungsinteressen orientierte, wurde bereits von Zeitgenossen als weitverzweigte »Sengle-Schule« wahrgenommen – wobei sich mache Beobachter sogar dazu verstiegen, zwischen ›Linkssengleanern‹ und ›Rechtssengleanern‹ zu differenzieren.[69] Eine große Schülerschaft hat Szondi dagegen nicht hervorbringen können, wohl auch nicht herausbilden wollen: Er scheint eher einen kleinen Kreis von engen Bezugspersonen bevorzugt zu haben. Auch ist er ein Individualarbeiter gewesen, der sich als Einzelforscher mit dem ebenso individuellen literarischen Einzelwerk konfrontierte und dabei auf weitreichendere arbeitsteilige Forschungspraktiken verzichten konnte. Eberhard Lämmert hat im Hinblick auf Szondi von dem »zwingende[n] Alleinsein des Wissenschaftlers mit seiner Arbeit« gesprochen.[70] Auch dieses Alleinsein findet aber, wie wir in den folgenden Kapiteln zeigen werden, in Praxisformationen statt, an denen immer mehr als eine Person teilhat [→ Kap. 2].

Szondi war ein international sichtbarer Literaturwissenschaftler und kosmopolitischer Intellektueller, der sehr an Kontakten zu öffentlichen Intellektuellen, zu Personen aus den Bereichen Literatur, Theater und Philosophie interessiert war, sich auch als Übersetzer und Büchermacher betätigte und oft für den Rundfunk und Zeitungen arbeitete. Sengle war dagegen eher ein ›deutscher‹ Literaturprofessor und universitärer ›Beamter‹, der sich weitgehend auf die germanistikinterne Kommunikation beschränkte. Er unterhielt geringeren Kontakt zum Literatur- und Kulturbetrieb, auch publizierte er nur sporadisch in außerwissenschaftlichen Medien. Beide bemühten sich um eine gute Wissenschaftsprosa, aber auch hier mit markanten Unterschieden: Sengle legte Wert auf mühelose Lesbarkeit, richtete sich aber ausdrücklich gegen eine stilistisch ambitionierte Wissenschaftsprosa; Szondi praktizierte dagegen eine gewandte Schreibweise, die sicherlich viel dazu beigetragen hat, dass seine Werke noch heute gelesen werden: sie ist als »konzis und klar, schlank und schlackenlos, nie zu viel, eher zu wenig, gedanklich streng, dabei elegant, fast essayistisch« charakterisiert worden.[71]

Szondi kultivierte im Gegensatz zu vielen Kollegen nicht das »Professorale«,[72] behielt aber – ob er nun als »unerbittliche[r] Zuchtmeister« oder als »schwärmerische[r] Jüngling« wahrgenommen wurde – immer etwas Unnahbares.[73] Bei Sengle orientierten sich die Arbeitsbeziehungen dagegen am hierarchischen Modell des »liberalen Patriarchen«.[74] Als im Kontext der vielgestaltigen Reformbemühungen an der deutschen Universität der späten 1960er Jahre die etablierten Lehrformen und Lehrveranstaltungstypen als unzulänglich bewertet wurden, konnte Sengle dieser Kritik nicht viel abgewinnen.[75] Szondis Verhältnis zu den Reformversuchen war ebenfalls distanziert, er erkannte darin jedoch auch einen positiven Sinn. Das neu gegründete Institut für Allgemeine und Vergleichende Literaturwissenschaft an der Freien Universität Berlin konzipierte er als Gegenwelt einer sich zunehmend bürokratisierenden und vermassenden Universität. Im Gegensatz zu Sengle stand er der Abschaffung etablierter Lehrformen wie der Vorlesung und der Entwicklung neuer Lehrtypen wie etwa von Arbeitsgemeinschaften aufgeschlossen gegenüber – auch weil er im Umgang kolloquial und paritätisch sein wollte und die Lehre eher als Anleitung zum Selberlernen verstand.

Es handelt sich also bei Sengle und Szondi um Geisteswissenschaftler, die sehr verschiedene Lebensschicksale hatten. Nicht minder auffällig ist, wie stark die alltäglichen Praktiken, Geistesarbeit zu betreiben, bei beiden divergieren. Die diametrale Opposition kam in dem Moment zum Ausdruck, als die Frankfurter Universität in einem Berufungsverfahren den Münchner Ordinarius Sengle darum bat, die Leistungen des Bewerbers Szondi zu begutachten, und dieser mit Datum vom 13. Oktober 1964 seine despektierliche Einschätzung vorlegte:

Peter Szondi ist […] [w]egen seiner publizistischen Erfolge (Theorie des modernen Dramas, 3. Aufl., Übersetzung ins Italienische) und seiner verfrühten Habilitation in Berlin […] so etwas wie ein verwöhntes Starlet am junggermanistischen Himmel geworden. Der Literaturwissenschaft, so werden wir belehrt, ist ›das Moment des Fragens, mithin der Erkenntnis … abhanden gekommen‹ … Und wie kommen wir zur Erkenntnis? ›Es darf nicht übersehen werden, daß jedem Kunstwerk ein monarchischer Zug eigen ist, daß es nach der Bemerkung Valérys – allein durch sein Dasein alle anderen Kunstwerke zunichte machen möchte … ein Kunstwerk behauptet, daß es unvergleichbar ist … wohl aber verlangt es, daß es nicht verglichen werde. Dieses Verlangen gehört als Absolutheitsanspruch zum Charakter jedes Kunstwerks … und die Literaturwissenschaft darf sich darüber nicht einfach hinwegsetzen, wenn ihr Vorgehen ihrem Gegenstand angemessen, d.h. wissenschaftlich sein soll.‹ (Zur Erkenntnisproblematik in der Literaturwissenschaft, Neue Rundschau 1962 S. 149f., 156f.). Entsprechend diesem Programm gebärdet sich Peter Szondi in der Tat höchst monarchisch und absolutistisch. Er hat damit erreicht, daß er aufgefallen ist. Die Alten fühlen sich an alte Zeiten erinnert; mit Grauen, denn sie haben erfahren, daß sich in der Wissenschaft Theorie und Toleranz nicht voneinander trennen lassen. Die Jungen bemerken entsetzt, ›daß man sich in Berlin mit einer Seminararbeit habilitieren kann‹ (Versuch über das Tragische, Insel Verlag, Frankfurt 1961) und sie selbst es so viel schwerer haben. Übrigens hat es wegen dieser Habilitation auch in Berlin selbst Auseinandersetzungen gegeben; sie wurde von manchen Kollegen als germanistisches Verfallssymptom bewertet. Ich selbst dramatisiere den Fall nicht in dieser Weise und meine, daß aus dem vermutlich begabten Kollegen noch etwas werden kann, wenn er seine wissenschaftliche und menschliche Position überprüft. Vorläufig halte ich ihn, auch als Lehrer, noch nicht für lehrstuhlreif.[76]

Das Frankfurter Berufungsverfahren ist bereits vor einigen Jahren Gegenstand einer Feuilleton-Kontroverse gewesen.[77] An den obigen Bemerkungen wäre vieles eingehender zu kommentieren: Die Vorstellung, dass »publizistische[] Erfolge« und die Tatsache, »aufgefallen« zu sein, etwas Anstößiges haben; die Überzeugung, dass es einen ›richtigen‹ Zeitpunkt für das Habilitieren gibt; die Auffassung, dass es für einen ›Junggermanisten‹ ungehörig sei, bereits ein »Programm« zu haben; die vollkommen ungedeckte Insinuation, Szondis programmatischer Theorieanspruch habe etwas Antidemokratisches und Intolerantes; die Mitteilung von Gerüchten bezüglich des Berliner Habilitationsverfahrens [→ Kap. 1, 9 u. 10] und schließlich die merkliche Ausweitung der Kritik über die fachliche Dimension hinaus auf eine »menschliche«.

Im Rahmen unserer praxeologischen Perspektive kommt noch ein weiterer Punkt hinzu: Wie hat Sengle den massiven Gutachtenaufwand überhaupt bewältigt? Sengle konnte die fast unüberschaubare Anzahl von Publikationen der Bewerber nicht alle Zeile für Zeile lesen, sondern beauftragte Mitarbeitende des eigenen Lehrstuhls, von allen Bewerbern, die in dem Frankfurter Verfahren zu begutachten waren, umfassendere Bibliografien zu erstellen und die zentralen Werke zusammenzufassen. Alle Szondi-Passagen, die er in dem obigen Gutachten zitiert, sind der maschinenschriftlichen Zusammenfassung seiner Mitarbeiterin Marie-Luise Gansberg entnommen.[78] [Abb. 2[79]]

Zudem hat sich Sengle das Urteil Gansbergs über die »sogn. Hab.-Schrift« Szondis, die »[e]igentlich bloße Vorarbeiten und Notizen zu einer Unters.[uchung]« enthalte,[80] in seinem Gutachten zu eigen gemacht. Aus praxeologischer Perspektive verweist die von ihm vorgenommene Delegation von Lektüre auf eine Vielzahl bis heute relevanter Fragen: Wie werden Begutachtungspraktiken in den Geisteswissenschaften koordiniert? Wie werden gutachterliche Lektüren in diesem Zusammenhang organisiert? Und welche Kriterien sind bei derartigen Evaluationsarbeiten leitend? Welche Praktiken aus einem Praxisgefüge darf man überhaupt an andere Personen delegieren? Derartigen Fragen möchten wir in unserem Buch anhand der Archive von Sengle und Szondi nachgehen.

Ein letzter Aspekt, in dem sich Sengle und Szondi auf charakteristische Weise voneinander unterscheiden, betrifft einen wichtigen Punkt: das Verhältnis zu »Theorie« als einem privilegierten Bearbeitungsmodus aller Probleme der »Praxis« [→ Kap. 12-15]. Nicht zufällig ist einer der wenigen publizistischen Orte, an denen Friedrich Sengle und Peter Szondi gemeinsam ›erschienen‹ sind, ein 1973 veröffentlichter Band, der sich der »methodologischen Gärung« in der Germanistik widmet.[81] Während darin von Szondi der Aufsatz über die Hölderlin-Philologie und das Problem der Parallelstellenme-

3 -

Der Titel der Göttinger Antrittsvorlesung ist täuschend:
Der andere Pfeil. Zur Entstehungsgeschichte von Hölderlins hymnischem Spätstil. Insel-Verlag 1963, 35 S.
Erläutert wird hier vielmehr nur die Hymne "Wie wenn am Feiertage", bs. die letzten fragmentarischen Zeilen. S. versucht hier durch Heranziehung der Prosafassung, Parallelstellen, Gedichte, die in der gleichen Handschrift stehen (Hälfte des Lebens) den Text zu erhellen. Nicht sehr ergiebig.

Recht bezeichnend für einen Teil der heutigen jüngeren Literaturwissenschaft, die nur das allgemeine Mißtrauen gegen die Germanistik nährt, ohne einen Blick für die wirkliche Misere zu haben (was auf viele Studenten Eindruck macht), ist der Aufsatz:
Zur Erkenntnisproblematik in der Literaturwissenschaft. N.Rds.1962,S.146-65
S. konstatiert in der deutschen Lit.wissenschaft das Fehlen eines hermeneutischen Bewußtseins, was einmal damit zus.hängt, daß dem Lit.wissenschaftler "das Moment des Fragens, mithin der Erkenntnis...abhanden gekommen..ist", "das Forschen ist zum bloßen Suchen geworden..mehr Kenntnis als Erkenntnis" (149 f). Im Unterschied zu der angelsächsischen Lit.wissenschaft, die schon durch die Bezeichnung "literary criticism" zum Ausdruck bringt, "daß sie ihr Geschäft nicht als Wissenschaft versteht", vielmehr kritische Tätigkeit betont, berücksichtigt die deutsche zu wenig, "daß die Erkenntnis von Werken der Kunst ein anderes Wissen bedingt ..als es die übrigen Wissenschaften kennen...,daß das philologische Wissen auch vom historischen sich grundsätzlich unterscheidet." "Der dreißigjährige Krieg und ein Sonett von Gryphius werden so wenig auf gleiche Weise zum Gegenstand des Wissens, daß die Geschichtswissenschaft in diesem Punkt den exakten Naturwissenschaften näher als der Literaturwissenschaft zu stehen scheint. Was die Lit.wissenschaft gegenüber der Geschichtswissenschaft kennzeichnet, ist die unverminderte Gegenwärtigkeit auch noch der ältesten Texte, während die Geschicht wissenschaft ihren Gegenstand, das vergangene Geschehen, aus der Ferne der Zeiten in die Gegenwart des Wissens, außerhalb dessen es nicht gegenwärtig ist, hereinholen muß und kann, ist dem philologischen Wissen immer schon die Gegenwart des Kunstwerks vorgegeben, an dem es sich stets von neuem zu bewähren hat...Dem philologischen Wissen ist ein dynamisches Moment eigen, nicht bloß, weil es sich, wie jedes andere Wissen, durch neue..Erkenntnisse ständig verändert, sondern weil es nur in der fortwährenden Konfrontation mit dem Text bestehen kann.."(147f)
"Es darf nicht übersehen werden, daß jedem Kunstwerk ein monarchischer Zug eigen ist, daß es - nach einer Bemerkung Valerys - allein durch sein Dasein alle anderen Kunstwerke zunichte machen möchte...ein Kunstwerk behauptet, daß es unvergleichbar ist..wohl aber verlangt es, daß es nicht verglichen werde. Dieses Verlangen gehört als Absolutheitsanspruch zum Charakter jedes Kunstwerks...und die Lit.wissenschaft darf sich darüber nicht einfach hinwegsetzen, wenn ihr Vorgehen ihrem Gegenstand angemessen,d.h.wissenschaftlich sein soll" (156 f).
Der Isolationswillen des Phänomenologen (bzw. der der Dichtungsauffassung eines Heidegger-Staiger-Gadamer) wird freilich korrigiert durch die hegelianische Komponente seines Denkens und so fährt er denn fort:
"Sie wird es freilich tun müssen, sobald es ihr nicht mehr um die Erkenntnis des Einzelwerks, sondern um die Erkenntnis eines Oeuvre, eines Zeitstils oder einer geschichtlichen Entwicklung geht. Diese Überschau indessen darf erst aus der Summe des Begriffenen Einzelnen hervorgehen, keineswegs sollte die Erkenntnis des Besonderen verwechselt werden mit dessen Subsumption unter ein historisch Allgemeines...denn nicht selten erwecken historische Arbeiten den Anschein, als wolle ihr Verfasser der intensiven Versenkung in das Einzelne Kunstwerk aus dem Wege gehen..." (157) Und: "So daß einzig die Betrachtungsweise dem Kunstwerk ganz gerecht wird, welche die Geschichte im Kunstwerk, nicht aber die, die das Kunstwerk in der Geschichte zu sehen erlaubt..." (156)

Abb. 2: Marie-Luise Gansberg: Bibliografie und Zusammenfassung der Schriften Szondis.

thode wiederabgedruckt wird, gelten die wiederabgedruckten Aufsätze Sengles dem Verhältnis von Literaturgeschichte und Literaturkritik und den Problemen der Literaturgeschichtsschreibung. Auch wenn für beide die Theoriebedürftigkeit der Literaturwissenschaft in den 1960er und 1970er Jahren außer Frage stand, gab es doch nicht den einen krisenhaften »methodologische[n] Umbruch«, der einen gemeinsamen Weg in »das schwierige Terrain der Methodologie oder gar Theorie« hätte motivieren können.[82] Dafür unterscheidet sich die ›Politik‹ von Szondi und Sengle zu sehr.

Wir wollen also gerade nicht behaupten, dass Szondi und Sengle idealtypische Geisteswissenschaftler waren, und dies schon deswegen nicht, weil die Geisteswissenschaften sich durch eine große disziplinäre Vielfalt auszeichnen. Verallgemeinerungen, so unsere generelle Empfehlung, sollten nur sehr vorsichtig vorgenommen werden. Manchmal lassen sich unvorsichtige Formulierungen kaum vermeiden, wenn es stilistisch nicht umwegig werden soll – das ist ein gutes Beispiel für die Anforderungen, die sich bei der Moderation diverser Normen einstellen [→ Kap. 10]. Gewählt aber haben wir Szondi und Sengle vor allem deswegen, weil sie sich in ihren theoretischen Vorlieben, methodischen Perspektiven, fachpolitischen Positionierungen und politischen Präferenzen so tiefgreifend voneinander unterscheiden und weil sich diese Unterschiede anhand ihrer Archive im Detail herausarbeiten lassen. Sengle und Szondi erinnern gewissermaßen immer daran, dass die Praxis ein breites Spektrum an Möglichkeiten anbietet. So entgeht man der Gefahr, die Vielfalt der literaturwissenschaftlichen Praxis einzuebnen. Anhand von zwei möglichst kontrastiven literaturwissenschaftlichen Leitbeispielen möchten wir in Grundzügen zeigen, wie wir uns eine angemessene praxisorientierte Thematisierung geisteswissenschaftlicher Arbeit insgesamt vorstellen. Darin also, im Umgang mit den gewählten Beispielen, liegt der exemplarische Anspruch unserer Studie, nicht oder nur bei Gelegenheit in den Beispielen selbst.

Die Stabilität der Praxis

Szondi und Sengle eignen sich schließlich auch deswegen gut dazu, ein Spektrum der Praxis aufzuzeigen, weil sie auf die Longue Durée jener Transformationen verweisen, durch die die Geisteswissenschaften sich heute unter Druck gesetzt sehen: darunter die Ausweitung des Hochschulzugangs und die damit einhergehende Transformation vieler Geisteswissenschaften zu ›Massenfächern‹, die Internationalisierung der Hochschullandschaft oder die Umstellung der Forschungsförderung auf Kollektivforschung. Neben den medienhistorischen Veränderungen dürften insbesondere diese Entwicklungen die Frage aufwerfen, was die 1960er, 70er und 80er Jahre uns heute noch zu sagen haben. Dass Sengle und Szondi also unter den Bedingungen zu arbeiten beginnen, in denen sich die aktuelle Situation des Wissenschaftsbetriebs angebahnt hat, ist ein günstiger Umstand für Spiegelungen.

Die Frage, inwiefern Affinitäten zur Gegenwart unterstellt werden können, führt jedoch zu einem grundlegenden Problem praxeologischer Ansätze, zu der Frage nämlich, wie träge man sich die Praxis vorstellen sollte. Betont die Praxeologie nicht zu sehr Formen der Überlieferung im persönlichen Kontakt und die darüber angewöhnten Umgangsformen, die unter Bedingungen eines sich reformierenden Wissenschaftsbetriebs gerade zu Zeiten Szondis und Sengles bereits in Verruf geraten waren? In der Zeitschrift *unireport* erschien im Juni 1969 unter dem Titel »Die Liebesverhältnisse der Assistenten« eine anonyme Attacke auf den Münchner Ordinarius Walter Müller-Seidel, der sich kurz zuvor über die aktuelle Situation der Assistenten geäußert hatte.[83] Neben einer Werbeanzeige, die den »Neue[n] Rote[n] Katechismus« als »›Mao-Bibel‹ des Westens« bewarb, forderte der anonyme Autor den Professor auf, er »möge in Zukunft in Dingen, die ihn nicht angehen, sein Maul halten«.[84] Der Ordinarius habe nämlich gar nicht wirklich vor, der »totale[n] Abhängigkeit und Unmündigkeit« der wissenschaftlichen Mitarbeiter abzuhelfen: »Die totale Abhängigkeit und Unmündigkeit des Assistenten, der meist verheiratet ist und Kinder zu ernähren hat, bringt jene Rückgratverkrümmungen hervor, die bei den immerwährenden Kreach-ins der wissenschaftlichen Mitarbeiter, die ihren Professoren nachzockeln, so eklig-lustig ins Auge fallen. Der Assistent gewöhnt sich schnell daran wachend und schlafend sich zu fragen ›ob er mich noch liebhat?‹«[85]

Zweifellos gibt es in der Praxis Gewöhnungsprozesse, deren Fortführung man sich nicht wünschen kann. Muss der Versuch, die Praxis in ihrer Eigenlogik zu erkunden, aber nicht letztlich darauf hinauslaufen, sie immer schon als mehr oder weniger vernünftig ausweisen zu wollen? Ist die praxisorientierte Perspektive also konservativ? Wer die meisten Krisennarrative, die die Wahrnehmung der Geisteswissenschaften prägen, für oberflächlich hält, gewinnt leicht den Ruf, das Modell einer eigentlich ›krisenfreien‹ oder doch wenigstens ›krisenfesten‹ akademischen Praxis zu propagieren. Die Wissenschaftshistorikerin Lorraine Daston hat in ihren wegweisenden praxishistorischen Überlegungen eine Art Doppelstruktur vorgeschlagen: Ja, auf der Oberfläche sehe es häufig so aus, als würden Geisteswissenschaften wie die Geschichte hauptsächlich Theorie-Krisen produzieren, in den disziplinären Tiefenstrukturen herrsche jedoch dessen ungeachtet ein breiter Praxis-Konsens.[86] Die Praxis wird hier zu einem tiefer liegenden Stabilitätsgaranten, auf dessen fester Basis man sich Meinungsunterschiede, Pluralität und Heterogenität gönnen kann. Auch das bereits skizzierte Konzept eines Praxiskollektivs (*community of practice*) bringt die Vorstellung mit sich, dass die Praktiken als Garanten der Stabilität einer ›Gemeinschaft‹ aufzufassen sind: Den diversen ›Krisen‹ der konfligierenden Diskurse kann die Kontinuität einer ›gemeinsamen‹ Praxis entgegengesetzt werden.

Ohne auf das von Daston entwickelte Modell näher einzugehen, haben Rachel Sagner Buurma und Laura Heffernan für einen ähnlichen Ansatz plädiert: Die beiden Literaturwissenschaftlerinnen werben für eine neue Perspektive auf die Geschichte der angloamerikanischen Literaturstudien, die sich nicht mehr an den schrillen Theoriedebatten, sondern am viel unauffälligeren ›Lehrarchiv‹ orientieren soll. Wer bloß die Theorie fokussiere, müsse unausweichlich das Bild einer fragmentierten Literaturwissenschaft gewinnen, die von Gegnerschaften und tiefen Brüchen geprägt sei; wer dagegen die alltägliche Praxis in den Blick nehme, sehe eher die Verbindungen und Kontinuitäten.[87] Im Rückgriff auf archivalisch überlieferte Quellen wie etwa Seminarpläne entwerfen Sagner Buurma und Heffernan deshalb eine Disziplingeschichte, in der Theoriedissense eher Oberflächenphänomene sind, die in der bislang vernachlässigten langen und robusten Tradition einer eigenständigen Lehrpraxis verankert sind.[88] Man kann sich hier schon die Frage stellen, ob damit die Robustheit der Literaturwissenschaft nicht überbetont wird.[89]

Wie damit sichtbar wird, weisen manche praxisorientierten Ansätze eine stabilitätsaffine Grundorientierung auf. Sie betonen den routinehaften und beständigen Charakter von Praktiken. Damit reagieren sie auch auf kurrente Dekadenzdiagnosen, die aus der methodischen, theoretischen und thematischen Vielfalt der Geisteswissenschaften umgehend Entgrenzungsphänomene und Auflösungstendenzen ableiten möchten. Und tatsächlich machen derartige Diagnosen kaum verständlich, warum überfachliche Großformationen wie ›die Geisteswissenschaften‹ oder Disziplinen wie ›die Geschichtswissenschaft‹ nach wie vor über eine relativ feste Identität verfügen – in der Regel lässt sich nämlich sagen, wann man ›dazugehört‹, was man dafür tun muss und welche Aktivitäten Zugehörigkeit eher in Frage stellen. Diese relative Stabilität einer komplexen Praxis dürfte insbesondere dann deutlich werden, wenn die eher innovationsorientierten Forschungspraktiken im Kontext von strukturell eher beharrungskräftigen Lehr- und Verwaltungspraktiken analysiert werden.[90]

Bestehen also gewisse Ähnlichkeiten zwischen einigen Strängen der Praxistheorie und einem philosophischen Konservatismus? Wie der Soziologe Michael Strand bemerkt, heben beide Perspektiven bestimmte Aspekte sozialen Agierens deutlich hervor: die historische Verankerung und irreversible Zeitlichkeit sowie die Körperlichkeit und Materialität des Tuns oder auch die spezifische Alltäglichkeitsrationalität und den unausweichlichen faktischen Vollzugscharakter des Agierens. Auch bestehen beide Perspektiven auf bestimmte Grenzen: Grenzen der vollständigen Rationalisierbarkeit, Selbsttransparenz und Selbstreflexivität unseres Agierens sowie Grenzen der Überführung von praktischen Vollzügen in Regelkataloge und Methodenhandbücher, Grenzen auch der Explizierbarkeit des Tuns und von Programmatik und Planung im Hinblick auf komplexe Praxisgefüge. Derartige Affinitäten lassen sich aber nicht ohne Weiteres in ›politische‹ Haltungen ausmünzen.[91] Dazu bedarf es vielmehr einer Praxis des ›Politisierens‹ von Theorie und Methoden, die selbst Gegenstand unserer Rekonstruktionen sein wird.

Wer eine praxissensible Perspektive einnimmt, legt sich weder darauf fest, dass eine bestimmte etablierte Praxis unausweichlich und für immer festgeschrieben wäre, noch, dass den bestehenden Praktiken pauschal diese oder jene normative Kraft zukommen oder jede Intervention in die Praxis immer schon als illusorisch abgetan werden müsste. Praxisorientierte Ansätze können neben der Routine auch die intrinsische Kreativität des permanenten

Praktizierens zur Geltung kommen lassen. Sie können das »Unberechenbarkeitselement« der Praxis berücksichtigen, mithin das »Potential für die Unberechenbarkeit des Verstehens und Verhaltens des Einzelnen und für die kulturelle Transformation der Praxis«.[92] So gewinnen Momente wie Instabilität, Wandelbarkeit und Innovation an Gewicht.[93] Skeptisch stimmen sollten aber Varianten der Praxistheorie, die einseitig den singulären Ereignischarakter von Praxisvollzügen betonen und die soziale Welt auf eine fluktuierende, variierende, sich immer wieder neu und einzigartig ereignende Vollzugswirklichkeit reduzieren;[94] oder bestimmte dekonstruktive Spielarten, die den stabilisierenden Aspekt der Wiederholung von Praktiken so tiefgreifend problematisiert, dass die Praxis per se instabil erscheint.[95] Fokussiert man nur die Unberechenbarkeits- und Variationselemente der Praxis, wird es für eine historische Betrachtungsweise von Praktiken schwierig, den Eindruck stabiler Strukturbildungen angemessen zu berücksichtigen.

Passender erscheint uns die Frage danach, an welchen Stellen Wandel und Abweichung gepflegt werden, welche Bereiche sich innovationsaffin verhalten und an welchen Stellen der Praxis eher Routine herrscht. Gerade in der Geschichte der Geisteswissenschaften finden sich zahlreiche Beispiele dafür, dass programmatisch eine starke Variation einer gängigen Praxis, möglicherweise sogar ein Bruch mit allem Bisherigen forciert wird, dass die faktisch vollzogenen Praktiken sich gegenüber diesen Variationsansprüchen aber als auffällig unresponsiv erweisen. Eindrucksvolle Untersuchungen zur literaturwissenschaftlichen Interpretationspraxis verweisen darauf, dass selbst Innovationsprogramme, die gezielt auf eine tiefgreifende Veränderung unseres gesamten Umgangs mit Literatur zielen, bestimmte praktische Routinen kaum oder gar nicht tangieren: So wird einerseits programmatisch der »Tod des Autors« propagiert, andererseits in der alltäglichen Interpretationspraxis unablässig mit der Autorkategorie weitergearbeitet [→ Kap. II].[96] Diese Stabilität von Praktiken, die sich empirisch beobachten lässt, resultiert vermutlich vielfach daraus, dass eine Praktik sich immer in einem komplexen Gefüge von Praktiken bewegt. Für einen umfassenden Wandel reicht also die Veränderung einer Praktik nicht aus, vielmehr müssen sich erst sehr viele Praktiken gemeinsam verändern und in neue Beziehungen zueinander treten. Tiefgreifende Veränderungen in dieser Hinsicht ergeben sich bei nicht-trivialen

Praktiken eher langfristig und langsam und nicht vornehmlich, wie selbst einige Praxistheoretiker glauben, von einem ereignishaften Praxisvollzug auf den nächsten.

Die Geisteswissenschaften befinden sich im Moment gewiss in einem starken und vielschichtigen Wandel (Digitalität, Infrastrukturen, Institutionen, Selbstverständnis usw.), aber dieser Wandel wird heute meist aus der Perspektive der Gegenwart beobachtet und diskutiert. Die historische Betrachtung geisteswissenschaftlicher Praktiken, wie wir sie in diesem Buch anhand von zwei Protagonisten der Germanistik und der Vergleichenden Literaturwissenschaft vor allem der 1960er und 1970er Jahre vornehmen, sollen die Augen für langfristige und weitausgreifende Transformationsprozesse der Geisteswissenschaften öffnen. Diese unscheinbaren Transformationsprozesse betreffen das gesamte Gefüge der Praktiken, die geisteswissenschaftliches Arbeiten ausmachen: das Lesen, Schreiben, Vortragen, Diskutieren und Publizieren; die Organisation akademischer Räume und Zeiten; das Evaluieren von eigenen und fremden Leistungen; das Delegieren und Zuarbeiten in Kollektiven; die Nutzung von Instrumenten und Infrastrukturen; das Austarieren von Anwesenheit und Abwesenheit in Forschung und Lehre; das Arbeiten am individuellen Einzelobjekt oder das Generalisieren im Zuge von ›Theorie‹ und vieles mehr.

Dieses intrikat verknüpfte und permanent auszubalancierende Alltagsgefüge, das die Geisteswissenschaften ausmacht, lässt sich nicht von einem privilegierten Punkt aus ›beobachten‹ oder ›steuern‹, und die Fälle, von denen aus eine Praxis erschlossen wird, lassen sich stets nur in bestimmten Hinsichten verallgemeinern. Wir werden daher im Folgenden vieles nicht thematisieren können, was uns eigentlich wichtig ist, wie etwa Effekte des akademischen Kapitalismus,[97] die zu neuen Krisenbegriffen wie der »Metrifizierung« der Wissenschaft[98] und zu neuen Krisendiagnosen wie der Erschöpfung der Akteure führen;[99] oder die Auswirkungen des von der Digitalisierung angetriebenen massiven Wandels der Publikationsregime in den Geisteswissenschaften.[100] Auch wir sind strukturell von der vielfältigen Praxis der Geisteswissenschaften überfordert. Wir hoffen allerdings, dass wir Aspekte eines Modells für die Beschreibung der Geisteswissenschaften vorstellen, das sich auch für die Diskussion der ausgesparten Fragen als anschluss- und ergänzungsfähig erweist.

Die Geisteswissenschaften, so wie wir sie vorfinden, können jedenfalls nicht, wie sich das technokratisch gestimmte Politikerinnen und Politiker und Verwaltungen gelegentlich vorstellen, von einem Jahr aufs andere in die eine oder andere Richtung ›reformiert‹ werden. Dies heißt wohlgemerkt nicht, dass es keinen Reformbedarf gäbe, sondern nur, dass alle Verbesserungsvorschläge ›der Geisteswissenschaften‹ und ihrer Disziplinen ins Leere laufen werden, solange wir uns von saisonal auflodernden Krisendiagnosen einnehmen lassen und nicht die Energie investieren, praktische Arbeitsformen angemessen einzubeziehen, um deren alltägliche Komplexität, produktive Diversität, organisatorische Eigenlogik und multiple Krisenanfälligkeit zu verstehen. Wenn es also so etwas wie eine implizite ›Politik‹ der Praxis gibt, dann ist es aus unserer Sicht eine des langen Atems und des geduldigen Bohrens dicker Bretter.

Unsere praxisorientierten Erkundungen der Geisteswissenschaften möchten ein erster Schritt sein, das, was wir im akademischen Alltag als Geisteswissenschaftlerinnen und Geisteswissenschaftler praktisch unentwegt tun, in seiner verblüffenden inneren Verbundenheit transparent zu machen. Wir verstehen unsere Ausführungen zur »Praxeologie der Geisteswissenschaften« nicht als in jedem Punkt verallgemeinerbare Darstellung. Es geht uns, um es noch einmal zu betonen, um eine bestimmte Art und Weise, Geisteswissenschaften in den Blick zu nehmen und darüber zu schreiben: mit genauem Augenmerk auf die archivalischen Quellen, in detaillierter Rekonstruktion von konkreten Praktiken und Arbeitszusammenhängen und mit einem gewissen Grundmisstrauen gegenüber programmatischen Aussagen mit großem Reichweitenanspruch. Wir wissen, dass wir nur einen Ausschnitt präsentieren und etwa den geisteswissenschaftlichen Umgang mit bildlichen oder musikalischen Quellen vernachlässigen, dass Aspekte der Lehramtsausbildung zu kurz kommen, dass die Unterschiede zwischen universitären und außeruniversitären Lehr- und Forschungsinstitutionen an den Rand gerückt sind und dass wir zu wenig Platz haben, um die Genese einer Scientific Persona und deren soziale und nicht zuletzt ökonomische Voraussetzungen und Bedingungen konzise zu rekonstruieren. Wir hoffen aber zu verdeutlichen, dass die Auslassungen und Schwerpunktsetzungen Methode haben und sich gleichwohl ein Gesamteindruck von dem ergibt, was die meist stillschweigende Praxis des geisteswissenschaftlichen Arbeitsalltags ausmacht.

Auch die für diesen Band gewählte Darstellungsform hat Methode: Fokussiert werden in den folgenden Kapiteln immer bestimmte Aspekte, die sich durch ein internes Verweissystem zu diversen ›größeren‹ Praxisformationen verknüpfen. Da keine Praktik prinzipiell besondere Privilegien genießt oder einen fundamentaleren Charakter als die anderen Praktiken aufweist, kann man sich dieses Buch nicht nur in der von uns vorgeschlagenen Reihenfolge erschließen, sondern auch frei den Verknüpfungen der Praktiken folgen und das Buch entsprechend kreuz und quer lesen – die Querverweise deuten auf jene Stellen, an denen ein nur skizzierter oder vorausgesetzter Aspekt ausführlicher behandelt wird. Allerdings: Letztlich verhält es sich hier wie mit der Praxis selbst, die auch nur in ihrer Gesamtheit ihr Sinngefüge wirklich preisgibt.

Die Einheit unseres Buchs impliziert damit auch eine These dazu, wie wir uns geisteswissenschaftliche ›Arbeitseinheiten‹ (eines Fachs oder Fächerverbunds) vorstellen: als Ergebnis der Verbindung von heterogenen und limitierten Kompetenzen und Wissensbeständen unterschiedlicher Personen. Man kann weniges sehr gut, einiges gut und vieles so weit, dass man nicht unangenehm auffällt oder zumindest weiß, wann es besser ist, sich aus der Sache herauszuhalten. So etwas wie (inter-)disziplinäre Identität ergibt sich nicht daraus, dass man am ›Kern‹ eines Fachs partizipiert – das Bild von einer Disziplin oder einer Fächergruppe als Struktur mit Zentrum und Peripherie führt in die Irre. Ausschlaggebend ist vielmehr, dass man auf Grundlage unterschiedlicher theoretischer Interessen, diverser sachlicher Spezialisierungen und eines gewissen Artikulations- und Verhaltensrepertoires in vielen (nie in allen!) Hinsichten für andere Personen mit ebenfalls breit gestreuten Fähigkeiten und Interessen als relevantes Gegenüber erscheint.

Man gehört dann etwa zu Leuten, die Narratologie betreiben, aber auch zu solchen, die sich für die Frühe Neuzeit interessieren, auch wenn da gerade vor allem Dramen oder gelehrte Traktate in den Blick genommen werden. Oder man kennt sich sehr gut bei Caravaggio aus und wird als Koryphäe zu Kongressen über Kirchenmalerei oder die Patronagesysteme der Frühen Neuzeit eingeladen, obwohl dort niemand mitwirkt, der sich mit den neuesten Bildakttheorien befasst, die man gerade mit anderen Kolleginnen und Kollegen in einem Sammelband diskutiert hat. Die Einheit eines Fachs teilt sich somit nicht in homogene Zonen, die für jeweils eine Gruppe verbindlich sind, der man ausschließlich angehört, und die dann gemeinsam mit anderen eine Art Baukasteneinheit bilden. Vielmehr geht sie aus der Heterogenität verteilter, überlappender und einander kreuzender Aktivitäten als Verbund mit losen Rändern hervor – so wie unser Buch und die Auffassung von Geistesarbeit, die wir damit vermitteln möchten.

1. Geisteswissenschaftliches Arbeiten

Im Oktober 1959 zog Peter Szondi von Zürich nach Berlin, um an der Freien Universität eine außerordentliche Professur zu vertreten.[1] Die Promotion lag fünf Jahre zurück; die daraus erwachsene[2] *Theorie des modernen Dramas* war bei Suhrkamp bereits in der zweiten Auflage erschienen. Am 21. Juni 1960 reichte er beim Dekan der Philosophischen Fakultät der FU sein Habilitationsgesuch mit dem Ziel ein, die »venia legendi für Deutsche Philologie und Allgemeine Literaturwissenschaft« zu erlangen.[3] Am 29. November gelangte die zuständige Kommission zu einem positiven Urteil über die Qualifikationsschrift, die später unter dem Titel *Versuch über das Tragische* berühmt wurde: Die »Habilitation von Herrn Szondi« erschien ihr »insbesondere auch auf Grund der Kenntni[s] der Person und des geistigen Ranges von Herrn Szondi durchaus wünschenswert«. Das Verfahren endete am 22. Februar 1961 mit der Erteilung der »venia legendi für das Fachgebiet Deutsche Philologie«.[4] Im Rahmen dieser Prüfungsprozedur musste Szondi einen Vortrag halten, für den die zuständige Kommission das zweite Thema auf seiner Vorschlagsliste auswählte: »Kleists ›Lustspiel nach Molière‹«.[5]

Die Geistesarbeit an der Kleist-Interpretation beschränkt sich aber nicht auf diesen einen Vortragstermin im Rahmen einer akademischen Inititationssituation und ihrer spezifischen Beobachtungsverhältnisse. Es ist ein archivalischer Glückfall, dass die umfassende Überlieferung der Interpretationsarbeit uns sowohl Einblicke in ein breites Spektrum geisteswissenschaftlicher Praktiken gewährt als auch eine komplexe Textbiografie offenlegt: Aus dem erfolgreichen »Colloquiumsvortrag« des Habilitationsverfahrens wurde 1961 zunächst ein Beitrag für die renommierte literaturhistorische Zeitschrift *Euphorion*.[6] Drei Jahre später erstellte Szondi mit Hilfe von Jean und Mayotte Bollack[7] eine Übersetzung für die *Revue des Sciences Humaines*, in der er den Text für ein französisches Publikum einrichtete.[8] Parallel dazu entstand auf der Grundlage des *Euphorion*-Beitrags eine überarbeitete Buchfassung.[9] Diese Vorlage wurde von den Herausgebern von Szondis postum edierten gesammelten *Schriften* (1978) verwendet und – in Übereinstimmung mit vorherigen Überarbeitungstendenzen des Autors – an die neue

Umgebung der Werkausgabe angepasst.[10] Notizen zur Kleist-Interpretation finden sich jedoch schon zuvor, und zwar weder im Qualifikations- noch im Forschungs- oder Werkzusammenhang, sondern in Szondis Seminarunterlagen. Grundlegende Ideen entwickelten sich also im Rahmen der akademischen Lehre. Eine erste konzentrierte Deutung von Kleists *Amphitryon* hatte Szondi zudem bereits 1954 in der Besprechung einer Theateraufführung für den Hessischen Rundfunk skizziert und zwei Jahre später in der *Neuen Zürcher Zeitung* erneut veröffentlicht.[11]

Szondis Textfassungen tauchten mithin nicht nur an unterschiedlichen Positionen des Wissenschaftssystems auf. Sie ergaben sich in unterschiedlichen Umgebungen, in mehr oder weniger gesuchter Kooperation mit unterschiedlichen Akteuren, übernahmen unterschiedliche Funktionen und wurden bei unterschiedlichen Gelegenheiten, in unterschiedlichen Publikationsgattungen und Medien veröffentlicht: In der akademischen Lehre stützten Manuskripte die mündliche Präsentation; dem Habilitationsvortrag lag eine maschinenschriftliche Fassung zugrunde, die handschriftlich verbessert wurde; die Zeitschriften- und Buchfassung basierte auf weiteren Überarbeitungen. Auf jeder Stufe – am Anfang mehr, am Ende weniger – nutzte Szondi die Möglichkeiten zur Veränderung seiner Interpretation. Dass diese Textbiografie so gut überliefert ist und so viele Zeugnisse hinterlassen hat, ist außergewöhnlich. Auch die Prüfungssituation der Habilitation brachte (zeit-)spezifische Bedingungen mit sich. Die Verfahrensweise aber, die fieberhafte Unruhe, das wiederholte Arbeiten und Überarbeiten, der Umgang mit diversen Materialien und Medien sowie die funktionale, personale und institutionelle Diversität sind in vielen Hinsichten bis heute typisch für die geisteswissenschaftliche Praxis sowie für die »Arbeit des Interpreten«.[12]

Insbesondere an den diversen Varianten seines Habilitationsvortrags hat Szondi geradezu exzessiv gearbeitet und dabei Spielräume, Abweichungsmöglichkeiten und Alternativen ausprobiert. Die erste Fassung des Typoskripts (M1)[13] wird maschinenschriftlich verändert (M2), darauf folgen mit Füllfeder und Kugelschreiber zwei[14] handschriftliche Durchgänge (H3 u. H4).[15] Sie bilden die Grundlage für eine maschinenschriftliche Reinschrift (M5),[16] die erneut handschriftlich verändert wird (H6). Dieses bearbeitete Typoskript bildet eine Station auf dem Weg zur Zeitschriftenfassung

(Z7), von der wiederum die Buchpublikation (B8) abweicht. Ab der fünften Fassung verändern sich Details. Im ersten Entwurf des Habilitationsvortrags geht es jedoch im wahrsten Sinn des Wortes noch drunter und drüber [Abb. 1].

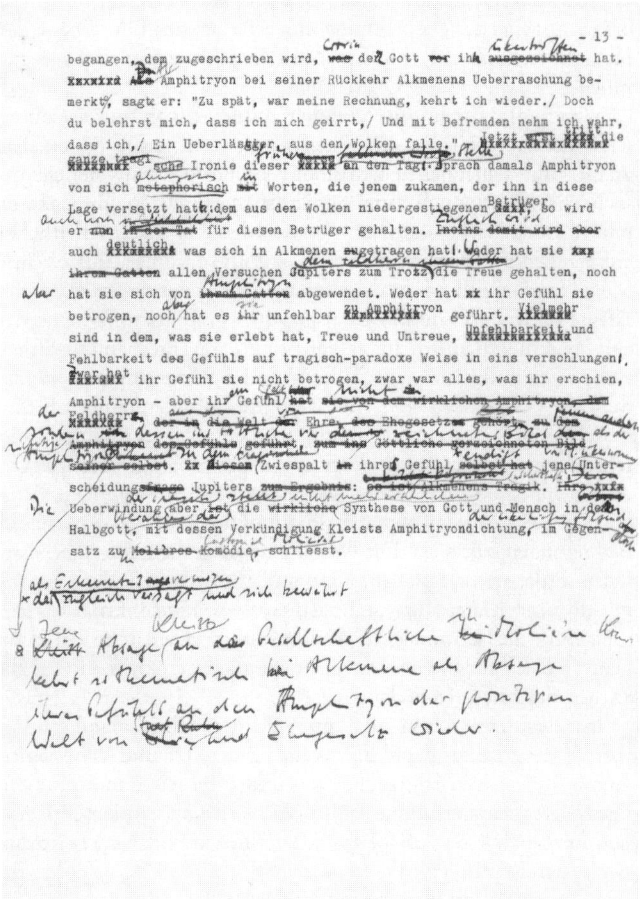

Abb. 1: »Korrekturexemplar« von Peter Szondis Habilitationsvortrag.[17]

Das Deutsche Literaturarchiv führt die entsprechenden Fassungen als »Korrekturexemplare«. Was aber meint das hier genau? Dokumentieren die Textfassungen ein sich perfektionierendes Verständnis der Quelle? Nähert Szondi seinen Text im Lauf der Zeit an eine ›bessere‹ Interpretation an? Welche Rolle spielen dann die durch unterschiedliche räumliche, soziale oder mediale Bedingungen geprägten Situationen und Gelegenheiten, in denen sich diese Interpretationen einstellen, und wie verhält sich die fortlaufende Formulierungsarbeit dazu? Wir wollen die gute Quellenlage einleitend dazu nutzen, um uns einen ersten Eindruck davon zu verschaffen, wie man sich die geisteswissenschaftliche Alltagspraxis der Textarbeit vorzustellen hat und worin die Herausforderungen liegen.

Nicht alles lässt sich dabei verallgemeinern: Die Praxis des Interpretierens vollzieht sich in unterschiedlichen wissenschaftlichen Disziplinen als durchaus eigentümliche Verbindung von Praktiken mit eigenen Gepflogenheiten, Spielräumen, Vorlieben etc. In den Literaturwissenschaften etwa spielen Interpretationen eine wichtigere Rolle als in vielen anderen Fächern. Interpretationstexte verfügen in diesen Kontexten über besondere Gattungsmerkmale, die sich zudem historisch verändern. Dies gilt nicht zuletzt für die emphatische Auffassung des literaturwissenschaftlichen Interpretierens, die Szondis Doktorvater Emil Staiger prominent vertrat und die in den 1960er Jahren im Zuge der sogenannten Szientifizierung der Geisteswissenschaften methodologisch, theoretisch und wissenschaftspolitisch unter Druck geriet.[18] Einige Besonderheiten des Interpretierens lassen sich bei Szondi auf das persönliche, mit den politischen Zeitläuften unauflösbar verbundene Lebensschicksal eines jüdischen Intellektuellen zurückführen, das seine »philologische Leidenschaft des Differenzierens« auszeichnet und zugleich schwer belastet.[19] Unabhängig davon weist seine Kleist-Deutung einige Charakteristika des wissenschaftlichen Arbeitens auf, die sich damals fächerübergreifend beobachten lassen. Dies betrifft etwa bestimmte sprachlich-stilistische Merkmale, die Art und Weise, wie mit Referenzen und Fußnoten umgegangen wird [→ Kap. 7], oder den Einsatz von Medien wie der mechanischen Schreibmaschine, der heute antiquiert wirkt.

Bei allen zeittypischen Besonderheiten zeichnen sich an Szondis beharrlicher Suche nach guten und passenden Formulierungen jedoch auch viele Aspekte ab, die für Wiedererkennungseffekte und für eine bemerkenswerte Kontinuität bis heute sprechen. Dies gilt eben nicht zuletzt für den Aufwand, den er betreibt, weil er sich mit seinen Leistungen so unzufrieden und zugleich von seinen Aktivitäten so angeregt zeigt, dass er immer wieder darauf zurückkommt. Wir wollen zunächst einen konkreten Eindruck von diesem Arbeitsaufwand vermitteln, von der körperlich-geistigen Unruhe kleiner Aktivitäten, die den geisteswissenschaftlichen Alltag bestimmen, von denen die Umwelt so gut wie nichts mitbekommt und deren Sinn und Zweck die involvierten Personen nur schwer jemandem vermitteln können, der nicht irgendwie ähnlich agiert und das für normal hält. In einem zweiten Schritt werden wir diese ebenso unscheinbare wie aufwendige Praxis als Hinweis auf die unauflösliche Verbindung von Sach- und Sozialdimensionen deuten sowie auf die komplexen Passungsbemühungen, die daraus folgen. Worum es aus Perspektive dieser Praxis ›eigentlich‹ geht, erklärt sich jedenfalls nicht dadurch, dass die Beteiligten einfach die Augen öffnen und dann schriftlich festhalten, was sie beobachten, sondern indem Forschende nach Formulierungen suchen, die in so vielen Hinsichten als passend oder unpassend wahrgenommen werden können, dass eine strukturelle Überforderung an der Tagesordnung ist.

Bereits der Beginn von Szondis Kleist-Interpretation zeigt etwas von der fieberhaften Unruhe des Formulierungsprozesses: In M1 lauten die ersten Sätze zunächst folgendermaßen [Abb. 2[20]]:

1807, während Kleist unter falschem Verdacht von den Franzosen gefangen gehalten war, erschien in Dresden ein Buch, dessen Titelblatt zum ersten Mal seinen Namen trug: Heinrich[21] von Kleists Amphitryon, ein Lustspiel nach Molière. Herausgegeben von Adam Müller. Ein Lustspiel nach Molière, es ist, als habe der Untertitel ein Jahrhundert lang die Aufmerksamkeit der Betrachter zu fesseln gewusst.

Mit der Schreibmaschine verändert Szondi in der Fassung M2 an dieser Stelle »seinen Namen« in »den Namen des Dichters«. Handschriftlich (H3) greift er radikaler in den Text ein:

Im Frühjahr 1807, während Kleist unter falschem Verdacht sich in französischer Gefangenschaft befand, erschien in Dresden das Buch, dessen Titelblatt zum ersten Mal den Namen des Dichters trug: Heinrich von Kleists Amphitryon, ein Lustspiel nach Molière. Herausgegeben von Adam Müller – Ein Lustspiel nach Molière – Es ist, als hätten diese vier Worte ein Jahrhundert lang die Aufmerksamkeit der Betrachter zu fesseln gewusst.

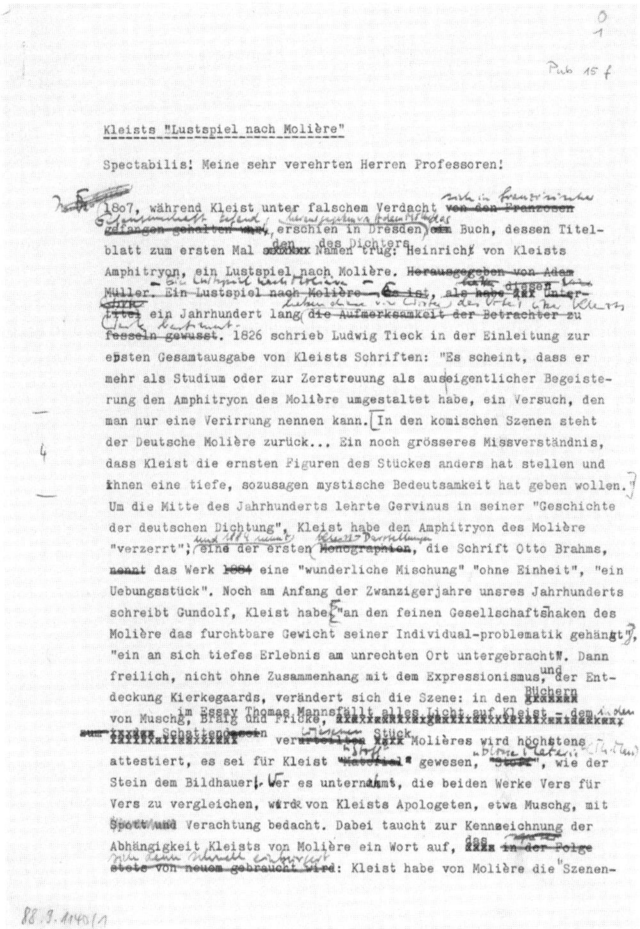

Kleists "Lustspiel nach Molière"

Spectabilis! Meine sehr verehrten Herren Professoren!

1807, während Kleist unter falschem Verdacht von den Franzosen gefangen gehalten war, erschien in Dresden ein Buch, dessen Titelblatt zum ersten Mal den Namen des Dichters trug: Heinrich von Kleists Amphitryon, ein Lustspiel nach Molière. Herausgegeben von Adam Müller. Ein Lustspiel nach Molière – es ist, als habe dieser Untertitel ein Jahrhundert lang die Aufmerksamkeit der Betrachter zu fesseln gewusst. 1826 schrieb Ludwig Tieck in der Einleitung zur ersten Gesamtausgabe von Kleists Schriften: "Es scheint, dass er mehr als Studium oder zur Zerstreuung als aus eigentlicher Begeisterung den Amphitryon des Molière umgestaltet habe, ein Versuch, den man nur eine Verirrung nennen kann. In den komischen Szenen steht der Deutsche Molière zurück... Ein noch grösseres Missverständnis, dass Kleist die ernsten Figuren des Stückes anders hat stellen und ihnen eine tiefe, sozusagen mystische Bedeutsamkeit hat geben wollen." Um die Mitte des Jahrhunderts lehrte Gervinus in seiner "Geschichte der deutschen Dichtung", Kleist habe den Amphitryon des Molière "verzerrt"; eine der ersten Monographien, die Schrift Otto Brahms, nennt das Werk 1884 eine "wunderliche Mischung" "ohne Einheit", "ein Uebungsstück". Noch am Anfang der Zwanzigerjahre unsres Jahrhunderts schreibt Gundolf, Kleist habe "an den feinen Gesellschaftshaken des Molière das furchtbare Gewicht seiner Individual-problematik gehängt", "ein an sich tiefes Erlebnis am unrechten Ort untergebracht". Dann freilich, nicht ohne Zusammenhang mit dem Expressionismus und der Entdeckung Kierkegaards, verändert sich die Szene: in den Büchern von Muschg, Braig und Fricke, im Essay Thomas Manns fällt alles Licht auf Kleist – dem Schatten ... verurteilten Stück Molières wird höchstens attestiert, es sei für Kleist "Material" gewesen, "Stoff", wie der Stein dem Bildhauer. Wer es unternimmt, die beiden Werke Vers für Vers zu vergleichen, wird von Kleists Apologeten, etwa Muschg, mit Spott und Verachtung bedacht. Dabei taucht zur Kennzeichnung der Abhängigkeit Kleists von Molière ein Wort auf, das in der Folge stets von neuem gebraucht wird: Kleist habe von Molière die "Szenen-

Abb. 2: »Korrekturexemplar« von Peter Szondis Habilitationsvortrag.

Der zweite Durchgang (H4) führt zu dieser Fassung:

1807, während Kleist unter falschem Verdacht sich in französischer Gefangenschaft befand, erschien in Dresden, herausgegeben von Adam Müller, das Buch, dessen Titelblatt zum ersten Mal den Namen des Dichters trug: Heinrich von Kleists Amphitryon, ein Lustspiel nach Molière. – Ein Lustspiel nach Molière – ein Jahrhundert lang haben diese vier Wörter das Urteil über Kleists Werk bestimmt.

Die handschriftliche Korrektur (H6) der maschinenschriftlichen Reinschrift (M5) verschiebt das nachgestellte »sich« nach vorn und probiert Positionen für eine Passage aus (s.u.). Die daraus resultierende Variante bildet die Grundlage für die Zeitschriftenausgabe (Z7), die an dieser Stelle mit der Buchfassung (B8) übereinstimmt:[22]

1807, während sich Kleist unter falschem Verdacht in französischer Gefangenschaft befand, erschien in Dresden, herausgegeben von Adam Müller, das Buch, dessen Titelblatt zum ersten Mal den Namen des Dichters trug: *Heinrich von Kleists Amphitryon, ein Lustspiel nach Molière.*

Ein Lustspiel nach Molière – die vier Wörter haben ein Jahrhundert lang das Urteil über Kleists Werk bestimmt.

Es lässt sich nun viel über die Gründe für diese unterschiedlichen Varianten spekulieren. Vielleicht dient etwa die Wendung vom Aktiv ins Passiv im ersten Satz dazu, das Verhältnis von Deutschland und Frankreich besser zu fassen, also jene Korrelation, die mit dem Vergleich von Kleist und Molière auch im Zentrum der Textinterpretation steht.[23] Vielleicht vermeidet die veränderte Position des »sich« die stilistisch offensive Zuordnung zur Frankfurter Schule, die die Nachstellung des Reflexivpronomens parodiereif gepflegt hat.[24] Vielleicht gehen einige Veränderungen aufs Konto der Präsentationsformen sowie der verwendeten Medien: Anders als der Vortragstext muss der Lesetext den Buchtitel auszeichnen. Vielleicht soll der neu eingefügte Absatz eine Pause im Textrhythmus visuell markieren und damit still den Tonfall angeben, wobei die Wiederholung des Buchtitels zu einer mündlichen Akzentuierung geradezu einlädt. Und vielleicht wird die Eröffnungsvolte auch einfach nur rhetorisch zugespitzt, indem sich für den Kleist-Herausgeber Adam Müller ein anderer Platz findet, sodass alles auf *den* Kleist'schen Buchtitel hinausläuft.

Vielleicht – entscheidend aber ist zunächst, dass ohne Kenntnis der Abweichungen kein Anlass dazu besteht, die beiden Eingangssätze, egal in welcher Fassung, für problematisch zu halten. Der Kern der Aussagen bleibt erhalten. Oder genauer: Viele der Veränderungen lassen sich – von außen gesehen – nicht oder zumindest nicht allein aus der für jeden ersichtlichen Sache heraus begründen. Besonders deutlich wird diese ›Unsachlichkeit‹ der Textarbeit etwa am letzten Satz der zitierten Passage, in der eine Position mehrfach wechselt: In der Reinschrift M5 heißt es zunächst »ein Jahrhundert lang haben diese vier Wörter das Urteil über Kleists Werk bestimmt«; dann vertauscht Szondi in einer handschriftlichen Korrektur die Wortstellung (»die(se)[25] vier Wörter haben ein Jahrhundert lang das Urteil über Kleists Werk bestimmt«), um in einer weiteren Korrektur die ursprüngliche Fassung doch wieder zu bestätigen. Auch diese Variante bleibt nicht stehen: Die Zeitschriften- und Buchfassungen gehen entgegen dieser Entscheidung wieder auf die alternative Formulierung zurück.

Man sieht, wie engagiert und intensiv ein Literaturwissenschaftler, der hier als Interpret arbeitet, seinen Text ein- und ausrichtet, welchen Aufwand es also in den Geisteswissenschaften bedeuten kann, die Formulierungen richtig und treffend zu gestalten. Wir wissen leider nichts darüber, wie sich dieses Engagement bei Szondi in den typisch unscheinbaren Regungen des Schreibtischarbeiters gespiegelt hat, im umherirrenden Blick, wenn der Formulierungsfluss stockt, in der Hand, die durchs Haar fährt, den Fingern, die sich vor dem Gesicht falten oder auf der Tischplatte trommeln, der Hand, die das Kinn stützt, den wippenden Füßen, in Gesten also der Konzentration, der Rat- und Rastlosigkeit.[26] Immerhin erahnen lässt sich, wie Szondi während der Arbeit zu verschiedenen Büchern greift, um etwa in einer Kleist-Ausgabe den Dramentext von *Amphitryon* umfangreich mit Anstreichungen und Kommentaren zu versehen,[27] um in einer anderen Ausgabe nach Briefstellen zu suchen und aus einer dritten Zitate anzuführen [→ Kap. 25]. Wir können in Ansätzen rekonstruieren, wie er das Blatt in die Schreibmaschine einspannt, dann mit dem Füller in der Hand den Text durchsieht, das Blatt erneut einzieht und vielleicht schon während dieser Überarbeitung auf der Walze mit Kugelschreiber nachjustiert. Ebenfalls wissen wir, welche Forschungsliteratur Szondi konsultiert hat und wie unterschiedlich sie von ihm für seine Belange ausgewertet wurde. Und immerhin vermuten lässt sich, wie er während der allmählichen Formulierung seiner Gedanken beim Lesen und Schreiben in seiner blauen Kladde mit Exzerpten herumgeblättert und die Notate abgearbeitet hat, um einzelne Gedanken zu übernehmen, Forschungsallianzen und -konkurrenzen zu identifizieren und seine eigene Haltung zu profilieren [→ Kap. 18].

Auf der einen Seite also hat man es mit einem Interpreten zu tun, der sich ebenso unscheinbar wie intensiv engagiert. Auf der anderen Seite zeichnen sich die peniblen Akzentverschiebungen, die Szondi vornimmt, durch erhebliche Kontingenz aus – es könnte mit großer Wahrscheinlichkeit so, aber auch anders formuliert sein, ohne dass es jemandem unangenehm aufgefallen wäre. Dem Autor eines solchen Textes geht es in vielen Hinsichten um den sachlich richtigen Ausdruck, aber wohl auch um Nuancen und Akzente, die über die Stimmigkeit von Wörtern und Wortkombinationen entscheiden. Offenbar liegt dafür jedoch kein festgelegter, zwingender Kriterienkatalog vor. Merkt man einem Text diesen Hintergrundaufwand an? Spielt diese Unruhe im Vorfeld für das Habilitationsverfahren eine Rolle, obwohl mit großer Sicherheit die Venia Legendi auch im Fall der Wahl einer alternativen Fassung des Habilitationsvortrags verliehen worden wäre?

Szondi war sich dieser umständlichen Arbeitsweise durchaus bewusst. Als er in anderem Zusammenhang auf eine ausführliche, nicht zuletzt stilistische Kritik an seiner Dissertation reagierte, bat er darum, »die Vielzahl der Perspektiven« in Betracht zu ziehen, die ihn zu dieser oder jener Wendung veranlasst haben.[28] Charakteristisch ist für die Selbstbeobachtung, dass dabei die Kontingenzen des eigenen Arbeitens nicht ins Spiel kommen. An der Niederschrift liegt dem Verfasser so viel, dass penible Aufmerksamkeit und angestrengte Formulierungsarbeit hoch reflektiert darauf verwendet werden. Aber hat er die Alternativen wirklich unter Kontrolle? Es fällt aus Beobachterperspektive jedenfalls schwer, stets den einen triftigen Grund für das enorm engagierte Hin und Her der Wortfindung sowie für genau diese oder jene Wortentscheidung zu bestimmen. Niklas Luhmann bemerkte dazu:

Auch Wissenschaftler müssen, wenn sie publizieren wollen, Sätze bilden. In der dafür notwendigen Wortwahl herrscht jedoch ein für die meisten Leser unvorstellbares Maß an Zufall. Auch die Wissenschaftler selbst machen sich dies selten klar. Der weitaus größte Teil der Texte könnte auch anders formuliert sein und würde auch anders formuliert sein, wenn er am nächsten Tag geschrieben worden wäre.[29]

Das klingt etwas zu dramatisch. Denn erkennt man bei aller Variabilität nicht doch sehr gut, ob es sich um einen sozial- oder geisteswissenschaftlichen Text handelt, weil er typische Merkmale aufweist? Und könnte es sein, dass ausgerechnet Luhmann an dieser Stelle »Zufall« und »Kontingenz« verwechselt? Zu den überraschendsten Ergebnissen einer (vorläufigen) quantitativen Untersuchung von Zeitschriftenbeiträgen aus den Bereichen Literaturwissenschaft, Geschichtswissenschaft und Soziologie zählt jedenfalls, dass sich Texte dieser Fächer sehr gut selbst dann unterscheiden lassen, wenn man sich auf vergleichsweise kleine Mengen der am meisten verwendeten Wörter beschränkt, zu denen vorwiegend Funktionswörter zählen,[30] sodass die fachterminologischen Unterschiede nicht mehr ins Gewicht fallen. Dies gilt auch, wenn man lediglich die Abfolge von Wortklassen berücksichtigt, also die ›Baupläne‹ für typische Phrasen im linguistischen Sinn (z. B. Nominalphrasen).[31] Ganz so zufällig geht es wohl doch nicht zu.

Im Sprachgebrauch deutet sich also durchaus an, ob man es mit jemandem vom Fach zu tun hat. Dies gilt jedoch in geisteswissenschaftlichen Disziplinen, die typischerweise über lockere Darstellungskonventionen verfügen, weniger für einzelne Wörter. Oder anders formuliert: Geisteswissenschaftliche Prosa würden menschliche Leserinnen und Leser anhand von Wortlisten vermutlich weniger gut als wissenschaftlichen Text erkennen als Beiträge aus anderen Wissenschaften. Sie kann erstaunlich gut ohne Fachterminologie auskommen, auch wenn es immer wieder Bemühungen gegeben hat, dies zu ändern, oder umgekehrt immer wieder der Vorwurf des akademischen Jargons im Raum steht. Aus den weniger rigiden Vorgaben für das, was einen ›richtigen‹ Text ausmacht, ergeben sich jedenfalls Formulierungsspielräume. Eine gewisse schriftstellerische Lässigkeit wäre mithin durchaus plausibel. Szondi sieht dies jedoch offenkundig anders. Für ihn sind selbst Feinheiten der Wortwahl und Wortstellung so bedeutend, dass er einen erheblichen Formulierungsaufwand betreibt – obwohl er sich die Mühe vermutlich auch hätte sparen können, ohne dass es jemandem aufgefallen wäre.

Um ein naheliegendes Missverständnis zu vermeiden: Natürlich verändern Autorinnen und Autoren ihre Texte, um Fehler zu beseitigen, weil eine Quelle besser verstanden wurde, die Argumentation dadurch klarer wird oder aus anderen offenkundig epistemisch relevanten Gründen. Entscheidend ist jedoch, dass zugleich viele andere Faktoren die Textarbeit beeinflussen und für einen schlüssigen Eindruck sorgen: Neben sachlichen Erwägungen können Aspekte der sozialen Zuordnung, der Ausrichtung auf Präsentationsformen oder auch Stil- und Geschmacksentscheidungen ausschlaggebend sein. Die Herausforderungen, vor die sich geisteswissenschaftliches Arbeiten in einer unscheinbaren, von außen sowohl schwer verständlichen als auch in der Regel unsichtbaren Weise gestellt sieht, sind immens. Man würde diese unterschiedlichen Dimensionen mit der schlichten Verpflichtung auf Wahrheit als Leitwert der Wissenschaft nicht gut erfassen, denn Szondis Habilitationsvortrag wird von Fassung zu Fassung nicht einfach ›wahrer‹ oder ›richtiger‹, aber er wird für den Autor im Vollzug der Praxis in vielen Hinsichten besser: stimmiger, treffender, plausibler oder eben insgesamt *passender*, und zwar in Bezug sowohl auf den Gegenstand als auch auf die – in einem möglichst umfassenden Sinn verstandenen – Interpretations- und Publikationsgelegenheit.

Vier grundsätzliche Aspekte geisteswissenschaftlichen Arbeitens lassen sich dabei erkennen, auf die wir im Folgenden immer wieder zurückkommen werden: Forschungsresultate ergeben sich – erstens – nicht allein als Leseeffekt, sondern aus der komplexen Verschränkung von Aktivitäten, in diesem Fall des Lesens und Schreibens. In einer Praxis verbinden sich mithin verschiedene Praktiken und müssen passend arrangiert werden. Diese Prozesse verlaufen – zweitens – nicht nur linear, sondern auch in Schleifen. Bei wiederholter Hinsicht kann sich der Eindruck ergeben, eine Formulierung, die zunächst treffend erschien, müsse überarbeitet werden.[32] Die Formulierungsarbeit vollzieht sich in vielen Rückblicken, in Reaktion auf gerade gefallene Entscheidungen und in Spekulationen auf die Zukunft, bei denen etwas ausprobiert wird und in der einen Situation als passend erscheint, während sich diese Einschätzung bei anderer Gelegenheit nicht mehr einstellt. Die handwerkliche Seite dieser Passungsprozesse im Hantieren mit Notizzetteln, Büchern, Kopien, Dateien etc. verweist – drittens – darauf, dass intersubjektive und interobjektive Dimensionen in der Praxis eng miteinander verwoben sind [→ Kap. 17]: Die Gegenständlichkeit von Formulierungen ermöglicht und provoziert die wiederholte Bezugnahme, sodass sich unter anderem die Frage stellt, wie medienspezifisch oder -indifferent Praktiken vollzogen werden. In gewisser Weise laufen diese Arbeiten routiniert ab. Zugleich aber zeigen sich – und das ist der vierte wichtige Aspekt – Momente der Unbestimmtheit und Ungewissheit, der überraschenden Verunsicherung und nicht vorbedachten Lösungen, die für die Praxis ebenso charakteristisch sind wie ihre Gewohnheiten [→ Einleitung].[33]

Es ist analytisch und rückblickend möglich und sinnvoll, hier Aspekte auseinanderzuhalten – eine Standardkritik an praxeologischen Untersuchungen besteht darin, dass sie mit ihren Begriffen zu viel auf einmal bezeichnen. Man könnte so etwa »*räumliche*« und »*zeitliche*« Faktoren, die Einfluss auf die Interpretationspraxis nehmen, von »*publikations- und wissenschaftsstrategische*[*n*]« oder von »*stilistisch-rhetorische*[*n*]«, »*argumentationsstrategische*[*n*]« und »*kommunikationsstrategische*[*n*] *Gründen*« unterscheiden, und natürlich sollte man auch in Betracht ziehen, dass Interpreten bisweilen schlicht Fehler begehen.[34] Im Vollzug sind solche Aspekte jedoch miteinander verknüpft, und gerade deswegen fällt es so schwer zu erläutern, warum die Interpretationsarbeit genau so oder eben anders verläuft.

Dass sich also bei Szondi der inhaltliche Gewinn von außen schwer benennen lässt, bedeutet nicht, dass es dem Verfasser etwa ›nur‹ um stilistische oder rhetorische und nicht auch um gedankliche oder argumentative Nuancierungen ging. Die Implikationen seiner Aktivitäten lassen sich durchaus aspektweise explizieren, rationalisieren und dann auch mit guten Gründen kritisieren. Darin aber liegt nicht die Pointe von praxeologischen Konzepten wie »Know-How«, »prozeduralem« oder »implizitem Wissen«, »tacit« oder »Personal Knowledge«. Sie wollen die Aufmerksamkeit vielmehr darauf lenken, dass unterschiedliche Faktoren die Praxis *zugleich* und *wechselseitig* bestimmen.[35] Vorsichtiger ausgedrückt: Sie weisen auf die Gefahr hin, dass retrospektive Analysen etwas unterschätzen, was Könnerschaft ausmacht: im Vollzug der Praxis einzelne Aspekte *immer* im Licht vieler anderer Aspekte zu berücksichtigen [→ Kap. 18]. Diese noch dunklen Formulierungen sollen vorab schon einmal darauf hinweisen, dass rhetorische und strategische Auffassungen von Praxis wissenschaftliches Arbeiten nicht gut erfassen. Um es schlicht zu formulieren: Man stellt nicht *zuerst* fest, was richtig ist, um *dann* jene Formulierungen zu wählen, die

– je nach vorab kalkuliertem Ziel – bei einer bestimmten *Community* am besten ankommen. Vielmehr entscheidet sich bereits in der Art und Weise, wie das Richtige festgestellt wird, ob und wo man jemals gut ankommen wird. Personen, die auf rhetorische oder strategische Effekte setzen, fallen daher wegen ihrer ›aufgesetzten‹ Praxis eher unangenehm auf.

Eine weitere Herausforderung besteht darin, dass die Praxis in sich uneben ist. Gemeint ist damit, dass im Vollzug entschieden werden muss, was an einer bestimmten Stelle angesichts prinzipiell beschränkter Ressourcen mehr und was weniger relevant sein soll: So ist nicht alles, wofür gute Sachgründe vorliegen, in der Praxis passend, und nicht für alles, was unbegründet erscheint, gilt das Gegenteil. Einige Praktiken dienen offenkundig der Erreichung des Ziels, das sich in einer Praxis ergibt, andere verhalten sich – womöglich nur auf den ersten Blick – indifferent zu solchen Absichten. Könnte man sie also auch sein lassen, ohne Sinn und Zweck einer Praxis zu verfehlen? Kämen die wohlbegründeten und zweckdienlichen Praktiken ohne all das »Getue«[36] und das Drumherum aus, das sich – wie etwa die Formulierungsarbeit Szondis – in gewissen Hinsichten als kontingent und sachlich eher locker begründet erweist? Allein aus arbeitsökonomischen Erwägungen liegt die Vermutung nahe, dass es sich um keine lässliche Anstrengung, sondern um den Versuch handelt, etwas in Einklang mit Überzeugungen zu bringen, die die passende Auffassung des Objekts und seiner Position in der Welt betreffen.[37] Es hängt dann von solchen »*Bezugsrahmen*« oder »Bezugssystem[en]« ab,[38] ob bestimmte Akteure mit einer Praktik etwas anfangen können, während sie anderen nichtssagend erscheint. Praktiken, die von Know-How zeugen, müssen nicht nur »*zueinander*«, sondern *zugleich* »*zu uns*« passen.[39]

2. Soziale Praktiken

Wenn alles gut geht, erscheinen Praktiken aus der Teilhaberperspektive sinnvoll und zweckmäßig – anders wäre Szondis Formulierungssorgfalt, zu der ihn niemand aufgefordert hat, kaum zu erklären: Es versteht sich für ihn von selbst, diesen bemerkenswerten Arbeitsaufwand zu betreiben. Von außen gesehen wirken die Intensität und Akribie, mit der Szondi um die angemessenen Worte ringt, jedoch leicht befremdlich, nicht zuletzt deswegen, weil sich nur schwer sagen lässt, worin der sachliche Gewinn liegt [→ Kap. 1]. Diese Diskrepanz von Teilnehmer- und Beobachterperspektive deutet darauf hin, wie eng in der Praxis Sach- und Sozialdimensionen verbunden sind.[1] Worum es geht, leitet sich nicht aus den für jeden ersichtlichen Gegebenheiten ab. Was als sachlich gilt, erweist sich vielmehr in einem konkreten »Problemlösungszusammenhang« [→ Kap. 18], und die Bearbeitung eines Problems betrifft immer auch das Fortbestehen jenes sozialen Zusammenhangs, in dessen Kontext sich Fragen ergeben.[2]

Was aber bedeutet ›sozial‹ bei der Praxis eines Autors wie Peter Szondi, den man sich für lange Zeiträume seines Lebens als einsame Person am Schreibtisch vorstellen muss und der ein durchaus distanziertes Verhältnis zu Universität gepflegt hat?[3] So gibt es – im grundlegenden Unterschied zu anderen geisteswissenschaftlichen Arbeitszusammenhängen [→ Kap. 3-5] – in den Quellen keine Hinweise auf eine zweite oder gar dritte Hand, die zuliefernd, redigierend oder korrigierend zur Formulierungsarbeit an Szondis *Amphitryon*-Deutung beigetragen oder ihn dazu gedrängt hätte, immer weiterzumachen. Nachdem wir uns in einem ersten Schritt darauf konzentriert haben, einen Eindruck von der Mühsal kleiner Aktivitäten zu vermitteln, wollen wir genauer auf die prinzipiell soziale und kooperative Dimension der geisteswissenschaftlichen Praxis eingehen. In beiden Hinsichten scheinen uns die vorliegenden Phänomene weniger gut beschrieben, wenn man sie als gedankliche Verwirklichung einer Person begreift, besser hingegen, wenn man sie als Eintritt in einen kollektiven und kollaborativen Handlungszusammenhang und -prozess auffasst und von dort aus erklärt.[4]

Wenn wir im vorangegangenen Kapitel im Blick auf die Moderationsanforderungen vom Bemühen um *passende* Aktivitäten gesprochen haben, dann ist dies nicht so zu verstehen, als gehe es darum, einen Text stromlinienförmig zu gestalten. Dass die Formulierungsarbeit typischerweise nicht in einem ersten Schwung gelingt, der dann vielleicht nur mehr nachgebessert werden müsste, sondern sich in vielen wiederholten Anläufen vollzieht, lässt sich insgesamt als Indiz dafür auffassen, dass stets eine große Menge von Aspekten und Faktoren interagieren, und dies bedeutet auch: Der ganze Vorgang lässt sich wegen der Komplexität der Vermittlungsanforderungen nicht als vorab kalkulierte und in diesem engen Sinn strategische sowie strikt zielgerichtete Operation verstehen. Wollte man zu Beginn einer Interpretation alle möglichen Bezüge berechnen und vorab wissen, worauf alles am Ende hinauslaufen soll, würde das Interpretieren womöglich nie beginnen.

Gegen eine schlicht opportunistische Deutung von Passungsprozessen spricht dabei, dass sich das andauernde und stetige Ringen um stimmige Formulierungen immer auch darum bemüht, richtig und gegebenenfalls radikal vom etablierten Meinungsbestand abzuweichen. Während Szondi anfangs etwa eine sprachwissenschaftliche Studie noch für »durchaus ernst zu nehmen« hält, streicht er im Lauf der Arbeit diese Bemerkung und zählt die Untersuchung später zu den Publikationen, die Kleists Drama schlicht kategorial verfehlen.[5] Nachdem er sich auf diese Weise eine Forschungssituation zurechtgelegt hat, aus der sich seine Aufgabe ergibt, distanziert er sich schließlich dezidiert von Friedrich Gundolf, also von dem renommiertesten der von ihm angeführten Literaturwissenschaftler, der somit auch über den höchsten Abgrenzungswert verfügt. Es handelt sich bei dieser Stelle um eine besonders intensiv bearbeitete Passage. Das schriftstellerische Engagement zeigt sich hier nicht zuletzt in der anspruchsvollen Verschränkung des Medieneinsatzes, denn normalerweise funktioniert das Zusammenspiel von Schreibmaschine und Stift arbeitsteilig: Die Maschinenschrift stabilisiert Formulierungen, die Handschrift flexibilisiert sie in teils mehrfachen Überarbeitungen. In dieser Passage finden die handschriftlichen Veränderungen jedoch nicht nach den maschinenschriftlichen Fixierungen statt, sondern beides spielt ineinander,[6] sodass die Textarbeit auch handwerklich aufwendiger wird. Bereits ein oberflächlicher Blick auf das unruhige Schriftbild des Vortragsmanuskripts genügt, um einen Eindruck von der kleinteiligen, sich mehrfach selbst in Frage stellenden und mit sich unzufriedenen Modellierung des eigenen Standpunkts zu bekommen [Abb. 1].[7]

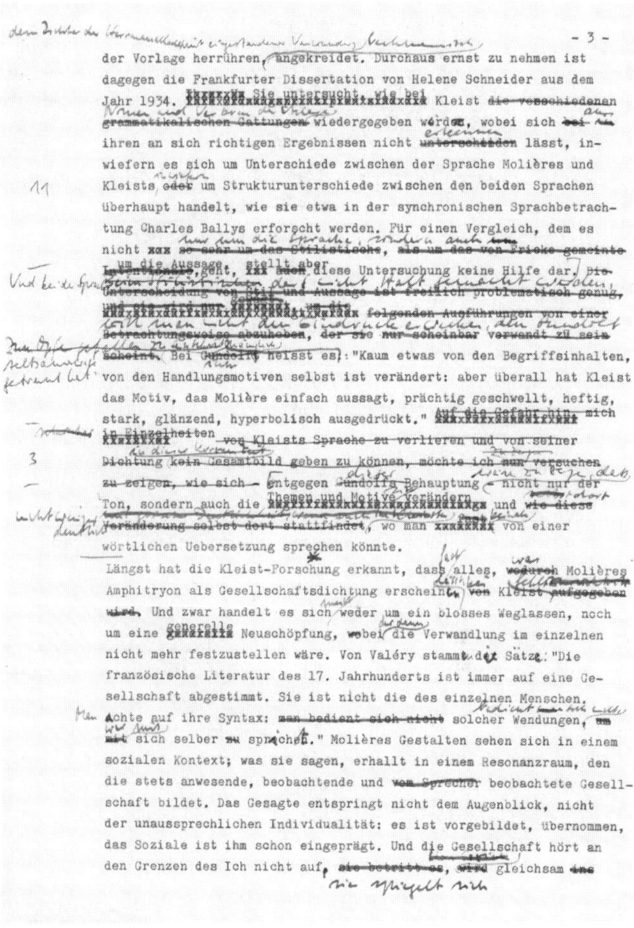

- 3 -

der Vorlage herrühren, angekreidet. Durchaus ernst zu nehmen ist dagegen die Frankfurter Dissertation von Helene Schneider aus dem Jahr 1934. Sie untersucht, wie bei Kleist die verschiedenen grammatikalischen Gattungen wiedergegeben werden, wobei sich bei ihren an sich richtigen Ergebnissen nicht unterscheiden lässt, inwiefern es sich um Unterschiede zwischen der Sprache Molières und Kleists oder um Strukturunterschiede zwischen den beiden Sprachen überhaupt handelt, wie sie etwa in der synchronischen Sprachbetrachtung Charles Ballys erforscht werden. Für einen Vergleich, dem es nicht so sehr um das Stilistische, als um das von Fricke gemeinte um die Aussage, stellt aber Intentionale geht, diese Untersuchung keine Hilfe dar. Die Unterscheidung von Stil und Aussage ist freilich problematisch genug, folgenden Ausführungen von einer Betrachtungsweise abzuheben, der sie nur scheinbar verwandt zu sein scheint. Bei Gundolf heisst es: "Kaum etwas von den Begriffsinhalten, von den Handlungsmotiven selbst ist verändert: aber überall hat Kleist das Motiv, das Molière einfach aussagt, prächtig geschwellt, heftig, stark, glänzend, hyperbolisch ausgedrückt." Auf die Gefahr hin, mich in Einzelheiten von Kleists Sprache zu verlieren und von seiner Dichtung kein Gesamtbild geben zu können, möchte ich nun versuchen zu zeigen, wie sich – entgegen Gundolfs Behauptung – nicht nur der Ton, sondern auch die Themen und Motive verändern und wie diese Veränderung selbst dort stattfindet, wo man von einer wörtlichen Uebersetzung sprechen könnte.

Längst hat die Kleist-Forschung erkannt, dass alles, wodurch Molières Amphitryon als Gesellschaftsdichtung erscheint, von Kleist aufgegeben wird. Und zwar handelt es sich weder um ein blosses Weglassen, noch um eine generelle Neuschöpfung, wobei die Verwandlung im einzelnen nicht mehr festzustellen wäre. Von Valéry stammt der Satz: "Die französische Literatur des 17. Jahrhunderts ist immer auf eine Gesellschaft abgestimmt. Sie ist nicht die des einzelnen Menschen. Achte auf ihre Syntax: man bedient sich nicht solcher Wendungen, um mit sich selber zu sprechen." Molières Gestalten sehen sich in einem sozialen Kontext; was sie sagen, erhallt in einem Resonanzraum, den die stets anwesende, beobachtende und vom Sprecher beobachtete Gesellschaft bildet. Das Gesagte entspringt nicht dem Augenblick, nicht der unaussprechlichen Individualität: es ist vorgebildet, übernommen, das Soziale ist ihm schon eingeprägt. Und die Gesellschaft hört an den Grenzen des Ich nicht auf, sie betritt es, wird gleichsam ins

Abb. 1: »Korrekturexemplar« von Peter Szondis Habilitationsvortrag.[8]

Genau an dieser Stelle tritt der Sprecher zum ersten und letzten Mal in der ersten Person Singular auf und reflektiert offen die Risiken seiner Vorgehensweise:

> Auf die Gefahr hin, mich in Einzelheiten von Kleists Sprache zu verlieren und von seiner Dichtung kein Gesamtbild geben zu können, möchte ich nun versuchen zu zeigen, wie sich – entgegen Gundolfs Behauptung – nicht nur der Ton, sondern auch die Themen und Motive verändern und wie diese Veränderung selbst dort stattfindet, wo man von einer wörtlichen Übersetzung sprechen könnte.[9]

Die ganze Tonlage dieser Sätze lässt sich auf die Prüfungssituation beziehen, etwa als Reaktion auf die kritischen Hinweise der Gutachter [→ Kap. 9] oder als Hinweis auf die Schwierigkeit, angesichts der beschränkten Zeit einer Prüfungssituation die richtigen Schwerpunkte zu setzen. Die Sprecherinstanz, die sich hier noch direkt artikuliert, tritt jedoch grammatisch im Lauf des Bearbeitungsprozesses in den Hintergrund. Der Text fällt kürzer aus, die Formulierungen folgen – wie in allen Publikationen Szondis – dem »Ich-Verbot« wissenschaftlicher Prosa.[10] Von dem großen Satzbogen bleibt am Ende eine ebenso forcierte wie vorsichtige Formulierung übrig:

> Entgegen dieser Behauptung [von Gundolf, S.M./C.S.] gilt es zu zeigen, wie sich neben dem Ton auch Themen und Motive verändern, und dort nicht weniger deutlich, wo man beinahe von einer wörtlichen Übersetzung sprechen könnte.[11]

Wo zunächst noch die »Behauptung[en]« von Personen kollidierten, folgt der Interpret nun einem abstrakten Imperativ. Wer aber hat diese Anweisung ausgegeben? Wer sagt ›uns‹, was es zu zeigen gilt? Und warum schwächt Szondi diese Formulierung nach der erfolgreichen Zuspitzung in der Zeitschriftenfassung des Vortrags wie in einer früheren Fassung wieder ab und erklärt dort vorsichtig im Konjunktiv, es »wäre« etwas »zu zeigen«?[12]

Wissenschaftlichen Neulingen wird am Anfang ihres Studiums bisweilen explizit untersagt, in Hausarbeiten von sich selbst als ›Ich‹ zu schreiben. Auch bestimmte Szientifizierungsprogramme verbieten den Auftritt der Forschenden in der ersten Person Singular. Dieses Verdikt zielt darauf, Befindlichkeiten gegen Argumente auszutauschen, Subjektivität gegen Intersubjektivität und die Zufriedenheit mit den eigenen Eindrücken gegen die Irritation durch gute Gründe.[13] Häufig jedoch folgen daraus lediglich wenig elegante Passivkonstruktionen und andere stilistische Verrenkungen. Es gehört mehr dazu, bloße Meinungen zu vermeiden, als auf ein Wort zu verzichten.[14] Die strikte Ächtung des ›Ich‹ in der wissenschaftlichen Prosa missachtete mithin die empirische Breite des zulässigen Artikulationsspektrums; es für fraglos zu erklären, würde jedoch die Bedeutung dieser grammatischen Position in der Wissenschaftskommunikation unterschätzen. Zumal in den Geisteswissenschaften handelt es sich eher um eine Ich-Problematisierung als um eine definitive Ächtung der ersten Person Singular. Es geht nicht eigentlich um die Vermeidung des ›Ich‹, sondern darum, es als Stellvertreter unterschiedlicher Instanzen, die in einem wissenschaftlichen Text als Ensemble auftreten, richtig zur Geltung zu bringen – etwa der Verfasserinstanz, die die Leserschaft durch den Text dirigiert, oder der Forscherpersönlichkeit, die innovative und provokative Wissensansprüche erhebt.[15]

Betrachtet man, wie Szondi in seiner Kleist-Studie argumentiert und alternative Deutungen bewertet, so scheint die Verantwortung für die Interpretationen ganz bei einzelnen, souverän agierenden Personen zu liegen, bei Ludwig Tieck, Georg Gottfried Gervinus, Thomas Mann oder Friedrich Gundolf, bei Interpretationssubjekten also, die sich in einsamer Stille mit einem Interpretationsobjekt auseinandergesetzt haben. Ebendiese Position erweist sich als problematisch, sobald es um ihn selbst und um die angemessene Position für sein ›Ich‹ geht. Der Prüfungsdruck genügt als Erklärung nicht, denn zum einen sah sich Szondi im privaten Briefwechsel schon wesentlich früher mit der Kritik konfrontiert, die seine Habilitationsgutachter formulierten [→ Kap. 9].[16] Zum anderen ging der Bearbeitungsprozess auch nach der erfolgreichen Habilitation weiter. Zudem verlief die Formulierungssuche auch in diesem spezifischen Fall nicht allein linear, also im Sinn einer beständigen Annäherung an die beste Formulierung, sondern vielfach rekursiv und iterativ [→ Kap. 1 u. 17]: Die Streichung der ersten Person versteht sich mithin nicht von selbst. Sie erfolgt in der Praxis in mehreren Anläufen und Varianten, ohne klar erkennbares Ziel, auf das sich die unterschiedlichen Fassungen problemlösend beziehen.

Um die – historisch variierend – prekäre Stellung des ›Ich‹ in der akademischen Prosa zu verstehen, helfen auch Begründungen kaum weiter, die dessen Problematisierung aus der Verpflichtung auf einen möglichst direkten Objektbezug ableiten.[17] Bei Szondi jedenfalls geht es immer zugleich um Kleist und um Kleist-Interpretationen, die nicht – wie es auch möglich gewesen wäre – als Teil eines auf Wissensakkumulation angelegten Prozesses aufgefasst werden. Der Zugang zum Interpretationsobjekt findet konsequent und aufwendig vermittelt statt. Mehr noch: Der Interpret spekuliert an der zitierten Stelle über die »Gefahr«, sich »in Einzelheiten von Kleists Sprache zu verlieren«, berücksichtigt somit nicht nur vorliegende Deutungen, sondern lässt zudem seine soziale Phantasie spielen und greift potentiellen Interpretationen und Bewertungen vor. Obwohl Szondi nicht mit anderen Wissenschaftlerinnen oder Wissenschaftlern kollaboriert, um seinen Habilitationsvortrag zu verfassen, obwohl sich also keine Indizien für konkrete und projektbezogene Praktiken des Zuarbeitens, Mitarbeitens und Zusammenarbeitens finden [→ Kap. 3], verhält er sich so, als agiere er in wissenschaftlicher Gesellschaft. Die Herausforderung dieser virtuellen Kommunikationspartnerschaften besteht nicht darin, sich einfach ›objektiv‹ zu verhalten, sondern diesen Bezug mit vielen anderen, vor allem auch sozialen Bezügen zu vermitteln und diese Vermittlungsleistung angemessen zum Ausdruck zu bringen – und zwar permanent: Es geht nicht, wie sich zeigen wird, um den punktuellen Bezug auf mögliche oder konkrete Meinungen, Missverständnisse oder Kritiken, sondern darum, die relevanten Sozialbezüge unablässig mitzuführen.

Diese Arbeit an der Positionierung einer Scientific Persona[18] weist darauf hin, dass die geisteswissenschaftliche Praxis in einem abstrakten Sinn fundamental »sozial« verfasst ist.[19] Man müsste diese Qualität also, anders als es häufig geschieht, gar nicht eigens betonen und von »sozialen Praktiken« sprechen.[20] Auch wenn eine Praxis isoliert ausgeführt wird, mithin auch dann, wenn beispielsweise nicht mehrere Akteurinnen und Akteure anwesend sind und gleichzeitig etwas tun (etwa ein Habilitationskolloquium veranstalten), beziehen sich Praktiken sowohl auf etwas als auch – zumindest virtuell – auf jemanden, der versteht oder verstehen könnte, was das Ganze soll, zu was es gut ist,[21] welche Spielräume zur Verfügung stehen, ob und wie sie genutzt werden. Das bedeutet auch, dass die Praxisvollzüge stets vor dem Horizont alternativer Vollzüge verstanden werden müssen: Die konkrete Durchführung steht immer in Bezug zu anderen aufrufbaren Optionen, die im Rahmen eines bestimmten Praxiszusammenhangs denkbar wären. In der *community of practice* werden Praxisvollzüge dann auch entsprechend beobachtet: Welche Handlungsalternativen wären möglich gewesen und weshalb wird nun gerade dieses oder jenes getan beziehungsweise unterlassen? Der sozial definierte Horizont an Praktiken, deren Vollzug in einer Situation denkbar ist, lässt sich analog zu einem Sinnhorizont verstehen: Die Signifikanz eines bestimmten Vollzugs innerhalb einer *community of practice* erklärt sich daraus, dass er innerhalb eines geteilten Horizonts von alternativen Vollzügen stattfindet, die in der *community of practice* latent gehalten werden – und das ganz unabhängig davon, ob die *community* zugleich als Gruppe anwesend ist oder nicht.

Spricht man in diesem Zusammenhang von der Situierung in einer *community of practice*, dann akzentuiert dies bestimmte Aspekte der Praxis. Als die ethnografisch orientierten Soziologen Jean Lave und Étienne Wenger den Begriff eingeführt haben, betonten sie damit die informelle Integration von Neulingen durch permanente, beiläufige und alltägliche Lernprozesse.[22] Gemeinsame Aktivitäten, die Verwendung ähnlicher Werkzeuge oder der Einsatz von Symbolen, die für einen gruppenspezifischen Jargon beziehungsweise einen voraussetzungsreichen Bedeutungs- und Anspielungshorizont sorgen, liefern demnach wichtige Hinweise auf soziale Zugehörigkeit.[23] Ausdrücklich formulierte Regeln, die durch Anweisungen einer Könnerin oder eines Könners die Aufmerksamkeit richtig auf die Sache lenken und vertikal-hierarchisch organisiert sind, werden stets in Bezug auf den sozialen Kontext horizontaler Beziehungen zwischen Zusammenarbeitenden betrachtet.

Diese intime Verbindung von sachlichen und sozialen Bezügen in *communities of practice* macht einen scheinbar selbstverständlichen und geradezu trivialen Aspekt geisteswissenschaftlicher Prosa bemerkenswert: Szondi behandelt zwar andere Interpretierende so, als bezögen sie sich direkt auf einen Interpretationsgegenstand, er selbst aber referiert genau in diesen Momenten von Anfang an nur vielfach vermittelt auf Kleists *Amphitryon*, kommt also auf Umwegen über die ›Sekundärliteratur‹ zur Sache. Das Drama sei demnach lange Zeit von Molières gleichnamiger Komödie aus betrachtet und dabei als »verzerrende Übersetzung« verbucht worden. Zu Beginn des 20. Jahrhunderts habe sich die Perspektive in ihr Gegenteil verkehrt und die ursprüngliche Quelle nur noch als »Rohmaterial« gegolten.[24] »Zum Stillstand« sei dieser »etwas beschämende Streit« in der »wertvollste[n]« Kleist-Monografie der 1920er Jahre gelangt: Laut Gerhard Fricke erübrige sich jegliche »Bezugnahme auf Molières Vorlage«, weil »Kleists Dichtung intentional mit der Molièreschen nur durch den völligen Gegensatz verbunden ist«.[25] Nach zweieinhalb Seiten referiert Szondis Text dann zwar auf keinen konkreten Titel aus der Sekundärliteratur mehr – mit Ausnahme der finalen Anmerkung, die sich in der Zeitschriftenfassung zum ersten Mal findet: »Vgl. vom Verf.: *Versuch über das Tragische.* Frankfurt a. M. 1961«. Gleichwohl behält die Darstellung den Forschungsbezug permanent bei, indem sie sich etwa auf die »vergleichende *Amphitryon*-Forschung«[26] oder schlicht auf andere »Interpretationen«[27] bezieht.

Noch wichtiger ist, dass sich die Ausführungen in fast jeder Wendung unterschwellig und stetig an ein potentielles Publikum richten: Das charakteristische grammatische Eröffnungsmanöver besteht im Wechsel von der Frage in die These und vom Konjunktiv in den Indikativ, als müsste der Autor erst Schritt für Schritt gedankliche Sicherheit und argumentative Zuversicht gewinnen. Bereits in der Anfangspassage heißt es über Kleist *Amphitryon*: »es ist, als habe der Untertitel ein Jahrhundert lang die Aufmerksamkeit der Betrachter zu fesseln gewusst«; danach wechselt Szondi in den Konjunktiv II (»es ist als hätten [...]«); erst in der vierten Fassung gelangt er zu einer dezidierten Entscheidung: »ein Jahrhundert lang haben diese vier Wörter das Urteil über Kleists Werk bestimmt«. Auch an der argumentativen Scharnierstelle, in der Szondi die für ihn entscheidende »Frage« in Auseinandersetzung mit unterschiedlichen Positionen profiliert, reiht er eine ganze Serie von Sätzen, die erklären, was zu tun »wäre«[28] – und realisiert dann im Folgenden genau diese Option. In der gesamten Durchführung antizipiert der Text in einem virtuellen Dialog Gegenargumente, wägt die mehr oder weniger große Tragfähigkeit von Belegen ab, probiert Gedankenfiguren in Möglichkeitsform aus, stabilisiert sie grammatisch erst anschließend in Aussagesätzen und berücksichtigt ausgedachte Deutungsalternativen, um dann aus diesem Spektrum auszuwählen.

Obwohl Szondi es also bei der Formulierungsarbeit nur mit Texten zu tun hat, nimmt er diesen Objekten gegenüber eine Haltung ein, als befinde er sich in einem vielstimmigen Prozess der allmählichen Überzeugung durch Rede und Gegenrede.[29] Dabei kann man nicht von einer Verbesserung des Textes ausgehen in dem Sinn, dass ein Wissenschaftler ein klar formuliertes Ziel ins Auge fasst und seine Ausführungen dann mit festem Blick darauf von Stufe zu Stufe korrigiert und nur dasjenige ausarbeitet, was diesem Plan zuträglich ist. Unterschwellig dirigiert zwar die Absicht auf einen vorzeigbaren Text die Arbeitsprozesse. In dieser absichtsvollen Praxis steht allerdings ein Spektrum an akzeptablen oder richtigen Zielen zur Verfügung, eine Vielfalt an Wegen, diese Ziele zu erreichen, sowie eine Bandbreite an intellektuellen, emotionalen und schriftstellerischen Einstellungen, die dabei angemessen erscheinen [→ Kap. 9].[30]

Die allmähliche Auswahl aus diesem Spektrum, die konkrete Textarbeit als Entscheidung darüber, was in dieser oder jener Situation ein gutes Ziel und ein guter Weg dorthin sein könnten, vollzieht sich in Vor- und Rückgriffen, in der Reaktion auf Widerstände, die sich während des Formulierens ergeben, mit Unterbrechungen und Selbstkorrekturen.[31] Das diskursive Engagement der Akteurinnen und Akteure, ihr Bemühen um passende Abweichung im Hin und Her der Formulierungsarbeit, zeigt sich dann auch an unscheinbaren, aber typischen körperlichen Bewegungen (Haareraufen, Händekneten, Stirnreiben, Fußwippen, Fingertrommeln u. a.).[32] Genauso aussagekräftig ist das ganze Nebenbei der Arbeit, das ziellose Blättern in den Materialien, der unruhige Gang zum Buchregal, das Kramen in Kopien, der rastlose Blickwechsel von der Schreibfläche zum Fenster oder in die Zimmerecke und von dort zu den Notizen, Aufsätzen und Büchern, die in der Arbeitsumgebung herumliegen.

Diese dauernde, nicht nur intellektuelle, sondern auch körperliche Regsamkeit, die Mikropraktiken geisteswissenschaftlicher Forschung, kombinieren viele unterschiedliche Lese- und Schreibaktivitäten. Kornelia Engert und Björn Krey, die in einer ethnografischen Studie »das lesende Schreiben und das schreibende Lesen« von sozialwissenschaftlich Forschenden untersucht und die Fülle kleiner Aktivitäten im Normalbetrieb beleuchtet haben, schlagen vor, diese Unruhe als Zeichen dafür zu verstehen, dass Schreibtischarbeiter permanent das Gefühl haben, ihre Kolleginnen und Kollegen schauten ihnen wertend über die Schulter. Dies gilt auch in den Geisteswissenschaften. Indem Forschende ständig ihre Rollen als Schreibende und Lesende wechseln, antizipieren sie in ihren Arbeitsprozessen die Perspektiven möglicher Beobachter, und in diesem Rollentausch – nicht nur davor oder danach – strukturieren und profilieren sie ihre Interpretationsgegenstände (das Interpretandum *und* die Interpretation).[33] Das Ausprobieren, Verwerfen, Verschieben und allmähliche Stabilisieren von Formulierungen lässt sich als unablässige Selbstprüfung im Licht stillschweigend mitgedachter Reaktionen deuten.[34]

Genau diese Beunruhigung und Unruhe prägen auch die Textarbeit. Für Szondis eigene Ausführungen zu Kleist ist bezeichnend, dass sie nach der einleitenden Forschungsdebatte mit der rhetorischen Frage einsetzen, ob sich ein Vergleich von Molière und Kleist gerade wegen der »Gegensätzlichkeit« der beiden Autoren »lohnte«.[35] Er verwendet damit genau jenes stilistische Mittel, an dem er selbst die soziale Außenorientierung Molières exemplarisch entfaltet (»Eine Form gesellschaftlicher Syntax ist die rhetorische Frage«).[36] Daher müsste auch für Szondis »gesellschaftliche[] Syntax« gelten, was er für Molière behauptet: »Das Gesagte entspringt nicht dem Augenblick, nicht der letztlich unaussprechlichen Individualität: es ist vorgebildet, übernommen, das Soziale ist ihm eingeprägt«.[37]

Szondi ist damit kein Sonderfall. An jeder Stelle, und zwar auch und gerade in Momenten der Abgrenzung, beweist seine Formulierungsarbeit ein typisches Gespür für »Social Interactions in Academic Writing«, das wissenschaftliche Prosa charakterisiert.[38] Ausschlaggebend sind mithin weniger bestimmte Wörter oder eine bestimmte Terminologie, die Texte wissenschaftlich machen, sondern vielmehr komplexere sprachliche Wendungen, die auf ein bestimmtes Ethos schließen lassen. Der Interpret tritt mit seinen Sprechakten nicht als einsamer Leser auf, sondern verhält sich als Teil einer *community*, für die ein Forschungsgegenstand problematisiert und perspektiviert werden muss, und dies angesichts der Tatsache, dass immer auch andere Problematisierungen und Perspektivierungen möglich wären. Der argumentativ womöglich enttäuschend laxe Einsatz von Fragen und Konjunktiven lässt sich als Ausdruck des enormen sozialen Drucks verstehen, unter dem geisteswissenschaftliches Arbeiten steht.

Anders gesagt: Interpretieren ist für einen literaturwissenschaftlichen Akteur wie Szondi äußerst voraussetzungs- und folgenreich.

Die Komplexität der Vermittlungsleistungen liegt vor allem darin begründet, dass sehr viele (potentielle) »Adressaten« zugleich »im Hinterkopf präsent« sein müssen.[39] Diese Vielfalt dürfte im Zuge der jüngeren Wissenschaftsreformen, also unter zunehmendem Drittmittel- und Evaluationsdruck, erheblich angestiegen sein:

> Forscherinnen und Forscher schreiben nicht für sich und auch nicht allein für die Kolleginnen und Kollegen, sie schreiben heute zunächst für *peers*, Herausgeber, Gutachter, ihr Rating, den Lebenslauf, Förderinstitutionen, Projektanträge, Berufungskommissionen und Evaluationsinstrumente.[40]

Unproduktiv und erschöpfend wird diese Multiplikation von Adressen vor allem dadurch, dass zeitgleich die Fristen zu deren angemessener Berücksichtigung geschrumpft sind. Angesichts des Publikationsdrucks, der aktuell auf Forschenden lastet, wird die variantenreiche Auseinandersetzung mit den Kontingenzen des eigenen Fachs unwahrscheinlicher. Damals wie heute gilt jedoch, dass das Interpretieren und die Interpretation sich als aufwendige Vermittlungsleistungen erweisen: zwischen den Interpretierenden, dem Interpretationsobjekt und den tatsächlich vorhandenen Interpretationsansätzen sowie den Perspektiven von virtuellen Interpretationsgemeinschaften, die die Interpretation zur Kenntnis nehmen, bewerten oder alternative Interpretationsangebote unterbreiten könnten. Forschungsgegenstände sind Effekte solcher aufwendiger Moderationen, die ständig beiläufig erfolgen [→ Kap. 8 u. 16].

Die Praxis erweist sich dabei, wie bereits bemerkt, als inhomogenes Gefüge. Als kompetenter Akteur »fädelt sich« Szondi agierend und reagierend in ein laufendes Forschungsgeschehen mit »unterschiedlichen Aktivitätsniveaus« ein.[41] Die Abstimmungsanforderungen, die ein feines Gespür für unterschiedliche Relevanzen verlangen, sind enorm, denn nicht jeder Aspekt kann mit der gleichen Intensität in Frage gestellt werden und nicht jede in Frage gestellte Passage wird mit derselben Intensität bearbeitet. Manches wird einfach so mitgenommen, an einigen Stellen hat man durchaus den Eindruck, dass selbst dem akribisch arbeitenden Szondi etwas unterläuft, hier und da wird ein Aspekt der künftigen Behandlung anheimgestellt und offengelassen, und gelegentlich verfährt die Arbeit zielgerichtet und mit einer markant explizit-reflexiven Note. Entscheidend ist: Szondi rechnet in diesem Gefüge stets mit potentiellen Einstellungen und Positionen, mit einer breiteren Skala an Verhaltensoptionen, die voneinander abweichen, aber in ihrer Divergenz gleichwohl einer gemeinsamen Praxis zugerechnet werden können.

In der Vermittlung von Sach- und Sozialdimensionen werden mithin nicht nur viele, sondern auch heterogene Anforderungen aufeinander bezogen, die teils eher mit lokalen Verhältnissen zu tun haben, teils unabhängig von konkreten Orten sind; die manchmal nur vorübergehende Effekte mit sich bringen oder sich als stabil(er) und dauerhaft(er) erweisen; die nebenbei oder mit gezielter Kraftanstrengung erledigt werden; die eher organisierte und von außen regulierte Verfahren oder informelles Handeln erfordern.[42] Die eigentliche Herausforderung besteht freilich darin, dass in dieser Aufzählung an der Stelle des ›oder‹ in der Regel ein ›und‹ stehen müsste. Wie soll man diesen Anforderungen insgesamt gerecht werden?

3. Delegieren und Zuarbeiten

Die Koordination akademischer Aktivitäten und die Kopartizipation in wissenschaftlichen Gemeinschaften können also, praxeologisch gesehen, ganz unterschiedliche Formen annehmen. Wissenschaft ist, auch in den Geisteswissenschaften, ein Gemeinschaftsunternehmen. Wir lesen und zitieren die Arbeiten von anderen, wir beziehen uns kritisch auf einen kollektiven Forschungsstand, wir diskutieren unsere Ergebnisse auf Tagungen, unsere Schriften werden von Kolleginnen und Kollegen bewertet. Die Wissenschaft verfährt, wie im vorangegangenen Kapitel gezeigt, grundsätzlich sozial. Bei der Arbeit an einem Buch wie etwa dem vorliegenden kommt aber noch etwas Spezifischeres hinzu: wissenschaftliches Kollaborieren als das konkrete Zusammenarbeiten von einzelnen Forscherinnen und Forschern. Es handelt sich dabei um ein eigenes Praxisgefüge des gelehrten Zusammenarbeitens, Mitarbeitens und Zuarbeitens. Im Folgenden wird unter Kollaboration daher ein besonderer Modus der mehr oder weniger institutionell vermittelten, mehr oder weniger stark persönlich gesteuerten Verflechtung von wissenschaftlichen Praktiken verstanden.

Wie findet diese Form von koordinierter Zusammenarbeit in den geisteswissenschaftlichen Fächern statt? Wir wissen bislang nicht viel darüber, wer in den Geisteswissenschaften »auf welche Weise und auf welchen Gebieten mit wem zusammenarbeitet«.[1] Die grundsätzliche Frage, welche Praxisformen geisteswissenschaftliche Kollaboration annehmen kann, können die Quellen zu einem Wissenschaftler wie Szondi nur zum Teil beantworten. Er entspricht in vielen Hinsichten dem Ideal des einsamen Schreibtischarbeiters, auch wenn dabei kollaborative Aspekte gern übersehen werden: In der Lehre etwa lässt er sich bei seinen Auslandsaufenthalten vertreten; er beantragt Hilfskräfte, die ihm zuarbeiten [→ Kap. 24]; und bei der Redaktion von Texten lässt er sich gelegentlich unterstützen.[2] Insgesamt aber bleibt das Bild in dieser Hinsicht bezeichnend blass. Ganz anders und sehr viel ergiebiger lässt sich die Zusammenarbeit im Umfeld eines literaturhistoriografischen Monuments der 1970er Jahre quellennah erkunden: der dreibändigen Studie *Biedermeierzeit* des deutschen Germanisten und Literaturhistorikers Friedrich Sengle. Das *Biedermeierzeit*-Projekt ist ein gutes Beispiel für akademische Kollaboration, da hier im konkreten Arbeitszusammenhang einer Arbeitsgruppe akademische Praktiken des Zuarbeitens, Mitarbeitens und Zusammenarbeitens über einen längeren Zeitraum so aufeinander abgestimmt wurden, dass die Bände in einer gemeinsamen Anstrengung realisiert werden konnten. Diese Anstrengung wurde zudem über drei Dekaden von der Deutschen Forschungsgemeinschaft finanziell gefördert.

Die langfristige Unterstützung hat dazu geführt, dass Sengles germanistischer Arbeitszusammenhang als ein wichtiger »Vorläufer geisteswissenschaftlicher Großforschungsprojekte« verstanden worden ist.[3] Allerdings lassen kollektive Forschungsbemühungen, die sich in einem bestehenden Arbeitszusammenhang an geteilten Zielen orientieren, eine Vielzahl von divergierenden Formen des Zusammenarbeitens, der Teilhabe und Anteilnahme zu [→ Kap. 4]. Es lohnt sich deshalb, genauer hinzusehen, um anhand der historischen Überlieferung zu prüfen, ob zwischen den Arbeitsformen, die in der Arbeitsgruppe Sengles praktiziert wurden, und den Arbeitsformen, die für kollaborative Forschungen unserer Gegenwart charakteristisch sind, tatsächlich die unterstellten Kontinuitäten bestehen. Auch lassen sich anhand der Arbeitspraxis und Selbstbeschreibung Sengles sowie der Zuschreibungen an das *Biedermeierzeit*-Projekt allgemeine Aspekte kollaborativer Arbeitspraktiken sichtbar machen.

Der Kollaborationsbegriff wird im Folgenden zunächst weit gefasst und soll eine Vielzahl von Praktiken der Zuarbeit, Mitarbeit und Zusammenarbeit einschließen. Einige Eingrenzungen lassen sich aber vornehmen, damit nicht alle Personen, die an einem Projekt in der einen oder anderen Weise beteiligt sind, auch immer schon miteinander kollaborieren: Kollaboration muss etwas Spezifischeres sein als das Wissenschaftskollektiv, aber auch etwas Spezifischeres als die bloße Zugehörigkeit zu einer wissenschaftlichen Institution (sonst würden alle Personen, die an einer bestimmten Universität arbeiten, in einer unspezifischen Weise kollaborieren), sie muss zudem etwas Spezifischeres sein als die bloße Beanspruchung einer Infrastruktur (sonst würden alle Personen, die Infrastrukturaufgaben übernehmen, z.B. digitale Infrastrukturen für wissenschaftliche Arbeit instand halten, in einem unspezifischen Sinne mit allen Benutzerinnen und Benutzern dieser Infrastrukturen kollaborieren) und sie muss enger gefasst sein als die bloße Teilhabe an sozialer Interaktion (sonst wäre schon jeder flüchtige akademische Austausch zwischen Kolleginnen und Kollegen von Haus aus eine Kollaborationsform) oder als Einfluss und Rezeption (sonst wäre jede Form von Intertextualität bereits eine Form von Kollaboration).[4]

In einem ersten Schritt ließe sich sagen, dass akademische Kollaboration die Koordination von wissenschaftlichen Praktiken in konkreten, zeitlich begrenzten Arbeitszusammenhängen ist, in denen diese Koordination der gemeinsamen Realisierung eines mehr oder weniger geteilten Ziels dient. Aus praxeologischer Perspektive ist dabei hervorzuheben, dass die Teilhabe an kollaborativen Prozessen viele Gradierungen zulässt [→ Kap. 29]: Nicht jede Person, die daran beteiligt ist, muss vollumfänglich wissen, was das alles genau soll und worauf dies alles letztlich hinausläuft. Diese sehr vorläufige Bestimmung schließt also keineswegs gestufte und hierarchisierte Formen der Zusammenarbeit aus, die mit der Zentralisierung der Koordination und der Delegation von Arbeitsaufgaben einhergehen. Am Beispiel Sengles wird sich zeigen, dass es im kollaborativen Weinberg der Wissenschaft nicht nur Arbeitende, sondern auch Zuarbeitende und Mitarbeitende gibt – und den Grundeigentümer.

Wie sichtbar oder unsichtbar sind aber die Spuren, die Mitarbeit im Archiv einer Wissenschaft hinterlässt? Auch die Frage der Mitarbeit hat dazu geführt, dass das monumentale Werk, das auf mehr als 3000 eng bedruckten Seiten die deutsche Literatur der Epoche zwischen dem Wiener Kongress von 1815 und den bürgerlichen Erhebungen von 1848 behandelt, Aufmerksamkeit auf sich gezogen hat. Die Aufmerksamkeit gilt dann der Frage, in welchem Umfang dieses große literaturhistorische Werk auf einer massiven Zuarbeit von Promovendinnen und Promovenden sowie Mitarbeiterinnen und Mitarbeitern beruhe. Gelegentlich nimmt diese Aufmerksamkeit sogar den Charakter eines Gerüchts an, wenn entsprechende Vermutungen eher beiläufig geäußert werden, ohne dass eine bestimmte Person als Ausgangspunkt dieser Vermutungen identifiziert würde. Die Vermutungen kursieren dann im Modus des ›Ondit‹ in Tagungspausen bei einem Kaffee. Oder sie nehmen den Charakter einer ethischen Einordnung an, wie etwa in dem Einwurf, dass Sengle der Herstellung seines mehrbändigen Werks »die Interessen und Wünsche einiger seiner Schüler/innen bis an die Grenze der

Ausnutzung unterordnete«.[5] Klar ist, dass Sengle Unterstützung erfahren hat: Dies ist aus den Danksagungen der drei Bände der *Biedermeierzeit* ebenso ersichtlich wie aus zeitgenössischen Rezensionen, die ebenfalls hervorheben, dass Sengle sich bei seinen Unterstützern bedankt. So heißt es in der eingehenden Besprechung des ersten Bandes in der *Frankfurter Allgemeinen Zeitung*: »Der zweite Teil des Buches ist größtenteils Pionierarbeit Sengles und seiner Schüler (wie Marieluise Gansberg u. a.), auf deren von ihm angeregte akademische Arbeiten er sich dankbar beruft.«[6] Fraglich bleibt in unserem Zusammenhang, wie die Praktiken der Zusammenarbeit zwischen »Sengle[ ] und seine[n] Schüler[n]« genau aussahen.

Der Literaturwissenschaftler und Wissenschaftsforscher Jörg Schönert hat sich als Erster darum bemüht, die Dimension der Mitarbeit in Sengles *Biedermeierzeit*-Projekt genauer zu fassen. Im Hinblick auf das dreibändige Werk sieht er eine »generationstypische Verbindung von persönlicher Leistung des Forschers mit der Zuarbeit der Jüngeren«, mithin ein »Verhältnis zwischen ›dem Meister‹ und ›den Schülern‹, organisiert nach dem Muster der frühneuzeitlichen Zunft-Handwerker«.[7] Um dieses kollaborative Arbeitsmodell zwischen »Meister« und »Schülern« am Laufen zu halten, habe die Deutsche Forschungsgemeinschaft dem Münchner Universitätsgermanisten sogar über viele Jahre Forschungsassistenten finanziert:

> Die Arbeitsgruppe um Friedrich Sengle wurde ›ad personam‹ gefördert; der namhafte Gelehrte sollte durch Unterstützung von jungen Germanisten seine Arbeitskraft voll entfalten und zugunsten der geplanten Publikation umsetzen können.[8]

Wie aber sah die »Zuarbeit der Jüngeren« genau aus? Schönert selbst bemerkt nur, dass Sengle, wie auch andere Lehrstuhlinhaberinnen und Lehrstuhlinhaber dieser Zeit, eine »Liste von Themen für Dissertationsvorhaben und Abschlußarbeiten« vorhielt, deren Realisierung den eigenen Buchprojekten zuarbeiten sollte;[9] auch die von den »Doktoranden und Examenskandidaten« besuchten Oberseminare seien »›Werkstätten‹« für die professorale Forschungsarbeit gewesen.[10]

Das im Nachlass überlieferte *Biedermeierzeit*-Projekt umfasst 200 prall gefüllte Mappen aus Pappe.[11] Es handelt sich um thematisch geordnete Juris-Mappen in den Formaten DIN A5 oder DIN A4, die sich klar an der Binnenstruktur der *Biedermeierzeit* orientieren. Manfred Windfuhr, ein früher Schüler Sengles und einer der damaligen »Jüngeren«, hat dafür gesorgt, dass der umfangreiche Nachlass vom Rheinischen Literaturarchiv übernommen wurde. Die Mappen enthalten unter anderem Typoskripte der Buchkapitel, maschinenschriftliche Exzerpte, handschriftliche Notizzettel, Referate und Rezensionen von relevanten Quellen und einschlägiger Forschung, Kopien von Quellen und Forschung, bibliografische Listen und Bestellzettel, Materialien zu Lehrveranstaltungen (Vorlesungen und Seminaren), Zeitungsausschnitte, Ausrisse aus Verlagskatalogen und Material von Vereinen und Gesellschaften. In den Mappen finden sich zudem Briefe von Kolleginnen und Kollegen – ein Teil des brieflichen Austauschs von Sengle ist also nicht in den separierten Korrespondenzen, sondern in den für das *Biedermeierzeit*-Projekt angelegten thematischen Arbeitsmappen abgelegt. Auch ein signifikanter Teil der Sonderdrucke, die Sengle von Kolleginnen und Kollegen erhalten hat, sind thematisch zugeordnet und in den entsprechenden Juris-Mappen untergebracht [Kap. 31-33]. Diese fast unüberschaubare Vielfalt der Quellengattungen verweist auf eine Vielfalt von miteinander verknüpften Praktiken, die unterschiedliche Personengruppen miteinander verbinden und diverse Institutionen verklammern.

Welche Rückschlüsse erlaubt dieses Material für eine Rekonstruktion der Praktiken des Zusammenarbeitens in der »Arbeitsgruppe« Sengles? Delegiert wird unter anderem das Bestellen und Ausleihen, Abholen und Zurückbringen von Büchern, das Anfertigen von Kopien, das Exzerpieren und Zusammenfassen, die Ergänzung fehlender Nachweise, die inhaltliche Verbesserung und orthografische Korrektur des Typoskripts, die Fahnenkorrektur, die Erstellung der detaillierten Buchregister. Beteiligt an diesen Aktivitäten sind Hilfskräfte, Promovierende, Mitarbeitende, Mitglieder aus dem Kollegium, aber auch aus dem Archiv, der Bibliothek oder dem Verlag. Im Folgenden sollen unterschiedliche Praktiken des Zuarbeitens, Mitarbeitens und Zusammenarbeitens genauer rekonstruiert werden, darunter auch das Exzerpieren, das Verteilen von Themen und das Kritisieren; weiterhin wird im Zuge dieser Rekonstruktion auch ein Blick darauf geworfen, wie sich die Beziehung zwischen »Meister« und »Schülern« innerhalb dieser Praxiszusammenhänge strukturiert.[12]

Die Juris-Mappen enthalten eine auffällig große Anzahl von handschriftlichen und maschinenschriftlichen Exzerptensammlungen und Zusammenfassungen unterschiedlichen Ursprungs; diese sind meist von Sengle handschriftlich (häufig mit blauem Stift) annotiert. Am Rand dieser Texte findet sich häufig sein knapper Hinweis »erl.« für »erledigt« [Abb. 1].

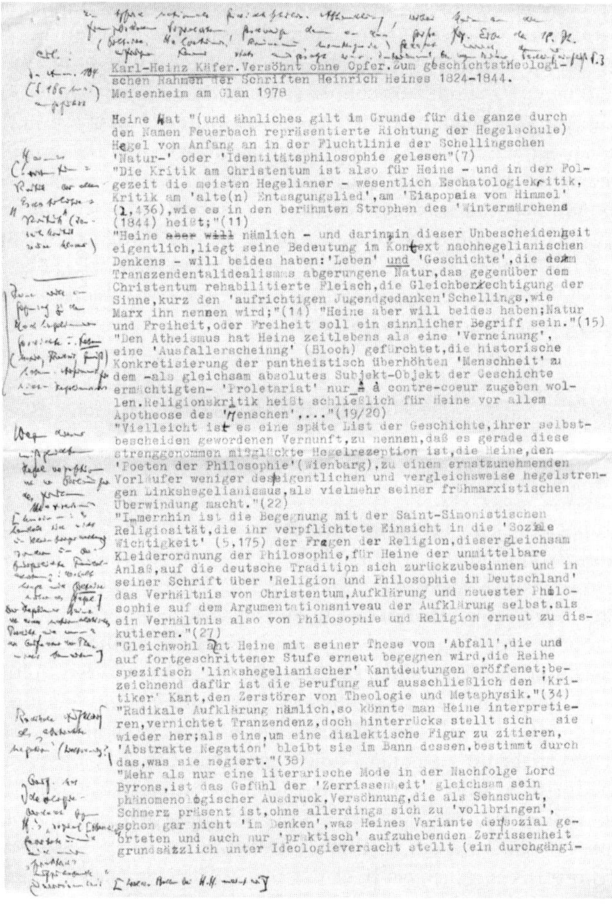

Karl-Heinz Käfer. Versöhnt ohne Opfer. Zum geschichtstheologischen Rahmen der Schriften Heinrich Heines 1824-1844.
Meisenheim am Glan 1978

Heine hat "(und ähnliches gilt im Grunde für die ganze durch
den Namen Feuerbach repräsentierte Richtung der Hegelschule)
Hegel von Anfang an in der Fluchtlinie der Schellingschen
'Natur-' oder 'Identitätsphilosophie gelesen"(7)
"Die Kritik am Christentum ist also für Heine - und in der Folgezeit die meisten Hegelianer - wesentlich Eschatologiekritik,
Kritik am 'alte(n) Entsagungslied', am 'Eiapopeia vom Himmel'
(1,436), wie es in den berühmten Strophen des 'Wintermärchens
(1844) heißt;"(11)
"Heine aber will nämlich - und darin in dieser Unbescheidenheit
eigentlich, liegt seine Bedeutung im Kontext nachhegelianischen
Denkens - will beides haben: 'Leben' und 'Geschichte', die dem
Transzendentalidealismus abgerungene Natur, das gegenüber dem
Christentum rehabilitierte Fleisch, die Gleichberechtigung der
Sinne, kurz den 'aufrichtigen Jugendgedanken' Schellings, wie
Marx ihn nennen wird;"(14) "Heine aber will beides haben; Natur
und Freiheit, oder Freiheit soll ein sinnlicher Begriff sein."(15)
"Den Atheismus hat Heine zeitlebens als eine 'Verneinung',
eine 'Ausfallerscheinng' (Bloch) gefürchtet, die historische
Konkretisierung der pantheistisch überhöhten 'Menschheit' zu
dem -als gleichsam absolutes Subjekt-Objekt der Geschichte
ermächtigten- 'Proletariat' nur à contre-coeur zugeben wollen. Religionskritik heißt schließlich für Heine vor allem
Apotheose des 'Menschen',..."(19/20)
"Vielleicht ist es eine späte List der Geschichte, ihrer selbstbescheiden gewordenen Vernunft, zu nennen, daß es gerade diese
strenggenommen mißglückte Hegelrezeption ist, die Heine, den
'Poeten der Philosophie' (Wienbarg), zu einem ernstzunehmenden
Vorläufer weniger des eigentlichen und vergleichsweise hegelstrengen Linkshegelianismus, als vielmehr seiner frühmarxistischen
Überwindung macht."(22)
"Immerhin ist die Begegnung mit der Saint-Simonistischen
Religiosität, die ihr verpflichtete Einsicht in die 'Soziale
Wichtigkeit' (5,175) der Fragen der Religion, dieser gleichsam
Kleiderordnung der Philosophie, für Heine der unmittelbare
Anlaß, auf die deutsche Tradition sich zurückzubesinnen und in
seiner Schrift über 'Religion und Philosophie in Deutschland'
das Verhältnis von Christentum, Aufklärung und neuester Philosophie auf dem Argumentationsniveau der Aufklärung selbst, als
ein Verhältnis also von Philosophie und Religion erneut zu diskutieren."(27)
"Gleichwohl ant Heine mit seiner These vom 'Abfall', die uns
auf fortgeschrittener Stufe erneut begegnen wird, die Reihe
spezifisch 'linkshegelianischer' Kantdeutungen eröffenet; bezeichnend dafür ist die Berufung auf ausschließlich den 'Kritiker' Kant, den Zerstörer von Theologie und Metaphysik."(34)
"Radikale Aufklärung nämlich, so könnte man Heine interpretieren, vernichtet Tranzendenz, doch hinterrücks stellt sich sie
wieder her; als eine, um eine dialektische Figur zu zitieren,
'Abstrakte Negation' bleibt sie im Bann dessen, bestimmt durch
das, was sie negiert."(38)
"Mehr als nur eine literarische Mode in der Nachfolge Lord
Byrons, ist das Gefühl der 'Zerrissenheit' gleichsam sein
phänomenologischer Ausdruck, Versöhnung, die als Sehnsucht,
Schmerz präsent ist, ohne allerdings sich zu 'vollbringen',
schon gar nicht 'im Denken', was Heines Variante der sozial georteten und auch nur 'praktisch' aufzuhebenden Zerrissenheit
grundsätzlich unter Ideologieverdacht stellt (ein durchgängi-

Abb. 1: Annotiertes Exzerpt zu Karl-Heinz Käfers *Versöhnt ohne Opfer.*[13]

Diese Dokumente betreffen ganz unterschiedliche Gegenstände: literaturwissenschaftliche Forschungsliteratur (germanistische Aufsätze oder Monografien), historische Kontextliteratur (die an bestimmten Gesichtspunkten orientiert ist, wie z. B. der Thematisierung des Tons in Rhetoriken) oder fiktionale literarische Werke. Die Formen des Exzerpierens und Zusammenfassens reichen von der bloßen Reihung einschlägiger Textstellen und der kommentierten Sammlung ausgewählter Textpassagen bis hin zu inhaltlichen Zusammenfassungen der Handlung von Prosawerken (Romanen und Novellen) und abstrakten Summierungen des Argumentationsgangs oder der Darstellungsstruktur eines Werks. Zum Teil fallen die Texte sehr umfangreich aus, manche überschreiten 20 maschinenschriftliche Seiten.

Nimmt man den Sengle-Nachlass in Augenschein, so zeigt sich, dass die Delegation des ›Auslesens‹ eine etablierte Praxis ist und sich hier niederschlägt. Die einzige Stelle in der *Biedermeierzeit*, an der sich Sengle über diese Lektürepraxis äußert, beschränkt diese Praxis auf die Auswertung der unüberschaubaren Forschungsliteratur:

> Angesichts der stark gewachsenen Zahl der Universitätsgermanisten in Deutschland und der dadurch verursachten Überschwemmung mancher Dichterphilologien durch sehr verschiedenwertige Forschungsbeiträge wurde die Hilfe bei den Bibliotheksarbeiten und beim auslesenden Exzerpieren immer wichtiger. Es ist mir heute völlig klar, daß ich in dieser außerordentlich schwierig gewordenen Situation *nur* mit Hilfe der mir ständig zur Verfügung stehenden Forschungshilfskraft den Abschluß meiner Epochendarstellung erleben konnte.[14]

Die Praxis des »auslesenden« Zuarbeitens gilt, wie das Studium des Nachlasses zeigt, keineswegs allein der literaturwissenschaftlichen Forschungsliteratur, sondern auch den literarischen Quellen. Ein Beispiel: Ende der 1970er Jahre schreibt Sengle den dritten und letzten Band der *Biedermeierzeit*, der die Darstellungen der wichtigsten Schriftstellerinnen und Schriftsteller der Epoche enthält, darunter einen umfassenden Abschnitt zu Hebbel. Wie aber lässt sich des sehr umfassenden Briefwechsels dieses Dichters Herr werden? Ebenfalls mit einer Forschungshilfskraft. In Absprache mit Friedrich Sengle exzerpiert Hans Göttler, der 1978 bei Sengle über die Literatur der Biedermeierzeit promoviert wurde, einen Teil der Hebbel-Briefe. Wie den Archivalien im Sengle-Nachlass zu entnehmen ist, bearbeitet Sengle die Jahrgänge 1842 bis 1852 (handschriftlich), während Göttler die Jahrgänge davor und danach (maschinenschriftlich) auswertet, wobei er sich an den von Sengle vorgegebenen Stichwörtern orientiert [Abb. 2].[15]

Die Exzerpte Göttlers, die in rund 30 alphabetisch sortierten Stichwortgruppen angeordnet sind (die zum Teil auch Binnengliederung aufweisen), umfassen rund 90 einzeilig beschriebene Schreibmaschinenseiten. Sengle hat sie abgelegt in der Mappe »Selbst exzerpierte und auf Stichwortlisten ausgewertete Briefe«. Die maschinenschriftlichen Exzerpte seiner Hilfskraft hat Sengle extensiv handschriftlich annotiert. Ein von Göttler unter dem Stichwort »II/2: Biologismus (Geschlechter)« erstelltes maschinenschriftliches DIN-A4-Blatt führt sechs Exzerpte aus dem Briefwechsel auf [Abb. 3]. Von diesen sechs Exzerpten wurden in den dritten Band der *Biedermeierzeit* fünf in unmittelbarer Nähe zueinander übernommen [Abb. 4].[16] Die Hilfskraft unterstützt Sengle, so seine eigene Auskunft, bei einem »auslesenden Exzerpieren«.[17] Das literaturwissenschaftliche Lesen wird hier zu einer sondierenden und sondernden Praxis des ›Auslesens‹, mithin zu einer Praxis der delegierten Lektüre, die nach einem vorgegebenen Programm verwertbare Textstellen identifizieren und relevante Gesichtspunkte erfassen soll.

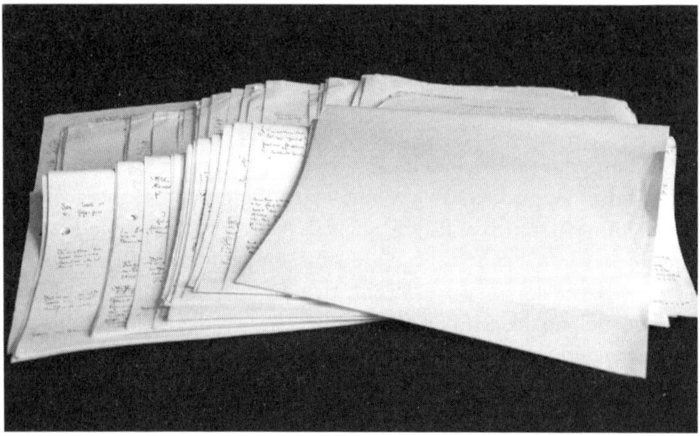

Abb. 2: Friedrich Sengle: Handschriftliche und maschinenschriftliche Exzerpte.[18]

II/2: <u>Biologismus</u> (Geschlechter)

I/36 (An H.A.Th.Schacht, 18.9.35):

"Es ist ein schlimmes Ding, wenn man auf Weiber gestellt ist, sie stehen dem Mann zu fremdartig gegenüber, um ihn je beurtheilen zu können, und er wird sich selten wohlbefinden, wenn sie Einfluß auf ihn haben."

I/202 (An Elise Lensing, 12.5.37):

"..., alles Verplempern ist (selbst unter den günstigsten Verhältnissen) das Grab des jungen Mannes; in der Ehe liegt etwas Versteinerndes, die Frau ist immer die Meduse oder der Todes-Engel für des Mannes eigentliches Leben, und Reichthum, Jugend und Schönheit ersetzen Nichts."

I/274 (An Elise Lensing, 30.3.38):

"Es mag dem Weibe angemessen und nothwendig sein, sein Gefühl ufer- und schrankenlos dahin brausen zu lassen, denn das Weib wirkt nur d u r c h d i e L i e b e. Der Mann muß sich vor Uberschwemmungen des Herzens hüten; er wurzelt wohl in der Liebe, aber seine Wirkung ist anderer Art."

VI/40 (An Friedrich Uechtritz, 23.5.57):

"Denn das Gewissen steht mit den sämmtlichen Zwecken, die sich auf dem Standpunkt des Materialismus für den Menschen ergeben, in schneidendem Widerspruch und wenn man auch versuchen mag, ihm den Geschlechts-Erhaltungstrieb im Sinn eines Regulators und Correctivs des individuellen zu Grunde zu legen, ..., so wird man es dadurch so wenig erklären, als aufheben, oder steht es nicht fest, daß die Factoren sich im Product nur steigern, nicht verändern?"

VII/169 (An Ludwig Goldhann, 13.4.62):

"Und unser Publicum , das in Schillers DonCarlos mit der größten Gemüthsruhe das peinlichste Spiel mit dem Incest verträgt, und von Goethes Geschwistern, die sich um dasselbe Thema noch kecker herum drehen, tief gerührt wird, verzeiht es uns Neueren kaum, daß wir den Unterschied der Geschlechter kennen."

VII/171 (An Julius Campe, 1.5.62):

"Überhaupt ist unser Volk aus lauter Widersprüchen zusammen gesetzt. Wir Neueren dürfen kaum wissen, daß Gott ein Männlein und ein Fräulein geschaffen hat, obgleich es in der Bibel steht. Dagegen dreht sich Schillers ganzer Don Carlos um den Incest und die 'piquante Situation', die in der Maria Magdalena so empört, wird im Faust bejubelt."

Abb. 3: Hans Göttler: Exzerpt zu Biologismus (Geschlechter) mit Notizen Sengles.[19]

Friedrich Hebbel

schäftigt den Dichter der Geschlechtergegensatz so stark, daß in der Hebbelforschung immer wieder die Frage auftrat, ob diese Naturerscheinung gegenüber dem historischen Denken nicht das zentralere, wie auch – von der Dichtung her gesehen – das originalere Problem bildet. Während das Sich-Finden der Geschlechter von jeher eine große Rolle im Drama der Neuzeit spielte, trat der schicksalhafte Gegensatz der Geschlechter vor Kleists *Penthesilea* kaum in das Blickfeld der Dichter. Nach der modernen Ideologie, gleichgültig ob sie in liberalistischer oder marxistischer Gestalt erscheint, lassen sich der Geschlechtergegensatz und das historische Denken leicht miteinander vermitteln, durch den schlichten Gedanken der Frauenemanzipation. Es war jedoch von jeher der Kummer progressiver Hebbelforscher, daß der Dichter das Problem nicht so einfach sieht, sondern auch an diesem Punkt einen Widerstand gegen den absoluten Historismus ausbildet. Diese Haltung ist um so bemerkenswerter, als ihm die empfindsame Sakralisierung der Frau, an der das Biedermeier im allgemeinen festhält, im Grunde recht ferne liegt. Eben die Jugenddramen mit biblischen Titeln (*Judith* und *Maria Magdalene*) belegen am deutlichsten den Abstand von der traditionellen Vorstellung, die Frau, oder wenigstens die Jungfrau und die Mutter, sei zur absoluten Selbstlosigkeit, zur Engelhaftigkeit verpflichtet. Hebbel äußerte sich immer wieder empört darüber, daß man ihm die freie Behandlung sexueller Fragen übelnahm*; aber das Befremden des Publikums, zum mindesten im Nachmärz, ergab sich wohl noch mehr aus der Tatsache, daß er den Geschlechterunterschied stärker betonte, als es der Humanismus gestattet, und dies ist bis heute so geblieben. Sehr resigniert spricht z. B. Helmut Kreuzer von der »geschichtlichen Sackgasse«, für die sich der Dichter entschied, und als Beweis dafür zitiert er u. a. eine zentrale Stelle aus dem Vorwort zur *Maria Magdalene,* das ja in die noch verhältnismäßig progressive Frühperiode gehört. Nach Hebbels Meinung soll das Resultat der Krise, in der wir uns befinden, sein: eine »neue Form der Menschheit, in welcher Alles wieder an seine Stelle treten, in welcher das Weib dem Manne wieder gegenüber stehen wird, wie dieser der Gesellschaft und wie die Gesellschaft der Idee« [17]. Der Ordnungsbegriff, der sich in den Stufen Weib und Mann, Mann und Gesellschaft, Gesellschaft und Idee aufbaut, entspricht nicht ohne weiteres dem Metternichschen System. Deutlich ist aber der Ordnungsbegriff als solcher und die *Einbeziehung von Naturtatsachen in das System;* denn nicht nur der Geschlechtergegensatz, sondern auch der Gegensatz von Mann (Einzelfamilie) und Gesellschaft ist ja ein Naturgegensatz oder erschien jedenfalls dem damaligen, ganz an den Kindern und an der Familie orientierten Denken als ein solcher. Man könnte viele Äußerungen in Hebbels paradoxer Denkwelt finden, aus der sich die Humanität und damit die Überwindung des Geschlechtergegensatzes ableiten ließe. So gibt es z. B. ein ganz idealistisches Monodistichon mit dem Titel

Jetziger Standpunct der Geschichte
Was die Geschichte bis jetzt errang? Die ew'gen Ideen!
Sie zu verwirklichen, ist nun denn ihr großes Geschäft.

Auch in den Tragödien wird der Geschlechtergegensatz niemals verabsolutiert, sondern als ein tra-

* Ein Beispiel: »Unser Publicum, das in Schillers Don Carlos mit der größten Gemüthsruhe das peinlichste Spiel mit dem Incest verträgt, und von Goethes Geschwistern, die sich um dasselbe Thema noch kecker herum drehen, tief gerührt wird, verzeiht es uns Neueren kaum, daß wir den Unterschied der Geschlechter kennen« (an Ludwig Goldhann 13. 4. 1862). Ähnlich an Julius Campe 1. 5. 1862. Der oft erhobene Vorwurf Hebbels und seiner Freunde, besonders Emil Kuhs, *daß sich die Aussicht auf Anerkennung großer Dichter nach der Klassik und Romantik verschlechtert hat,* findet sich auch sonst, z.B. bei Immermann; er sollte rezeptionshistorisch auf seine Wahrheit überprüft werden. Tatsache ist, daß Autoren und Gruppen mit einem starken publizistischen Hintergrund (Gutzkow, Laube, Heine, Gustav Freytag, Otto Ludwig, d. h. Jungdeutsche und programmatische Realisten) *im Vordergrund des bürgerlichen Publikumsinteresses* standen. Publizistische Bündnisse und Rücksichten auf den bürgerlichen Markt ließen die größeren Dichter der Zeit in den Schatten treten. Die Frage ist nur, ob es nicht immer wieder, auch in vor- und nachbürgerlichen Sozialstrukturen, den Unterschied zwischen sofortiger, zeitgemäßer und dauerhafter, d. h. ästhetisch, gedanklich, ontisch tiefer begründeter Dichtung gibt. Gibt es nicht immer einen Goethe *und* einen Iffland?

344

Abb. 4: Friedrich Sengles *Biedermeierzeit.*[20]

gischer, prinzipiell die Auflösung fordernder Konflikt verstanden; aber Hebbels individuelles Erlebnis, seine konkrete Welterfahrung ist so stark auf den Geschlechtergegensatz bezogen, daß die Frage notwendig erscheint, ob nicht überhaupt biologistische (naturalistische) Elemente sein Weltbild so stark bestimmen, daß der historische und idealistische Überbau fragwürdig wird. In Sonetten wie *Mann und Weib* ist der Gegensatz der Geschlechter, so streng an ihm festgehalten wird, doch schon so weit abgeklärt, daß die Einfügung der Geschlechter in die erwähnte Ordnung angebahnt ist, in den Briefäußerungen des jungen Hebbel dagegen erscheinen »die Weiber« so »fremdartig« (an H. A. Th. Schacht 18. 9. 1835) und gerade auch das »ufer- und schrankenlos« liebende Weib so unheimlich (an Elise Lensing 30. 3. 1838), daß man hie und da versucht ist, von einer frauenfeindlichen und völlig antihumanen Geschlechter-Mythologie zu sprechen. Hebbel scheut nicht davor zurück, die Geliebte, die im literarischen Leben so lange als die Muse des Dichters galt, zur Meduse zu verteufeln: »Alles Verplempern ist (selbst unter den günstigsten Verhältnissen) das Grab jedes jungen Mannes; in der Ehe liegt etwas Versteinerndes, die Frau ist immer die Meduse oder der Todes-Engel für des Mannes eigentliches Leben, und Reichtum, Jugend und Schönheit ersetzen nichts« (an Elise Lensing 12. 5. 1837). Sind das nur die Übertreibungen eines ungeläuterten »schroffen« Charakters oder verbirgt sich hinter dieser Überbetonung natürlicher Gegensätze schon der Biologismus eines Nietzsche, der ja zu einer höhnischen Verachtung des Weibes und des gesamten geschichtlichen Denkens, in dem die Frauenemanzipation ein Teilstück bildet, weiterschritt?

Geschichtliche und humane Vorstellungen haben schon im Biedermeier zur erneuten Hochwertung des Alters geführt. Davon ist bei Hebbel kaum etwas zu bemerken. Er verhängt gerne Todesurteile über alternde Dichter, z. B. über seinen dänischen Gönner Oehlenschläger oder über Heine, der in Hebbels Pariser Zeit ein Mitvierziger war, oder über Mörike, für den er wie für Uhland, im Sinne eines »naiven« Gegenbildes, eigentlich ein gewisses Verständnis besitzt. In einem Brief an Julius Campe (17. 11. 1859) fürchtet der Sechsundvierzigjährige schon das herannahende Ende seiner Produktivität: »Welcher Poet wäre nach dem 55sten Lebens-Jahre noch einen Schuß Pulver werth? Den alten Goethe hätte man nach den Wahlverwandtschaften hängen sollen!« Solche Aussprüche darf man nicht auf die Milligrammwaage legen; aber eine Überbetonung des Biologischen ist auch in diesem Altershorror – bei einem Goetheverehrer! – bemerkenswert. Wo der Dichter Bücklinge macht, wie vor dem alten Tieck, dem er Einfluß auf das Berliner Theater zutraut, ist die Schmeichelei leicht zu erkennen. Aber dieser kosmische Genie- und Künstlerbegriff selbst, der schon im Sturm und Drang einen starken Bezug zur »göttlichen« oder »schaffenden Natur« hatte, gewinnt bei Hebbel, wie wir bereits dem Wort »künstlerische Zeugung« entnehmen konnten, einen immer stärkeren naturalistischen Einschlag. In einem späten Brief an Siegmund Engländer (1. 5. 1863) wendet er sich ausdrücklich gegen die Sturm und Drang-Vorstellung vom Dichter als einem zweiten Gott: »Sie wollen an den Dichter *glauben*, wie an die Gottheit; warum so hoch hinauf, in die Nebel-Region hinein, wo Alles aufhört, sogar die Analogie? Sollten Sie nicht weiter gelangen, wenn Sie zum Thier hinunter steigen und dem künstlerischen Vermögen die Mittelstufe zwischen dem Instict des Thiers und dem Bewußtseyn des Menschen anweisen? Da sind wir doch im Bereich der Erfahrung [!] und haben Aussicht, durch die Anwendung zweier bekannter Größen auf eine unbekannte etwas Reales zu vermitteln. Das Thier führt ein Traumleben, das die Natur unmittelbar regelt und streng auf die Zwecke bezieht, durch deren Erreichung auf der einen Seite das Geschöpf selbst, auf der anderen aber die Welt besteht. Ein ähnliches Traumleben führt der Künstler, natürlich nur als Künstler, und wahrscheinlich aus demselben Grunde, denn die kosmischen Gesetze dürften nicht klarer in seinen Gesichtskreis fallen, wie die organischen in den des Thieres und dennoch kann er keins seiner Bilder abrunden und schließen, ohne auf sie zurück zu gehen. Warum sollte nun die Natur nicht für ihn thun, was sie für das Thier thut?« Der Begriff des Traumlebens erinnert noch an die Schubertsche Psychologie, die nach Liepe für den Dichter eines der frühesten Bildungserlebnisse war; aber von dem transzendentalen Überbau der Romantik ist nichts mehr übrig geblieben. Der Brief geht nach England, wo der Achtundvierziger Siegmund Engländer, der Freund aus alter Zeit, Zuflucht gefunden hat, und die erste Instanz von Hebbels Theorie ist hier die *Erfahrung*. In einem Brief an denselben Freund (27. 1. 1863) treibt er den für ihn so wichtigen Begriff des Kosmischen so weit, daß er ihm die »Un-Summe menschlichen Elends«, die die Sozialisten schon damals zu einem guten Teil ge-

Hier lässt sich erkennen, dass eine umfassendere Literaturgeschichte wie die *Biedermeierzeit* darauf angewiesen ist, ein umfassendes Quellenkorpus (ein Briefkorpus) in einem ersten Schritt mittels einer delegierten Lektüre auf eine Sammlung von relevanten Einzelstellen zu reduzieren, die dann in weiteren Arbeitsschritten von dem Auftraggeber annotiert, umgeordnet, ausgewählt und wieder zu übergreifenden Argumenten und Narrativen verbunden werden. Die delegierte ›auslesende‹ oder ›durchsehende‹ Sammlungsaktivität soll Stellen identifizieren, die auf vorgegebene Stichworte ›passen‹. Eine anspruchsvolle Aktivität, die zudem nur gelingen kann, wenn die Person, die die Stichworte konzipiert und formuliert, bereits über ein großes Vorwissen darüber verfügt, welche Konzepte, Themen, Probleme, Motive, Stoffe und Wendungen für ein bestimmtes Korpus relevant sein könnten.

Die spezifische Form der Zusammenarbeit, die für diese philologische Auftragsarbeit charakteristisch ist, sedimentiert sich zudem in der Schriftmaterialität der Dokumente. Auf den Schriftstücken lassen sich nämlich meist zwei Schriften ausmachen: die unpersönliche Schreibmaschinenschrift der angestellten Zuarbeiterinnen und Zuarbeiter und die persönliche, in gewisser Hinsicht singuläre Handschrift des Auftraggebers. Sengle macht die Exzerpte und Zusammenfassungen für seine Untersuchungsinteressen produktiv, indem er sich das maschinenschriftlich vorliegende, ohne Verfassernamen vorliegende Material bei seiner Lektüre mittels eigener handschriftlicher Bearbeitungen aneignet.

Die hier nur exemplarisch aufgeführten, komplex gestaffelten Lektüre- und Schreibakte, die Sengle mit seinen Mitarbeiterinnen und Mitarbeitern in der alltäglichen Forschungspraxis verbindet, haben im gedruckten Buch Spuren hinterlassen. In der Danksagung des dritten Bandes der *Biedermeierzeit* wird Göttler genannt:

> Die Forschungshilfskräfte, die mich bei diesem Band nacheinander, verschieden lang und mit verschiedenem, zum Teil aber ganz ausgezeichnetem Erfog [sic], unterstützten, heißen: Thomas Anz, Karl-Heinz Fallbacher, Carla Freudenreich, Hans Göttler, Joachim Horn, Jens Jessen, Martin Kern, Hans Michael Loesch, Werner Lord, Peter Orzechowski, Gottfried Rauh.[21]

Göttler ist nur eine von vielen »Forschungshilfskräfte[n]«. So exzerpiert der erwähnte Karl-Heinz Fallbacher Ende der 1970er Jahre etwa Stifter: »Mit den Exzerpten zum ›Nachsommer‹ bin ich z.Z. beschäftigt. Sollte ich nichts anderes von Ihnen hören, werde ich sie Ihnen im Laufe der Woche zusenden.«[22] Bereits in den 1960er Jahren ist diese Praxisformation fest etabliert, wie sich an einem Brief Georg Jägers ablesen lässt:

> Anbei schicke ich Ihnen Exzerpte aus einem Aufsatz von Erny und ›Ton‹-Stellen von Schocher und Eberhard. Von Aurbacher habe ich vorerst nur ein Bändchen durchgesehen; weitere Auszüge folgen später nach.[23]

Es folgen fünf einzeilig beschriebene maschinenschriftliche Seiten mit Auszügen; aus dem dicht gedrängten Exzerptenkonvolut übernimmt Sengle später zwei Stellen in seine *Biedermeierzeit*.[24] Manfred Windfuhr erstellt für Sengle ein dreiseitiges maschinenschriftliches Exzerpt zu Adolf Stahrs *Kleine Schriften zur Litteratur*,[25] aus dem Sengle ebenfalls einige Passagen für die *Biedermeierzeit* pflückt.[26] Auch finden sich im Nachlass für Sengle erstellte Listen mit Auszügen aus dem *Deutschen Wörterbuch*.[27]

Angesichts der ungeheuren, kaum zu bewältigenden Lektüremenge auch im Bereich der literaturwissenschaftlichen und geistesgeschichtlichen Forschungsliteratur überrascht es nicht, dass sich in dem Material zudem eine Präferenz für Praktiken des Summierens beobachten lässt: Neben die Exzerptenkonvolute treten Zusammenfassungen. Ein Beispiel dafür, wie eine delegierte Lektüre von Forschungsarbeiten Eingang in die *Biedermeierzeit* findet, ist ein zweiseitiger Bericht über die kurze Monografie *Nietzsche und die Rhetorik* von Joachim Goth, der sowohl eine Zusammenfassung der Studie enthält als auch eine Sammlung von signifikanten Stellen mit Seitenangaben. Eine dieser Stellen (»[...] hat sich Nietzsche gegen die fast einhellige deutsche Tradition gestellt, die die Redekunst verachtete [...]«) hat Sengle angestrichen und mit dem Hinweis »erl.« versehen [Abb. 5];[28] im ersten Band der *Biedermeierzeit* findet sich dann der folgende Hinweis auf die Arbeit von Goth in einer Anmerkung: »Nach Joachim *Goth*, Nietzsche und die Rhetorik, 1970, S. 27, hat sich Nietzsche ausdrücklich gegen die Verachtung der Rhetorik in Deutschland gewandt.« [Abb. 6][29] Auch die Aufarbeitung der Forschung ist für Sengle eine kollaborative Praxis, die mit der Delegation von Lektüre einhergeht [→ Kap. 20].

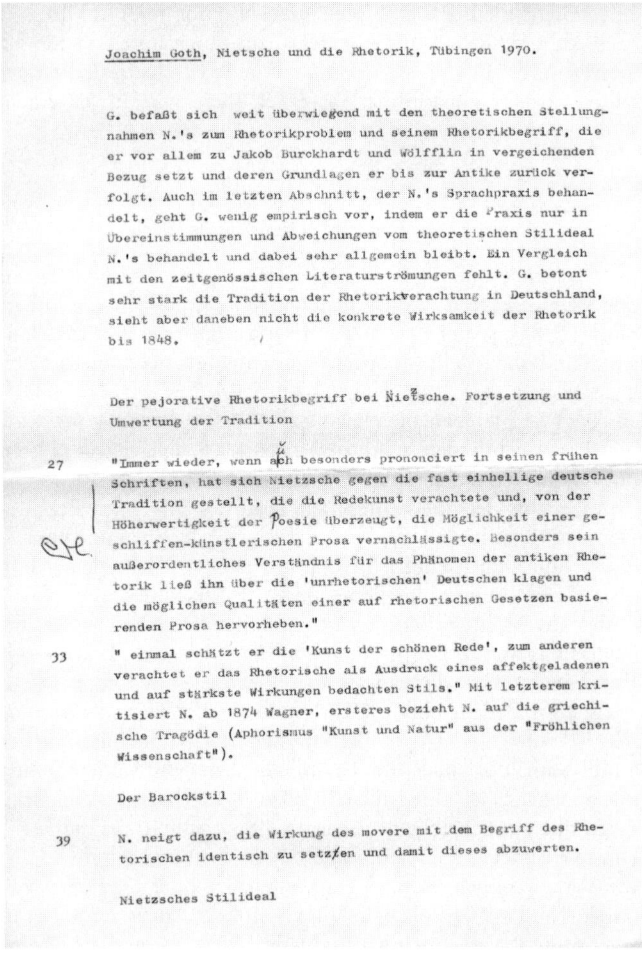

<u>Joachim Goth</u>, Nietsche und die Rhetorik, Tübingen 1970.

G. befaßt sich weit überwiegend mit den theoretischen Stellungnahmen N.'s zum Rhetorikproblem und seinem Rhetorikbegriff, die er vor allem zu Jakob Burckhardt und Wölfflin in vergeichenden Bezug setzt und deren Grundlagen er bis zur Antike zurück verfolgt. Auch im letzten Abschnitt, der N.'s Sprachpraxis behandelt, geht G. wenig empirisch vor, indem er die Praxis nur in Übereinstimmungen und Abweichungen vom theoretischen Stilideal N.'s behandelt und dabei sehr allgemein bleibt. Ein Vergleich mit den zeitgenössischen Literaturströmungen fehlt. G. betont sehr stark die Tradition der Rhetorikverachtung in Deutschland, sieht aber daneben nicht die konkrete Wirksamkeit der Rhetorik bis 1848.

Der pejorative Rhetorikbegriff bei Nietzsche. Fortsetzung und Umwertung der Tradition

27 "Immer wieder, wenn auch besonders prononciert in seinen frühen Schriften, hat sich Nietzsche gegen die fast einhellige deutsche Tradition gestellt, die die Redekunst verachtete und, von der Höherwertigkeit der Poesie überzeugt, die Möglichkeit einer geschliffen-künstlerischen Prosa vernachlässigte. Besonders sein außerordentliches Verständnis für das Phänomen der antiken Rhetorik ließ ihn über die 'unrhetorischen' Deutschen klagen und die möglichen Qualitäten einer auf rhetorischen Gesetzen basierenden Prosa hervorheben."

33 " einmal schätzt er die 'Kunst der schönen Rede', zum anderen verachtet er das Rhetorische als Ausdruck eines affektgeladenen und auf stärkste Wirkungen bedachten Stils." Mit letzterem kritisiert N. ab 1874 Wagner, ersteres bezieht N. auf die griechische Tragödie (Aphorismus "Kunst und Natur" aus der "Fröhlichen Wissenschaft").

Der Barockstil

39 N. neigt dazu, die Wirkung des movere mit dem Begriff des Rhetorischen identisch zu setzen und damit dieses abzuwerten.

Nietzsches Stilideal

Abb. 5: Friedrich Sengle: Exzerpt zu Joachim Goths *Nietzsche und die Rhetorik.*[30]

Auswirkungen auf die Gattungspoetik. Bevorzugung der Erzählprosa

erinnert stark an Büchners programmatische Briefäußerungen. Nach dem Siege der realistischen Stilprinzipien ist – für den zweiten Kritiker – eine Wertung Sealsfields nach dem ästhetischen Prinzip der Einheitlichkeit, Gleichmäßigkeit und des »harmonischen Klangs« unvermeidlich, und da wird der Stab über dem einst so hochberühmten Erzähler gebrochen. *Eine ähnliche Umwertung trifft so gut wie alle Dichter der Biedermeierzeit.*

Es läßt sich nicht leugnen, daß bei solchen Wertungskriterien die unauffälligen, durchschnittlichen Dichter manchmal zu gut wegkommen. In der »encyklopädischen Darstellung der neueren Zeitgeschichte für alle Stände«, die Brockhaus in Leipzig 1853–1857 unter dem Haupttitel *Die Gegenwart* drucken ließ, finden sich viele realistische Noten für die Literatur der Biedermeierzeit. Von der dämonischen *Faustine* (Gräfin Hahn-Hahn) hören wir: »Die gefrorenen Blumen dieser Dichterin sind die französierenden Wendungen ihres Stils, diese steife, harlekinartige Tournüre, die mit solchen gespreizten Ausdrücken oft die Sprache des Affekts und der Empfindung in lächerlicher Weise unterbricht [!]. Die Sprache der Hahn-Hahn ist ein bunter Nipptisch [!], wo neben geschmackvollen, sinnig gearbeiteten Kunstsächelchen ebensoviel barocke Purzelmännchen und wackelnde Pagoden sich breitmachen« [346]. Heinrich Koenig, der anspruchslose Verfasser schlicht erzählter historischer Romane, bekommt eine gute Note: »Sein Stil ist der gleichmäßige [!], epische Wellenschlag, nirgend lyrisch aufgestürmt, nirgends durch dramatische Wendungen fremdartig gefärbt« [347]. Überall wo man nach 1848 Erstfassungen mit Zweitfassungen vergleichen kann, beobachtet man den Abbau der hohen und niederen Stilelemente, die Entwicklung zu einer unrhetorischen, flüssigen und möglichst wenig sprunghaften Sprache. Wo dies nicht der Fall ist, wie bei den Neuromantikern (R. Wagner, *Also sprach Zarathustra* usw.) oder den Schillerepigonen, kann man nicht von Realismus sprechen*. Dagegen braucht die Zunahme der gesellschaftskritischen Nüchternheit (*Martin Salander, Der Stechlin* usw.) noch nicht zum Naturalismus weiterzuführen. *Entscheidend ist das Vermeiden der stilistischen Extreme***.

Auswirkungen auf die Gattungspoetik. Bevorzugung der Erzählprosa

Bekannter als die stilgeschichtliche Einheitsbewegung nach 1850 ist die Auswirkung des realistischen Programms auf die Gattungspoetik. Auch hier kann man von dem wiederholt zitierten Fontanewort ausgehen: »Am wenigsten aber wollte man Rhetorik«. Aus äußeren Gründen (königliche Pension) will Fontane 1851 ein *Bar-*

* Nach Joachim *Goth*, Nietzsche und die Rhetorik, 1970, S. 27, hat sich Nietzsche ausdrücklich gegen die Verachtung der Rhetorik in Deutschland gewandt. Er wird das Vorbild der »Neopathetiker« seit Stefan George, Dehmel und den Expressionisten.

** Fritz *Martini* hat in einem Aufatz, dessen einzige Schwäche der mißverständliche Titel ist (Ironischer Realismus, in: Ironie und Dichtung, hg. v. Albert *Schaefer*, 1970, S. 113–141) mit überlegener dichtungsgeschichtlicher Argumentation darauf aufmerksam gemacht, daß, obwohl der Humor »als der dominante epische Kunstgeist im Erzählen der

279

Abb. 6: Friedrich Sengles *Biedermeierzeit*.[31]

Es lassen sich weitere Beispiele finden: So wird von der Heine-Arbeit Irmingard Kargers nicht die gesamte (deutschsprachige) Arbeit, sondern vielmehr das (englische) »Summary« am Ende der Arbeit exzerpiert.[32] Im dritten Band der *Biedermeierzeit* zitiert Sengle die Heine-Arbeit dann auch auf der Grundlage des Exzerpts des »Summary« auf Englisch.[33] Von der Dissertation über *Heinrich Zschokkes Erzählungskunst* von Margarete Prieger wird wohl nur ein zweiseitiger »Auszug« wahrgenommen.[34] Die relevante Stelle aus dem Auszug bezieht sich darauf, dass Zschokke und Scott »die historischen Motive mit Motiven des Abenteuerromans und mit Liebesmotiven« verknüpfen.[35] Bei Sengle wird diese Stelle zu einer Bemerkung über Zschokke verarbeitet.[36] Unter der Bezeichnung »Rezension« lässt Sengle zudem Kurzzusammenfassungen von Forschungsbeiträgen anfertigen (meist ein bis zwei maschinenschriftliche Seiten), und ausweislich der Seminarpläne werden in den Oberseminaren Sengles nicht nur »Referate« zu bestimmten germanistischen Themen gehalten (meist in Vorbereitung auf schriftliche Abschlussarbeiten), sondern auch »Rezensionen« zu aktueller literaturwissenschaftlicher Forschung präsentiert.[37] Lehre und Forschung sind eng verknüpft [→ Kap. 21].

Sengle dankt in der *Biedermeierzeit* nicht nur für das Exzerpieren, sondern auch für das Mitteilen von Hinweisen[38] oder für das Korrigieren und Kommentieren. Hinzugezogene »Spezialisten« hätten ihn »durch Durchsicht einzelner Dichterkapitel vor manchem Fehler bewahrt«.[39] Es handelt sich bei *Biedermeierzeit* um den Versuch, eine literaturhistorische Epochensynthese zu schreiben – als Gegengewicht zur forcierten Spezialisierung in einzelne Autorphilologien, die Sengle gleichwohl für unausweichlich hält. Er trägt deshalb dafür Sorge, dass fast alle Kapitel des dritten Bandes der *Biedermeierzeit* von ausgewiesenen »Spezialisten« für das Werk der darin traktierten Autorinnen und Autoren geprüft werden.[40] Hier manifestiert sich eine Praxis des Gegenlesens; mithin eine Praxis des Kritisierens, die von der Praxis, die wir gewöhnlich mit dem Begriff der akademischen Kritik verbinden, deutlich abweicht. Es geht hier nicht darum, dass die Geltungsansprüche eines bereits finalisierten und öffentlich zugänglichen Werks von idealiter unabhängigen und kompetenten Kolleginnen und Kollegen (»Spezialisten«) in einem wiederum öffentlich zugänglichen Werk beurteilt werden. Es geht um die fachmännische Korrektur eines Werks, bevor es finalisiert ist, mithin um die kollegiale Überarbeitung im Vorfeld der Publikation.[41] Dies ist im Übrigen eine der am häufigsten übersehenen Funktionen von Peer Review im Zeitschriftenwesen: dort, wo Autorinnen oder Autoren über kein professionelles Netzwerk verfügen, das die Korrekturarbeit übernehmen kann, springt eine kleine Gruppe von anonymen Fachgutachterinnen und Fachgutachtern ein.[42] In beiden Fällen stellen Kritikerinnen und Kritiker den Kolleginnen und Kollegen ihre eigenen Fähigkeiten zur Verfügung, ohne selbst publizistisch in Erscheinung zu treten. Das läuft auf eine mehr oder weniger institutionell vermittelte »Nachbarschaftshilfe« in Sachen Mängelbehebung hinaus, für die mitunter nicht nur die eigenen Schüler, sondern auch andere Professoren herangezogen werden können. So schreibt Sengle an Fritz Martini:

> [...] die ›Biedermeierzeit‹ verkauft sich überraschend gut. Wenn Sie und Ihre Schüler Errata oder sonstige Mängel finden, bin ich im Hinblick auf eine Neuauflage besonders dankbar. Ich würde mit meiner Schule die Nachbarschaftshilfe vor Ihrer 4. Auflage [das ist die 4. Auflage der Monografie *Deutsche Literatur im bürgerlichen Realismus*, S.M./C.S.] gerne erwidern.[43]

Hier eröffnet sich ein weites Feld von sozialen Formen des kollegial erbetenen oder auch von Mitarbeiterinnen und Mitarbeitern verlangten kritischen Kollaborierens: also eine fein abgestufte Form der Publizität, die mit einer gestuften Form der anonymen Kollaboration einhergeht.

Die *Biedermeierzeit*-Unterlagen im Sengle-Nachlass führen vor Augen, wie Sengle immer wieder mitunter recht umfangreiche Kapitel seiner Bände an spezialisierte Kolleginnen und Kollegen sendet und um kritische Lektüre bittet. So ersucht er beispielsweise den Linguisten Peter von Polenz brieflich, das gesamte Kapitel über die »Literatursprache« kritisch zu lesen.[44] Er schildert diese Verfahrensweise auch in einem Briefwechsel mit seinem Verlag:

> Für die Mitredaktion in einem höheren Sinn habe ich meinen ehemaligen Schüler Professor Windfuhr, Düsseldorf, gewonnen. Das große Sprachkapitel will Professor P. von Polenz, mein sehr geschätzter ehemaliger Kollege von Heidelberg, durchsehen. So nähere ich mich ein wenig dem teamwork [...].[45]

Obwohl Sengles Verhältnis zu »teamwork« eher distanziert ist [→ Kap. 5 u. 23], bemüht er sich beim dritten Band der *Biedermeierzeit*, der umfassende autorzentrierte Kapitel enthält, wiederholt darum, die Kapitel von autorphilologisch beschlagenen Spezialistinnen und Spezialisten kritisch durchsehen zu lassen. Auf eine Visitenkarte von Wilhelm Gössmann notiert Sengle etwa: »Kap. Heine« und »Evtl. Heine-Durchsicht?«[46] Zu diesem Zweck werden auch ehemalige Mitarbeiterinnen und Mitarbeiter oder Promovendinnen und Promovenden herangezogen, wie etwa Eva D. Becker, die mit einer Arbeit über den deutschen Roman von Sengle promoviert worden war.[47] Fünfzehn Jahre später korrigiert sie als ›Spezialistin‹ das Heine-Kapitel der *Biedermeierzeit*: »Schreibfehler habe ich jeweils am Rand bezeichnet. Meine Anmerkungen stehen auf den Blättern anbei, z.T. sind sie mehr diskutierenden Charakters.«[48]

Becker ist nicht das einzige Beispiel dafür, dass sich an Kollaborationspraktiken die Verdauerung sozialer Beziehungsgefüge beobachten lässt. Auch Manfred Windfuhr, der bei Sengle eine Dissertation über *Immermanns erzählerisches Werk* und eine Habilitationsschrift über *Die barocke Bildlichkeit und ihre Kritiker* verfasst hatte und auf Vermittlung Sengles die Edition der Heine-Schriften übernahm,[49] korrigiert ebenfalls das Heine-Kapitel. In dem Konvolut mit seinen »Notizen zu F. Sengle ›Heinrich Heine‹ (Kapitel der Biedermeierzeit)« finden sich unter anderem folgende kritische Hinweise:

> Die nach Ihrer Meinung nur ›anempfundene‹ Kampflust [Heines, S.M./C.S.] klärt sich als echt auf, wenn man von einem Antagonismus zwischen Heines Konzeption und der Restaurationskonzeption ausgeht. Überhaupt neigen Sie dazu, Heines Äußerungen und Verhaltensweisen als nur Form oder Maske zu interpretieren, und übersehen dabei die empirische Begründung (Abwertung der Amalie, Mißverständnis, Heine habe keine volkstümlichen Züge usw.).[50]

Sengle »bezweifel[e] Heines volkstümliche Züge. Das sagt der Schwabe, der die rheinische Besonderheit der Volkstümlichkeit nicht berücksichtigt.« Schließlich steht da auch der Einwand: »Begriff ›Fremdkörper‹ auf Heine angewandt kann leicht im Sinne rassischer Fremdheit mißverstanden werden und paßt nicht. Er ist nicht Fremdkörper sondern Antagonist der Biedermeierkultur«. Die Kritik Windfuhrs zielt darauf ab, dass Heine von Sengle als ›volksfremd‹ dargestellt wird.[51] Am Seitenrand dieses Kritik-Konvoluts findet sich von Sengle der handschriftliche Zusatz: »Windfuhrs Kritik bedenken.« Und neben dem Hinweis zum Begriff des »Fremdkörpers« notiert Sengle »erl«.[52]

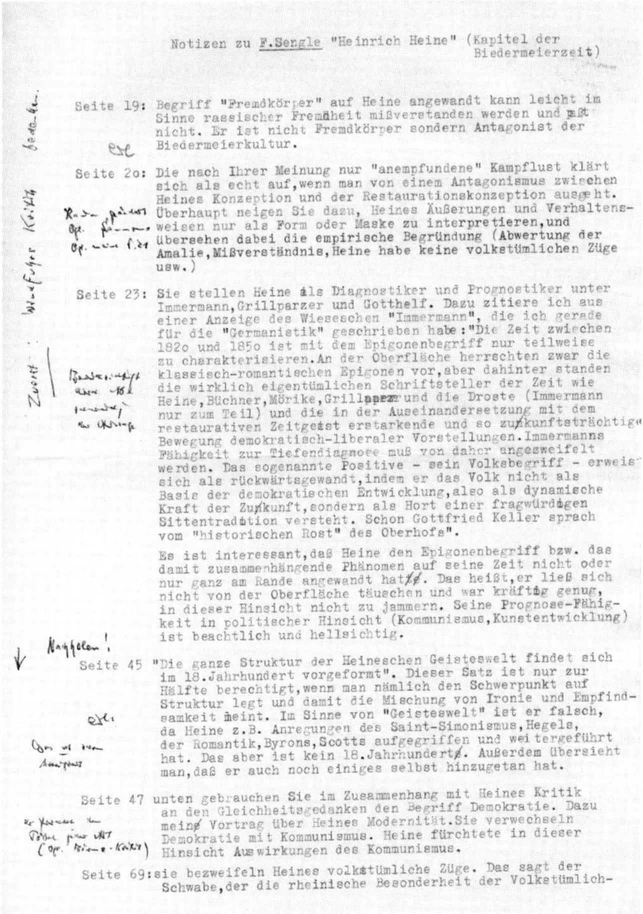

Notizen zu F.Sengle "Heinrich Heine" (Kapitel der Biedermeierzeit)

Seite 19: Begriff "Fremdkörper" auf Heine angewandt kann leicht im Sinne rassischer Fremdheit mißverstanden werden und paßt nicht. Er ist nicht Fremdkörper sondern Antagonist der Biedermeierkultur.

Seite 2o: Die nach Ihrer Meinung nur "anempfundene" Kampflust klärt sich als echt auf, wenn man von einem Antagonismus zwischen Heines Konzeption und der Restaurationskonzeption ausgeht. Überhaupt neigen Sie dazu, Heines Äußerungen und Verhaltensweisen nur als Form oder Maske zu interpretieren, und übersehen dabei die empirische Begründung (Abwertung der Amalie, Mißverständnis, Heine habe keine volkstümlichen Züge usw.)

Seite 23: Sie stellen Heine als Diagnostiker und Prognostiker unter Immermann, Grillparzer und Gotthelf. Dazu zitiere ich aus einer Anzeige des Wieseschen "Immermann", die ich gerade für die "Germanistik" geschrieben habe: "Die Zeit zwischen 182o und 185o ist mit dem Epigonenbegriff nur teilweise zu charakterisieren. An der Oberfläche herrschten zwar die klassisch-romantischen Epigonen vor, aber dahinter standen die wirklich eigentümlichen Schriftsteller der Zeit wie Heine, Büchner, Mörike, Grillparzer und die Droste (Immermann nur zum Teil) und die in der Auseinandersetzung mit dem restaurativen Zeitgeist erstarkende und so zukunftsträchtige Bewegung demokratisch-liberaler Vorstellungen. Immermanns Fähigkeit zur Tiefendiagnose muß von daher angezweifelt werden. Das sogenannte Positive - sein Volksbegriff - erweist sich als rückwärtsgewandt, indem er das Volk nicht als Basis der demokratischen Entwicklung, also als dynamische Kraft der Zukunft, sondern als Hort einer fragwürdigen Sittentradition versteht. Schon Gottfried Keller sprach vom "historischen Rost" des Oberhofs".

Es ist interessant, daß Heine den Epigonenbegriff bzw. das damit zusammenhängende Phänomen auf seine Zeit nicht oder nur ganz am Rande angewandt hat. Das heißt, er ließ sich nicht von der Oberfläche täuschen und war kräftig genug, in dieser Hinsicht nicht zu jammern. Seine Prognose-Fähigkeit in politischer Hinsicht (Kommunismus, Kunstentwicklung) ist beachtlich und hellsichtig.

Seite 45 "Die ganze Struktur der Heineschen Geisteswelt findet sich im 18. Jahrhundert vorgeformt". Dieser Satz ist nur zur Hälfte berechtigt, wenn man nämlich den Schwerpunkt auf Struktur legt und damit die Mischung von Ironie und Empfindsamkeit meint. Im Sinne von "Geisteswelt" ist er falsch, da Heine z.B. Anregungen des Saint-Simonismus, Hegels, der Romantik, Byrons, Scotts aufgegriffen und weitergeführt hat. Das aber ist kein 18. Jahrhundert. Außerdem übersieht man, daß er auch noch einiges selbst hinzugetan hat.

Seite 47 unten gebrauchen Sie im Zusammenhang mit Heines Kritik an den Gleichheitsgedanken den Begriff Demokratie. Dazu mein Vortrag über Heines Modernität. Sie verwechseln Demokratie mit Kommunismus. Heine fürchtete in dieser Hinsicht Auswirkungen des Kommunismus.

Seite 69: sie bezweifeln Heines volkstümliche Züge. Das sagt der Schwabe, der die rheinische Besonderheit der Volkstümlich-

Abb. 7: Manfred Windfuhr: Notizen zu F. Sengle »Heinrich Heine« (Kapitel der *Biedermeierzeit*).[53]

Tatsächlich scheint er an der entsprechenden Stelle des *Biedermeierzeit*-Bandes den Ausdruck »Fremdkörper« getilgt zu haben. Die Kritik Windfuhrs adressiert hier interessanterweise nicht nur historische Fakten oder philologische Fragen, sondern auch weitreichende ethisch-politische Einordnungen.[54]

Wie das Beispiel Manfred Windfuhrs vor Augen führt, arbeiten an der wiederholten kritischen Verbesserung der *Biedermeierzeit* nicht nur Mitglieder der Arbeitsgruppe Friedrich Sengles mit, sondern auch Personen, die teilweise schon seit Jahrzehnten nicht mehr dieser Arbeitsgruppe angehören. Das tatkräftige Mitarbeiten an den Großprojekten des Ordinarius setzt sich also auf Nachfrage auch dann noch fort, wenn man schon lange den engeren Umkreis des Lehrstuhls verlassen hat. Das gilt für ehemalige Doktorandinnen wie Eva D. Becker oder Assistenten wie Manfred Windfuhr. Im Fall von Windfuhr wird später sogar der Promovierendenkreis des ehemaligen Doktoranden mit eingespannt.[55] Auch die ehemalige Sekretärin ist, wie Sengle 1980 schreibt, »nach unser beider Pensionierung weiter eine stets zuverlässige Stütze«.[56] Die ehemalige Sekretärin wird ihn sogar noch bei der Produktion seiner 1993 erschienenen großen Monografie über Goethe unterstützen:

> Wie in meiner Biedermeierzeit (1971-1980) unterstützte mich auch bei diesem Buche meine frühere Sekretärin, Frau Marlies Schindler, durch opfervolle wissenschaftliche Kleinarbeit. Dieser Treue schulde ich persönlich am meisten.[57]

Sengle ist keineswegs das einzige Beispiel dafür, dass die Zuarbeit des ehemaligen Lehrstuhlpersonals noch lange nach der Beendigung des formellen Dienstverhältnisses anhält. Wie Odo Marquard berichtet, beansprucht Hans Blumenberg seine Gießener Sekretärin auch noch, als er die Universität verlassen hat. In seiner Funktion als Gießener Institutsdirektor habe Marquard der ehemaligen »Sekretärin erlaub[t], auch nach seiner [Blumenbergs, S.M./C.S.] offiziellen Übersiedlung nach Bochum seine Stenorettenbänder abzutippen: auf diese Weise ist in der Ludwigstraße 12 in Gießen *Die Legitimität der Neuzeit* geschrieben worden«.[58] Als dem Germanisten Richard Alewyn nach der Emeritierung eine Sekretärin nicht mehr zur Verfügung steht, übernehmen seine Schülerinnen und Schüler Sekretariatsarbeiten – selbst wenn diese, wie Herbert Singer, bereits selbst längst eine Professur innehaben: Singer schreibt »[a]nstelle Alewyns, der bekanntlich nicht mehr über eine Sekretärin verfügt«, und charakterisiert sich selbst humorvoll als »Sein[en] Secretarius«.[59]

4. Individualisieren und Kollektivieren

Geisteswissenschaftliche Praktiken sind also grundlegend sozial verfasst, und bisweilen kommt es auf dieser Grundlage zu manifesten Kollaborationen als einer spezifisch zu beschreibenden Praxis. Welche Strukturen solchen Formen des Kollaborierens förderlich sind und inwiefern sie das Zusammenarbeiten prägen, ist etwa für die Frage, ob das sogenannte ›Lehrstuhlprinzip‹ [→ Kap. 21 u. 22] durch ›Departementstrukturen‹ ersetzt werden sollte, diskussionsbedürftig, weil wir wenig über die konkrete Praxis wissen. Wichtiger ist aber noch ein anderer Aspekt: Angesichts der Einbettung von Einzelleistungen in ein kollektives Arbeitsgefüge könnte man sich weniger über die legendäre Einsamkeit von Geisteswissenschaftlerinnen und Geisteswissenschaftlern wundern als vielmehr darüber, dass solche Vereinzelungen zugestanden werden.[1] Sengles *Biedermeierzeit*-Projekt provoziert auch in dieser Hinsicht Irritationen: Als in der *Süddeutschen Zeitung* 1971 eine umfangreiche Rezension des ersten Bandes der *Biedermeierzeit* erscheint, heißt es dort, die beeindruckende »Erkenntnisleistung« Sengles beruhe auf »einer ganz breiten Materialbasis« und setze, »wenn es der einzelne leisten« müsse, »ein enormes Arbeitspensum voraus«. Gleichzeitig würde aber Sengles ausdrücklicher Dank »an die Assistenten und Doktoranden als Hilfskräfte und Materialzuträger wesentlich zum Gesamtbild dieser Leistung« hinzugehören.[2]

Schon diese frühe Rezension lässt also die Grundspannung spürbar werden, die jeder Vollzug des geisteswissenschaftlichen Zusammenarbeitens mit sich bringt. Einerseits wird in dem Zeitungsartikel nämlich die monumentale *Biedermeierzeit* klar als alleinige »Erkenntnisleistung« Sengles gewürdigt, letztlich also als Leistung eines »[E]inzelne[n]«; andererseits müsse das »Gesamtbild dieser Leistung« durch die Berücksichtigung der vielen »Materialzuträger« vervollständigt werden, die doch wohl erst die »ganz breite[] Materialbasis« bearbeitbar gemacht hätten. Angedeutet findet sich hier also ein großes, aber unbestimmt bleibendes Kollektiv von Wissenschaftlerinnen und Wissenschaftlern, die eine kaum überschaubare Materialgrundlage zusammengetragen haben, die dann von ihrem Vorgesetzten erst zu »Erkenntnis« verarbeitet wurde. Wie genau das

Verhältnis von Kollektiv und Einzelnem sowie von Material und Erkenntnis zu fassen ist, bleibt aber unklar. Klar ist nur, dass Sengle bei der Materialbearbeitung nicht ohne die eine oder andere »zuverlässige Stütze« ausgekommen ist.[3]

Ganz in diesem Sinne hebt auch der Informationstheoretiker und Bibliometriker Blaise Cronin in seinem berühmten Aufsatz »Bowling Alone Together« hervor, dass er zwar ganz allein »gekegelt« habe, dabei aber massiv von einem großen Team unsichtbarer und unwissender Helferinnen und Helfer unterstützt worden sei.[4] Auch akademisches Schreiben sei eine Form ›verteilter‹, also quasi dezentraler ›Kognition‹ [→ Kap. 19]. Was Cronin mit diesem Bild vermitteln will: Sein Artikel ist einerseits in Einzelautorschaft erschienen, weshalb er allein akademische Reputationsgewinne mit der Veröffentlichung erzielen werde (und nur er allein werde die Verantwortung für etwaige Fehler tragen und Reputationsverluste riskieren). Andererseits stütze sich der Aufsatz auf die Mitarbeit anderer Personen, wobei deren Zuarbeit aber weder absichtlich erfolgt sei noch auch im Aufsatz erkennbar werden müsse. Cronins Aufsatz artikuliert damit zwei Probleme: erstens das Spannungsverhältnis zwischen Aktivitätsgruppen und Handlungsrollen, die im akademischen Reputationssystem autorschaftlich registriert und honoriert werden, und solchen, bei denen das nicht oder nur selten der Fall ist; und zweitens das Spannungsverhältnis zwischen der in Publikationen auf unterschiedliche Weise textuell sichtbaren Unterstützung und dem faktischen Erkenntniszusammenhang, der sich auf eine schwer überschaubare Menge von Unterstützerinnen und Unterstützern ›verteile‹.

In den letzten Jahrzehnten lässt sich auch in den Geistes- und Sozialwissenschaften eine Zunahme kollektiver Autorschaft beobachten,[5] obwohl die Mehrfachautorschaft im Vergleich zu vielen Natur- und Lebenswissenschaften dort immer noch seltener ist.[6] Ein interessanter Fall sind die sogenannten Digital Humanities, die geisteswissenschaftliche Praktiken mit Verfahren etwa der Informatik oder Mathematik verbinden, sodass manifeste Kollaborationen in vielen Hinsichten unumgänglich sind.[7] Hier fällt auf, dass normalerweise mehr Personen verantwortlich zeichnen und der Rahmen von Autorschaft weiter gezogen wird. In den Geisteswissenschaften wie den Philologien insgesamt ist die Einzelautorschaft aber weiterhin das dominante Modell – und erscheint im

Hinblick auf die monografischen Qualifikationsschriften weiterhin als unverzichtbar.[8]

Selbst wenn jedoch die Fälle von monografischer Mehrfachautorschaft auch in den Geisteswissenschaften zunehmen würden,[9] änderte dies nichts an der Richtigkeit der Beobachtungen Cronins. Auch dort, wo Autorinnen und Autoren nicht mehr allein, sondern in kleinen akademischen Autorenteams »kegeln«, bleibt immer eine große Schar von direkt und indirekt am Erkenntniszusammenhang beteiligten Personen publizistisch ›marginalisiert‹ und von Leistungszuschreibungen ›ausgeschlossen‹ (muss dafür dann aber auch nicht für etwaige Fehler haften). Nicht selten ist ein größerer Teil der Personen, die in kollaborativen Zusammenhängen mehr oder wenig abhängig mitarbeiten, in unterschiedlichen Statusgruppen situiert: Hilfskräfte, Mitarbeiterinnen und Mitarbeiter, Assistentinnen und Assistenten, Sekretärinnen und Sekretäre oder technisches Personal. Manche, die in den Geisteswissenschaften intensiv an kollaborativen Projekten mitarbeiten, haben gar keinen eigenen universitären Status, wie z. B. die meist unbezahlten, im Professorinnen- und Professorenhaushalt lebenden Familienmitglieder, in den 1960er Jahren nicht selten die Professorengattinnen.[10] Der Soziologe Howard S. Becker hat vorgeschlagen, diese äußerst heterogene Gruppe von Personen, die die kreative Arbeit unterstützt, als »support personnel« zu charakterisieren.[11] Kollaboratives Arbeiten lässt sich besonders gut beobachten, wenn man dieses ›Assistenzpersonal‹ in den Blick nimmt und dessen Unterstützungspraktiken untersucht. Der Begriff impliziert, dass im Rahmen von kollaborativen Arbeitsprozessen meist kulturelle Hierarchien hergestellt werden, die Gradierungen zwischen den ›eigentlichen‹ Agentinnen und Agenten und den Assistierenden vornehmen. Es geht jedoch nicht immer in dieser hierarchischen Richtung: Die Betreuung von Abschlussarbeiten etwa (insbesondere von Dissertationen) kann durch die fortlaufende Diskussion, Redaktion und Kommentierung des Textes von Seiten der Hochschullehrerin oder des Hochschullehrers durchaus kollaborative Qualitäten gewinnen und sedimentiert sich in der mehr oder weniger überschwänglichen Danksagung. Auch hier freilich erfolgt die Reverenz an eine Instanz, die keine Hilfsarbeit leistet, sondern entscheidende ›Anregungen‹ geliefert, also die ›eigentlich‹ entscheidenden Impulse gesetzt hat [→ Kap. 21]. Deutlich wird, dass jedes Modell von kollaborativer Forschung explizit oder implizit Annahmen über unterschiedliche Praktiken von wissenschaftlicher Arbeit und deren Verknüpfung trifft. Ebenso stellt jedes Modell explizit oder implizit Annahmen darüber an, welche Phasen und Felder der wissenschaftlichen Arbeitspraxis an das Assistenzpersonal delegiert werden können und welche nicht. Dies alles ist häufig verbunden mit Annahmen darüber, welchen Praxisfeldern und Arbeitsphasen ›höhere‹ oder ›niedere‹ Qualifikationen entsprechen. Vom Tragen der Tasche der Professorin oder des Professors über das Fotokopieren und Bibliografieren von Forschungsliteratur bis hin zum Erschließen und Übersetzen von fremdsprachigen Quellen kann das akademische Mitarbeiten ein sehr breites Kompetenzspektrum umfassen. An die Frage der Qualifikation lässt sich zudem die Frage der Substituierbarkeit knüpfen, das heißt die Frage nach der prinzipiellen Möglichkeit für die Auftraggeberin oder den Auftraggeber, die Mitarbeitenden austauschen zu lassen.

Legitimiert wird die Differenzierung von ›höheren‹ und ›niederen‹ akademischen Aktivitäten durch mehr oder weniger implizite Dichotomien von Mittel und Zweck, mechanischer und nicht mechanischer Aktivität, Körper und Intellekt, ›Transpiration‹ und ›Inspiration‹. Historisch gesehen, lassen sich Praktiken in diesen Dichotomien variabel situieren. So kann das materielle Schreiben mit der Hand als eine mechanische, rein körperliche Praxis verstanden werden, die sich problemlos an Assistenzpersonal delegieren lässt, oder als eine eminent nicht mechanische und geistige Praxis, in der sich der gesamte kreative Prozess manifestiert und die deshalb nur von der schöpferischen Zentralfigur selbst vollzogen werden kann. Die Frage, welche Praktiken wertvoller und weniger wertvoll sind, entscheidet dann mit darüber, welche Akteurinnen und Akteure schlussendlich beanspruchen dürfen, dass ihnen das Produkt des kollaborativen Prozesses als individuelles akademisches Verdienst zugeschrieben wird.

Die genannte Hierarchisierung hat zudem Konsequenzen für die kulturelle Sichtbarkeit des Assistenzpersonals.[12] Die häufig zu beobachtende Invisibilisierung des Assistenzpersonals kommt etwa darin zum Ausdruck, dass bestimmte Kollaborierende weder textuell noch paratextuell erwähnt werden;[13] oder darin, dass die Ikonografie des Gelehrten das Assistenzpersonal meist ausspart.[14] Dass die Rolle des Assistenzpersonals in akademischen kollaborativen

Prozessen rückblickend schwer zu bestimmen ist, hängt nicht zuletzt damit zusammen, dass das Unsichtbarmachen von Kollaboration aktiv betrieben wird, wobei hervorgehoben werden muss, dass diejenigen, deren Arbeit innerhalb einer bestimmten »moralischen Ökonomie«[15] der Wissenschaften unsichtbar gemacht wird, ein Interesse an der eigenen Invisibilisierung haben können – so machen sich Lektorinnen und Lektoren ebenso wie Ghostwriterinnen und Ghostwriter häufig selbst unsichtbar.[16] Hier ist aus praxeologischer Perspektive von besonderem Interesse, welche Praktiken des Sichtbarmachens sich in den Geisteswissenschaften beobachten lassen. Unter welchen historischen Voraussetzungen wird der kollaborative Charakter von akademischen Arbeitszusammenhängen in den öffentlich beobachtbaren Arbeitsergebnissen markiert? Wie wird Kollaboration publizistisch prozessiert?

Diese Beobachtungen haben methodische Konsequenzen für die Frage, wie sich wissenschaftliches Mitarbeiten anhand der sichtbaren Wissenschaft rekonstruieren lässt: Zwischen der textuellen Markierung von Kollektivität in Publikationen und den faktischen akademischen Unterstützungszusammenhängen klafft nämlich eine Lücke. Weder die Autornennung noch die gängigen textuellen Markierungen von Mitarbeit wie Danksagungen für Unterstützung in Vorworten geben alleine ein adäquates Bild des vielgestaltigen wissenschaftlichen Unterstützungszusammenhangs ab. Diese Kluft zwischen Publikationspraxis und faktischer Arbeitspraxis anzuerkennen, bedeutet, nicht der Versuchung nachzugeben, Einzelautorschaft mit Individualforschung und Mehrfachautorschaft (verstanden im Sinne einer pluralen paratextuellen Autorsignatur und nicht im Sinne einer gemeinsamen Verschriftlichungsarbeit) mit kollaborativer Forschung gleichzusetzen. Kollaborative Forschung lässt sich an textuellen Signalen wie Mehrfachautorschaft nicht einfach ›ablesen‹. Insofern ist der gelegentlich geäußerte Einwand nicht triftig, die bloße Tatsache, dass in geisteswissenschaftlichen Kollektivforschungsformaten (z. B. Sonderforschungsbereichen) für die publizierten Forschungsergebnisse weiterhin meist einzelne Autorinnen und Autoren verantwortlich zeichneten (sei es nun für Monografien oder für Fachaufsätze),[17] lasse darauf schließen, dass eigentlich gar nicht kollaborativ geforscht werde.

Kollektive Autorschaft und kollaboratives Arbeiten müssen klar geschieden werden. Und nicht jede Form der Unterstützung (im

Sinne Cronins) kann schon als substantielle Kollaboration verstanden werden. In gewisser Hinsicht sind alle intellektuellen Werke, darin ist Cronin zuzustimmen, in einem recht unspezifischen und schwer überschaubaren Sinne Ergebnisse mehr oder weniger gemeinschaftlicher Prozesse. Ein intellektuelles Werk, das ohne jede fremde Unterstützung (und sei es von Seiten der Autorinnen und Autoren oder der Zuarbeitenden unwissentlich) zustande gekommen wäre, ist eigentlich nicht denkbar.[18] Etwas ganz anderes ist es, ob diese Unterstützung in kollaborativen Praktiken vollzogen wurde und ob sie sich in einer kollektiven Autorschaft ausdrückt. Es stellt sich die Anschlussfrage, wer von den Beteiligten (oder auch Nicht-Beteiligten)[19] dann als Mitglied des publizistischen Autorinnen- und Autorenkollektivs verstanden wird.

Wann erfährt die Person, die an einem Projekt ›mitarbeitet‹ oder etwas zu einem Projekt ›beiträgt‹, eine öffentliche Anerkennung im Sinne der textuellen ›Registrierung‹ durch die Nennung als Mitautorin oder Mitautor? Wann erfährt sie die Erwähnung in der Danksagung? Das Band zwischen sozialen Kollaborationspraktiken und textuellen Anerkennungspraktiken ist teilweise sehr lose: Mitarbeit führt nicht von selbst zu manifester Anerkennung oder gar zu Mitautorschaft. Wer aber kann überhaupt eine wissenschaftliche Autorin oder ein wissenschaftlicher Autor und, noch allgemeiner, eine Zuschreibungsinstanz von wissenschaftlichem Verdienst sein? Gibt es bestimmte Personengruppen, die unabhängig von der Quantität und der Qualität ihrer Mitarbeit kein ›eigenes‹ wissenschaftliches Verdienst und insofern auch keinen Anspruch auf Autorschaft erwerben können? Wer im akademischen Kontext Autorschaft beanspruchen darf, nimmt eine privilegierte Position ein, weil dies ihr oder ihm erlaubt, auch einen kollaborativen Arbeitszusammenhang als etwas ›Eigenes‹ in Anspruch zu nehmen (dieses ›Eigene‹ muss nicht notwendig juristisch als Eigentum formalisiert sein) und mit diesem ›Eigenen‹ dann Ansprüche auf Anerkennung zu verknüpfen. Nur innerhalb der sehr beschränkten Gruppe von Personen, die in diesem Sinne über anerkannte ›eigene‹ Leistungen verfügen, lässt sich Wissen angemessen zuschreiben, paraphrasieren, zitieren.

Es griffe zu kurz, wenn man derartige Zuschreibungen von Verdienst ausschließlich als Ergebnis von institutionellem Zwang deuten würde (auch wenn dieser eine Rolle spielen mag), denn diese Praktiken der Zuschreibung scheinen den meisten Beteiligten plausibel und insofern von ihnen verinnerlicht worden zu sein, und zwar auch von denjenigen, denen die Attribuierung von wissenschaftlichem Verdienst verwehrt bleibt. Mitarbeiterinnen und Mitarbeiter verzichten meist nicht nur darauf, eine wissenschaftliche Publikation, an der sie mitgearbeitet haben, als ihr Eigenes zu beanspruchen, sie stützen häufig auch die Perspektive, dass das Verdienst letztlich nur einer oder einem Einzelnen gebühre. Dies lässt sich kaum singulär erklären mit strategischen Überlegungen wie dem Spekulieren auf direkte Gratifikationen (z. B. Verlängerung der Mitarbeiterinnen- und Mitarbeiterstelle, Förderung der eigenen Laufbahn) oder indirekte Gratifikationen (z. B. Huldigung der oder des eigenen Vorgesetzten, die auf die Mitarbeiterin oder den Mitarbeiter indirekt zurückwirkt) oder mit dem Bedürfnis einer Entlastung von sozialen Zuschreibungszumutungen (z. B. sich nicht für Wissensansprüche verantworten müssen).

Vielmehr scheint es unter dem beteiligten akademischen Personal implizite Annahmen darüber zu geben, wie Praktiken kollaborativer Arbeitsorganisation mit Praktiken individualisierter Verdienstzuschreibung plausibel verknüpft werden können. Das gilt nicht selten auch für involvierte Familienmitglieder.[20] Das im akademischen Alltag immer wieder zu klärende Problem, ob gerade ein Wir oder ein Ich etwas getan und geleistet hat, ob jemand gerade einer kollektiven sozialen Zuschreibungseinheit zugehörig ist oder nicht,[21] scheint häufig ohne größere Konflikte gelöst zu werden. Selbst polemische Interventionen, die mit moralischem Furor fordern, dass letztlich auch der Busfahrer, der einen jeden Tag zur akademischen Arbeitsstätte fährt, in der Danksagung der wissenschaftlichen Publikation genannt werden soll, weil auch er sich um diese verdient gemacht hat,[22] gehen überraschenderweise ganz selbstverständlich davon aus, dass der Busfahrer keinen Anspruch darauf hat, auch als Autor der Publikation geführt zu werden, oder dass die Mechanikerin, die den Bus unentwegt instand hält, keine legitimen Ansprüche auf eine Nennung in der Danksagung hat.

Die strukturellen Konflikte, die unserem historisch und sozial höchst voraussetzungsreichen und vielschichtigen Verknüpfungsmodell von Zusammenarbeit und Individualverdienst zweifellos eingeschrieben sind, bleiben faktisch meist latent. Darüber hinaus führen manifeste Konflikte meist zu einer Stabilisierung des Modells, weil dann eine intersubjektive Klärung notwendig wird, wer etwas individuell geleistet hat; was aber auch heißt, dass die Individualisierbarkeit von Verdienst selbst gar nicht in Frage gestellt wird. Spürbar werden sie im akademischen Alltag gelegentlich gerade dort, wo heftig rhetorisch kollektiviert wird: Die Festrhetorik der Kollektivierung lässt sich häufig ausgerechnet dort beobachten, wo starke Formen der Individualisierung stattfinden, etwa bei der individuellen Entgegennahme von renommierten Preisen und Ehrungen. Der überschwängliche Dank, der den Mitarbeiterinnen und Mitarbeitern und Kolleginnen und Kollegen gespendet wird, ›ohne die das alles nicht möglich gewesen wäre‹, mäßigt die Zumutung der Individualisierung temporär – und besiegelt sie mittels der Ausgliederung der Bedankten aus den Kernbereichen der verdienstfähigen Aktivität doch zugleich endgültig.

Friedrich Sengle verfährt, wie bereits hervorgehoben, mit der Nennung seiner Unterstützerinnen und Unterstützer recht freigiebig; dies ist gerade dann bemerkenswert, wenn man sich den historischen Befund von Rüdiger Zill vergegenwärtigt, dass man in den Geisteswissenschaften der 1970er Jahre noch kaum umfassender zu danken pflegte.[23] So wird den für die Registererstellung verantwortlichen Personen in den drei Bänden der *Biedermeierzeit* nicht nur gedankt, sie werden als Verfasserinnen und Verfasser der Register aufgeführt.[24] Wenn Sengle in der *Biedermeierzeit* darauf hinweist, dass er einer Person etwas verdanke, bezieht sich dieser Dank allerdings meist auf »Stelle[n]«, »Zitate«, »Beispiele« und »Beobachtungen« oder auf »Material[]«, »Hinweise« und ein »Datum«.[25] Im Wesentlichen stellt der Dank Sengles also auf die Materialseite des Arbeitsprozesses ab. Der Eindruck, dass in der von Sengle aufgerufenen Differenz von Detail/Synthese eine intellektuelle Leistungskonzeption hintergründig wirksam bleibt, die mit einer Materie/Geist-Differenz operiert, ist nicht ganz abzuweisen. Es handelt sich um eine Differenz, für die die rein ›positivistische‹ Materialseite der Forschung etwas Niederes bleibt, das selbst keinen intellektuellen Leistungsausweis darstellt – jedenfalls dann, wenn es im Auftrag erfolgt ist. Insofern ist es für Sengle kein Problem, anderen Arbeiten »den größten Teil [s]eines Materials«[26] oder die Belegstellen zu verdanken.[27] Heikel würde es wohl erst, wenn die geistige und konzeptuelle, gewissermaßen synthetische Arbeit von anderen geleistet worden wäre.

Die Materie/Geist-Differenz lässt sich als eine wichtige konzeptuelle Voraussetzung für koordinierte Mitarbeit überhaupt begreifen. Sie erlaubt, weite Teile der alltäglichen wissenschaftlichen Mitarbeit in einem Bezirk zu lokalisieren, in dem man sich als Mitarbeiterin oder Mitarbeiter vielleicht Hoffnung auf freundlichen Dank für materielle Zuarbeit machen darf, aber eben keine Ansprüche auf die formelle Anerkennung intellektueller Eigenleistungen und kein Anrecht auf autorschaftliche Nennung erwirbt. Insofern behält der paratextuelle Dank, auch wenn er aufrichtig ist, immer etwas Zweischneidiges, weil die Dankenden auf diese Weise den Bedankten freundlich eine marginale Zuträgerinnen- und Zuträgerposition zuteilen. Sanft, aber bestimmt wird den Mitarbeitenden ein randständiger Platz außerhalb des engeren Bezirks des Werks zugewiesen.[28]

Die Unterscheidung von Forscherinnen und Forschern im emphatischen Sinne und Hilfsarbeiterinnen und Hilfsarbeitern, Hilfskräften, Handlangerinnen und Handlangern oder Mitarbeiterinnen und Mitarbeitern operiert bereits im 19. Jahrhundert mittels der Unterscheidung von Materie und Geist. Wie die Quellen zur Diskursgeschichte historisch-philologischer Arbeitsteilung, die unter anderem von Holger Dainat, Lutz Danneberg und Hans-Harald Müller eingehender untersucht worden sind, deutlich machen, wird das Mitarbeiten meist als ein Bereitstellen von »Material« verstanden.[29] Theodor Mommsen charakterisiert es als »Sammlung und Sichtung des wissenschaftlichen Materials«;[30] die Mitarbeiter können dem Forscher »die Materialien zurecht[ ]legen«.[31] Boeckh situiert die Aufgabe der Mitarbeiter in der »mühsame[n] Beschaffung des Materials«,[32] Burdach in der Bearbeitung »große[r] Stoffmassen durch Verteilung an mehrere Mitarbeiter und Hilfskräfte«.[33] Wilamowitz-Möllendorf sieht die Aufgabe der Mitarbeiter im »Fortgang der Materialsammlung«,[34] Minor in der Beschaffung und Bearbeitung der »Riesenmassen gedruckten und ungedruckten Materiales«.[35] Die akademischen Mitarbeiter »bereite[n] mehr das Material«, während der einzelne Forscher es dann anschließend »gestaltet«.[36] Aus dieser Perspektive haben die Ergebnisse der Mitarbeiter immer nur Hilfscharakter, sind also »Erleichterung und Sicherung der von hier aus weiter Strebenden«, nämlich der nach einer »höhere[n] Wissenschaft« strebenden Forscher im engeren Sinne.[37] Das Fazit von Müller, dass der kooperativen Arbeit lediglich »eine rein instrumentelle Funktion bei der Materialbeschaffung« zukomme, trifft die Sache genau.[38]

Innerhalb dieser Formation wird die instrumentelle Funktion zudem noch dadurch verstärkt, dass Professoren die Beschaffung und Bearbeitung des Materials planen und anleiten, während die Mitarbeitenden sie bloß ausführen. Über die Zwecksetzung der zugearbeiteten Materialien befinden die Professoren, die idealerweise auch das rohe Material zu »höhere[r] Wissenschaft« ausformen und in monografischer Gestalt publizieren. Die Charakterisierung der Mitarbeitenden als »Hilfsarbeiter« und »Handlanger« reflektiert diese grundlegende Auffassung: »Handlanger« sind historisch diejenigen untergeordneten, kaum qualifizierten und kurzfristig engagierten Zuarbeiter, die den Maurern bei der Errichtung eines Baus das Material zuliefern. Sie bewegen sich außerhalb eines ›zunftmäßigen‹ Rahmens, der eine Laufbahn vom Lehrling über den Gesellen zum Meister vorsieht.

Der Handlanger bleibt ein austauschbarer Zuarbeiter, der sich durch die Mitarbeit keine beruflichen Zukunftsperspektiven erwirbt. Das unterscheidet auch den akademischen Hilfsarbeiter, der seit dem 19. Jahrhundert an den Akademien angestellt wurde und teilweise einen prekären Handlangerstatus innehatte,[39] von den Assistentinnen und Assistenten an Lehrstühlen, denen eine Laufbahn von der Assistentur zur Professur in Aussicht gestellt wird. Dieser skizzenhafte Rückblick auf die diskursive Einordnung kollaborativer Arbeitspraktiken erlaubt, der ebenso viel verwendeten wie notorisch vagen Unterscheidung von Materie und Geist einen praktischen Sinn abzugewinnen: Materie umfasst ebenso handfeste wie partikulare bereitstellende Aktivitäten, die später publizistisch unsichtbar gemacht werden; Geist dagegen eine schwer fassliche generelle Synthesearbeit, die später durch Autorschaftsansprüche publizistisch sichtbar gemacht wird.

Mag es sich bei der Vielzahl von Personen, die in der einen oder anderen Weise an der *Biedermeierzeit* mitgewirkt haben, nun um Hilfskräfte oder um Assistentinnen und Assistenten handeln, mag sich diese Mitarbeit auch an verschiedenen Stellen in Sengles Werk in kurzen Hinweisen manifestiert haben: So ist doch innerhalb der Literaturwissenschaft vollkommen unstrittig, dass das Werk der akademische Verdienst einer einzigen Person ist. Zwar hat die Wissenschaftssoziologie die Wissenschaft als einen kollektiven Prozess beschrieben, dessen Ergebnisse im Grunde nur der Gemeinschaft aller Wissenschaftlerinnen und Wissenschaftler gutgeschrieben werden könnten: Wissenschaftliche Erkenntnis sei ein gemeinsames Gut, auf das eine individuelle Forscherin oder ein individueller Forscher allenfalls äußerst begrenzte Besitzansprüche geltend machen dürfe.[40] Trotzdem werden im akademischen Alltag Leistungen wie die *Biedermeierzeit* unmissverständlich einzelnen Autorinnen und Autoren zugeschrieben.

Um zu verstehen, weshalb das so ist, lässt sich angesichts der wissenschaftssoziologischen Forschung allerdings nicht auf die vermeintlich naturgegebene Tatsache rekurrieren, dass Wissenschaft eben von einzelnen Wissenschaftlerinnen und Wissenschaftlern betrieben wird. Vielmehr müssen wir eine konsequent praxeologische Perspektive einnehmen, die nachvollzieht, wie kollektive Erkenntniszusammenhänge im Allgemeinen und kollaborative Forschungsprozesse im Besonderen in alltäglichen akademischen Praktiken singularisiert,[41] das heißt plausibel auf einzelne Individuen oder begrenzte Teams bezogen werden – wozu auch die Frage gehört, wie kollektiv eingebettete und kollaborativ gewonnene Arbeitsergebnisse auf eine sozial akzeptable Weise in individuelle Reputationszuweisungen überführt werden können. Blickt man etwa auf Szondi [→ Kap. 1 u. 2], so lässt sich erkennen, wie ein Wissen, über das das literaturwissenschaftliche Wissenskollektiv prinzipiell bereits verfügt, doch auf einen individuellen Philologen zuschreibbar gemacht werden kann, indem auf eine bestimmte (mikro-)philologische Aufmerksamkeitshaltung als individuelle Leistung verwiesen wird. Es geht dann nicht so sehr darum, ob eine punktuelle Beobachtung, die Szondi macht, bereits schon von jemand anderem gemacht wurde oder nicht, sondern darum, dass die Beobachtung in einem spezifischen Praxiskontext eine bestimmte individuelle und originelle Haltung exemplifiziert: Szondis unverwechselbares »philologisches Ethos«.[42]

5. Spezialisieren und Generalisieren

Sowohl Sengle als auch Szondi, deren philologische Programmatik und methodische Perspektive weit voneinander entfernt sind, sehen sich mit dem Problem konfrontiert, wie man in der literaturwissenschaftlichen Praxis mit dem philologischen Spezialwissen umgehen soll, das unentwegt über einzelne Autorinnen und Autoren und Werke akkumuliert wird. Sengle zielt auf große Synthesen zur deutschsprachigen Literaturgeschichte ab; Szondi interessiert sich für übergreifende geschichtsphilosophische Prozesse und grundlegende Beobachtungen poetischer Phänomene. Beide wollen nichts zu autorphilologischer Spezialliteratur beitragen, müssen diese aber doch zur Kenntnis nehmen, wenn sie für ihre generelleren Projekte Geltungskraft beanspruchen wollen. Da sich die Spezialliteratur zu Autoren wie Heine oder Kleist jedoch bereits in den 1960er Jahren kaum noch überblicken lässt [→ Kap. 26], stellt sich grundsätzlich die Frage, in welches Verhältnis das Spezielle und das Generelle zu rücken sind.

Schon um 1900 plädieren Germanisten wie Jakob Minor dafür, alle speziellen Arbeiten an »Hilfsarbeiter« zu delegieren und die Arbeitsteilung zwischen Gelehrten und sogenannten Hilfsarbeitern in eine institutionelle Differenzierung von universitärer Forschung und ›Dienstleistungsinstitutionen‹ für »literaturgeschichtliche Hilfsarbeiten« zu überführen – möglicherweise analog zu den laborbasierten Naturwissenschaften, in denen es feste technische Assistentinnen und Assistenten gibt.[1] Das an Literaturarchiven und Forschungsbibliotheken angesiedelte, in hilfswissenschaftlichen Disziplinen ausgebildete und hochspezialisierte Personal solle den Gelehrten die notwendigen philologischen Assistenzdienste gleichsam von Haus aus liefern. Zugleich votiert Minor mit diesem Hinweis interessanterweise selbst für eine Spezialisierung der philologischen »Hilfsarbeiter« *auf die fachwissenschaftliche Spezialisierung* – um derart die universitäre Forschung von fachwissenschaftlichen Spezialisierungstendenzen freizuhalten und vielmehr auf das Generellere zu verpflichten.

Der Universitätsprofessor wird für Minor somit zum Experten für ein nur von Nichtspezialisierten erfassbares literaturhistorisches

Ganzes.[2] Diese Konzeption scheint in Sengles *Biedermeierzeit* noch nachzuhallen: Die langfristige autorphilologische Spezialisierung wird bei ihm zwar nicht subalternen Beamtinnen und Beamten in »Centralanstalten für die literaturgeschichtlichen Hilfsarbeiten« zugewiesen, doch werden die Arbeiten der Spezialistinnen und Spezialisten auch von ihm primär als Zuarbeiten zu dem Großprojekt einer übergreifenden literaturhistorischen Darstellung verstanden. Das ist wohlgemerkt nicht im Sinne einer Geringschätzung dieser Spezialarbeiten zu verstehen – die entsprechenden Danksagungen Sengles sind von großem Respekt geprägt –, sondern vielmehr als Hinweis auf eine hintergründig wirksame Konzeption von wissenschaftlicher Arbeitsteilung. Diese lässt sich am Heine-Kapitel, dem mit gut 120 Seiten Umfang längsten Autorenkapitel des dritten und letzten Bandes der *Biedermeierzeit*, veranschaulichen.

Zwischen der 1980 publizierten Druckfassung des umfangreichen Heine-Kapitels und der handschriftlichen Version vom Ende der 1950er Jahre liegen mehr als zwei Dekaden und die Publikation der beiden umfassenden ersten Bände der *Biedermeierzeit*.[3] Umso mehr überrascht es, dass einige Passagen des Heine-Kapitels, darunter auch die entscheidenden Anfangspassagen, diesen langen Zeitraum weitgehend unverändert überstanden haben. Obwohl die Heine-Forschung der 1960er und 1970er Jahre sehr produktiv war, stimmen die Eingangssätze der Druckschrift mit denjenigen der Handschrift noch weitgehend überein:

> Wenn einer beweisen will, daß die historische Forschung keinen Fortschritt, sondern nichts als einen ewigen Wechsel der gleichen Perspektiven kennt, braucht er nur auf das Nachleben Heinrich Heines hinzuweisen. Die Heinephilologie hat zahllose biographische, stilistische und zeitgeschichtliche Einzeltatsachen festgestellt. Sie ist in editorischer Hinsicht rührig gewesen, auch abgesehen von den neuerdings in Gang gebrachten, großangelegten historisch-kritischen Ausgaben in Düsseldorf und Weimar. Außerdem bezeugt eine lange Reihe von mehr oder weniger wissenschaftlichen Gesamtdarstellungen die große Bedeutung, die der Dichter in der literarischen Welt besitzt. Heine ist der einzige Jungdeutsche, der sich gegenüber den neuentdeckten Dichtern der Biedermeierzeit behaupten konnte. Trotzdem sind wir von einem auch nur halbwegs einheitlichen Heinebild fast noch so weit entfernt wie vor hundert Jahren.[4]

Schon gut zwanzig Jahre zuvor heißt es bei Sengle [Abb. 1]:

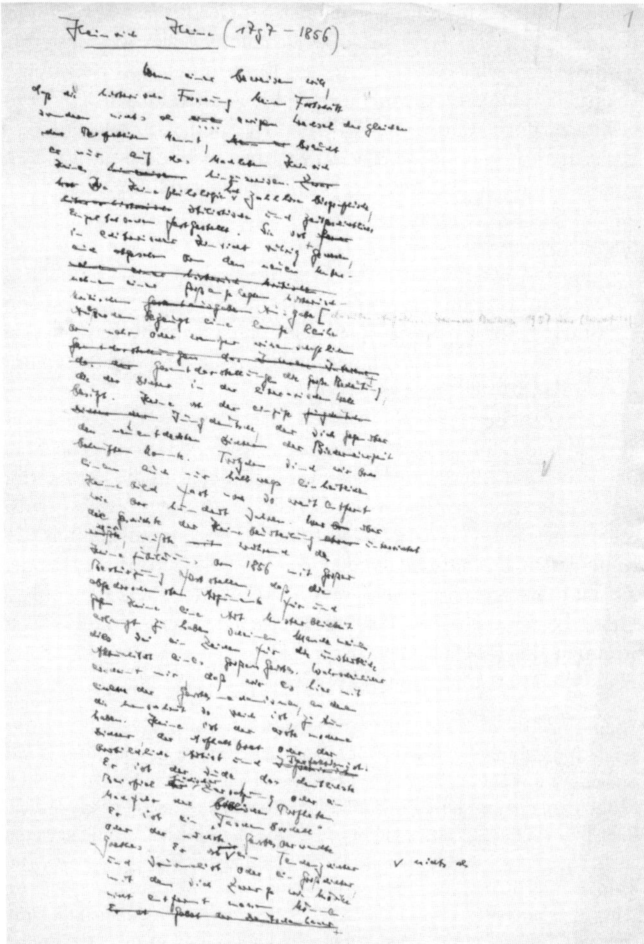
Heinrich Heine (1797–1856)

Abb. 1: Friedrich Sengle: Handschriftliche Fassung des Heine-Kapitels[5]

Heinrich Heine (1797-1856)

Wenn einer beweisen will,
daß die historische Forschung keinen Fortschritt
sondern nichts als ~~einen~~ ewigen Wechsel der gleichen
~~der~~ Perspektiven kennt, ~~kann er~~ braucht
er nur auf das Nachleben Heinrich
Heines ~~hinweisen~~ hinzuweisen.
~~Zwar~~
~~hat d~~Die Heinephilologie hat zahllose biographische,
~~literaturhistorische~~ stilistische und zeitgeschichtliche
Einzeltatsachen festgestellt. Sie ist ~~ferner~~
in editorischer Hinsicht rührig gewesen,
auch abgesehen von dem neuen Unter-
~~nehmen einer historisch-kritischen~~
nehmen einer großangelegten historisch-
kritischen ~~Gesamtausgabe~~ Ausgabe [darüber Ausgaben: Weimarer Beiträge 1957 usw. (Windfuhr]
Außerdem bezeugt eine lange Reihe
von mehr oder weniger wissenschaftlichen
~~Gesamtdarstellungen das Interesse Interesse~~
~~das der~~ Gesamtdarstellungen die große Bedeutung,
die der Dichter in der literarischen Welt
besitzt. Heine ist der einzige ~~jungdeutsche~~
~~Dichter der~~ Jungdeutsche, der sich gegenüber
den neuentdeckten Dichtern der Biedermeierzeit
behaupten konnte. Trotzdem sind wir von
einem auch nur halbwegs einheitlichen
Heinebild fast noch so weit entfernt
wie vor hundert Jahren.[6]

Wenn die Heine-Forschung ein »ewige[r] Wechsel« des Immergleichen ist und wenn sie ihrem Ziel in »hundert Jahren« nicht wesentlich näher gekommen ist, so mögen die Jahre zwischen den Niederlegungen der Manuskriptfassung und der Publikation der Druckfassung nicht ins Gewicht fallen.[7] In der Druckfassung wird die jüngere Heine-Forschung in einer Fußnote aufgelistet, die Sengle am Ende des ersten Kapitelabschnitts setzt. Die Fußnote erstreckt sich über zwei Druckseiten und enthält vor allem Hinweise auf in den 1970er Jahren publizierte Tagungsbände, Sammelwerke, Forschungsberichte und kommentierte Editionen. Die in der langen Fußnote aufgeführte Forschung scheint zwischenzeitlich aber nicht eine Revision oder Reformulierung der im Haupttext präsentierten Positionen notwendig gemacht zu haben. Eine Aktualisierung wird hier nicht im Hinblick auf den germanistischen Forschungsstand, sondern hinsichtlich der politischen Konfliktlagen vorgenommen, wenn der Autor im Haupttext beklagt, dass in der aktuellen Diskussion um die Benennung der Universität Düsseldorf nach Heinrich Heine ein »unvermeidliche[r] kommunistische[r] Mißbrauch« stattgefunden habe.[8]

Auch im weiteren Verlauf des Kapitels wird die Diskussion der jüngeren Forschung aus den 1960er und 1970er Jahren in zum Teil recht umfangreiche Fußnoten ausgelagert oder in eigens in *petit* gesetzten Einschüben untergebracht.[9] In dieser auch typografisch realisierten Aufteilung von relativ stabiler Gesamteinschätzung im Haupttext einerseits und relativ fluider Forschungslage im Fußnotenteil andererseits manifestiert sich auch Sengles Entgegensetzung von literaturhistorischem »Gesamtbild« und philologischer »Spezialforschung«.[10] Im Vorwort des dritten Bandes der *Biedermeierzeit* wird bereits das Interesse des Literaturhistorikers an »großen Zusammenhänge[n]« abgesetzt von den Interessen der »Spezialisten der […] Dichterphilologien«.[11]

In Sengles Briefwechsel mit der Deutschen Forschungsgemeinschaft wird die Problematik, die anhand des Heine-Kapitels deutlich hervortritt, als eine grundsätzliche diskutiert. Die Kapitel des ausstehenden Bandes der *Biedermeierzeit* hätten zwar »Kraft und Prägnanz«, nur seien wichtige Punkte »oft nicht mehr aktuell, vielmehr meistens durch die dazwischen liegende Forschung bereits erledigt oder wenigstens mit Einschränkungen versehen«.[12] Sengle geht knapp auf die zwischenzeitliche Entwicklung seines Fachs ein.

Bei der Überarbeitung des dritten Bandes, der das Schaffen von nunmehr 15 Schriftstellern darstellen soll, sei er mit der Tatsache konfrontiert, dass »manche der 15 Philologieen [sic] zu einem Umfang angeschwollen sind, der dem der Goethe- oder Schillerphilologie in meiner Jugend fast entspricht«.[13] Er stehe mittlerweile »in jeder der 15 Philologien einer Gruppe von Spezialisten gegenüber, die zum Teil hervorragend und in einem positivistischen Sinne mir stets überlegen sind«, weshalb er die Passsagen seines Werks ausbauen müsse, in denen er mit seinem »Überblick über das Gesamtgebiet« punkten könne.[14] Seine breite und synthetische Darstellung werde sich nämlich langfristig dadurch auszeichnen, dass sie nicht den »›betriebsblinde[n]‹ Spezialistenmeinung[en]« der einzelnen Autorphilologien erlegen sei.[15] Gleichwohl sei es notwendig, die jüngeren Forschungsergebnisse der germanistischen Spezialphilologien »öfters in Anmerkungen zu Wort kommen« zu lassen.[16]

Auch in dem Heine-Kapitel der *Biedermeierzeit* hebt Sengle sein synthetisches Interesse deutlich hervor, wenn er betont, dass es ihm um ein »einheitliche[s] Heinebild«[17] gehe, das von einer isolierten »Heinephilologie«, die viele relevante »Einzeltatsachen festgestellt« habe,[18] nicht zu erwarten sei. Eine literaturhistorische Gesamtbetrachtung weist, so darf man diese Einlassungen und Darstellungsstrategie wohl verstehen, eine gewisse Unabhängigkeit von der autorphilologischen Detailarbeit auf. Gesamtbilder werden nicht so leicht durch Verschiebungen in der Spezialforschung aus dem Gleichgewicht gebracht. Und selbst wenn Gesamtbilder wie die große Heine-Monografie des Politologen Dolf Sternberger aus der Perspektive der universitären Dichterphilologie »Mängel[] im einzelnen« aufweisen mögen, so können sie gleichwohl die »kongenialere[n] Bücher« sein.[19]

Als einheitsstiftendes Prinzip des Gesamtbildes und grundlegender Ausgangspunkt der Interpretation von Heine fungiert sowohl in der Druckfassung als auch bereits in der frühen Manuskriptfassung die »*Einheit*« der »Haltung« oder des »›Charakter[s]‹« von Heine: eine typische Synthesestrategie.[20] Wenn es in der Druckfassung heißt, dass »de[r] Ernst der Ideen« Heines diskutiert werden müsse,[21] so mag sich das zunächst nach einem ideenhistorischen Rekonstruktionsprogramm anhören. Blickt man auf die zwanzig Jahre zuvor verfasste handschriftliche Version, so wird deutlich, dass es vielmehr um die literaturhistorische Zuschreibung eines umfassenden Überzeugungszusammenhangs geht, mithin um die geistesgeschichtliche Zuschreibung einer »Weltanschauung«: »Wir mißtrauen vielleicht dem Ernst / ~~der Überzeugung Weltanschauung~~ / der Ideen [...].«[22] Die zwar durchgestrichene, dennoch weiterhin deutungsleitende »Weltanschauung« Heines – hier verstanden als einheitsstiftendes Prinzip eines geisteshistorisch fundierten Gesamtbildes des Dichters – wird über weite Strecken von Veränderungen in der autorphilologischen Diskussionslage kaum direkt berührt.

Dies wirft die bis in die Gegenwart virulente Frage auf, wie genau die Ergebnisse von hochspezialisierten Aktivitäten, die auch aus Sengles Sicht »zahllose [...] Einzeltatsachen« zu Tage fördern,[23] zu verbinden sind mit viel generelleren Forschungsperspektiven, die etwa auf die Erstellung übergreifender und synthetischer Epochendarstellungen abzielen. Dabei stellt die Verknüpfung des ›Niederen‹ mit dem Speziellen sowie des ›Höheren‹ mit dem Generellen, die im Hintergrund von Minors Überlegungen steht (und noch in Sengles Schreibpraxis zu beobachten ist),[24] sich heute als ebenso diskussionsbedürftig heraus wie die Vorstellung, in kollaborativen Zusammenhängen könnten sich die Beiträge der beteiligten Personen letztlich nie ganz an der umfassenden Bemühung um eine vereinheitlichende Gesamtbetrachtung ausrichten.

Im Briefverkehr zwischen Friedrich Sengle und dem Germanisten Fritz Martini wird diese Problematik wiederholt traktiert:

> Ich frage mich, ist Ihre Biedermeierdarstellung die letzte der voluminösen Literaturgeschichten – oder ist sie ein neuer Anfang – allerdings undenkbar von einem Einzelnen in Zukunft, nur in Kollektivarbeit denkbar und damit auch von vornherein mit allen Nachteilen des niemals homogenen Kollektiv [sic] belastet. Einen Einzelnen, der eine so riesige kritische und denkende Lesearbeit und Ordnungsarbeit zu leisten vermag, wird es nach Ihnen nicht mehr geben.[25]

Nicht die kollegialen Komplimente sind hier interessant, sondern die darin vorgenommene enge Verknüpfung von autorschaftlicher Individualität einerseits und intellektueller und darstellerischer Homogenität andererseits: Literaturgeschichte ist nichts für »Teams«. Sengle wartet deshalb gespannt auf die Bände der von »Autorenkollektiven« verfassten vielbändigen *Geschichte der deutschen Literatur* der DDR-Germanistik.[26] Er schreibt an Martini:

»Man wird bald Gelegenheit haben, mit einem Gemeinschaftswerk zu vergleichen: 1830-1890, DDR-Team unter Hans Kaufmann.«[27] Martini versichert dann aber, dass er die »Konkurrenz des DDR Team [sic] [...] nicht zu fürchten« habe.[28] Das briefliche Gespräch über die begrenzte literaturhistorische Leistungskraft von »Teams« lässt Sengle dann auch bemerken, er müsse »gerechterweise doch die jahrzehntelange Forschungshilfskraft, die ich hatte, noch stärker betonen. Ich will es im Vorwort zum III. Bande tun, nachdem mir die DFG noch einmal eine Hilfskraft zur Überarbeitung des 1956-59 (!) geschriebenen dritten Bandes [...] genehmigt hat.«[29] Das hat Sengle dann auch getan.

Und doch findet sich die Vorstellung, dass »Einheit« ein literaturgeschichtlicher Leitwert ist, der von im Kollektiv organisierten Spezialistinnen und Spezialisten kaum erreicht werden kann, noch in der Würdigung der *Biedermeierzeit* im Nachruf auf Friedrich Sengle, den sein langjähriger Münchner Kollege Walter Müller-Seidel formuliert. Die drei umfassenden Bände Sengles seien nämlich

> mit den meisten sozialgeschichtlichen Darstellungen dieser Zeit kaum zu vergleichen. Sengle überragt sie allesamt durch seine Statur. Gegenüber den Sammelbänden mit ihrer Addition kleiner und kleinster Artikel, die eine Einheit nicht recht ergeben, ist seine ›Biedermeierzeit‹ trotz der Mitarbeit verschiedener hilfreicher Kräfte sein unverwechselbares Eigentum.[30]

Müller-Seidel hat wohl die umfangreichen kollektiven Literaturgeschichten westdeutscher Provenienz im Blick, wenn er hervorhebt, dass diese sozialhistorisch geprägten Vorhaben nur Additives und Partikulares hervorgebracht hätten, während in der *Biedermeierzeit* der synthetische (man könnte fast sagen: ›geistige‹) Darstellungsanspruch (»Einheit«) und der individuelle Autorschaftsanspruch (»unverwechselbares Eigentum«) mit einer generalistischen Geste gemeinsam eingelöst seien – und selbst dies verstehe sich gerade wegen der umfassenden und aufwendig koordinierten Unterstützung durch fremde »hilfreiche Kräfte« keineswegs von selbst. Die Publikation des dreibändigen Werks über die *Biedermeierzeit* wird von vielen Beteiligten also auch als ein eminent ›normatives Ereignis‹ wahrgenommen: In der *Biedermeierzeit* finden sich die Normen einer synthetischen Literaturgeschichte auf musterhafte Weise artikuliert und realisiert. Dies wirft die allgemeinere Frage auf, ob auch in den Geisteswissenschaften bestimmte publizistische Leistungen eine Vorbildfunktion gewinnen können, sodass die Praxis anderer Geisteswissenschaftlerinnen und Geisteswissenschaftler dieses Werk zu einem Paradigma des eigenen Forschungsgebietes werden lässt.

6. Publizieren als Kollaborationspraxis

Sengles *Biedermeierzeit* ist nicht singulär. Stellt man sich die Frage, ob es in den 1960er und 1970er Jahren in anderen geisteswissenschaftlichen Fächern ähnliche publizistische Großprojekte gegeben hat, die einen umfassenden synthetischen Anspruch formulieren, die mit einem einzigen Autornamen verknüpft sind und die im Rückgriff auf kollaborative Arbeitsweisen erstellt wurden, so könnte man an Hans Blumenbergs *Legitimität der Neuzeit* denken, an der er »ständig 5 Assistenten sitzen« hatte.[1] Die Mitarbeiterinnen und Mitarbeiter Blumenbergs – darunter nicht nur die Assistenten und Hilfskräfte, sondern auch die Sekretärin und die Ehefrau – beteiligten sich bei diesem und anderen Werken an bibliografischen Recherchen, kümmerten sich um das Bestellen und Ausleihen der Bücher, teilten Quellenfunde mit und unterstützten ihn beim Korrekturlesen.[2] Und wie bei Sengle stellt sich bei der Emeritierung die Frage, wie diese Arbeitspraxis den Verlust der Hilfskräfte, der Assistenten und des Sekretariats bewältigen kann.[3]

Man kann auch an die dreibändige *Deutsche Geschichte 1800-1918* von Thomas Nipperdey denken, die in München zeitweise parallel zur dreibändigen *Biedermeierzeit* entsteht und die auf recht ähnlichen kollaborativen Prozessen basiert. Paul Nolte hat diese Prozesse anschaulich in seiner *Biographie* des Nipperdey'schen Opus magnum beschrieben: Im Kontext von Seminaren, die dem Themenspektrum der *Deutschen Geschichte* gewidmet sind, entstehen mündliche Referate und schriftliche Seminararbeiten, die für die Arbeit am Buch hilfreich sind. Nipperdey erteilt seinen Assistenten »größere Rechercheaufträge«, setzt sie bei der Korrekturlektüre der Manuskripte ein und beteiligt sie sogar am »Um- und Weiterschreiben« des Textes.[4] Er lässt studentische Mitarbeitende die Literatur beschaffen.[5] Und er beauftragt die Sekretärin mit der Umwandlung der Manuskripte oder Tonbänder in Typoskripte.[6] Das »Netz der sozialen Koproduktion des Textes« reicht aber noch weiter als die akademische »Produktionsgemeinschaft« des Münchner Lehrstuhls des Historikers.[7] Nipperdey bittet nämlich auch Kollegen um Literaturhinweise oder um die argumentative und sachliche Prüfung seiner Entwürfe.[8] Dass das Ersuchen um bibliografische Information und sachdienliche Kritik meist jüngere Kollegen adressiert, wird von Nolte ausdrücklich vermerkt: Nipperdey nahm »jüngere Kollegen in Anspruch, die sich durch solche Ansinnen geehrt, aber auch besonders verpflichtet fühlen mochten«.[9]

Bei der Suche nach geeigneten akademischen Kooperationspartnern lässt sich eine Tendenz zu asymmetrischen Beziehungskonstellationen beobachten. Das ist durchaus kein Einzelfall: So beschreibt etwa Franz Schultheis, dass auch bei Pierre Bourdieu Kollaborationen am besten mit akademisch jüngeren Forscherinnen und Forschern funktioniert haben.[10] Nolte berührt nicht eingehender die Frage, ob diese Tendenz auch mit der Regulierung von latenten Ansprüchen auf Autorschaft oder anderen Formen der akademischen Anerkennung zusammenhängt. Die Frage der Autorschaft wird aber dort virulent, wo Nolte das »Grundmuster der engen Einbeziehung von Mitarbeitern in das Schreiben« Nipperdeys berührt und nachdrücklich betont: »noch einmal: nicht in das erste Aufschreiben, wohl aber in das gründliche Um- und Weiterschreiben«.[11] Deutlich wird ganz unabhängig von Nipperdey einerseits eine unterstellte Hierarchie des kollaborativen Schreibens, die im Arbeitszusammenhang bestimmten Arbeitsschritten einen privilegierten Status zuschreibt. Andererseits wird klar, dass die Frage, wer in kollaborativen Arbeitszusammenhängen legitime Ansprüche auf Autorschaft erwirbt, sehr eng mit einer Mikropolitik der Präfixe zusammenhängt: Handelt es sich beim Schreiben der Beteiligten um ein *Auf*schreiben, ein *Um*schreiben oder *Weiter*schreiben? Betreiben die von Sengle im Rahmen der *Biedermeierzeit* aufwendig orchestrierten Personen *Zu*arbeit, *Mit*arbeit oder *Zusammen*arbeit?

Führt man sich die vielfältigen Praktiken der kollaborativen Arbeit vor Augen, die Nipperdey und Sengle so erfolgreich koordinieren, so kommt man nicht um die Frage herum, ob diese Praktiken in den Geisteswissenschaften der Gegenwart noch auf die gleiche Akzeptanz treffen würden. Zweifellos vereitelt heute aber nicht selten schon die beschränktere Ausstattung vieler geisteswissenschaftlicher Arbeitsbereiche die Realisierung bestimmter Aspekte der geschilderten Arbeitsformen: Zill berichtet, dass Hans Blumenberg bei seinem Wechsel nach Bochum Mitte der 1960er Jahre sechs Wissenschaftliche Mitarbeiterstellen in Aussicht gestellt wurden[12] – heute sind die meisten Arbeitsbereiche wesentlich kleiner. Blickt man auf die Normen, die kollaborative Arbeit bestimmen, so lassen sich sowohl Kontinuitäten als auch Diskontinuitäten beobachten. Auf der einen Seite weist die aktuelle Situation mit derjenigen um 1970 gewisse Ähnlichkeiten auf: Auch heute bleibt in den Geisteswissenschaften häufig unklar, unter welchen Voraussetzungen man einen legitimen Anspruch auf Mitautorschaft erwirbt.[13] In den Geisteswissenschaften sind die Konventionen für die Administration von Autorschaft gegenwärtig noch unschärfer als in den Naturwissenschaften oder Lebenswissenschaften – auch deshalb erweist sich die Artikulation entsprechender Ansprüche gerade für diejenigen, die in asymmetrischen akademischen Beziehungskonstellationen arbeiten, weiterhin als schwierig und heikel. Auf der anderen Seite lassen sich aber auch klare Diskontinuitäten erkennen: In den heutigen Geisteswissenschaften ist in hohem Maße erwünscht, dass Forscherinnen und Forscher kollaborieren – nicht zuletzt in der drittmittelgetriebenen Großforschung. Gerade die Kollaboration mit jüngeren Kolleginnen und Kollegen gilt als Ausweis gelungener professoraler ›Nachwuchsförderung‹. Auch wurde kollaboratives Arbeiten mitsamt einer daran anschließenden kollektiven Publikationspraxis als Ausweis einer feministischen Wissenschaftspraxis[14] und als Antwort auf aktuelle technologische und institutionelle Herausforderungen der Geisteswissenschaften propagiert.[15]

Diese von wissenschaftspolitischer Seite erwünschte und geförderte Kollaborationsaktivität steht aber in einer starken Spannung zu einem anderen Moment des geisteswissenschaftlichen Wissenschaftsbetriebs: Die Evaluation von wissenschaftlicher Leistungsfähigkeit stellt dort, wo es um wichtige Karriereschritte geht, weiterhin auf die Bewertung von individuell zuschreibbaren Verdiensten ab.[16] Sicherlich kommt es stark darauf an, wie sehr sich die oder der institutionell ›Jüngere‹ in akademischen Kollaborationen als intellektuell selbstverantwortliche Person von eigenem intellektuellen Gewicht darstellen kann. Bedenkt man jedoch, dass der Löwenanteil der Anerkennung für kollaboratives Arbeiten auch in paritätisch ausgestalteten Publikationskonstellationen schnell an die hierarchisch höherstehenden Kollaborationspartnerinnen und Kollaborationspartner fallen kann,[17] stellt sich die Frage, ob sich ein Übermaß an kollaborativer Aktivität für jüngere Wissenschaftlerinnen und Wissenschaftler nicht gelegentlich als veritables Karrierehemmnis herausstellt.

Diese Problematik veranschaulicht auch Franz Schultheis in einem knappen *Erfahrungsbericht* über die Kollaborationspraktiken Pierre Bourdieus. Er zeigt, dass Bourdieus Vorstellungen eines »›kollektiven Intellektuellen‹« einhergingen mit einer kollaborativen Arbeitspraxis, die nicht selten auch in kollektiven Publikationen mündete.[18] In der Forschung und der forschungsnahen Lehre wurde hier auf Gruppenarbeit viel Wert gelegt. Institutionell gebündelt wurden die Kollaborationen Bourdieus zudem durch die Schaffung von Zentren und Netzwerken, die Gründung von Zeitschriften und Buchreihen sowie die Beantragung und Durchführung von großformatigen nationalen und europäischen Forschungsprojekten, die Beobachterinnen und Beobachter an aktuelle Exzellenzinitiativen erinnern.[19] Dass es sich bei diesen kollaborativen Arbeitszusammenhängen trotz der egalitären Haltung Bourdieus um hierarchisch strukturierte Kollektive gehandelt hat, deutet Schultheis an. Ebenso lässt er nicht unerwähnt, dass die bemerkenswerten Leistungen dieses sich über viele Jahrzehnte herausbildenden und umbildenden Kollektivs lange vor allem auf das Reputationskonto des Meisters verbucht wurden – was mitunter dazu führte, dass sich Schülerinnen und Schüler durch vehemente »Versuche der Singularisierung« aus dem Windschatten des ehemaligen Lehrers zu befreien versuchten.[20] Darüber, ob den Schülerinnen und Schülern diese Handlungsmacht nicht auch als ehemaligen Mitarbeitenden von Bourdieu zugewachsen sein mag, äußert sich Schultheis nicht.

Die Kosten der asymmetrischen Leistungszuordnung können durch Erträge ausgeglichen werden, denn sie färben längerfristig auch auf die mitarbeitende Person ab und dienen dazu, Struktur und Ordnung in das soziale Feld zu bringen. Es geht dann um Fragen, wer von wem ›kommt‹, wer zu wem ›gehört‹ oder sogar wer wessen ›Schülerin‹ oder ›Schüler‹ ist und was das bedeutet [→ Kap. 21]. Solche Bezeichnungen sind in der Regel nicht für alle relevant, sondern für die etablierte Gemeinschaft der Forschenden, für die ›Älteren‹, wohingegen die ›Jüngeren‹ und die Peer-Groups der als Mitarbeitende Qualifizierten andere Netzwerke fokussieren. Es handelt sich um implikationsreiche Kurzcharakterisierungen, mit denen karrierefördernd oder -hemmend weitergearbeitet werden kann: entweder diskreditierend (mangelnde Originalität) oder wertschätzend (Renommeeübertragung und Zugehörigkeitsattest). Eine praxeologische Perspektive auf das gesellschaftswissenschaftliche Arbeiten im von Schultheis beschriebenen *Unternehmen Bourdieu* oder auf das geisteswissenschaftliche Kollaborieren bei synthetischen Großprojekten wie dem dreibändigen Lebenswerk von Sengle vermag zu zeigen, dass gerade der implizite Charakter vieler geisteswissenschaftlicher Praktiken wie der Zuweisung von Autorschaft und akademischer Anerkennung durchaus gewisse Kosten haben kann, die nicht selten primär von denjenigen getragen werden, die in kollaborativen Beziehungsgefügen eine institutionell schwächere Position einnehmen. Zugleich könnte die Akzeptanz der Verteilungsungerechtigkeit mit der eigentümlichen Bewirtschaftung des akademischen Kapitals zu tun haben: mit der Konvertierung vorläufiger Renommeeeinbußen in künftige Renommeegewinne.

Wenn jedes Werk – auch jedes wissenschaftliche Werk – sich prinzipiell in Kooperationsbeziehungen auflösen lässt,[21] so sind, wie hier sichtbar wird, die sozialen Prämien für das Werk nicht an die Kooperation selbst, sondern an die Zuschreibung von Autorschaft geknüpft. Das heißt aber nicht, dass die Kooperation nicht auf andere Weise prämiert würde. Bewähren sich die Mitarbeiterinnen und Mitarbeiter durch die Qualität ihrer – für andere kaum sichtbare – Zuarbeit zu den Projekten der Vorgesetzten, so empfehlen sie sich möglicherweise für andere Positionen. In dem geisteswissenschaftlichen Karrieresystem, in dem Nipperdey oder Sengle operieren, wird die Empfehlung einer im Fach einflussreichen Person für das Erlangen einer attraktiven Position ebenso relevant gewesen sein wie der in höherem Maße sichtbare und individuell zuschreibbare Erfolg im disziplinären Publikationssystem – auch die stille ›Zuarbeiterschaft‹ kann honoriert werden.

Neben die Kollaboration mit akademischen Mitarbeiterinnen und Mitarbeitern sowie Kolleginnen und Kollegen tritt bei den genannten publizistischen Großprojekten die Kollaboration mit einem Verlag. Paul Nolte und Rüdiger Zill zeigen in ihren Monografien, dass sich die großen publizistischen Vorhaben ihrer Protagonisten nicht ohne die enge und rege Zusammenarbeit mit den jeweiligen Verlagen hätten umsetzen lassen: Nipperdeys dreibändige Geschichte hätte ohne den C.H. Beck-Verlag wohl ganz anders ausgesehen; und Blumenbergs dicke philosophische Wälzer sind ohne den engen Austausch mit Suhrkamp nicht denkbar. Das ist bei der *Biedermeierzeit* ganz ähnlich: Blickt man auf die drei dicken Bände [→ Einleitung, Abb. 1], so wird man sicherlich nicht sofort auf die Idee kommen, dass es sich bei diesem buchförmigen Massiv um ein Auftragswerk handelt, das auf die Initiative eines an hohen Absatzzahlen interessierten Verlags zurückgeht. Tatsächlich ist aber auch dieses »Lebenswerk« in einer langjährigen engen Zusammenarbeit mit einem Verlag entstanden.

Um 1950 wird Friedrich Sengle vom Metzler-Verlag darum gebeten, an der mehrbändigen Literaturgeschichte *Epochen der deutschen Literatur* mitzuarbeiten, die seit den frühen 1920er Jahren bei Metzler erscheint: »Schon vor meiner Berufung zum beamteten Professor [...] habe ich mich verpflichtet, eine literaturhistorische Darstellung der Biedermeierzeit im Rahmen der ›Epochen der deutschen Literatur‹ (Metzlersche Verlagsbuchhandlung, Stuttgart) abzufassen.«[22] Er soll zunächst eine einbändige Epochendarstellung der deutschen Literaturgeschichte des 19. Jahrhunderts schreiben. Bereits 1952 plädiert er in der Verlagskommunikation dafür, die geplante Epochendarstellung auf zwei Bände und auf zwei Autoren zu verteilen.[23] Für den ersten Band, der nunmehr der ersten Jahrhunderthälfte gewidmet ist, möchte Sengle weiterhin verantwortlich zeichnen, den zweiten Band übernimmt nach einer vom Verlag angestrengten Autorensuche, die Sengle wohl beratend begleitet, schließlich Fritz Martini (Martinis Darstellung der zweiten Hälfte des 19. Jahrhunderts erscheint bereits 1962).[24]

Sengle beginnt um 1956 mit der Niederschrift des einbändigen Buchprojekts über die Biedermeierzeit. In einer Disposition vom 28.3.1957 ist eine einbändige, aber zweiteilige »Epocheninterpretation« der *Biedermeierzeit* projektiert.[25] Im ersten Teil wird die kollektive Dimension der »allgemeinen Voraussetzungen und Erscheinungsformen« der Epoche behandelt, im zweiten Teil die individuelle Dimension der einzelnen »Dichter«, wobei Sengle vermerkt, dass »zeittypische aber wenig originelle Schriftsteller«, kurz »Dichter 2. und 3. Grades«, kein Kapitel in dem zweiten Teil erhalten, sondern lediglich »in ihrer typischen Bedeutung« für die gesamte Epoche im ersten Teil abgehandelt werden.[26] Schon dreieinhalb Jahre später weitet er in seiner Kommunikation mit der Deutschen Forschungsgemeinschaft die Disposition der beiden Teile auf zwei separate Bände aus: Der zweite Band, der Einzeldarstellungen von 14 Dichtern enthält (der spätere dritte Band), ist schon 1959 weitgehend fertiggestellt, wird aber noch nicht publiziert, weil der erste Band, der »mindesten[s] 50 poetae minores auf ihre zeittypischen Züge befragt«, noch nicht weit genug vorangeschritten ist.[27]

Wiederum sechs Jahre später veranschlagt Sengle das Gesamtprojekt in seinem Briefwechsel mit der Deutschen Forschungsgemeinschaft auf drei Bände: Die *Biedermeierzeit* habe sich »zum ›Lebenswerk‹ ausgeweitet, [das] den Rahmen eines Epochenbandes längst gesprengt« habe.[28] Interessanterweise haben sich sowohl die Bonner Forschungsförderungsorganisation als auch der zu diesem Zeitpunkt bereits 15 Jahre auf den Epochenband wartende Verlag auf das Argument eingelassen, die *Biedermeierzeit* habe sich unter der Hand vom »Epochenband[]« zum dreibändigen »Lebenswerk« transformiert. In der Korrespondenz mit Sengle macht sich der Metzler-Verlag diese Charakterisierung sogar zu eigen und dankt für das »Vertrauen, Ihr Lebenswerk mir in verlegerische Obhut zu geben«.[29] Ob sich Sengle mit seinem »›Lebenswerk‹«[30] an vielbändigen germanistischen ›Lebensprojekten‹ (wie Hermann Korffs *Geist der Goethezeit* oder auch Josef Nadlers *Literaturgeschichte der deutschen Stämme und Landschaften*) orientiert hat oder nicht – auffällig bleibt die Differenz zu den schlanken und broschierten Publikationsformaten, die Szondi zeitlebens bevorzugt, auch wenn selbst er sich um ein Gesamtwerk bemüht, also darum, seinen Publikationen im Zusammenhang Gewicht zu verleihen [→ Kap. 13].

Ein Lebenswerk, das schrittweise über einen Zeitraum von drei Jahrzehnten entsteht, bringt aber das Problem mit sich, dass sich die interne Multitemporalität des auf weit auseinanderliegende Arbeitsphasen verteilten Vorhabens nur schwer synchronisieren lässt: Faktisch tragen die Passagen der *Biedermeierzeit* ›Zeitstempel‹, die in ganz unterschiedliche Phasen der germanistischen Fachentwicklung verweisen. Das führt vor allem im Hinblick auf den dritten Band der *Biedermeierzeit*, der 1980 gedruckt wird, zu folgenreichen ›Fehldatierungen‹. Wenn wohlwollende Rezensenten des dritten Bandes wie Siegbert S. Prawer die irritierend unzeitgemäßen literaturtheoretischen Prämissen und Positionen Sengles hervorheben und einem theoretischen Konservatismus zuschreiben, so hängt das mit der Datierung des dritten Bandes auf das Publikationsdatum zusammen:

> Sengles Autoren sind immer noch Autoren, nicht Knotenpunkte, an denen sich verschiedene sprachliche und soziale Systeme überschneiden; seine Le-

ser sind immer noch Leser, nicht Schöpfer der Werke, die sie sich aneignen; seine Gedichte, Theaterstücke und Romane sind immer noch Gedichte, Theaterstücke und Romane, die in erkennbaren kulturellen Traditionen stehen, nicht Textsorten [...].[31]

Sengles literaturtheoretischer Konservatismus wende sich programmatisch von allen strukturalistischen und poststrukturalistischen Trends der 1970er Jahre ab. Tatsächlich sind aber größere Teile der Textmasse des dritten Bandes in den 1950er Jahren geschrieben und ohne fundamentale Veränderung in die Publikation von 1980 übernommen worden.

Trotz der mühevollen redaktionellen Arbeiten am dritten Band, die Sengle in den 1970er Jahren gemeinsam mit seinen Mitarbeiterinnen und Mitarbeitern betreibt, handelt es sich, was die theoretischen Prämissen angeht, bei diesem Band über weite Strecken um eine germanistische Publikation der 1950er Jahre, die nicht gegen Strukturalismus und Poststrukturalismus auf einer ›konservativen‹ Literaturhistoriografie beharrt, sondern diese Entwicklungen noch gar nicht kennt und reflektiert (so gesehen wird man nicht umhinkommen, Teile des ersten und des zweiten Bandes für innovativer zu halten als den ein Jahrzehnt später gedruckten dritten Band). Sengle besteht darauf, dass der Verzicht auf dezidierte Gruppenarbeit ihm erlaubt habe, keine »Uneinheitlichkeit[] in Kauf nehmen zu müssen«.[32] Nur führt die beträchtliche Zunahme der Bearbeitungsdauer der *Biedermeierzeit* dazu, dass das »Lebenswerk« andere Formen der ›Uneinheitlichkeit‹ in Kauf nimmt, darunter nicht nur die enorme temporale Spreizung von Formulierung und Veröffentlichung, sondern auch eine unklare generische Verortung.

Aus praxeologischer Perspektive lässt sich zudem beobachten, dass die in der jahrzehntelangen Schreibpraxis erfolgende Suche nach der richtigen Form eng mit der Frage des adressierten Lesepublikums zusammenhängt. Während es sich bei den großen Autorenkapiteln der *Biedermeierzeit*, die schlussendlich im dritten Band publiziert werden, anfangs um in sich geschlossene »Dichteressays« handeln soll, die sich an Friedrich Gundolfs Monografien über die Romantiker orientieren und durch »hervorragende[] literarische[] Qualität« bestechen wollen, orientiert sich die Schreibpraxis Sengles später an einer »stärker dokumentarischen und damit offeneren Form«.[33] Wenn die *Biedermeierzeit* wenigstens »[b]uchhändlerisch gesehen« bereits 1960 »nach der Niederschrift einer kulturgeschichtlichen Einleitung und der Dichteressays« vollendet ist,[34] so handelt es sich bei dieser nie publizierten essayistischen Fassung um eine Epochendarstellung, die auf eine Lektüre von der ersten bis zur letzten Seite aus ist. Die schließlich dreibändig veröffentlichte *Biedermeierzeit* will dagegen auch für Leserinnen und Leser zugänglich sein, »die es nicht ganz lesen wollen«.[35]

Sengle besteht nachdrücklich darauf, dass seine Epochendarstellung nicht als »Nachschlagewerk« oder »Enzyklopädie« zu verstehen ist; gleichwohl sollen das detaillierte »Register« sowie »die starke Gliederung und Untergliederung des Buches« in wenige Seiten umfassende Unterkapitel den Leserinnen und Lesern eine »Teillektüre«, mithin einen enzyklopädischen Zugriff erlauben.[36] Im Ergebnis sind die drei Bände der *Biedermeierzeit* trotz aller Homogenisierungsbemühungen uneinheitlich: sowohl »Enzyklopädie« als auch »persönliches Werk«;[37] in der Schreibweise sowohl essayistisch (lange eloquente Passagen) als auch akademisch (kritische Forschungsdiskussionen, die sich stellenweise zu regelrechten Rezensionsessays auswachsen); im Gestus sowohl ›dokumentarisch‹-historistisch (die Rekonstruktion und Evaluation der literarischen Leistungen der *Biedermeierzeit* sind nur innerhalb des ›synchronen‹ historischen Kontextes der Epoche zulässig) als auch »mit strenger Urteilsbildung« (scharfe ästhetische und politische Urteile, die sich nicht historisch verankern lassen).[38]

Man kann sich schon darüber wundern, weshalb ein traditionsreicher akademischer Verlag wie Metzler diesem über 25 Jahre einem steten Wandel unterworfenen »Lebenswerk«, das langsam anwächst und immer wieder neue »Umfangschätzung[en]« erforderlich macht,[39] nicht nur die Treue hält, sondern es auch mit einem Vorschuss von 20 000 DM finanziert[40] – auch Thomas Nipperdey hatte 1989 von Beck 20 000 DM Vorschuss für sein mehrbändiges Opus magnum verlangt.[41] Ganz so überraschend ist die anhaltende Unterstützung des Verlages bei genauerem Hinsehen jedoch nicht: Sengle ist zeitlebens ein ›Metzler-Autor‹. Seit seiner Studie über Wieland, die 1949 im Metzler-Verlag erscheint, werden alle seine größeren Publikationen dort veröffentlicht (nicht selten in mehreren Auflagen), sogar die letzte Goethe-Monografie *Das Genie und sein Fürst*. Die Verlagsverbindungen gehen aber weit darüber hinaus: Sengle ist Herausgeber der verlagseigenen *Deutschen Vierteljahrsschrift für Literaturwissenschaft und Geistesgeschichte*; er gibt die *Deutschen Neudrucke* heraus; er publiziert dort seine Aufsatzsammlungen. Zudem berät er den Verlag und teilt in seinen Briefen allgemeine Beobachtungen über aktuelle Entwicklungen der Fachöffentlichkeit und der Publikationskultur in den Literaturwissenschaften mit. Sengle, der nicht nur mit den Lektoren, sondern auch mit der Verlagsleitung in engem Kontakt steht, empfiehlt zudem die von ihm betreuten Promotionen für eine neu gegründete Reihe mit germanistischen Abhandlungen; er versteht Metzler nicht nur als seinen Hausverlag, sondern als Organ der gesamten »Sengle-Schule«.[42] Die von seiner »Schule« publizierte Festschrift zu seinem 60. Geburtstag erscheint ebenfalls dort. Auch der Verlag versteht sich, wie brieflich versichert wird, als treuer publizistischer Partner Sengles:

> Sie dürfen unseres stetigen Interesses an Ihrer Arbeit umso mehr versichert sein, als wir es durchaus zu schätzen wissen, daß Sie bei den ›Deutschen Neudrucken‹ mit Metzler als mit ›Ihrem‹ Verlag hatten zusammenarbeiten wollen. Solch beiderseitiges Verhältnis erscheint uns sehr glücklich und höchst wünschenswert, und wie bei den ›Deutschen Neudrucken‹ wären wir auch sonst gerne ›Ihr‹ Verlag.[43]

Eine derart vielgestaltige Zusammenarbeit, die eben nicht nur die Autorenrolle umfasst, verdient durchaus, als eine Form von »Verlagsautorschaft« im Sinne Tobias Amslingers charakterisiert zu werden.[44]

Und doch führen die hohen wechselseitigen Erwartungen zwischen Autor und Verlag zu Problemen – eine Ursache für Unruhe ist etwa, dass Sengle beansprucht, dass der Verlag nicht nur seine Vorhaben, sondern auch diejenigen »[s]einer Schule« unterstützen und veröffentlichen soll.[45] Bevor es darüber fast zum Bruch mit Metzler kommt, sucht Sengle aber den Rat seines ehemaligen Doktoranden Dietrich Bode, der als Mitarbeiter von Reclam das Verlagswesen gut kennt und nachdrücklich von einem Verlagswechsel abrät – »um der Kontinuität, der Geschlossenheit und der Wirkung des Werkes willen« sei von höchster Relevanz, alle drei Bände der *Biedermeierzeit* »im gleichen Verlag und in gleicher Ausstattung« zu publizieren.[46] Dieses werkpolitische Argument scheint Sengle überzeugt zu haben: Auch der dritte Band der *Biedermeierzeit* erscheint in seinem Hausverlag. Gleichwohl führen die Unstimmigkeiten in der Verlagskommunikation schließlich dazu, dass Sengle Ende der

1970er Jahre das neugegründete *Internationale Archiv für Sozialgeschichte der deutschen Literatur* (*IASL*), das zunächst als Jahrbuch erscheint, im Niemeyer-Verlag unterbringt.[47] Auch erscheinen seine gesammelten Aufsätze zur allgemeinen Literaturwissenschaft (*Literaturgeschichtsschreibung ohne Schulungsauftrag*) 1980 bei Niemeyer. Da aber die Arbeit mit Niemeyer ebenfalls nicht Sengles Vorstellungen voll entspricht, bringt er 1987 im Austausch mit seinem Hausverlag das Ansinnen ins Spiel, das *IASL* dort anzusiedeln.[48] Wie bei Szondi lässt sich beobachten, dass zwischen Autor und Verlag auch im Bereich der Literaturwissenschaften ein enges und langfristiges Arbeitsverhältnis gesucht wird, das meist hohe Erwartungen und eine Vielzahl von Formen des Zusammenarbeitens involviert – und vielleicht gerade deshalb anfällig für Irritationen und Enttäuschungen ist [→ Kap. 13].

Wenn Sengle zeitweise überlegt, den dritten Band der *Biedermeierzeit* an einen anderen Verlag zu geben, so hat das unter anderem mit der Annahme zu tun, dass dieser Band ein noch breiteres Publikum als die beiden vorangehenden Bände adressiere. Während die ersten beiden Bände »die für die Forschung wichtigsten« seien,[49] sei die »Zielgruppe« des abschließenden Bandes »nicht nur die Hochschulgermanistik«.[50] Der dritte Band mit seinen passagenweise essayistischen Darstellungen komme auch »für den Liebhaber in Betracht« – nicht unähnlich der Wieland-Biografie Sengles, die die Lektüreinteressen von »Studienrat und Pfarrer« beachtet habe.[51] In einem Brief charakterisiert Sengle die *Biedermeierzeit* sogar als »dreibändigen ›Schmöker‹«.[52] Die Literaturwissenschaft behält hier ein bildungsbürgerliches Lesepublikum als potentiellen Rezeptionshorizont fest im Blick. Es besteht für Sengle also eine gewisse ›Manövrierbreite‹ in der Adressierung, die damit zusammenhängen mag, dass die Normen, denen eine geisteswissenschaftliche Monografie genügen kann und soll, ebenso vielzählig wie vielfältig sind [→ Kap. 9].[53]

Ein jüngeres Beispiel für das Problem, das Sengle exemplarisch umtreibt, bietet ein weit rezipierter kollaborativer Beitrag der Wissenschaftshistorikerin Lorraine Daston und der Literaturwissenschaftlerin Sharon Marcus, der das ideale geisteswissenschaftliche Buch näher charakterisiert: Bei diesem handele es sich um ein Buch, das fest in einem disziplinären Kontext verankert sei und neue disziplinäre Diskurse begründe, zugleich aber nicht an den

Maßstäben einer Disziplin gemessen werden dürfe und ein transdisziplinäres Lesepublikum anspreche; ein Buch, das eine zugängliche Schreibweise kennzeichne, das zugleich aber nicht popularisierend verfahre; ein Buch, das seiner Autorin oder seinem Autor große akademische Reputation einbringe, zugleich aber mit antiakademischer Beherztheit hohe Auflagen erziele.[54]

Entscheidend ist nicht, dass Daston und Marcus einem gewissen Selbstmissverständnis erliegen, wenn sie über die Machart des ›idealen‹ akademischen Buches zu sprechen glauben, tatsächlich aber von der großen Wirkung eminenter wissenschaftlicher Werke auf deren Machart rückschließen – ein relevanter Unterschied, weil sich die Wirkung eines Werks im Gegensatz zu seiner Machart kaum planen und steuern lässt. Wichtig ist vielmehr der symptomatische Befund, dass in den Geisteswissenschaften immer wieder eine Vielzahl von recht heterogenen und teilweise einander ausschließenden Zielsetzungen mit der Publikation einer Monografie verbunden werden: Auch hier kommt die Multinormativität der Geisteswissenschaften zur Geltung und damit der Bedarf, das heterogene Normgefüge zu moderieren [→ Kap. 9 u. 10].

Um es auf die *Biedermeierzeit* zu münzen: Das »Lebenswerk« soll fest in der germanistischen Literaturwissenschaft verankert sein und neue literaturhistoriografische Programme begründen; es soll nicht allein an den innerdisziplinären Maßstäben der Germanistik gemessen werden, sondern auch ein geistes-, sozial- und kulturhistorisch ausgerichtetes akademisches Lesepublikum überzeugen; es soll schließlich als monumentale akademische Leistung die Reputation des Autors langfristig sichern und zugleich durch eine eloquente essayistische Schreibweise bei einem außerakademischen Publikum große Resonanz erfahren. Sowohl der Liebhaber als auch die Studienrätin, sowohl der Studienanfänger als auch die Fachkolleginnen sollen angesprochen werden – recht diverse Lesekreise, die an eine gelungene Buchpublikation ganz unterschiedliche Anforderungen stellen. Die komplexen kollaborativen Praktiken, die Sengle erlauben, die *Biedermeierzeit* nach einem Vierteljahrhundert zu finalisieren, sind auch Strategien, mit dieser Multinormativität des eigenen Großvorhabens zu Rande zu kommen.

7. Die Regeln der Praxis

Bezieht man den prinzipiell sozialen und öffentlichen Charakter geisteswissenschaftlicher Praxis sowie die vielfältigen Rücksichten auf einen präsentablen Auftritt mit ein, dann zeigt sich deutlich die normative Dimension der Praxis.[1] Sengle etwa arbeitet bei der allmählichen Verfertigung seines »Lebenswerks« permanent daran, mit den drei Bänden einer Vielzahl an teilweise miteinander streitenden inner- und außerdisziplinären Erwartungen gerecht zu werden. Beim Schreiben imaginiert er – unter anderen – die mit Spezialforschung befassten Kolleginnen und Kollegen, die aufgrund ihrer Beschränkung auf das Schaffen einzelner Autoren über viel mehr Detailwissen als der Verfasser der *Biedermeierzeit* verfügen und ihn früher oder später für philologische Unkenntnis oder Ungenauigkeiten kritisieren werden [→ Kap. 5]. Und auch beim Blick über Szondis Schulter sieht man einen Forscher an der Arbeit, der unbedingt stimmige Formulierungen finden will, der also von einem Gespür dafür angetrieben wird, was es bedeutet, etwas noch nicht gut und richtig genug gemacht zu haben, und dabei sachliche, soziale, rhetorische, ästhetische und viele andere Faktoren zu berücksichtigen [→ Kap. 9]. Seine akribische Arbeit an interpretatorischen Passungsverhältnissen zeigt, dass Praktiken selbst dann, wenn sie sich der manifesten Redaktion ›von außen‹ entziehen sollten, weil sie in einer einsamen Situation stattfinden, nicht nur dem zu interpretierenden Text ›gerecht‹ werden wollen, sondern zugleich vielen anderen Anforderungen. So gesehen leidet die geisteswissenschaftliche Praxis nicht unter normativem Mangel. Das Gegenteil ist der Fall. Die Herausforderung liegt vielmehr in der Entscheidungskontingenz angesichts zu vieler Normen, die in Betracht gezogen, unterschiedlich hierarchisiert, skaliert oder eben insgesamt moderiert, also in der Praxis abgewogen werden müssen. Wir werden im Folgenden noch genauer auf diese Multinormativität eingehen, aber schon jetzt dürfte einleuchten, dass sie etwas mit den vielfältigen Vermittlungsanforderungen der Praxis zu tun hat [→ Kap. 9].

Die Welt der Normen, in der sich geisteswissenschaftliche Praxis abspielt, ist offenbar vielgestaltig. Sie umfasst das Gespür für das unausgesprochen in einer Situation Angemessene ebenso wie den Bereich der rationalen und expliziten Begründungspraktiken. Das Spektrum reicht also weiter als die wissenschaftstheoretische Unterscheidung von (fundierenden oder orientierenden) Normen, die für die Wissenschaft insgesamt gelten, und Standards, die in bestimmten Disziplinen ausgearbeitet werden.[2] Und anders, als es viele normtheoretische Debatten suggerieren,[3] liegt der Akzent dabei eher auf unterschwelligen Handlungsorientierungen, die sich noch dazu vor allem in besonderen Umständen einstellen. Betrachtet man die Praxis und vor allem das Alltagsgeschäft, dann besteht die anspruchsvolle Aufgabe darin, den Wunsch nach einem expliziten Austausch von guten Gründen auf eine Welt hin zu orientieren, in der sich – bei Licht betrachtet – die Grenze zwischen Verhalten und Handeln häufig nur idealtypisch ziehen lässt, in der impulsives Reagieren normal ist und in der auch wissenschaftliche Arbeit viel mit »Sich-Beschäftigen« und »›Rummachen‹« zu tun hat.[4]

Um die normative Dimension der geisteswissenschaftlichen Praxis zu erfassen, dürfte sich daher ein eher »*nichtnormative*[*s*]«[5] Verständnis von Normen eignen, also eine Auffassung, die sensibel für den gewöhnlichen Umstand bleibt, dass Normen unterschiedlich zur Geltung kommen.[6] Davon ausgehend wollen wir im Folgenden einen Eindruck davon vermitteln, auf wie komplexe Weise die Praxis als normativ aufzufassen ist. Wir gehen dabei zunächst auf die praktische Bedeutung von Regeln ein und danach auf die Frage, wie sich trotz einer normativ eher ›schmutzigen‹ Praxis Verbindlichkeiten einstellen [⟶ Kap. 8]. Anschließend stehen die Herausforderungen im Zentrum, die sich aus der Vielzahl von Normen ergeben [⟶ Kap. 9], dann die Moderationsmöglichkeiten, die zeitliche und soziale Faktoren mit sich bringen [⟶ Kap. 10].

Für die prinzipiell normative Imprägnierung von Praktiken ist die Kategorie der Angemessenheit aufschlussreich.[7] Es handelt sich um einen Schlüsselbegriff, der in ganz unterschiedlichen, für die Praxis gedachten Normtheorien eine geradezu selbstverständliche Rolle spielt. Egal ob man zu einem auf Rationalität und propositionales Wissen fokussierten Ansatz neigt[8] oder zu einem direkt dagegen argumentierenden, dem dieser Zugang empirisch zu schmal und zu idealistisch erscheint[9] – stets taucht dieser Maßstab auf, wird allerdings bei den aufwendigen Definitionsbemühungen in auffälliger Weise vernachlässigt.

Angemessenheitskonzeptionen verweisen, so lässt sich vorläufig festhalten, auf die Situativität des normativen Gefüges: Sowohl die Beantwortung der Frage, welche Normen relevant sind, als auch die Lösung des Problems, wie diese Normen jeweils angewandt werden sollen, bedürfen eines hohen Maßes an Sensibilität für das, was gerade jetzt, aber hoffentlich auch in Zukunft passt. Nicht zuletzt aufgrund dieses grundlegenden Sensibilitätsbedarfs dürften sich Angemessenheitsvorstellungen disziplinär unterscheiden. In der Literaturwissenschaft spielen Fragen der Angemessenheit jedenfalls eine besonders große und konstante Rolle. Der Begriff kommt hier als Topos nicht zuletzt dann ins Spiel, wenn das Verhältnis von Interpretationsgegenstand und Interpretation qualifiziert werden soll. Marco Limpinsel verweist als Paradebeispiel auf den berühmten »Traktat« *Über philologische Erkenntnis*, in dem Szondi betont, dass die Philologie »ihr Objekt« nach dessen »eigenem Gesetz zu erkennen hat«, und dies bedeutet: dem »Charakter« des Kunstwerks gemäß, das »ein Ganzes [...] sein will«. Die Literaturwissenschaft, so Szondi weiter, »darf sich darüber nicht einfach hinwegsetzen, wenn ihr Vorgehen ihrem Gegenstand angemessen, das heißt wissenschaftlich sein soll«.[10] Eine Deutung *muss* also den spezifischen ästhetischen Eigenschaften eines Objekts gerecht werden, die im selben Zug behauptet werden.[11] In Methodenstreitigkeiten verbindet sich mit der Feststellung angemessenen Vorgehens daher häufig ein Letztbegründungsanspruch, weil mit einer bestimmten Gegenstandsbehandlung die »Objektkonstitution« selbst als evident postuliert wird.[12]

Szondi folgt dem Anspruch, den er im »Traktat« formuliert, in seiner Kleist-Interpretation gleich anfangs. Dort disqualifiziert er die bisherigen Untersuchungen selbst dann, wenn diese seiner Leitthese im Prinzip entgegenkommen, weil es den konkurrierenden Studien an »mikrologische[r]« Aufmerksamkeit mangle: »Nur« diejenige Interpretation »könnte« der »Dichtung« Kleists »förderlich sein«, die einerseits ins Detail gehe und andererseits das gesamte Drama berücksichtige.[13] »Nur« also, wer das literarische Werk als hoch integrierte, in jedem Detail bedeutsame Ganzheit behandelt, hat eine gewisse Chance, dem Gegenstand gerecht zu werden. Dieses spezifische Angemessenheitsverständnis, das zumindest oberflächlich an Maßgaben der sogenannten werkimmanenten Interpretation erinnert,[14] wird heute in programmatischer Hinsicht selten vertreten. Ob sich dies in der Interpretationspraxis genauso verhält, wäre zu prüfen. Dafür aber, dass und wie solche Angemessenheitsansprüche erhoben und praktisch ausagiert werden, ist Szondis Vorgehen bis heute typisch.

Wie Szondis Arbeit an der »gesellschaftlichen Syntax« seiner Kleist-Interpretation zeigt [→ Kap. 2], resultiert die normative Komplexität der literaturwissenschaftlichen Praxis jedoch nicht allein aus der Forderung nach Gegenstandsangemessenheit der Verfahren im Verhältnis von Interpretationsobjekt und Interpretation, sondern – eng damit verschränkt – auch aus der Forderung nach Angemessenheit im Verhältnis des Interpreten und seiner Interpretation zur Interpretationsgemeinschaft, also aus Fragen des *aptums*.[15] Was folgt aus diesen durchaus spannungsvollen Anforderungen für die konkrete Erfüllung von Passungspflichten?

Praktiken sind Aktivitäten, die nicht nur einmal vorkommen, sondern regelmäßig geschehen. ›Regelmäßig‹ meint dabei ein Spektrum von Phänomenen, denn faktisch wird keine Praktik jemals auf dieselbe Weise ausgeführt. Für die Identifikation sind daher Kontexte wichtig, die nahelegen, unterschiedliche Aktivitäten als Ausführungen einer Praktik aufzufassen.[16] Betrachtet man rückblickend die Arbeitsprozesse, die wir bislang beschrieben haben, dann dürften normative Erwartungen die Praxis überfordern, wenn nicht nur Regelmäßigkeiten, sondern ausschließlich Regeln »ein beliebiges von einem nicht oder weniger beliebigen Verstehen unterscheidbar machen« würden.[17] Szondi etwa vermittelt zwar den Eindruck, etwas gut machen zu wollen, nicht aber, dass er dabei einem ausformulierten Kodex folgt. Er probiert vielmehr Wörter, sprachliche Wendungen und Ideen aus, bis sie ihm passend erscheinen. Auch Sengle folgt eher intuitiv einer vagen und globalen Auffassung davon, wie angemessen vorzugehen ist. Müssten Szondi oder Sengle nun zumindest prinzipiell dazu in der Lage sein, Regeln anzugeben, um im literaturwissenschaftlichen Spiel zu bleiben? Dies erscheint schon deswegen unplausibel, weil die meisten Entscheidungen, die die Arbeitsprozesse bestimmen, sich dem Publikum gar nicht erschließen und somit kein Grund dazu besteht, Gründe einzuklagen [→ Kap. 1]. Auf der Ebene der zugänglichen Leistungen genügt es, Anteilnahme am Spiel über angemessene Reaktionen auf die Spielzüge anderer Spielerinnen und Spieler zu zeigen, weil sich solche kompetenten Antworten als Signale für die Vertrautheit mit einer Praxis deuten lassen.[18]

Für die ›angemessene‹ Auffassung von *communities of practice* scheint somit zweierlei entscheidend: Soziale Normen nehmen lediglich *unter anderem* die ausdrückliche Form von Regeln an; und die Erwartung, ausschließlich das Spiel des ›Gebens und Nehmens von Gründen‹ sorge für Verbindlichkeit, schätzt das Verhältnis von Theorie und praktischer Rationalität zu harmonisch ein [→ Kap. 12]. Daraus folgt nicht, um es ganz deutlich zu sagen, dass die Formulierung von Regeln unnötig ist. Direkte Anweisungen bringen durchaus Aktivitäten ›auf Linie‹, aber eben nicht so, dass dazu ihre strikte Befolgung notwendig wäre, sondern eher im Sinn einer permanenten Erinnerung daran, dass zwar vieles, aber nicht alles geht.[19] Zu vermuten ist jedenfalls, dass Personen, die penetrant Regeln fordern und auf deren Einhaltung pochen, in der Praxis scheitern und eine unglückliche Figur abgeben werden, aber gleichwohl eine wichtige Rolle im sozialen Gefüge übernehmen.

Bei der Frage nach der praktischen Relevanz von Regeln werden Praxistheorien gern prinzipiell, denn tatsächlich lässt sich aus arbeitsökonomischen Gründen wie auch wegen des impliziten Charakters von bestimmten Wissensbeständen nur ein Teil normativer Verbindlichkeiten deklarativ regeln: Eine konsequent regelbasierte Position handelt sich bekanntlich einen unendlichen Begründungsregress ein, weil immer auch Regeln zur Anwendung von Regeln nötig wären.[20] Von diesem klassischen Argument Ludwig Wittgensteins ging ein zentraler Impuls für den Practical Turn aus. Mit unterschiedlicher Radikalität behaupten praxeologische Ansätze aber auch aus weitergehenden Gründen, dass Diskurse »immer schon zu spät« kommen, und dies nicht zuletzt wegen der »›Materialität‹ der Praktiken«. Praktiken, so eine häufig zu findende Annahme, sind letztlich nicht in Regeln und Anweisungen, sondern in Körpern und Artefakten verankert – wir werden darauf noch näher eingehen [→ Kap. 17].[21] Um den wissenschaftlichen Alltag facettenreich zu erfassen, sollte aber weder in die eine noch in die andere Richtung überdreht werden, denn in spezifischen Situationen kann die Anwendung einer Regel unproblematisch und effektiv sein (wenn man etwa in der akademischen Lehre analytisches Handwerkszeug vermitteln möchte). Stets aber stellen sich jene entscheidenden Momente ein, bei der die Frage nach dem *passenden* Vollzug von Praktiken dringlich wird.

Wie etwa Szondis Arbeit an der »gesellschaftlichen Syntax« seiner Kleist-Interpretation zeigt [→ Kap. 1 u. 2], spiegelt sich die prinzipielle, *abstrakte* Situiertheit von Praktiken in Formulierungsentscheidungen wider, die in *konkreten* Arbeitssituationen fällig werden. Selbst wenn sich eine Regel dafür angeben ließe, wie ein Text für eine bestimmte soziale Umgebung an sich richtig zu interpretieren wäre, läge das Problem darin, wie heterogene Texte und Textsorten an einer bestimmten Stelle des Arbeitsprozesses zu arrangieren sind, wie eine Perspektive im Abgleich mit vielen anderen möglichen Perspektiven fokussiert werden soll, wie die im Moment zu treffende Wortwahl einer spezifischen Publikationsgelegenheit und einem spezifischen Publikationsformat gerecht werden könnte und vieles andere mehr. Auch handwerklich also bedeutet Könnerschaft, über die Fähigkeit und Bereitschaft zu verfügen, in unterschiedlichen Situationen und Kontexten die sich ergebenden Möglichkeiten des Handelns im Blick auf einen bestimmten Gegenstand geistesgegenwärtig zu nutzen.[22] Dies macht eine Auffassung von Normen, die Regeln, Maximen, Begründungspflichten und damit auch eine bestimmte Vorstellung von Rationalität in den Vordergrund stellt, nicht unnötig. Sie kann aber eben nur an einigen Stellen der Praxis gut ansetzen. Die Praxis ist gewissermaßen ungleichmäßig ›geregelt‹ und ›begründet‹ beziehungsweise regel- und begründungsgeeignet und daher nicht überall in gleicher Weise auskunftsfähig.

So bietet natürlich auch Szondi für sein interpretatorisches Vorgehen eine Fülle von Gründen an und provoziert damit deren Überprüfung. Er leitet etwa seine Interpretationsanstrengung daraus ab, dass die vorliegenden *Amphitryon*-Deutungen zu wenig ins Detail gehen, und greift dabei explizit auf eine ebenso altehrwürdige wie umstrittene philologische Angemessenheitsnorm zurück: die der tendenziell selektionslosen Aufmerksamkeit. Philologen, so eine traditionelle Überzeugung, zeichnen sich gegenüber anderen Leserinnen und Lesern dadurch aus, dass sie *alles* an einem Text wahrnehmen und für zumindest potentiell relevant halten.[23] Gerade für Szondis aufwendige Formulierungsarbeit aber, also für die angemessene sprachliche Fassung der Interpretation, die gleichermaßen Sach- wie Sozialdimensionen berücksichtigt, lassen sich einerseits viele unterschiedliche Normen in Anschlag bringen, andererseits fehlt es an vielen Stellen an intersubjektiv einsehbaren guten Gründen für diese oder jene Wortwahl und für die Entscheidung zu dieser oder jener Wortfolge [→ Kap. 1 u. 2]. Übrig bleibt lediglich der Befund einer deutlich erkennbaren Unzufriedenheit mit dem, was zuvor formuliert wurde und nun dasteht, beziehungsweise ebenjene »Spannung zur Realität«,[24] in der Normen existieren.

Auch an den Stellen, an denen Szondi Gründe schuldig bleibt, kann man von unterschiedlichen Positionen aus einhaken. So lässt sich aus Anlass seiner Kleist-Interpretation darüber streiten, ob die Interpretationsmaxime »Interpretiere historisch«[25] – die aus unserer Perspektive attraktiv ist – prinzipiell gilt, ab wann sich eine Interpretation als historisch genug erweist, um der Maxime gerecht zu werden, und dies, obwohl es sich dabei um eine *Forschungs*maxime handelt, die als solche anachronistische Perspektiven mit sich führt, weil sie mit aktuellen Erkenntnisinteressen an vergangene Sachverhalte herantritt.[26] Wenn also Szondi davon ausgeht, dass Kleist soziale Dimensionen von Molières *Amphitryon* tilgt, dann trifft dies einen guten Punkt, weil man so sieht, dass die beiden Autoren ihre Dramen auf unterschiedliche sozialhistorische Kontexte abstimmen. Sollte man Kleists Drama aber deswegen, wie Szondi meint, nicht mehr als »Gesellschaftsdichtung«[27] auffassen?

»Gesellschaftsdichtung« ist zwar ein eingeführter Terminus für literarische Werke insbesondere der Frühen Neuzeit, »die sich innerhalb der sozialen, geistigen und ethischen Konventionen der jeweils herrschenden Gesellschaftsordnung bewegen [...]«.[28] Man könnte die Frage danach gleichwohl leicht aufbauschen und behaupten, dass der Kollektivsingular ›die Gesellschaft‹ im historischen Kontext Molières und seiner Zeitgenossinnen und Zeitgenossen nicht zur Verfügung stand, weil der Begriff sein ideen- und diskursgeschichtliches Leben erst im 19. Jahrhundert begann. Und bestand nicht zudem eines von Kleists großen Projekten darin, gemeinschaftliche Anliegen so zur Sache des Einzelnen zu machen, dass sich der Konflikt zwischen den ausufernden Ansprüchen sowohl *des* Individuums als auch *der* Gesellschaft befriedet?[29] Deutet Szondi die Dramen also unhistorisch und damit falsch? Oder sollte man Szondis Hinweise aufgreifen, Anschlüsse suchen und in der vorgegebenen Richtung weiterarbeiten, seine Interpretation also nicht einfach als falsch, sondern als in Teilen und Aspekten anregend auffassen? Beides ist denkbar und möglich.

An bestimmten Stellen und in bestimmten Hinsichten erscheint es also aus Sicht von Teilnehmenden oder Beobachtenden je unterschiedlich erfolgversprechend, in das Begründungsspiel einzusteigen, entsprechende Nachfragen zu stellen, an Regeln zu erinnern und passende Antworten zu erwarten. Gibt es aber auch so etwas wie gute und schlechte literaturwissenschaftliche Manieren beim Fordern, Geben, Nehmen oder Verweigern von Gründen? Wann zeugt es von philologisch degoutantem, regelwütigem Benehmen, Gründe einzuklagen oder aufwendige Begründungen zu erbringen, sich abzugrenzen und durch Oppositionsbildung wichtig zu tun, weil man damit überdreht? Wann ist es ›angemessen‹, Gründe zu verlangen, obwohl es nicht stets »praktikabel« ist, Behauptungen nur »auf Basis tatsächlicher Rechtfertigung« anzuerkennen?[30] Und welche Begründungsformate erweisen sich dabei als effektiv: Wann genügt der Common Sense und die Berufung auf Konventionen? Wann sollte man eine gute Geschichte parat haben, um seine Handlungen zu plausibilisieren? Und wann muss man in den Bereich stärker formalisierter Verfahren wechseln und auf expertenförmiges Wissen zurückgreifen?[31]

Die philosophische Reflexion von Begründungs*gehalten*, Begründungs*verfahren* und Begründungs*geboten* thematisiert typischerweise isolierte Situationen, in denen sich epistemische ›Singles‹ befinden.[32] Dies hat mit der Praxis schon deswegen nur wenig zu tun, weil etwa die Entscheidung zwischen den genannten Begründungs*formaten* elementar von den sozialen Beziehungen abhängt, davon also, wie vertraut oder unvertraut, wie egalitär oder hierarchisch, wie stabil oder instabil die Verhältnisse sind.[33] Welche Gabenökonomie verbirgt sich im geisteswissenschaftlichen ›Geben und Nehmen von Gründen‹? Wer darf wen an Regeln erinnern? Wann darf wer von wem Gründe fordern? Bei welchen Gelegenheiten ist man berechtigt dazu, sich als Akteur zu präsentieren, der Regeln einhält und gute Gründe gibt, und welche Position nimmt man dann gegenüber den Mitspielerinnen und Mitspielern ein? Und was tut man eigentlich währenddessen nicht? Welche Handlungsalternativen schlägt man aus, wenn man gerade mit Begründungsspielen und dem Ausformulieren von Regeln beschäftigt ist? Was passiert etwa, wenn die raffinierte Literaturtheorie die wirklich gute, interessante, anregende und weiterführende Interpretation schuldig bleibt?

Nehmen wir als letztes Beispiel eine Norm, deren Verletzung auch in den Geisteswissenschaften nicht nur zu harten Sanktionen führen kann, sondern für die auch ausgefeilte Regularien vorliegen: das Plagiatsverbot beziehungsweise das Gebot, sorgfältig und verantwortungsvoll Binnenverweise, Fuß- oder Endnoten zu setzen.[34] Solche ›Anmerkungen‹ geben Signale der Rezeptions- und Produktionsmoral; sie situieren Geisteswissenschaftlerinnen und Geisteswissenschaftler in der Scientific Community; sie erzeugen ein komplexes Arrangement von Quellen und Forschungen, eigenen und fremden, starken und schwachen, grundlegenden und weiterführenden, eher definitiven und eher vorläufigen Überlegungen und vieles andere mehr. Anmerkungen leisten genau jene epistemische Modalisierung und Vermittlung von Wissensansprüchen, jene Organisation von Dialogizität und Vielstimmigkeit, jene Perspektivierung ›epistemischer Dinge‹, jene Abstraktion von konkreten Produktionsbedingungen und jene Moderation von Überkomplexität und struktureller Überforderung, die wissenschaftliches Arbeiten und die entsprechende soziale Interaktion spezifizieren.[35] Fußnoten ›machen‹ also viel. Anders gesagt: Anmerkungen beanspruchen bei ihrer Bewertung bereits *in nuce* die ganze Multinormativität literaturwissenschaftlichen Arbeitens, bei dem es nicht nur um ›Wahres‹ und ›Falsches‹ geht, sondern auch um Richtiges, Passendes, Fruchtbares, Interessantes, Spannendes, Relevantes und vieles andere mehr [⟶ Kap. 9]. Wann wird von wem für wen an solche Normen erinnert? Wenn werden sie hart zur Geltung gebracht? Und welche normativen Aspekte rücken dabei in den Vordergrund?

Szondi hält in seinen Notizen zu Kleist Folgendes fest:

> Nach Fricke 4 Gruppen von Interpreten:
> 1) Hohelied der Gattentreue (Eloesser, Meyer-Benfey, Herzog)
> 2) Jupiter = ideelle Wirklichkeit der Liebe (H. Hellmann, Petsch, Muschg)
> 3) Christ. Mysterium (Sauer, Braig
> 4) Verwirrung des Gefühls (Goethe, Strich) (64-68)

In seinem Aufsatz findet sich ohne Anmerkung diese Passage:

> Der Sinn dieses Vorgangs [der zweimaligen Prüfung von Alkmene, S.M./C.S.], der im Zentrum jeder *Amphitryon*-Deutung stehen muß, kann hier nur skizziert werden, wobei auch auf die Fehlerquellen jener Interpretationen hinzuweisen ist, die Kleists Dichtung als Hoheslied der Gattentreue, als christliches Mysterium von Alkmenes Hinwendung zu Gott oder als Beweis für das Versagen des Gefühls als Erkenntnisorgans verstehen.[36]

Aus heutiger Perspektive fehlt hier offenkundig die Fußnote, die belegt, woher Szondi sein Wissen über diese Interpretationsrichtungen gewonnen hat, die also auf folgende Passage in Frickes Kleist-Studie (»(64-68)«) verweisen müsste:

Man hat die Dichtung aufgefaßt als eine Art Hohes Lied der Gattentreue, so *A. Eloesser* [...] *H. Meyer-Benfey* [...] *W. Herzog* [...]. Eine zweite Gruppe von Interpreten fand, ganz im Gegenteil, eine bewußte Abkehr Alkmenes von Amphitryon, eine leidenschaftliche Hingabe an Jupiter, in dem ihr, im Bilde des Gatten, jene höhere, ideale Wirklichkeit der Liebe erschien, die in der Empirie eine bloße Sehnsucht für sie geblieben sei. [...] *H. Hellmann* [...] *R. Petsch* [...] *W. Muschg* [...]. Eine dritte, hauptsächlich durch *Ad. Müllers* Vorrede inspirierte Deutung gibt der Dichtung eine angeblich christliche, jedenfalls spezifisch religiöse, wenn nicht dogmatische Tendenz. [...] *A. Sauer* [...] *F. Braig* [...]. Eine letzte Gruppe der Interpretation schließlich sieht, *Goethe* folgend, den entscheidenden Vorgang in der tatsächlichen Verwirrung des Gefühls. [...] *F. Strich* [...].[37]

Es geht hier nicht darum, Szondi wissenschaftlichen Fehlverhaltens zu überführen. Vielmehr stellt sich in unterschiedlichen Hinsichten die Frage, ob dieser Maßstab überhaupt angemessen ist.[38] Seine Fußnotenpraxis ließe sich nämlich zum einen als Indiz für die Historizität von Normen und von Regeln auffassen: Szondis erste wissenschaftliche Publikation im *Euphorion* kommt ganz ohne Verweis auf Sekundärliteratur aus.[39] Damit steht Szondi in dieser Zeit keineswegs allein: Auch Reinhart Koselleck reicht seine Dissertation aufgrund von Termindruck zuerst ohne Fußnoten ein, liefert diese allerdings immerhin später nach.[40] Es scheint so, um es vorsichtig zu formulieren, als wären die heute mehr oder weniger selbstverständlichen Erwartungen, wie der Forschungsbezug zu gestalten ist, damals zumindest nicht in der gleichen Weise verbindlich gewesen. Zum anderen setzt sich Szondi in seinem »Traktat« *Über philologische Erkenntnis* mit der Fußnote an sich kritisch auseinander und erklärt diese kleine akademische Form aus grundlegenden Erwägungen heraus für suspekt: Der Anmerkungstext gelte oftmals als Ort für unproblematisiertes Wissen und werde damit den Ansprüchen der Wissenschaft auf prinzipiellen Zweifel nicht gerecht.[41] Ob man allerdings »ohne Fussnoten ins Dozentenparadies kommt«, erschien selbst Szondi zweifelhaft.[42] Die eschatologische Dimension der Fußnote hängt freilich auch von den Gepflogenheiten unterschiedlicher Nationalkulturen und der jeweiligen Normativität akademischer Textsorten ab: In der französischen Übersetzung seiner Kleist-Interpretation streicht Szondi alle Anmerkungen der deutschen Zeitschriftenfassung.[43]

Weiterhin würde sich – jedenfalls an der angeführten Stelle – an Szondis Kleist-Interpretation im Prinzip nichts verändern, wenn er diese Passage schlicht weggelassen hätte. Und je nach Verehrungsgrad würde sich womöglich eine Kritik blamieren, die Szondi wegen Belegmangels hart anginge, weil seine entscheidende Leistung eigentlich in etwas ganz Anderem liegt: in dem Nachweis, dass die Forschung – wie er gleich anschließend bemerkt – bislang schlicht eine falsche Frage gestellt hat. Hätte Szondi diesen Erkenntnisanspruch aber ohne Bezug auf die bisherige Forschung überhaupt erheben und sich als so origineller Interpret etablieren können, dass man ihm eine fehlende Fußnote lieber nachsieht als etwa Karl-Theodor zu Guttenberg? Und hätten wir soeben nicht eigentlich »falsch[e]« »Frage« schreiben müssen, weil sich diese Worte so bei Szondi finden?[44] Wäre es also richtig gewesen, sich für eine sperrige und unschöne, aber streng genommen korrekte Formulierung zu entscheiden?[45] Selbst wenn eine Regel vorliegt, steht ihre konkrete Anwendung unter erheblichen Moderationsanforderungen.

Einerseits helfen somit strikte Ordnungsvorstellungen in konkreten Situationen nicht unbedingt weiter.[46] Andererseits gibt es keinen Grund, defätistisch zu sein. Zugleich gilt nämlich, dass sich in der Praxis der Geisteswissenschaften unabhängig von allen theoretischen Begründungsdefiziten erstaunlich stabile und konsensfähige Bezugnahmen auf Normen feststellen lassen. Urteile konvergieren in der Praxis, obwohl sie nicht allein über die Wahrheit von Aussagen entscheiden, sondern auch stimmig, sachangemessen, ausgewogen und vieles andere mehr sein sollten.[47] So lautet zumindest die Einschätzung aus Perspektive der Förderinstitutionen sowie der Personen, die evaluierend in Aktion treten, also derjenigen, die überhaupt den Evaluations*prozess* mitverfolgen können und nicht nur das womöglich fragwürdige Entscheidungs*ergebnis* sehen. Woran liegt das?

8. Die Verbindlichkeit der Praxis

Die Moderation, die sich auch in normativer Hinsicht aus den Passungserwartungen der Praxis ergibt, steht vor miteinander kombinierten Herausforderungen. Sie ergeben sich aus der Vielfalt [→ Kap. 9] und der unterschiedlichen Qualität von Normen sowie aus der daraus folgenden Diversität von Begründungsgehalten, -verfahren, -geboten und -formaten. Zwar stehen oftmals Handlungsschemata oder andere komplexitätsreduzierende Mittel zur Verfügung, die situationsübergreifend Orientierung bieten (etwa die Konventionen von Textsorten). Gleichwohl sind situativ viele *ad-hoc*-Entscheidungen gefordert. Solche Entscheidungszumutungen verdichten sich in den Geisteswissenschaften im Verlauf des 20. Jahrhunderts nicht zuletzt aufgrund eines immer unübersichtlicher werdenden Angebots an Methoden und Theorien, an Erwartungen unterschiedlicher Adressatinnen und Adressaten oder an unterschiedlichen Relevanzen in einer sich globalisierenden akademischen Landschaft. Für das Rezensionswesen haben Barbara Stollberg-Rilinger und Barbara Groß aus geschichtswissenschaftlicher Perspektive eine Fülle von weiteren, ganz unterschiedlichen Entwicklungen aufgelistet, die wohlbegründete Wertungen erschweren:

> Die Bücherflut steigt; die Publikationen wachsen an Zahl und verlieren dafür an Leserinnen und Lesern; das hochfrequente Begutachten und Begutachtet-Werden in Evaluationen und Peer-Review-Verfahren verschlingt immer mehr Zeit; die Zeitknappheit erschwert gründliches Rezensieren und begünstigt den Rückgriff auf quantifizierende Leistungsparameter. Zugleich wird die Orientierung der Wissenschaft an einem mehr oder weniger imaginären gesellschaftlichen ›Impact‹ gefordert; Erfolg in der breiten Öffentlichkeit gewinnt als Qualitätskriterium an Gewicht. Hinzu kommt: Prekär beschäftigte Nachwuchswissenschaftler:innen befürchten Karrierenachteile, wenn sie sich kritisch äußern.

Es erscheint angesichts solcher Trends alles andere als selbstverständlich, dass »kompetente, sachliche, gründliche und zugleich kritische« Urteile gefällt werden.[1]

Die Moderationsanforderungen beim situationsangemessenen Umgang mit verschiedenen Norm- und Praxisoptionen resultieren zudem aus den komplexen Vermittlungsleistungen zwischen epistemischen Akteurinnen und Akteuren und Dingen, aus den vielfältigen Perspektivierungen, die einem Forschungsprozess im Vollzug sein Ziel geben, und aus den unterschiedlichen Wegen, auf denen Forschungsergebnisse in den Geisteswissenschaften richtig erzielt werden können. Noch komplizierter wird das Ganze, weil sich diese Faktoren wechselseitig beeinflussen. So sieht man an Szondis Feinarbeit am Text gut, wie ständig in bestimmten Hinsichten nachjustiert wird und wie daraus wiederum Justierungsbedarf in anderen Hinsichten entsteht. Einzelne Aspekte lassen sich vielleicht noch gut explizieren, aber isoliert verlieren sie genau jene Vermittlungs- und Passungsqualität, die für die Praxis entscheidend ist. Anstelle umfassender Möglichkeitsbehauptungen (›Letztlich lassen sich die Implikationen der Praxis explizieren‹) oder Unmöglichkeitsbehauptungen (›Die Praxis gründet auf Voraussetzungen, die nicht bis auf den Grund expliziert werden können‹) sollte man daher an konkreten Fällen zeigen, was sich sagen lässt, und zugleich zumindest eine Ahnung davon vermitteln, was auf der Strecke bleibt.[2]

Könnerinnen und Könner sehen sich also strukturell überfordert und daher oft in einer Lage, dass sie zwar über ausreichend Know-How verfügen, um mit vielfältigen Implikationen zurechtzukommen, aber nicht über die Zeit und bisweilen vielleicht auch nicht über die intellektuellen Kapazitäten und theoretischen Kompetenzen, diese Implikationen explizit zu machen. Diese Begründungsunfähigkeit disqualifiziert sie jedoch nicht automatisch, weil es normalerweise so ist, dass nicht alles gleichermaßen gut gelingt – oder besser: dass nicht alles gleichermaßen gut gelingen kann [→ Einleitung]. Für eine solche praxeologische Auffassung von Normen sind insbesondere Studien zur Praxis von Evaluationsgremien aufschlussreich. Nur angemerkt sei, dass der Bedarf an solchen Evaluationen in den letzten Jahren enorm angewachsen ist. Dies hängt mit der gestiegenen Bedeutung von Drittmitteleinwerbungen zusammen, mit den Exzellenzwettbewerben oder auch mit neuen Anforderungen an die Qualitätssicherung von Verfahren.

Für die Arbeit in kollaborativen Bewertungszusammenhängen gilt das, was sich im Blick auf einzelne Akteure wie Szondi oder Sengle gezeigt hat: Die Prozesse verlaufen *de facto* nicht linear, nicht nach klaren Regeln, nicht nach eindeutigen Vorgaben, sondern in Verfahren des federnden Ausprobierens sowie des Vor- und Zurücklaufens von Argumenten für oder gegen normative Ordnungen.[3] Eine grundlegende Weichenstellung in Bewertungsprozessen betrifft dabei die Kategorisierungen, die dazu dienen, Vergleichsgruppen zu bilden – ein Prozess, der in den Geisteswissenschaften besonders ungewiss ist, etwa weil divergierende Ziele, die für unterschiedliche Gruppen mehr oder weniger relevant sind, miteinander konkurrieren.[4] Bewertungsprozesse sind also an Vergleichspraktiken geknüpft: Die Bewertung erfolgt nicht so, dass ein bestimmtes Bewertungsobjekt für sich an einem bestehenden Set von Normen gemessen würde. Vielmehr treten mehrere Bewertungsobjekte in einem Vergleichsverfahren so zueinander in Beziehung, dass sich bestimmte durchsetzen und andere nicht.[5]

Vergleichsgruppen können im Prinzip nach allen möglichen Kriterien gebildet werden. Tatsächlich spielt etwa die kontingente Reihenfolge des Alphabets bei der gleichzeitigen Begutachtung von Fällen eine große Rolle – es liegt nach der Logik der Liste näher, A und D zu vergleichen als B und P, und dabei kann man Glück oder Pech haben, es mit stärkeren oder schwächeren Konkurrentinnen oder Konkurrenten um beschränkte Ressourcen zu tun zu bekommen. In der Einzelbegutachtung geschehen solche Vergleiche häufig stillschweigend, in der Begutachtung unterschiedlicher Projekte oder Personen sowie in Begutachtungsgremien ergibt sich Verhandlungsbedarf. Um so etwas wie Gerechtigkeit herzustellen, fängt man dann nicht immer bei A an, sondern manchmal auch bei Z oder verzichtet ganz darauf, sich am alphabetischen Schema zu orientieren. Empirisch gesehen, haben erfahrene Gutachtende angesichts solcher Unwägbarkeiten, die in Entscheidungsprozessen zu Tage treten, ein pragmatisches Verhältnis zu ihren Bewertungen. Sie wissen im Prinzip um die Relativität des Urteils und um die argumentative Fragwürdigkeit der Urteilsfindung unter den gegebenen Bedingungen (Zeitdruck, Kontingenz der Zusammenstellung der Begutachtungsgruppe sowie des Zusammentreffens von Anträgen, die gerade jetzt miteinander konkurrieren, es aber bei Einreichung zu einem anderen Zeitpunkt mit einer anderen Lage zu tun hätten etc.).

Dies gilt auch für die Auswahl und Strukturierung von evaluationsleitenden Gesichtspunkten sowie für die Deutung der Maßstäbe.[6] Dass sich ein Gremium erst im Lauf der Zeit ›findet‹ (und dabei auch im internen Vergleich seine Hackordnung ausbildet),[7] meint, dass es in einer spezifischen Situation und im Blick auf eine bestimmte Antragssituation nach und nach ein Gespür dafür entwickeln muss, welche Kriterien angesichts der Fülle von möglichen Normen (wahr, innovativ, riskant, grundlegend, relevant, gut geplant, klar formuliert etc.)[8] ausschlaggebend sein sollen, wie die normativen Vorgaben im Licht dieser Präferenzen zu verstehen sind und wie mit verbleibenden Normkonkurrenzen umzugehen ist. Dabei spielt Respekt eine erstaunlich große Rolle: Respekt vor anderen Fachkulturen sowie gegenüber der Expertise, die man den Kolleginnen und Kollegen zuerkennt.[9] Ebenso beeinflussen Affekte und Emotionen, das Bedürfnis nach Anerkennung und die Wahrnehmung der anderen die Evaluationsvorgänge. Eine ›gute‹ Kollegin oder ein ›guter‹ Kollege zu sein, bedeutet jedenfalls gewiss nicht, sich als kognitiv überlegen zu erweisen sowie grundsätzlich, hart und unnachgiebig von feststehenden Normpräferenzen geleitet zu agieren.[10]

Nicht nur ist also die Erwartung überzogen, dass sich an jeder Stelle der Praxis Regeln angeben lassen, weil situative Faktoren darüber bestimmen, welche intellektuellen, kommunikativen oder affektiven Ressourcen zugunsten von Normen mobilisiert werden können; nicht nur muss eine Vielfalt von mehr oder weniger hart sanktionsfähigen Maßstäben und Kriterien moderiert werden; und nicht nur bekommt man es noch dazu mit ganz unterschiedlich beschaffenen Normen zu tun, sondern auch mit deren unterschiedlicher Auslegung. Ob sich etwa ›Originalität‹ darauf bezieht, dass der Ansatz innovativ ist, auf den verwendeten Daten- oder Quellenbestand, die theoretischen Grundlagen, die verwendeten Methoden oder das Thema,[11] macht einen erheblichen Unterschied aus.

Gutachtende können nur mit größter Mühe ihre Augen vor der Überfülle sachlich relevanter und daher eben auch in vielen Hinsichten unsachlicher Aspekte ihrer Entscheidungen verschließen, sind aber – und das ist das Bemerkenswerte – gleichwohl normalerweise mit ihrer Arbeit zufrieden. Laut Selbstauskunft glauben sie von sich, den Job ganz gut erledigt zu haben[12] – häufig, aber nicht immer. ›Unsachlichkeit‹ wird im Unterschied dazu eher von außen attestiert, insbesondere dann, wenn Bewertungsprozesse für Betroffene ungünstig verlaufen sind,[13] denn die auf Sachlichkeit fokussierte öffentliche Begründungsarbeit liefert oft keine zufriedenstellenden Argumente für eine Ablehnung. Intern, in der mündlichen Begleitkommunikation von Evaluationen, wird hingegen reichhaltiger über die Prozeduren reflektiert, darüber also, dass Entscheidungen unter Bedingungen knapper zeitlicher und finanzieller Ressourcen und wechselnder Vergleichsgruppen getroffen werden müssen und somit unter anderen Umständen auch anders hätten ausfallen können. Wenn dies aber so ist, wenn also in der Bewertung soziale, institutionelle oder auch wissenschaftspolitische Abwägungen nicht einfach ignoriert werden und die Bewertenden sich nicht der Illusion reiner Sachgerechtigkeit hingeben: Wie erhalten die Normen dann im Vollzug der Bewertungspraxis ihren verpflichtenden Charakter, also ihre Normativität? Wie stellen sich unter diesen Voraussetzungen Verbindlichkeiten ein?

Kollektive Bewertungsszenen (dazu zählen etwa auch Peer-Review-Verfahren) sind in der Regel arbeitsteilig, mehrinstanzlich und mit »gestaffelten Supervisionsverhältnisse[n]« organisiert (Gutachten werden wiederum begutachtet und bewertet).[14] Die Ethnografie von Begutachtungsgruppen zeigt, dass gerade die Praktiken der auf den ersten Blick ›schmutzigen‹ Art der Urteilsfindung, also die mehrfachen Abfolgen und das rekursive und iterative Ineinanderspielen von unterschiedlichen Abwägungsprozessen, den Eindruck hinterlassen, man habe seine Aufgaben gewissenhaft erledigt. Dies spricht für den Befund, dass »[u]nsere Vorstellungen von der Richtigkeit einer Norm [...] ungleich heterogener« sind als diejenigen »von der Wahrheit einer Aussage«,[15] und für die These, dass dies nicht zur Beliebigkeit von Evaluationsergebnissen beiträgt. Vielmehr scheint es so, als ergebe sich der praktische Verpflichtungscharakter von Handlungsoptionen gerade aus der komplizierten, relativen und nicht immer harmonischen Abwägung vieler Normen, nicht aus der strikten Verpflichtung auf genau dieses oder jenes.

Ein weiterer Verbindlichkeitsfaktor der ›schmutzigen‹ Bewertungspraxis könnte darin liegen, dass das dezidierte, nach bestimmten formellen Vorgaben gefällte Urteil stets mit weiteren Urteilen, die eher verdeckt bleiben und informellen Charakter haben, verbunden ist und davon getragen wird.[16] Auf den ersten Blick spricht das gegen die Erwartung, Evaluationen orientierten sich an intersubjektiven oder objektiven Standards und unterschieden sich genau dadurch von individuellen Präferenzen: Die Bewertungspraktiken erscheinen zu komplex, zu hintersinnig, zu implizit, sodass sich die Abweichungsmöglichkeiten erhöhen. Vermutlich aber dürfte es sich – gestützt etwa von bestimmten institutionellen Konsenserfordernissen sowie dem Selbstlegitimationsbedarf des Evaluationsverfahrens – umgekehrt verhalten: Weil in einer Art Kompaktkommunikation so viele unterschiedliche Bewertungen in einer Evaluation zusammenkommen, bestehen viele Übereinstimmungsmöglichkeiten bei gleichzeitiger Abweichungslizenz. Einschätzungen können somit konvergieren, ohne dass vollständige normative Deckungsgleichheit erforderlich wäre. Konsens würde dann nicht bedeuten, ganz und gar einer Meinung zu sein, was angesichts der strukturellen Überforderung durch normative Vielfalt und den entsprechenden Moderationsbedarf eine unrealistische Erwartung wäre. Vielmehr fallen normative Überlappungen größer oder kleiner aus, betreffen eher das normative Zentrum oder die Peripherie. Das soziale Band einer *community of practice* ist nicht überall gleich fest geschnürt, ohne deswegen zu zerreißen, und dies liegt unter anderem daran, dass man nicht über alles redet, sondern sich mit partiellen Übereinstimmungen zufrieden gibt und die Abweichungen beschweigt.

In eine Praxis zu geraten, bedeutet also generell, sich in multinormative Zusammenhänge zu begeben, in denen qualitativ unterschiedlich beschaffene Normen moderiert werden müssen. ›Zu geraten‹ meint hier nicht, dass die Akteurinnen und Akteure keine normativen Intentionen, Ziele oder Absichten verfolgen oder sich lediglich affirmativ gegenüber den etablierten Normen verhalten könnten, sondern dass selbst Kritik an einer Praxis normativ durch eben diese Praxis getönt wird. Weder also darf man sich das Hineinfinden als eine Variante des Stockholm-Syndroms vorstellen, wo Neulinge mit eigenen Hoffnungen ihre Arbeit (etwa ihr Studium) beginnen, dann aber allmählich mit den Etablierten paktieren und deren Werte und Kriterien einfach übernehmen. Noch wäre es angemessen, sich den Eintritt in eine Praxis (etwa in einen Begutachtungszusammenhang) so vorzustellen, als könne man dort seine vorab gefassten Strategien einfach um- und seine normativen Vorlieben durchsetzen. Vielmehr sorgen offenbar gerade die Vielfalt und Unterschiedlichkeit von Normen, mit denen wir uns im Folgenden noch genauer befassen werden, dafür, dass »[u]nser Tun« die gesamte Praxis mit »normativen Signifikanzen« »*überzieht*«,[17] dass man also permanent davon betroffen ist, sich unablässig in einem breiten Spektrum kritisch oder affirmativ verhalten muss, sich gleichsam ständig mitverantwortlich fühlt und dadurch an Mitverantwortung gewöhnt wird.

Weil in der Praxis *alles* mit »normativen Signifikanzen« überzogen ist und die Akteurinnen und Akteure normativ laufend involviert sind, stellt sich ständig die Frage, was Äußerungen ›für uns‹ bedeuten, wie sie ›für uns‹ relevant sind und wie sie ›zu uns‹ passen. Es geht dabei nicht um eine relativistische Weltauffassung, die Tatsachen ins Belieben von Gruppen und ihren Wirklichkeitsneigungen stellt, sondern darum, dass es in der Wissenschaft ›gute‹ und ›schlechte‹ Wahrheit gibt – relevante oder irrelevante, fruchtbare und unfruchtbare, originelle oder konventionelle etc. Über einen Text lässt sich etwa interpretierend sehr viel Wahres sagen, aber eine ›gute‹ Interpretation muss mehr und kann gelegentlich sogar anderes leisten, als richtig zu sein [→ Kap. 10]. Auch deswegen lassen sich epistemische Normen nicht »auf eine überschaubare Zahl von Formen und Richtigkeitskriterien reduzieren«.[18] Vor allem aber sorgt eben gerade diese vielfältige und teils diffuse Lage für eine unterschwellige und dadurch auch stabile Einbettung jeder Praktik in die normativen Spielräume einer *community of practice*.

Dass es dabei um Spielräume geht, ist praxeologisch besonders wichtig: Das Verhältnis von Norm und Handlung kann trivialerweise deswegen nicht strikt sein, weil sonst keine Veränderungen stattfinden würden, keine Möglichkeiten zur Abweichung bestünden und damit keine Fehler begangen werden könnten. Sich normativ zu verhalten bedeutet, Optionen in Betracht zu ziehen und gegen Normen verstoßen zu können.[19] Für die soziale Integration von *communities of practice* ist daran entscheidend, dass man nicht dann Teil einer Gemeinschaft ist, wenn man deren Normen erfüllt, und zwar schon deswegen, weil es das eine, klar hierarchisierte und definierte Set von Normen nicht gibt. Vielmehr geht es um den Eindruck, man zähle zu denen, die bestimmte Normen in einer bestimmten Weise *eigentlich* befolgen sollten – auch wenn man es dann womöglich nicht tut oder sich kritisch zu dieser Zumutung verhält.[20] Erst wenn von Akteurinnen und Akteuren gar nicht mehr erwartet wird, dass sie gruppenspezifische Maßstäbe erfüllen, oder wenn diese selbst es nicht mehr für wichtig halten, sich mit Verbindlichkeiten (und sei es polemisch) auseinanderzusetzen, zerdriftet eine Scientific Community. Stark divergierende Vorlieben sind daher zumindest nicht automatisch ein Beleg für den normativen

Verfall einer wissenschaftlichen Gemeinschaft, eines Fachs oder einer Disziplin.

Lassen sich dennoch, wie es die geläufigen Krisendiagnosen behaupten [→ Einleitung], Tendenzen dazu feststellen, normativ Passungs- und Vermittlungsanstrengungen in den Geisteswissenschaften der Gegenwart zu minimieren? Sollte sich dies so verhalten – und im Augenblick fehlen breitere empirische Studien und Vergleiche, die den Eindruck steigender Anomie bestätigen oder widerlegen –, dann könnte es auch an einer gewissen Urteilsmüdigkeit liegen. Der wissenschaftliche Alltag leidet heute mehr denn je unter steigendem Evaluationsdruck. Ständig muss etwas bewertet werden: Klausuren, Essays, Seminar- und Abschlussarbeiten, der gerade gelesene Aufsatz, die Bewerbung um ein Stipendium, der Antrag für ein Forschungsprojekt, die Eingaben im Instituts- und Fakultätsrat, die Beschwerden im Prüfungsausschuss oder eben die eigene Formulierung, mit der man all dies zu erfassen versucht. Es entsteht beinahe der Eindruck, die Daumen-hoch-oder-runter-Mentalität der sozialen Medien habe auch in den wissenschaftlichen Alltag Einzug gehalten. Man kann leicht die Lust daran verlieren, sich bewertet zu fühlen oder zu wissen und selbst bewerten zu müssen. Mit anderen Worten: Die Zumutung, sich mit Normen dezidiert auseinanderzusetzen, könnte deren Verbindlichkeit nicht nur erhöhen. Entscheidend ist: Diese Urteilsmüdigkeit erklärt sich nicht allein aus der quantitativen Fülle von Bewertungsakten, die wissenschaftlichen Akteurinnen und Akteuren abverlangt werden, sondern eben auch aus der Komplexität der Akte selbst: aus den vielfältigen Rücksichtnahmen, aus den Passungs- und Vermittlungsprozessen und aus der besonderen Anspruchsfülle, die in den Geisteswissenschaften eine Rolle spielt. Hier und da, in diesem oder jenem Gremium kommt man ganz gut damit zurecht. Wenn aber ständig hohe Urteilsaktivitäten erwartet werden, kann dies zu Problemen führen und Verbindlichkeiten schwächen.

9. Die Vielfalt von Normen

Der wechselseitige Bezug von Praktiken als Teil einer Praxis spricht gegen eine atomistische Deutung der Praxis, also gegen die Fokussierung einzelner »Kernpraktiken« sowie gegen die Orientierung an einer strikten »Erklärungsreihenfolge«.[1] Dagegen liegt eine holistische Vermutung nahe: Ebenso wie man viele Begriffe benötigt, um überhaupt Begriffe zu haben, muss man über Know-How in einem Gefüge von Praktiken verfügen, um überhaupt eine Praktik zu beherrschen [⟶ Kap. 35]. Hier wie dort muss man in »Bündeln« und »Netzwerk[en] aus inferentiellen Beziehungen« denken und berücksichtigen, welche »Fäden« einen Begriff oder eine Handlung in einem »Netz von Richtigkeiten« umgeben.[2] Und wenn man nicht allzu weit vom Alltag absehen möchte, berührt dieses Spiel von Folgerungen und Begründungen auch das Verhältnis von Handlungen und Aussagen, von Sozial- und Sachbezügen. In der Praxis kommen Begriffe eben nicht nur in einer Welt der mehr oder weniger guten Gründe vor, sondern in Texten, und diese Texte finden sich in Büchern, Zeitschriften, Papers oder auf Bildschirmen, die man in einer gewissen Weise in die Hand und in Augenschein nimmt, die irgendwoher kommen, mit denen immer schon etwas getan wird und deren Verfertigung auf solche Aktivitäten spekuliert.

Aus der holistischen Anlage der Praxis erklärt sich besonders gut, warum Plagiate bisweilen so unnachgiebig verfolgt werden – und vor allem, warum es nicht immer leichtfällt, außerhalb der Wissenschaft Verständnis für eine hartnäckige und unnachgiebige Plagiatsjagd aufzubringen, die von innen gesehen evident erscheint. Denn tatsächlich ist dieses ›Fehlverhalten‹ deswegen in der Wissenschaft so verpönt, weil es den Zusammenhalt in Frage stellt, das empfindliche Beziehungsgefüge von Normen und Praktiken sowie die damit zusammenhängenden sozialen und sachlichen Vermittlungen und Passungen. Eine Person maßt sich beim Plagiat Autorität an und verführt andere dazu, sich auf sie zu verlassen.[3] Damit steht das Vertrauen auf dem Spiel, das in der Wissenschaft unabdingbar ist,[4] denn sehr häufig muss man Aussagen einfach hinnehmen, um in Ruhe weiterarbeiten zu können.

Angesichts der unterschiedlichen Qualität und Vielfalt von

Normen und der entsprechenden Passungs-, Vermittlungs- und Moderationspraktiken ist eine Theorie darüber, wie »implizite Strukturen« explizit gemacht werden *können*, eine Sache; eine ganz andere aber ist es, dies dann auch tatsächlich zu *tun*. Das spricht nicht gegen die Vermutung, dass dies stellenweise ganz gut gelingt,[5] aber die Explikation ufert schnell aus, wenn sie möglichst viel mit den tatsächlichen Vollzügen zu tun haben soll, mit den Ausweitungen und Verästelungen »komplexer Netze miteinander verwobener normativer Status«.[6] Selbst Bruno Latour, der mit der Parole ›Follow the actors!‹ die Rekonstruktion inferentieller Vernetzungen einfordert, ruft in vielen seiner Texte häufig Beispiele mit hohem Evidenzwert auf, deutet jedoch eine Analyse allenfalls an, um sich auf die Evidenz des ›usw.‹ zu verlassen.[7] Offen bleibt dann – nicht zuletzt aufgrund des Quellenproblems der historischen Praxeologie – der Nachweis, dass die Forderung eingelöst werden könnte, wenn man sich nur genug Zeit ließe.

Szondi jedenfalls wirkt wie ein gutes Beispiel für jemanden, dessen Handlungen und Einstellungen nicht nur in ein »Netz von Gründen eingefügt« sind und dessen intellektuelle Welt »inferentiell gegliedert« ist,[8] sondern der sich während der Arbeit in einem Netz von Gründen geradezu verheddert, ohne dass dies dem Endergebnis noch anzusehen wäre [→ Kap. 1 u. 2]. Es scheint fast, als gebe es nicht nur viele, sondern zu viele gute Gründe, warum eine Interpretation gut oder schlecht sein kann. Zudem arbeitet sich Szondi an Normen in einer Weise ab, dass er Festlegungen und Verpflichtungen in einem hoch dynamischen Prozess möglichst lange offenhält, weil er womöglich die Fülle an Konsequenzen ahnt, die er sich damit einhandelt. Es könnte also ein Effekt und ein Anzeichen hoher normativer Sensibilität sein, Konjunktive und Fragen gegenüber Indikativen und Aussagen wertzuschätzen. Irgendwann aber muss man sich auf eine wie auch immer vage Formulierung festlegen, weil die Tagung vor der Tür steht, die Einreichungsfrist für Anträge endet, die Drittmittel auslaufen, der Verlag sich nicht mehr hinhalten lässt, die Zeitschriftenredaktion moralischen Druck ausübt, ohne ›zweites Buch‹ die Karriere in eine Sackgasse läuft und die Habilitation erfolgen muss, um Chancen auf eine Professur zu erhalten.

Wie reagiert nun die *community of practice* als Evaluationsgemeinschaft auf solche strukturellen Überforderungen? Wie findet sie sich in »normative[n] Ordnung[en]« zurecht, die »aus verschiedenen Arten von Normen« bestehen, und zwar nicht selten auch aus solchen, die einander widerstreben?[9] Bei Szondis Kleist-Interpretation handelt es sich, wie bereits erwähnt, um seinen Habilitationsvortrag. Das Verfahren verlief kontrovers.[10] Szondi hatte den literaturwissenschaftlichen Mainstream mit der Studie *Über das Tragische* herausgefordert und sein Publikum nicht nur inhaltlich, sondern vor allem auch stilistisch durch die »Verweigerung der großen Form«[11] brüskiert: Nach einer knappen Einleitung durchmisst er ebenso tiefsinnig wie kursorisch »Die Philosophie des Tragischen« von Schelling bis Scheler, um dann, von einer etwas ausführlicheren »Überleitung« vorbereitet, in den zweiten Teil, die »Analysen des Tragischen« in Dramen von Sophokles bis Büchner, zu gelangen. Der philosophische Teil kommentiert in wenigen Absätzen kurze Textauszüge. Auch die Dramenanalysen hätten kaum knapper ausfallen können. Konkrete Forschungsreferenzen fehlen.[12] Bereits in der umwegigen Syntax[13] signalisiert Szondi, dass er sich nicht an literaturwissenschaftlichen Vorbildern, sondern – neben Walter Benjamin – an der Ästhetik von Adorno orientiert.[14] Der im Lauf der Bearbeitung eingefügte finale Verweis auf die Habilitationsschrift erinnert in der Kleist-Studie noch nachträglich an diese Umgebung, für die der Text als »Colloquiumsvortrag« zunächst gedacht war. Man muss aber auch sehen, dass Szondi schon lange mit Kritik an seiner gedrungenen Darstellungsweise zu kämpfen hatte, sodass sich im Habilitationsverfahren ein Problem lediglich zuspitzt.

Einige Aspekte des Verfahrens mögen auf den ersten Blick antiquiert und den aktuellen Verhältnissen sehr fern erscheinen. Wäre ein zweiter Szondi heutzutage möglich? Oder tendiert der Wissenschaftsbetrieb nicht so strikt zu Gleich- und Mittelmaß, dass eine außergewöhnliche Erscheinung geringere Chancen hat? Solche kulturpessimistischen Erwägungen beruhen bislang auf Impressionen. Entscheidend ist dabei jedoch zum Ersten, dass Szondi schon zu seiner Zeit als exzeptioneller Fall erschien, der die gewohnten Evaluationsroutinen auf die Probe stellte. Zum Zweiten, und das ist noch viel bemerkenswerter, konventionalisiert sich Szondis wissenschaftliche Prosa nach der Habilitation und passt sich der Umgebung an [→ Kap. 10].[15] Zum Dritten zeigt das Vergleichsbeispiel von Friedrich Kittlers Habilitationsverfahren, auf das wir weiter unten eingehen, dass sich bestimmte Wertungsroutinen auch im ganz anderen Kontext der Freiburger Literaturwissenschaft der 1980er Jahre wiedererkennen lassen.

Die beiden Habilitationsgutachten von Walther Killy und Wilhelm Emrich gehen mit Szondis Provokation unterschiedlich um. Killy, der heute vornehmlich als Herausgeber bedeutender biografischer Lexika bekannt ist, zählt zu jener Gruppe von Germanisten, die auf dem Germanistentag 1966 die Aufarbeitung der NS-Fachgeschichte angestoßen haben. Nachdem er 1947 in Tübingen über Hölderlin promoviert und 1951 an der Freien Universität Berlin habilitiert wurde,[16] wandte er sich von literaturwissenschaftlich kanonisierten Gegenständen ab und dezidiert ›modernen‹ Themen zu: 1960 publizierte er eine Studie über Georg Trakl;[17] 1961 erschien sein Buch über *Deutschen Kitsch*. Killys Bewertung von Szondis Habilitationsleistung passt zu diesem Forschungsprofil: Er zeigte sich darüber erfreut, dass Szondi »die Grenzen einer steril gewordenen Nur-Interpretation mit kühnem Ernst zu durchbrechen trachtet«.[18] Tatsächlich ignorierte Szondi in den Fußnoten mit Ausnahme von zwei »sprachvergleichende[n] Arbeiten«[19] souverän, was nach 1929 zu Kleists *Amphitryon* geschrieben wurde – in seinem Nachlass findet sich eine Auswahlbibliografie, die bis 1960 immerhin 52 Titel verzeichnet.[20]

Emrich, ein Publikumsmagnet der Freien Universität Berlin, der sogar die Attacken der 68er-Bewegung unbeschadet überstand,[21] reagierte im Unterschied zu Killy gereizt. Das wog umso schwerer, als er von 1929 bis 1933 bei Adorno studiert hatte und ebenfalls als eher progressiver Vertreter seines Fachs galt. Seine nationalsozialistische Vergangenheit kam erst in den 1970er Jahren ans Licht. Auch Emrich erkannte die Leistungen Szondis an, für ihn aber überwogen die »Gefahren [...], die sich sowohl aus den Intentionen wie aus der methodischen Durchführung der Arbeit« ergäben.[22] Bereits die Proportionen und das Format der Qualifikationsschrift stimmten ihn bedenklich. Er musste im Prinzip lediglich Umfang und Titel vergleichen, das Typoskript in die Hand und in Augenschein nehmen, um aus dem Missverhältnis schwerwiegende Defizite abzuleiten:

> Die ›Geschichte der Theorie des Tragischen‹ wird auf 58 Seiten abgehandelt in Form knappster Kommentierung weniger Texte, ein Ärgernis für jeden Literar- und Philosophiehistoriker, der weiß, welche Unsumme von Detailstudien schon die Erforschung und Aufhellung einer einzigen, in der

Geistesgeschichte aufgetretenen Theorie des Tragischen in sich birgt. Das gleiche gilt für die Interpretation von ausgewählten Tragödien von Sophokles bis Büchner, die 45 Seiten umfasst.[23]

Killy sah diese Kritik voraus und versuchte sie zu entkräften. Die Probleme lagen indes auch für ihn auf der Hand, nämlich die Kürze der Analysen und damit die Verdichtung komplexer philosophischer oder literarischer Texte: »Es erscheint mir denkbar, dass gegen solches Verfahren Einwendungen angemeldet werden, nicht zuletzt angesichts der vom Vf. in die gedrängteste Abbreviatur zusammengefassten Kunst, ex gutta mundum sichtbar zu machen.«[24] Killy fand es durchaus zumutbar, dass sich die Leserinnen und Leser bei der Lektüre anstrengen mussten – weil auch der Habilitand sich angestrengt hatte: »Hinter den kurzen Interpretationen ist ein weit ausgreifendes Studium verborgen [...].«

Genau dieses Argumentationsmuster wurde für die Einschätzung Szondis besonders wichtig. Als an der Freien Universität Berlin der Lehrstuhl für »vergleichende Literaturwissenschaft« mit ihm besetzt werden sollte, griff das Fakultätsgutachten Killys Gedankenfigur auf und bemerkte zu Szondi:

> Trotz der knappen Diktion seiner Arbeiten, die seiner Neigung entspringt, mehr auszusparen als einzubeziehen, alles Überflüssige oder Abschweifende zu vermeiden und den Gedanken die kürzeste Prägnanz zu verleihen, zeigen die jeweiligen Durchführungen, dass hinter seinen Formulierungen mehr Vorarbeiten und Kenntnisse der Sekundärliteratur stecken, als diejenigen, die unmittelbar im Text oder in den Anmerkungen sichtbar werden.[25]

Es mag zwar hoch spekulativ sein, wie Killy vom Resultat auf Handlungen zu schließen, aber solche Folgerungen zählen offenbar zu den akademischen Evaluationsroutinen. Bei Entscheidungen über die Güte von wissenschaftlichen Leistungen finden zumindest unterschwellig ständig solche Schlüsse auf passende Praktiken statt. Es genügt daher nicht, vereinzelte Aktivitäten in den Blick zu nehmen. Vielmehr wird die Arbeitsökonomie – wie spekulativ auch immer – insgesamt berücksichtigt. Die Aufmerksamkeit richtet sich somit auf mehrere miteinander verbundene Praktiken wie Lesen, Reden oder Schreiben [→ Kap. 19 u. 20].

Entsprechend zielt die Bewertung auf ein historisch sich veränderndes Leistungsspektrum, bei dem klar ist, dass nie alles gleichermaßen gut gelingen kann. Aus diesem Grund bestimmt Killy am

Anfang seines Gutachtens ausführlich die spezifische Perspektive Szondis sowie seine Position im literaturwissenschaftlichen Feld als »Grenzfall« – zwischen Hegel und Staiger, zwischen Literaturwissenschaft und Philosophie, zwischen Germanistik und Romanistik. Vor allem aber situiert er Szondi in der Fachgeschichte und innerhalb seiner Kohorte und betont relativ dazu den Wert des Balanceakts. Um die bereits angeführte Stelle, die sich gegen die von Szondis Doktorvater Emil Staiger verkörperte »Werkimmanenz« richtet, im Kontext zu zitieren:

> [...] der Referent bekennt, dass ihm gerade diese Tatsache Freude bereitet; deutet sie doch darauf hin, dass es in der jüngsten Generation unseres Faches Leute gibt, welche die Grenzen einer steril gewordenen Nur-Interpretation mit kühnem Ernst zu durchbrechen trachten.

Szondi knüpfe genau damit, also mit dem Bruch von Konventionen, an eine »große Tradition aus den Anfängen der Germanistik wieder an«.[26]

Angesichts dieser Vielfalt an Evaluationskriterien und Rücksichten auf historische, soziale und diverse andere disziplinäre Verhältnisse überrascht die ausgeprägte »gesellschaftliche Syntax« von Killys Gutachten nicht weiter. Ständig werden von ihm – im Übrigen nicht anders als von Emrich[27] – Optionen aufgerufen und alternative Möglichkeiten erwogen; es wird darüber nachgedacht, dass man es auch ganz anders als Szondi hätte machen können und worin die relativen Vorteile dieser Habilitation in einem wissenschaftlichen Handlungsspektrum liegen. Vor allem aber verfasst Killy sein Gutachten offensichtlich nicht nur mit Sachbezug auf die zu evaluierende Habilitationsschrift, sondern auch mit permanentem Sozialbezug auf die Kollegen, die das Gutachten lesen werden, darunter vor allem den Zweitgutachter. Er antizipiert Kritik, wählt aber aus, womit sich die ›gründliche‹ Auseinandersetzung lohnt. Lapidar erklärt er: »Auf sonst mögliche Einwände möchte ich nicht eingehen, weil man einem so reifen Kopf seinen Stil und seine Methode lassen muss.«[28] Es geht für Killy aber nicht nur um die Originalität von Szondis Leistung, sondern die strukturelle Überforderung verlangt auch von der Sache her normative Moderation: Die »Unabsehbarkeit des Themas«[29] habe Szondi keine andere Wahl als eine stark verkürzende Darstellung gelassen, bei der die Leserinnen und Leser divinatorisch aktiv werden müssen. So gelangt Killy schließlich zu einer bemerkenswerten Einschätzung: »Ergebnisse im dokumentierbaren Sinn von einer solchen Schrift zu erwarten, wäre unbillig.«[30]

Man sieht an den Habilitationsgutachten gut, dass sich die Bewertung auf einen Bewertungsgegenstand bezieht, aber immer auch auf die Bewertung, die von einer unterschiedlich einsichts- und kommentierungsbefugten Hochschulöffentlichkeit erwartet wird. Bei Emrich und insbesondere bei Killy wird zudem überaus deutlich, wie Kategorisierungen und Legitimierungen unter Bedingungen vielfältiger Normen und heterarchischer Ordnungen von Kriterien verhandelt werden.[31] Erst wenn Klarheit darüber besteht, zu welcher Vergleichsgruppe ein Evaluationsobjekt gehört, erscheinen bestimmte Wertmaßstäbe evident. Daher begeben sich Killy und Emrich mit ihren Einschätzungen in Kategorisierungskonkurrenzen, bei denen sie zugleich um die Herstellung legitimer Vergleichsgruppen konkurrieren. Auch hier erweist sich, dass die mit einer Pluralität von nur schwer hierarchisierbaren Normen rechnenden Bewertungsprozesse eng mit Vergleichspraktiken verknüpft sind – auch wenn die Vergleichsangebote gelegentlich eher implizit erfolgen [→ Kap. 8].

Beide gemeinsam verweisen teils implizit, teils explizit auf die bisherigen Leistungen in einem bestimmten Fächerspektrum, um Vergleichsgrößen zu gewinnen und zu plausibilisieren. Sie spielen also auf einen größeren Bewertungsrahmen an und evozieren dabei eine »*gemeinsame*[ ] *Welt*[ ]«,[32] die die Germanistik umfasst, die aber auch darüber hinaus reicht und etwa ›die Literaturwissenschaft‹ sowie ›die Philosophie‹ einbezieht. Dabei kalkulieren beide Gutachten auf allen Seiten des Evaluationsgeschehens Reputationen ein,[33] um Wertungskredite zu geben oder zu verweigern und um zu bestimmen, wo und in welchem Ausmaß Begründungen fällig sind. Schließlich erklärt sich die federnde Argumentation auch daraus, dass diverse und konkurrierende Leitnormen abgewogen werden müssen und dabei neben Maßstäben wie Richtigkeit, Originalität oder interpretatorische Sorgfalt generell so etwas wie Fairness wertgeschätzt wird, um den sozialen Zusammenhalt bei allen kritischen Vorbehalten nicht zu sehr zu strapazieren.[34]

Emrich entfaltet – anders als Killy – von Szondis Verknappungsverfahren ausgehend eine grundlegende Kritik an der Habilitationsschrift. Er moniert die »undialektische[ ] Zerreißung des Historischen und Allgemeinen« und damit einen Selbstwiderspruch des an Hegel orientierten Habilitanden:

> Der alte Streit zwischen philologischer Akribie und philosophischer Abstraktion wird hier nicht mehr dialektisch durchgestanden, sondern undialektisch mit einer Formel des Dialektischen ›beendet‹, indem sich die historischen Konkretionen restlos ins Allgemeine verflüchtigen, was sich methodisch darin ausdrückt, dass der Autor nicht mehr mit seinen historischen Gegenständen ringt, sondern Abzugsbilder aus ihnen fertigt in Form von Kurztexten mit entsprechenden Kurzkommentaren.[35]

Dass die Gutachten von Killy und Emrich gerade in ihren unterschiedlichen Voten einen breiten normativen Konsens reflektieren, zeigen die öffentlichen Reaktionen auf die Publikation der Habilitationsschrift.[36] Auch hier divergierten die Einschätzungen. Einig waren sich die Rezensenten indes wie die Gutachter darüber, dass Szondis Darstellung mit ungeschriebenen Konventionen brach – und dass er sich genau damit in einer Welt aus gemeinsam unterstellten Normen bewegte. So gut wie immer wurde daher der Darstellungsstil ausführlich kommentiert, wahlweise als »Neigung des Verfassers zum Überkomprimierten«, als »ein wenig hochmütige Einsilbigkeit der Darstellung«, als »anspruchsvoller Lakonismus« oder als »spezifische Gabe der intellektuellen Skelettierung«.[37]

Man könnte auch sagen: Szondi verfolgt im Spiel von Geben und Nehmen von Gründen eine eigenwillige Strategie. Aus Perspektive einiger Mitspieler führt er bei weitem nicht genug Textzeugnisse an und macht nicht ausreichend transparent, wie er zu seinen Interpretationsentscheidungen gelangt. Das muss nicht bedeuten, dass seine Ergebnisse falsch sind oder nicht der Wahrheit entsprechen, sondern vielmehr, dass er es seinem Publikum in einer Weise schwer macht und dass er soziale Konventionen in einer Weise verletzt, die seiner Position (noch) nicht entspricht und die Erwartungen an entgegenkommendes Verhalten enttäuscht.[38] Die letztlich folgenlose Kritik von Emrich verknüpft insofern Sach- und Sozialdimensionen sehr eng und lässt sich auch als Bitte verstehen, Szondi möge die Gepflogenheit einer gemeinsamen *community of practice* berücksichtigen beziehungsweise deutlicher daran teilhaben.

Am 29. November 1960 tagte die Habilitationskommission, beriet über die Gutachten von Killy und Emrich sowie über das weitere Vorgehen. Sie wog unterschiedliche Qualitäten ab, moderierte sie zugunsten des Kandidaten und gelangte so zu einem positiven Urteil:

Die Kommission war einstimmig der Meinung, dass die Einwände gegen die historische Methode der Arbeit durch das positive der darin geleisteten denkerischen Konzentration und das geistige Gesamtniveau ausgeglichen wurden. Sie beschloss einstimmig, der Fakultät vorzuschlagen, die Arbeit als Habilitationsschrift anzunehmen. Die Habilitation von Herrn Szondi erschien den Mitgliedern der Kommission insbesondere auch aufgrund der Kenntni[s] der Person und des geistigen Ranges von Herrn Szondi durchaus wünschenswert.[39]

Sowohl Emrich als auch die Habilitationskommission schlossen also eine Wette auf die Zukunft ab. Tatsächlich hatte Emrich die Anerkennung der Qualifikationsleistung in einer überraschenden Wende letztlich nicht mit der faktischen Performanz, sondern der darin zum Ausdruck kommenden Kompetenz begründet:

Da ich aus manchen kritischen Gesprächen mit dem Verfasser die Überzeugung gewonnen habe, dass er selbst diese Problematik sieht und fähig ist, sie zu bewältigen, kann ich trotz meiner ausgesprochenen Bedenken der Fakultät die Annahme der Arbeit als Habilitationsschrift empfehlen.[40]

Nicht nur deutet Emrich hier an, wie sehr der wissenschaftliche Alltag von informellen Szenen der Evaluation durchzogen ist, sondern vor allem auch, dass er Szondi nicht nur dann zur Gruppe der Literaturwissenschaftlerinnen und Literaturwissenschaftler zählt, wenn dieser seine Aufgaben erledigt, sondern wenn Szondi dies tun *könnte* – dafür muss allerdings schon einiges an Leistungen erbracht worden sein.[41]

Die nächste Stufe in Szondis Qualifikationsverfahren sollte Gewissheit darüber bringen, ob die Mitglieder der Habilitationskommission mit ihrer Prognose und der darauf basierenden normativen Moderation richtiglagen. Man verpflichtete den Kandidaten auf genaue Textbeobachtung: »Als Thema für den Colloquiumsvortrag schlug die Kommission vor: ›Kleists ›Lustspiel nach Molière‹‹.«[42] Szondi bot sich damit eine Gelegenheit, seine Passungsbereitschaft in einer exemplarischen Interpretation zu zeigen, die sich auf den detaillierten Vergleich zweier Texte bezog, um zum besseren Verständnis eines Dramas und dessen historischer Situierung beizutragen. Er konnte also auf genau jene Monita reagieren, die im Zentrum der Gutachtenkritik standen.

Am 25. Januar 1961 trug Szondi zum festgelegten Thema auf der Fakultätssitzung vor. Die Reaktionen fielen überaus positiv aus. Auch Emrich zeigte sich nun voll und ganz zufrieden:

> Herr Dr. Szondi hält seinen Habilitationsvortrag über »Kleists ›Lustspiel nach Molière‹.
>
> Im folgenden Colloquium werden von den Herren Emrich, Redslob, Pabst und Gruenter Fragen an Herrn Dr. Szondi gestellt und von diesem beantwortet.
>
> Herr Emrich beantragt mit eingehender, die Leistung Dr. Szondis stark hervorhebender Begründung, ihn zu den weiteren Habilitationsleistungen zuzulassen.
>
> Der Antrag wird einstimmig angenommen.[43]

An Siegfried Unseld meldete Szondi umgehend: »Das Habilitationscolloquium ist gestern sehr gut gegangen [...].«[44]

10. Die Moderation von Normen

Moderationsanforderungen, wie sie im Verlauf von Szondis Habilitationsverfahren exemplarisch deutlich werden, ergeben sich aus der strukturellen Überforderung auf allen Seiten, sodass die Entscheidungen in der Praxis *de facto* weitgehend akzeptiert werden. Dies wirft ein interessantes Licht auf die Bestimmung von Exzellenz, denn man könnte angesichts divergierender Maßstäbe erwarten, dass unterm Strich nicht die Person am besten wegkommt, die am raffiniertesten mit Theorien umgeht, die originellste Textinterpretation abliefert, die überraschendsten Kontexte erschließt, am stringentesten argumentiert, am eindrucksvollsten vorträgt oder am eingängigsten schreibt, sondern diejenige, der vieles davon nicht außerordentlich, sondern einfach ziemlich gut gelingt. Einiges darf dabei – wie im Fall von Szondis Lektüreleistung – als implizit beziehungsweise als Leistung im Vorfeld der Darstellung unterstellt werden, um so in einer Mischkalkulation an einigen weniger gelungenen Stellen kulant sein zu können, weil andernorts offensichtlich kompetent gearbeitet wurde. Evaluationen spekulieren auf Workflows. Sie achten nicht nur darauf, dass dieses oder jenes außerordentlich gemacht wird, sondern dass vieles passend geschieht. Somit wäre es eigentlich gar kein Nachteil, wenn das viel gescholtene Mittelmaß den wissenschaftlichen Betrieb tatsächlich dominieren würde: Es ist enorm anspruchsvoll, kompetent und gekonnt ›mittelmäßig‹ zu sein. Viel wahrscheinlicher sind hingegen Inselbegabungen, die einiges sehr gut, dafür aber auch vieles andere eher schlecht machen.

Szondis Habilitationsverfahren erwies sich auch in dieser Hinsicht für seine Karriere als richtungsweisend: Er war mit dem verlockenden Angebot nach Berlin gezogen, sich dort auf einer Vertretungsprofessur zu habilitieren.[1] Der nächste Schritt in seiner Berliner Karriere bestand – nach einer Vertretungsprofessur in Heidelberg und der Assistentenzeit in Göttingen – in der Besetzung des Ordinariats. Die Bewertung wechselt damit das Register vom Rating, in dem externe Kriterien entscheidend sind, denen mehrere Kandidatinnen und Kandidaten gleichermaßen gerecht werden können, zum Ranking, wo eine klare Reihenfolge durch internen Vergleich erzeugt wird, sodass die Spielräume kleiner und die Konsequenzen größer werden.[2]

Das Fakultätsgutachten, das zur Berufung Szondis an die Freie Universität Berlin erstellt wurde,[3] zeigt sich beruhigt, dass Szondi den im Habilitationsverfahren eingeschlagenen Weg weiterverfolgt und sich von seinen Qualifikationsschriften konsequent distanziert habe:

> Die weiteren Arbeiten Peter Szondis sind durch eine interessante Intensivierung und Spezialisierung bestimmt. Er wandte sich nunmehr sehr gründlichen Einzelinterpretationen zu [...]. Die Tatsache, dass Peter Szondi sich in diesen jüngsten Arbeiten intensiv historisch-philologischen Einzeluntersuchungen zuwendet, gibt begründete Hoffnung zu der Annahme, daß die kühnen synthetischen Arbeiten seiner Frühzeit immer mehr von der Einsicht abgelöst oder genauer ergänzt werden, daß auch die klügsten und scharfsinnigsten universellen Erkenntnisse der Geisteswissenschaft nur dann Verbindlichkeit erhalten, wenn sie in differenzierten konkreten Einzeluntersuchungen sich bewähren und explizieren lassen.[4]

Für Szondis Eignung war es offenbar wichtig, dass er die Bereitschaft signalisierte, sich als Philologe und Literaturhistoriker zu zeigen, der in gewisser Weise konventionell mit Quellen umzugehen verstand. Man könnte dies als von außen auferlegte Anpassung an den Mainstream geringschätzen. Das Fakultätsgutachten aber läuft auf eine andere Pointe hinaus. Denn Szondi setzt sich im Verfahren gegen Konkurrenten durch, die literaturhistorisch breiter gearbeitet haben und daher das Profil eines Lehrstuhls für »vergleichende Literaturwissenschaft« in dieser Hinsicht durchaus besser erfüllt hätten. So zumindest lautet die weitgehend übereinstimmende Einschätzung der Außengutachten,[5] die allerdings auf Grundlage des gemeinsamen Befunds zu divergierenden Empfehlungen gelangten.

Diejenigen, die für Szondi votierten, mussten in dieser Situation auf die künftige Entwicklung des Bewerbers spekulieren und einen Vertrauensvorschuss gewähren, weil sich die Konkurrenten nach Schriftenlage im Vorteil befanden. Im selben Zug bot Szondis Berufung die Möglichkeit, die Professur »stark in die Richtung aufs ›Theoretische‹« auszurichten.[6] Genau diese Option betonte das Fakultätsvotum: »Peter Szondi besitzt die in der jüngeren Generation selten gewordene Fähigkeit, philosophisches Denken mit philologischer Akribie zu verbinden.«[7] Ausschlaggebend war mithin Szondis Fähigkeit, diverse Anforderungen passend aufeinander abzustimmen und zugleich zu erfüllen, auch wenn dann in einzelnen Aspekten – im Blick *entweder* auf die Theoriebildung *oder* die philologische Praxis – nicht alles zufriedenstellend ablief.

Das Verfahren zur Berufung Szondis ist für diese wissenschafts- und universitätshistorische Phase in mehrfachen Hinsichten typisch (etwa in der Vernachlässigung von Zahlenwerten im Blick auf die Publikations- oder Drittmittelaktivitäten). In wesentlichen Aspekten weist es aber auch über die spezifische Situation hinaus (etwa in der Einbeziehung von Außengutachten, der Formalisierung und Dokumentation des Verfahrens oder in der Wertschätzung einstimmiger Entscheidungen als einer wichtigen Legitimationsgrundlage).[8] Bei der Einschätzung von Professorabilität werden damals wie heute unterschiedliche Rollenaspekte abgewogen. Bewerberinnen und Bewerber treten in Berufungsverfahren als Forschende, Autorinnen und Autoren, Lehrpersönlichkeiten, potentielle Kolleginnen und Kollegen und als Verwaltungseinheiten in Erscheinung.[9] Häufig erweist sich eine Scientific Persona nicht in allen Bereichen als gleichermaßen kompetent und engagiert, man kann aber nur schwer zugunsten einer besonderen Rolle vom Rest absehen.[10] Wie dann die Mischkalkulation ausfällt, verändert sich im Lauf der Zeit und fällt je nach Fachkultur unterschiedlich aus. In der Geschichtswissenschaft seiner Zeit etwa hätte es Szondi vermutlich schwer gehabt, weil die Fachvertreterinnen und Fachvertreter großen Wert auf Gründlichkeit und Solidität im Umgang mit den Quellen legten und größere Vorbehalte dagegen hegten, Mängel in dieser Hinsicht durch theoretische Originalität aufzuwiegen.[11]

Um diese Moderation unterschiedlicher Normen zu rekonstruieren, muss man die zeitliche Dehnung und soziale Breite der Praxis verdeutlichen. In der Prozessperspektive lassen sich – wie bei der Beurteilung Szondis – bisweilen harte Urteile vermeiden: Man umgeht dann die Feststellung, jemand habe etwas nicht oder inkompetent getan, und vertritt stattdessen die Auffassung, eine Person habe etwas noch nicht geleistet oder richtig gemacht. Oder man kann einen Missstand sogar als besonders fruchtbar für Lerneffekte einschätzen: als gute Gelegenheit und Anregung dazu, es besser zu machen. Dabei lassen sich nicht nur zeitliche, sondern auch soziale Bezüge ins Feld führen, denn die Verbesserung kann von unterschiedlichen Positionen aus an die Person, die eine stimulierende, aber schiefe, überspitzte, zu undifferenzierte oder sogar schlicht falsche These vertreten hat, delegiert werden, aber auch an die Scientific Community.

Gerade die temporale Dimension ist für aktuelle »strukturelle[] Veränderungen in der Wissenschaft« von Bedeutung, denn die »Qualitätskontrollen« – so ein Befund aus der Geschichtswissenschaft – haben sich besonders im Blick auf die zeitlichen Verhältnisse entscheidend verschoben. Während das klassische Rezensionswesen oder auch die Beurteilung von Qualifikationsleistungen es mit einem »Endprodukt« zu tun haben, setzen derzeit geforderte Peer-Review-Verfahren sowie die auswuchernden Begutachtungen von Drittmittelprojekten vor der eigentlichen Leistungserbringung an und zielen auf die »Projektidee und -konzeption« beziehungsweise finden vor der Veröffentlichung statt:

> Forschende müssen ihre Forschungsprojekte heute zu sehr unterschiedlichen Zeitpunkten und in unterschiedlichen Stadien ›verteidigen‹ und fachlicher Kritik standhalten. Ein Großteil dieser Kritik erfolgt dabei allerdings anonym und ist nicht auf einen fachlichen Austausch angelegt, da sie nicht veröffentlicht wird. Von der Tendenz her hat die anonyme, nicht-öffentliche Qualitätskontrolle, die auf Projektidee und Rohmanuskript zielt und die der Rezension zeitlich vorgeschaltet ist, deutlich an Bedeutung gewonnen.[12]

An dieser Stelle sind daran drei Aspekte wichtig: Erstens muss, wie im Fall Szondis, auch die rückblickende Einschätzung das zu beurteilende Objekt nicht als »Endprodukt« auffassen, sondern kann es als Schritt auf dem Weg in eine richtige Richtung oder bessere Zukunft bewerten. Zweitens müssen sich Forschende auf diverse temporale Moderationen von Kritik und entsprechend unterschiedliche Normierungen einstellen. Und drittens gilt es zu berücksichtigen, wie überraschend die normativen Volten sind, die die Temporalisierung wissenschaftlicher Leistungen ermöglicht. So folgt etwa auf das bereits angeführte Votum Killys zu Szondis Habilitation, dem zufolge es »unbillig« wäre, »Ergebnisse im dokumentierbaren Sinn von einer solchen Schrift zu erwarten«, ein doppelter Verweis in die Zukunft:

> Die Fülle von Gedanken, die sie in Bewegung setzt, die Subtilität der Einzelfragen und der bewundernswerte Überblick über einen grossen Gegen-

stand lässt den Vf., der gewiss noch große Entwicklungsmöglichkeiten vor sich hat, als prädestiniert für die Hochschule erscheinen.[13]

Einerseits also profitiert die wissenschaftliche Gemeinschaft von der intellektuellen Energie Szondis, andererseits hat der Autor selbst noch alle Möglichkeiten, sich in Zukunft zu verbessern. Je nach der Position im Forschungsprozess können also unterschiedliche Normen aktiviert werden, und selbst eine ›Abschlussschrift‹, die der Qualifikation dient, lässt sich eher als Anfang einer Entwicklung betrachten und mit Vorschusslorbeeren versehen. Prognosen sowie das Vertrauen auf einen stetigen, aus gegebenen Indizien ableitbaren Fortschritt spielen für diese normative Ökonomie auch in den Geisteswissenschaften eine bemerkenswerte Rolle, sodass der Anregungswert einer wissenschaftlichen Leistung es ermöglicht, Ergebnisdefizite auszugleichen oder womöglich sogar höher zu rangieren als alles andere.

In der Philologie stand diese Position erst im 19. Jahrhundert zur Verfügung, als Jacob Grimm den »Muth des Fehlens« proklamierte.[14] Dieses Ethos wurde jedoch von vielen seiner wissenschaftlichen Zeitgenossen kritisch gesehen.[15] Die meisten Forschenden setzten so weit als möglich auf Sicherheit und Perfektion, nicht auf Risiko und Perfektibilität. Grimms offensives Bekenntnis zur gewagten Forschung wurde in einer epistemischen Situation akzeptabel, in der sich über Jahrzehnte hinweg zwei germanistische Lager unversöhnlich in einem Widerstreit gegenüberstanden: Der sogenannte ›Nibelungenstreit‹, der sich um die Bewertung der philologischen Ikone Karl Lachmann drehte, war Ausdruck eines paradigmatischen Konflikts und konnte daher argumentativ nicht geschlichtet werden [→ Kap. 12].[16] Ein Effekt dieser Situation bestand darin, dass ein neuer Wissenschaftlertypus zugelassen wurde, um die verkrusteten Verhältnisse in Bewegung zu bringen: der Anreger, also eine Person, die zwar Fehler begeht, aber genau damit die Wissenschaft insgesamt auf überraschende Gedanken und unbekannte Wege bringt.[17] In diesem Sinn schrieb Wilhelm Scherer über Jacob Grimm:

Anregung […], das Schönste was es giebt, die erweckende Kraft, die auf andere überströmt, geht nur von Arbeiten aus, wie Jacob Grimm sie uns schenkte, Arbeiten, welche Lücken lassen, welche über denselben Gegenstand verschiedene Ansichten zur Wahl stellen, welche den Widerspruch herausfordern, welche das Gefühl geben, daß der Reichthum der überlieferten Thatsachen und des möglichen daraus zu ziehenden Gewinnes entfernt nicht erschöpft, sondern überall erst zu erschöpfen sei.[18]

Wohl auch angesichts der Kritik, die er sich mit solchen Provokationen des etablierten Forschungsethos einhandelte, präzisierte Scherer in einer Vorlesung über »Wissenschaftliche Pflichten«, er halte riskante Forschung lediglich in spezifischen Situationen für angebracht: bei der Etablierung einer Disziplin oder in Fällen der Bearbeitung vernachlässigter Forschungsgebiete, die »jener Epoche der Begründung gleich zu achten« seien.[19]

Dieses historische Aperçu deutet den Moderationsbedarf an, der sich in einer polyzentrischen, sozial und zeitlich gedehnten Praxis ergibt. Fehler sind nicht immer auf der Stelle und für jeden gleichermaßen ersichtlich, und sie sind nicht *per se* schlecht – oder besser: Sie sind nicht auf die gleiche Weise und in gleichem Maß schlecht. Selbst aus Perspektive derjenigen, die einen Fehler erkennen, könnten sie etwas leisten, was die strikte Verpflichtung darauf, dass eine Aussage entweder wahr sein muss oder zu unterbleiben hat, verhindern würde. Für wen aber gilt dies tatsächlich? Wer ist dazu legitimiert, zwischen guten und schlechten Fehlern zu unterscheiden? Und wann stellt sich heraus, ob diese Entscheidung selbst richtig oder falsch war?

Für den Umgang mit Fehlern erweist sich der Hinweis von Gilbert Ryle als ausschlaggebend, dass jene »Erfahrenheit«,[20] die geschicktes Handeln voraussetzt, sich nicht per Momentaufnahme erkennen lässt – schließlich könnte es sich in jedem Einzelfall auch um zufälliges Gelingen oder um bloße Gewohnheit handeln: »Daß jemand die Fertigkeit besitzt, etwas gut, erfolgreich, richtig usw. zu tun, läßt sich nicht allein daraus ersehen, dass er es jetzt und hier so getan hat.«[21] Es geht vielmehr um »eine verlässliche Fähigkeit, eine Aktivität gut und erfolgreich auszuüben, und zwar, weil die betreffende Person versteht, worauf es in dieser Aktivität ankommt, und weil sie in ihrem Tun von diesem Verständnis geleitet ist«.[22] Dies wiederum bedeutet, dass die Fehlereinschätzung im Rahmen vieler Leistungen erfolgt, entweder im Rahmen einer Forscherkarriere oder auch im Rahmen einer Forschungsarbeit, wo einzelne Fehler gegebenenfalls durch andere Leistungen aufgewogen werden können. Man muss also vieles richtig gemacht haben, um kompetent fehlen zu können beziehungsweise als jemand zu gelten, der einen mutigen und nicht nur einfach einen dummen Fehler begangen hat.

Die Kalkulation erfolgt nicht mechanisch. So verschafft etwa Reputation nicht zwingend einen Vorteil. Einerseits können sich renommierte Forscherinnen und Forscher Fehler erlauben, die andere disqualifizieren würden. Man gesteht ihnen dann beispielsweise eher zu, ein Risiko oder Wagnis eingegangen zu sein, eine interessante Frage gestellt oder ein spannendes Problem aufgeworfen zu haben. Andererseits mag ein Fehler gerade bei besonders erfahrenen Forscherinnen und Forschern unverzeihlich erscheinen, weil sie es besser hätten wissen müssen. Zudem gibt es mehr oder weniger schwerwiegende Fehler. Eine mangelhafte Stelle kann eine komplexe Forschungsleistung in Frage stellen, etwa dann, wenn der Fehler das Vorgehen betrifft, sich daher per Analogie auf den Rest übertragen lässt und die Quote potentieller Mängel enorm ansteigt. Man kann sich dann an die empirische Prüfung machen oder aber auf diese Arbeit verzichten und Vertrauen entziehen. Weil misslungene und gelungene Leistungen ungleich gewichtig sind, lassen sich schließlich nicht alle Fehlerquellen ausgleichen.

Anregungen müssen also als Aspekt eines sozial und zeitlich gedehnten wissenschaftlichen Spiels festgestellt werden: Die inferentielle Einbettung von Bewertungen betrifft zum einen zeitliche Vor- und Rückblicke – Know-How bleibt über eine spezifische Situation hinaus erhalten. Zudem lässt sich eine Anregung erst *ex post*, also im Lauf der Zeit bestätigen – es könnte sich auch einfach nur um eine letztlich dumme Idee handeln, die mit großem Innovationsanspruch publiziert wird. Zum anderen bleibt es nicht der Selbstwahrnehmung des Einzelnen überlassen, ob die ›Fertigkeiten‹ vorhanden sind und etwas richtig gemacht wurde. Ob Normen erfüllt werden, liegt, einem gut etablierten Argument Wittgensteins folgend, nicht im Auge desjenigen, der etwas tut, sondern aller an der Praxis Beteiligten. Die soziale und normative Dimension der Praxis bilden zwei Seiten einer Medaille.[23]

Ausgangspunkt dieser Überlegungen waren die Spekulationen auf die Zukunft, die bei der Evaluation Szondis im Rahmen des Habilitations- und Berufungsverfahrens eine ausschlaggebende Rolle spielten, also etwa die Erwägung, dass die Defizite auf Seiten der Ergebnisse der Habilitationsschrift mehr als ausgeglichen werden durch die Anregungen, die von der Studie für die Scientific Community ausgehen und die zudem als Indizien für das Entwicklungspotential des Habilitanden taugen. Solche Aspekte, die für die Multinormativität der Praxis charakteristisch sind, tauchen in einer anderen, geradezu legendären Entscheidungssituation besonders deutlich auf: in Friedrich Kittlers Freiburger Habilitationsverfahren, bei dem 1984 erst nach neun Fachgutachten und drei weiteren Stellungnahmen eine Entscheidung fiel.[24]

Während der Auseinandersetzung um die Vor- und Nachteile der Studie über die *Aufschreibesysteme 1800 · 1900* bildeten sich Koalitionen, die wenig mit dem methodisch-theoretischen Selbstverständnis der Akteure und den institutionellen Grenzen von universitären Organisationseinheiten wie etwa ›Fachbereichen‹ zu tun hatten, also mit genau jenen Kriterien, die in der Selbstbeobachtung und Geschichtsschreibung der Geisteswissenschaften dominieren. Vielmehr erwies sich das Wissenschaftsethos der Beteiligten, also ein komplexes Bündel von Werten und Normen, als entscheidend, das programmatische und organisatorische Grenzen durchkreuzte und auf komplizierte Konkurrenz- und Allianzbeziehungen verwies.[25] Je nachdem werteten die Gutachter Kittler als ›Anreger‹ oder erwarteten von ihm solide Ergebnisse.

Auch hier musste die Habilitationskommission am Ende die unterschiedlichen Voten moderieren und gelangte zu einer positiven Einschätzung, indem sie den künftigen Ertrag für »[e]ntscheidend« erklärte:

> Entscheidend aber ist, daß seine methodische Hinsicht einen wichtigen Funktionszusammenhang erstmalig ins Licht rückt. Seine Arbeit ist darin bahnbrechend und bliebe es selbst bei Einzelirrtümern. Sie schafft die Basis für weitere Arbeiten in dieser methodischen Richtung und erbringt zugleich wichtige Gesichtspunkte auch für literaturwissenschaftliche Arbeiten, die unter anderen methodischen Aspekten stehen. [...] Vergessen wir angesichts dieser Sachlage nicht, daß die Wissenschaft großen Provokationen und einseitigen Thesen im allgemeinen mehr verdankt als rundum richtigen, ausgeglichenen, harmonisierenden und ›gerechten‹ Büchern.[26]

Das Verfahren ist ein besonders gutes Beispiel, weil es die Moderationsspielräume noch deutlicher als die unterschiedlichen Voten zu Szondis Habilitationsschrift oder die divergierenden Außengutachten im Rahmen des Berufungsverfahrens aufzeigt. Die Problematisierungsleistung, also die Etablierung neuer, für die Zukunft fruchtbarer Perspektiven [→ Kap. 18], wurde von den positiven Gutachten als Leistung so anerkannt, dass sich die damals aktuelle Sachlage als fehlerhaft erweisen durfte. Die Bewertung erfolgte also implizit im Rahmen eines unterstellten Leistungsgefüges, im Blick auf eine Arbeitsökologie und -ökonomie sowie unter Spekulation auf breite soziale und zeitliche Dimensionen, in denen sich Forschungsprozesse vollziehen.

Es handelt sich dabei nicht um ein literaturwissenschaftliches Sonderproblem, also keineswegs um Effekte einer normativ besonders laxen fachlichen Praxis. Dies verdeutlicht allein schon die Funktion von »Klassikern« in den Sozial- und Geisteswissenschaften: Häufig werden ältere Studien mitgeführt, die sich ›bekanntlich‹ schon lange nicht mehr auf dem aktuellen Stand der Forschung befinden, die aber so grundlegend, anregend oder auch verführerisch waren, dass sie – positiv oder negativ – noch immer als Referenzgröße taugen. Der Stellenwert von Jürgen Habermas' *Strukturwandel der Öffentlichkeit* in der Aufklärungsforschung wäre dafür ein ebenso gutes Beispiel wie Reinhart Kosellecks *Kritik und Krise* – also das Buch, auf das sich schon Habermas kritisch bezogen hat [→ Kap. 11].[27]

Dass es angesichts dieser faktischen und keinesfalls neuen Vielfalt und Heterogenität von Normen zu Spannungen kommt, ist zu erwarten; *wie* die normativen Spannungen moderiert werden, ist die entscheidende Frage. Der Befund von Simone Winko, dass literaturwissenschaftliche Interpretationen in der Regel nicht als wahr oder falsch, sondern als plausibel oder unplausibel gewertet werden, reagiert auf diesen Zustand.[28] ›Plausibel‹ ist dann ein Prädikat für eine hochkomplexe und analytisch schwer auflösbare Einschätzung darüber, wie geschickt vielfältige Normen arrangiert wurden. Dies gilt zumal unter der Bedingung struktureller Überforderung, also der für jede wissenschaftliche Aktivität normalen Tatsache, dass man vieles machen soll, aber nicht alles machen kann.

Eine Interpretation empfiehlt sich nämlich womöglich nicht nur dann als besser als eine andere, wenn sie mehr positive Normen erfüllt (richtig, fruchtbar, anregend, anschlussfähig, innovativ etc.).[29] Sie kann auch dann als besser gelten, wenn sie nur einer Norm in besonders herausragender Weise gerecht wird. Die Rückmeldung könnte so beispielsweise lauten: ›In vielen Hinsichten richtig, aber insgesamt fruchtlos‹, oder im Gegenteil: ›In vielen Hinsichten falsch, aber insgesamt (oder an dieser und jener Stelle) anregend‹. Sie könnte aber auch lauten: ›richtig und fruchtbar, aber nicht innovativ genug‹, oder: ›durchaus richtig, fruchtbar und innovativ, aber dies alles nicht in besonders hohem Maß‹. Weil also auch Interpretationen nie alles auf einmal leisten können, weil die Qualität von Teilen und des Ganzen eingeschätzt und abgewogen und weil zudem die potentiellen Qualitäten einer Interpretation in unterschiedlicher Güte und Intensität realisiert werden, lassen sich keine schematisch anwendbaren Evaluationsregeln angeben. »Weder ›Wahrheit‹ noch ›Methode‹ garantieren [...], dass eine Interpretation auch wirklich *gut* und für Literaturinterpreten *akzeptabel* ist«,[30] und die Frage, »wie man zwischen ›guter‹ und ›nicht so guter‹ Praxis unterscheiden kann«,[31] muss ergänzt werden um die Frage: gut für wen und für was?

Als etwa der berühmte Hölderlin-Editor Friedrich Beißner »Beurteilungen und Zeugnisvorschläge« für ein »Unterseminar« festhält, geht es auch darum, ob sich die eingereichten »Referate« für den mündlichen Vortrag eignen. Einem der wenigen mit immerhin »noch sehr gut« beurteilten Studenten bescheinigt Beißner »eine saubere, klar gegliederte, sachlich überwiegend richtige Arbeit, die eine eingehende Beschäftigung mit den beiden Gedichten verrät«. Er bemerkt weiterhin, dass der Kandidat »manchmal [...] vielleicht etwas zu viel des Guten« getan und ein Gedicht »zu stark« zergliedert habe, fügt jedoch hinzu: »Dies aber könnte zu einer lebendigen Diskussion führen«.[32] In der Verkettung von Praktiken können Defizite also als Vorteile gedeutet werden. Auch in einer anderen Hinsicht erweist sich Anschlussfähigkeit sowie die Bewertung einer komplexen Leistungsbilanz als wichtiges Kriterium, etwa wenn Beißner zwar aufgrund des schriftlichen Referats ein »gut« vergeben müsste, aber eigens notiert, dass »auf dem Seminarschein eine bessere Note« vergeben werden soll wegen der »nicht unintelligenten Diskussionsbeiträge«.[33]

Es hat mithin etwas mit der Situierung in der Praxis zu tun, dass es sich als unzureichend erweisen kann, zur Disqualifizierung einer Interpretationsleistung einfach nur energisch auf ein Missverständnis beziehungsweise auf einen Sachfehler hinzudeuten. Auch Szondi verurteilt die Kleist-Interpretationen, von denen er sich abgrenzt, nicht einfach als falsch, sondern als zu ungenau oder als zu wenig detailliert. Ab wann genug Details angeführt worden sind, um den Anspruch auf mikrophilologische Angemessenheit zu erheben, ist schon deswegen fragwürdig, weil Szondi viele Einzelbeobachtungen, die er in seinen Notizen festhält, weder im Vortrag noch im Aufsatz anführt [→ Kap. 19]. Es ist also nicht nur unmöglich, wirklich zu jeder Stelle etwas zu sagen, um einen detaillierten Nachweis zu führen, sondern es muss noch nicht einmal zu allen Stellen etwas bemerkt werden, zu denen man erwiesenermaßen etwas sagen könnte.

Szondis Anspruch auf mikrophilologische Genauigkeit, dem die ihm vorliegenden Kleist-Deutungen nicht entsprochen haben, deutet damit auf eine Praxis, in der nicht nur zwischen falschen und wahren Interpretationen unterschieden wird, sondern auch zwischen in unterschiedlichen Hinsichten guten (möglicherweise falschen) und schlechten (möglicherweise richtigen) Interpretationen. Es geht nicht darum, Fehler nonchalant zuzulassen, sondern um Einsichten in die Komplexität von Bewertungsroutinen, auf die sich normative Erwägungen einlassen sollten, wenn sie effektiv sein wollen. Geisteswissenschaftlerinnen und Geisteswissenschaftler befinden sich mithin grundsätzlich in Situationen, die sie auch in normativer Hinsicht strukturell überfordern. Dies unterscheidet sie noch nicht von anderen Akteuren, sehr wohl aber die (enttäuschten) Rationalitätserwartungen, die sie unter Druck setzen und eher in Krisendiskursen als in Leistungsbilanzen verbucht werden. Alles gleichermaßen perfekt zu machen, ist unter den Bedingungen vielförmiger und vielgestaltiger Normen unrealistisch. Es gibt daher viele unterschiedliche Möglichkeiten und Gelegenheiten für Interpretationen oder andere wissenschaftliche Leistungen, sich als gut oder schlecht zu erweisen.

11. Theorie in der Praxis

Ob man nun den kritischen oder den wohlwollenden Gutachten von Kittlers Habilitation zuneigt [→ Kap. 10]: *Allen* Lesern erschien die Quote an Sachfehlern staunenswert hoch. So listet der Freiburger Germanist Gerhard Kaiser als Vorgesetzter des Habilitanden und erster Gutachter eine Fülle von Mangelanzeigen auf, die Kittlers dezidierte Ausblendung literatur- und sozialhistorischer Entwicklungen betreffen, seine interpretatorische Willkür und Ungenauigkeiten beklagen und zu einer Art »Grundsatzkritik«[1] kumulieren – das vorläufige Fazit zu Kittlers Wissenschaftsverständnis lautet: »Es lebe Bla-bla!«[2] Gleichwohl empfiehlt Kaiser »mit Emphase« die »Annahme« der so hart kritisierten Studie »als Habilitationsschrift«, weil davon ein »Strom von Einsichten und Sachergebnissen« ausgehe, weil er also die fertiggestellte Habilitationsschrift an den Anfang einer künftigen Entwicklung stellt und normativ entsprechend verbucht.[3] Ähnlich verfährt Kaisers germanistischer Kollege Gerhard Neumann. Er betont, wie »außerordentlich sachkundig« und genau Kittler verfahre,[4] und konzediert zugleich »Vereinfachungen, Überakzentuierungen und Ausblendungen von leicht auffindbaren Gegenbeispielen« sowie den »Gestus einer metasprachlichen Arroganz«.[5] Auch er aber gelangt ungeachtet dieser Mängelanzeigen zu der Prognose, dass die Studie »der Erforschung literaturgeschichtlicher Vorgänge wesentliche Impulse für lange Zeit geben« und dass sich daraus »eine ganze Reihe weiterer Habilitationsschriften speisen« werde.[6]

Das der Intention nach vernichtende Gutachten des romanistischen Sprachwissenschaftlers Hans-Martin Gauger schätzt den Ort einer Habilitationsleistung im geisteswissenschaftlichen Aktivitätsgefüge anders ein: Es platziert Kittlers Studie nicht am Anfang einer künftigen Forschungsrichtung und lässt die Habilitationsschrift daher auch nicht als »Anregung« (Rainer Marten)[7] oder als stimulierenden »Versuch« gelten, wie dies neben Neumann auch der literaturwissenschaftlich ausgebildete Philosoph Manfred Frank tut.[8] Gauger fasst die Qualifikationsschrift stattdessen als Dokument eines abgeschlossenen Forschungsprozesses auf (»Entscheidend muss […] sein, was in der Arbeit und durch die Arbeit herauskam an Erkenntnisgewinn«).[9] Die Kritik, die Gauger formuliert, unterscheidet sich jedoch nicht wesentlich von den Einwänden, die Kaiser macht, die Neumann in einer Nebenbemerkung im Prinzip bestätigt hat und die von dem Germanisten Wolfram Mauser später noch einmal ausführlich dargelegt wird.[10] Für Gauger allerdings rangiert – wie für Mauser[11] – das »Wahrheitskriterium« weiter oben in der Normhierarchie.[12]

Offenbar lassen sich Fehler durch die spekulative Verschiebung der Leistungsbilanz in die Zukunft pragmatisch ausgleichen. Vieles hängt also davon ab, an welcher Stelle eines Forschungsprozesses die normative Moderation ansetzt. Eine zweite Möglichkeit deutet sich in Reaktion auf das Gutachten von Gauger an, der Kittler »stellvertretend für die neuere französische Theorie« in Haftung nimmt.[13] Manfred Frank greift diesen Impuls auf, wendet ihn aber in eine ganz andere Richtung. Er bezieht sich dabei auf das erläuternde »Vorwort«, das Kittler in Reaktion auf die ersten kritischen Gutachten nachreicht.[14] Gegen Kittlers Theorievorbehalte[15] betont Frank, dass die Habilitationsschrift als »Niederschlag einer Theorie« aufzufassen sei.[16] Sein Fazit lautet: »Das Gewicht der Kittlerschen Arbeit ist – im theoretischen wie im applikativen Bereich – derart, daß man die Auseinandersetzung damit seiner Rezeption durch die Wissenschaftlergemeinschaft überlassen darf.«[17] Die Evaluation, die die relativ kleine Begutachtungsgruppe der Habilitationskommission sowie der auswärtigen Gutachter vornimmt, sollte demnach also immer in Bezug auf die große Scientific Community stattfinden. Gerade wenn dies geschieht, scheint es so, als seien Theorieleistungen ebenfalls in der Lage, Sachfehler auszugleichen, weil sie auf einen Ertrag für die Zukunft hoffen lassen.

Auf eine andere Weise – aber mit denselben Effekten – wird auch Szondi als Theoretiker behandelt – dass er über eine »Literaturtheorie« verfügt, erschien jedenfalls in den theorieeuphorischen Zeiten der 1960er Jahre ausgemacht.[18] Bereits für seine Berufung an die Freie Universität Berlin spielte das eine wichtige Rolle: Szondi, so eine akzeptierte Meinung, mochte zwar literaturhistorisch nicht so breit ausgewiesen sein wie seine Konkurrenten, verknüpfe dafür aber in herausragender Weise interpretatorische mit literaturtheoretischen Kompetenzen [→ Kap. 10].[19] Zur Beglaubigung verwies das Fakultätsgutachten auf Szondis Vorlesungen zur Geschichte der Hermeneutik, weil die Publikationen nicht so viel ›Theorie‹ hergaben.

Szondi selbst betonte einerseits das Theoretische an seinen Studien und verstand diese Eigenschaft etwa im Fall der *Theorie des modernen Dramas* als Lizenz, so in die Forschungszukunft hinein zu arbeiten, dass seine Darlegung »einer späteren Darstellung, die nach Vollständigkeit streben kann, gleichsam als Koordinatensystem zu dienen vermöchte«:[20]

> Das Buch ist keine historische Darstellung, sondern eine Theorie. Seine Wirkung auf die Forschung scheint mir nicht zuletzt darin liegen zu können, dass es für die monographische Darstellung einzelner Dramatiker, die ich nicht behandelt habe, Kategorien liefert.[21]

Andererseits verhielt sich Szondi – wie Kittler, aber natürlich aus anderen Gründen – zurückhaltend gegenüber abstrakter Theoriebildung. Beide lieferten in Reaktion auf holprig verlaufende Habilitationsverfahren Skizzen ihrer Theorieüberzeugungen nach (Szondi in seinem »Traktat« *Über philologische Erkenntnis*, Kittler in einer Art erläuterndem »Vorwort«). Wie Kittler wurde und wird auch Szondi als theoretische Leitfigur rezipiert; und wie Kittler führt auch Szondi wegen dieser Impulse ein erstaunlich langes Nachleben bis in die Gegenwart.[22] Was also ist an den Schriften Szondis ›theoretisch‹ oder inwiefern vermitteln sie diesen Eindruck?

Als »Theorie« ließ und lässt sich in den Geisteswissenschaften ganz Unterschiedliches verstehen. Ein erster Kandidat dafür sind Grundlagenreflexionen, wie Szondi sie in seinem »Traktat« *Über philologische Erkenntnis* anstellt. Sie richten sich auf die Beschaffenheit einer Disziplin (Was ist philologische Erkenntnis und wie verhalten sich Literaturwissenschaft und Geschichtswissenschaft zueinander?), der Gegenstände (Was ist ein literarisches Werk und inwiefern handelt es sich dabei um eine historiografische Quelle?), der Instrumente (Was ist eine gute Quellenedition?) oder der Verfahren (Wie sollte man aufgrund der disziplinären Eigenheiten und der Besonderheiten der Gegenstände mit den zur Verfügung stehenden Instrumenten umgehen?).

Eng verbunden mit dieser Auffassung von ›Theorie‹ und ›theoretisch‹ als Befassung mit ›Grundlagen‹ ist die Institutionalisierung einer allgemeinen Literaturwissenschaft. Besonders deutlich markiert Szondi daher seinen Theorieanspruch, als er die Benennung seines Instituts als Seminar für »Vergleichende« und für »Allgemeine« Literaturwissenschaft gegenüber dem Dekan der Philosophischen Fakultät begründet:

Zur historischen Untersuchung der faktischen Zusammenhänge zwischen den Nationalliteraturen, die einst die einzige Aufgabe des Faches bildete, ist längst eine systematische, aufs Ganze der Literatur zielende theoretische Bemühung hinzugekommen, die nicht dem Vergleich von Unterschiedenem, sondern der Erforschung des Gemeinsamen gilt. Theorie der Literatur, Gattungspoetik, Geschichte der Literaturbetrachtung, Literatursoziologie sind nicht nur in der amerikanischen, sondern auch in der lange rein historisch orientierten französischen Schule der Komparatistik neben der Lehre von den Beziehungen zwischen den Nationalliteraturen gleichwertige Teilgebiete der Disziplin geworden.[23]

In einer Stellungnahme vom 22. Mai 1968 geht Szondi wissenschaftsorganisatorisch noch einige Schritte weiter:

Ideal erschiene mir ein Seminar, das sozusagen die ›Grundlagenwissenschaften‹ unserer Fakultät zusammenfaßt, also die Hermeneutische Abteilung des Philosophischen Seminars, den Lehrstuhl für Wissenschaftstheorie am Philosophischen Seminar, das Seminar für Allgemeine und Vergleichende Literaturwissenschaft und ein (in dieser Form nicht vorhandenes, aber in hohem Maß wünschenswertes) Seminar für Allgemeine und Vergleichende Sprachwissenschaft.[24]

Dass Szondi solche Theorieinteressen artikulierte und zugleich auf die USA und nach Frankreich verwies, leuchtet historisch ein, denn wissenschaftsgeschichtlich bedeuteten die 1960er Jahre für die Geisteswissenschaften eine Phase der Internationalisierung und »Szientifizierung«, wodurch Theorie- und Methodendiskussion enorm aufgewertet wurde.[25] *Wie* Szondi diese Interessen verfolgte, verstand sich jedoch nicht von selbst.[26] Dies gilt bereits für die eigentümliche Tatsache, dass er sich zu Sinn, Zweck und Notwendigkeit einer Komparatistik, die er inneruniversitär offensiv vertreten hat, öffentlich nie in theoretischer Form geäußert hat.[27] Szondi befasste sich zwar intensiv mit den beiden großen Szientifizierungsangeboten seiner Zeit, der Sozialgeschichte und dem Strukturalismus.[28] Während sich jedoch die Verwissenschaftlichung der Geisteswissenschaften typischerweise an Idealen der Natur- und Sozialwissenschaften orientierte, wehrte Szondi genau solche Vereinheitlichungen als in vielen Hinsichten ›unangemessen‹ ab. Er problematisierte damit eine zweite Auffassung von ›Theorie‹ im Sinn mehr oder weniger transdisziplinär angelegter Paradigmen.

Ein drittes Indiz für Theorieorientierung besteht in der Affinität zu Aussagesystemen mit einem hohen Grad an Abstraktion und Allgemeinheit sowie mit weitreichenderen Erklärungsansprüchen. Szondi hat zwar nicht am Aufbau einer übergreifenden, systematisch ambitionierten Konzeption von Literaturwissenschaft gearbeitet, deutet aber immer wieder in die Richtung solcher Ambitionen, etwa mit dem Titel der Promotion (*Theorie des modernen Dramas*), mit Bezügen zu Autoren wie Georg Lukács (*Die Theorie des Romans*) und vor allem mit seinen Referenzen auf und Reverenzen an Theodor W. Adorno (*Ästhetische Theorie*).[29] Auch die Ausgangsbehauptungen seines »Traktats« *Über philologische Erkenntnis*, die wir oben angeführt haben [→ Kap. 7], sind in diesem Sinn ›theoretisch‹.

Diese Auffassung von Theorie überschneidet sich bei Szondi mit einem vierten Aspekt: der Beschäftigung mit Positionen und Perspektiven, die sich dem Œuvre von »Theoretikern« entnehmen lassen. Sie findet bei Szondi dezidiert etwa im Rahmen seiner *Einführung in die literarische Hermeneutik*[30] oder in Aufsätzen (z. B. »L'herméneutique de Schleiermacher«)[31] in einer Weise statt, dass man – wie bereits angeführt – im Verfahren zu seiner Berufung an die Freie Universität Berlin darauf verweisen konnte, um ihn als theoretisch besonders ausgewiesenen Kandidaten zu empfehlen. In solchen Fällen richtet sich das Interesse meist auf große Namen,[32] deren Werke selbst zum Hauptgegenstand einer speziellen akademischen Beschäftigung, gewissermaßen einer ›Klassikerlektüre‹ werden. Das Vorherrschen von Big Names zeigt, dass hier meist eine Personalisierung von Theorie stattfindet,[33] die Positionen (z. B. Dekonstruktion) mit Personen (z. B. Jacques Derrida) identifiziert.

Häufig bleiben solche Verweise eher beiläufig, färben aber gleichwohl auf denjenigen ab, der sich auf Theoretiker bezieht. Dies gilt insbesondere für Autorinnen und Autoren aus jenem historischen Gefüge von diversen ›theoretischen‹ Perspektiven und Positionen, die sich zu einer innerhalb des Linguistic Turn angesiedelten French Theory verbunden haben. Darauf bezieht sich – fünftens – der emphatisch gebrauchte Kollektivsingular »Theorie« sowie die Rede vom »Ende der Theorie«.[34] Auch hier zeigt sich Szondi interessiert, lädt Personen zu Vorträgen ein und setzt sich insbesondere mit der Dekonstruktion auseinander, verhält sich aber letztlich erneut skeptisch-zurückhaltend.[35]

Dies alles führt in der Summe dazu, dass Szondi von vielen Literaturwissenschaftlerinnen und Literaturwissenschaftlern heute als Theoretiker gelesen wird, also nicht um die Gegenstände, die er behandelt, besser zu verstehen, sondern um ihn und seine Schriften besser nachvollziehen zu können – so ist Szondi zum Beispiel für Werner Hamacher der Theoretiker des Singulären und Individuellen der Literatur (um eine Theorie handelt es sich dabei, weil die Annahme der Singularität und Individualität der Literatur allgemein gesetzt ist und nicht erst singulär und individuell nachgewiesen werden muss).[36] Bei aller Begeisterung aber für »theoretische Bemühungen« und für die »Theorie der Literatur«, wie Szondi sie in seiner Begründung zur Einrichtung des Instituts für Allgemeine und Vergleichende Literaturwissenschaft zum Ausdruck brachte: Er vermied weitgehend die »›Methodiken eines entfremdeten Lesens‹« und widmete sich bevorzugt der »Selbstbeobachtung der interpretatorischen Tätigkeit«, sodass Theorie in seinen Publikationen eigentümlich »abwesend-anwesend« wirkt.[37] Man hat daher sogar die Position vertreten, dass Szondi gar »keine Beiträge zur Theorie geschrieben« habe.[38] In einer nicht leicht zu bestimmenden Weise bleiben die zweifellos vorhandenen theoretischen Ambitionen untergründig beziehungsweise begleitend und treten nur an bestimmten Stellen offensiv und dezidiert zu Tage.

Tatsächlich ist ein Großteil geisteswissenschaftlicher Arbeit nicht der Theorie gewidmet, ohne sich deswegen *per se* untheoretisch zu verhalten. Bereits daran zeigt sich, dass die Gegenüberstellung von Theorie und Praxis nicht weit trägt. Man hat es vielmehr erneut mit graduellen Verhältnissen, Vermittlungen und Moderationen zu tun. So bewegte sich Szondi etwa auf einer gleitenden Skala, wenn er die Vorlesung über *Hölderlins Spätwerk* aus dem Sommersemester 1961 mit wenigen Veränderungen im Wintersemester 1966/67 unter dem Titel *Interpretationsprobleme* wiederholt und methodologisches Interesse anzeigt. Er rückt seine Überlegungen damit deutlich in den Horizont der folgenden Vorlesung zur *Einführung in die literarische Hermeneutik*, in der er versprach, sich anstelle von »*Interpretationsprobleme*[*n*]« dem »Problem der Interpretation« zu widmen.[39] Bereits im programmatischen »Traktat« *Über philologische Erkenntnis* verband Szondi diese unterschiedlichen Theorieansprüche: Er beklagte darin einerseits die »Unreflektiertheit« der Literaturwissenschaft,[40] machte dieses Reflexionsdefizit jedoch andererseits nicht durch Abstraktion und Deduktion wett, sondern mischte virtuos theoretisierende Passagen mit der Interpretation von Hölderlins *Frühlingsfeier*. Anders formuliert: Er vermittelte Praktiken des Theoretisierens mit Praktiken des Interpretierens.

Auch in der Lehre platzierte Szondi Theorie als einen Aspekt literaturwissenschaftlicher Praxis unter anderen. Dies zeigt die kurze Vorrede zur Vorlesung über *Interpretationsprobleme*, die nicht in die Studienausgabe aufgenommen wurde. Darin empfiehlt Szondi seinem Auditorium das Tutorensystem, das im Zuge der hochschuldidaktischen Reformen der 1960er Jahre monologische und hierarchische Kommunikationsformen abbauen sollte:

> Meine Damen und Herren, ich möchte Sie zunächst auf die drei Tutorengruppen hinweisen, die in diesem Semester arbeiten werden. Unter der Leitung von Herrn Bernhard Lypp wird die Tutorengruppe, die sich schon im letzten Semester mit Hölderlins dichtungstheoretischen Aufsätzen beschäftigt hat, ihre Arbeit fortsetzen. In engerem Zusammenhang mit dem Gegenstand dieser Vorlesung werden in einer zweiten, von Herrn Tautfest geleiteten Gruppe die verschiedenen Fassungen der Hymne ›Der Einzige‹ besprochen werden. An meine gattungspoetische Vorlesung vom letzten Semester, die im nächsten Semester wieder aufgenommen werden soll, schliesst die dritte Gruppe an, die Herr Fietkau leitet und in der die Aesthetik Schellings, die ›Philosophie der Kunst‹, gelesen wird. Ich möchte Ihnen allen diese Möglichkeit, Fragen, die in einer Vorlesung notwendig einseitig behandelt und beantwortet werden, die oft auch nur berührt werden können, in einer kleinen Gruppe weiterzudiskutieren, mit Nachdruck empfehlen. Interessenten können sich nach der Vorlesung in diesem Hörsaal bei den genannten Tutoren anmelden.[41]

Das Studienprogramm arrangiert damit in wechselseitiger Ergänzung Methodologie, Literaturtheorie, philosophische Ästhetik, Literaturgeschichte und Einzeltextinterpretation.

Diese Arbeit an der Passung, Vermittlung und Moderation von Praktiken bietet eine gute Gelegenheit, sich grundsätzlich von der Theorie-Praxis-Dichotomie und entsprechenden Prioritätsansprüchen von Praktikern oder Theoretikern zu verabschieden, um stattdessen nach Theoriepraktiken oder der Praxis des Theoretisierens zu fragen[42] – um es mit Niklas Luhmann zu formulieren:

> Mit dem Begriff der ›Praxis‹ soll […] angezeigt sein, daß die Arbeit an Theorien ein Handeln ist wie jedes andere Handeln auch – ein Handeln, das in Situationen stattfindet, Gegebenheiten übernehmen und Überraschungen erleben muß […].[43]

Es wäre demnach empirisch zunächst zu klären, was von wem als ›Theorie‹ akzeptiert wird; wann, aus welchen Gründen, mit welchen Absichten, Funktions- und Leistungsvisionen sich ein Fach (oder eine ›Arbeitseinheit‹ innerhalb einer Disziplin) dazu berufen fühlt, ›Theorie‹ zu betreiben oder zu fordern, wie sich ›Theoretisieren‹ mit anderen Praktiken verkoppelt und ins Ensemble und in die Serien von Praktiken fügt, wie also beispielsweise das Theoretisieren mit dem Beschreiben, Erklären oder Deuten in der Interpretation einer Quelle verbunden wird. Dies kann schriftstellerisch offensiv geschehen oder auch auf eine so unauffällige Weise, dass Interpretationsverfahren oder andere Bezüge auf Quellen ›untheoretisch‹ wirken, was wiederum als positive Qualität (›text-‹ oder ›quellennah‹) oder als Defizit bewertet werden kann (›unreflektiert‹).[44] Gerade beim Theoretisieren ist es entscheidend, in Bündeln und Inferenzen von Praktiken zu denken [→ Kap. 35], nicht zuletzt um die normativen Moderationsleistungen angemessen zu erfassen [→ Kap. 10]. Zudem bezieht die Untersuchung des Theoretisierens mehr Praktiken ein als das Interesse an eher abgerundeten und gereiften Theorien. So bleiben etwa Prozesse der Theoriebildung auf einer kontinuierlichen Linie zwischen Einzelbeobachtungen und Generalisierungen im Blick.[45] Dies erlaubt zu berücksichtigen, dass es gewisse Forschungsgegenstände gibt, die als abstraktionsfähige Objekte gelten und der Theoriebildung daher entgegenkommen [→ Kap. 15].

Die hier skizzierte Perspektive kommt besser mit einer typischen Theorieenttäuschung zurecht, die weniger das wissenschaftstheoretisch vielfach diskutierte Verhältnis von Theorie und Empirie betrifft als die Unterscheidung von Theorie und Praxis im Sinn der Anwendung: Die Überzeugung, dass ›Theorie‹ besonders wertvoll ist, weil sie die Praxis anweist und auch anweisen soll, hält sich hartnäckig, obwohl die zugrunde liegende Unterscheidung selbst wie auch die unterstellten Hierarchieverhältnisse von verschiedenen Seiten immer wieder problematisiert, kritisiert und dekonstruiert wurden – es sei nur daran erinnert, dass dem Practical Turn in der Theoriegeschichte eine mitunter lange Tradition zugeschrieben wird, die mit marxistischen Praxiskonzepten bis ins 19. Jahrhundert zurückreicht.[46] Die Superiorität der Theorie stand mithin schon lange in der Kritik, ohne dass sich an dieser Unterstellung viel geändert hätte. Offenbar erweist sich das Theoretisieren sogar im Blick auf die Praxis der Theorie als erstaunlich ineffektiv.

Empirische Untersuchungen zum Verhältnis unterschiedlicher Praktiken enttäuschen jedenfalls mit irritierender Regelmäßigkeit instruktionsoptimistische Erwartungen: Wer eine bestimmte Autortheorie vehement vertritt, ignoriert diese Überzeugungen beim Interpretieren;[47] die Auffassungen der Literaturtheorie passen nicht unbedingt zur Auswahl von Forschungsgegenständen sowie zu deren normativer Behandlung;[48] methodologische Differenzierungen verblassen schnell, wenn Quellen analysiert oder gedeutet werden;[49] und wer sich für Praxeologie interessiert, befasst sich dann doch vor allem mit Theoriebausteinen.[50]

Ein Grund für diese Enttäuschung liegt darin, dass Theorie typischerweise als mehr oder weniger statisches System verstanden wird, gewissermaßen als fertig geschnürtes Theoriepaket, das in empirischer Forschung zur Anwendung kommt. Dieses Bild wird in der Lehre implizit gestützt, wenn Theorie als additive Abfolge mehr oder weniger finalisierter innerdisziplinärer Theoriekomplexe (Formalismus, Strukturalismus, Dekonstruktion, New Historicism usw.) oder transdisziplinärer Theorieansätze (Systemtheorie, Feldtheorie usw.) vermittelt wird, die häufig mit wenigen Big Names verknüpft werden. Hier erweist sich ein Fokus auf Praktiken des Theoretisierens in mehrfacher Hinsicht als hilfreich: Er erlaubt, Theorie als eine dynamische Aktivität zu verstehen, mithin als offene Suchbewegung und konstruktive Leistung in einem laufenden Arbeitsprozess; er erlaubt weiterhin, Theorie als einen Vorgang zu verstehen, der zunächst immer in spezifische Ausgangskontexte eingebettet ist und bestimmten Untersuchungsobjekten gilt; und er erlaubt schließlich, ein Arsenal kleiner theoretischer Werkzeuge (›tools‹) und versatiler theoretischer Spielzüge (›moves‹) zu identifizieren, deren erfolgreicher praktischer Einsatz nicht unbedingt von den großen Theoriekomplexen determiniert wird. Interessierte man sich in der Vermittlung von Theorie also auch für das Theoretisieren, so wäre man nicht nur daran interessiert, was genau beispielsweise eine »werkimmanente Interpretation« als voll ausformulierter Theorieansatz ist, sondern welche Werkzeuge und Spielzüge im konkreten Untersuchungsvollzug verfügbar sind und bevorzugt werden.

12. Theoretisieren

Grundsätzlich schließt die Frage nach dem Verhältnis von Theorie und Praxis im Rahmen praxeologischer Konzeptionen an die Problematisierung von deklarativem Regelwissen und argumentativer Explikationsfähigkeit beziehungsweise -verpflichtung an. Selbst wenn man das Konzept des impliziten Wissens für eine Verlegenheitslösung hält, liegt es auf der Hand, dass Geisteswissenschaftlerinnen und Geisteswissenschaftler eine Menge zu tun hätten, wollten sie wirklich immer alle guten (und schlechten) Gründe anführen und sorgfältig darlegen, die sie in der Praxis bewegen. Wann und warum also nimmt man sich die Zeit, um in den Begründungs-, Reflexions- oder Theoriemodus zu wechseln, und welche Defizite handelt man sich dadurch in jenen Bereichen ein, die auch ohne diese Art von Artikulations- und Reflexionsaufwand auskommen?

Robert Brandom macht dafür einen zwar (theoretisch) radikalen, aber die geisteswissenschaftliche Alltagspraxis treffenden[1] Vorschlag zur Arbeitsteilung zwischen denjenigen, die den Job erledigen, und denen, die dazu die Theoriearbeit leisten:

> [...] der einzige, der verstehen muß, wie eine Regel richtig anzuwenden ist, damit Performanzen als regelmäßige gelten, ist der Theoretiker, der die Regularität in Begriffen dieser Regel beschreibt. Die in Verhaltensregularitäten impliziten Normen können explizit in Regeln ausgedrückt werden, aber das müssen nicht diejenigen leisten können, in deren regelmäßigem Verhalten sie implizit enthalten sind.[2]

Im Hintergrund steht indes eine noch weiter gehende Herausforderung, die Pierre Bourdieu paradigmatisch betont hat und die auf ein grundsätzliches Problem der praxeologischen Theoriebildung hinweist, nämlich die Festlegung auf einen unüberbrückbaren Gegensatz von »scholastische[r]« Reflexion und einer Praxis, die sich zu erheblichen Teilen routiniert, vorreflexiv und nichtdiskursiv vollzieht. Sobald man überhaupt anfängt, über die Praxis nachzudenken, hat man sie demnach schon verpasst.[3]

Gegen die systematische Trennung von Praktikern und Theoretikerinnen und gegen die Dichotomie von Praxis und Theorie richtet sich der Hinweis, dass Kontemplieren, Reflektieren oder eben Theoretisieren selbst bereits Aktivitäten sind. So gewendet lässt sich das Verhältnis von Theorie und Praxis am besten als eine unscharfe »Abtrennung einer Tätigkeit von allen anderen« beschreiben.[4] Bislang allerdings bewegt sich die Forderung, ›doing theory‹ konkret zu erschließen, noch weitgehend im Theoriemodus.[5] Es bleibt offen, inwiefern »Praktiken des Theoretisierens« als »zugleich mentale, kognitive, intellektuelle sowie körperliche, materiell eingebundene, artefaktgestützte und technologisch vermittelte Vollzüge« aufgefasst werden können.[6]

Ein Zugang zum Theoretisieren ergibt sich aus der kontraintuitiven Überlegung, dass Theorie in unterschiedlichen Hinsichten auch in der Wissenschaft nicht selbstverständlich ist, obwohl dort die theoretischen Selbstversicherungen bisweilen als konstitutiv behauptet werden.[7] Der erste Eindruck ist nämlich ein anderer: Theoriekompetenz genießt in vielen Fächern – nicht nur in den Geistes-, sondern auch den Sozialwissenschaften – ein eher hohes Ansehen, obwohl unklar ist, was genau unter Theorie verstanden wird und verstanden werden soll.[8] Normativ mag ihr die Aufgabe zukommen, empirische Arbeit zu fundieren. Tatsächlich aber kann Theorie in der Praxis Sachmängel – ähnlich wie in den Habilitations- oder Berufungsverfahren von Szondi oder Kittler – ausgleichen. Wenn ein Beitrag oder Antrag in diesen Kontexten von Theorieaktivitäten zeugt, erhöht dies in bestimmten Situationen die Wahrscheinlichkeit, dass die Evaluationsperspektive zeitlich und sozial gedehnt und die normative Vielfalt zur Geltung gebracht wird.

Das hat mit einer bemerkenswerten Eigenschaft von Theorie zu tun: Theorie wird durch so etwas wie falsifizierende Fakten nicht automatisch widerlegt oder wertlos gemacht. Aus wissenschaftstheoretischer Perspektive verfügt Theorie grundsätzlich über eine gewisse Empirieresistenz: Sie kann ›irritierende‹ und ›widerlegende‹ Fakten auf ganz unterschiedliche Weise akkommodieren.[9] Selbst wenn sich aber bestimmte empirische Beschreibungen oder Erklärungen, die mit einer Theorie gewonnen worden sind, als unhaltbar herausstellen, zieht dies nicht zwangsläufig den Wert der Theorie insgesamt in Zweifel. So bietet das theoretische Substrat der empirisch eigentlich in die Jahre gekommenen Ausführungen zur Konstitution von »Souveränität« in der Frühen Neuzeit (Schmitt), zum Verhältnis von »Kritik und Krise« in der Aufklärung (Koselleck) oder zu den Eigenheiten von »Schrift« (Derrida) in den Humanities weltweit wichtige Referenzen, relativ unabhängig davon, welche Ergebnisse die Erforschung der entsprechenden historischen Zusammenhänge inzwischen hervorgebracht hat.[10] Jemand wie Foucault darf daher »zweifellos zu den widerlegtesten und wirkungsmächtigsten Autoren des 20. Jahrhunderts« zählen.[11] Und wenn man Szondi als Theoretiker wahrnimmt, lässt sich auch in diesem Fall die Wertschätzung seiner Texte von der Wertschätzung der darin formulierten empirischen Befunde und vorgeschlagenen Deutungen abkoppeln [→ Kap. 10]: Für die Ausdeutung der Theorie des absoluten Dramas muss es kein großes Problem bedeuten, dass sich für Szondis »Modell kaum empirische Belege finden lassen«.[12]

Darin liegt im Übrigen keine geisteswissenschaftliche Besonderheit: So spielt etwa auch in den Sozialwissenschaften Theoriearbeit als Klassikerexegese eine erhebliche Rolle – für bestimmte Personen, Forschungsfelder, Fragestellungen etc.[13] ›Klassiker‹ überbrücken die Differenz zwischen dem einmal für wichtig Gehaltenen und dem immer rascheren Veralten des Wissens. Orientiert man sich an Klassikern – so Luhmanns zynischer Kommentar –, dann lernt man etwas, was man wieder vergessen darf, »wenn es auf Genauigkeit oder Aktualität ankommt«.[14] Entgegen dieser bissigen Formulierung könnte man jedoch den Eindruck haben, dass dies auch für ›Theorie‹ gilt, wenn es auf empirische Präzision ankommt. Oder zählt die Systemtheorie nicht zu den Theorieklassikern, obwohl Luhmanns Arbeiten zur historischen Semantik in der Geschichtswissenschaft eher selten zitiert werden?

Es ist zudem so, dass Theorie sowohl als Produkt aufgefasst werden kann, das zum »context of justification« gehört, als auch als Prozess, der dem »context of discovery« angehört. Je nachdem, ob mit »Theorie« die ›fertige‹ Theorie oder das ›offene‹ Theoretisieren gemeint ist, werden unterschiedliche Sets von Normen aufgerufen.[15] In der Praxis ermöglicht die Auffassung eines Forschungsbeitrags als ›theoretisch‹ nicht selten, sowohl die Maßstäbe für den Begründungszusammenhang anzulegen als auch die Normen für den Entdeckungszusammenhang heranzuziehen. In letzterem Fall ist die mehr oder weniger ausformulierte Theorie dann eher Teil eines offenen Prozesses beziehungsweise eines größeren Projekts, an dem viele Akteurinnen und Akteure auch in Zukunft partizipieren können.

Es gibt allerdings fachtypische – oder vorsichtiger: bereichsabhängige – Einschränkungen bei der Wertschätzung von Theorie.

Szondis oder Kittlers unterschiedlich gelagerte Vorbehalte gegen Theorie sind dabei lediglich zwei – natürlich theoretisch begründete – Varianten der »Resistance to Theory«,[16] die unterschiedliche Disziplinen je spezifisch ausprägen: Bei der Bewertung von Kittlers Habilitationsschrift finden sich positive Voten eher auf Seiten der Gutachter aus dem Bereich der germanistischen Literaturwissenschaft, wohingegen die negativen Voten eher ›von außen‹ kommen.[17] Tatsächlich zeigen sich auch in anderen Fällen deutliche Unterschiede in der Wertschätzung von Theorie.

Selbst wenn man etwa Chris Andersons Proklamation vom »Ende der Theorie« unter Bedingungen von Big Data für heillos überzogen hält,[18] lässt sich für diejenigen, die im Bereich der Digital Humanities die Arbeit erledigen und nicht nur davon reden, eine erhebliche Distanz zu den andernorts beliebten Großtheorien feststellen.[19] In anderen Hinsichten warnen Historikerinnen und Historiker im Rahmen interdisziplinärer Begutachtungsgruppen deutlich häufiger als die Vertreterinnen und Vertreter der übrigen geisteswissenschaftlichen Disziplinen vor dem »Missbrauch« von Theorie, begegnen den durch Theorie stimulierten Generalisierungen eher mit Skepsis und veranschlagen dagegen die Bedeutung des Empirischen höher.[20] Dabei zeigen sich nicht nur disziplinspezifische Unterschiede in der mehr oder weniger großen Theorieemphase. Auch die Auffassungen darüber, was eigentlich ›theoretisch‹ meint und wann eine Analyse beginnt, ›theoretisch‹ zu werden, variieren in den Disziplinen und – was noch mehr gegen starke Verallgemeinerungen spricht – in unterschiedlichen Arbeitsbereichen innerhalb der einzelnen Fächer.[21]

Selbstverständlich finden sich in der Geschichtswissenschaft viele Fachvertreterinnen und Fachvertreter, bestimmte Forschungsbereiche oder Problemstellungen, für die das Theoretisieren in der Wertschätzung sehr hoch rangiert – Reinhart Koselleck etwa diagnostizierte als Historiker seinem Fach »Theoriebedürftigkeit«[22] und bemühte sich bekanntlich mit großem Erfolg darum, diese Versorgungslücke zu schließen. Disziplinäre Homogenität wäre also auch in Bezug auf Theorie eine realitätsferne Ausgangshypothese. In David Lodges klassischer Campus-Novelle *Schnitzeljagd* (*Small World*) reagiert sogar ein Literaturwissenschaftler, dessen Fach zur Theorieeuphorie neigt, allergisch auf den Verallgemeinerungswillen seiner Kollegin:

›Ich habe Hunderte von Romanzen gelesen. Klassische und mittelalterliche, Renaissance-Romanzen und moderne Romanzen. Heliodor und Apuleius, Chrétien de Troyes und Mallory, Ariost und Spenser, Keats und Barbara Cartland. Ich brauche keine zusätzlichen Daten. Was ich brauche, ist eine Theorie, um alles zu erklären.‹

›Theorie?‹ Philip Swallow spitzte unter der silbrigen Haarfülle die Ohren. ›Das Wort lockt den Göring in mir hervor. Wenn ich es höre, greife ich nach dem Revolver.‹[23]

Die Indizien für die bereichsspezifische Wertschätzung von Theorie sind durchaus erstaunlich, denn ein Versprechen von Theorie lautet, sie sorge für interdisziplinäre und internationale beziehungsweise translokale Gesprächsbereitschaft und Anschlussfähigkeit [→ Kap. 14].[24] Zumal Szondi könnte als guter Beleg dafür dienen, dass diese Hoffnung nicht vergebens ist. Allerdings wurde er gerade nicht in einem größeren kollaborativen Projekt aktiv. Von Verbundprojekten erwarten Gutachterinnen und Gutachter jedenfalls häufig theoretische Perspektiven, um konkrete Kollaborationen und Kooperationen über Fächer- und Ländergrenzen hinweg zu fundieren und zu ermöglichen. Aus einer praxeologischen Perspektive bleibt es allerdings ohne genauere Untersuchungen offen, ob diese Leistung vornehmlich durch das Theoretisieren erbracht wird oder ob nicht andere Faktoren für Kollaborationen mindestens ebenso wichtig oder sogar wichtiger sind [→ Kap. 3].

So fallen an dem legendären und über längere Zeit stabilen interdisziplinären Arbeitszusammenhang der Forschungsgruppe *Poetik und Hermeneutik* die divergierenden theoretischen Orientierungen auf – zwischen Hans Blumenberg und Jacob Taubes blieb in grundlegenden Fragen viel Platz.[25] Für die in der eigenen Wahrnehmung gelungene und produktive interdisziplinäre Kooperation waren nicht gemeinsame abstrakte Überzeugungen verantwortlich, also gerade nicht jenes Set von Kriterien, das als ›Theorien und Methoden‹ unter anderem bei der Evaluation von Verbundforschung auf dem Papier eine große Rolle spielt. Die Zusammenarbeit ergab sich für die Gründungsgeneration vielmehr aus geteilten Lebenserfahrungen, die nicht zuletzt durch die Zäsur des Jahres 1945 strukturiert wurden,[26] aus dem stets abrufbaren gemeinsamen Bildungshorizont[27] sowie aus jenen Begegnungen, Kontakten und Netzwerken, die sich bereits während des Studiums in Studentenclubs und -verbindungen ergeben hatten.[28] In diesen *communities of practice* bildeten sich die Kriterien dafür, welche Personen in die Gruppe passten, weil sie bestimmte »Üblichkeiten« zu akzeptieren bereit waren.[29] Die Bereitschaft, sich auf eine theorieaffine Praxis einzulassen, ist also etwas ganz anderes als das Einschwören auf verbindliche theoretische Programme.

Für die Frage, wann es überhaupt theoretisch zugeht, liegt gleichwohl in der unterstellten Verallgemeinerungsfähigkeit ein entscheidender Punkt: Gemeinsam ist den oben angeführten unterschiedlichen Auffassungen von ›Theorie‹ [→ Kap. II], dass sie sich auf Konzepte und Erklärungen beziehen, die sich *mehr oder weniger* übertragen lassen und *damit* den Eindruck von *mehr oder weniger* starken Abstraktionen vermitteln, mit denen etwas *mehr oder weniger* Grundsätzliches gesagt wird. Dies gilt auf der Ebene von Gegenständen (im weitesten Sinn): Theorie betrifft etwas, was nicht auf Einzelphänomene zutrifft und historisch und geografisch nicht besonders spezifisch ist. Und es gilt in wissenschaftsorganisatorischer Hinsicht: Aussagen, die Fächer- und Disziplinengrenzen, aber auch manchmal nur die Grenzen von bestimmen Arbeitsbereichen innerhalb eines Faches oder einer Disziplin überschreiten, bieten sich als Kandidaten für Theorie an. Wann sich jemand nicht mehr mit etwas zu Kleinformatigem und Speziellem befasst und wann die Perspektiven abstrakt und grundsätzlich genug sind, damit wir es mit Theorie oder einer Theoretikerin respektive einem Theoretiker zu tun haben, ist erneut eine Frage der Moderation sowie komplizierter Abwägungsprozesse, die im Einzelnen – wenn man so will: nicht nur theoretisch – untersucht werden müssen.

Während die *Theorie des modernen Dramas* und die Ausführungen zum Tragischen Szondi zum Theoretiker machen, gilt das Gleiche nicht für Sengles Syntheseangebot der *Biedermeierzeit.* Jemand, der Gattungstheorie betreibt, kann als Theoretiker ebenso firmieren wie jemand, der sich nur mit einer Gattung beschäftigt (etwa mit Lyrik oder Erzähltexten). Aber genügt es, eine Theorie des Sonetts oder der Novelle zu entwickeln? Und wie müssen Gattungen thematisiert werden, damit dies aus einer bestimmten Perspektive als theoretisch gilt? Wer etwas zur Moderne sagt, befasst sich auch mit Modernetheorien, aber das gilt nicht in derselben Weise für die Antike oder das Mittelalter. Es sei denn, es handelt sich um jemanden, der zuvor schon als Theoretikerin oder Theoretiker in Erscheinung getreten ist – es macht einen Unterschied, wer spricht. Manchmal genügt es dann, sehr konkret, also weder besonders abstrakt noch in allgemeinerer Hinsicht, grundsätzlich über einen Theoretiker (Jacques Derrida), über eine besondere Theorie (Dekonstruktion) oder eine theoretische Richtung (French Theory) zu schreiben oder in besonders auffälliger Weise darauf Bezug zu nehmen, um selbst zur Theoretikerin oder zum Theoretiker zu werden. So avancieren etwa Theorie-Übersetzerinnen und -Übersetzer selbst leicht zu Theoretikerinnen und Theoretikern [→ Kap. 14].

Ein weiterer Übertragungsaspekt betrifft die internationalen, translokalen Beziehungen, also den Zusammenhang von Transfer und Theorie. Theorie kann zwar auch gleichsam von ›innen‹ kommen, in ihrer emphatischen Auffassung handelt es sich aber häufig um einen Importschlager, und dies auch deswegen, weil Theorie-Texte leichter reisen. Sie ist daher nicht nur »nicht offensichtlich«, verfügt nicht allein über ein gewisses »Maß an Komplexität« in Verbindung mit systematischen Ansprüchen und lässt sich nicht nur »weder leicht [...] bestätigen noch leicht [...] widerlegen«. Es handelt sich zudem um ein eher »loses Bündel von Schriften über Gott und die Welt«, das wiederum mit einem »Bündel von (zumeist ausländischen) Namen« verbunden ist: »Theorie heißt etwa Jacques Derrida, Michel Foucault, Luce Ir[i]garay, Jacques Lacan, Judith Butler, Louis Althusser oder Gayatri Spivak«.[30] Theoriekandidatinnen und -kandidaten sind mithin nicht nur interdisziplinäre, sondern – wie die French Theory – zudem internationale Transferphänomene.[31] Dies gilt gerade, wenn es sich um »weiche« Theorien handelt,[32] um Angebote also, die bestimmte Erwartungen an systematische, konsistente und kohärente Argumentationen (gezielt) enttäuschen, sowie um Texte, die es mit Verfahren der Deduktion, Abstraktion und Generalisierung nicht so genau nehmen[33] oder nicht einmal als ›Theorie‹ intendiert sind.

Vermutlich lässt sich die erwähnte relative Empirieresistenz von Theorie in einem wissenschaftstheoretischen Sinn durch diese paradigmatische Qualität zum Teil erklären. Bei der Übertragung (zwischen unterschiedlichen wissenschaftshistorischen Phasen oder zwischen unterschiedlichen wissenschaftlichen Arbeitsbereichen) stößt man auf Varianten der für die Naturwissenschaften gut beschriebenen Praktiken der Analogiebildung. Typischerweise verblasst bei solchen Adaptationen in der Praxis das Interesse an einer riskanten, falsifizierenden Überprüfung. Dagegen steht der opportunistische Charakter im Aneignungsprozess deutlich im Vordergrund: das Interesse, etwas, das auch an anderer Stelle gut funktioniert hat, in der eigenen Praxis zum Laufen zu bringen.[34]

Theorie kann in der Praxis mithin als Angebot verstanden werden, die Perspektive auf Forschungszusammenhänge sozial und zeitlich zu dehnen. Und man erkennt das Theoretisieren nicht nur an einer systematisierenden Darlegung oder an bestimmten terminologischen Registern, sondern auch daran, dass sich etwas als übertragbar und paradigmatisch relevant erweist – wie gesagt: Selbst wenn ein Forschungsbeitrag auf den ersten Blick als relativ materialnahe und historisch interessierte Studie gemeint war, kann er so als Theoriebeitrag aufgefasst, umgedeutet oder erfolgreich missverstanden werden [→ Kap. 10 u. 11].

Theoriepraktiken interferieren also im synchronen Vergleich unterschiedlich mit anderen wissenschaftlichen Praktiken, ermöglichen oder erschweren Anschlüsse auf diverse Art und werden normativ unterschiedlich moderiert. Das alles geschieht nicht beliebig oder unstrukturiert, aber doch so, dass einfache Generalisierungen die Praxis verfehlen.[35] Dasselbe gilt auch diachron: In gewisser Weise kamen Geisteswissenschaften lange Zeit ohne Theorie aus, so wie heute Theorie nur phasenweise, bei bestimmten Gelegenheiten, Erkenntniszielen, strategischen Interessen notwendig erscheint. Die Entstehung der modernen Philologien bietet dafür gute Beispiele. So begleitete zwar im 19. Jahrhundert in Polemiken, Rezensionen oder Paratexten eine Art Theoriegemurmel die Etablierungsphase der Deutschen Philologie als nicht mehr gelehrte, sondern wissenschaftliche Forschungshaltung, die mit spezifischen Erkenntnisinteressen, habituellen Dispositionen, disziplinären Strukturen und Institutionen verbunden ist. Die Hauptarbeit aber bestand im ›Herummachen‹ mit Materialien, bei dem sich ›Liebhaber‹ und ›Kenner‹, ›Laien‹ und ›Profis‹ allmählich immer deutlicher unterschieden und ihre Kooperationsfähigkeit einbüßten. Worin die gekonnte Praxis bestand, wurde methodologisch kaum expliziert, sondern vornehmlich als Imitationsangebot gezeigt.[36]

Paradigmatisch für einen solchen Ausdifferenzierungsprozess steht der Berliner Altphilologe Karl Lachmann, der auf legendäre Weise mit Erklärungen und theoretischen Erwägungen geizte und weitgehend auf die Evidenz seiner philologischen Entscheidungen setzte. Das ging lange Zeit gut, aber in der zweiten Hälfte des 19.

Jahrhunderts wuchs die Zahl der Zweifler, und es kam zu dem bereits erwähnten ›Nibelungenstreit‹ [→ Kap. 10]. Dieser schismatische Konflikt entzündete sich an Lachmanns Habilitationsschrift *Über die ursprüngliche Gestalt des Gedichts von der Nibelungen Noth* (1816), in der er die Liederthese, die Friedrich August Wolf 1795 in den *Prolegomena ad Homerum* entwickelt hatte, auf das *Nibelungenlied* anwandte: Das Epos bestehe letztlich aus einer Kombination von Einzeltexten.[37] Dieser Einspruch gegen die Ganzheit und Einheit des Nationalepos entwickelte sich zum Reizthema, gerade weil Lachmann mit seinen textkritischen Studien und Editionen zur Galionsfigur einer modernen Form von Philologie avancierte. Er vertrat exemplarisch die Spezialisierung und Professionalisierung der Beschäftigung mit literarischen Artefakten. Und er symbolisierte die Verankerung der entsprechenden Praktiken sowie Karrieren an den deutschen Universitäten. In *kognitiver* Hinsicht galt seine ›Methode‹ als vorbildlich, in *sozialer* Hinsicht verkörperte er ein bestimmtes Wissenschaftsethos, das aus einer asketischen Variante bürgerlicher Arbeitstugenden bestand. Eigenschaften wie Strenge, Sorgfalt, Entsagungsbereitschaft, Bescheidenheit und Treue zeichneten demnach eine wissenschaftliche Persönlichkeit aus.

Lachmann stand für einen professionellen Konsens, der nicht genauer expliziert werden musste. »Kenner« bewiesen sich durch philologisches Taktgefühl, also durch Fähigkeiten, die weder vollständig methodisierbar noch auf direktem Weg etwa über Anweisungen oder Regeln gelernt werden können.[38] Mit dieser Selbstgewissheit und Selbstverständlichkeit war es in der Mitte des 19. Jahrhunderts vorbei. Hier brach der ›Nibelungenstreit‹ aus. Der Konflikt um Lachmanns Liederthese wurde mit einer Härte und Unerbittlichkeit geführt, die Teilnehmer wie Beobachter gleichermaßen verstörte. Die Meinungen divergierten diametral, obwohl die Parteien davon überzeugt waren, dass sie einem methodischen Ideal und den entsprechenden sittlichen Ansprüchen genügten. Während eine auch institutionell mächtige Gruppe, die sogenannte »Berliner Schule«, die Leistung Lachmanns mit allen Mitteln verteidigte, seine Arbeiten als musterhaft auffasste und seine Umgangsformen in idealer Weise für wissenschaftlich erklärte, warfen ihm die Gegner, insbesondere die sogenannte »Leipziger Schule«, Willkür und Arroganz vor.[39]

Mit den argumentativen Mitteln, die bis dahin ausgeprägt worden waren, ließ sich dieser Konflikt nicht schlichten. Wilhelm Scherer, damals noch aufstrebender Privatdozent in Wien, verordnete der Philologie daher nach jahrelangen Streitigkeiten eine Modernisierungskur. In einer Rezension von Lachmanns *Kleinen Schriften* behauptete er 1867, dass der Parteienstreit nur auf einem emergenten Niveau geschlichtet werden könne:

[...] ich kann mir nicht denken, daß alles in Ordnung ist, wenn über einen Gelehrten, wie Lachmann, die Ansichten so weit auseinandergehen, daß er von der einen Seite als Begründer der altdeutschen Textkritik und Metrik verehrt wird, dessen Editionen als schwer erreichbare Muster gelten, während ihm die andere Seite auf allen wesentlichen Punkten Irrthümer, Willkür, falsche Methode und falsche Resultate nachweisen zu können glaubt. Wenn ein solcher Streit unentschieden schwebt, so muß die Entscheidung wohl auf einem Gebiete liegen, das man noch nicht betreten hat, und das auch mit der gewöhnlichen Routine gar nicht zu erreichen ist.[40]

Für diesen qualitativen Schritt aus der etablierten »Routine« heraus sollte Theorie sorgen, und was im Folgenden als Theorie galt, wurde durch interdisziplinären Import markiert: Es handelte sich um etwas, was in anderen Disziplinen stattfand, vor allem in der Philosophie, und was sich aus intellektuellen Ereignissen in anderen Ländern, insbesondere in Frankreich und England, speiste (etwa aus den Schriften von Hippolyte Taine oder Henry Buckle). Es geht, mit anderen Worten, um »Streitfragen [...] ganz allgemeiner Natur«. Man möge sich daher über »die sogenannte exakte Feststellung einzelner Tatsachen [...] erheben und etwas mehr philosophische Neigungen mit[]bringen, als unter den Philologen jetzt üblich ist«:

Sollte es nicht auch zu der Berufsmoral des Gelehrten gehören, daß er über die Berechtigung der Methoden theoretisch im Klaren sei, mit denen er zu arbeiten versucht? Die Forderung wird innerhalb der Geisteswissenschaften so selten erhoben, daß es dem Einzelnen kaum zum Vorwurfe gereichen kann, wenn er ihr nicht genügt. Hierin auf Besserung hinzuwirken, Lachmanns Methode *theoretisch auszubilden oder umzubilden*, das weiße Blatt endlich zu füllen, welches die Logik und Wissenschaftslehre für uns offen hält, das wäre die schönste und würdigste Art, Lachmanns Gedächtnis zu feiern.[41]

Scherer empfahl also genau jene Innovationstrias, die in geisteswissenschaftlichen Krisenzeiten bis heute immer wieder als Allheilmittel verordnet wird: theoretische Neuorientierung, interdisziplinäre

Kooperation und Internationalisierung. Damit ist literaturwissenschaftlicher Theoriebedarf, hier im Sinn einer Nachfrage nach systematischer Artikulation einer impliziten »Methode«, erstmals diskursiv verankert, und zwar als ein gleichsam tieferes oder höheres Anliegen, das ›Entscheidungen‹ in einer kontroversen Situation ermöglichen und vor allem mit Überzeugungskraft versorgen soll. Dass Scherer einige Jahrzehnte später unter Bedingungen des Methoden- und Theoriepluralismus dann im Konflikt von ›Positivismus‹ und ›Geistesgeschichte‹ zum Gegenstand von Theoriekontroversen werden würde, hatte er nicht vorausgesehen.[42]

Seit der Konstitutionsphase der Philologie als akademische Disziplin lebt die Debatte über die philologische »Methode« immer wieder auf. Der Begriff der Methode wird im 19. Jahrhundert jedoch lange im Sinn einer propädeutischen Vermittlung der Grundlagen der philologischen Wissenschaft gebraucht. Erst gegen Ende des 19. Jahrhunderts gewinnt er den wissenschaftstheoretischen Sinn einer methodologischen Diskussion der Verfahren der Entdeckung und Rechtfertigung philologischer Erkenntnis.[43] Neben diesen nachdrücklichen Bemühungen um die philologische Methode lassen sich dann aber stets methodenskeptische Positionen ausmachen, die abstreiten, dass es *eine* philologische Methode überhaupt gebe, wie etwa Ulrich von Wilamowitz-Moellendorf gegen Kollegen aus der Theologie und der Germanistik zur Geltung bringt:

> Da kommen die Herren Kollegen Harnack und Röthe zu mir und sagen: ›Ja, *Sie* sind fein raus, *Sie* haben die ›*Philologische Methode*‹!‹ – Aber diese gepriesene ›Philologische Methode‹: die gibt's doch gar nicht, die gibt es so wenig wie eine Methode, Fische zu fangen. Der Wal wird harpuniert, der Hering im Netz gefangen. Der Butt wird getreten, der Lachs gespießt, die Forelle geangelt. Wo bleibt da *die* Methode, Fische zu fangen? – Und überhaupt die Jägerei! Vielleicht gibt's da so etwas wie Methode. Aber, meine Damen und Herren (mit schalkhaft blitzenden Augen): es ist doch schließlich ein Unterschied, ob man Löwen jagt oder Flöhe fängt.[44]

Die *eine* philologische Methode löst sich hier in eine Vielzahl von bewährten gegenstandsspezifischen Verfahrensweisen auf, deren Verhältnis zueinander mehr oder weniger ›heterogen‹ ist. Die Philologie erweist sich damit als ein aggregathafter Zusammenhang, der den Ansprüchen eines auf Systematizität ausgerichteten Wissenschaftsbegriffs nicht vollends zu genügen vermag.

Wir brechen die historische Exkursion an dieser Stelle ab. Sehen konnte man zum Ersten, dass sich die Verflechtung von Theoriepraktiken mit anderen Aktivitäten (etwa des Interpretierens oder Edierens) nicht von selbst versteht. Sehen konnte man zum Zweiten, dass die Merkmale des Theoretisierens über eine längere Geschichte verfügen, die insbesondere mit der Orientierung des Theoretisierens an interdisziplinären und internationalen Perspektiven zusammenhängen – etwas Theoretisches lässt sich übertragen und in unterschiedlichen Kontexten nutzen; es ist selbst mobil und trägt zur De- und Rekontextualisierung von Thesen bei, die im Blick auf einen bestimmten Sachzusammenhang gewonnen wurden. An diese grenzüberschreitende Qualität knüpft sich – zum Dritten – die Hoffnung, dass Theorie irgendwie fundamentaler ist als Empirie und daher andere Praktiken anweisen oder Probleme in der Forschungspraxis lösen kann.

Szondi schließt im »Traktat« *Über philologische Erkenntnis* geradezu nahtlos an diese Tradition an: Wie Scherer bezieht er sich auf eine Forschungskontroverse, die mit den herkömmlichen Argumentationsroutinen nicht geschlichtet werden konnte. Und wie Scherer votiert er für geschärftes Theorie- und Methoden-»Bewußtsein«, Internationalisierung (Orientierung an der Wissenschaftsauffassung von »englischen, amerikanischen und französischen Vertretern« der Philologie) und interdisziplinäre Positionierung, hier nun allerdings in Abgrenzung der Geisteswissenschaften von den Naturwissenschaften sowie des »philologische[n] Wissen[s]« vom »historischen«.[45]

Vor allem aber wird – wiederum wie bei Scherer – eine weitere wichtige Funktion von Theorie deutlich: Sie ermöglicht, zu einem anderen Spiel zu wechseln und die herkömmlichen Probleme hinter sich zu lassen.[46] In der Einleitung zu einem Vortrag, der »nicht bloss zur Hölderlin-Forschung, sondern auch zur Theorie der literarischen Hermeneutik etwas beitragen« sollte, betont Szondi im Rückblick: Sein »Traktat« ziele auf Fragen, die sich »im Rahmen der überlieferten Philologie [...] gar nicht richtig beantworten« ließen oder sogar prinzipiell »falsch gestellt« worden seien.[47] In seinem Habilitationsvortrag war er ähnlich verfahren. Auch dort hatte er die vorliegenden Kleist-Deutungen für ihre ›falschen‹ Fragen kritisiert[48] und daher im Hauptteil der Interpretation auf konkrete Forschungsbezüge konsequent verzichtet [→ Kap. 2]. Theorie ist also – ebenso wie Spezialisierung – eine mögliche Reaktion auf die Informationsüberlastung, unter der die Geisteswissenschaften seit den 1930er Jahren leiden [→ Kap. 26]. »Der Theoretiker«, so bemerkt Luhmann zu Recht, ist zwar »kein Übermensch, er hat nicht mehr Bewußtheit zur Verfügung als andere«, aber er organisiert die notwendige Selektivität nicht nur auf spezifische Weise,[49] sondern ermöglicht zudem, dass Anschlussoperationen stark auswählend verfahren. Theorie dient in der Praxis dazu, etwas richtig zu sehen, aber auch auf *andere* Weise – beispielsweise innovativer, interessanter, anregender, gesellschaftskritischer.

13. Theoretisieren und Publizieren

In der Praxis tun nie ganze Fächer etwas. Die Forderung, *die* Germanistik, *die* Geschichtswissenschaft, *die* Kunstgeschichte oder irgendein anderes Fach müsste sich theoretisieren, verfehlt die Realität. Vielmehr erweisen sich bestimmte Bereiche, bestimmte Fragestellungen oder bestimmte Beziehungskonstellationen als mehr oder weniger tauglich für Praktiken des Theoretisierens – oder der Internationalisierung, des interdisziplinären Austauschs oder einer anderen sonntagsredentauglichen Leitorientierung.[1] Anders gesagt: Um zu verstehen, warum und wie theoretisiert wird, lohnt sich ein Blick auf die Vermittlungs- und Passungsverhältnisse sowie die entsprechende Moderation von aufeinander bezogenen Praktiken in einer geisteswissenschaftlichen Praxisformation. Am Beispiel Szondis lassen sich zumindest einige der damit verbundenen Rekonstruktionsaufgaben andeuten. Wir konzentrieren uns dabei auf materielle Publikations- und Reformatierungspraktiken, um der praxeologischen Rede von der Theorie als »embodied mind« eine konkrete Suchrichtung zu geben[2] und einen Weg zu skizzieren, wie »Praktiken des Theoretisierens« nicht nur aus der Perspektive ihrer kognitiven Aktivitäten, sondern auch ihrer körperlichen Vollzüge, technologischen Vermittlungen und ihrer Beziehungen zu materiellen Artefakten verstanden werden können.[3] Wie also *erscheint* Theorie in Szondis Forschungsprozessen?

Die Herausgeber von Szondis Werken bringen dessen wichtigste theoretische Selbstversicherung, den »Traktat« *Über philologische Erkenntnis*, im ersten Band der *Schriften*.[4] Der Programmtext steht damit vor den *Hölderlin-Studien* und folgt auf die Dissertation über die *Theorie des modernen Dramas* sowie auf den *Versuch über das Tragische*. Begründet wird das Arrangement mit Hinweis auf die theoretische Qualität dieser Schriften: »Der erste Band vereinigt die Abhandlungen, die theoretisch geschlossen und zum Teil durch den theoretischen Fortgang der Sache verbunden sind.« Es handle sich um jene Studien, die den Anspruch erheben, »die Analyse und Theorie eines literarischen Werkes nicht isoliert voneinander zu betreiben, die Versenkung ins philologische Detail zu verbinden mit der Bestimmung des theoretischen Stellenwerts einer Dichtung [...].«[5]

Die aus dem Habilitationsvortrag heraus entstandene Kleist-Interpretation oder auch die Antrittsvorlesung über Walter Benjamin, die im zweiten Band der *Schriften* ediert werden, zählen somit nicht zum Kreis dieser Schriften, die auf der Theorieskala weit oben rangieren. Die »Editorische Notiz« führt für dieses Korpus die gemeinsame »Methode«, den »modus operandi«, als Kohärenzkriterium an: »das literarische Verfahren, Sätze dem Prinzip des Essays gemäß um das Zentrum des Gedankens zu versammeln«.[6] Von den *Celan-Studien* aus ergibt sich dabei eine Brücke zu den *Hölderlin-Studien*, denn beide seien dem von Szondi im »Traktat« zitierten Adorno-Motto verpflichtet, Texte aus der »›Logik ihres Produziertseins‹« heraus zu begreifen.[7]

Auf der einen Seite gliedern die Herausgeber Szondis Werk in zwei Teile. Auf der anderen provoziert die Publikation unter dem Titel *Schriften* sowie die material homogene Präsentation im Corporate Design des Suhrkamp Verlags die Frage, welches gemeinsame gedankliche Band die Texte über die Theorien des modernen Dramas sowie des Tragischen mit der konzentrierten Beschäftigung mit Hölderlin und Celan sowie den auf den ersten Blick zerstreuten Interessen an einer Reihe höchst unterschiedlicher Autoren (von Schiller über Hofmannsthal und Thomas Mann bis Benjamin und Brecht) verbindet. Darüber hinaus könnte man fragen, wie sich die – analog zur Taschenbuchausgabe der *Schriften* formatierten – Vorlesungen zur Hermeneutik, zum bürgerlichen Trauerspiel, zur Geschichtsphilosophie des deutschen Idealismus sowie zum Lyrischen Drama des Fin de Siècle zu den anderen Texten des Gesamtwerks verhalten.

Die Antwort, die die Szondi-Herausgeber auf solche Fragen geben, dürfte paradigmatisch sein: Methoden und Theorien machen die thematisch und auch stilistisch varianten Texte zum Teil eines Gesamtwerks. Als verallgemeinerungsfähiger, transferierbarer Hintergrund lassen sich auf dieser Grundlage etwa jene Überzeugungen behandeln, die Szondi vor allem in seinen Reflexionen *Über philologische Erkenntnis* ausformuliert hat und die sich auf die in den Anmerkungen genannten philosophischen Kontexte von Schleiermacher und Dilthey über Wittgenstein und Gadamer bis Adorno beziehen lassen. Szondis Theoriearbeit bietet Perspektiven an, um seine Studien jenseits wechselnder Gegenstände als Einheit aufzufassen.

Indizien für Theorie finden sich mithin nicht nur auf einer inhaltlichen Ebene. Auch die Art und Weise der Publikation, der Mediation und Remediation deutet auf die theoretische Qualität geisteswissenschaftlicher Texte. Erst im Verlauf einer spannungsvollen Passungsarbeit, an der sehr viele Personen und Institutionen beteiligt sind, wird deutlich, »what the book comes to stand for«.[8] Im Folgenden behandeln wir diesen Zusammenhang zunächst im Blick auf Szondis materielle Werkpolitik, also im Blick auf seine vielfältigen Versuche, buchästhetisch die Einheit hinter der Diversität seiner Arbeiten zu behaupten. In einem zweiten Schritt geht es um Praktiken, mit denen Veröffentlichungen, die zunächst nicht als Beitrag zur Theorie gedacht waren, theoretisiert werden und damit eine spezifische Mobilität entwickeln [→ Kap. 14].

Die Entscheidung der Herausgeber, Szondis »Traktat« im ersten Band der *Schriften*, also in der Theorie-Abteilung, als eine Art Einleitung zu den *Hölderlin-Studien* zu positionieren, kann sich auf den Autor berufen. So fasst Szondi in der bereits erwähnten Exposition zu einem Vortrag über Hölderlin die Stoßrichtung seiner erkenntnistheoretischen Abhandlung folgendermaßen zusammen:

> Es sind bald drei Jahre her, dass ich im Rahmen der Berliner Universitätstage einige Überlegungen vortragen durfte zur Erkenntnisproblematik in der Literaturwissenschaft. Es war ein polemischer Vortrag, dem es um den Nachweis ging, dass die Literaturwissenschaft wegen ihres überlieferten, von anderen Disziplinen übernommenen Wissenschaftsideals stets in Gefahr ist, die Eigenart ihres Gegenstandes, des literarischen Kunstwerks, zu verfehlen. Die Analyse der erkenntnistheoretischen Voraussetzungen philologischer Argumentationsweisen und Verfahren, so der Parallelstellen- und der Lesartenmethode, sollte damals zeigen, wie sehr eine Philologie, die sich gegen die Reflexion sperrt, nicht etwa diesseits der philosophischen Spekulationen ein abgegrenztes und gesichertes Feld zu bestellen vermag, vielmehr gerade in ihrem eigenen Bereich der Willkür und der Täuschung zu verfallen droht. Ich schloss mit den programmatischen Sätzen, dass die Literaturwissenschaft nicht vergessen dürfe, dass sie eine Kunstwissenschaft ist; dass sie ihre Methodik aus der Analyse des dichterischen Vorgangs gewinnen sollte; dass sie wirkliche Erkenntnis nur von der Versenkung in die Werke, mit einem Wort Adornos: in die ›Logik ihres Produziertseins‹, erhoffen könne.[9]

Wie theoretisch aber sind die Ausführungen des »Traktats«? Nach wenigen abstrakt und deduktiv argumentierenden Seiten entfaltet

Szondi in diesem Text seine Überzeugungen vor allem am Beispiel einer Kontroverse um Hölderlins *Friedensfeier*, in der strittig war, ob es sich bei einer Stelle der Hymne um eine Metapher handelt oder nicht: Friedrich Beißner, der Herausgeber der »Großen Stuttgarter« Hölderlin-Ausgabe, hatte gegen die Metaphern-These eingewandt, dass es keinen vergleichbaren Fall im Gesamtwerk Hölderlins gebe – es würde also gewissermaßen nicht zu den dichterischen Gepflogenheiten des Autors passen, wenn er die betreffende Passage im übertragenen Sinn hätte verstanden wissen wollen.

Szondi führt diese Art der Homogenisierung auf naturwissenschaftliche Objektivitätsideale zurück, die »nicht einzelne Erscheinungen verstehen, sondern allgemeine Gesetze erkennen und die Erscheinungen daraus erklären wollen«.[10] Die genuine Aufgabe der Literaturwissenschaft bestehe hingegen darin, den »monarchische[n] Zug« anzuerkennen, der jedem Kunstwerk zukomme.[11] Szondi erklärt es zwar für durchaus legitim, aus historiografischen Interessen das »Besondere nur als Exemplar, nicht als Individuum« zu erkennen, unterscheidet jedoch zwischen dem literatur*historisch* verhandelten »Kunstwerk in der Geschichte« und der literatur*wissenschaftlich* relevanten »Geschichte im Kunstwerk«,[12] und nur im Blick darauf verhalte sich die Philologie ihrem Gegenstand gegenüber angemessen [→ Kap. 16].

Uns geht es in diesem Zusammenhang weniger um die ebenso anspruchsvolle wie voraussetzungsreiche und differenzierte Argumentation und auch nur hintergründig um die Plausibilität von Szondis Prämissen.[13] Was für ihn nicht zuletzt politisch auf dem Spiel gestanden haben mag, zeigt die Passage, in der er (quasi-) naturwissenschaftlichen Erkenntnisinteressen vorwirft, »den Einzelgänger [...] [zu] verfemen«.[14] Vor dem Hintergrund der sogenannten Goll-Affäre,[15] in der Szondi im Jahreswechsel 1960/61 Paul Celan gegen Plagiatsvorwürfe, also eine rufmörderische Attacke auf die Eigenständigkeit des Dichters, in Schutz genommen hat, bekommt die Formulierung, die sich gegen die Verachtung des Individuums wendet, erst ihr ganzes Gewicht.[16] Damit deuten sich Passungsverhältnisse an, die vom Herausgeberarrangement der *Schriften* nur in zweiter Linie (mit Blick auf die Gestaltung der Werkausgabe insgesamt) erfasst werden, nicht aber in der Gestaltung und Abgrenzung der einzelnen Bände.

Der »Traktat« *Über philologische Erkenntnis* erscheint aus dieser

Perspektive nicht allein als Brücke zwischen den Qualifikationsschriften und den *Hölderlin-Studien*, sondern liegt zunächst im Fluchtpunkt jener Werke, die Szondi im Kontext des Habilitationsverfahrens veröffentlicht. Tatsächlich passen sie als kritische Reaktion zu den Vorbehalten, die in den Gutachten von Killy und Emrich sowie in den Rezensionen über die Habilitationsschrift geäußert wurden [→ Kap. 9]. Zudem präfigurieren diese Arbeiten sowohl stilistisch als auch im Ethos der Aufmerksamkeit fürs Detail die folgenden Studien. Dabei fällt unter anderem auf, dass Szondi – wie bereits bemerkt – nach den Qualifikationsschriften deutlich konventioneller formuliert. Während also die gängige Kritik an der Habilitation als einem akademischen Disziplinierungsinstrument darauf abhebt, dass sie den wissenschaftlichen Nachwuchs ins Mittelmaß zwinge,[17] zeigt sich an dieser Stelle eine gegenläufige Bewegung: Szondi verzichtet nach der Habilitation auf eine Reihe von Freiheiten, die er sich hier wie auch in der Dissertation genommen hatte. Das hatte viele Gründe. Besonders tief hatte ihn wohl die Kritik seines Verlegers Siegfried Unseld an der sprachlichen Verdichtung getroffen, die wiederum mit den Vorbehalten der Habilitationsgutachten konvergiert – wir gehen gleich noch genauer darauf ein. Eine Formulierung aus Unselds Brief mit der Begründung für die Ablehnung zitierend,[18] widmet Szondi dem Verleger am 6. Juni 1961 einen Sonderdruck der *Neuen Rundschau* mit dem Aufsatz über den »Tragischen Weg von Schillers Demetrius« mit den Worten: »Herrn S. Unseld, diesen ersten Schritt zur Heilung der Kurzatmigkeit [...]«, fügt dann allerdings in Klammern hinzu: »(aber ist es ein Schritt vorwärts?)«[19] [Abb. 1[20]]. Szondi war sich also über seine Neuausrichtung durchaus im Klaren, jedoch nicht zugleich darüber, ob er sich damit auf den richtigen Weg begab.

Die Intervention in der ›Goll-Affäre‹ passt zudem zu Szondis Antrittsvorlesung über Walter Benjamins *Berliner Kindheit*, in der er nur kurz nach seiner Celan-Verteidigung den von der Gestapo zu Tode gehetzten Autor gegen den Vorwurf verteidigt, ein Proust-Epigone zu sein. Szondi betreibt in beiden Fällen Komparatistik, um scheinbare Parallelen und Ähnlichkeiten aufzuklären und die »Eigenart« eines Werks herauszuarbeiten.[21] Und genau dies tut er zur gleichen Zeit auch im Vergleich von Kleist und Molière in seinem Habilitationsvortrag und stellt die grundsätzlichen Besonderheiten der beiden Dichter und ihrer Werke heraus [→ Kap. 2].[22]

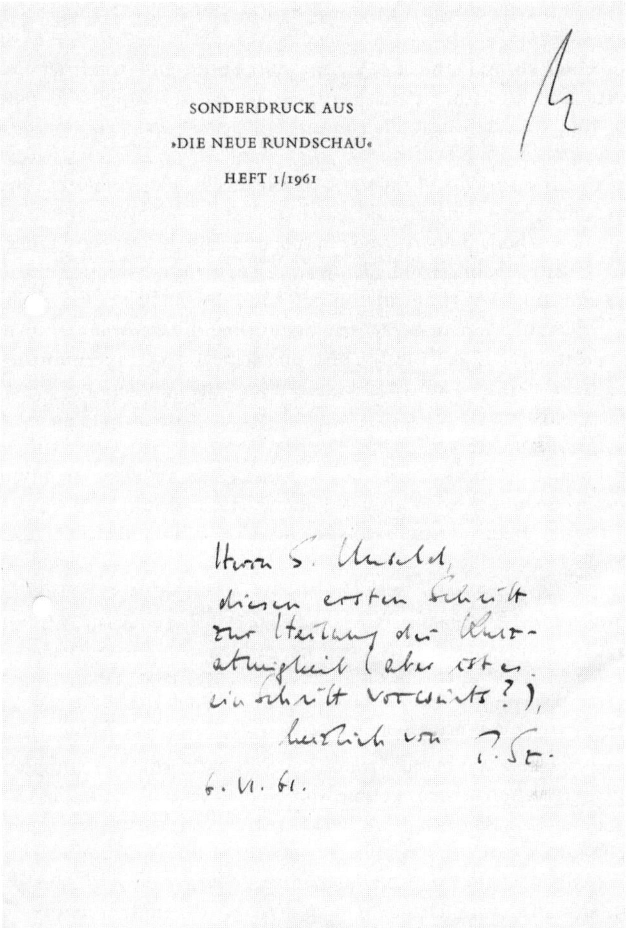

SONDERDRUCK AUS

»DIE NEUE RUNDSCHAU«

HEFT 1/1961

Abb. 1: Sonderdruck von Szondis »Der tragische Weg von Schillers Demetrius« mit Widmung Szondis an Siegfried Unseld.

Es passt daher weiterhin ins Bild, dass Szondi im »Traktat« *Über philologische Erkenntnis* an einer Stelle auf Kleists *Amphitryon* zu sprechen kommt und das Drama dort gegen eine Interpretation verteidigt, die es nicht als eigenständiges Werk würdigt.[23] Es passt ins Bild, dass der »Traktat« zunächst als Beitrag *Zur Erkenntnisproblematik in der Literaturwissenschaft* publiziert wurde und Szondi zuvor für Kleist die »Erkenntnisproblematik« als zentrale Herausforderung betont hat.[24] Und es passt, dass Szondi zwar tatsächlich mit den Überlegungen zur »philologischen Erkenntnis« seine im Insel Verlag publizierten *Hölderlin-Studien* (1967) einleitete, dass für ihn zunächst aber eine andere Ordnung nahelag: Er plante, mit diesem Programmtext den Sammelband *Satz und Gegensatz* zu eröffnen,[25] in der die Buchfassung seines Habilitationsvortrags erschien. Erst im Lauf eines längeren Prozesses, in dem der »Traktat« auch eingehend bearbeitet und der ursprüngliche Titel (*Zur Erkenntnisproblematik der Literaturwissenschaft*) auf eine griffigere Formel gebracht wurde (*Über philologische Erkenntnis*), findet Szondi die in der Werkausgabe kanonisierte Passung.

Gegenüber Rudolf Hirsch vom Insel Verlag kommentiert Szondi diese Entwicklung:

> Ich schrieb einen Aufsatz ›Er selbst, der Fürst des Fests. Hölderlins ›Friedensfeier‹. Ich halte ihn für dichter und kühner als den ›Anderen Pfeil‹, den er dabei sowohl inhaltlich als methodologisch ergänzt. Zugleich knüpft er an den Aufsatz über die ›Erkenntnisproblematik‹ an, dessen Schlussversprechen (Stichwort das Adorno-Zitat: ›Logik ihres Produziertseins‹, nämlich der Werke) er vielleicht erfüllt.[26]

Entscheidend waren für Szondi dabei die »Anschlüsse« vor allem »an den Aufsatz über Erkenntnisproblematik«, durch die »die Einheit des Bandes immer mehr hervortritt«.[27] Welche Abwägung zwischen divergierenden Publikationsformaten und -institutionen zu leisten war, deutet sich bereits dadurch an, dass Szondi zwar die meisten Einzelstudien schon an anderer Stelle veröffentlicht hatte, aber auch Aufsätze »unpubliziert« für einen besonderen Zweck auf Vorrat hielt: »für das Buch«.[28]

Je mehr ›Theorie‹ in den 1960er Jahren zu einem zentralen Diskursphänomen wurde, desto stärker betonte Szondi, dass die Theorieperspektive des »Traktats« die gesamte Tonlage des Sammelbandes bestimme. An Unseld schreibt er am 27. November 1969 anlässlich einer Neuauflage der *Hölderlin-Studien*:

Ich habe den Text der Fahnen nun Ihrem Wunsch entsprechend geändert. Heute schreibe ich Ihnen wegen des Untertitels ›Mit einem Traktat über philologische Erkenntnis‹. Wir haben bei meinem letzten Besuch in Frankfurt besprochen, dass der Untertitel auch auf dem Umschlag erscheint und dass der Band in den Katalogen und Anzeigen ebenfalls mit dem Untertitel genannt wird. Ich halte das für sehr wichtig, *um so den methodologischen Gesichtspunkt der Studien zu betonen und sie nicht als blosse Sekundärliteratur über Hölderlin erscheinen zu lassen.*[29]

Szondi selbst zielte bereits auf jenen Effekt, den sein Status als Theoretiker weiter verstärkt hat: Er tendierte gewissermaßen dazu, akademische Primärliteratur zu werden. Unseld war dafür der richtige Ansprechpartner. Der Verleger hatte zwar den *Versuch über das Tragische* zunächst abgelehnt, aber mit Wohlwollen registriert, wie gut Szondi eigentlich zum Theorieprofil des Suhrkamp Verlags passte: »Daß ich Ihr Zugeordnetsein zu Benjamin, Ihre Zitierung von Bloch und Adorno, ihre polemische Distanzierung vom greulichen Otto Mann höchst erfreut zur Kenntnis nahm, wird Sie nicht wundern, wie mir überhaupt die Tendenz Ihrer Arbeit sympathisch war«.[30] Mit dem »Traktat« *Über philologische Erkenntnis* schien Szondi aus Unselds Perspektive genau den richtigen Weg in Richtung Theorie einzuschlagen:

Manches in Ihrem Essay habe ich einfach bewundert, so etwa die Darstellung der beiden methodologischen Beispiele aus der Friedensfeier. Ich bin fest überzeugt, daß diese Arbeit bei den Fachleuten, und nicht nur bei ihnen, Echo auslösen wird, und Sie sollte dieses Echo ermutigen, auch künftighin in dieser prinzipiellen Richtung zu arbeiten. Das gäbe dann einen Essayband, den ich mit Begeisterung veröffentlichen würde.[31]

Dass Unseld diesen Hinweis gibt, als er über die Einführung der »edition suhrkamp« informiert, passt gut ins Bild.

Zurück zur Konstellation der Werke um 1960: Aus einer praxeologischen Perspektive würde also einerseits eine alternative Zusammenstellung von Szondis Schriften durchaus naheliegen, die u. a. den Habilitationsvortrag, die Antrittsvorlesung und den erkenntniskritischen »Traktat« als aufeinander verweisende Aspekte einer Praxis und des entsprechenden Problemzusammenhangs behandelt. Andererseits folgen die Herausgeber der *Schriften* erkennbar dem Autorwillen, wenn sie die *Hölderlin-Studien* mit den Reflexionen *Über philologische Erkenntnis* einleiten. Mehr noch: Mit der Werkausgabe, die neben den *Schriften* auch die *Studienausgabe der Vorlesungen* umfasst, erfüllen sie die werkpolitischen Absichten Szondis, der sich stets bemüht hat, sein in verschiedenen Hinsichten disparates *Œuvre* als Einheit zu präsentieren.[32]

Szondi hat sich intensiv mit den materiellen Aspekten des Publizierens befasst: mit der jeweils passenden Gestaltung von Umschlag, Papier, Titel, der Klappentexte oder des Seitenbilds. Die visuellen und haptischen Gestaltungselemente sollten einen Vorgeschmack des Inhalts vermitteln. Gegebenenfalls ersetzten dabei materielle Ähnlichkeiten explizite Hinweise auf Referenzen, und dies im Fall der Dissertation sogar in Bezug auf die zentrale theoretische Bezugsgröße. Am 13. August 1956 schrieb Szondi an Unseld:

> Wenn ich mir nun noch zur Gestaltung des Umschlags Wünsche erlauben darf, so wären sie diese: möglichst einfach, nur Titel, Verfasser und Verlag; die Buchstaben entweder Garamond (evt. kursiv) oder wie für die ›Schriften‹ Benjamins, aber nicht Kurrent; die Farben: schwarz auf graublau, graugrün, grau, crème oder weiss.[33]

Szondis Engagement für Benjamin-Auswahlausgaben sowie eine revidierte Gesamtausgabe zielte damit auch darauf, seinem eigenen Werk im Suhrkamp Verlag einen privilegierten Kontext zu geben.[34]

Bei seinen Überlegungen zur angemessenen Verkörperung seiner Texte reflektierte Szondi stets die Positionierungseffekte, die Publikationen mit sich bringen. Die Erstveröffentlichung einer Studie in einer Fachzeitschrift führte eher ins Zentrum der Wissenschaft, die Veröffentlichung in einem Publikumsverlag wie Suhrkamp oder Insel adressierte eine größere Öffentlichkeit. Als Rezensenten für Szondis Habilitationsschrift, die er in den »Werbetexten« dezidiert nicht als »Habilitationsschrift« benannt wissen wollte,[35] visierte der Insel Verlag immerhin Literaturkritiker wie Joachim Kaiser oder Walter Jens an – »denn was immer man von seinen professoralen Feuilletons halten mag, sie haben halt doch eine ziemlich breite Wirkung«.[36] In der Überarbeitung akademischer Texte berücksichtigte Szondi diese Orientierung an einem breiteren Publikum gelegentlich auch sprachlich, wenn er etwa bemerkt: »Ich bin eben damit beschäftigt, den Schlegel-Aufsatz – wie Enzensberger einmal gesagt hat – aus dem Germanistischen ins Deutsche zu übersetzen.«[37]

Der Wille zu einem größeren Publikum konnte aus der Perspektive der wissenschaftlichen Peers als Drang zur akademischen

Peripherie gedeutet werden, zumal wenn die Darstellungsformen essayistisch ausfielen. An Enzensberger, der gerade seine berühmte Kritik des Taschenbuchbetriebs veröffentlicht hatte, schrieb Szondi am 7. Juli 1960:

Inzwischen sind über meinem Kopf die ersten Gewitterwolken des Habilitationshimmels erschienen. Den ersten Blitz löste sogar der Name des Verlages aus. Der neuernannte Ordinarius Rainer Gruenter fragte mich, wo meine Dissertation erschienen sei, und auf die Antwort ›bei Suhrkamp‹ kam mit grossem Ernst die Frage: ›War das richtig?‹ Seit ich gar verraten habe, dass ich nur dann traurig wäre, wenn ich einsehen müsste, dass ich was Schlechtes gemacht, nicht aber, wenn es abgelehnt würde, bin ich eine essayistische bête noir geworden. Sie hatten offenbar doch recht, als Sie sich darüber wunderten, dass man auch ohne Fussnoten ins Dozentenparadies kommt. Nu ja.[38]

Diese Erklärung ist in vielen Hinsichten aufschlussreich: Dies gilt zunächst für den Einsatz von Normen wie ›richtig‹ oder ›schlecht‹. Sie weisen auf Passungsanforderungen hin, die sowohl sachliche als auch soziale Aspekte einbeziehen. Für die (Selbst-)Evaluation ist dabei interessant, welche Unterschiede sich aus der sozialen und zeitlichen Erweiterung oder Verengung der Evaluationsgemeinschaften und -prozesse ergeben. Die ›Ablehnung‹ in einem kleinen Gremium in einer bestimmten Situation bedeutet für Szondi eben nicht *per se*, etwas ›schlecht‹ gemacht zu haben. Die Entscheidung über die Güte seiner Leistung wird an anderer Stelle gefällt, und diese Orientierung an größeren und längeren Evaluationsdimensionen prägt auch seine publizistischen Ambitionen. Er bietet seine Schriften als Teil eines größeren Werkprojekts an und empfiehlt sie damit einer längerfristigen Rezeption, die den engeren Kreis von Spezialisten transzendiert.

Auch deswegen arbeitete Szondi intensiv daran, die Veröffentlichungen seiner Texte so zu gestalten, dass die Einzelelemente als Aspekte eines (Gesamt-)Werks erschienen. Dies galt zunächst für die Kohärenz zwischen unterschiedlichen Publikationen, etwa zwischen Dissertation und Habilitation. Nachdem er einen Teil der Studie über das Tragische an den Suhrkamp Verlag geschickt hatte, schrieb er an Walter Boehlich:

ich wollte Ihnen heute noch eine halbe Seite zu meinem Manuskript schicken: eine Art Schlusswort, das vom letzten Abschnitt die Brücke schlägt zur Moderne und damit auch zu meinem Büchlein.[39]

Solche Bezüge sollten auch materiell sichtbar sein. So baute Szondi seine Habilitationsschrift gezielt wie die Dissertation auf. Am 13. Dezember 1960 instruiert er Fritz Arnold vom Insel Verlag, wo die Studie wie auch die anschließenden Bücher erschienen:

> […] es wäre mir lieb, wenn das Inhaltsverzeichnis in der jetzigen Form gedruckt würde (Sie haben die Bezeichnungen ›Einleitung‹ und ›Ueberleitung‹ sowie die Zahlen 1-12 und 1-8 bei den Kommentaren und Analysen gestrichen). Ich habe, was den Aufbau der Arbeit betrifft, weitgehend an die ›Theorie des modernen Dramas‹ angeknüpft und würde diese Kontinuität gerne im Inhaltsverzeichnis kenntlich machen.[40]

Bis in die Gestaltung der Anmerkungsziffern nimmt er sich sein »Dramenbüchlein« zur Vorlage.[41] Nachdem die Publikation der beiden Bücher im selben Verlag gescheitert war, weil Unseld die Habilitation für Suhrkamp abgelehnt hatte, erschienen solche Hinweise auf den Werkzusammenhang umso wichtiger. Dies gilt zumal angesichts von Unselds Kritik an der mangelnden Ganzheit: Auf den Verleger wirkte die Arbeit »kurzatmig, fast asthmatisch«. Es handle sich nicht um »ein Buch, ein organisches Ganzes […], dessen Einheit mehr ist als die bloße Summe seiner Teile«[42] beziehungsweise um »kein publikables, weil in sich nicht geschlossenes und rundes Buch«.[43]

Um solchen Vorbehalten im Blick auf das Gesamtwerk zu begegnen, kümmerte sich Szondi auch um die Paratexte seiner Bücher. Dies erfolgt in enger Absprache mit dem Insel Verlag. So legte er etwa bei *Der andere Pfeil* oder bei *Satz und Gegensatz* großen Wert darauf, dass die Klappentexte nicht auf andere Werke des Verlags hinweisen, sondern auf »das andere Buch des Verfassers«,[44] um durch solche »Kontinuitätszeichen«[45] Hinweise auf das *Œuvre* zu geben. Auch ist auffällig, dass die Umschlaggestaltung von zwei Insel-Bänden – nämlich des *Versuchs über das Tragische* und *Satz und Gegensatz* – sich in der puristischen Schwarz-Weiß-Komposition an der noch von Suhrkamp publizierten Erstausgabe der *Theorie des modernen Dramas* orientieren. Szondi berücksichtigte die Buchästhetik sogar noch feinsinniger, wenn er nach Durchsicht der Fahnen darauf beharrte, dass der Titel von *Satz und Gegensatz* nicht kursiviert werden dürfe: »Ich finde die Strenge der gewöhnlichen Schrift viel schöner und angemessener, auch sind bisher die Titel (im ›Versuch über das Tragische‹ und im ›Anderen Pfeil‹) stets so gesetzt worden. Ich möchte die Herstellung sehr bitten, dies zu ändern.«[46] Auch wenn Szondi sich später einsichtig zeigte,[47] »enttäuscht[e]« es ihn beim Blick auf den Umbruch zunächst noch »sehr«, dass seine Intention dem Verlag offenbar so schwer zu vermitteln war:

Nicht nur finde ich die Schrift selber weniger schön als die ursprünglich gewählte; dadurch, dass die Charaktere kleiner und dünner sind, wirkt der ganze Umschlag weniger gut. Dazu kommt noch hinzu, dass durch die Aenderung der Schrift der Anklang an die beiden anderen Bücher [...] geopfert worden ist. Ich frage mich auch, warum ich anfangs in diesen einzelnen Punkten konsultiert worden bin und an dem Entwurf mitgearbeitet habe, wenn es dann doch anders gemacht wird, und zwar ohne dass ich vorher unterrichtet worden wäre. – Nun sehe ich ein, dass es richtiger ist, für den Umschlag dieselbe Schrift zu wählen wie für den Text und für den Klappentext. Nur hätte ich nicht erst aus den Fahnen erfahren sollen, dass die Schrift geändert worden war. Übrigens frage ich mich, ob die Schrift des Umschlags tatsächlich die der Klappe und des Buchtextes ist, da dort das ›t‹ z. B. viel kürzer ist.[48]

Szondi musste jedoch nicht nur auf die Kohärenz zwischen Büchern hinweisen, sondern auch innerhalb der Bücher wurde sie zum Problem. Das gilt zunächst für die Textsammlungen, die er zu erheblichen Teilen retrospektiv zusammengestellt hat. Ähnliches lässt sich beim mit Szondi bekannten Germanisten Richard Alewyn beobachten, der sich in der ersten Hälfte der 1960er Jahre intensiv mit dem Insel Verlag über die Herstellung einer Textsammlung mit dem Titel *Probleme und Gestalten* austauscht. Entscheidend ist hier aber nicht sein anfänglicher Publikationsvorbehalt wegen mangelnder Kohärenz, sondern vielmehr, dass die Publikation trotz offenkundiger Disparatheit der publizierten Teile 1974 erfolgt, weil mit einer Einheitsbehauptung aufgewartet werden kann: Zwischen den »scheinbar weit auseinanderliegenden Arbeiten wird der Leser Assonanzen entdecken, sogar wörtliche Parallelen, Spitzen [...] desselben Eisbergs. Dann handelt es sich um Fragmente, Aspekte oder Resümees größerer Zusammenhänge, deren Ausbreitung dem Verfasser noch bevorsteht. Nicht nur als Retrospektive, sondern auch als Prospektive wollen sie verstanden sein.«[49] Einerseits wird mit dem Bild des Eisbergs der einheitsstiftende Sockel der abgedruckten Texte ins Unsichtbare verschoben; andererseits wird mit dem Hinweis auf das Prospektive der verbindende Zusammenhang als ein gegenwärtig noch latenter ausgezeichnet, dessen Manifestation in der Zukunft liegt. Dem Leser wird damit der Auftrag erteilt, bei der Lektüre der »asketische[n] Auswahl«[50] auf hintergründige Verbindungen zu achten, die zunächst noch unsichtbar und latent sind. Wer aber die »Assonanzen« zwischen den Texten zu entdecken vermag, wird herausfinden können, dass sich das scheinbar Disparate doch noch reimt.

Wie verfährt Szondi? Im Fall der *Hölderlin-Studien* dienten, wie bereits erwähnt, die Bezüge auf den »Traktat« *Über philologische Erkenntnis* als Bindemittel. Bei dem deutlich loser gestrickten Sammelband mit dem Titel *Satz und Gegensatz* bemühte Szondi unterschiedliche Kriterien:

> Der projektierte Titel ›Satz und Gegensatz‹ weist auf ein Thema hin, das allen Studien gemein ist, die Dialektik – aber das Wort will ich lieber vermeiden. In jedem Aufsatz wird eine andere Gegensätzlichkeit untersucht [...]. Über diese Gemeinsamkeit hinaus haben die Aufsätze des ersten Teils sowohl den selben historischen Zeitpunkt als auch die gemeinsame Thematik Ironie, Tragik, Komik. Im zweiten Teil kommt das 20. Jahrhundert zur Sprache, und was hier die drei Kapitel verbindet, ist das Thema der Jugend, des elegischen Rückblicks, von dem man wohl auch bei Th. Mann sprechen darf [...]. Ich habe also den Eindruck, dass die Zusammenstellung nicht ganz zufällig wirken würde.[51]

»Nicht ganz zufällig« mag hinkommen, aber besonders absichtsvoll wirkt das Ganze durch diese disparaten ›Kontinuitätszeichen‹ dennoch nicht. Gleichwohl haben zeitgenössische Beobachterinnen und Beobachter die Hinweise zur Kenntnis genommen: Szondis »Werk«, so heißt es in einer Rezension von *Satz und Gegensatz*, weise »schon alle Merkmale des Œuvre« auf – Szondi hat sich diese Passage am Rand angestrichen.[52]

Selbst innerhalb der Projekte, die schon im Vorhinein als Bücher geplant waren, lag die Kohärenz nicht immer auf der Hand. Szondi wollte daher seine Habilitationsschrift vom Verlag auf Klappentexten oder in Katalogen nicht als »Essays« bezeichnet wissen (obwohl er selbst dies einige Zeit zuvor vorgeschlagen hatte),[53] sondern legte Wert auf den ganzheitlichen Charakter der Studie als »Buch«: »Auch wenn es im zweiten Teil Essays enthält, ist es doch als ein Buch gedacht und heisst selber ›Versuch‹.«[54] Welche Rolle die Einbettung von einzelnen Elementen in die kohärenzstiftende Umgebung des Buchs spielte, zeigen auch bibliografische Anpassungen: Bei der Überarbeitung von Studien zur erneuten Publikation nennt Szondi sowohl bei sich als auch bei anderen Autoren so weit wie möglich nicht mehr die ›unselbstständigen‹ Publikationen, also die Zeitschriftenfassungen, sondern die Buchfassungen. Die Herausgeber der *Schriften* führen dieses Prinzip weiter, indem sie diese Angaben bei den Werken Szondis wiederum zu Verweisen auf die Werkausgabe verändern.

Die eher makro- und mesostrukturellen Hinsichten konnten beliebig verfeinert werden. So teilte Szondi dem Insel Verlag auch seine Gedanken darüber mit, wie Haupt- und Nebentexte im Seitenbild arrangiert werden sollen:

> Ein Problem scheint mir noch der Anschluss der Anmerkungen am Ende jedes Aufsatzes zu sein. Ein zu kleiner Abstand stört die Wirkung, die der Schluss eines jeden Essays haben muss, ein zu grosser hebt den Zusammenhang auf.[55]

Die Verhandlungen enden mit einem guten Beispiel dafür, dass die Autorintention in der Verlagspraxis nur ein Faktor unter vielen anderen ist: Letztlich landen die Anmerkungen im Anhang.[56]

Die Kohärenz von Szondis Werk versteht sich mithin auf verschiedenen Niveaus nicht von selbst; die Veröffentlichungsformen legen solche Zusammenhänge jedoch bis zur Ausgabe der *Schriften* sowie deren Paperback-Ausgabe, die wie die *Studienausgabe der Vorlesungen* als *suhrkamp taschenbuch wissenschaft* erscheint, zunehmend nahe. Die Publikationspraxis provoziert damit die Frage, was für die Einheit im Unterschiedenen sorgt. Geht man davon aus, dass eine privilegierte Antwort darauf ›Methoden und Theorien‹ lautet, dann wird schließlich auch die Kolorierung der frühen Einbände von Szondis Büchern bedeutsam: Als Farbe für ›Theorie‹ lag nämlich vor dem *suhrkamp taschenbuch wissenschaft* nicht ein fast schwarzes Dunkelblau nahe, sondern Weiß – so zumindest gestaltete Suhrkamp Ende der 1960er Jahre nach einem grauen Vorspiel die Umschläge der ›Theorie‹-Reihe.[57] Die 1956 publizierte Erstausgabe der *Theorie des modernen Dramas* erschien – wie auch die später bei Insel publizierten Bände *Versuch über das Tragische* und *Satz und Gegensatz* – mit einem weißen Einband [Abb. 2]. Und die Einbände der Erstausgaben von *Der andere Pfeil* und der *Hölderlin-Studien* trugen ein nobles Grau. Erst in der revidierten Neuausgabe in der *edition suhrkamp* fiel die *Theorie des modernen Dramas* in die »époque jaune« – »ein hübsches Gelb«, wie Szondi bemerkte [Abb. 3].[58] Aber auch hier handelte es sich zunächst nur um den Schutzumschlag für ein hellgraues, nahezu weißes Buch.

Abb. 2: Erstausgabe von Szondis *Theorie des modernen Dramas*[59]

Abb. 3: Neuausgabe von Szondis *Theorie des modernen Dramas* in der *edition suhrkamp*.[60]

Für die Wahrnehmung von Szondi als ›Theoretiker‹ war nicht nur die Buchästhetik ein wichtiger Faktor, sondern auch die dadurch nahegelegte Zirkulationsform, denn mit dem Taschenbuch orientiert er sich an einem Format, das seit den 1950er Jahren ›Theorie‹ in Umlauf gebracht hat: Szondis Dissertation über die *Theorie des mo-*

dernen Dramas entwickelte sich zu einem Bestseller – in der dritten Auflage als Band 27 der *edition suhrkamp* gingen allein »im zweiten Halbjahr 1963 10 000 Ex.« über den Ladentisch. Szondi nutzte diese Zahlen, um seine Position in Verlagsverhandlungen zu stärken.[61] In einem anderen Zusammenhang nennt er diese Zahlen ebenfalls und bemerkt, »dass selbst Preise von DM 5.80 und 8.80 prohibitiv wirken, sobald die Studenten den Eindruck haben, sie bekämen zu wenig für ihr Geld«.[62]

Bemerkenswert ist jedoch nicht nur der nicht prognostizierbare kommerzielle Erfolg, sondern noch viel grundlegender, dass die Dissertation überhaupt in einem renommierten Verlag in ansprechender Ausstattung gedruckt wurde. In den 1960er und noch in den 1970er Jahren war dies alles andere als selbstverständlich. An die Publikationspflicht, die bei Dissertationen *pro forma* bestand, musste immer wieder von offizieller Seite erinnert werden, zumal der Tauschhandel unter den Bibliotheken, der für die Verbreitung der Dissertationen sorgten sollte, nur mäßig funktionierte. Die entscheidende Weichenstellung erfolgte mit der Aufstockung der Druckkostenzuschüsse, die den Druck von Qualifikationsschriften zu einem lukrativen Geschäft machten.[63]

Szondi legte jedenfalls nicht nur Wert auf die sorgfältige Gestaltung seiner Bücher, sondern auch auf einen niedrigen Preis.[64] Mit Blick auf die Planungen von *Satz und Gegensatz* bemerkt er:

> Auch glaube ich, dass es doch keinen Sinn hat, auf eventuelle Neidreaktionen der Kollegen Rücksicht zu nehmen, während die Studenten eine preiswerte Zusammenstellung der Aufsätze ihrer Lehrer sehr zu begrüssen pflegen, da die Zeitschriftenbände in den Bibliotheken oft ausgeliehen sind und ein einzelnes Heft im besten Fall soviel kostet wie ein Taschenbuch oder ein Insel-Bändchen.[65]

Die studentischen Leserinnen und Leser, für die die Veröffentlichung in fachlich überaus bedeutenden Zeitschriften oder anderen renommierten akademischen Genres entlegen war, blieben als größeres Publikum fest im Blick:

> Nun sind die Aufsätze bis auf den über Hofmannsthal freilich alle schon publiziert, aber die Zeitschrift ›Euphorion‹ ist ja nur in Bibliotheken erhältlich, ein Heft kostet 10 DM, und auch die Adorno-Festschrift dürfte von Studenten kaum gekauft worden sein. Ich denke an eine billige Ausgabe, evt. nun doch in der Insel-Bücherei.[66]

Der Erfolg der Insel-Ausgabe von *Satz und Gegensatz* blieb jedoch hinter den Hoffnungen zurück, weil – so Szondis Deutung im Rückblick – die »Stützung durch die Reihe« fehlte.[67] Diese Bemerkung bezieht sich auf die Publikation im Rahmen der *edition suhrkamp*, die zwar erst einige Jahre später realisiert wurde, über die Szondi aber bereits zeitgleich zu den Planungen mit dem Insel Verlag im Gespräch war.[68]

Suhrkamp war für Szondi auch deswegen ein so interessanter Publikationspartner, weil dort viele unterschiedliche Erscheinungsmöglichkeiten zur Verfügung standen, die trotz ihrer Diversität alle zur »Suhrkamp-Kultur« zählten. Am 16. Februar 1971 reflektierte er diese Vielfalt im Blick auf einen Band, der postum unter dem Titel *Lektüren und Lektionen. Versuche über Literatur, Literaturtheorie und Literatursoziologie* erschien und damit bereits im Titel dem Image des Theoretikers Szondi zuarbeitet:

> Was nun die Art der Veröffentlichung betrifft, so liegt mir, wie Sie wissen, sehr an dem studentischen Publikum, und dieses würde sich einen Band des Hauptprogramms viel weniger leisten können. Die edition suhrkamp kommt wohl nicht in Frage, da die beiden Texte über Brecht und Benjamin bereits in es-Bänden enthalten sind. Es kommt hinzu, daß ich Ihnen vielleicht in 6 oder 12 Monaten einen Band für die edition suhrkamp (›Celan-Studien‹) vorschlagen möchte. Aus diesem Grund wäre, so scheint mir, eine Publikation in der Bibliothek Suhrkamp am geeignetsten, und ich wäre sehr froh, wenn Sie damit und, innerhalb der Preisskala der Bibliothek, mit einem möglichst niedrigen Preis einverstanden wären. Sagen Sie mir doch bitte ganz offen, was Sie davon halten. Eine erst für später geplante billige Ausgabe wäre mir aus dem genannten Grunde nicht lieb, eine broschierte Ausgabe innerhalb des Hauptprogramms wiederum wäre einerseits wahrscheinlich immer noch bedeutend teurer als ein Band der Bibliothek Suhrkamp, und es käme andererseits hinzu, daß die Stützung durch die Reihe entfiele – mit ›Satz und Gegensatz‹ habe ich da, wie Sie wissen und vorhergesagt hatten, schlechte Erfahrungen gemacht.[69]

Die *Bibliothek Suhrkamp* bildet vom Format und Zirkulationsangebot her gesehen eine Art Kompromiss zwischen dem Haupt- und Taschenbuchprogramm: Einerseits handelt es sich um Hardcover-Bände mit Schutzumschlag; andererseits fällt die Ausstattung der kleinformatigeren Bände so kostengünstig aus, dass der Preis vergleichsweise geringe Zugangshürden setzt. Zudem waren in der *Bibliothek Suhrkamp* auch Adornos *Noten zur Literatur* und Benjamins *Berliner Kindheit* erschienen – wichtige Bücher, auf die sich Szondis Werk stützte.

Insgesamt erwies sich die wiederholte, reformatierende Publikation für Szondi als entscheidend: In der Übertragung von Kontext zu Kontext lag selbst bei Werken, die auf den ersten Blick vor allem konkrete Interpretations- oder Analysearbeit leisteten, eine Lektüre nahe, bei der die fürs Veralten anfälligen Einzelergebnisse vernachlässigt und stattdessen übergeordnete oder grundlegende und vor allem übertragbare, man könnte sagen: theoriefähige Aspekte betont wurden.[70] So hat etwa Kai Bremer auf Grundlage einer »kritischen Überprüfung« und »wissenschaftsgeschichtliche[n] Einbettung« die *Theorie des modernen Dramas* als Ausgangspunkt genutzt, um »zwei weitere ›Akte‹ in der Entwicklung des Dramas« so zu schreiben, »wie es eben durch Szondi notwendig geworden ist: als *theoretische* Annäherung an die historische Produziertheit eines wesentlichen Kunstgegenstands der Gegenwart«.[71] Entsprechend liegt die entscheidende »intellektuelle Leistung« Szondis darin, dass er sich von seinem Doktorvater absetzt und »die sich Staiger widersetzende Bewertung literaturtheoretisch absichert«. Ebendeswegen hat man es aber »nicht einfach nur« mit einer »theoretische[n] Erörterung des Dramas« zu tun, auch nicht nur mit einem Dokument der »Emanzipation eines Doktoranden von seinem Doktorvater«, sondern mit der »Emanzipation der Germanistik von der Werkimmanenz insgesamt«, also einer grundlegenden literaturtheoretischen und methodischen Weichenstellung.[72]

Szondis Veröffentlichungen in fachlich renommierten Medien belegten, dass es sich bei seinen Aufsätzen um Studien handelte, für die der wissenschaftliche Normalbetrieb Platz einräumte, die also durchaus dazu passten und die entsprechende Prüfung durch Herausgeber oder Beiräte bestanden hatten. Das erneute Erscheinen in einer kostengünstigen Ausgabe charakterisierte dann die Werke in anderer Weise: Dabei verbanden sich ökonomische Aspekte mit einer bestimmten Kommunikationserwartung, was Leserinnen- und Lesertypen wie auch Verbreitungsreichweiten anbelangte. Gleichzeitig wurden mit dem handhabbaren, portablen Format, das sich leicht individuell aneignen ließ, bestimmte Beziehungen zwischen Buch und Leserin respektive Leser angebahnt. Schließlich bot sich das wissenschaftliche Taschenbuch in einer renommierten Reihe nicht nur dem massenhaften Lesekonsum an, sondern konnte zudem eine ganz eigene Aura entwickeln. Es erwies seine Klassizität genau dadurch, dass es von Fachleuten, die nicht allein der Disziplin des Autors entstammten, erneut für die Herausgabe geprüft wurde und auch jenseits der ursprünglichen, für die Fachwissenschaft im engeren Sinn gemachten Publikation relevant und interessant erschien [→ Kap. 14].[73]

Szondis Werk war also schon früh im Taschenbuch präsent und damit auf jenem Segment des Buchmarkts, das für die Emphatisierung von ›Theorie‹ entscheidend wurde. Unseld zog das richtige Register, als er sich am 27. September 1962 während der Vorbereitung der *edition suhrkamp* geheimnisvoll an Szondi wandte und erneut[74] auf die Planung der neuen Reihe hinwies:

> Das, was ich mit Ihnen mündlich besprechen wollte, entzieht sich, zumindest zunächst, der schriftlichen Fixierung. Es geht aber, und dies darf ich doch andeuten, um eine neue Reihe (zu DM 2.80), die ich im nächsten Frühjahr herausbringe. In dieser Reihe möchte ich auch Ihre ›Theorie des modernen Dramas‹ herausgeben. Ich hätte mit Ihnen gern über die Planung der Reihe gesprochen. Dies können wir aber auch zu einem späteren Zeitpunkt tun.[75]

Szondi war, gedeckt durch seine »Erfahrung an den Universitäten«, überzeugt davon, dass man mit diesem Preis »eine ganz neue Leserschicht erreichen kann«.[76]

Mit der Intuition, dass sich eine »ganz neue Leserschicht« formiert hatte, lag Szondi richtig: Die »Paperback Revolution« der 1960er Jahre bestand dabei nicht in Innovationen in Sachen Ausstattung, Preisgestaltung oder Vertriebswegen – hier reichen die Traditionen bis ins 19. Jahrhundert zurück. Die entscheidende Dynamik ging von einem Genrewechsel hin zum Sachbuch aus: 1950 dominierte in Westdeutschland fiktionale Literatur mit einem Anteil von 94,4 %; bis 1957 sank diese Rate schlagartig auf 45,6 % (wenn man die Detektiverzählungen ausblendet).[77] Zugleich verwandelten sich die Universitäten im Zuge von Bildungsreformen in Masseninstitutionen, an denen sich Theoriekonsumentinnen und Theoriekonsumenten versammelten und wechselseitig in ihren Interessen befeuerten.[78]

Die Frage nach der Verkörperung von Theorie in der Publikationspraxis, nach den Verfahren also, mit denen Szondis Werke einen theoretischen Eindruck machen, rückt eine Konstellation von

Akteurinnen und Akteuren in den Blick, die wissenschaftshistorische Studien leicht aus dem Blick verlieren: »Ensembles editorialer Praktiken«[79] tarieren aus, für was ein Text stehen soll, also beispielsweise als Beitrag zur Theorie. In solchen spannungsvollen Kollaborationen [→ Kap. 3] spielen heterogene, konkurrierende Normen eine Rolle sowie Personen, Institutionen und Aktivitäten, die auf den ersten Blick unwissenschaftlich erscheinen, ohne die die wissenschaftliche Praxis aber nicht funktionieren würde. Schließlich ergeben sich wichtige Hinweise auf die Bedeutung von materiellen Objekten in der wissenschaftlichen Praxis, die in vielen Hinsichten auf Verkörperungen angewiesen ist [→ Kap. 17].

14. Theoretisieren und Transferieren

Das geschilderte Ensemble editorialer Praktiken spielt eine entscheidende Rolle bei den Zirkulationspraktiken, die einen epochenübergreifenden, interdisziplinären und internationalen »Transit« von theoretischem Wissen gewährleisten.[1] Diese Zirkulationspraktiken tragen zudem nicht selten erheblich dazu bei, dass das Zirkulierende selbst sukzessive ›theoretisiert‹ wird. In der Literaturwissenschaft ließen sich für diese Praxis der ›Theoretisierung‹ durch Zirkulation neben Szondi ohne Mühe weitere Beispiele finden: Eines, das auch für Szondi sicherlich wichtig war, ist Walter Benjamin [→ Kap. 13].[2] Benjamins berühmter Essay zu Goethes *Wahlverwandtschaften* wird nicht allein in der Goethe-Philologie gelesen, sondern in vielen Teilen der Geisteswissenschaften, dort aber meist, um Benjamins eigenes theoretisches Programm und seine hermeneutische Verfahrensweise zu erkunden – weshalb es nicht überrascht, dass ein umfangreicher Sammelband, der sich nur diesem Essay widmet, vor einigen Jahren mit dem Titel *Benjamins Wahlverwandtschaften* aufwartete.[3] Das primäre Interesse hat sich im Zuge einer Zirkulation des Essays zwischen den Epochen, Disziplinen und Ländern teilweise von dem Nachvollzug der Deutung des klassischen Dichters auf die Rekonstruktion eines modernen Theoretikers verschoben, der nun ›für sich‹ steht.

Teile von Szondis und Benjamins Werk haben damit ein Schicksal erfahren, das strukturell dem von Max Webers *Protestantischer Ethik* ähnelt. Stefan Bargheer hat die Rezeptionsgeschichte des Weber-Textes in drei Phasen eingeteilt: Anfangs wurde *Die Protestantische Ethik und der ›Geist‹ des Kapitalismus* als eine empirische Studie diskutiert, die eine spezifische historische Konstellation untersucht; anschließend wurde sie als eine empirisch verankerte generelle Theorie der westlichen Moderne aufgefasst; schließlich wurde sie zu einer ›reinen‹ Theorie, die von der einstmaligen historisch-empirischen Verankerung vollkommen abgekoppelt wurde.[4]

Im Zuge der zunehmenden Theoretisierung Webers bildete sich ein Typ von Forschung heraus, dem es primär um die Ausdeutung von Webers Texten geht. Max Weber ist dann als reiner Theoretiker zu lesen, was auch bedeutet, seine Beiträge aus deren ursprünglichen empirischen Forschungskontexten und aus dem damaligen wissenschaftlichen Debattenkontext herauszulösen – womit eine neue Form der reinen Theorie entsteht, die sich von dem Theoretisieren, das zuvor in laufenden Forschungsprozessen entwickelt wurde, deutlich unterscheidet. Im Fall Webers findet diese Entwicklung einer zunehmenden Theoretisierung zudem im Kontext von transnationalen Übertragungsprozessen statt. Wie Filipe Carreira da Silva und Mónica Brito Vieira in ihrer Monografie über die Buchmaterialität von Ideen zeigen, kommt hier Talcott Parsons' englischer Übersetzung von Webers *Die protestantische Ethik und der ›Geist‹ des Kapitalismus* eine maßgebliche Rolle zu: In Parsons' Übersetzung wurden unter anderem Abschnitte gekürzt, Kursivierungen und distanzierende Anführungszeichen entfernt, die Absatzunterteilungen blieben nicht erhalten und die Fußnoten verwandelten sich in Endnoten (entfernt wurden schließlich auch die meisten Verweise auf Nietzsche, um die ›tragische‹ Dimension der Soziologie Webers nicht hervortreten zu lassen).[5]

Für Parsons ist Webers Text nicht mehr eine empirische Studie, sondern einer der theoretischen Gründungstexte der Soziologie – ein Theorie-Klassiker, der dazu dient, die Grundlagen einer Disziplin zu legen und die Grenzen einer epistemischen Gemeinschaft zu ziehen, weshalb sich die Geschichte der disziplinären Institutionalisierung der Soziologie in Nordamerika anhand der Geschichte der Übersetzungen und Neuauflagen von Theorie-Klassikern nachvollziehen lässt. Darüber, ob ein Werk ›Theorie‹ ist oder nicht, entscheiden also nicht nur und häufig nicht einmal primär die Autorinnen und Autoren, sondern deren Schülerschaft, die Verwaltung des Nachlasses, der Verlag, die Herausgeberinnen und Herausgeber, die Übersetzung, der Kommentar wie auch das Lektorat. Sie alle zeichnen für Praktiken der Remediation verantwortlich. Und selbst wenn der Theoriestatus gesichert ist, wie etwa im Fall Luhmanns, stellt sich die Frage, *in welchem Sinne* hier von einem Theoretiker zu sprechen ist; weshalb bekannte Systemtheoretikerinnen und Systemtheoretiker wie Dirk Baecker, Elena Esposito, Detlef Horster, Oliver Jahraus, André Kieserling, Dieter Lenzen oder Niels Werber Luhmann-Herausgeberinnen und Herausgeber sind, die Unveröffentlichtes publizieren, Neuausgaben veranstalten, Glossare, Anthologien und Handbücher verantworten. Theoriearbeit geht hier mit editorialen Praktiken der Buchherstellung einher.[6] Nicht selten ergibt sich dabei die Problematik der Unifizierung des Disparaten: Wie nachgewiesen wurde, sind kanonische Theoriewerke nicht selten Kompilationen aus disparaten Schriftstücken (Nachlassmanuskripten, Vorlesungsmitschriften, Zeitschriftenaufsätzen), die erst nachträglich zu einem einheitlichen Buch zusammengefasst wurden, weil Theorie-Klassiker von einem »Bucheffekt« erheblich profitieren.[7]

Ein Beispiel, wie ›Theorie‹ in einem kollaborativen Prozess hergestellt wird, an dem Autorinnen und Autoren und Verlage teilhaben, bietet ein mittlerweile weltweit diskutiertes französisches Theoriewerk von Luc Boltanski und Laurent Thévenot, das zunächst 1987 unter dem Titel *Les économies de la grandeur* (*Die Ökonomien der Konventionen*) in der fachwissenschaftlichen Reihe *Cahiers du centre d'études de l'emploi* des Universitätsverlags Presses Universitaires de France erschien. Es überrascht nicht, dass das sozialtheoretische Werk viele Zitate, Fußnoten und Anmerkungen enthält. Ebenso wenig überrascht, dass es nur von einer kleinen Fachcommunity zur Kenntnis genommen wurde. 1991 erschien das Werk dann unter dem neuen Titel *De la justification* (*Über die Rechtfertigung*) in der Reihe *NRF Essais* des großen französischen Publikumsverlags Gallimard – diese Ausgabe war es dann auch, die bald in viele Sprachen übersetzt wurde.

Wie Bruno Auerbach in einem detaillierten Vergleich der beiden Ausgaben herausgearbeitet hat, beschränken sich die Veränderungen aber keineswegs auf den Publikationsort, den Buchtitel, das Genre (die Präposition »Über« konnotiert den »Essay«) und auf die buchmateriellen Veränderungen des Formats, der Seitengestaltung und der Umschlaggestaltung (Abb. 1-4).[8] Für die Gallimard-Ausgaben werden die Zitate und die Anmerkungen reduziert, aus den Fußnoten werden Endnoten gemacht und auf die Anhänge wird vollständig verzichtet. Die Syntax wird überarbeitet und die sozialtheoretische Fachterminologie wird von einem weniger disziplinär verankerten Begriffsgebrauch abgelöst. Das Autorenduo tritt zudem durch einen prononcierten Gebrauch der ersten Person Plural stärker in den Vordergrund und markiert die eigenen Positionen stärker als eigene und originelle Vorschläge und weniger als Beiträge zu einem bereits bestehenden innerdisziplinären Diskurszusammenhang. Erst diese umfassende editorische Remediation erlaubt, aus einer sozialtheoretischen Spezialstudie eines Soziologen

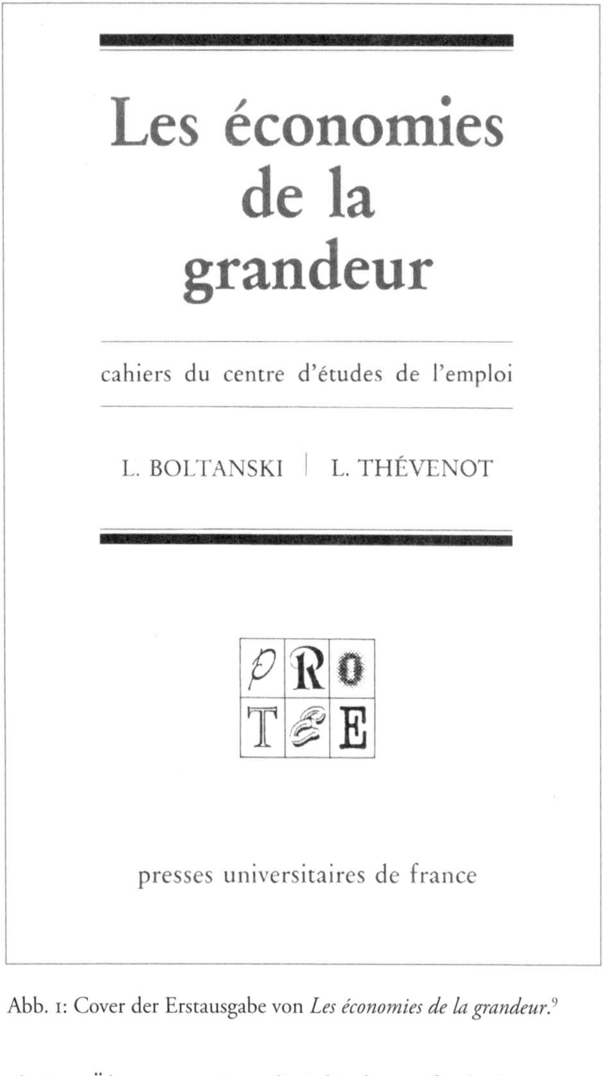

Abb. 1: Cover der Erstausgabe von *Les économies de la grandeur.*[9]

und eines Ökonomen einen disziplinübergreifend relevanten und für einen breiten, auch internationalen Adressatinnen- und Adres-

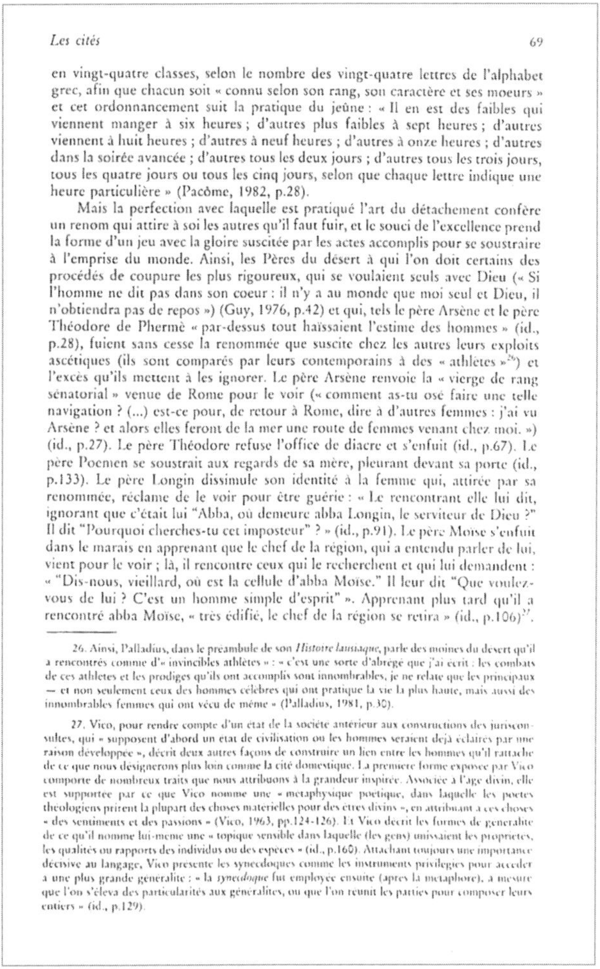

Les cités 69

en vingt-quatre classes, selon le nombre des vingt-quatre lettres de l'alphabet grec, afin que chacun soit « connu selon son rang, son caractère et ses moeurs » et cet ordonnancement suit la pratique du jeûne : « Il en est des faibles qui viennent manger à six heures ; d'autres plus faibles à sept heures ; d'autres viennent à huit heures ; d'autres à neuf heures ; d'autres à onze heures ; d'autres dans la soirée avancée ; d'autres tous les deux jours ; d'autres tous les trois jours, tous les quatre jours ou tous les cinq jours, selon que chaque lettre indique une heure particulière » (Pacôme, 1982, p.28).

Mais la perfection avec laquelle est pratiqué l'art du détachement confère un renom qui attire à soi les autres qu'il faut fuir, et le souci de l'excellence prend la forme d'un jeu avec la gloire suscitée par les actes accomplis pour se soustraire à l'emprise du monde. Ainsi, les Pères du désert à qui l'on doit certains des procédés de coupure les plus rigoureux, qui se voulaient seuls avec Dieu (« Si l'homme ne dit pas dans son coeur : il n'y a au monde que moi seul et Dieu, il n'obtiendra pas de repos ») (Guy, 1976, p.42) et qui, tels le père Arsène et le père Théodore de Phermè « par-dessus tout haïssaient l'estime des hommes » (id., p.28), fuient sans cesse la renommée que suscite chez les autres leurs exploits ascétiques (ils sont comparés par leurs contemporains à des « athlètes »[26]) et l'excès qu'ils mettent à les ignorer. Le père Arsène renvoie la « vierge de rang sénatorial » venue de Rome pour le voir (« comment as-tu osé faire une telle navigation ? (...) est-ce pour, de retour à Rome, dire à d'autres femmes : j'ai vu Arsène ? et alors elles feront de la mer une route de femmes venant chez moi. ») (id., p.27). Le père Théodore refuse l'office de diacre et s'enfuit (id., p.67). Le père Poemen se soustrait aux regards de sa mère, pleurant devant sa porte (id., p.133). Le père Longin dissimule son identité à la femme qui, attirée par sa renommée, réclame de le voir pour être guérie : « Le rencontrant elle lui dit, ignorant que c'était lui "Abba, où demeure abba Longin, le serviteur de Dieu ?" Il dit "Pourquoi cherches-tu cet imposteur" ? » (id., p.91). Le père Moïse s'enfuit dans le marais en apprenant que le chef de la région, qui a entendu parler de lui, vient pour le voir ; là, il rencontre ceux qui le recherchent et qui lui demandent : « "Dis-nous, vieillard, où est la cellule d'abba Moïse." Il leur dit "Que voulez-vous de lui ? C'est un homme simple d'esprit" ». Apprenant plus tard qu'il a rencontré abba Moïse, « très édifié, le chef de la région se retira » (id., p.106)[27].

26. Ainsi, Palladius, dans le préambule de son *Histoire lausiaque*, parle des moines du désert qu'il a rencontrés comme d'« invincibles athlètes » : « c'est une sorte d'abrégé que j'ai écrit : les combats de ces athletes et les prodiges qu'ils ont accomplis sont innombrables, je ne relate que les principaux — et non seulement ceux des hommes célèbres qui ont pratique la vie la plus haute, mais aussi des innombrables femmes qui ont vécu de même » (Palladius, 1981, p.30).

27. Vico, pour rendre compte d'un état de la société antérieur aux constructions des jurisconsultes, qui « supposent d'abord un état de civilisation ou les hommes seraient deja éclairés par une raison développée », décrit deux autres façons de construire un lien entre les hommes qu'il rattache de ce que nous désignerons plus loin comme la cité domestique. La premiere forme exposee par Vico comporte de nombreux traits que nous attribuons à la grandeur inspirée. Associée à l'age divin, elle est supportée par ce que Vico nomme une « metaphysique poetique, dans laquelle les poetes théologiens prirent la plupart des choses materielles pour des êtres divins », en attribuant a ces choses « des sentiments et des passions » (Vico, 1963, pp.124-126). Et Vico decrit les formes de generalite de ce qu'il nomme lui-meme une « topique sensible dans laquelle (les gens) unissaient les proprietes, les qualités ou rapports des individus ou des espèces » (id., p.160). Attachant toujours une importance décisive au langage, Vico présente les synecdoques comme les instruments privilegies pour acceder a une plus grande generalite : « la *synecdoque* fut employée ensuite (apres la metaphore), a mesure que l'on s'éleva des particularités aux généralites, ou que l'on réunit les parties pour composer leurs entiers » (id., p.129).

Abb. 2: Eine Seite der Erstausgabe von *Les économies de la grandeur*.[10]

satenkreis relevanten Theorie-Essay von zwei eminenten Theoretikern zu machen.

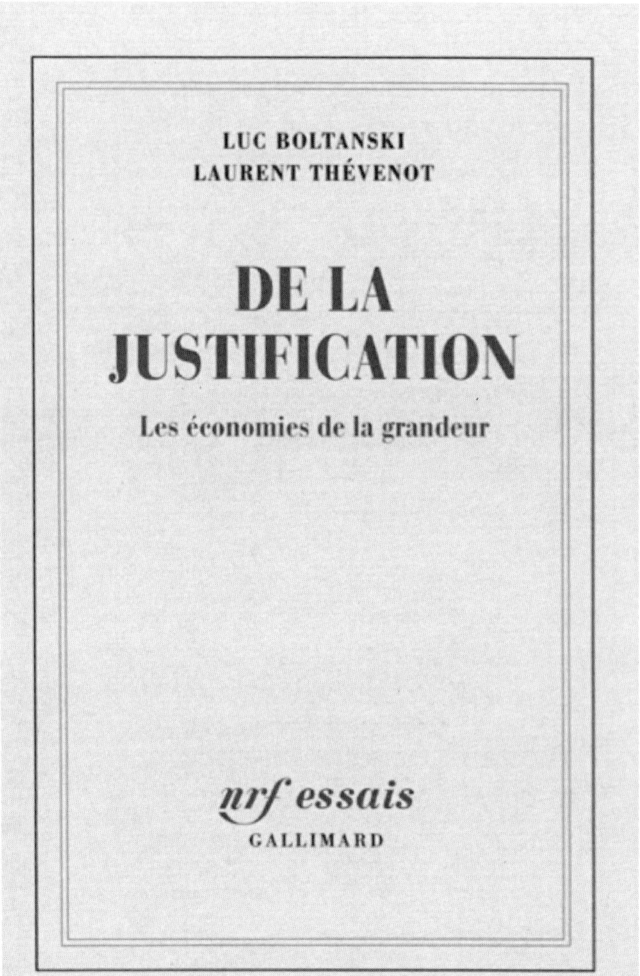

Abb. 3: Cover der Neuausgabe von *De la justification. Les économies de la grandeur.*[11]

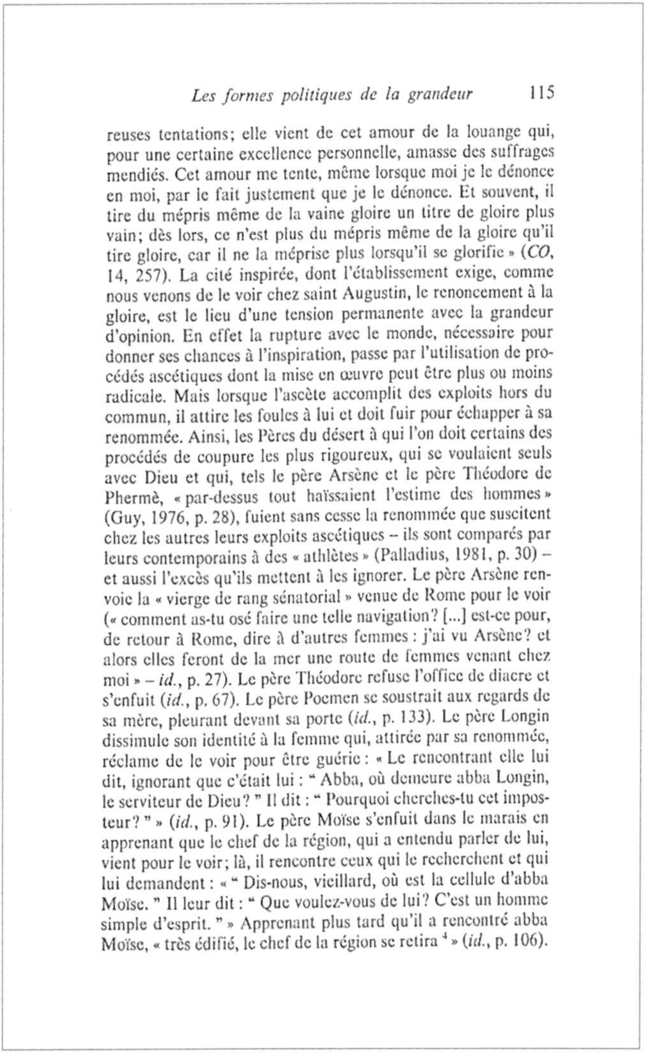

Les formes politiques de la grandeur 115

reuses tentations; elle vient de cet amour de la louange qui, pour une certaine excellence personnelle, amasse des suffrages mendiés. Cet amour me tente, même lorsque moi je le dénonce en moi, par le fait justement que je le dénonce. Et souvent, il tire du mépris même de la vaine gloire un titre de gloire plus vain; dès lors, ce n'est plus du mépris même de la gloire qu'il tire gloire, car il ne la méprise plus lorsqu'il se glorifie » (*CO*, 14, 257). La cité inspirée, dont l'établissement exige, comme nous venons de le voir chez saint Augustin, le renoncement à la gloire, est le lieu d'une tension permanente avec la grandeur d'opinion. En effet la rupture avec le monde, nécessaire pour donner ses chances à l'inspiration, passe par l'utilisation de procédés ascétiques dont la mise en œuvre peut être plus ou moins radicale. Mais lorsque l'ascète accomplit des exploits hors du commun, il attire les foules à lui et doit fuir pour échapper à sa renommée. Ainsi, les Pères du désert à qui l'on doit certains des procédés de coupure les plus rigoureux, qui se voulaient seuls avec Dieu et qui, tels le père Arsène et le père Théodore de Phermè, « par-dessus tout haïssaient l'estime des hommes » (Guy, 1976, p. 28), fuient sans cesse la renommée que suscitent chez les autres leurs exploits ascétiques – ils sont comparés par leurs contemporains à des « athlètes » (Palladius, 1981, p. 30) – et aussi l'excès qu'ils mettent à les ignorer. Le père Arsène renvoie la « vierge de rang sénatorial » venue de Rome pour le voir (« comment as-tu osé faire une telle navigation? [...] est-ce pour, de retour à Rome, dire à d'autres femmes : j'ai vu Arsène? et alors elles feront de la mer une route de femmes venant chez moi » – *id.*, p. 27). Le père Théodore refuse l'office de diacre et s'enfuit (*id.*, p. 67). Le père Poemen se soustrait aux regards de sa mère, pleurant devant sa porte (*id.*, p. 133). Le père Longin dissimule son identité à la femme qui, attirée par sa renommée, réclame de le voir pour être guérie : « Le rencontrant elle lui dit, ignorant que c'était lui : " Abba, où demeure abba Longin, le serviteur de Dieu? " Il dit : " Pourquoi cherches-tu cet imposteur? " » (*id.*, p. 91). Le père Moïse s'enfuit dans le marais en apprenant que le chef de la région, qui a entendu parler de lui, vient pour le voir; là, il rencontre ceux qui le recherchent et qui lui demandent : « " Dis-nous, vieillard, où est la cellule d'abba Moïse. " Il leur dit : " Que voulez-vous de lui? C'est un homme simple d'esprit. " » Apprenant plus tard qu'il a rencontré abba Moïse, « très édifié, le chef de la région se retira [4] » (*id.*, p. 106).

Abb. 4: Eine Seite der Neuausgabe von *De la justification. Les économies de la grandeur*.[12]

Es bedarf aber nicht unbedingt umfassender sprachlicher Überarbeitungen, um eine derartige Transformation zum Theoriewerk zu veranstalten, wie sich an der Rezeption von Norbert Elias' *Über den Prozeß der Zivilisation* oder Reinhart Kosellecks *Kritik und Krise* zeigen lässt. Als Norbert Elias seine 1939 zuerst publizierte historische Studie 1976 bei Suhrkamp in der *suhrkamp-taschenbuch-wissenschaft*-Reihe veröffentlichen lässt, kann das Buch, das zunächst als eine historische Studie über einen mehrere Jahrhunderte umspannenden Zivilisationsprozess verstanden worden war, nun neu aufgefasst werden: als ›Theorie-Klassiker‹, der einen bestimmten theoretischen und methodischen Zugriff in der historischen Sozialforschung exemplarisch vorführt.[13] Ähnliches lässt sich an Reinhart Kosellecks Studie *Kritik und Krise* nachvollziehen, die zunächst 1959 in der Reihe *Geschichte der politischen Ideen in Dokumenten und Darstellungen* im Alber Verlag veröffentlicht wird. Sobald *Kritik und Krise* 1973 in der Taschenbuchreihe *stw* des Suhrkamp Verlags erscheint, liegt eine Deutung als ›Theorie‹-Beitrag näher, bei dem weniger die historische Quellenarbeit von Interesse ist als eine allgemeine Perspektive auf kulturtheoretische Problemstellungen.[14] Die erste internationale Rezension erfährt *Kritik und Krise* zudem erst nach seiner Publikation als *stw*-Band.[15] Es verwundert vor diesem Hintergrund auch nicht, dass die Übersetzung von *Kritik und Krise* 1988 bei MIT Press in der von Thomas McCarthy herausgegebenen Reihe *Studies in Contemporary German Social Thought* erscheint: eine Reihe, die sich, wie sich in Anspielung auf die Studie François Cussets sagen ließe, der transatlantischen Übersetzung von German Theory widmete.[16] In der Reihe waren bereits ›theoretische‹ Werke von Theodor W. Adorno, Karl-Otto Apel, Ernst Bloch, Hans Blumenberg, Hans-Georg Gadamer, Jürgen Habermas, Herbert Marcuse, Joachim Ritter, Carl Schmitt, Michael Theunissen und Ernst Tugendhat erschienen (auch Kosellecks Band *Vergangene Zukunft* war in dieser Reihe als *Futures Past* erschienen).[17]

Analog zu Max Webers Transformation zum Theorie-Klassiker im Zuge des transatlantischen Wissenstransfers lassen sich auch bei Boltanski und Thévenot interessante Beobachtungen zum Verhältnis von Theorie und Praktiken der transnationalen Textzirkulation machen. Diese Praxis ist in den letzten Jahren intensiver untersucht worden.[18] Demnach entscheiden sehr viele Faktoren darüber, ob ein geisteswissenschaftliches Buch in eine transnationale Zirkulationspraxis eingespeist wird: Neben dem Verkaufserfolg der Publikation spielen Faktoren wie die Reputation der Ausgangssprache und der Ausgangskultur, der Autorin beziehungsweise des Autors und des Verlags, aber auch der Disziplinen und Themen eine Rolle; schließlich ist auch der Textumfang (Bücher über 300 Seiten haben es schwer)[19] und die Schreibweise (»narrative« Schreibweisen werden gegenüber »strukturalen« bevorzugt) zu berücksichtigen.[20]

Die Zirkulationspraktiken zwischen dem frankophonen und dem anglophonen Raum lassen, wie Gisèle Sapiro hervorhebt, zudem folgende Faktoren ins Blickfeld rücken: Bei den Problemstellungen und Methodenregistern, die in importierten Werken entwickelt werden, sollte es sich nicht um solche handeln, die schon von einheimischen Autorinnen oder Autoren des importierenden Gebiets beherrscht werden – idealerweise lässt sich das intellektuelle Importgut sogar als charakteristisch für die akademische Ausgangskultur verstehen (French Theory, German Theory). Auch gehorcht die Suche nach passenden Übersetzungen einem Regime der Individualisierung [→ Kap. 4], das Akademikerinnen und Akademiker mit dem Status einer respektive eines *grand auteur* bevorzugt (weshalb die amerikanischen Universitätsverlage unentwegt nach den ›Namen‹ von neuen Autorinnen und Autoren Ausschau halten). Zudem sind Werke mit einem wissenschaftlichen Wirkungsbereich jenseits enger disziplinärer Grenzen von großem Interesse.[21] Diese Faktoren begünstigen Theoriewerke und benachteiligen historische oder empirische Arbeiten. Theorie reist, wie es scheint, häufig müheloser als Empirie.[22]

Diese Beobachtungen werden durch eine umfassende Studie der amerikanischen Rezeption der französischen Soziologie seit den 1970er Jahren bestätigt. Wie Étienne Ollion und Andrew Abbott herausarbeiten, finden die Werke der französischen Soziologie nur recht selten einen Weg in amerikanische Fachdebatten – was damit zusammenhängt, dass in Amerika und Frankreich die Praktiken des wissenschaftlichen Arbeitens (›doing science‹) stark differieren.[23] Darüber hinaus wird man die starke Zentralisierung in einem globalen, ökonomisch hoch lukrativen akademischen Publikationsmarkt berücksichtigen müssen, in dem ausgehandelt wird, welche publizistischen Zonen und entsprechende Standards ›zentral‹, ›semiperipher‹ oder ›peripher‹ sind.[24] Wenn jedenfalls französische

Arbeiten in der Soziologie der USA Resonanz finden, dann meist nur, wenn die französischen Autorinnen und Autoren als herausragende Theoretikerinnen und Theoretiker wahrgenommen werden, deren Werke als grundlegende Theorie verbucht werden können. Wie die Zitationsanalyse belegt, werden aus diesen Theoriewerken zudem vorzugsweise die Stellen zitiert, die allgemeine ›theoretische‹ Argumente formulieren.[25] Erneut erweist sich, dass die Theorie als intellektuelles Produkt von Großtheoretikerinnen und Großtheoretikern am besten reist.

Diese Reisefähigkeit ist darüber hinaus von der Reisefreudigkeit der Theoretikerinnen und Theoretiker selbst abhängig, deren persönliche Besuche in den USA bei der Vermittlung der ›Theorie‹ eine wichtige Rolle spielen. Zudem hängt die Reisefähigkeit von US-Repräsentantinnen und -Repräsentanten der ›Theorie‹ ab, die sich der Verbreitung und Vermittlung der Schriften der Theoretikerin respektive des Theoretikers verschreiben.[26] Wie sich am Beispiel Pierre Bourdieus zeigen lässt, nimmt die amerikanische Rezeption der Werke des französischen Soziologen erst in dem Moment signifikant an Fahrt auf, in dem Bourdieu als führender Theoretiker wahrgenommen wird, seine Schriften als Beitrag zur einer allgemeinen Sozialtheorie gelten und sich US-Repräsentantinnen und -Repräsentaten dieser Sozialtheorie an die Vermittlungsarbeit machen.[27]

Die Rolle der Verlage darf bei dieser Vermittlungsarbeit nicht unterschätzt werden. Bei der Suche nach geisteswissenschaftlichen Titeln lassen sich die »University Presses« meist von etablierten Arbeitsbeziehungen mit europäischen Verlagen leiten – häufig können sogar langfristige ›Wahlverwandtschaften‹ zwischen bestimmten amerikanischen und europäischen Verlagen beobachtet werden.[28] Dies führt aber nicht nur zu klaren Präferenzen für ein bestimmtes intellektuelles Produkt (nämlich kontinentale ›Theorie‹), sondern auch für ein bestimmtes akademisches Genre (nämlich den ›Essay‹) und für wenige theorieaffine Verlagsprogramme (z. B. Gallimard und Le Seuil). Es dürfte klar sein, dass das Buch von Boltanski und Thévenot in seiner ersten Version wohl nie ins Englische übersetzt worden wäre, weil diese noch keine ›Theorie‹ war, noch nicht die Form des ›Essays‹ aufwies und noch nicht bei einem Verlag untergekommen war, der enge Austauschbeziehungen mit den »University Presses« unterhält. Erst die zweite Version wurde in der von

Catherine Porter verantworteten englischen Übersetzung 2006 bei Princeton University Press publiziert als Exemplar origineller, singulärer und disziplinübergreifender europäischer ›Theorie‹.

Diese Transformation lässt sich auch an den Rezensionen erkennen, die den Theorie-Charakter des in der englischen Fassung *On Justification* betitelten Buchs betonen: »Diejenigen, die sich für eine große Bandbreite von Disziplinen interessieren [...], werden in diesem ehrgeizigen und anspruchsvollen Buch, das sich nicht in ein einziges Forschungsparadigma einordnen lässt, ein großes Potential entdecken.«[29] Der Hinweis auf Porter soll in Erinnerung rufen, dass neben den Verlegerinnen und Verlegern, Reihenherausgeberinnen und -herausgebern (vor allem den Herausgeberinnen und Herausgebern von Theorie-Reihen) und Lektorinnen und Lektoren den Übersetzerinnen und Übersetzern bei der Übermittlungspraxis von ›Theorie‹ eine wichtige Rolle zukommt. Porter hat sich als eine der wichtigsten Übersetzerinnen von French Theory profiliert und englischsprachige Fassungen unter anderem der Werke von Theoretikerinnen und Theoretikern wie Shoshana Felman, Bruno Latour, Louis Marin, Avital Ronell und Tzvetan Todorov vorgelegt; sie ist zudem selbst eine wichtige Theoretikerin in den Translation Studies.[30] Porters Name findet sich folgerichtig auf dem Cover von *On Justification* (Abb. 5[31]).

Weshalb, so fragt ein Artikel in der *Frankfurter Allgemeinen Zeitung*, betreiben genau die Personen »häufig Theorie«, die auch »Theorien aus der einen Sprache in eine andere« übertragen? Und weshalb sind »viele Theoretiker auch Übersetzer von Theorie«?[32] Die Übersetzung von ›Theorie‹ ist für Theoretikerinnen wie Porter deshalb so attraktiv, weil die Praxis der Übertragung eines Theoriewerks im akademischen Bereich in einen eigenen Zusammenhang mit der Praxis des Theoretisierens gerückt wird – was eigene akademische Anerkennungsgewinne in Aussicht stellt. Die Übersetzung von ›Theorie‹ hat höhere Chancen, als eine Aktivität wahrgenommen zu werden, die selbst auf anspruchsvolle Weise am intellektuellen Prozess des ›Theoretisierens‹ teilhat. Wer eine historische Studie über die französische Salonkultur der Aufklärungszeit oder über die Literaturgeschichte der deutschen Biedermeierzeit ins Englische übersetzt, ist ›bloß‹ eine mehr oder weniger gute Übersetzerin beziehungsweise ein mehr oder weniger guter Übersetzer. Wer hingegen ›Theorie‹ übersetzt, etwa Boltanski und Thévenot oder Giorgio

Abb. 5: Cover von *On Justification. Economies of Worth.*

Agamben, Gilles Deleuze, Jacques Derrida, Michel Foucault oder eben Szondis *Theorie des modernen Dramas*, den *Versuch über das Tragische* und die *Einleitung in die literarische Hermeneutik* profiliert sich schon dadurch als Theoretikerin oder Theoretiker und übernimmt gelegentlich sogar im eigenen nationalen akademischen System bereits eine gewisse Patenschaft für die übersetzte Theorie (kann also diejenige Person sein, die diese ›Theorie‹ dann vor Ort vertritt und verkörpert). So haben nicht wenige bekannte Dekonstruktivistinnen und Dekonstruktivisten ihre Karriere als ›Theoretikerinnen‹ und ›Theoretiker‹ mit der Übersetzung von Derrida-Texten begonnen.[33] Wenn etwa Werner Hamacher die Teilübersetzung von Paul de Mans *Allegorien des Lesens* ins Deutsche besorgt, stellt er der Übersetzung einen eigenen Text über »Unlesbarkeit« voran – ein einführendes Vorwort, das sich selbst paratextuell aber nicht als bloßes »Vorwort« verstanden wissen will.[34] Das Vorwort (oder Nachwort) der Übersetzenden, das in der bisherigen Paratext-Forschung kaum untersucht worden ist, wird zu einem Ort, an dem die Übersetzenden für sich als ›Theoretiker‹ beziehungsweise ›Theoretikerinnen‹ Visibilität beanspruchen können.[35] Die Übersetzungsaktivität löst eine bestimmte soziale ›Logik‹ der Assoziation aus, durch die Übersetzende selbst wichtige Akteure innerhalb eines bestimmten Prozesses des ›Theoretisierens‹ werden.

Es lässt sich somit ein intrikates Verhältnis von Theorie und Translokalität beobachten. Erstens wird mit Theorie das Versprechen einer translokalen Übertragbarkeit und Anwendbarkeit verbunden; zweitens werden Texte häufig erst innerhalb von transnationalen Übertragungsprozessen als ›Theorie‹ formatiert; und drittens sind Theoriewerke tatsächlich ›reisefähiger‹ als historische und empirische Studien – wobei der Erfolg von Übersetzungen nicht selten mit der persönlichen Präsenz der Theoretikerinnen und Theoretiker in den entsprechenden Wissenschaftssystemen einhergeht, der gelungene Transfer von ›Theorie‹ also mit der körperlichen Anwesenheit der Autorin oder des Autors im Zielland zusammenhängt [→ Kap. 27].[36] Das Verhältnis von ›Theorie‹ und Translokalität ist also ein viel engeres, als es zunächst erscheinen mag. ›Theorie‹ kann nicht nur ihren Ort wechseln, sondern ist fundamental dadurch charakterisiert, dass sie mit einer Translokalitätsambition auftritt: ›Theorie‹ im emphatischen Sinne impliziert schon selbst ein Versprechen auf Transferierbarkeit und Übersetzbarkeit. Was als ›Theorie‹ an einer Stelle geleistet worden ist, erhebt aus dieser Perspektive einen Anspruch auf Paradigmatizität und Exemplarität, das heißt einen Anspruch darauf, in unterschiedlichen Praxiszusammenhängen mit Erfolgsaussichten eingesetzt werden zu können [→ Kap. 10]. Es ist insofern bezeichnend, dass Jean Bollack anlässlich einer spanischen Übersetzung über den Autor der *Celan-Studien* festhält: »Szondi war stets auch selbst Literaturtheoretiker.«[37]

Die Wanderschaft, die Theorie antritt, muss aber nicht wie in den oben diskutierten Beispielen im Format des magistralen Theoriewerks erfolgen. Theorie zirkuliert ebenfalls erfolgreich in für spezifische nationale Diskussionskontexte eigens zusammengestellten Sammlungen: wie in Essaybänden (etwa die deutsche Übersetzung der *Mythen des Alltags* von Roland Barthes) oder in Aufsatzsammlungen. So wollte Bourdieu den theoretischen »Traktat« *Über philologische Erkenntnis* ins Französische übersetzen lassen, um den Text zuerst in der Zeitschrift *Critique* und anschließend gemeinsam mit weiteren Aufsätzen Szondis bei seinem Hausverlag Minuit zu veröffentlichen. Auch aus Bourdieus Perspektive dient die ›Theorie‹ dazu, das Werk einer Autorin oder eines Autors über Grenzen wandern zu lassen und eine anschlussfähige Rezeptionsperspektive auf weniger theoretische Teile des Werks zu eröffnen.[38]

Wichtige Formate sind in diesem Kontext die für akademische Lehrkontexte hergestellten ›Theorie‹-Anthologien (wie die *Norton Anthologies* oder die Reclam-Anthologien) und die ebenfalls für Unterrichtszwecke publizierten Modellinterpretationen. Ein besonders einflussreicher Theorieband mit Modellinterpretationen ist David E. Wellberys *Positionen der Literaturwissenschaft*, der mittlerweile in fünfter Auflage vorliegt und immer noch häufig in der akademischen Unterrichtspraxis eingesetzt wird. Die Beobachtung von Theoriebedarf, die Wellbery zur Herausgabe seines Bandes mit theoretisch orientierten Kleist-Deutungen motiviert hatte, stand in einem engen Zusammenhang mit einer Praxiskrise: Während eines Aufenthalts in Bonn habe er ein altes »zunftbasiertes System« erlebt, das die langfristige Tradierung von »normativen Praktiken« vor allem durch persönliche Verkörperungsleistungen aufrechterhalten habe. Als aufmerksamer Beobachter unterschiedlicher nationaler Wissenschaftssysteme habe Wellbery gesehen, dass dieses »zunftbasierte System« im Begriff war, sich aufzulösen:

Was ich in Bonn beobachtet hatte, war ein zunftbasiertes System, in dem normative Praktiken (»Lehre« und nicht »Methode«) in erster Linie durch persönliche Verkörperung und lokale Tradition weitergegeben wurden. Dieses System war im Begriff, sich aufzulösen. Wissen konnte nicht mehr durch das individuelle Vorbild und die Bestätigung des Professors gesichert werden, sondern bedurfte der Legitimation durch eine theoretisch fundierte Methode.[39]

Geschildert werden hier also auf knappem Raum Praktiken der akademischen ›Unterweisung‹ durch das persönliche Beispiel von Könnerinnen und Könnern, die ein Wissen, das in lokalen Praxiszusammenhängen verankert ist, ebenso individuell wie exemplarisch verkörpern und vermitteln. Sie fallen damit einem Provinzialismus anheim, der sich mit den grundlegenden Anforderungen einer aus lokalen Praxiszusammenhängen weitgehend herausgelösten internationalen Theoriediskussion schwer vermitteln lässt.[40] Deutlich wird damit, dass Theoretisierung mit einem Versprechen der Entprovinzialisierung einhergeht, dass Theorie also als etwas verstanden wird, das mit der Aussicht auf translokale Übertragbarkeit und der Herstellung einer translokalen Legitimität formuliert ist.

Eine weitere Form der Theoriemigration betrifft wieder stärker die Remediation: Theorie kann auch zwischen kleineren und größeren Formaten hin und her wandern. So wechselt sie zwischen kleineren Buchformaten und größeren Theoriewerken: Gilles Deleuzes und Félix Guattaris schmaler Band über das *Rhizom* (*Rhizome*) erscheint 1976 auf Französisch und schon 1977 in deutscher Übersetzung beim kleinen Theorie-Verlag Merve und fungiert später als das Anfangskapitel des umfassenderen Werks *Tausend Plateaus* (*Mille Plateaux*). Darüber hinaus wandern kleinere nicht-buchförmige Formate wie Fachaufsätze in größere Publikationen ein und verteilen sich dort: eine nicht immer gleich ins Auge springende Theoriedispersion ins Monografische. Um nur ein Beispiel für Praktiken der Dispersion von ›Theorie‹ zu nennen: Die vielzitierten theoretischen Reflexionen über *Remediation* von Jay David Bolter und Richard Grusin finden ihren ersten umfassenderen Niederschlag in einem Fachaufsatz, der 1996 in dem theorieorientierten Fachjournal *Configurations* erscheint.[41] Drei Jahre später folgt dann das gleichnamige Buch. Im Vorwort zum Buch äußern sich Bolter und Grusin über die »Genealogie des Buches« und bestimmen in diesem Zusammenhang das Verhältnis von Aufsatz und Buch:

»[D]ie ursprüngliche Idee für einen Essay [...] entwickelte sich zu einem Plan für ein Buch«.[42] Aus der »Idee« wird hier ein »Plan«; und aus dem »Plan« dann schließlich das »Buch«, das die Leserinnen und Leser des Vorworts in der Hand halten. Damit wird ein handfester und gängiger textueller Vorgang beschrieben: die Übertragung von Textmaterial aus dem Aufsatz in die Monografie. Tatsächlich wurde fast der gesamte Text des Aufsatzes in die Monografie eingearbeitet, allerdings verteilt auf die Seiten 3-9 (Einleitung), die Seiten 21-48, 53-62 und 68-70 (Kapitel 1-3) und die Seiten 234-236 (Kapitel 15). Beim Blick in das Inhaltsverzeichnis der Monografie wird gleich deutlich, dass die aus dem Aufsatz integrierten Textteile genau die Abschnitte der Monografie ausmachen, die Bolter und Grusin als »Theory« verstanden wissen wollen.

Berücksichtig man die Rezeption des Buches in den Geisteswissenschaften, so kann man auch dann, wenn man keine breite empirische Zitationsanalyse vornimmt, feststellen, dass es genau diese importierten Textteile sind, die im Zentrum der Diskussion der Monografie von Bolter und Grusin stehen. Und es sind zudem genau diese Textteile, die dann in ›Theorie‹-Anthologien wiederabgedruckt werden. Selbst wenn es schwierig ist, ausgehend von derartigen Beobachtungen informierte Hypothesen über die konkreten Mediengebrauchspraktiken der Leserinnen und Leser des Buches aufzustellen, so wird man doch annehmen dürfen, dass die genannten Abschnitte auch diejenigen sein dürften, die am häufigsten kopiert, gelesen und annotiert werden.

Daran schließt sich eine wichtige Frage an: Was bedeutet es für ›Theorie‹, wenn in der Rezeption eines Werks wie *Remediation* vor allem die Abschnitte reproduziert, zitiert, diskutiert, vielleicht auch nur gelesen werden, die als ›Theorie‹ ausgezeichnet werden oder aufgrund einer Vielzahl textueller und paratextueller Signale als ›Theorie‹ erkennbar sind? Was bedeutet es für eine Monografie wie *Remediation*, dass in der Rezeption der Monografie am häufigsten Stellen mit sentenzhaftem Charakter zitiert werden: »*all* mediation is remediation«.[43] Zirkuliert ›Theorie‹ auch deshalb in der Form prägnanter Sentenzen, weil diese sich als besonders portabel, also als besonders reisefreudig erweisen? Nach Beispielen muss man nicht lange suchen: McLuhans Medientheorie zirkuliert im Medium der Sentenz (»the medium is the message«).[44] Und Adornos Theorie-Sentenz, man müsse Kunstwerke aus der »Logik ihres Produziertseins« erkennen, ist so prägnant, dass Szondi sie in seinen »Traktat« *Über philologische Erkenntnis* übernimmt.[45] Dass Szondi mittlerweile der Status eines großen Theoretikers zugeschrieben wird, lässt sich auch daran erkennen, dass diese bedeutende Theorie-Sentenz mittlerweile nicht mehr nur mit Adorno, sondern auch mit seinem Namen verbunden wird.[46]

15. Gegenstände des Theoretisierens

Wenn Szondi im Anschluss an Adorno darauf besteht, dass es bei literarischen Werken die »Logik ihres Produziertseins« zu erkennen gelte, dann wird diese Einsicht an ganz bestimmten literarischen Gegenständen gewonnen. Bereits Adorno hatte seinen theoretischen Merksatz im Zuge einer Auseinandersetzung mit Paul Valéry formuliert; Szondis theoretische Reflexionen über grundlegende ästhetische und hermeneutische Fragen lassen sich ebenfalls vor dem Horizont seiner Beschäftigung mit Valéry besser verstehen.[1] Auch im »Traktat« *Über philologische Erkenntnis* weist Szondis Praxis des Theoretisierens eine große Affinität zu bestimmten literarischen Gegenständen auf: Die Auffassung, was genau Literatur ist und wie mit ihr umgegangen werden sollte, wird folgenreich an einem besonderen Ausschnitt der literarischen Produktion plausibilisiert. Dies wird von Szondi einerseits offensiv reflektiert, indem er sich das ubiquitäre Kriterium der Angemessenheit besonders emphatisch aneignet [→ Kap. 7]. Andererseits gelangt er zu Aussagen, die mit der Gegenstandsneutralität grundlegender theoretischer Positionierungen rechnen. Szondi bringt nämlich die moderne literarische Ästhetik und Poetik ins Spiel (wie sie unter anderem von Stéphane Mallarmé, Paul Valéry und Stefan George propagiert worden ist), wenn er auf den »Eigenwert des Wortes« besteht, mithin auf den »Eigenwert« des sprachlichen Kunstwerks und des künstlerischen Prozesses. Das dichterische »Wort« dürfe nicht als Vehikel, Instrument oder Mittel für anderes verstanden werden, sondern ganz im Gegenteil als Gegenstand im emphatischen Sinn, das heißt als absoluter Bezugspunkt. Das dichterische Kunstwerk ist kein Dokument, sondern ein Monument: Es verweist nicht ›dokumentarisch‹ auf Historisches oder Gesellschaftliches außerhalb seiner selbst, sondern behauptet sich – auch in seiner Historizität und Sozialität – als alleiniges Zentrum des explikativen Interesses. Wie sich nicht nur an Szondi beobachten lässt, hängt die Auffassung, was das eigene Fach im Kern ausmacht und wie es verfahren sollte, welche Genauigkeit und Ambiguitätstoleranz für die Praxis des Faches bestimmend sind, stark vom jeweils privilegierten Untersuchungsgegenstand ab. Damit wollen wir einen letzten Aspekt beleuchten, der die Gegenüberstellung von Theorie und Praxis zugunsten von Praktiken des Theoretisierens problematisiert.

Das von Szondi bevorzugte moderne dichterische Monument erweist sich als ein schwer ausdeutbarer Gegenstand, der eine intrinsische Ambiguität aufweist. Wenn hier von Szondi die wesentliche Vieldeutigkeit, vielleicht sogar Hermetik des ästhetischen Gegenstandes hervorgehoben wird, dann im Sinn einer literarischen Hermeneutik, die einer spezifisch modernen Poetik gerecht zu werden versucht. Die literarische Moderne, für die Ambiguität das »Paradigma« der Kunst überhaupt ist,[2] steht für Verständnisschwierigkeiten, die nicht durch methodisch betriebene philologische »Hausaufgaben« auszuräumen sind,[3] sondern die vielmehr auf die individuelle Verfasstheit des ästhetischen Werks selbst verweisen und insofern überhaupt nicht aufgelöst werden können (nicht die Stimmigkeit, sondern die internen Spannungen des Kunstwerks sind aus dieser Perspektive zu unterstellen)[4]. Nur einer Philologie, die sich den Anforderungen moderner Dichtung nicht gewachsen zeigt, gilt die Ambiguität laut Szondi weiterhin als »Skandalon«:

> Aber wenn es auch seine Aufgabe ist, die Verhältnisse des Textes zu erkennen und das Problem zu lösen, so kann doch die Lösung nicht darin bestehen, daß eine Doppeldeutigkeit, die dem Text selber angehört, aus der Welt geschafft wird.[5]

Wie diese Stelle zeigt, handelt es sich beim »Traktat« nicht allein um eine Erkenntniskritik, die nach den Voraussetzungen philologischer Heuristik und Geltungsprüfung fragt (wie z.B der Parallelstellenmethode), sondern auch um eine historische Erkenntniskritik, die unterstellt, dass der ›Stand‹ der hermeneutischen Reflexion dem geschichtlichen Entwicklungsstand der modernen Künste (und der Reflexion innerhalb der Künste) ›gerecht werden‹ muss. Das Theoretisieren Szondis orientiert sich damit nicht nur an bestimmten Gegenständen, sondern versteht sich als eine Aktivität, deren Güte sich daran bemisst, dass sie zu bestimmten Gegenständen eine Affinität aufweist und sich ihnen gegenüber *angemessen* verhält. Derartige Gegenstandsaffinitäten lassen sich in der Praxis des Theoretisierens allenthalben beobachten: Es ist eben kein

Zufall, dass Derrida seine Dekonstruktion an Texten Mallarmés, Joyces oder Celans, nicht aber an Gelegenheitsgedichten des Spätbarock oder an Taschenbuchnovellen der Biedermeierzeit entwickelt [→ Kap. 16].

Blickt man auf die Praxis des Theoretisierens, stellt sich also die Frage, anhand welcher geisteswissenschaftlicher Gegenstände diese Praktiken jeweils vollzogen werden. Gibt es bestimmte Affinitäten von Theorieaktivität und Gegenständen? Präferiert das Theoretisieren bestimmte Gegenstände und lenken bestimmte Gegenstände wiederum das Theoretisieren in eine bestimmte Richtung, etwa weil diese Gegenstände bereits einen spezifischen Problematisierungsdruck mit sich führen [→ Kap. 18]? Inwiefern lässt sich ein Theoretisieren, das anhand bestimmter Gegenstände erfolgt, reibungslos auf andere Gegenstände transferieren? Wichtige Aspekte der Gegenstandsaffinität des Theoretisierens, die sich bei Szondi ebenso gut wie bei Adorno und Derrida beobachten lässt, können im Rückgriff auf »Modellsysteme« erläutert werden: In der Theorie der Soziologie bemüht man sich seit einiger Zeit, analog zu biologischen »Modellorganismen« auch in den Geistes- und Sozialwissenschaften »Modellsysteme« (»model systems«) auszumachen. Modellsysteme sind privilegierte Untersuchungsgegenstände, die in einer wissenschaftlichen Disziplin einen ungewöhnlich hohen Grad an Aufmerksamkeit erhalten und (meist implizit) für eine spezifische Gruppe von Objekten exemplarisch ›einstehen‹.[6] Die Untersuchung eines spezifischen Modellsystems verweist deshalb immer auf allgemeinere Zusammenhänge. Das Modellsystem ist »ein Studienobjekt, das Ressourcen bündelt und durch Konvention für eine allgemeinere Klasse von epistemischen Objekten einsteht [...]. Die durch die Analyse von Modellsystemen gewonnenen Erkenntnisse sollen auch für andere, nicht klar spezifizierte Fälle gelten.«[7] Die Erforschung von Modellsystemen weist eine gewisse Generalisierungsaffinität auf, die in der Praxis aber meist implizit bleibt.[8]

Was könnten in den Geistes- und Sozialwissenschaften epistemische Dinge sein, die einen derartigen exemplarischen Charakter aufweisen, das heißt für einen bestimmten disziplinären Bereich die Funktion eines Modellsystems übernehmen?[9] Die Soziologin Monika Krause gibt verschiedene Beispiele: So wurde in der Wissenschaftsforschung die Auffassung vertreten, dass sich das Verhältnis von Wissenschaft und Gesellschaft paradigmatisch an der frühneuzeitlichen *Scientific Revolution* ablesen oder dass sich die Produktionsweise von wissenschaftlichem Wissen paradigmatisch am biologischen Labor studieren lasse. In der Geschichtswissenschaft sei die Annahme verbreitet gewesen, dass die Dynamik von revolutionären Umbrüchen exemplarisch anhand der französischen Revolution untersucht oder dass die Geschichte der modernen Urbanisierung prototypisch anhand von Metropolen wie Paris erforscht werden kann.[10]

Bleibt man bei den beiden letzten Beispielen, so wird klar, dass der Eurozentrismus oder der Metrozentrismus[11] in der historischen Forschung aus dieser Perspektive als die Etablierung von bestimmten europäischen Nationen (z. B. England oder Frankreich, nicht aber Dänemark oder Luxemburg) oder Städten (London oder Paris, nicht aber Heidelberg oder Lund) als Modellsysteme für die Geschichte der Moderne insgesamt zu verstehen sind. Hier stehen Befunde, die an einem spezifischen Gegenstand gemacht werden, immer schon für etwas Größeres und Generelleres ein – womit auch die Übertragbarkeit der Befunde in Aussicht gestellt ist. Die Beobachtung und Bearbeitung von Modellsystemen geht also mit der impliziten Unterstellung der Verallgemeinerungsfähigkeit der Befunde einher.[12] Den an Modellsystemen gewonnenen Erkenntnissen wird aufgrund derartiger impliziter Annahmen über deren Verallgemeinerungstauglichkeit deshalb meist eine hohe transnationale und transdisziplinäre Übertragbarkeit auf andere Fälle zugeschrieben und eine hohe Affinität zur generalisierenden Theoriearbeit. Wie das Beispiel des Eurozentrismus oder Metrozentrismus vor Augen führt, ist den Modellsystemen eine Gefahr der Übergeneralisierung inhärent.[13]

Wie genau die Relation des exemplarischen ›Einstehens‹ der Erforschung eines epistemischen Objekts für die Erforschung einer größeren Gruppe von epistemischen Objekten und der daran hängende Transfer von einem Objekt auf die Gruppe von Objekten zu verstehen ist, bleibt bislang allerdings unklar. Vertreten die Objekte selbst exemplarisch eine Gruppe von Objekten (Paris vereint in sich alle relevanten Eigenschaften der Stadt)? Sind die empirischen Ergebnisse, die anhand bestimmter Objekte gewonnen wurden, repräsentativ für eine Gruppe von Objekten (Befunde, die für Paris gelten, gelten auch für andere Großstädte der Moderne)? Sind die Methoden übertragbar (Verfahren, die sich bei der Erforschung von Paris bewährt haben, lassen sich auch auf andere Städte erfolgreich übertragen)? Oder sind die theoretischen Einsichten verallgemeinerbar (anhand der Erforschung von Paris lässt sich eine haltbare Theorie der modernen Urbanisierung entwerfen)? Es geht letztlich um unterschiedliche analogische Verfahren, die von meist impliziten Ähnlichkeitsunterstellungen angeleitet sind [→ Kap. 12].

Etwas anders gelagert ist die Frage, inwiefern der Ausgangsgegenstand des Theoretisierens bereits eine bestimmte ›Laufrichtung‹ der Theoriearbeit vorgibt. Hier geht es ganz grundsätzlich um die Situiertheit der Praxis des Theoretisierens: Dieses ist und bleibt davon abhängig, bei welchen epistemischen Objekten der Prozess des Theoretisierens jeweils ansetzt. Julian Go spricht diesbezüglich von den Eingangspunkten (»entry point[s]«) des Theoretisierens, die eine spezifische Perspektivität der Theoriearbeit mit sich bringen [→ Kap. 18].[14] Man könnte auch von einer theoretischen ›Pfadabhängigkeit‹ sprechen: Der Prozess des Theoretisierens bleibt gekoppelt an seine Ansatzpunkte, das heißt an die Fokussierung bestimmter epistemischer Ausgangsobjekte. Dieses Problem der grundlegenden Perspektivität des Theoretisierens, die sich aus spezifischen Eingangspunkten ergibt, ist aber zu unterscheiden von dem bereits diskutierten Problem, dass Theoriearbeit typischerweise nur dann eine große Reichweite beziehungsweise ein hoher Allgemeinheitsgrad beigemessen wird, wenn *bestimmte* Ausgangsobjekte gewählt worden sind – solche nämlich, die sich als Modellsysteme auffassen lassen.

Die Beobachtung von Modellsystemen ruft in Erinnerung, dass spezifische Untersuchungsgegenstände einen wichtigen Ausgangskontext der Praktiken des Theoretisierens ausmachen. Theoriebedarf bildet sich meist im Rahmen der Auseinandersetzung mit bestimmten epistemischen Dingen heraus (wie zum Beispiel der späten Lyrik Hölderlins). Die Praxis der Theoriebildung geht nicht selten von konkreten Problemkonstellationen und Untersuchungsbereichen aus, um diese dann generalisierend zu überschreiten.[15] Die Generalisierungsambitionen des Theoretisierens tragen wenigstens implizit die Spuren der Einstiegspunkte der Theoriepraxis in sich: Das kann im Einzelfall problematisch sein, weil, wie im oben genannten Exempel des Eurozentrismus oder des Metropolismus, die Aktivierung eines spezifischen Ausgangskontexts politisch zweifelhaft geworden ist. Es bleibt aber auch jenseits derartiger Einzelfälle grundsätzlich problematisch, weil in der Generalisierungsarbeit letztlich immer etwas Partikulares insistiert. Dass dem Theoretisieren auch als literaturwissenschaftlicher Praxis seine spezifischen Ausgangskontexte eingeschrieben bleiben, disqualifiziert nicht die Praxis der Theorie, sondern macht den Gebrauch von Theorie nur zu einem anspruchsvolleren Unterfangen, das, wenigstens wenn es sich als kritisch versteht, für die Spuren des Partikularen in der Theoriepraxis aufmerksam bleiben muss.

Was aber wären die Modellsysteme einer Geisteswissenschaft wie der Literaturwissenschaft? Mary Poovey hat vorgeschlagen, literarische Gattungen als Modellsysteme, das heißt als privilegierte literaturwissenschaftliche Untersuchungsobjekte aufzufassen.[16] Plausibler scheint – im Anschluss an den Vorschlag von Krause –, nach spezifischeren epistemischen Objekten zu suchen, die eine große Menge an disziplinären Ressourcen binden, weil die implizite Annahme besteht, dass diese Objekte auch für eine allgemeinere Klasse von epistemischen Objekten ›einstehen‹. Für welches epistemische Objekt gilt, dass ein Wissen, das an ihm gewonnen wurde, auch für größere Gruppen verallgemeinerbar und insofern theoriefähig ist? Blickt man auf Szondis »Traktat«, so gewinnt man den Eindruck, dass die Edition der späten Schriften Hölderlins in der deutschen Germanistik einer bestimmten Phase der Disziplingeschichte tatsächlich als Modellsystem fungiert hat, insofern die hier diskutierten Detailprobleme häufig nicht allein als mikrophilologische Beiträge zur Hölderlinforschung verstanden wurden, sondern als Beiträge zu einer allgemeinen Reflexion über grundlegende methodische und theoretische Probleme der Editionsphilologie sowie über die Relation von Editionsphilologie und Interpretationstheorie insgesamt. Wie zu Recht bemerkt wurde, argumentiert Szondi zwar grundsätzlich gegen jede Form von Exemplarität einzelner Stellen der Gedichte Hölderlins, und zwar für das gesamte Werk des Dichters. Gleichwohl werden Hölderlin-Stellen in Szondis Praxis des Theoretisierens »als exemplarische isoliert« und als verallgemeinerbar im Hinblick auf Fragen der philologischen Methode und Methodologie aufgefasst.[17]

Richtet man die Aufmerksamkeit auf die Dissertation und die

Habilitationsschrift Szondis, so fällt auf, dass auch dort spezifische literarische Werke den Charakter von Modellsystemen gewinnen, insofern nur spezifische Werke der Dramengeschichte eine »Theorie des modernen Dramas« oder eine Theorie des Tragischen zu entwickeln erlauben. Deutlich wird die implizite Unterstellung, dass bestimmte literarische, poetologische und philosophische Werke exemplarisch für ein Genre, eine Epoche, eine historische Strömung oder eine übergreifende Entwicklungsdynamik sein können – und deshalb eine besonders intensive Auseinandersetzung verdienen. Wenn Szondi seine *Analyse des Tragischen* unter anderem an Sophokles' *König Ödipus*, Calderóns *Das Leben ein Traum*, Shakespeares *Othello* und Racines *Phädra* vornimmt, und wenn Gérard Genette seine Erzähltheorie respektive Paul de Man seine dekonstruktive Lektüreweise anhand der *Recherche* Prousts durchführen, so wählen sie alle eben nicht nur besonders bekannte und ›kanonische‹ Werke, sondern Modellsysteme der Literaturwissenschaft und damit theorienahe Untersuchungsobjekte. Paul de Man hat diesen Zusammenhang im ersten Kapitel seiner international diskutierten *Allegorien des Lesens* (*Allegories of Reading*) formuliert:

> Doch gibt es durchaus keinen Grund, Analysen von der Art, wie sie hier für Proust vorgeschlagen wurden, mit angemessener Modifikation ihrer Technik nicht auch auf Milton oder Dante oder Hölderlin anzuwenden. Das wird in der Tat die Aufgabe der Literaturwissenschaft in den kommenden Jahren sein.[18]

Ausdrücklich formuliert finden sich derartige Verknüpfungen auch in der Gegenwart, etwa dort, wo Studien beanspruchen, einen beispielgebenden Charakter zu haben, »weil sie einem exemplarischen Text gelten«, Kleists *Penthesilea* nämlich.[19] Formuliert ist damit eine Unterstellung der Modellsystemhaftigkeit der *Penthesilea*, die überhaupt erst plausibel erscheinen lässt, dass die Deutungen eines 1808 geschriebenen Dramas immer schon auf mehr verweisen als sich selbst, das heißt, dass hier immer schon Generalisierbares und Theoretisches im Modus der Untersuchung des Partikularen verfügbar gemacht wird. Es macht aus der Perspektive philologischer Theorieambition also tatsächlich einen großen Unterschied, ob man Modellsysteme untersucht oder nicht: »ob man Löwen jagt oder Flöhe fängt« [→ Kap. 12].

Wendet man in diesem Kontext den Blick von der Forschung auf die Lehre, so fallen die »Modellanalysen« beziehungsweise »Modellinterpretationen«[20] ins Auge. Während anhand der geschilderten Modellsysteme schrittweise verallgemeinerungsfähige theoretische Positionen entworfen und ausgearbeitet werden sollen, dienen die sogenannten Modellinterpretationen eher dazu, dass bereits konsolidierte Theorie im exemplarischen Gebrauch vorgeführt wird. Die Funktion der »Modellinterpretationen« ist, wie Claudius Sittig rekonstruiert hat, dabei eine mehrfache: Sie sollen ein »Wissen über literaturtheoretische Modelle und methodologische Verfahren vermitteln«; und zudem mittels der hermeneutischen Theorieapplikation »exemplarisch das heuristische Versprechen einlösen, das theoretische Annahmen und Perspektivierungen und die damit korrespondierenden methodischen Verfahren machen«. Weiterhin haben diese anschaulich präsentierten Anwendungen von Theorieansätzen meist den »Vorbildcharakter von exemplarisch ›gelingendem Interpretationshandeln‹«, sollen also auch für erfolgreiche Anwendungen in weiteren Fällen Modell stehen.[21] Schließlich erscheinen Modellinterpretationen in Lehrkontexten häufig nicht allein, sondern in Textsammlungen, die mehrere Modellinterpretationen eines literarischen Werks enthalten. Inwiefern sich die verschiedenen Modellinterpretationen tatsächlich »im direkten kontrastiven Vergleich behaupten müssen«,[22] hängt stark von den Textumgangspraktiken der Leserinnen und Leser ab: Wer ein eher additives Verständnis der anthologisch dargebotenen Deutungsangebote hat, wird es nicht unbedingt auf einen direkten Vergleich ankommen lassen. Auch ist es bei derartigen in die Lehrpraxis eingebundenen Textsammlungen gar nicht selten, dass Leserinnen und Leser »die Publikationsformate […] für eigene praktische Zwecke« reorganisieren und möglicherweise nur ausgewählte Ausschnitte des Ganzen zur Kenntnis nehmen.[23]

Modellsysteme im obigen Sinn sind die in der Literaturwissenschaft verbreiteten »Modellinterpretationen« nicht. Modellsysteme können in diesem Zusammenhang vielmehr die literarischen Untersuchungsobjekte selbst sein, zum Beispiel wenn die Interpretation eines Textes wie Kleists *Das Erdbeben in Chili* im Rahmen der »Modellinterpretationen« mit dem Versprechen verbunden wird, dass die so gewonnenen Befunde genremäßig und epochenbezüglich generalisiert werden können.[24] Haben sich Modellsysteme wie

z. B. bestimmte Erzählungen Kleists erst einmal innerfachlich etabliert, können sie der Theoriearbeit auch als Probierstein dienen – wer einen neuen Theorieansatz erfolgreich propagieren möchte, beweist die Attraktivität der eigenen Perspektive am besten anhand von Texten wie den Kleist'schen Erzählungen. Das Theoretisieren kann in einer *community of practice* eine höhere Chance auf die Akzeptanz seiner Verallgemeinerungsansprüche haben, wenn es sich an gängigen Modellsystemen praktisch ›bewährt‹.

Für die Güte der Theorieansätze in Wellberys bereits erwähnten *Positionen der Literaturwissenschaft* [→ Kap. 14] ist das Modellsystem *Das Erdbeben in Chili* ein derartiger Probierstein. Ob die Bewährungsprobe unterschiedlicher theoretischer Ansätze anhand des Deutungsgegenstandes *Das Erdbeben in Chili* eine neutrale Ausgangslage darstellt oder ob das gewählte Modellsystem nicht doch bereits bestimmte theoretische Perspektiven privilegiert, ist von den Rezensenten des Bandes diskutiert worden. Frühe Beobachterinnen und Beobachter des Bandes sehen jedenfalls eine starke Affinität zwischen Modellsystem und literaturtheoretischer Perspektive: »Literaturwissenschaftliche Positionen suchen sich häufig die ihnen nahestehende Literatur.«[25] Ein Rezensent hebt entsprechend hervor, dass »die Texte Kleists den poststrukturalistischen Wendungen gegen einheitstiftende Sinnkonstruktionen, geschlossene Textstrukturen und rationale Ordnungen entgegen[kommen]« würden.[26] Auch unabhängig von der Diskussion des erfolgreichen *Positionen*-Bandes wurde hervorgehoben, dass Kleist zu den deutschsprachigen Schriftstellern gehört, »an denen sich der Poststrukturalismus regelrecht abgearbeitet hat«.[27] Aus der Perspektive der vorangehenden Überlegungen zu den Modellsystemen wäre das Verhältnis von Gegenstand und Theorie aber nicht nur darin zu sehen, dass sich eine bereits fertig formulierte Theorie einen »nahestehende[n]« literarischen Gegenstand sucht, um auf diese Weise die Arbeit der interpretativen Anwendung zu erleichtern. Vielmehr müssen auch bestimmte Gegenstände identifiziert werden, deren theoretisch angeleitete Untersuchung in einer *community of practice* mit Verallgemeinerungsansprüchen verknüpft werden kann. So gesehen, stellt sich die Frage, weshalb innerhalb einer bestimmten Phase der literaturwissenschaftlichen Fachentwicklung einer Beschäftigung mit Kleist derartige Theorieeffekte mit persuasivem Erfolg zugeschrieben werden können.

Blickt man auf Sengles *Biedermeierzeit*, lässt sich allerdings erkennen, dass eine Literaturgeschichte, die nicht primär theoretische Interessen verfolgt, in einer gewissen Distanz zu Vorstellungen der Exemplarität stehen kann, wie sie im Bereich der literaturwissenschaftlichen Theoriearbeit häufig implizit vorherrschen. Die Geltungsansprüche der Erforschung der *Biedermeierzeit* richten sich, alles in allem, letztlich auf ein besseres Verständnis dieser nur wenige Jahrzehnte umspannenden Epoche – und eben nicht auch zugleich auf ein vertieftes Verständnis viel allgemeinerer, diese Epoche übersteigender Zusammenhänge. Und viele der Autorinnen und Autoren sowie Werke, die Sengle in umfangreichen Kapiteln eingehender untersucht, hatten in der damaligen germanistischen Diskussion nicht den Status exemplarischer Deutungsgegenstände inne, und sie würden ihn, davon musste Sengle wohl ausgehen, auch nie gewinnen: weder Jeremias Gotthelf oder Nikolaus Lenau noch Charles Sealsfield. Es verwundert deshalb nicht, dass Sengle eine prononciert defensive Position im Hinblick auf Theorie entwickelt und die Ansprüche von Theorie, auf eine Vielzahl verschiedenster historischer Gegenstände übertragbar und anwendbar zu sein, meistens abwies. In der von ihm mitgeleiteten Münchner Forschergruppe »Sozialgeschichte der deutschen Literatur 1770-1900« intervenierte er daher wiederholt und nachdrücklich gegen die aus jüngeren Wissenschaftlerinnen und Wissenschaftlern bestehende »Theoriegruppe« [→ Kap. 23].

Die Theoriepraxis weist einen häufig implizit bleibenden Gegenstandsbezug auf. Wie stellt sich der Gegenstandsbezug auf ein literarisches Werk nun im laufenden Prozess der philologischen Forschungspraxis aus der Perspektive der aktiven Praktikerinnen und Praktiker dar? Welche Bindungen gehen die Forscherinnen und Forscher, die etwa dem Werk Kleists die gesamte »Anstrengung des Wissens« widmen,[28] aus ihrer Perspektive mit ihrem Gegenstand ein? Diese Frage zu stellen ist deshalb von Bedeutung, weil eine der zentralen Einsichten der Praxistheorie lautet, dass eine Praxis aus der Perspektive derjenigen, die gerade aktiv in sie involviert sind, völlig anders aussehen kann als aus der Perspektive derjenigen, die sich gerade nicht in ihr engagieren, die sie also distanziert beobachten oder erst viele Jahre später rückblickend rekonstruieren.[29] Wie ist also der Gegenstandsbezug einer geisteswissenschaftlichen

Praxis zu verstehen, wenn er einem epistemischen Ding gilt, das uns als solches unmittelbar angeht?

16. Epistemische Dinge

Dass sich auch Aussagen mit Verallgemeinerungsanspruch nicht gegenstandsneutral ergeben, rückt die umfassende Bedeutung von »Dingen« im geisteswissenschaftlichen Arbeiten in den Blick. Für die Art und Weise, wie Szondi theoretisiert, ist so etwa interessant, dass zu den am intensivsten bearbeiteten Abschnitten der Kleist-Interpretation in seinem Habilitationsvortrag jene Passagen zählen, in denen er Wörter und Wendungen für den angemessenen Umgang mit der Individualität und Einzigartigkeit des Kunstwerks ausprobiert [→ Kap. 2]. An dieser Stelle dreht sich die Formulierungsarbeit also um genau jene interpretatorische Prämisse, die dann im »Traktat« *Über philologische Erkenntnis* methodologisch und theoretisch reflektiert wird [→ Kap. 7]. Es handelt sich bei dieser allmählichen Verfertigung von Gedanken, wenn man so will, um eine praktische Art, Theorie als Schreib- und Lesehandwerk zu betreiben.

Diese handwerklich aufwendige Genese von Szondis Habilitationsvortrag mag ein außergewöhnlich eindrückliches Beispiel sein, aber Forschung hat in allen Wissenschaften sehr viel mit solchen Formen des Paperwork und der Paper Technologies zu tun, mit dem produktiven Umgang mit »Aufschreibeformaten«, »Aufzeichnungspraktiken«, »Geräte[n]« und »Materialien«.[1] Kompetent zu forschen bedeutet immer auch, mit »[w]issenschaftliche[n] Repräsentationen« so umzugehen, dass sie auf die »*Spur*[ ]« von Entdeckungen führen und einen Forschungsgegenstand in einer gewissen Weise ins Auge fallen lassen.[2] Das ist keine strategische Operation, die sich in ihrem Ablauf vorweg Schritt für Schritt planen lässt, sondern hat viel mit »Rummachen« zu tun.[3] Die Praxis, so deutet sich damit an, wird von intersubjektiven Beziehungen ebenso geprägt wie von interobjektiven Relationen.[4]

Diese Aufwertung von Objekten hat zunächst eine theoriestrategische Funktion: Praxeologische Ansätze lenken damit die Aufmerksamkeit von Subjekten als Ausgangspunkt von Handlungen ab, indem sie betonen, dass Prozesse der Subjektivierung im Umgang mit Objekten stattfinden.[5] Objekte wiederum werden als »materiell-kulturelle« Hybride aufgefasst, die sich ebenfalls erst in der Umgangspraxis ergeben.[6] Ähnlich wie Körper [→ Kap. 24] übernehmen sie dabei in der Theorie eine in sich spannungsvolle

Doppelfunktion: Auf der einen Seite richten sie das Augenmerk auf lokale Verhältnisse und auf die konkrete Ausgestaltung der Praxis. Auf der anderen Seite ermöglichen sie, dass Aktivitäten einzelne Situationen transzendieren, weil Objekte stehen oder liegen bleiben und auch in diesem Zustand Handlungsofferten unterbreiten.[7] Tätigkeiten müssen wiederholt werden, um als Praktiken und damit als Teil einer Praxis in Erscheinung zu treten, und dafür geben Objekte Anhaltspunkte – wenn sie sinnhaft aufgefasst und entsprechend gehandhabt werden.[8]

Überträgt man diese Perspektive auf Forschungsgegenstände, dann bringt die Rede von »epistemischen Dingen« auf der Objektseite das zur Geltung, was Pierre Bourdieu auf der Subjektseite als Habitus bezeichnet hat: »Haltungen« formieren sich an der Grenze zwischen Individuum und Gesellschaft. Sie bilden sich aus der sozialen Mitgift und den gesellschaftlichen Erfahrungen einer Person. Der »Habitus« ist so etwas wie der inkorporierte Effekt und das Sediment einer Sozialgeschichte des Subjekts. Er sorgt für die Disponiertheit, sich in der Welt in einer gewissen Weise zu bewegen und sie aus gewissen Perspektiven wahrzunehmen.[9] Auch »epistemische Dinge«, so die Annahme, inkorporieren ihre Gebrauchsbiografie. Intersubjektive Beziehungen verbinden sich daher in der wissenschaftlichen Praxis mit interobjektiven Verhältnissen.[10] Im Folgenden gehen wir zunächst auf die damit einhergehende Aktivierung der Objekte ein, anschließend auf die Frage, wie strikt Objekte und Praktiken gekoppelt sind.

Wir hatten oben bereits angeführt, dass Szondi in seinem »Traktat« *Über philologische Erkenntnis* gefordert hat, die Interpretation müsse den »monarchische[n] Zug« anerkennen, der jedem Kunstwerk eigne [→ Kap. 13].[11] Passend zu dieser intersubjektiven Bestimmung des Verhältnisses von Interpret und Interpetationsgegenstand besteht sein Ziel darin, das Kunstwerk »als Individuum« aufzufassen.[12] Für diesen voraussetzungsreichen Status von Objekten im Forschungsprozess ist es charakteristisch, dass Szondi sich so positioniert, als reagiere er auf einen ›objektiven‹ Erkenntnisdruck: Für alle Mitglieder der Fachgemeinschaft oder sogar überhaupt für alle Interpretinnen und Interpreten, die dem Drama gerecht werden wollen, »gilt es zu zeigen, wie sich neben dem Ton auch Themen und Motive verändern [...]«.[13] Dabei reflektiert Szondi nicht nur die Anforderungen einer *community of practice*, also einer bestimmten sozialen Umgebung, sondern folgt auch den Hinweisen, die vom Interpretationsgegenstand an ihn herangetragen werden. So bestimmt er »Kleists eigenste Thematik« etwa als »Erkenntnisproblematik«, die das Werk »beherrscht« und die Sprache »verwandelt«,[14] als habe man es bei der fixierten ›Problematik‹ mit einer selbstständig handelnden Person zu tun. Ein kompetenter Forscher wie Szondi, der sich angemessen zum Gegenstand verhält [→ Kap. 7], muss eigentlich nur noch die Augen öffnen, einfach genau hinschauen und die Eigenaktivität des Interpretationsobjekts dokumentieren.

Auch in anderen Texten delegiert Szondi in dieser Weise die Verantwortung für Interpretationsentscheidungen. Nicht nur die behandelten Autoren intendieren etwas, sondern ebenso ihre Werke und Aspekte, die Werken zugrunde liegen oder sich in ihnen finden. So »lenkt« etwa ein Sprichwort die Aufmerksamkeit der Lesenden »auf sich«; die »Radikalität« einer »Formulierung verbietet« den Interpretierenden eine bestimmte Deutung; eine Erzählung gibt »nähere Auskunft« über einen analytisch relevanten Aspekt; die »Handlung« eines Dramas »verkehrt die These« einer Dramenfigur; oder »Sätze wollen fragen«.[15] Es wäre angesichts der vielfältigen Gründe, die Szondis Textarbeit bestimmen [→ Kap. 1 u. 2], zu einfach, diese Aktivität von Werken und ihren Aspekten schlicht auf die rhetorische Maxime des *variatio delectat* oder gar auf Gedankenlosigkeit zurückzuführen, denn dafür sind die normativen Ansprüche dieser von den Objekten ausgehenden Anweisungen zu stark. Wie kommt es zu dieser eigentümlichen Aktivierung von Gegenständen? Und wer hört auf sie?

Um solche komplizierten Beziehungen zwischen Beobachter und Beobachtungsobjekt zu erfassen, spricht der Wissenschaftshistoriker Hans-Jörg Rheinberger in seiner *Geschichte der Proteinsynthese* von »epistemischen Dingen«.[16] Er schließt damit unter anderem an Bruno Latours Akteur-Netzwerk-Theorie an und verweist darauf, dass es in der Forschung nicht um »Objekte« geht, die einfach vorhanden sind und nur noch entdeckt werden müssen (»*matters of fact*«). Wissenschaftlerinnen und Wissenschaftler spielen vielmehr im Verlauf ihrer Forschungslaufbahn den Eindruck ein, es mit »Dingen« zu tun zu haben, die sie aktiv angehen (»*matters of concern*«),[17] weil sie gemeinsam mit vielen und vielem Anderen an einem verwickelten Beziehungsgefüge teilhaben.[18] Bereits geläufige Begriffe wie »Interpretationsbedarf« oder allgemeiner »Forschungsbedarf« deuten auf Verbindlichkeiten hin, die von Gegenständen der Erkenntnis auszugehen scheinen. Aber verspüren Objekte wirklich das Bedürfnis, erforscht zu werden, und artikulieren sie zudem, in welche Richtung die Aufmerksamkeit gelenkt werden sollte?

Wie bereits Georg Simmel hervorhebt, tritt den Akteuren das verwickelte Beziehungsgefüge, zu dem sie selbst gehören, durch Formen der Abstraktion als »Ding« entgegen. Diese »reale[] Abstraktion« einer »umfassenden Wirklichkeit« zu einem Ding geschieht allerdings nicht erst durch einen anspruchsvollen theoretischen Akt, sondern vollzieht sich immer schon in der sozialen Realität der Praxis.[19] Dies gelte, so Simmel, auch für die Wissenschaft: »[U]nsere Praxis« schneide »aus der äußeren oder inneren Komplexität der Dinge einseitige Reihen heraus«; aus dem faktischen »Ineinanderverwachsensein der Dinge« abstrahiere bereits »unsere Praxis nicht weniger als unsere Theorie unablässig einzelne Elemente [...], um sie zu relativen Einheiten und Ganzheiten zusammenzuschließen«.[20] Es gehört also zu den alltäglichen »Bedürfnissen« auch der Wissenschaft, »fortwährende Abstraktionen aus den Erscheinungen [zu] ziehen und diese mit der relativen Selbständigkeit eines bloß inneren Zusammenhanges« auszustatten.[21] ›Praktisch‹ sind diese Abstraktionen, weil uns die ›Dinge‹ durch sie tatsächlich in einer »relativen Selbständigkeit« aktiv entgegentreten. Sie gewinnen auch den Akteuren gegenüber eine Anmutung von Autonomie.

Nüchtern betrachtet lässt sich also zwar daran zweifeln, dass irgendwelche Dinge in der Welt einfach so und für sich Probleme haben, zumal solche, die etwa von einer literaturwissenschaftlichen Interpretation gelöst werden müssen. Probleme ergeben sich vielmehr aus einer bestimmten Perspektive. Nichts ›da draußen‹, so könnte man die normalkonstruktivistische Einschätzung von Forschung pointieren, sagt einer Wissenschaftlerin oder einem Wissenschaftler, was zu erforschen ist. Diese Entscheidung muss der Einzelne für sich fällen. Solche abstrakten Formulierungen ignorieren allerdings die Praxis, in die wissenschaftliche Aktivitäten faktisch eingeflochten sind. Damit ist nicht allein der soziale, politische oder ökonomische Druck gemeint, unter dem Forschung steht, sondern eben auch die Bindung, die wissenschaftliche Beobachterinnen und Beobachter als solche von sich aus mit den Objekten eingehen, denen sie »die Anstrengung des Wissens« widmen:[22] Rheinbergers auf den ersten Blick womöglich etwas esoterisch anmutende Deutung von Forschungsprozessen als Aktivitäten, die von »Dingen« getrieben werden, rekurriert auf die Selbstbeschreibung erfahrener Naturwissenschaftler, die davon berichten, wie die Experimentalanordnung die Regie übernimmt. Aus einer phänomenologischen Perspektive[23] wird damit das vielfach rekonstruierte Ereignis erfasst, dass sich im Labor Forschungsgegenstände ergeben und Suchrichtungen eingeschlagen werden, mit denen beteiligte Akteurinnen und Akteure so nie gerechnet haben. Es scheint ihnen dann so, als würden sie von den Geschehnissen an die Hand genommen und auf Spuren geführt, denen sie nachgehen müssen.[24]

Der zweite Aspekt, den Rheinberger im Blick auf »epistemische Dinge« betont, liegt in der Erfahrung, dass Forschung sich nicht in der Antizipation von Ergebnissen, durch die erkenntnisleitenden Thesen und Zielvorstellungen, also durch ihre Zukunft organisiert, sondern durch ihre eigene Vergangenheit: durch die Möglichkeiten und Beschränkungen, die sich in ihrem Vollzug ergeben. Wissenschaftliches Wissen wird demnach in wesentlichen Hinsichten durch die »tastende[] Suche nach Differenzen«, »im Rückgriff auf Vorhandenes und durch Wiederholung hergestellt, nicht durch ausholende Antizipation und Voraussicht«.[25] Aus dieser Perspektive schreiben etwa Textinterpretationen nicht (durchgehend) auf eine anfangs gefasste These zu, um letztlich nur Erkenntnisse zu dokumentieren, die irgendwie gedanklich bereits vorliegen, vielmehr werden im Interpretationsprozess Thesen in iterativen und rekursiven Aktivitäten erschrieben [→ Kap. 19 u. 20].[26] Wann sich der Eindruck ergibt, das Ziel sei so klar, dass man sich dann doch darauf zubewegt und die Formulierungen relativ dazu wählt, hängt einerseits von unterschiedlichen Verfassertypen und Schreibgewohnheiten ab, andererseits von der Station im Arbeitsprozess.

Wir werden auf diese Erzeugung von Forschungsperspektiven im Forschungsprozess im folgenden Kapitel genauer eingehen. An dieser Stelle wollen wir lediglich festhalten, dass »epistemische Dinge«, also Objekte, die Forscherinnen und Forschern eine Art Selbstbeteiligung an ihrer Untersuchung zu signalisieren scheinen, ihre Befragung in einer bestimmten sozialen Umgebung stimulieren und auf diese vermittelte Weise ihrer Erforschung entgegenkommen. So zeugt nicht nur die gesamte Darstellung Szondis von jenen (virtuellen) sozialen Beobachtungsverhältnissen, denen er sich als Wissenschaftler aussetzt [→ Kap. 2]. Er greift zudem immer zu Formulierungen, die erklären, was unter diesen Bedingungen mit einem Text getan werden »darf« (oder nicht) oder was getan werden »muß«,[27] wenn man dem Objekt gerecht werden, sich also jenen Normen gegenüber angemessen verhalten will, die nicht nur imaginierte Gesprächspartner befürworten, sondern die der Gegenstand selbst in irgendeiner Weise artikuliert. Wir schlagen vor, dies als Hinweis darauf zu verstehen, dass sich Akteurinnen und Akteure im Forschungsprozess gleichsam in ihre Aktivitäten verwickeln und sich ihnen im Lauf der Zeit dann ausgesetzt sehen. Man verpflichtet sich gleichsam durch die vergangene und gegenwärtige Auseinandersetzung mit der eigenen Forschungsvergangenheit auf die Zukunft.

Dass sich diese Haltung nicht von selbst versteht, zeigen Szondis Ausführungen *Zur Erkenntnisproblematik in der Literaturwissenschaft.* Als er diese frühe Fassung des »Traktats« *Über philologische Erkenntnis*, die in der *Neuen Rundschau* erschien, überarbeitete, modifizierte er schrittweise sein Verhältnis zu den Untersuchungsobjekten. Zunächst leitete er den Hauptteil mit folgender Formulierung ein: »Wir wählen zu diesem Zweck eine Auseinandersetzung um die erste Strophe von Hölderlins Hymne ›Friedensfeier‹.« In der Überarbeitung aktivierte Szondi dann den Gegenstandsbereich, der sich dem Beobachter selbst als »konkrete[s] Beispiel« empfiehlt: »Als solches bietet sich eine Auseinandersetzung um die erste Strophe von Hölderlins Hymne ›Friedensfeier‹ an«,[28] und zwar, so muss man hinzufügen, solchen Beobachtern, die sich als sensibel für dieses Angebot erweisen. ›Forschungsbedarf‹ deutet stets in diese doppelte Richtung und verweist zur Legitimation von Tätigkeiten sowohl direkt auf die Welt ›da draußen‹ als auch indirekt auf eine soziale Umgebung, der diese Bedürfnisse einleuchten.

Es handelt sich oft um solche kleinen, unscheinbaren Gesten, in denen intersubjektive Verhältnisse und interobjektive Beziehungen als zwei Seiten einer Medaille erscheinen. Akteurinnen und Akteure zeigen damit an, dass sie in unterschiedlichen Hinsichten in eine Praxis eingeflochten sind, die sie nicht beherrschen, sondern der sie sich ausgesetzt und von der sie sich bisweilen geradezu bedrängt fühlen. Fasst man die Geschichte der Wissenschaft als Teil einer Autonomisierungs-, Entzauberungs- und Rationalisierungserzählung auf, dann passt diese Verlebendigung der Objekte ebenso wenig ins Konzept wie die tiefgreifende Einbettung in soziale Bezüge. Daher gewinnt der Dingbegriff vor allem in Kontrast zu einem eindimensionalen Konzept von Modernisierung an Plausibilität. Der Umgang mit einer Welt voller Aktanten verweist demgegenüber auf die alltäglichen Bestände einer gleichsam magischen Weltsicht, also nicht auf archaische Reste, die noch aufzuklären und zu beseitigen wären, sondern auf Bindekräfte, auf die nicht verzichtet werden kann. Eine Erklärungsvermutung lautet, dass auch die moderne Gesellschaft auf die Macht der Dinge vertraut, weil sie »gehaltvolle[] Identifikationen« benötigt.[29]

Die Rede von »epistemischen Dingen« akzentuiert also zum Ersten das Phänomen, dass sich Erkenntnis überraschend ergibt, und zum Zweiten die Selbstdeterminierung von Akteurinnen und Akteuren in intersubjektiven und interobjektiven Verhältnissen. Ein dritter Aspekt betrifft die affektive Seite der bereits erwähnten Verpflichtungs- und Verantwortungsverhältnisse, die Forscherinnen und Forscher dabei eingehen. Forschungspraktiken erweisen sich nämlich als normativ *und* als »affektiv strukturiert« – »*jede* soziale Ordnung« stellt »als Konfiguration von Praktiken zugleich und notwendig eine spezifische, affektuelle Ordnung« dar.[30] Die angemessene und richtige Ausführung einer Tätigkeit verlangt gewissermaßen eine passende Gemütslage. Dies gilt in einem eher allgemeinen Sinn auch für wissenschaftliche Praktiken, die zumindest eine »Affektstruktur der Neugierde und des zugewandten Interesses am Zusammenhang der Dinge« benötigen.[31] In der Frühphase der Philologie zeichnete sich Kennerschaft so etwa nicht nur durch einen bürgerlichen Tugendkanon der hingebungsvollen Arbeit aus, sondern auch durch eine gewisse emotionale Zugewandtheit, die sich noch bis weit ins 20. Jahrhundert als »Liebe zum Wort«, also als Philologie im eigentlichen Sinn, verstanden hat.[32] Die berühmte Formulierung von Szondis Doktorvater Emil Staiger, die Aufgabe der Literaturwissenschaft bestehe darin, zu begreifen, was die Interpretierenden ergreife, steht noch in dieser Tradition.[33] Staiger verweist damit zwar zu Recht auf die Frage, warum sich Interpretierende diesem und nicht jenem Objekt leidenschaftlich zuwenden. Die genieästhetische Attitüde seiner Formulierung macht es allerdings schwer, ihm weiter zu folgen.[34]

In den Vermittlungsleistungen der Praxis verschränken sich Motivation (von außen) und Volition (von innen) und provozieren damit jene extrem anspruchsvollen Aufmerksamkeitsleistungen, die Forschungsprozesse charakterisieren. »Epistemische Dinge«

und die damit verbundenen sozialen Praktiken »›interpellieren‹« oder »›*affizieren*‹« das Subjekt auf eine bestimmte Weise und üben damit affektive Reize aus.[35] Sie tun dies auf eine besonders markante Weise, und dies gilt zumal für die Geisteswissenschaften, die es häufig nicht mit »affektneutralen« Objekten zu tun haben, sondern mit »Affektgeneratoren«, nämlich mit Artefakten – etwa mit Kunstwerken oder anderen symbolisch übercodierten Texten und Objekten –, die es auf Identifikation und Involvierung anlegen.[36] Projekte der Szientifizierung, die auf Ausnüchterung des Gegenstandsbezugs zielen, reagieren genau auf diesen Sachverhalt, berücksichtigen aber womöglich zu wenig die positiven und daher verführerischen Seiten dieser Objektbindung.

In dieser Umgebung fällt es daher besonders schwer, phänomenologische und ontologische Aspekte sauber zu trennen, weil geisteswissenschaftliche Objekte tatsächlich häufig an Beobachterinnen und Beobachter appellieren, direkte oder indirekte Wahrnehmungshinweise geben etc. Im Zuge der Koevolution von moderner Kultur und Wissenschaft stellen sich etwa Schriftstellerinnen und Schriftsteller, die zunehmend ein philologisches Studium absolvieren, auf die Erforschung ihres Werks ein und liefern entsprechende Anschlussstellen, die der Literaturwissenschaft gute Möglichkeiten bieten, sich zu beweisen.[37] Es ist in dieser Hinsicht symptomatisch, dass sich Szondi intensiv mit Autoren befasst, die sehr gut über sich Bescheid wissen, etwa mit dem Dichterphilologen Hugo von Hofmannsthal, der in seinen Selbstdeutungen immer auch die Auseinandersetzung mit der Literaturwissenschaft seiner Zeit gesucht hat.[38] Und auch im direkten Kontakt mit Paul Celan, für den Szondi im Umfeld seines Habilitationsverfahrens Stellung bezieht [→ Kap. 13], gehen ein Schriftsteller und ein Literaturwissenschaftler eine ebenso enge wie letztlich spannungsvolle Beziehung ein.[39]

Eine vierte Implikation der Rede von epistemischen Dingen betrifft die Frage, wie konstitutiv das Verhältnis von Praktiken und Dingen konzipiert werden sollte. Damit wollen wir uns abschließend etwas ausführlicher befassen: Forscherinnen und Forscher gehen im Lauf der Zeit intellektuelle und affektive Bindungen mit Forschungsgegenständen ein – und umgekehrt: Solche Bindungen machen Personen zu Forschungspersönlichkeiten. Sie wissen sich von den Objekten, denen sie ihre Arbeit widmen, motiviert, gefordert und gelenkt und lassen diese in der Praxis auf eine gewisse

Weise forschungsbedürftig erscheinen. Man könnte also meinen, dass epistemische Praktiken und Dinge unauflöslich zusammengehören. Ein Objekt zeigt sich im Umgang damit. Wie aber verhält sich die Phänomenologie von Forschung zur Praxis? Wie dicht und fest sind solche Koppelungen von Dingen und Operationen, und wie funktional muss das Verhältnis gedacht werden?[40] Handelt es sich um strikt wechselseitige Prozesse, in denen ›Dinge‹ sich ausschließlich im Kontext einer Praxis ergeben und zugleich jene ›Praktiken‹ provozieren, die die Praxis ausmachen?

Wir hatten bereits darauf aufmerksam gemacht, dass Szondi sich mit »unterschiedlichen Aktivitätsniveaus« in eine Praxis einfädelt [→ Kap. 2].[41] Tatsächlich haben es Wissenschaftlerinnen und Wissenschaftler nicht nur mit »epistemischen Dingen« zu tun. Eine ganze Reihe von »technischen Dingen«[42] wird von ihnen stets als eher unproblematisch mitgeführt. Alles andere würde den Arbeitsprozess radikal überfordern. Erst ein Blick auf die Abstimmung zwischen »matters of fact« und »matters of concern« erschließt die Komplexität der Praxis beziehungsweise das komplexe Gefüge von Praktiken. Diese mitlaufenden Gegenstände (im weitesten Sinn von der Terminologie bis zu technischen Geräten) erzeugen keinen Forschungsbedarf, sondern ›dienen‹ der Erforschung. Sie erscheinen so, als wären sie unproblematisch vorhanden und einfach da.

Die Grenze zwischen diesen beiden Objekttypen verläuft jedoch nicht trennscharf. Im Gegenteil: Wissenschaftsgeschichte lässt sich als Entstehung und Verlust epistemischer und technischer Qualitäten beziehungsweise als Veränderung in der Ökonomie von epistemischen und technischen Dingen beschreiben. Für einige Zeit investiert man etwa viel Energie in die Anschaffung, Lektüre und Bearbeitung von Büchern und Aufsätzen, in denen bestimmte Wörter, Begriffe und Konzepte für wichtig genommen werden, und versucht, in den eigenen Publikationen den richtigen Einsatz etwa für ›Feld‹, ›System‹, ›Diskurs‹, ›Kulturwissenschaft‹, ›Wissen‹ oder ›Praxis‹ zu finden. Allmählich gewöhnt man sich aber an die Existenz dieser Zeichenfolgen, greift dafür seltener ins Regal, lässt den Aktenordner mit Aufsatzkopien verstauben oder vergisst, wo man die PDF-Dateien mit den energisch geführten Kontroversen auf der Festplatte abgelegt hat. Es ist dann ganz beiläufig vom Feld der Wissenschaft, vom Wissenschaftssystem, vom wissenschaftlichen Diskurs oder von kulturwissenschaftlicher Praxis die Rede. Oder man lässt es einfach sein, sich damit weiter zu beschäftigen. In bestimmten Situationen aber, etwa in Einführungsseminaren, werden solche technischen Objekte doch wieder zu »epistemischen Dingen«.[43]

»Technische Dinge« sind indes keine neutralen Gegenstände. Auch sie ergeben sich in einer Praxis, nur dass sie anders mit Praktiken verkoppelt sind als epistemische Dinge. Beide Gegenstandsqualitäten stellen sich relativ zur Position im Forschungsprozess ein. Der Bezug zwischen Dingen und Praktiken kann jedoch auch so lose sein, dass es intuitiv unplausibel wäre, von engen, geradezu zwingenden und unauflöslichen Koppelungen auszugehen und die Eigenständigkeit eines Objekts in Frage zu stellen. Bücher etwa, nach wie vor die wichtigsten geisteswissenschaftlichen Objekte,[44] stehen auch dann in Regalen von Bibliotheken, wenn keine Forscherin und kein Forscher etwas mit ihnen anfängt. Würde die Ausleihe über die Verfügbarkeit entscheiden (von der Lektüre ganz zu schweigen), wären viele Platzprobleme in Universitätsbibliotheken schlagartig beseitigt. Müsste man also nicht doch zugeben, dass Bücher ›da draußen‹ sind und dass die Praxeologie die konstitutive, objektstiftende Dimension der Praxis zu wichtig nimmt?

Ein Buch verfügt auf den ersten Blick über physische Eigenschaften, die sein Überdauern gewährleisten. Benötigt es dafür eine Praxis? Ausschlaggebend ist nun, dass sich in Bibliotheksregalen *de facto* keine rohe Materie befindet, sondern dass dort sozial vorbelastete Dinge für ein bestimmtes Spektrum an wohletablierten Gebrauchsweisen zur Verfügung stehen. Bei Buchobjekten handelt es sich in vielen Hinsichten um bedeutsame Dinge,[45] und dies schon deswegen, weil Bibliotheken stets etwas mit ihnen tun: Bücher werden in Bibliotheken aufbewahrt. Das klingt passiv und trivial, tatsächlich aber handelt es sich dabei um eine sehr aufwendige, alles andere als selbstverständliche und nicht zuletzt kostspielige Praxis. Bücher vermissen uns nicht, wenn wir sie vergessen. Wir können sie nicht enttäuschen,[46] und sie sind auch nicht in der Lage, uns etwas übel zu nehmen. Allein die Aufbewahrung bringt aber eine Form der kulturellen Wertschätzung zum Ausdruck, die kompetente Nutzerinnen und Nutzer nicht einfach ignorieren können.

Das ›objektive‹ Engagement wissenschaftlicher Akteure hat viel mit solchen intersubjektiven Verpflichtungen zu tun, denen sie sich – gewollt oder nicht – als kompetent sozialisierte und enkulturierte Personen ausgesetzt sehen. In diesem Zusammenhang machen

Gegenstände etwas mit den Subjekten, die mit ihnen hantieren. Abgeschwächt formuliert: Sie unterbreiten Handlungsangebote (Affordanzen).[47] Das bedeutet auch, dass es sich nicht um neutrale, sondern stets um bereits strukturierte, in vielfältigen Hinsichten vorbelastete Gebilde handelt, die »Gebrauchs*suggestionen*« durch eingeschränkte Handhabbarkeit, aber auch durch ihre symbolische, normative oder kommunikative Einbettung unterbreiten.[48] Diese Affordanz übt keine zwingende Gewalt aus, schränkt aber Willkür ein, wenn sich Gewohnheiten, Ritualisierungen, Evidenzen und Plausibilitäten damit verbinden, wenn man also weiß, welchen Sinn ein Objekt hat.

Objekte sind in der Regel nicht nur in eine Praxis verwickelt. Bibliotheken etwa legen bestimmte Praktiken im Umgang mit Büchern nahe. Sie ermöglichen zudem epistemische Zugriffsmöglichkeiten, aber sie tun dies in gewisser Weise beiläufig, denn Bibliothekare sehen in vielen Situationen etwas ganz anderes als Geisteswissenschaftler. Aus der Perspektive von Bibliotheken sind Bücher beispielsweise primär Objekte, die Geld kosten, Platz benötigen, vor Umwelteinflüssen geschützt und in möglichst stark formalisierten Registern erfasst werden müssen, wohingegen die Geisteswissenschaften den Gehalt von Büchern schätzen, nach dem intellektuellen Wert fragen, ihre persönlichen Sammlungsinteressen pflegen, sich Texte individuell aneignen und dabei auch vor Eingriffen ins Seitenbild nicht zurückschrecken.

Auf diesen Konflikt reagiert der Aufbau bibliothekarischer Parallelwelten durch private Büchersammlungen: Obwohl so gut wie alle nötigen Texte in öffentlichen Bibliotheken zur Verfügung stehen, investieren Wissenschaftlerinnen und Wissenschaftler typischerweise hohe Summen und reservieren einen erheblichen Teil des Wohnraums, um diesen Vorrat partiell zu verdoppeln. Auch das Einrichten von »Seminarbibliotheken«, womit sich Szondi, wie schon viele andere Literaturwissenschaftler zuvor,[49] intensiv beschäftigt hat [→ Kap. 25], kann als Versuch verstanden werden, institutionelle Konflikte zu vermindern und die Aufbewahrung von Büchern auf epistemische Interessen und Verwendungen zu verpflichten. Die von ihm annotierte Kleist-Ausgabe ist jedenfalls ein bibliothekarischer Albtraum, und er hat wohl auch aus diesen Gründen eine Reclam-Ausgabe verwendet, mit der er in gewisser Weise rücksichtslos umgehen konnte.

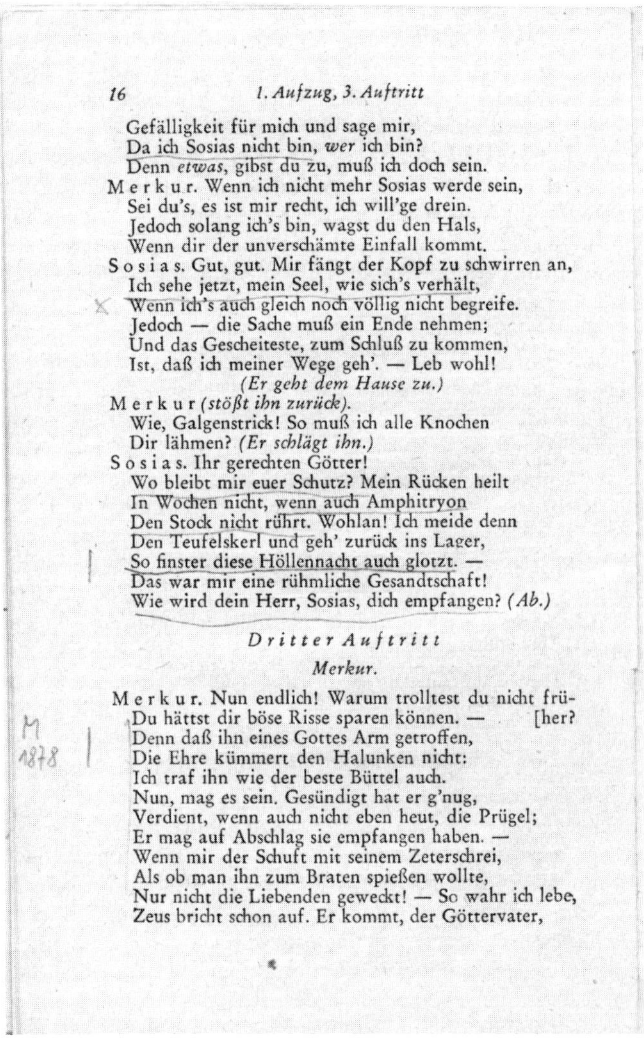

16 1. Aufzug, 3. Auftritt

Gefälligkeit für mich und sage mir,
Da ich Sosias nicht bin, *wer* ich bin?
Denn *etwas*, gibst du zu, muß ich doch sein.
Merkur. Wenn ich nicht mehr Sosias werde sein,
Sei du's, es ist mir recht, ich will'ge drein.
Jedoch solang ich's bin, wagst du den Hals,
Wenn dir der unverschämte Einfall kommt.
Sosias. Gut, gut. Mir fängt der Kopf zu schwirren an,
Ich sehe jetzt, mein Seel, wie sich's verhält,
Wenn ich's auch gleich noch völlig nicht begreife.
Jedoch — die Sache muß ein Ende nehmen;
Und das Gescheiteste, zum Schluß zu kommen,
Ist, daß ich meiner Wege geh'. — Leb wohl!
(Er geht dem Hause zu.)
Merkur *(stößt ihn zurück)*.
Wie, Galgenstrick! So muß ich alle Knochen
Dir lähmen? *(Er schlägt ihn.)*
Sosias. Ihr gerechten Götter!
Wo bleibt mir euer Schutz? Mein Rücken heilt
In Wochen nicht, wenn auch Amphitryon
Den Stock nicht rührt. Wohlan! Ich meide denn
Den Teufelskerl und geh' zurück ins Lager,
So finster diese Höllennacht auch glotzt. —
Das war mir eine rühmliche Gesandtschaft!
Wie wird dein Herr, Sosias, dich empfangen? *(Ab.)*

Dritter Auftritt

Merkur.

Merkur. Nun endlich! Warum trolltest du nicht frü-
Du hättst dir böse Risse sparen können. — [her?
Denn daß ihn eines Gottes Arm getroffen,
Die Ehre kümmert den Halunken nicht:
Ich traf ihn wie der beste Büttel auch.
Nun, mag es sein. Gesündigt hat er g'nug,
Verdient, wenn auch nicht eben heut, die Prügel;
Er mag auf Abschlag sie empfangen haben. —
Wenn mir der Schuft mit seinem Zeterschrei,
Als ob man ihn zum Braten spießen wollte,
Nur nicht die Liebenden geweckt! — So wahr ich lebe,
Zeus bricht schon auf. Er kommt, der Göttervater,

Abb. 1: Szondis annotierte Reclam-Ausgabe von Kleists *Amphitryon*[50]

Und zärtlich gibt Alkmen', als wär's ihr teurer
Gemahl Amphytrion, ihm das Geleit.

Vierter Auftritt

Jupiter in der Gestalt Amphitryons. Alkmene. Charis. Merkur. Fackeln.

Jupiter. Laß, meine teuerste Alkmene, dort
Die Fackeln sich entfernen. Zwar sie leuchten
Dem schönsten Reiz, der auf der Erde blüht,
Und keiner der Olympier sah ihn schöner;
Jedoch — wie sag' ich? Sie verraten den,
Den dieser Reiz hiehergelockt, Geliebte,
Und besser wird es ein Geheimnis bleiben,
Daß dein Amphitryon in Theben war.
Sie sind dem Krieg geraubt, die Augenblicke,
Die ich der Liebe opfernd dargebracht;
Die Welt könnt' ihn mißdeuten, diesen Raub;
Und gern entbehrt' ich andre Zeugen seiner
Als nur die eine, die ihn mir verdankt.
Alkmene. Amphitryon! So willst du gehn? Ach, wie
So lästig ist so vieler Ruhm, Geliebter!
Wie gern gäb' ich das Diadem, das du
Erkämpft, für einen Strauß von Veilchen hin,
Um eine niedre Hütte eingesammelt.
Was brauchen wir als nur uns selbst? Warum
Wird so viel Fremdes noch dir aufgedrungen,
Dir eine Krone und der Feldherrnstab?
Zwar wenn das Volk dir jauchzt und sein Entzücken
In jedem großen Namen sich verschwendet,
Ist der Gedanke süß, daß du mir angehörst;
Doch dieser flücht'ge Reiz, kann er vergelten,
Was ich empfinde, wenn im wilden Treffen
Der Pfeil auf diesen teuren Busen zielt?
Wie öd ist, ohne dich, dies Haus! Wie träge,
Bist du mir fern, der muntre Reihn der Stunden,
Wenn sie den Tag herauf mir führen sollen!
Ach was das Vaterland mir alles raubt,
Das fühl' ich, mein Amphitryon, erst seit heute,
Da ich zwei kurze Stunden dich besaß.
Jupiter. Geliebte! Wie du mich entzückst! Doch eine

Dinge ›gibt‹ es also ›da draußen‹ als konstante und kontinuierliche Phänomene nicht obwohl, sondern *weil* sie Koppelungen mit Operationen eingehen und sich im Umgang zeigen. Wir stoßen auf sie, weil sie in diversen, aneinandergrenzenden, sich teilweise überlappenden und unterschiedlich institutionalisierten Praktiken eine Rolle spielen, die sich auch ohne Konsens über Ziele, Zwecke und Umgangsformen als kooperationsfähig erweisen. Sie stehen gewissermaßen ungewollt zur Verfügung. Die Wissenschaftssoziologen Susan Leigh Star und James R. Griesemer haben für diesen Objektstatus den Begriff des Boundary Object eingeführt.[51] Grenzobjekte organisieren das Zusammenspiel zwischen losen und strikten Verbindungen von Gegenständen und Praktiken: Mit bestimmten Objekten interagieren unterschiedliche Akteurinnen und Akteure auf unterschiedliche Weise – sie bleiben dabei jedoch als die gleichen Objekte erkennbar. Boundary Objects (zum Beispiel Bücher[52]) sind im Zugriff von unterschiedlichen Seiten vergleichsweise schwach, in der individuellen oder gruppenspezifischen Verwendung hingegen stark strukturiert.[53] Auf diese Weise erklärt sich auch, wie Objekte dafür sorgen, dass Personen und Institutionen mit mehr oder weniger heterogenen Interessen und Absichten dennoch erfolgreich zusammenarbeiten, ohne im emphatischen Sinn eine gemeinsame Praxis zu teilen – Teilhabe ist ein gradueller Begriff [→ Kap. 29].

Es geht uns hier nicht um terminologische Vorlieben. Man kann, wenn man die Begriffe und deren weitreichende Implikationen nicht mag, auf die Verwendung von Wörtern wie »epistemisches Ding« oder »Grenzobjekt« auch verzichten, solange zumindest deutlich bleibt, dass sich geisteswissenschaftliche Forschung nie allein aus der Beziehung einer einsamen Forscherin oder eines einsamen Forschers zu einem isolierten, gleichsam natürlich vorhandenen Forschungsobjekt verstehen lässt. Entscheidend ist, dass sich in der Praxis diverse und komplexe, mithin schwer durchschaubare Sach- und Sozialdimensionen verschränken und dass sich wissenschaftliche Personen in diesem Zusammenhang dazu aufgefordert fühlen, als kompetente Vermittlerinnen und Vermittler zu agieren, und sich in einer unsicheren, in vielen Hinsichten kontingenten Suchbewegung [→ Kap. 1 u. 2] darum bemühen, unterschiedliche Bezüge und Perspektiven passend zu arrangieren.

17. Interobjektivität

Für naturwissenschaftliche Experimentalsysteme, die mit aufwendigen Apparaturen ausgestattet sind, leuchtet auf den ersten Blick ein, dass die Objektwelt den Akteurinnen und Akteuren nur ganz bestimmte Freiheiten lässt. Man kann sich in einem Labor nicht bewegen, wie es einem gefällt, ohne eine Versuchsanordnung zu stören. Gilt dies jedoch in der gleichen Weise auch für die Geisteswissenschaften? ›Benutzer‹ sollten sich in der Bibliothek zwar still verhalten, ansonsten können sie jedoch ziemlich viel tun, ohne den Erfolg der dort betriebenen Forschungsvorhaben von Historikerinnen, Theologen, Musikwissenschaftlerinnen oder Philologen nachhaltig zu gefährden. Wie also lassen sich jene Begriffssuggestionen und -versprechen konkretisieren, die mit der Rede von epistemischen Dingen und interobjektiven Verhältnissen einhergehen?

Um dieser Frage nachzugehen, könnte man beispielsweise über das Verhältnis zwischen der von Szondi benutzten Kleist-Ausgabe und der *Amphitryon*-Deutung spekulieren. Welchen Unterschied aber macht es wirklich, ob er sich auf den Text in Verkörperung der Reclam-Ausgabe bezieht, die er nachweislich benutzt hat,[1] oder auf die historisch-kritische Werkausgabe, die in einer handschriftlichen Bemerkung im Vortragstyposkript[2] sowie in den Anmerkungen des Zeitschriftenaufsatzes zitiert wird,[3] oder aber auf die von Helmut Sembdner herausgegebene Ausgabe, die Szondi in der Habilitationsschrift anführt [→ Kap. 25]?[4] Der empirische Nachweis der erkenntnisstiftenden Leistung des materiellen Objekts, von Format, Papier, Typografie und vielen anderen Aspekten der Ausgabengestaltung, lässt sich häufig nur als Indizienprozess führen – wenn sich überhaupt mit Sicherheit die Ausgabe oder das Exemplar bestimmen lässt, die einer Interpretation tatsächlich zugrunde lagen (also nicht nur zitiert wurden). Aus einer interobjektiven Perspektive müsste man zudem davon ausgehen, dass das gesamte Arbeitssetting, die Lese- und Schreibsituation mit ihren diversen Schreibgeräten, dem Schreibtisch, dem Bürostuhl, den unterschiedlichen Papieren, den Regalen und vieles andere mehr einbezogen werden müssen, weil sie an der Kleist-Interpretation beteiligt sind.[5] Auch Szondis individuelle Forschungsinfrastruktur lässt sich jedoch nicht mehr in der notwendigen Dichte rekonstruieren.

Anders verhält es sich mit dem Verhältnis von Interpretierenden zu einem Objekt, das notorisch unterreflektiert ist, mit dem sie sich jedoch engagiert auseinandersetzen: dem interpretierenden Text selbst. Szondis Kleist-Deutung ergibt sich im Umgang mit sich selbst über viele Stufen, die zwischen dem Forschungsgegenstand und der ausgefertigten Analyse liegen [→ Kap. 1 u. 2]. Dabei erweist sich auch ein Geisteswissenschaftler wie Szondi als »›Bastler‹«, der nicht dem Bild des Wissenschaftlers als »Ingenieur« genügt und Daten einfach festhält und ablegt.[6] Wir wollen diesen Eindruck von der Forschungspraxis im Folgenden verdichten, indem wir uns mit den Praktiken des Exzerpierens befassen. Dabei problematisieren wir einerseits eine zu intellektualistische Auffassung von Forschung, andererseits eine zu stark auf Ziele hin orientierte Konzeption. Stattdessen legen wir den Akzent darauf, wie sich Gedanken im Umgang mit Materialien einstellen und Ziele sich im Lauf der Arbeit ergeben.

Die Schreibpraxis der Geisteswissenschaften wird häufig verfehlt, weil das Bild zu intellektualistisch ausfällt: Obwohl das Interpretieren traditionell als kognitiver Vorgang (*subtilitas intelligendi*) und als mündliche oder schriftliche Äußerung (*subtilitas explicandi*)[7] thematisiert wurde, steht die gedankliche Seite generell deutlich im Vordergrund.[8] Interpretierende werden vornehmlich als Lesende aufgefasst; das Interpretieren gilt als der »voraussetzungsreichste Teil oder Aspekt der *rezeptiven* Tätigkeit«.[9] Was die Lesenden dabei in der Hand und vor Augen haben, spielt keine Rolle. Aktivitäten wie das Schreiben, die auch offensichtliche körperliche und technische Dimensionen aufweisen, werden vorausgesetzt, nicht aber als integraler Bestandteil des Verstehens selbst begriffen.[10]

In der Literaturwissenschaft insgesamt – und dies lässt sich über die Fachgrenzen hinaus verallgemeinern – gilt die »öffentliche *Darstellung* der Ergebnisse von Verstehen und Interpretation« nicht als *konstitutiver* Teil hermeneutischer Prozesse, sondern wird als etwas Zusätzliches verbucht.[11] Berücksichtigt man dagegen den prinzipiell publizistischen Charakter geisteswissenschaftlicher Forschung, greift dies zu kurz. Intellektuelle Brillanz und andere geistige Vorzüge können einen weit bringen, letztlich aber wird man, wie Ken Hyland betont, aufgrund schriftlicher Leistungen beurteilt – darauf beruht die Identität von Forscherpersönlichkeiten und von Disziplinen: »Wir sind, was wir schreiben, und wir müssen verstehen, wie unsere Disziplinen Themen identifizieren, Fragen stellen, sich mit Literatur auseinandersetzen, Kollegen kritisieren und Argumente präsentieren«.[12]

Es geht dabei nicht um einen linearen Prozess, der vom Lesen zum Schreiben führt, in dem also ein Gedanke zunächst privat gefasst, dann ebenso abgeschieden formuliert und erst anschließend veröffentlicht wird. Gedanken und Formulierungen erscheinen vielmehr immer schon in einer Publikationsumgebung.[13] Dies gilt in besonderer Weise für das moderne Wissenschaftssystem, das Forschung und akademischen Publikationsmarkt unauflöslich verflochten hat: durch die Etablierung des Zeitschriftenbetriebs,[14] durch die Beobachtung von Publikationsaktivitäten in Bewerbungsverfahren[15] oder generell durch die Leistungsmessung und Mittelzuweisung mittels Metriken, die sich – über Publikationsmengen, Publikationsrankings oder quantifizierbare Publikationserfolge – an eine gigantische, weltweit operierende Publikationsindustrie anschließen.[16]

Von Wissenschaftlerinnen und Wissenschaftlern wird erwartet, dass sie publizieren. Und selbst wenn sie dies nicht tun, müssen sie mit diesem Erwartungshorizont zurechtkommen. Sie tun dann nicht irgendetwas, sondern etwas anderes als publizieren beziehungsweise sie publizieren nicht.[17] So verfügt Szondi aus heutiger Perspektive angesichts seines großen Renommees zwar über eine vergleichsweise kleine Publikationsliste – bei seiner Habilitation genügt für das Schriftenverzeichnis eine locker bestückte Seite.[18] Bereits er aber sah in dieser aus unterschiedlichen, teils sehr persönlichen Gründen eingeschränkten Produktivität ein Problem. Auch um dieses Defizit auszugleichen, brachte er seine Aufsätze wiederholt an unterschiedlichen Publikationsorten und in unterschiedlichen Formaten unter und zeigt sich damit als permanent publizierender Wissenschaftler.

Interpretationstheorien blockieren den Zugang zu dieser Interpretationspraxis, und zwar nicht nur dann, wenn sie einseitig intellektualistisch ausfallen und die vielfältige publizistische Dimension von Wissenschaft vernachlässigen, sondern auch, wenn sie zu teleologisch konzipiert sind: Interpretieren gilt dann als eine Handlung, die »aus einem Überlegungsprozess« resultiert und auf vorab definierte »Ziele« zustrebt.[19] Die Interpretierenden werden als Lesende entworfen, die *infolge* ihrer gedanklichen Anstrengungen vorsätzlich etwas tun. Wenn damit mehr gemeint sein soll als die Absicht, irgendwie eine ›gute‹ Interpretation abzuliefern, verfehlt diese Beschreibung die wissenschaftliche Praxis. Epistemische Akteurinnen und Akteure wie Szondi fassen zwar Ziele, führen aber Handlungen aus, die nicht einfach auf deren Erfüllung hinauslaufen. Vielmehr verändern oder ergeben sich Absichten in der Arbeit, und dabei verschränken sich Überlegen, Lesen, Reden und Schreiben permanent.

So finden sich zwar bestimmte Thesen, Gedankenfiguren und sogar Formulierungen, die für Szondis Habilitationsvortrag und die daraus hervorgehenden Publikationen wichtig sind, bereits in der frühen Kleist-Deutung der Jahre 1954/56, die er als »durchaus ernste und kompromisslose« Interpretation für die *Neue Zürcher Zeitung* und den *Hessischen Rundfunk* verfasst hat.[20] Die Leitperspektiven des Habilitationsvortrags und die daran anschließenden Publikationen fehlen indes in den journalistischen Arbeiten. Zwischen diesen und den sich allmählich neu herausbildenden Deutungen müssen im Redetyposkript mehrfache Harmonisierungsleistungen erbracht werden. Besonders interessant ist dabei, wie Szondi auch innerhalb des Vortrags sukzessive Passungen und Angleichungen vornimmt. So hatte er für das Verständnis des inneren Zwiespalts von Alkmene bereits in den frühen Texten eine Deutung parat, und im Habilitationsvortrag führt er die Befindlichkeit von Amphitryons Ehefrau zunächst wie dort auf die Opposition von »Gefühl« einerseits und »Ehre« sowie »Ehegesetz« andererseits zurück. In der Überarbeitung wird »Ehre« zunächst durch »Ruhm«, dann durch »Staat« ausgetauscht, vor allem aber wird nun erst der Fokus der gesamten Interpretation auch an dieser Stelle dominant gesetzt, nämlich die »Absage Kleists an das Gesellschaftliche«.[21]

Würde es sich bei unserem Text um eine Szondi-Studie handeln, müsste man nun genau rekonstruieren, wie sich Szondis Kleist-Interpretation in einem komplizierten Arbeitsprozess im Kontext des Habilitationsverfahrens ergibt und sich zu den Thesen der Habilitationsschrift verhält, zur Kritik der Gutachter, zu den Anforderungen des Habilitationsvortrags, zur programmatischen Antrittsvorlesung über Walter Benjamin[22] und zu jenen Überlegungen zur *Philosophischen Erkenntnisproblematik*, die im unmittelbaren Anschluss erstmals der Öffentlichkeit vorgestellt und dann als »Traktat« *Über philologische Erkenntnis* berühmt werden – wir haben dies oben immerhin angedeutet [→ Kap. 13]. An dieser Stelle interessieren uns hingegen die Indizien dafür, dass Szondis Umgang mit Interpretationsobjekten, also mit dem Text, der interpretiert wird, mit den Texten, die diesen Text bereits interpretiert haben, und mit dem eigenen Text, der eine neue Interpretation formuliert, von einer intellektualistischen und teleologischen Auffassung geisteswissenschaftlicher Forschung verfehlt wird. Eine solche Auffassung, die sich auf den Rezeptionsprozess einsamer, nachdenklicher und lesender Akteurinnen und Akteure bezieht, unterschätzt nicht nur die komplizierten Vermittlungsleistungen und Passungen [→ Kap. 2], sondern auch die schriftstellerisch produktive Dimension des Interpretierens: Textdeutungen werden erlesen *und* erschrieben.[23] Sie resultieren aus einer schwer zu durchschauenden Verschränkung von rezeptiven und produktiven Prozessen im Umgang mit diversen Objekten [→ Kap. 19 u. 20].

Dies zeigen nicht nur Bearbeitungsfassungen, sondern vor allem auch die Notizen und Exzerpte, die den »Korrekturexemplaren« von Szondis Kleist-Interpretation im Deutschen Literaturarchiv Marbach zugeordnet sind.[24] Man sieht daran unter anderem, dass der publizistische Charakter von Wissenschaft weit über den akademischen Buchmarkt hinaus in die Alltagsgeschäfte reicht. Interpretationen werden durch mündliche Darbietungen angebahnt, durch Flurgespräche, Tagungsbeiträge, Vorlesungen oder Seminardiskussionen. Diese Äußerungen basieren ihrerseits auf vielfältigen Varianten der Papierarbeit[25] (in kleinen Formen wie Annotationen, Exzerpten, Notizen, Vortragsmanuskripten und -typoskripten etc.). Im Licht der Science Studies liegt es nahe, dass sich solche Schreibereien nicht angemessen als nachträgliche ›Verschriftlichungen‹ und auch nicht einfach nur als ›Vorarbeiten‹ auffassen lassen, eben weil sie epistemisch effektiv sind.[26]

Typischerweise zeichnen sich solche Papiere durch »immense Vielfalt« aus.[27] So befindet sich unter Szondis Materialien etwa eine ›saubere‹ maschinenschriftliche Abschrift von Passagen aus Gerhard Frickes Studie über *Gefühl und Schicksal bei Heinrich von Kleist*. Das Exzerpt, überschrieben mit der bibliografischen Angabe, setzt mit Zitaten ein, die grundsätzliche Thesen zu den Hauptfiguren von Kleists *Amphitryon* entwickeln, gefolgt von zwei Stellenkommentaren und abschließenden Reflexionen zur Deutung von Alkmenes geheimnisumwittertem »Ach!«. Zwei handschriftliche Blätter, deren Notate unter »Lit.« rubriziert werden, stehen mit diesem Exzerpt in Verbindung: Eine Seite, überschrieben mit »Frickes Interpretation«, entspricht formal dem maschinenschriftlichen Exzerpt und schließt unmittelbar daran an.[28] Die Einträge des zweiten Blatts beginnen mit einem Zitat aus einer nicht weiter bibliografisch präzisierten Studie von »Hohoff«. Darauf folgen wiederum Bemerkungen zu »Fricke«, und zwar im Blick auf zentrale Aspekte einerseits zu Kleists Werk (»Das Gefühl«, »Kleists ›Urerlebnis‹«, »Kleists Frage«) und andererseits zur Kleist-Forschung (»Nach Fricke 4 Gruppen von Interpreten«). Keine der dort notierten Stellen wird von Szondi später explizit zitiert, obwohl er etwa, wie erwähnt, die Passage zu den unterschiedlichen Varianten der Kleist-Interpretationen in Teilen wörtlich übernimmt [→ Kap. 7]. Stattdessen führt er an anderer Stelle eine Fußnote Frickes an und erklärt dessen Bemerkung zur prinzipiellen »Gegensätzlichkeit« der Werke Molières und Kleists zur zentralen interpretatorischen Herausforderung.

Die beiden losen Blätter liegen einem DIN-A4-Block bei, der mit Notizen zur Literatur über Kleists *Amphitryon* einsetzt. Es handelt sich um knappe Exzerpte sowie kurze Hinweise auf die Fundstellen zu den Äußerungen genau jener Autoren (von Tieck bis Gundolf), die auf den ersten Seiten der Interpretation angeführt werden (inklusive des erwähnten Zitats aus einer Fußnote von Frickes Kleist-Studie). Bereits die losen Blätter halten Lesefrüchte selektiv fest. Im Vergleich zum Notizblock aber handelt es sich um Dokumente einer einigermaßen ganzheitlichen Lektüre, die die Intention einer fremden Interpretation rekonstruiert und zentrale Thesen unabhängig davon festhält, was davon für die eigenen Interessen unmittelbar brauchbar ist.

Man sieht also, dass die Praktiken des Verzettelns sehr unterschiedlich ausfallen. Dies gilt auch in größerem Maßstab, wenn man verschiedene Typen von Exzerpten in den Blick nimmt. Richard Alewyn etwa, der Szondi als Mitherausgeber des *Euphorion* gefördert hat und mit ihm die Literatursoziologie weiterentwickeln wollte,[29] betrieb eine ausufernde Zettelwirtschaft. Er sammelte zu bestimmten Motiven, Themen oder Autoren Stellen, die er über Jahrzehnte hinweg zusammentrug[30] und in Kästen aufbewahrte.

Im Marbacher Alewyn-Nachlass finden sich rund 150 Mappen und Pappschachteln, wobei die Pappschachteln meist wiederum eine größere Anzahl von weiteren Mappen enthalten. Sehr viele Konvolute beziehen sich auf »Barock« (24 Pappschachteln), »Klopstock« (24 Mappen), »Romantik« (11 Pappschachteln) und »Goethe« (10 Pappschachteln).

Alewyn stellt im Rahmen seiner Forschungen zu Klopstocks Publikum separate Konvolute in thematischen Mappen (Format A4 und A5) zusammen, die eine anspruchsvolle systematische Binnengliederung mit drei Hierarchieebenen aufweisen. Weitere Konvolute finden sich allerdings außerhalb der systematischen Gliederung. Interessant ist nicht nur, dass sich die Klopstocks Publikum gewidmete Zettelsammlung, die über die Jahre in unvorhersehbare Richtungen wuchert, Alewyn über fünf Dekaden begleitet,[31] sondern dass sie auch seine Lehre und seine Veröffentlichungen mitstrukturiert hat: Die Themen der Mappen tauchen nämlich in seinem Programm für das Oberseminar »Klopstocks Publikum« für das Wintersemester 1966/67 als Referats- beziehungsweise Sitzungsthemen auf.[32] Bereits formuliert, wenn auch noch abweichend strukturiert werden diese Themen im Programm für ein Oberseminar »Literatur und Publikum im 18. Jahrhundert« beziehungsweise »Soziologie der Literatur im 18. Jahrhundert«, das im Sommersemester 1954 stattfand.[33] Zudem formiert die sich allmählich herausbildende Ordnung der Mappensammlung auch seine Publikationen. Das größere Projekt über das Publikum Klopstocks vermag Alewyn nur in Teilen zu realisieren, aber seine bis in die Gegenwart bedeutsame Veröffentlichung über »Klopstocks Leser«[34] lässt erkennen, dass die gesamte Struktur des Aufsatzes ausweislich der verwendeten Untertitel die Ordnung der systematisch gegliederten Mappensammlung übernimmt. Es gilt also festzuhalten, dass bestimmte Strukturierungspraktiken durchaus zwischen recht unterschiedlichen Bereichen wandern: Die sich fortentwickelnden Ordnungsprinzipien eines Themenbereichs können ein Mappenkonvolut strukturieren, die Abfolge eines Seminars bestimmen und die Darstellungsform einer Publikation organisieren – und dies alles kann wieder auf die entsprechenden Strukturierungsbemühungen zurückwirken.

In einem der vielen Behälter des Nachlasses ordnete Alewyn auch Notizen zu Kleist ein, und zwar gemeinsam mit Exzerpten zu Hölderlin und Jean Paul.[35] Die Konstellation verweist auf etablierte Kategorien, denn diese drei Autoren wurden als Sonderfälle im Spannungsfeld von Weimarer Klassik und Romantik kanonisiert. Innerhalb der Kästen bündelte Alewyn die Blätter zu Konvoluten, die durch gefaltetes DIN-A4-Papier oder dünne, gefaltete Pappe mit Überschrift zusammengehalten wurden, in denen sich mitunter weitere Lagen von Konvoluten bildeten. Bei Kleist orientiert sich die Ordnung vornehmlich an den Werken, es finden sich aber auch Rubriken, die Notizen zu übergreifenden Aspekten versammeln (»Tod«, »Nachtseite«, »Staat«, »Leben«, »Kleist gegen Napoleon«).

Auf den ersten Blick fällt die extreme formale und inhaltliche Heterogenität der Materialien auf. Das Spektrum reicht von sehr kleinen, nur wenige Quadratzentimeter großen Zetteln bis hin zu der unter »Penthesilea« eingeordneten Kopie einer auf DIN-A5-Format gefalteten Seminararbeit. Am Beispiel des Konvoluts zu »Amph[itryon]« zeigt sich, dass Alewyn inhaltlich einerseits relativ offen gesammelt hat (etwa Stichwörter zu Versen in einzelnen Szenen), teilweise aber auch thematisch fokussiert (etwa Notizen zu »Ernste[n] Elemente[n]« des Dramas). Besonders aufschlussreich sind die Zettel mit Bemerkungen zu einzelnen Figuren. Alewyn hält darauf Interpretationsansätze fest,[36] die er offenbar für konzeptionell größere Dimensionen vorsah, ohne dass klar zu sehen ist, worauf die Sammlung hinauslaufen sollte. Auch hier also orientiert Publizität beziehungsweise die Hinsicht auf mögliche Veröffentlichungen das Forschungsverhalten – immer wieder ist im Rückblick auf Alewyn von den »unveröffentlichten« Büchern die Rede, also von Projekten, deren Konturen irgendwie sichtbar sind, aber vom Autor nicht über die Publikationsschwelle getragen wurden.[37] Es handelt sich bei den Notizzetteln des Nachlasses vielfach um tastende Versuche, die ausprobieren, was mit Einfällen und Stellen angefangen werden könnte, wobei eine Stelle im Licht ihrer (antizipierten) Brauchbarkeit für ein Projekt überhaupt literaturwissenschaftliche Aufmerksamkeit auf sich zieht.

Ebenso wie die Eigenheiten zeigen sich auch die typischen, verallgemeinerbaren Aspekte von Alewyns Zettelwirtschaft anschaulich im Vergleich mit der deutlich anders organisierten Exzerpierpraxis von Hans Robert Jauß, zu dem Szondi unter anderem im Kontext des *Poetik und Hermeneutik*-Projekts Beziehungen unterhielt [⟶ Kap. 28].[38] Der Romanist bündelte seine eindrucksvoll umfangreichen Exzerpte teils nach Themen (z. B. »Zeit«[39]), teils nach behandelten Autoren (z. B. »Proust«[40]) oder verband beide Kategorien.[41] Während Alewyn offenbar eher spontan Lesefrüchte und Ideen sammelte und auf Materialien notierte, die gerade zur Hand waren, exzerpierte Jauß sehr viel systematischer und nutzte dazu einheitliche Medien (z. B. Karteikarten oder Ringbucheinlagen). Ähnlich wie Alewyn notierte er auf Vorrat, wenngleich seine konkreten Forschungs- und Publikationsvorhaben erkennbar das Sammelinteresse dirigierten. Die Exzerpte sind nach Projekten geordnet.

An einigen Stellen wird der anbahnende Charakter der Exzerpte und ihre Situierung in Forschungszusammenhängen besonders deutlich, etwa bei Jauß' Bemerkungen zu Clemens Brentanos *Godwi*: Zunächst geht er auf den Untertitel des Romans ein, den Brentano selbst als »verwildert« bezeichnet hat, und wehrt in einer Kaskade von Negationen mögliche Deutungen dieser Gattungsbezeichnung ab. Selbst die exzerpierende Beschäftigung mit der Primärliteratur platziert sich also in der sozialen Umgebung, die die Vermittlungsleistungen des gesamten Forschungszusammenhangs bestimmt. Erst danach deutet Jauß »den tieferen Grund« für Brentanos literarisches Verfahren an.[42] Dazu notiert er nach der Sicherung weiterer Materialien unter der Überschrift »bei genauerer Untersuchung wäre zu beachten« offene Probleme zu einzelnen Aspekten, etwa zur »Erzählhaltung«, und fügt vorläufige Deutungsoptionen hinzu:

> Warum wirkt das Kompositionsschema, das ich schon kannte, nicht etwa verwildert, sondern streng – und doch nicht kunstvoll genug? Vielleicht weil das romant. Ich nicht potenziert, in Reflexionsstufen, sondern in verschiedenen gleichberechtigten u. monadischen Personen [...] erscheint, ohne raffinierte Verschachtelung [...].[43]

Die Exzerpte fixieren mithin nicht nur etwas, sondern öffnen es zugleich und halten Klärungsbedarf für jene Gelegenheit fest, in der die Ideen, Deutungsansätze und Fragestellungen brauchbar sind. Dies kann auf unterschiedliche Weisen geschehen. Umfangreiche Exzerpte zu einem Werk oder einer Autorin respektive einem Autor (etwa zu La Bruyère[44] oder Martin Heidegger[45]) sind bisweilen intern nach Schlagworten gegliedert, sodass durch den Auszug thematische Strukturen sichtbar werden. Aufschlussreich sind jedoch vor allem Selbstlektürespuren in den Exzerpten, die auf Abfolgen von Prozessen des Lesens und Schreibens verweisen: Jauß hebt in seinen Notizen bei erneuter Sichtung wichtige Stellen durch Unterstreichungen oder Randmarkierungen hervor oder glossiert den Text. Das Kondensat wird mithin erneut kondensiert, die Interpretation selbst interpretiert. Erst im Lauf der Zeit fällt durch solche rekursiven Manöver ins Auge, was relevant bleiben wird.

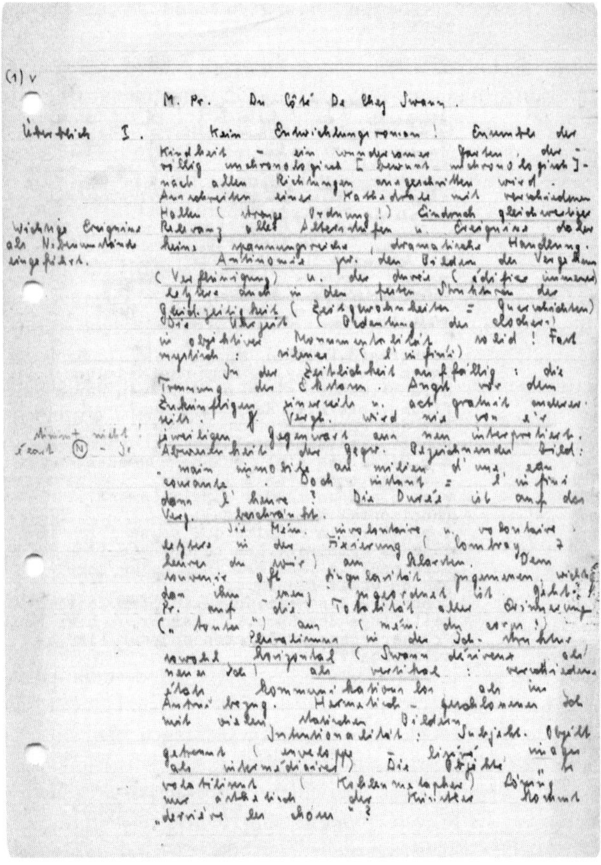

Abb. 1: Erste Seite von Hans Robert Jauß' Exzerpten zu Proust.[46]

Bei Alewyn dürften sich die Rubriken, unter denen einzelne Zettel subsumiert wurden, erst nach und nach gebildet haben – dann nämlich, wenn sich mehrere Notate einstellen, die sich in ausreichender Menge gemeinsam auf etwas beziehen. So fällt aus den »Novellen« die *Kohlhaas*-Erzählung heraus und wird in einem eigenen Konvolut verwaltet. Die übrig gebliebene Rubrik lautet »Kleist, Novellen (ausser Kohlhaas)«. Wann sind die Notizen umfänglich genug, um die Aufmerksamkeit auf einen eigenständigen Bereich zu lenken? Aspekte der Proportion spielen bei der Materialsammlung eine wichtige, aber schwer zu bestimmende Rolle. Selbst wenn der thematische Fokus schon klar eingestellt ist, muss sich erst im Arbeitsprozess klären, was der Forschungsgegenstand ist beziehungsweise was an ›etwas‹ für Forschungsaktivitäten interessant, merkwürdig oder eben brauchbar ist. Dies bedeutet auch, dass sich erst in der Arbeit zeigt, inwiefern ein Gegenstand für die Forschung taugt. Als Käte Hamburger Materialien für ihre Studie über *Das Mitleid* (1985) sammelt, ist von Anfang an relativ klar, worauf sie sich konzentriert. Sie geht daher ähnlich wie Jauß vor und legt systematisch Exzerpte an (zunächst von Platon bis Adam Smith).[47] In anderen Zusammenhängen hat im Übrigen auch Szondi in dieser vorab strukturierten und ausführlichen Weise Exzerpte angefertigt, etwa bei den Vorarbeiten zu seiner Vorlesung »Einführung in die literarische Hermeneutik«.[48] Hamburgers Bestandsaufnahme wird dabei durch Querverweise, offene Fragen, Reflexionen und Interpretationsansätze in eckigen Klammern unterbrochen. In einem zweiten Durchgang zieht Hamburger diese Klammern rot nach, sodass die ›eigenen‹ Gedanken herausstechen. Zudem hierarchisiert sie durch Unterstreichungen das Textbild in mehr oder weniger wichtige Aspekte.

Die Offenheit für das, was im Forschungsprozess anfangs noch nicht absehbar ist, zeigt sich auch in der Anlage der Exzerpte: Anders als Jauß, der in dem angeführten Beispiel das Papier effizient ausnutzte und nur am Rand Platz für Zusätze vorsah, ließ Hamburger die Rückseiten zunächst frei, sodass dort Platz für Nachträge blieb. Auch die Arbeit mit losen Blättern ermöglicht solche Rekursionen: So löste Hamburger etwa ein DIN-A6-Heft[49] auf und ordnete die Zettel in ein bereits bestehendes Konvolut ein.[50] Schließlich dokumentiert sich die Prozessualität in einer zunehmenden Verwilderung der Materialien: Während Hamburger anfangs offenbar ein klarer Autoren- und Werkkanon vor Augen stand, den sie abarbeitete, ging die gezielte Materialrecherche bei Annäherung an die Gegenwart in eine offene Suchbewegung über, bei der sich Briefe, Zeitungsartikel, Karteikarten, Notizzettel, Verlagswerbung und Kopien aus Büchern oder von Aufsätzen ansammelten.[51]

Es gibt also zwar durchaus charakteristische Exzerpiertypen, aber in allen Fällen werden unterschiedliche Formen des Lesens und Schreibens parallel praktiziert.[52] Diese Vielfalt hat natürlich auch eine medienhistorische Dimension. Das Zusammenspiel von analogen und digitalen Medien etwa oder die Frage, wie sich die Diversität der Notationsverfahren auf der Festplatte entfaltet, wären eigene Studien wert. Zu erwarten ist dabei, dass zunehmend mehr Praktiken auch digital ausgeführt werden können, aber auch, dass es im Workflow gerade der Geisteswissenschaften im konkreten Vollzug zu komplexen intermedialen Verhältnissen kommt.[53] Szondis Notizen sind jedenfalls insbesondere in ihrer Heterogenität, Ungleichmäßigkeit und Unterschiedlichkeit beziehungsweise im Nebeneinander unterschiedlicher Darstellungs- und korrelierender Arbeitsformen typisch für geisteswissenschaftliche Forschung, und dies gilt auch unter Bedingung von Programmen, die dem Zitieren und Exzerpieren Formatvorgaben liefern.

Damit verbindet sich ein wichtiger Aspekt: Die unterschiedlichen Textsorten, die im Verlauf von Forschungsprozessen anfallen, werden normativ verschieden verwaltet.[54] Bei einem schnell notierten Einfall genügt es, wenn er zwar überspitzt oder unausgegoren ist, aber gleichwohl den Interpretationsprozess anregt, also zur Gedankenentwicklung und -findung beiträgt, wenn er also ›anschlussfähig‹, ›brauchbar‹, ›passend‹, ›fruchtbar‹, ›weiterführend‹, ›illustrativ‹, ›plausibel‹, ›unterhaltsam‹ oder ›geeignet‹ ist. Entscheidend ist, dass sich diese Vielfalt, die die Genese der Interpretation bestimmt, auch im ›Produkt‹ findet, also in Darstellungsformen, die Wissen nicht mehr in einer Art Test- und Probierphase repräsentieren: Komplexere wissenschaftliche Dokumente kombinieren unterschiedliche Sprechakte. Eine Interpretation etwa besteht »nie ausschließlich aus interpretierenden Äußerungen«.[55] Und dies gilt auch für Exzerpte, Notizen und andere Texte, die im Blick auf Interpretationen anfallen. Wie bei der Verschränkung von Planung und Durchführung oder von Lesen und Schreiben verläuft der Arbeitsprozess nicht nur über nacheinander geordnete Stationen vom

Entwurf zur Publikation. Vielmehr ist stets ein komplexes Normgefüge im Spiel, in dem sich Sach- und Sozialdimensionen überlagern: Auch Fruchtbarkeitsunterstellungen werden im Blick auf Wahrheitsvermutungen getroffen, und umgekehrt muss eine wahre Aussage noch immer so viel weiterführenden, anschlussfähigen und Anschlüsse stimulierenden Problemgehalt mit sich führen, dass sich Kommunikation darüber auch in Zukunft lohnt.

Aus diesem Grund ist kein einzelnes der am Beispiel von Szondi, Alewyn, Jauß und Hamburger skizzierten Arbeitsverfahren *per se* richtig oder falsch, gut oder schlecht, sondern die Akteurinnen und Akteure müssen situationsspezifisch ein Gespür dafür beweisen, wann es besser ist und sich lohnt, eher lose oder eher zielgerichtet, eher umfänglich oder selektiv zu arbeiten.[56] Intellektualistische und teleologische Auffassungen geisteswissenschaftlicher Forschung vermitteln jedenfalls kein zutreffendes Bild der vielfachen Rekursionen, der Lektüre und Relektüre, des Formulierens und Umformulierens, der Verflechtung von Rezeption und Produktion in Erkenntnisprozessen.

In der Regel, darauf hat Christoph Hoffmann nachdrücklich aufmerksam gemacht, rückt das Schreiben erst dann ins Bewusstsein der Forschenden, wenn sie einen Text für die Publikation ausarbeiten. Weil dabei »kognitive[] Operationen wie Formulieren oder Argumentieren« im Vordergrund stehen, verführt diese Form der Vertextung zu dem Eindruck, es »würde nur aufgeschrieben, was sich im Kopf ergeben hat«.[57] Wirft man einen Blick auf die Notizen und Exzerpte von Geisteswissenschaftlerinnen und Geisteswissenschaftlern, zeigt sich schnell, dass die Einbahnstraße vom Lesen zur gedanklich erarbeiteten Interpretation und zu deren Dokumentation im Interpretationstext nicht der Praxis entspricht. Die umgekehrte Vereinseitigung hilft jedoch ebenso wenig weiter. Die strikte Fokussierung des Schreibens ist zwar angesichts der traditionellen Wertschätzung des Lesens in den Geisteswissenschaften strategisch verständlich. Entscheidend aber ist, dass an jeder Station des Interpretationsprozesses verschiedene Schreib- und Lesepraktiken zusammenwirken, die sich als mehr oder weniger vorläufig und – zumindest im Rückblick – als mehr oder weniger zielführend und endgültig erweisen.

Christoph Hoffmann unterscheidet drei Phasen des »epistemische[n] Schreiben[s]«, um die Vielfalt an Praktiken zu ordnen:

Beim »Aufschreiben« gewinnt man »Forschungsmaterial«, das »Bearbeiten« sondiert Daten mit dem Ziel, Zusammenhänge herauszuarbeiten, und das »Publizieren« zielt auf die »Schließung« eines Objekts mit unterschiedlichen öffentlichen Reichweiten (von der mündlichen bis zur gedruckten Präsentation in diversen Formaten).[58] Allerdings lässt sich diese Unterscheidung nur idealtypisch treffen, weil die Praktiken des Aufschreibens, Bearbeitens und Publizierens zusammen- und ineinanderwirken. Auch in der publizierten Fassung eines Forschungsbeitrags kann noch etwas »aufgeschrieben« werden, sodass ein neue »Bearbeitung« notwendig wird.[59] Es dauert, bis man weiß, was man will – oder besser: was man gewollt haben möchte. Stets aber kann es sich um eine nur vorläufige Station handeln. Genauso wichtig ist jedoch, wie um antizipierte Abschlüsse gerungen wird: wie permanent Selektionen und Zuspitzungen erfolgen und die Arbeit – wie unterschwellig auch immer – von dem Ziel angetrieben wird, einen publikationsreifen Beitrag zu erarbeiten.

Anders formuliert: Das Veröffentlichen reicht weit in den Arbeitsprozess hinein. Publizität verhält sich nicht einfach ›nachträglich‹ zum Lesen [→ Kap. 20]. »Die Grenzen zwischen Aufschreiben, Bearbeiten und Publizieren verlaufen fließend und was in der einen Szene passiert, wirkt sich auf die anderen aus.«[60] So wäre es eine unrealistische Vorstellung, dass zunächst ohne jede weitere Absicht ›einfach so‹, ›für sich‹ oder strikt gegenstandsadäquat Beobachtungen gesammelt werden, die erst anschließend in einen Prozess der Interpretation überführt werden. Von der Materialgewinnung an werden Aspekte von Gegenständen aus dem Zusammenhang gerissen, für etwas fokussiert, rubriziert, entmischt und neu kombiniert.[61] Bei Szondi zeigt sich dies typischerweise in den Überschriften oder rubrizierenden Stichworten, in denen er ausprobiert, für was eine Notiz später gut sein könnte: etwa als Beitrag zur historischen »Einschätzung« von Kleists *Amphitryon*, zur Bestimmung von »Kleists Frage«, als »Beispiel für wörtliche Übersetzung« oder als »Beispiel für Gegen-Übersetzung«.[62]

Zum einen handelt es sich in sozialer Hinsicht um absichtsvolle Prozesse, die sich im Rahmen einer kollektiven Praxis ergeben. Absichten sind nicht Grundlage oder Auslöser, sondern selbst Teil der Praktiken.[63] Davon zeugt die »gesellschaftliche Syntax« der Darstellung, die jede Formulierung ins Licht und unter Vorbehalt ihrer möglichen Auffassungen und Konkurrenzen in einer virtuellen *community of practice* stellt. Zum anderen folgen in temporaler Hinsicht Aktivitäten nicht auf Absichten, sondern diese Absichten verändern und ergeben sich erst im Verlauf der Arbeit.[64] So verfügte Szondi, wie bemerkt, etwa in den Texten der 1950er Jahre über eine Kleist-Deutung, die ohne die spätere Perspektivierung auskam. Bei der fortlaufenden Überarbeitung limitieren sich dann die »Verfahren« allmählich selbst. Sie stellen sich in der Durchführung auf jene Optionen ein, die sie selbst eröffnen, um schließlich zu einer vorzeigbaren, publikationsreifen Festlegung und Zuspitzung zu gelangen.[65] Warum auch immer eine Handlung genau auf diese oder jene Weise ausgeführt wird: Es schränkt die Möglichkeit der anschließenden Handlung ein, sodass Schreibprozesse sich allmählich selbst schließen. Im Lauf der Zeit fällt es zunehmend schwerer, andere Perspektiven einzunehmen als diejenige, in die man sich selbst verstrickt hat. Das geht auch Praxeologinnen und Praxeologen so, wenn sie etwa ein Buch über Geistesarbeit schreiben.

18. Problematisieren

Weil sich in einer Forschungspraxis wie der literaturwissenschaftlichen Interpretation zwar Phasen unterscheiden lassen, diese aber fortwährend aufeinander bezogen sind, gibt es auch keine eindeutigen Indizien dafür, wann Forschung »publikationsreif« geworden ist[1] oder wann die Publikationsarbeit beginnt: Wann etwa – um einmal ein Beispiel aus der Geschichtswissenschaft zu bemühen – fängt Thomas Nipperdey damit an, seine *Deutsche Geschichte* zu schreiben? Als er sich 1973 durch seinen Bielefelder Konkurrenten Hans-Ulrich Wehler herausgefordert fühlt, der das »Großprojekt eines ›Grundrisses der deutschen Gesellschaftsgeschichte vom ausgehenden 18. Jahrhundert bis zur Gegenwart‹« annoncierte?[2] Als ein Lektor, in dessen Verlag zwei Aufsatzbände Nipperdeys erschienen waren, sich ein »›Originalbuch‹« wünscht und Nipperdey ihm daraufhin erklärt, er wolle »für die nächsten drei, vier Jahre [...] so etwas schreiben wie ›Entscheidungsstationen oder Grundprobleme der deutschen Geschichte in den letzten 200 Jahren‹«?[3] Als Nipperdey seine Münchner Lehrveranstaltungen auf den »Buchplan« auszurichten beginnt?[4] Als er selbst auf renommierte Verlage zugeht und sie für sein Projekt einer »deutsche[n] Geschichte im 19. Jahrhundert« zu interessieren versucht?[5] Als er sich »mit geradezu schlitzohriger Beharrlichkeit [...] in die Propyläen Geschichte Deutschlands« hineindrängt?[6] Als das Manuskript – »entgegen ursprünglicher Planung« – zu einem mehrbändigen Werk anwächst?[7] Als mit Gordon A. Craigs *Deutscher Geschichte* bei C.H. Beck ein Buch in jenem Format vorliegt, das zu Nipperdeys wuchernden Darlegungen passt?[8] Oder reicht alles doch schon viel früher zurück, weil Nipperdey den Stoff seiner *Deutschen Geschichte* bereits als »junger Göttinger Privatdozent in Vorlesungen und Seminaren vorbereitet und auch gedanklich vorstrukturiert« hat?[9]

Wann auch immer die Entscheidung fällt, ein bestimmtes Forschungs- *und* Publikationsprojekt zu verfolgen: Das Schreiben der Publikation fängt lange vor dem Verfassen eines Skripts an, weil unterschwellig »immer schon *für die Publikation* geforscht« wird, auch wenn sich dann vieles als untauglich und unpublikabel erweist.[10] Legendäre Zettelkästen wie die von Hans Blumenberg oder

Niklas Luhmann bestätigen diesen Zusammenhang, und zwar wiederum in unterschiedlich ausgeprägten Praktiken: So fällt etwa an Blumenbergs Zettelkastenbeiträgen auf, dass er die Intentionen der exzerpierten Werke ignoriert und seine eigenen thematischen Interessen in den Vordergrund rückt.[11] Betrachtet man aber seine Unterstreichungen in Luhmanns legendärem Aufsatz über »Kommunikation mit Zettelkästen«, den er am 26. Januar 1982 gelesen hat, dann ist nicht immer klar, warum bestimmte Stellen annotiert werden: Weil Blumenberg fand, dass sie seine eigenen Verzettelungspraktiken treffend beschreiben? Weil sie für Luhmanns Überlegungen zentral sind? Weil Blumenberg Bezüge zu anderen seiner Lesefrüchte auffielen?[12]

Man sieht, dass sowohl Luhmann als auch Blumenberg ihre Zettelkästen im Blick auf künftig mögliche Publikationen hin angelegt haben, dies aber in unterschiedlich offener Weise: Luhmann notierte vor allem Ideen zu Gelesenem. Zudem standen ihm bereits die wesentlichen Verknüpfungen so vor Augen, dass er die Einträge bei der Verzettelung mit Nummern in ein bestehendes, hierarchisch gegliedertes Verweissystem integrieren konnte, das variabel eingesetzt wurde. Blumenberg hingegen notierte vor allem Zitate und ordnete seine Notizen »viel flacher und damit auch flexibler« unter einige »Großkategorien« (zum Beispiel »›Anthropologie‹« oder »›Aufklärung‹«), die auf den Karteikarten mitunter noch einmal durch Untertitel gegliedert waren.[13]

Solche Ordnungsentscheidungen erübrigen sich im digitalen Raum, weil in gut gebauten Datenbanken je nach Interesse und Gelegenheit unterschiedliche Strukturen genutzt werden können. Ein Problem aber bleibt hier wie dort: Wie entwickelt sich überhaupt das Gespür dafür, was notiert werden sollte, weil es sich später als brauchbar herausstellen könnte? Wie bildet sich so etwas wie ein Problembewusstsein aus, das für fruchtbare Perspektivierungen sorgt? Luhmanns Überlegungen zum Erlernen des wissenschaftlichen Lesens gehen von der Frage nach solchen »spezialisierte[n] Gewohnheit[en]« aus, bei denen es sich um »weitgehend unbewußt ablaufende, habituell gewordene Routinen handelt«.[14] An Namen kann man sich dabei noch relativ leicht orientieren. Schwieriger ist es, Begriffszusammenhänge und Probleme festzustellen. Für die Erschließung von Themenbereichen gibt Luhmann lediglich den Rat, viel und parallel zu lesen, um »allmählich ein Gefühl für schon

Bekanntes« zu entwickeln, den »›Stand der Forschung‹« zu erfassen und »Neues« zu bemerken. Schließlich aber rät er dazu, nicht nur zu lesen, sondern sich auch Notizen zu machen, und zwar weniger in Form relativ offener Exzerpte als vielmehr in »verdichtete[n] Reformulierungen des Gelesenen«, um dadurch die »Aufmerksamkeit für ›frames‹, für Schemata des Beobachtens«, zu trainieren.[15]

An dieser Stelle hilft der Befund weiter, dass das Formulieren und Umformulieren dazu beitragen, problembewusst – oder besser: problematisierend vorzugehen. Es handelt sich mithin etwa bei Interpretationsproblemen ebenfalls um keine rein mentalen Phänomene. Vielmehr werden Forschungsgegenstände an jeder Position des Arbeitsprozesses durch Verfahren des lesenden Schreibens und schreibenden Lesens strukturiert. Solche Praktiken lassen im Seiten- und Schriftbild bestimmte Aspekte hervor- und andere zurücktreten und bieten nicht nur Anlass für weitere Überlegungen, sondern vor allem für weitere Äußerungen.[16]

Interpretationen erweisen sich dabei in ihrer Handlungsstruktur als eine »komplexe, mehrstufige Tätigkeit«.[17] Häufig wird ›Mehrstufigkeit‹ so verstanden, dass eine Phase auf die andere folgt. Tatsächlich aber dürfte sich der Interpretationsprozess – wie man an Szondis Textarbeit sehen konnte – in ständigen Vor- und Rückgriffen vollziehen.[18] Dabei handelt es sich um keine geisteswissenschaftliche Besonderheit. Wissenschaftshistorische Studien zeigen, wie sich gerade auch in experimentellen Wissenschaften Planung, Überlegung und Durchführung in der Forschung verweben und in einigen Fällen am Ende die Lösung für ein Problem gefunden wurde, von dem anfangs noch unklar war, dass man es hätte haben können.[19]

Wir hatten bereits auf Übereinstimmungen und Unterschiede zwischen Szondis Kleist-Deutungen der 1950er Jahre und dem Habilitationsvortrag hingewiesen und darauf, dass sich die Problematisierungen stark verändern und an die neue Interpretationsumgebung anpassen [→ Kap. 17]. Um dies weiter zu konkretisieren: Beim Vergleich zwischen Kleist und Molière dominiert in Szondis frühen Deutungen der 1950er Jahre noch die Frage, wie sich Komik und Tragik bei Kleist entwickeln. Erst später kommt die Idee auf, dass es sich beim *Amphitryon* des französischen Klassizismus um »Gesellschaftsdichtung«[20] handle. Allmählich bestimmt diese These dann die gesamte Interpretation. Zudem geht Szondi zwar von Anfang an auf die sprachliche Gestaltung ein, sieht aber seine zentrale Leistung noch nicht in der mikrophilologischen Detailanalyse, die sich letztlich gegen die Parallelstellenhermeneutik richtet [→ Kap. 13]. Molières Komödie, so heißt es in der frühen Interpretationsphase, habe bei Kleist »Vertiefungen« erfahren.[21] Dieser Gedanke einer graduellen Differenz taucht in der späteren Interpretation wieder auf,[22] im Zentrum aber steht die These, dass Kleist ein von Grund auf »anderes« Werk vorgelegt habe und dass das Drama bislang aufgrund nur oberflächlicher Berücksichtigung der sprachlichen Feinheiten als Übersetzung und damit unangemessen gedeutet worden sei. Zudem läuft die gesamte Interpretation zum Schluss auf den Begriff des Tragischen zu, den Szondi in seiner Habilitationsschrift entwickelt hat.

In solchen Momenten bedeutet Schreiben sehr viel »mehr, als die Gedanken, die man hat, so wie sie sind, schriftlich niederzulegen«.[23] Dies gilt nicht immer, denn bisweilen hat man es durchaus mit mental wohlpräparierten Versatzstücken zu tun. Bis es aber so weit ist, entwickeln sich die Gedanken typischerweise während der Aktivität auf der Schreibfläche, auf dem Papier oder Bildschirm. Dabei prägen augenblickliche Evidenzen das Interpretationsgeschehen und weisen darauf hin, dass stets Spielräume bestehen und dass die sich daraus ergebenden Abweichungsmöglichkeiten auch permanent genutzt werden, ohne dass man damit die Praxis der Wissenschaft oder einer Disziplin verlässt. Im Gegenteil: Dass eine Autorin oder ein Autor nicht einfach einen Gedanken entwickelt und dann aufschreibt, sondern dass das Geschriebene »permanent ausprobiert, überprüft, überarbeitet und re-konzeptionalisiert« wird,[24] deutet auf auf intersubjektive Verhältnisse und zugleich auf interobjektive Beziehungen [→ Kap. 17], in denen sich epistemische Dinge ergeben. Es handelt sich um »Ressourcen der gemeinsamen Aufmerksamkeit«,[25] und diese geteilte Aufmerksamkeit, die für den Vollzug von Praktiken zentral ist, erstreckt sich nicht allein auf etwas für die Akteure direkt Sichtbares, wie bei der »Einübung und Belehrung [...] in Gegenwart eines Lehrers«, sondern auch auf technisch voraussetzungsreiche und sozial weiter vermittelte Formen der akademischen »Aufmerksamkeitsorganisation«.[26]

Tatsächlich kann nun zwar im Prinzip alles als Problem aufgefasst werden,[27] aber nur wenige Phänomene werden als problematisch in bestimmten Kontexten wie der wissenschaftlichen Forschung akzeptiert. Die Problematisierungsbereitschaft wirkt sich entscheidend darauf aus, welcher Community man sich zugehörig fühlt – und umgekehrt. Dabei bestehen eklatante Unterschiede: Was die einen für spannend, interessant oder wichtig halten, wirkt auf andere schlicht nichtssagend. Anders als es kurrente Krisendiagnosen vermuten lassen, ist das kein besonders neues Phänomen. So wurde etwa in den 1950er Jahren eine philologische »Grundlagenkrise« diagnostiziert und quantitativ begründet: Durch die »Überproduktion an sog. Sekundärliteratur« schrumpfe nicht nur diachron die »Aktualitätsspanne« der Forschung, was eine »schnelle Abnutzung« und einen »Verschleiß des Durchschnitts« zur Folge habe.[28] Zudem halte sich die Literaturwissenschaft »heute, unsicher geworden, ungewöhnlich viele, vielleicht zu viele methodische Türen offen«, sodass sich unterschiedliche Stammeskulturen innerhalb des Fachs etabliert hätten.[29] Sucht man weitere Beispiele für paradigmatische Konflikte, lohnt gerade ein Blick weiter zurück: Das 19. Jahrhundert bietet reichhaltiges Anschauungsmaterial.[30]

Das Problembewusstsein ist innerhalb von geisteswissenschaftlichen Disziplinen mithin sehr unterschiedlich ausgebildet. Zudem zeichnen sich Probleme im Forschungskontext durch erhebliche Vagheit aus. Solange sie als fruchtbar gelten, darf letztlich gar nicht klar sein, worauf genau das Ganze hinausläuft und was gemacht werden muss, um ein Problem zu lösen. Sobald dies der Fall ist, verblasst dessen aktivierende Wirkung. Ein Forschungsproblem lässt sich daher als »Ahnung eines Zusammenhangs bislang unbegriffener Einzelheiten« verstehen[31] oder als Überzeugung, dass sich etwas »Verborgene[s]« andeutet, »das wir gleichwohl entdecken können«.[32] Es verlangt dann bezeichnenderweise eine aufwendige Rekonstruktion, wenn man zeigen will, wie sich die Überzeugung herausgebildet hat, »daß es da etwas zu entdecken gibt«.[33]

Für die Komplexität der Problematisierung ist auch aus diesem Grund charakteristisch, dass unterschiedlich stark kondensierte Materialien parallel erarbeitet und verarbeitet werden. Sie stehen für folgende Arbeitsschritte prinzipiell zur Verfügung, erweisen sich aber in konkreten Situationen als mehr oder weniger brauchbar. So taucht vieles von dem, was Szondi im Vorfeld der Publikation aufwendig exzerpiert und zum Teil in direkten Zitaten festhält, in der frühen Textfassung seiner Kleist-Interpretation nicht mehr auf, zum Teil verschwinden Materialien im Lauf der diversen Publikationsvarianten. Er notiert etwa zunächst unter der Überschrift

»Einschätzung« Stellen, mit denen er die erste Phase der Rezeptionsgeschichte von Kleists *Amphitryon* charakterisiert. Dabei lässt er auf dem Notizblatt freien Raum für mögliche weitere Belege, bevor er die Autoren gruppiert, die für die folgende Rezeptionsphase angeführt werden.[34]

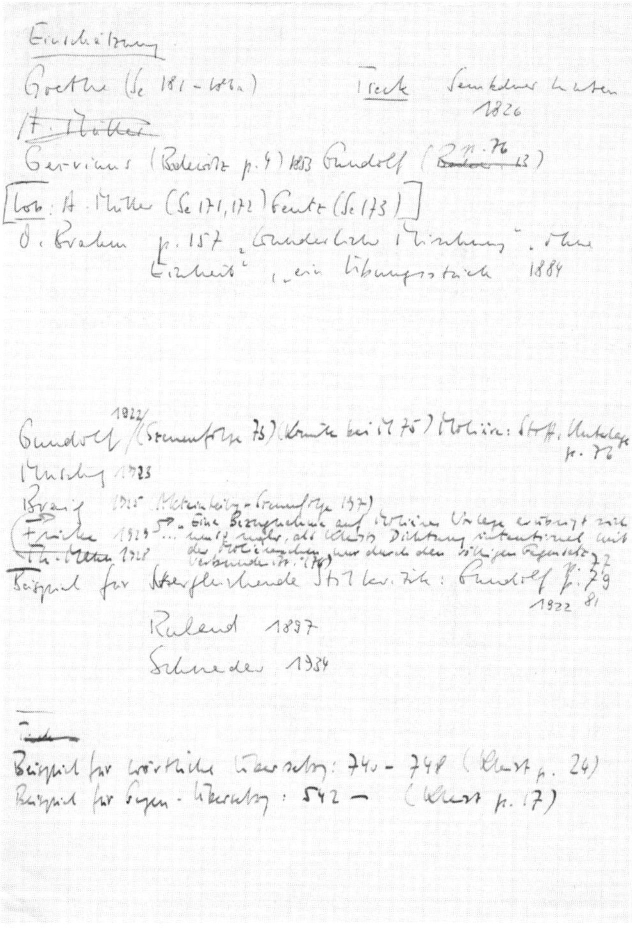

Abb. 1: Szondis Notizen zu Kleists *Amphitryon*.[35]

Unter den genannten Autoren befindet sich einerseits noch Goethe, der später im Vortrag und im Aufsatz an anderer Stelle relevant wird, und andererseits listet Szondi auch Adam Müller und Friedrich von Gentz auf, die Kleists Drama gelobt haben und daher nicht ins Bild einer zweistufigen, zunächst ab-, dann aufwertenden Rezeptionsgeschichte passen. Diese Belege wurden in einem zweiten Arbeitsschritt, sobald klar war, auf welche Argumentationsstruktur alles hinauslaufen sollte, als unpassend schlicht in eckige Klammern gesetzt: »[Lob: A. Müller (Se 171, 172) Gentz (Se 173)]«. Sie schaffen es nicht über die Publikationsschwelle.

Dass es sich hier um eine strategische Auswahl handelt, liegt angesichts solcher Manipulationen auf der Hand. Sie erfolgen retrospektiv, dann also, wenn sich ein Problem konturiert hat, und glätten das Bild, um einen konsistenten Eindruck zu erzeugen. Dabei kommen diverse, teils konkurrierende Maßstäbe ins Spiel. So könnte rationales Agieren aus einer eher machiavellistischen Perspektive bedeuten, »sich planvoll Vorteile zu verschaffen, opportunistisch zu handeln, die Situation zu seinen Gunsten zu wenden, Verbündete zu gewinnen und Konkurrenten schachmatt zu setzen«.[36] Diese despektierliche Sicht rückt in den Blick, dass wissenschaftliche Leserinnen und Leser durchaus Geltungsansprüche, zu denen sie sich *theoretisch* argumentativ verhalten müssten, im Interpretationsalltag vernachlässigen und stattdessen harmonistisch agieren: »Sie lesen, was sie interessiert, fleddern die Texte, wie es ihnen paßt und haben dabei auch sehr profane Dinge im Kopf«, die sie dazu bewegen, sich mit einem Text zu beschäftigen oder es sein zu lassen.[37] Es geht allerdings nicht um den Nachweis, dass Wissenschaftlerinnen und Wissenschaftler ›auch nur Menschen sind‹, sondern um ein Verständnis dafür, was es bedeutet, dass eine gute Interpretation nicht nur eine richtige Deutung vornehmen, sondern zudem in eine spezifische wissenschaftliche Praxis passen muss. Mehr noch: Im richtigen Kontext können ›falsche‹ Interpretationen in gewissen Hinsichten besser zu bestimmten »Arbeitseinheiten«[38] der Praxis passen als ›wahre‹ Interpretationen [→ Kap. 9].[39]

Besonders aufschlussreich für die Praktiken des Problematisierens ist daher erneut die »gesellschaftliche Syntax« der Exzerpte: So findet Szondi etwa den grundlegenden Gegensatz, den er zwischen Molières und Kleists Drama behauptet, bereits bei Gundolf (»bei Molière sub societatis«, »bei Kleist von innen gesehen«).[40]

Dazu notiert er sich gleich auch jene Aspekte, die Gundolfs Thesen entkräften und problematisieren (»Beharrt auf der Identität der Motive, nur der Ton ist anders«).[41] Generell fällt an den angeführten Beispielen aus ganz unterschiedlichen Arbeitszusammenhängen auf, dass die Materialien nie einfach nur gesammelt, sondern in der Regel zugleich problematisiert werden. Dies wirft ein interessantes Licht auf emphatische Auffassungen des Verstehens, die das Nicht-Verstehen als Ausgangspunkt hermeneutischer Bemühungen annehmen.[42] Statt Problematizität vorauszusetzen und Probleme als etwas zu begreifen, was uns entgegenkommt, muss man jedenfalls für das Interpretationsgeschäft auch den gegenteiligen Fall in Betracht ziehen und womöglich für normal halten, dass ein Text – vermeintlich oder nicht – zu unproblematisch sein kann, um forschend etwas mit ihm anfangen zu können. Bemerkenswerterweise gilt dies in der Selbsteinschätzung zumal am Studienanfang, wo Studierende in der Selbstbeschreibung den Eindruck haben, Texte in der Regel gut zu verstehen.[43] Aus professioneller Perspektive haben sie also nicht zu viele, sondern zu wenige und häufig nicht die passenden Probleme.

Die Herausforderung besteht somit nicht allein darin, dass man seine Geschicklichkeit im Umgang mit *gegebenen* Verständnisbarrieren zeigt, sondern dass man generell sein Problematisierungstalent unter Beweis stellt. Womöglich fällt es routinierten Interpretierenden zu leicht, Probleme zu haben, um Schwierigkeiten nicht einfach als Eigenschaften insbesondere von hochwertigen literarischen Texten anzusehen, die ihre Leserinnen und Leser in besonderer Weise herausfordern. Obwohl das Interpretieren als »ein Verstehen des Verstandenen« aufgefasst werden kann,[44] werden Forschungsfragen typischerweise als vorliegende Probleme behandelt, die sich stellen. Dies kann als Indiz dafür gelten, dass gekonntes Verstehen »zweiten Grades«[45] nicht einfach auf ein Verstehen ersten Grades folgt,[46] sondern dass Könnerschaft mit der Gewohnheit zu tun hat, das Verstehen grundsätzlich in Bezug auf das Interpretieren zu vollziehen, also Verstehen und Interpretieren nicht aufeinander folgen zu lassen, sondern sehr eng, in gewissen Hinsichten sogar unauflöslich miteinander zu verbinden.

Diese Problematisierungsarbeit vollzieht sich typischerweise in der wechselseitigen Anregung von Lesen und Schreiben. Man liest immer mit dem Bleistift oder Tablet-Pen in der Hand. Als sich etwa Szondi an die Interpretation von Paul Celans Gedicht *Eden* macht, begleitet und orientiert er die Lektüre mit Notizen. Er fixiert schriftlich eine Wortfolge (»Schweden – Eden – jeden«), um von diesem Reimgerüst aus die Struktur des Gedichts zu identifizieren und aus den Notizzetteln »allmählich die elementaren Bestandteile der Interpretation« entstehen zu lassen.[47] Zugleich bietet sich Szondi die Gelegenheit, einige lose Ausführungen zum Reim an diese Beobachtung anzuschließen. Die Gedichtinterpretation entwickelt sich dabei in der zitierenden Wiederholung, die sich Elemente noch einmal in der eigenen Schrift vor Augen führt, in der dekontextualisierenden Rekonstruktion einzelner Bestandteile, mit der wichtige Stellen identifiziert werden, sowie in der Herstellung von intertextuellen Referenzen: Szondi fertigt weitere Notizen aus Wörterbüchern an, macht Xerokopien aus Handbüchern, hält passende Zitate anderer Werke fest.[48]

Man sieht an diesen Beispielen *in nuce*, wie Szondi an jeder Stelle des Arbeitsprozesses problematisierend zwischen Interpretationsgemeinschaft, Interpretationsgegenstand und Interpretation vermittelt und diesen Vermittlungsprozess tastend auf die Publikation hin ausrichtet. Dabei profiliert sich eine Instanz immer nur relativ zu allen anderen, etwa wenn Szondi im Rahmen der Kleist-Interpretation seine Thesen zum Verhältnis von Gott und Ehemann ausprobiert:

> Die Unterscheidung Jupiter – Amphitryon verfehlt den Sinn der Szene. Alkmene spricht nicht zum für A. gehaltenen J. über diesen, sondern zu Jupiter – Amphitryon (dem vergöttlichten A.) über Jupiter. Dieser wird nur verehrt, der blosse A. aber (im 3. Akt), wenn ihm Jupiter – Amphitryon gegenübersteht, verstossen. [...] Diese Szene[[49]] sollte nicht zu sehr als Jupiters verzweifelter Versuch verstanden werden, als er selbst geliebt zu werden, als vielmehr im Hinblick auf die Frage: Wer liebt Alkmene? Jupiter? Amphitryon? Jupiter-Amphitryon?[50]

Wiederum fällt die »gesellschaftliche Syntax« [→ Kap. 2] ins Auge: Indem die Formulierungen konsequent von Negationen ausgehen (»verfehlt«, »nicht«, »sollte nicht«), setzen sie vorangegangene Kommunikation voraus, und dies wiederum gerade im Blick auf jene Bereiche der Interpretation, für die Szondi später nicht mehr direkt auf konkrete Beispiele aus der Sekundärliteratur verweist [→ Kap. 9]. Dabei reagiert der abschließende Satz der zitierten

Stelle nicht nur auf Interpretationsalternativen, die sich tatsächlich in der Forschungsliteratur finden, sondern auch auf solche, die möglicherweise naheliegen. In der Auslassung der gerade zitierten Passage hielt Szondi nämlich folgenden Einfall fest:

Jupiters Einsamkeit:
Vgl. ›Sturm war alles, still und öde,
Einsam Gott zum erstenmal.‹
Goethe, Wiederfinden
›Freudlos War der grosse Weltenmeister‹
Schiller

Die folgende Negation (»Diese Szene sollte *nicht* zu sehr als Jupiters verzweifelter Versuch verstanden werden, als er selbst geliebt zu werden«) bezieht sich auf diese Zitate. Szondi führt die Stellen aus Werken von Goethe und Schiller in der Kleist-Interpretation nicht mehr an, obwohl er die entsprechende Perspektivierung Jupiters beibehält. Er geht anscheinend davon aus, dass eine belesene Interpretin oder ein belesener Interpret die Klassiker als relevante Kontexte einbeziehen, auch deswegen die Unterscheidung von Amphitryon und Jupiter forcieren und den Text dadurch unangemessen problematisieren könnte. Wieder geht es um Abwägungsverhältnisse, bei denen Aspekte skaliert (»nicht zu sehr«, »vielmehr«) und gerade nicht nach Maßgabe einer binären Unterscheidung zwischen ›wahr‹ und ›falsch‹ sortiert werden.

Selbst bei relativ klarer Zweckbestimmung lassen sich unterschiedliche Perspektivierungen vornehmen. Der Problematisierungsvirtuose Friedrich Kittler liefert dafür besonders gute Beispiele: Beim Sammeln der Materialien zu seiner Habilitationsschrift über die *Aufschreibesysteme 1800 · 1900* standen die grundlegenden Argumentationslinien der Studie offenbar bereits so weit fest, dass er gezielt brauchbare Stellen exzerpieren konnte, die sich als Belege eigneten.[51] Sogar bei dieser Strategie, die auf die Bestätigung einer Auffassung zielt, entschied sich erst im Lauf der Zeit, was genau weiterverwendet werden konnte – viele Zitate beziehungsweise Stellen, die in den Exzerpten ausführlich bearbeitet werden, tauchen in der Publikation nicht mehr auf. Es muss sich aber nicht nur zeigen, was sich von den Belegen überhaupt eignet, sondern auch, was genau sich mit einem Beleg an einer bestimmten Stelle im Kontext der Publikation anfangen lässt. Selbst wenn sich eine Notiz, die Kittler auf Einzelblättern nur lose gekoppelt festhält, als tauglich erweist, schafft sie es nur stark modifiziert und angepasst an ihre neue Umgebung ins Buch.

Die Perspektivierungen einer Passage, die auf einem Blatt noch keinen stabilen Ort hat, verändert sich daher durch die Position, die sie im Publikationskontext einnimmt. Sie entwickelt einen anderen Stellenwert, und damit muss man erst einmal zurechtkommen. So deutet Kittler beispielsweise folgende Passage aus Fausts Eingangsmonolog zunächst noch stark im Blick auf die Leitmetaphorik des Trockenen und Flüssigen sowie auf Basis seiner psychologischen Vorannahmen:

> Das Pergament, ist das der heil'ge Bronnen,
> Woraus ein Trunk den Durst auf ewig stillt?
> Erquickung hast Du nicht gewonnen,
> Wie sie dir nicht aus eigner Seele quillt.

In den Exzerpten legt Kittler diese Stelle unter der Überschrift »BUCH IM BUCH / Faust / Begehren« folgendermaßen aus:

> Das Buch wird zum Partialobjekt, das die mütterliche Brust (oder deren Phantasma) nicht zu ersetzen vermag. Die beim Wort genommene Wagnersche Metapher der literarischen ›Quelle‹ (ebd.) erlaubt dem Begehren diese Gleichsetzung. Das Buch wird gleichsam einer präödipalen Lektüre unterzogen, die das Wort als Wort verschmäht, weil es nicht Milch ist. So entsteht die große Opposition des Flüssigen und Trockenen, für welch letzteres das Buch einsteht […].[52]

In der Buchfassung treten diese Aspekte zurück. Stattdessen dient die zitierte Passage nun im Zusammenhang mit anderen Stellen als Beleg für die Kritik der Rhetorik im Licht einer neuen, auf Geist und Gefühl fokussierten Hermeneutik, die Kittler als zentrales Merkmal des »Aufschreibesystems 1800« herausarbeiten möchte.[53] Für Kittler ist mithin nicht nur charakteristisch, dass er seine Ideen auf einzelnen Blättern notiert, die ganz unterschiedlich arrangiert werden können, sondern dass er im Arbeitsprozess die Fähigkeit beweist, die Passung eines Blatts beziehungsweise den Stellenwert im Kontext anderer Blätter flexibel zu bestimmen und das Potential einer Notiz zur Geltung zu bringen, wenn und wie es die Situation erfordert.

Eine wichtige Forschungskompetenz besteht also darin, die Fruchtbarkeit einer bestimmten Problematisierung bei der Planung eines Projekts, bei der Zusage eines Vortrags oder beim Abschluss eines Verlagsvertrags abschätzen zu können. Im Kleinen und Konkreten erfolgt diese Ausrichtung in die Zukunft auf der Schreibfläche als Erwartungsraum – das gilt für jeden freien Platz, der bei anderer Gelegenheit beschriftet werden kann. Im Digitalen muss man nicht mehr haushalten und handelt sich anstelle von Platzproblemen eher das Gegenteil ein. Generell aber spielt der Umgang mit Leerstellen, die an Erwartungen erinnern, eine wichtige Rolle. Szondi jedenfalls lässt in seinen Materialien immer wieder Lücken in Aussicht darauf, dass sich noch Brauchbares einstellen werde, von dem sich aktuell noch nicht absehen lässt, worum genau es sich dabei handeln könnte. Besonders deutlich wird die Funktion der Leerstelle in den Notizen zu »Motive[n] der Kleistschen Thematik«,[54] wo Szondi für jede Rubrik freien Platz reserviert und unterschiedlich bestückt: Zum ersten Stichwort (»I. Erkenntnisproblematik«) folgt auf Belegstellen freier Platz – diese Ordnung wäre eigentlich zu erwarten. Beim zweiten Stichwort (»II. Identität«) ist jedoch ein Zitat mittig platziert und von freiem Platz gerahmt; beim dritten Stichwort (»III. Ichgefühl«) schließt ein Zitat den freien Platz ab; zu den folgenden beiden Stichwörtern gibt es keine Bemerkungen (»IV. Selbstversicherung«, »V. Ursprung«); beim letzten Stichwort (»VI. Prüfung«) steht in der Mitte der Lücke, markiert durch einen Pfeil, der Hinweis auf eine eher lose Suchrichtung: »Unterscheidung. Gatte – Geliebter«.

An der unterschiedlichen oder gleichbleibenden Größe der freien Fläche lässt sich absehen, wie Szondi die Fruchtbarkeit bestimmter Aspekte einschätzt und welches kategoriale Niveau er dabei annimmt. So sollen etwa die »Motive der Kleistschen Thematik« offenbar so grundlegend sein, dass sich die dafür eingeräumten Rubriken gleichmäßig bestücken lassen, weil sie das Drama insgesamt charakterisieren und nicht nur bestimmte Szenen auszeichnen. Gerade im Umgang mit dem Seitenraum verhalten sich dabei Hand- und Maschinenschrift unterschiedlich: Die Typoskripte sind gleichmäßig beschrieben, sodass allenfalls Zwischenräume und Ränder für künftige Einsichten und Passungsarbeiten zur Verfügung stehen. Die Manuskripte hingegen platzieren die Notate variabel in der Fläche und nutzen das epistemische Potential der

Seite aus.[55] Hier hält Szondi potentiell Brauchbares fest und räumt zugleich Platz ein, sodass er darauf warten kann, ob sich weitere Belege in einer Menge und Relevanz einstellen, dass sich die Veröffentlichung lohnt. Wie auch sonst verbindet die Digitalisierung beides.

Das Augenmerk der Science Studies lag bislang nicht zuletzt deswegen auf dem Paperwork der Experimentalwissenschaften, weil dort die Übertragung »*zwischen* den Materialitäten der Experimentalsysteme und den begrifflichen Gebäuden« sowie die Umarbeitung von zeitlichen und räumlichen Ereignissen in Phänomene auf der zweidimensionalen Fläche einer Seite spektakulärer ausfällt. Selbst dort aber, wo – wie typischerweise in den Geisteswissenschaften – Texte von einem Blatt auf ein anderes oder auf eine digital simulierte Seite verschoben werden, findet eine solche »›Redimensionalisierung‹«[56] statt – ganz abgesehen davon, dass ein Blatt selten allein kommt, sondern sich in einer bestimmten ›Lage‹ befindet und daher generell mit mehr als zwei Dimensionen zu rechnen ist. Die Wiederholung eines Textes bleibt daher epistemisch nicht ineffektiv, sondern führt die Sache in einer bestimmten Weise vor Augen und trägt dazu bei, sich mit ihr vertraut zu machen oder die Auseinandersetzung damit zu vertiefen.[57] Selbst Reformatierungen innerhalb des Digitalen erfüllen vergleichbare Funktionen. So jedenfalls erklärt sich unter anderem, warum Szondi Abschriften von Gedichten angefertigt hat, über deren gedruckte Ausgaben er verfügt: um damit *für sich* weiterarbeiten zu können.

Erneut spielen Passungsverhältnisse eine wichtige Rolle: In Szondis Vortragstyposkript zum *Amphitryon* wird nach der »Erkenntnisproblematik« und vor der »Prüfung« als »zweites Mittel, dessen Bedeutung für Kleist aus seinem gesamten Werk hervortritt«, das »Indiz« genannt.[58] Dieser an und für sich interessante Aspekt fällt im Lauf der Arbeit vermutlich auch deswegen weg, weil die Erwähnung in einem Satz schlicht vom Umfang her nicht zu der ausführlicheren Behandlung anderer Aspekte passt. Spielen solche Harmonisierungen nur beim Publizieren eine Rolle? Oder hat auch das Gespür für das »Auffinden von Tatsachen« so etwas wie »ästhetische« Qualitäten? Orientieren sich das Publikations- und das Entdeckungsverhalten an Erwartungen wie einer gleichmäßigen Proportion, einer gewissen Symmetrie oder auch Formen der Steigerung und Zuspitzung? Besteht der »wissenschaftliche Takt«

generell »in dem Vorgefühl einer gewissen künstlerisch abgerundeten Gesamtordnung«,[59] die es zu erschließen gilt? Für den speziellen Fall von Szondis Kleist-Interpretation scheint dies der Fall zu sein, denn sie setzt ja darauf, dass sich ein Drama insgesamt und an jeder Stelle als Opposition zu so etwas wie »Gesellschaftsdichtung« angemessen auffassen lässt.

Wissenschaftstheoretisch liegen die »Gefahr[en]« dieser Forschungsästhetik auf der Hand, gleichwohl lässt sich zumal in Interpretationen als einer akademischen Textgattung *de facto* feststellen, wie »ein künstlerisch wohlgefälliges Gesamtbild auch der wissenschaftlichen Tatsachen« angestrebt wird.[60] Ähnlich wie sich Karl Valentin darüber gewundert hat, dass auf der Welt täglich gerade so viel passiert, wie in eine Zeitung passt, bleibt es erstaunlich, dass häufig gerade so viel an den Forschungsgegenständen relevant erscheint, um ungefähr gleich umfängliche Kapitel zu erstellen, einen Vortrag von 30 Minuten zu halten oder – heutzutage – einen Aufsatz von rund 20 Seiten à 2400 Zeichen verfassen zu können. In gewisser Hinsicht sind die normativen Erwartungen, die an die Teilnehmerinnen und Teilnehmer einer Praxis gerichtet sind, nicht selten an derartige gemeinschaftliche Vorstellungen von der der Sache angemessenen Proportion gebunden.

Dass »Wissen« im Kontext des Wissenschaftssystems problematisch ist, bedeutet, dass »Nichtwissen« in irgendeiner Weise – und sei es ästhetisch – »spezifiziert« werden muss, damit es »zum Anlaß der Bemühung um Wissen« wird.[61] Genauer geht es darum, dass in der Forschung ein »Beitrag zur Reproduktion der forschungsnotwendigen Spezifikation des Nichtwissens« geleistet wird, um »Ausblicke auf das zu ermöglichen, was man nicht weiß«.[62] Die Heterogenität der Aufzeichnungen und Arbeitsmaterialien verweist nun darauf, dass es unterschiedliche Grade der Problematizität gibt, und dies deutet auch an, dass das Forschungswissen nie insgesamt problematisch sein kann, sondern stets problematisches und unproblematisches Wissen zusammenspielen. Dies gilt zumal unter Bedingungen einer ausdifferenzierten und in Teilen hochspezialisierten Wissenschaftslandschaft.[63] Und selbst innerhalb eines Forschungsfeldes werden in der Regel bestimmte Probleme isoliert und als Probleme verhandelt, wohingegen andere Bereiche als gegeben, stabil und fraglos gültig behandelt werden.[64] Wissenschaftlerinnen und Wissenschaftler zeichnen sich also nicht allein durch ihre Problematisierungsfähigkeit aus, sondern durch die Beherrschung von Praktiken der – in bestimmten Bereichen der Scientific Community akzeptierten – Verschränkung von Problematisierung und Entproblematisierung.[65] Es ist die Modulation und Moderation von Problematizität, die ein wichtiges Moment erfolgreichen Forschens ausmacht.

19. Seminararbeiten schreiben

Die Moderation von Problematizität ist zumal in wissenschaftlichen Ausbildungszusammenhängen notwendig, in denen Forschungswissen und die entsprechenden Forschungspraktiken vermittelt werden sollen. Zu den zentralen Herausforderungen der Universität zählt dabei, dass sie sowohl dem Erziehungs- als auch dem Wissenschaftssystem zuarbeitet. Für die Geisteswissenschaften ist darüber hinaus charakteristisch, dass sie ein unabsehbar weites Spektrum an möglichen Tätigkeiten (vom Lehramt bis zur Unternehmensberatung) innerhalb und außerhalb der Universität vorbereiten. Aus einer systemtheoretischen, idealisierenden Sicht konkurrieren daher zwei Leitdifferenzen: Die Forschung richtet sich (innerhalb des Wissenschaftssystems) an der wahr/falsch-Differenz aus, wohingegen für die Lehre (innerhalb des Erziehungssystems) die Unterscheidung vermittelbar/unvermittelbar maßgeblich ist.[1] Zielkonflikte sind unter diesen Bedingungen normal und haben sich mit dem Ausbau der Universitäten zu Zeiten Szondis und Sengles fest etabliert. Luhmann spitzt dies zu:

> Das Paradox liegt hier im Widerspruch zwischen Wahrheitsgehalt und Effektivität der Lehre. Hier wiederholt sich im Sonderbereich der Erziehung ein altes Problem der Rhetorik: Die Wahrheit allein, hieß es, sei nicht kräftig genug, um sich in der Welt durchzusetzen; sie benötige die Unterstützung durch die Schönheit der Präsentation, wenn nicht durch andere, problematischere Mittel der Rhetorik. Mit der Rhetorik ist die allgemeinere gesellschaftstheoretische Fragestellung untergegangen. Statt dessen stellt sich das Problem um so schärfer für das Erziehungssystem. Die Erziehung möchte weitergeben, woran man sich halten kann. Die Forschung setzt auf eine offene, gestaltungsfähige Zukunft mit mehr Problemen als Problemlösungen und mit einer überproportionalen Produktion von Nichtwissen. [...] Die Lösung schien zunächst als ein Problem der Methode und erhielt unter diesem Gesichtspunkt den alten, aber neu gefaßten Namen Didaktik.[2]

Aus einer praxeologischen Perspektive verfehlen diese schematischen Unterscheidungen die Passungsarbeit, die im wissenschaftlichen Alltag geleistet werden muss. Dazu zählt auch die Problemökologie und -ökonomie, die sich daraus ergibt, dass aufgrund von

Ausdifferenzierungen und Spezialisierungen in jedem Fach und zumal in interdisziplinären Zusammenhängen, wo jedes Fach für ein anderes aus Laien besteht, viel unproblematisiertes Wissen mitgeführt wird.[3] Dennoch lässt sich an Luhmanns Ausführungen anschließen, um Forschungswissen qualitativ zu charakterisieren: Es handelt sich um ein Wissen, das prinzipiell in Frage steht, für das daher offensiv argumentiert werden muss, weil immer auch andere Standpunkte eingenommen werden könnten, und das zudem stets problemlösend und problemgenerierend wirkt, das also all jene Qualitäten aufweist, die sich typischerweise in der »gesellschaftlichen Syntax« von wissenschaftlichen Darstellungen manifestieren [→ Kap. 2].

Zur Vermittlung der divergierenden Ansprüche von Erziehung und Forschung wurde in den Geisteswissenschaften im späten 18. Jahrhundert das Lehrformat des Seminars installiert. Die Welt kam lange Zeit ohne dieses Organisations- und Lehrformat aus. Sogar an der Universität wurde es mehrere Jahrhunderte lang nicht vermisst, bis es sich im Verlauf des 19. Jahrhunderts allmählich etabliert hat.[4] Der Aufwand, der sich mit der regelmäßigen Zusammenkunft von Forschenden, Lernenden und Lehrenden an einem Ort mit einer bestimmten Ausstattung verband, legitimierte sich durch einen bestimmten epistemischen und pädagogischen Anspruch. Der Institutionalisierung der Seminarpraxis lag die These zugrunde, dass sich wissenschaftliche Kompetenz nicht im Selbststudium anlesen lasse, weil dazu eine gewisse Form der Erfahrenheit im gemeinsamen Umgang mit epistemischen Dingen gehöre. Der regelmäßige Aufenthalt mehrerer Lehrenden und Lernenden in bestimmten Räumen zu bestimmten Zeiten mit bestimmten Personen bildet demnach die Bedingungen für die angemessene Auffassung wissenschaftlicher Probleme und Objekte. Wir schließen an diese Auffassung an und fragen zunächst danach, inwiefern sich aus unseren Quellen[5] Hinweise auf den Ablauf der konkreten Seminarpraxis in den Geisteswissenschaften entnehmen lassen und warum schriftliches Arbeiten dabei eine so wichtige Rolle spielt. Der Akzent liegt auf den vielfältigen Sozialisations- und Enkulturationsprüfungen, die Seminar- beziehungsweise Hausarbeiten ermöglichen.

Ein Grund für die Unterstellung, dass die Seminarpraxis epistemisch besonders effektiv sei, liegt darin, dass das Seminar die höchste Aktivitätsfülle aller universitären Veranstaltungsformen aufweist. So fällt beim Anblick nachgelassener Seminarunterlagen fächerübergreifend als Gemeinsamkeit auf, dass die Dozierenden sehr heterogene Materialien archivieren, die häufig von unterschiedlichen Personen verfasst wurden und sowohl die Vorbereitung von Seminaren als auch deren Durchführung und Nachbereitung betreffen: stichwortartige Ideensammlungen, ausformulierte Deutungsansätze, Fragestellungen, Zusammenfassungen, Exzerpte, Protokolle, Hausarbeiten, Bewertungen, Kopien (Primär- und Sekundärliteratur), Referate, Seminararbeiten, Mitschriften und vieles andere mehr.[6] Zwischen diesen Dokumenten besteht zudem eine große Vielfalt an intertextuellen Beziehungen. Diese Diversität deutet auf das überaus breite Spektrum an Funktionen der Veranstaltungsform ›Seminar‹ hin. Es handelte sich dabei nicht zuletzt um jene Institution, in der die Verbindung von Lehre und Forschung unabhängig von der eher legendären Humboldt'schen Universitätsreform ausprobiert wurde, und es spricht für die langfristig erfolgreiche Institutionalisierung dieser Idee, dass sich die ersten Überlieferungszeugnisse von Szondis Kleist-Interpretation in den Materialien zu einer »Übung« finden, die er im Sommersemester 1960 angeboten hat:[7] »Kleist: Amphitryon. Ein Lustspiel nach Molière (Französischkenntnisse erforderlich) So 9-11«.[8]

In Szondis Seminardokumenten liegt insbesondere die angesprochene Beziehung zwischen Lehre und Forschung auf der Hand: Viele der Thesen, Leitbegriffe und -fragen, die Szondi in einer blauen Kladde für die Seminarsitzungen notiert, finden sich im Habilitationsvortrag sowie den folgenden Publikationsfassungen wieder. Die »Zusammenfassung«, die Szondi bereits zwischen den Notizen zu den Szenen I/2 und I/4 verfasst, stimmt konzeptionell mit der späteren Publikationsfassung überein – in beiden Fällen verhandelt Szondi zunächst den »Abbau des Sozialen«, dann die »Vorzeichen der Kleistschen Thematik«.[9] Gleichwohl verläuft der Transfer zwischen Lehre und Forschung nicht reibungslos. Inhaltlich kommt es zu einer deutlichen Reduktion. So fallen etwa in der letzten Fassung von den neun Themen, die Szondi in der »Übung« als typisch für Kleist herauspräpariert, der vierte, sechste, siebte und neunte Aspekt komplett weg (»Selbstversicherung«, »Schwerhörigkeit«, »Täuschungsmanöver«, »Ursprung«).

Im Vergleich der reichhaltigen Seminarunterlagen mit der Publikationsfassung deutet sich somit die enorme Diskrepanz an zwischen dem, was Interpretierenden möglich ist, und dem, was sich je nach Publikationsbedingung in einer ausformulierten Interpretation findet. Dieser Prozess, in dem Vielfalt erst aufgebaut und dann stark reduziert wird, lässt sich wiederum kaum allein mit dem Maßstab der Sachlichkeit oder der Unterscheidung von Wahrheit und Falschheit, Erkenntnis und Irrtum erklären, wohingegen die wechselnden Interpretationssituationen ausschlaggebend sind. Die entscheidende Gemeinsamkeit zwischen der Lehre und der daran anschließenden Publikationstätigkeit, die als Vortrag der akademischen Qualifikation sowie als Zeitschriftenbeitrag der Forschung dient, liegt daher auch gar nicht unbedingt in den inhaltlichen Übereinstimmungen, sondern in der Art und Weise, wie Szondi mit dem Wissen umgeht: problematisierend [→ Kap. 18].[10]

Wie Szondi seine eigene Rolle als Gesprächsleiter im Seminar auffasste und für wie wichtig er die richtige Problematisierung hielt, zeigt ein Seminarprotokoll zu »Organisationsfragen« des »Colloquiums« vom 2. Juni 1969. Bevor die Diskussion in eine grundsatzkritische Debatte über den tieferen Sinn und die Berechtigung dieses Veranstaltungsformats an sich abdriftete [→ Kap. 26 u. 30], zeichneten sich zwei Positionen mit unterschiedlichen Erklärungen dafür ab, warum das Ziel verfehlt wurde, »die schlechte Seminartradition aufzuheben, bei der nur eine Minderheit aktiv ist«.[11] Eine Partei vermutete die Hemmnisse in der ungleich verteilten Sachkenntnis: Demnach müssten Maßnahmen ergriffen werden, um den »Wissensstand« zu nivellieren, etwa durch die strenge Begrenzung auf ein vorab definiertes Textkorpus. Es handelte sich jedoch eher um eine Minderheitenmeinung, die Szondi mit dem lapidaren Hinweis vom Tisch wischte, zu Hause böten sich genug Gelegenheiten, Lektüredefizite zu beseitigen.

Wesentlich intensiver wurde darüber gestritten, inwiefern die »Fragestellungen« nicht ausreichend bestimmt worden seien. Szondi nahm dabei insbesondere den »Gesprächsleiter« in die Pflicht. Die »aktive Mitwirkung aller Teilnehmer« hänge im Wesentlichen »von der Fähigkeit des Gesprächsleiters [ab], einen Text so zu präsentieren, daß jeder an dem Gespräch teilnehmen kann« – entweder durch »Informationsfragen« oder durch provokante Thesen. Ergänzend forderte ein Seminarteilnehmer einen »Katalog von Problemen«, um die »Diskussion« zu »strukturieren«. Szondi erinnerte seinerseits an den leitenden »Gesichtspunkt«. Den entscheidenden

Aspekt trifft dann eine Studentin: Es sei »erstaunlich«, dass man sich zwar über die »Priorität« einer »übergeordneten Fragestellung« einig, an deren verbindlicher Bestimmung aber bislang gescheitert sei: »Vielleicht müßte diese Fragestellung anders, nämlich praktikabler formuliert werden.« Zieht man die weiteren Wortmeldungen Szondis hinzu, entsteht der Eindruck, dass es nicht am Vorliegen von Fragestellungen gemangelt hat, sondern an der Fähigkeit, diese Problemvorgaben in der Textinterpretation zur Geltung zu bringen, sie also tatsächlich im konkreten Textumgang »praktikabel« zu machen.

Im Fall des Kleist-Seminars wird das Forschungsformat konzeptionell bereits dadurch deutlich, dass Szondis vorbereitende Notizen mit Bemerkungen zu »Amphitryon-Interpretationen« einsetzen: Die Planungsphase nimmt also jenen Umweg über die Forschung, den auch die Publikation einschlägt – nur dass bei der »Übung« noch deutlich mehr Referenzen verhandelt werden. Auch der Seminarbeginn orientiert sich an dieser Forschungs- und Publikationsordnung: Für die »1. Sitzung« nimmt sich Szondi etwa vor, die »Beurteilungen« zu kommentieren, die Kleists Drama erfahren hat, und nennt einige der Namen, anhand derer er später in der Einleitung seiner Interpretation die Rezeptionsgeschichte erzählt.

Die »Übung« führt darüber hinaus – wie der Habilitationsvortrag – in das längerfristig angelegte Forschungsprogramm Szondis ein: Zur Eröffnung steht die »Kritik der Komparatistik« auf dem Plan, begleitet von Bemerkungen zur »Methode«, die einerseits auf den »Unterschied gegenüber der üblichen Interpretation« abheben und andererseits die »wichtigste[n] Gesichtspunkte« nennen, also wiederum im Licht der bisherigen Forschungsgeschichte eine Rahmung vornehmen. Auch hier verschlankt sich die Perspektive im Lauf der Zeit: Den Seminarunterlagen liegt die bereits erwähnte maschinenschriftliche, von Hand ergänzte »Auswahl«-Bibliografie bei, die mehr als fünfzig Titel verzeichnet, während später elf Beiträge aus der Sekundärliteratur (im weitesten Sinn aller Äußerungen über Kleist) genügen, um den Forschungsstand zu definieren.

Man kann die forschungsförmige Aufbereitung des Wissens bei aller quellenkritischen Vorsicht als Hinweis auf die Tonlage verstehen, in der die »Übung« abgehalten wurde. Verschiedene Zeitzeugen berichten davon, dass in Szondis Seminaren durch den »beständigen Zwang zu minutiöser Philologie und gleichzeitig zu hochgradiger reflexiver Abstraktion«[12] ein besonderes »›philologische[s] Ethos‹« vermittelt worden sei.[13] Er selbst zählte zu seinen Grundüberzeugungen, dass gerade »keine Einführung in Methoden mit ausgebildeten, feststehenden, lehrbaren Regeln, Kriterien usw.« angeboten werden sollte. Stattdessen setzte Szondi, wie er im April 1969 für die »Diskussion des Arbeitsprogramms« eines Seminars notierte, auf die »Konfrontation mit Texten und den durch sie aufgeworfenen Problemen«.[14] Auch als Dozent verließ er sich mithin auf die *agency* epistemischer Dinge [→ Kap. 16].

Dieses relativ offene Bildungsprojekt, das das Seminar vor allem mit der Vermittlung eines bestimmten Ethos betraute, wurde in der Frühphase der modernen Philologie offensiv artikuliert. Damals wurden in einer bestimmten Haltung und im philologischen Taktgefühl jene Distinktionsmerkmale von Wissenschaftlichkeit platziert,[15] die später durch den Bezug auf ›Theorie‹ und durch ›Methodendiskussion‹ gesichert wurden [→ Kap. 11 u. 12].[16] Die moralische Seite dieses Verhaltensprogramms wird beispielsweise deutlich, wenn Friedrich August Wolf in seinem philologischen Seminar den »Vortrag« eines Teilnehmers »billigte« und diesen als »Interpreten gewähren« ließ, sodass dieser seine textkritischen Thesen sowie grammatischen und lexikalischen Erklärungen vorstellen durfte: Dies ließ Wolf nämlich nur in den Fällen zu, in denen er keine »Ungründlichkeit, Anmaßung oder Selbstgefälligkeit bemerkte oder auch nur zu bemerken glaubte«.[17] Für ihn war eine Äußerung im Seminar allgemein erst dann akzeptabel, wenn sie nicht nur »gründlich« gearbeitet und damit sachlich richtig war, sondern sich mit ihren Innovationsansprüchen auch ostentativ in den Fachzusammenhang fügte. Seminaristen mussten in den Sitzungen bestimmte Tugenden beweisen, etwa das Gespür für »Plan und Ordnung«, »Selbstdisciplin«, »Aufmerksamkeit« und »Ordnungsliebe«.[18]

Ein wichtiges Zeichen der geforderten Bescheidenheit besteht in der Nutzung von Büchern anderer Wissenschaftlerinnen und Wissenschaftler – oder institutionell gewendet: in der Nutzung von Bibliotheken, in denen man durch die Fülle an Lektüreangeboten strukturell überfordert ist und sich trotzdem irgendwie zurechtfinden muss. Tatsächlich bestand ein Vorteil der Seminaristen in der Etablierungsgeschichte des Seminars darin, dass sie die Seminarbibliothek benutzen durften.[19] Korrespondierend zur Aktivitätsfülle des Seminars ermöglicht auch die Bibliothek eine Vielzahl an sozialen Kontakten, Beobachtungsmöglichkeiten und wissenschaftlichen Praktiken des Lesens und Schreibens. Vor allem aber vermittelt sie zwischen Praktiken der Lehre und der Forschung, indem sie die Verfertigung eines wichtigen akademischen Genres unterstützt: der Seminararbeit.

Betrachtet man dieses Genre nicht allein im Blick auf die Anbahnung von Fragestellungen oder thematischen Interessen,[20] sondern vor allem auch als Gelegenheit, die »gesellschaftliche Syntax« der Wissenschaft auszuprobieren, dann wird deutlich, warum Szondi sein voraussetzungsreiches Bildungsprogramm so evident fand. Für ihn war der Weg von der Lehre zur Forschung kurz: Mehrere seiner Seminararbeiten wurden publiziert,[21] und noch lange nach dem Studium erwog er, eine Eichendorff-Interpretation, die er in einem Seminar von Emil Staiger geschrieben hatte, in den Druck zu geben.[22] Szondi hatte sich also bereits früh jene »scholastische Sicht« zu eigen gemacht,[23] der es natürlich erscheint, literarische Werke gekonnt als epistemische Dinge aufzufassen. Dass der Aufbau und die gedankliche Struktur von Szondis Kleist-Seminar seiner Kleist-Interpretation entgegenkommen, lässt sich auch als Fixierung des Seminargeschehens auf die Seminararbeit als Vorübung zur Forschungsarbeit beziehungsweise als Einübung in den prinzipiell publizistischen Charakter der geisteswissenschaftlichen Praxis begreifen [→ Kap. 17].

Ebenso wie beim Seminar als räumliches und bürokratisches Institut oder bei der Seminarbibliothek und beim Seminar als Lehr- und Veranstaltungsformen handelt es sich bei der Textsorte ›Seminararbeit‹ um eine relativ junge Erfindung, die noch vor rund 150 Jahren alles andere als selbstverständlich war. Umso erstaunlicher ist es, wie intuitiv sich aus der Teilnehmerperspektive die Bezüge zwischen institutionellen Rahmenbedingungen, Arbeitspraktiken und Darstellungsformen ergeben haben: Für die Seminardirektoren bestand von Anfang an kein Zweifel daran, dass sich die Befähigung von Seminaristen primär durch schriftliche Arbeit bewies.[24] Was aber zeigt sich eigentlich in diesem Genre?[25]

In Ausbildungskontexten besteht eine gängige Evaluationshypothese darin, dass ein Text in einer gewissen Weise aufgefasst worden sein muss, um anschließend in einer bestimmten Weise darüber schreiben zu können. Der Transfer von ›Lesen‹ beziehungsweise ›Verstehen‹ zu ›Schreiben‹ wird als relativ direkt aufgefasst.

Daraus resultiert in der Schule die Bedeutung des Aufsatzes und an der Universität der Stellenwert der Seminararbeit – beide Genres haben sich im Verlauf des 19. Jahrhunderts als Prüfungsgattungen etabliert. Darüber, wie zweifelhaft dieser Schluss vom Ergebnis auf die dahinterliegenden Praktiken und die dazu notwendigen Kompetenzen ist, bestand eigentlich schon früh Klarheit. Der Germanist Julius Zacher bemerkte im Entwurf einer Verfassung für das Seminar für deutsche Philologie in Halle aus dem Jahr 1875 zum Stellenwert der »schriftliche[n] Arbeit« für die »Aufnahme«:

Die schriftliche Arbeit ist hinzugefügt, damit der Bewerber bei ihrer Anfertigung sich sammle, den Anfang zur Selbsterkenntniß mache, und den Ernst der Seminaraufgabe würdigen lerne. Ein entscheidendes Gewicht aber ist auf dieselbe deshalb nicht gelegt, weil der erste Versuch dazu nicht geeignet ist. Denn leicht kann es geschehen, daß der mäßig begabte aber gewandte eine ganz leidliche erste schriftliche Arbeit liefert, während die des tiefangelegten recht unbeholfen und mangelhaft ausfallen kann.[26]

Demnach lässt sich erst nach der gemeinsamen Arbeit im Seminar beziehungsweise nach der nächsten Seminararbeit, also bei der Evaluation von längeren Arbeitsprozessen, entscheiden, ob man es mit einer »tiefangelegten« Person zu tun hat.

Die Seminararbeit diente jedenfalls als Beleg für zwei auf den ersten Blick einander widersprechende Fähigkeiten, denn sie sollte sowohl die Eigenständigkeit wie die Passungsbereitschaft der Seminarteilnehmenden zeigen. Mit anderen Worten: In Seminararbeiten stellt man das eigene Problembewusstsein aus, und wie in anderen Zusammenhängen kann die gute Problematisierung andere Fehler und Mängel ausgleichen. Auch bei der Beurteilung schriftlicher Arbeiten werden normative Mischkalkulationen und Hochrechnungen auf längere Zeiträume vorgenommen, also jene Moderationsleistungen erbracht, die Jacob Grimm als Forscher zum Typus des ›Anregers‹ gemacht haben [→ Kap. 10]. Er selbst legte bei der Bewertung von ›Seminararbeiten‹ daher nicht ausschließlich Wert auf umfassende Sachkenntnis und achtete in bestimmten Fällen stattdessen mehr auf die Fähigkeit, sich Gegenstände anzueignen. So endet die sehr kritische Beurteilung eines Studenten aus dem Jahr 1833 versöhnlich:

Bei allen diesen mängeln ist der gelieferte aufsatz lobenswerth, und bezeugt, dass sein verf. die deutsche sprache ernstlicher und gründlicher studiert hat, als gewöhnlich geschieht. *er weiss gramm. untersuchungen anzuregen.*[27]

Es geht mithin um das Potential eines Studenten, um Mutmaßungen über intellektuelle Möglichkeiten und damit um Prognosen künftiger Leistungen. Akademische Prüfungen sind nicht nur in diesem Fall eine Art Wette auf die Zukunft [→ Kap. 10], kein Schlussstrich unter eine Leistung, die vornehmlich im Erwerb von Wissensbausteinen besteht. Entsprechend sollte die universitäre Lehre forschungsförmig und problematisierend ›anregend‹ gestaltet sein.

Seminardirektoren zeichneten Kreativität und Originalität als wichtige Werte aus, indem sie die Seminaristen Thema und Fragestellung selbst wählen ließen, wobei dies eine gewisse Nähe zu den Arbeiten des Seminarleiters nie ausschloss.[28] Um allerdings richtig eigenständig zu sein, musste der Seminarist sich zugleich in Abhängigkeit von dem bewegen, was bislang im Fach geschehen war, und in Bezug auf das, was im Fach künftig geschehen könnte. Entsprechend lag das Augenmerk bei der Bewertung schriftlicher Seminararbeiten auch auf scheinbar lediglich formalen Aspekten wie der Ausgestaltung des Anmerkungsapparats oder des Literaturverzeichnisses, also auf jenen Textsorten, die das Seminar institutionell mit der Bibliothek und dem akademischen Buchmarkt verbinden. Beide Anforderungen haben sich bis heute erhalten.

Szondis »Hausarbeit« über *Das mittelalterliche geistliche Spiel und das Problem des epischen Theaters*, die er während des Studiums »für Herrn Prof. Dr. Max Wehrli« angefertigt hat, ist daher wegen ihrer situationsspezifischen Moderation von Eigenständigkeit und Abhängigkeit ein aufschlussreiches Beispiel. Sie erhebt einen besonders hohen Originalitätsanspruch, denn Szondi probierte darin schon einmal Gedanken, Thesen und sogar Formulierungen seiner Dissertation über die *Theorie des modernen Dramas* aus.[29] In seinen Überlegungen zum geistlichen Spiel nun macht Szondi von Anfang an reinen Tisch: Im ersten Satz legt er sich mit »der Forschung« insgesamt an und formuliert sein Erkenntnisinteresse mit der Parole eines Adorno-Mottos: »Die Formen der Kunst verzeichnen die Geschichte der Menschheit gerechter als die Dokumente.«[30]

Erneut handelt es sich um das Zeugnis eines langen, umwegigen Arbeitsprozesses. Zunächst plante Szondi nämlich einen Vergleich zwischen dem »geistliche[n] Spiel des Mittelalters« und dem »epische[n] Theater der Moderne«.[31] Zu dieser weit ausgreifend geplanten Studie liegt das handschriftlich korrigierte Typoskript zweier Einleitungen vor sowie ein Konvolut, das aus Manuskripten und wenigen maschinenschriftlichen Abschnitten besteht, die eingeklebt wurden. Das Ganze setzt sich aus Vorformulierungen, Gedankensammlungen, Exzerpten und bibliografischen Materialien zusammen. Für die Genese der Dissertation wäre eine genaue Rekonstruktion der Gedankenentwicklung gewiss aufschlussreich. An dieser Stelle genügen uns einige Hinweise auf die Moderations- und Passungsleistungen, die Szondi erbringt. So fällt auf, dass er in der ersten Fassung der Einleitung von Anfang an konkrete Bezüge auf die Forschung einbaut und zugleich die Fragwürdigkeit des epochenübergreifenden Vergleichs stark betont – als »neu und gewagt«, als Bruch mit den bisherigen literaturhistorischen Gepflogenheiten, als Vorgehen, das den Vorwurf der »Vergewaltigung« der mittelalterlichen Texte nahelege.[32] In der zweiten Fassung bringt Szondi das bereits zitierte Adorno-Motto, verzichtet auf jede nachprüfbare Forschungsreferenz und begibt sich nicht mehr in Verteidigungshaltung.[33] In der ausformulierten Fassung, die sich ganz auf einen historischen Zusammenhang konzentriert, präsentiert er sein Vorgehen schließlich als eine »denkbar[e]« Option, also als einen Spielzug, der mit dem Forschungskonsens zwar bricht, dies aber, um das bisherige Untersuchungsspektrum in einem fortlaufenden Prozess zu erweitern:

> In diesem Sinne möchte das Folgende verstanden werden; als erster Ansatz, die geschlossenen Formen des geistlichen Spiels und des weltlichen Dramas auf ihre geistigen Voraussetzungen hin zu analysieren.[34]

Seinem an Adornos fachfremder Autorität orientierten Innovationsanspruch entsprechend bleibt Szondi in der eingereichten Fassung der Hausarbeit über weite Strecken konkrete Nachweise schuldig: Im ersten Teil der Untersuchung formuliert er ohne jeden Literaturverweis selbstbewusst Thesen zu drei »Wesenszügen« des Dramas. Der erste Primärtextbeleg erfolgt auf Seite 9, die erste Referenz auf Sekundärliteratur auf Seite 11, und zwar auf Emil Staigers *Grundbegriffe der Poetik*, die jedoch im Literaturverzeichnis nicht mehr auftauchen – die *Theorie des modernen Dramas* wurde von

Kai Bremer dann auch als im Wesentlichen gegen Staiger gerichtete Studie rekonstruiert.[35] Im Literaturverzeichnis fällt darüber hinaus nicht nur die uneinheitliche Titelaufnahme auf, sondern auch die Integration von Wehrlis Vorlesung über *Das Drama des Mittelalters* (WS 1949/50) sowie die Rubrik »Ferner«, in der lapidar nur Hegels *Aesthetik* angeführt wird, verbunden mit dem Hinweis »u. a.«. Würde Szondi an heutigen Standards gemessen, hätte er es mit diesem Kuddelmuddel nicht leicht, damals aber kam – wie bereits erwähnt – sogar seine erste wissenschaftliche Publikation im *Euphorion* ganz ohne Verweis auf Sekundärliteratur aus [→ Kap. 7].[36] Offenbar genügte der implizite Forschungsbezug, der sich in der Hausarbeit nicht zuletzt über Szondis polemischen Grundton einstellt, um die Darstellung in ihrer »gesellschaftlichen Syntax« [→ Kap. 2] als Teil der Wissenschaft auszuweisen.

Neben dieser fachgerechten Problematisierung spielen für die Passungsleistung von Seminararbeiten eine Fülle von weiteren Aspekten eine Rolle, die auf den ersten Blick nebensächlich erscheinen mögen, die Lektüre jedoch fundamental orientieren: die Befolgung orthografischer Regeln, ein bestimmtes Stilregister, die Verwendung spezieller Begriffe, die Gestaltung eines bestimmten Seiten- und Schriftbildes und vieles andere mehr.[37] Von geisteswissenschaftlichen Texten wird viel erwartet, und entsprechend vielgestaltig sind die Sozialisations- und Enkulturationsprüfungen, die anhand dieser Textsorte unterschwellig und nebenbei vorgenommen werden. Aus dieser Perspektive fällt etwa auf, dass in Szondis »Hausarbeit« nur ganz wenige Tippfehlerkorrekturen vorhanden sind und dass diese Verbesserungen nicht handschriftlich, sondern mit der Schreibmaschine durchgeführt wurden. Szondi versucht im Medium der Druckschrift zu bleiben und den dort üblichen Korrektheitsstandards gerecht zu werden. Bemerkenswert ist dies im Blick auf die Seitengestaltung: Wie für maschinenschriftlich verfasste Texte üblich, arrangiert Szondi die Zeilen linksbündig. Zugleich fügt er Überschriften ein, die rechtsbündig ausgerichtet sind. Für die Gliederungsfunktion wäre dieser Gestaltungsaufwand unnötig. Möglicherweise ist diese Formatierung bereits an der Erscheinungsform des gedruckten Buchs beziehungsweise von wissenschaftlichen Verlagspublikationen und damit an jener Zielvision orientiert, die unterschwellig bereits während des Studiums die Praktiken aufeinander abgestimmt hat.

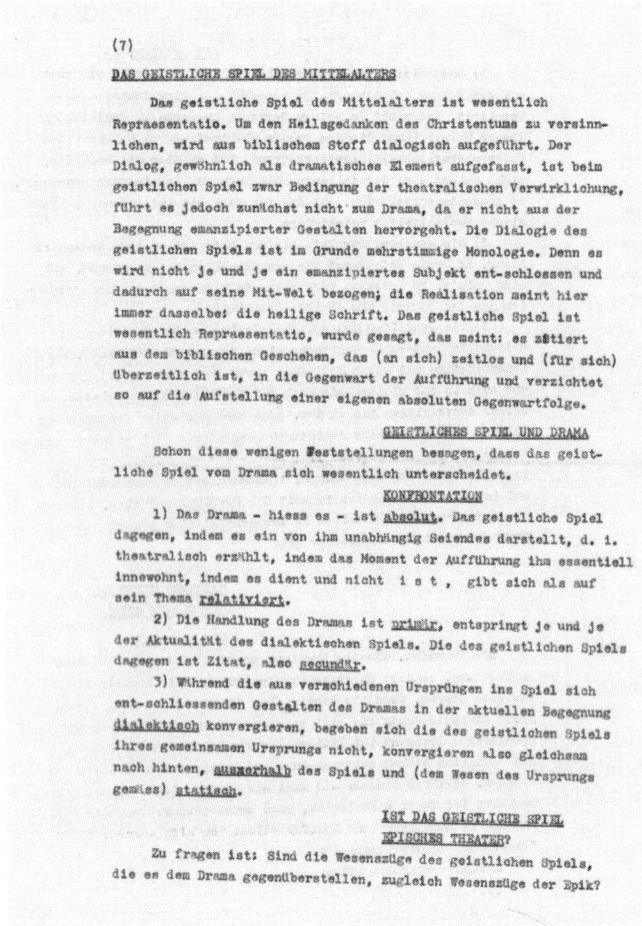

(7)

DAS GEISTLICHE SPIEL DES MITTELALTERS

Das geistliche Spiel des Mittelalters ist wesentlich Repraesentatio. Um den Heilsgedanken des Christentums zu versinnlichen, wird aus biblischem Stoff dialogisch aufgeführt. Der Dialog, gewöhnlich als dramatisches Element aufgefasst, ist beim geistlichen Spiel zwar Bedingung der theatralischen Verwirklichung, führt es jedoch zunächst nicht zum Drama, da er nicht aus der Begegnung emanzipierter Gestalten hervorgeht. Die Dialogie des geistlichen Spiels ist im Grunde mehrstimmige Monologie. Denn es wird nicht je und je ein emanzipiertes Subjekt ent-schlossen und dadurch auf seine Mit-Welt bezogen; die Realisation meint hier immer dasselbe: die heilige Schrift. Das geistliche Spiel ist wesentlich Repraesentatio, wurde gesagt, das meint: es zitiert aus dem biblischen Geschehen, das (an sich) zeitlos und (für sich) überzeitlich ist, in die Gegenwart der Aufführung und verzichtet so auf die Aufstellung einer eigenen absoluten Gegenwartfolge.

GEISTLICHES SPIEL UND DRAMA

Schon diese wenigen Feststellungen besagen, dass das geistliche Spiel vom Drama sich wesentlich unterscheidet.

KONFRONTATION

1) Das Drama - hiess es - ist absolut. Das geistliche Spiel dagegen, indem es ein von ihm unabhängig Seiendes darstellt, d. i. theatralisch erzählt, indem das Moment der Aufführung ihm essentiell innewohnt, indem es dient und nicht i s t , gibt sich als auf sein Thema relativiert.

2) Die Handlung des Dramas ist primär, entspringt je und je der Aktualität des dialektischen Spiels. Die des geistlichen Spiels dagegen ist Zitat, also secundär.

3) Während die aus verschiedenen Ursprüngen ins Spiel sich ent-schliessenden Gestalten des Dramas in der aktuellen Begegnung dialektisch konvergieren, begeben sich die des geistlichen Spiels ihres gemeinsamen Ursprungs nicht, konvergieren also gleichsam nach hinten, ausserhalb des Spiels und (dem Wesen des Ursprungs gemäss) statisch.

IST DAS GEISTLICHE SPIEL EPISCHES THEATER?

Zu fragen ist: Sind die Wesenszüge des geistlichen Spiels, die es dem Drama gegenüberstellen, zugleich Wesenszüge der Epik?

Abb. 1: Auszug aus Peter Szondis Seminararbeit über *Das mittelalterliche geistliche Spiel und das Problem des epischen Theaters.*[38]

Nicht nur in der Form der wissenschaftlichen Prosa, deren »gesellschaftliche Syntax« auf umfassende Forschungszusammenhänge verweist, nicht nur im direkten Bezug auf Staiger und Wehrli, also die Hochschullehrer, deren Veranstaltungen Szondi vor Ort besucht hat, und nicht nur in der verwendeten Literatur, für die er auf bibliothekarische Infrastrukturen zurückgegriffen hat, sondern auch visuell zeigt sich, wie komplex die institutionellen Bezüge sind, in die sich die Seminararbeit – im mehrfachen Wortsinn verstanden – einbettet. Sie verbindet die Veranstaltungsform des Seminars mit der Bibliothek, die es im wahrsten Sinn des Wortes nahelegt, dass die Lektüre und das Verfassen eines Textes mit anderen Texten zusammenhängen – und die eine Vorstellung davon vermittelt, in welchen institutionellen Rahmen auch die eigenen Texte einmal gelangen sollen. Als Dozent des Kleist-Seminars bahnt Szondi in der Lehrpraxis eine Einstellung an, die Institutionen von Forschung und Lehre über den gemeinsamen Bibliotheksbezug verbindet und sich entsprechende Problematisierungsverfahren zu eigen macht.

20. Lektürepraktiken koordinieren

Vieles von dem, was wir zum Schreiben ausgeführt haben, lässt sich auch über das Lesen sagen. Bislang lag der Akzent dabei auf den schriftstellerischen Aktivitäten, um dem Klischee von den Geisteswissenschaften als primär lesenden Wissenschaften entgegenzuwirken. Es liegt gleichwohl auf der Hand, dass das Lesen den geisteswissenschaftlichen Alltag bestimmt, und dies gilt auch für Fächer, die es etwa mit bildender Kunst oder Musik zu tun haben. Worum es uns jedoch geht, ist ein angemessener Begriff davon, dass eine atomistische Auffassung von Praktiken die Praxis verfehlt. Betrachtet man allein die Bezüge zwischen Lesen und Schreiben oder die Abstimmung unterschiedlicher Verfahren des Lesens und Schreibens, die Szondis Interpretationspraxis bestimmen, dann erscheint die Thematisierung von isolierten Aktivitäten, etwa des Lesens, ebenso fragwürdig wie die Thematisierung von isolierten Akteurinnen und Akteuren, etwa von Lesenden. Dies lässt sich grundsätzlich festhalten: Praxis ist als »ein sich zeitlich entfaltendes und räumlich verstreutes Geflecht von Taten und Aussagen« aufzufassen,[1] als »Komplex[]« oder als »Konglomerat von Praktiken«.[2]

Anders formuliert: (Lese-)Praktiken bekommen ihren Sinn im Kontext einer Praxis; und eine Praxis entfaltet ihr spezifisches – zum Beispiel fachliches oder disziplinäres – Profil nur als eine zwar flexible, aber nicht beliebige Verbindung bestimmter Praktiken. Diese holistische Dimension wollen wir im Blick auf Lesepraktiken im Kontext geisteswissenschaftlicher Praxis genauer erfassen und schließen dabei an die Überlegungen zu Verfahren der Problematisierung an [→ Kap. 18]. Es geht dabei einerseits um die Vielfalt von Lektürepraktiken, andererseits um die These, dass sich der jeweilige Sinn und Zweck von Lektürepraktiken erst durch Bezug auf andere Praktiken ergibt. Abstrakt und im Singular von ›dem Lesen‹ zu sprechen und diese Aktivität emphatisch normativ aufzuladen, dürfte hingegen vor allem einen Effekt haben: die Enttäuschung darüber, dass ›nicht mehr‹ gut, genau und vollständig gelesen wird.

Szondi richtet seine Aufmerksamkeit nicht in derselben Weise auf literarische und wissenschaftliche Texte: In den Materialien zum Habilitationsvortrag finden sich wesentlich ausführlichere Exzerpte zu Kleist als zu Texten, die bereits über Kleist und dessen Werke handeln. Vor allem fällt auf, dass sich Szondi zwar zu allen Teilen des *Amphitryon* etwas notiert, die Bemerkungen zu anderen *Amphitryon*-Interpretationen aber äußerst selektiv ausfallen. Es scheint so, als verteilten sich relevante Stellen nicht gleichmäßig über das Material und als sei die Unterscheidung von Textsorten für eine eher homogen oder eher selektiv gerichtete Wahrnehmung besonders relevant.

Auch innerhalb der großen Rubriken wie »Quellen« und »Forschung« bestehen eklatante Unterschiede. Ludwik Fleck hat daher in einer einschlägigen Studie vorgeschlagen, Forschungsliteratur (in einer weiten Bedeutung) in »Zeitschriftenwissenschaft«, »Handbuchwissenschaft« und »Lehrbuchwissenschaft« zu unterteilen. Er hebt damit hervor, dass das Wissen, das Einführungsbücher, Handbücher oder Fachaufsätze vermitteln, jeweils einen anderen ›Aggregatzustand‹ aufweist.[3] Akademische Gattungen, so die Überlegung, wenden sich an ein mehr oder weniger spezialisiertes Publikum und vermitteln dabei mehr oder weniger problematische und problematisierende Kenntnisse, die dann eben auch mehr oder weniger mit der noch laufenden Forschung zu tun haben und auf je eigene Weise rezipiert werden.[4]

Dieser Vorschlag, unterschiedliche Grade der Problematizität auf akademische Textgattungen zu beziehen, erweist sich als heuristisch fruchtbar, aber zumindest für die Geisteswissenschaften auch in mehreren Hinsichten als realitätsfremd. Dies liegt zum Ersten daran, dass der Problemgehalt eines Objekts in der Praxis von dessen Perspektivierung abhängt und daher nur in bestimmten Hinsichten als Texteigenschaft aufgefasst werden kann [→ Kap. 18]. Zum Zweiten trifft es die Arbeitspraxis besser, wenn man nicht von separierten Publikationsgattungen für die Lehre oder die Forschung ausgeht, sondern von Netzwerken oder Systemen aufeinander bezogener Veröffentlichungsformen.[5] Schließlich muss man angesichts der wenig formalisierten geisteswissenschaftlichen Darstellungsformen, die viele Spielräume für die Gestaltung von Texten zulassen, in jeder der genannten Textsorten mit Mischverhältnissen rechnen, also mit unterschiedlichen Graden von Problematizität in einzelnen Passagen.

Es ist mithin eine zu radikale und überspitzte Behauptung, es gebe Lehrbücher nur an der Universität als einer Lehrinstitution, wohingegen für die Wissenschaft als Forschungsveranstaltung »allenfalls Handbücher« relevant sind, »mit denen man jedoch nur erreicht, dass ein Wissensstand markiert wird, von dem abzuweichen attraktiv ist«.[6] Man hat es bei Handbüchern vielmehr mit einem Medium zu tun, das Universität und Wissenschaft verbindet. Auch Studierende sollten sie benutzen, und arrivierte Wissenschaftlerinnen und Wissenschaftler zeichnen sich gegenüber ihnen nicht dadurch aus, dass sie generell keine Handbücher mehr verwenden, weil sich dort kein forschungsförmiges und forschungsrelevantes Wissen findet, sondern dadurch, dass sie Publikationen gegebenenfalls forschungsförmig verwenden.

Wegen solcher Bezüge und Mischungsverhältnisse werden Texte und vor allem unterschiedliche Textpassagen nicht alle auf die gleiche Weise gelesen. Geisteswissenschaftlerinnen und Geisteswissenschaftler verknüpfen vielmehr typischerweise unterschiedliche Lektüre- und Schreibaktivitäten, und zwar in Prozessen des »Ausprobierens und Versuchens«, die durch eine »grobe Orientierungsvorgabe« bestimmt werden und in denen sich nicht zuletzt jene Probleme ergeben, die (allmählich) interpretatorisch fruchtbar erscheinen.[7] Oder anders: Das, was herkömmlich als Lesen bezeichnet wird, ist gar keine Praktik, sondern ein Gefüge von unterschiedlichen Praktiken, an dem nicht zuletzt schreibende Hände beteiligt sind. Es ist Teil eines Arbeitsprozesses, in dem parallel und aufeinander bezogen gelesen, geschrieben und gesprochen beziehungsweise in vielen Hinsichten laufend weitergearbeitet wird.

Wenn nun Alewyn, Hamburger, Jauß, Kittler oder Szondi ihre Lesefrüchte mit großen Variationen in den Interpretationszusammenhang integrieren [→ Kap. 17], dann könnte bereits die unterschiedliche Länge der Exzerpte auf unterschiedliche Lesemodi verweisen. Es ist allerdings auch denkbar, dass sich Exzerpier- und Lektürepraktiken nur lose aufeinander beziehen und eine geringe Menge von Notizen auf einer detaillierten Textbeobachtung beruht. Daher erscheint es analytisch schlüssiger, Rezeptionsprozesse von Schreibprozessen aus zu analysieren und die empirischen Lektürepraktiken weitestgehend als Black Box zu behandeln.

Es lassen sich nun unterschiedliche Gründe dafür vorstellen, warum das eine Mal eher selektiv und das andere Mal eher integrativ rezipiert wurde: Sachliche Dimensionen sollte man natürlich nicht ausschließen, denn Texte erweisen sich für eine bestimmte Fragestellung zweifellos als unterschiedlich gehaltvoll und ertragreich. Auch kann man auswählend verfahren, wenn man schon weiß, was man braucht. Daneben mögen soziale Aspekte wie das Renommee von Autorinnen und Autoren eine Rolle spielen. Hinzu kommen pragmatische Zwänge, etwa Zeitdruck durch den bevorstehenden Vortrags- oder Abgabetermin, die etwas mit institutionellen oder betrieblichen Gegebenheiten zu tun haben. All diese Faktoren müssen aufeinander abgestimmt werden – und noch vieles mehr.

Auf welche weit gestreute und zugleich punktgenaue Aufmerksamkeit etwa Szondi bei seinem Lesepublikum kalkuliert hat, musste der Lektor seiner Habilitationsschrift erfahren. Nachdem die Studie über das Tragische erschienen war, meldet der Autor zunächst, dass er das Buch »sehr hübsch« finde und ihm der Druck »gut« gefalle, um dann ausführlich auf »Schönheitsfehler« einzugehen:

> Ich denke da erstens an das Aischylos-Zitat, das nicht auf der Zwischentitelseite 63, sondern Seite 64 stehen sollte: die Seite ist nun wirklich hässlich. – Ferner bedauere ich, dass entgegen dem Umbruch auf Seite 33 und 48 der Kolumnentitel doch gesetzt wurde: die Namen Schopenhauer und Simmel je zweimal untereinander sehen doch ein bisschen grotesk aus, wie Vorlagen für Visitekarten mit verschiedenen Buchstabengrössen. – Auf die weggebliebenen Leerzeilen zwischen Text und Kommentar sollte ich eigentlich nicht mehr zurückkommen, aber ich glaube immer noch, dass es ein Fehler war.
>
> Und wenn ich mein Herz ganz ausschütten darf: ich glaube, dass man bei einem schneeweissen Umschlag kein so dunkles Papier verwenden darf: wenn man hier sparen muss, dann hätte der Umschlag anders gemacht werden müssen. Und schliesslich: Hätte ich es vorausgesehen (oder hätten Sie mir auch vom Umschlag eine Probe geschickt), ich hätte Sie beschworen, auf die Menuhin-Anzeige zu verzichten: ich komme mir jetzt ein bisschen wie ein Geiger vor. Der in Aesthetik dilettiert.[8]

Szondis Stellungnahme mündet zwar in einem klaren Bekenntnis zur Wissenschaft, bezeugt jedoch genau dadurch die Sorge, er könnte auch anders verortet werden. Immerhin legt er Wert auf Aspekte der Ausgabengestaltung, die viele wissenschaftliche Beobachterinnen und Beobachter eben für nichts weiter als »Schönheitsfehler« halten und daher sachlich als von eher beiläufiger Bedeutung einschätzen – solange es nicht um Primärliteratur geht. Tatsächlich hat sich der im Kontext von Szondis Habilitation geführte Streit darüber, inwiefern Interpretationen selbst wiederum interpretationsbedürftig seien und bei der Lektüre jene intensiven Aufmerksamkeitsleistungen abverlangen dürfen, die sie eigentlich ihren Forschungsgegenständen entgegenbringen, zugunsten Szondis entschieden: Seine Werke sind *de facto* selbst zu epistemischen Dingen im Kontext der Szondi-Forschung geworden.

Die Unterscheidung von Primär- und Sekundärliteratur führt also zu keiner prinzipiell verallgemeinerbaren Leseempfehlung. Wie auch immer man das Arbeitsmaterial qualifiziert: Es wäre in vielen Hinsichten unökonomisch, wenn sich Forscherinnen und Forscher nicht zumindest zur ersten Orientierung auf unterschiedliche Textsorten einrichten oder jede Quelle und jeden Forschungsbeitrag mit gleicher und vor allem mit gleichmäßiger Intensität lesen würden. Die Leserealität in den Geisteswissenschaften unterscheidet sich in dieser Hinsicht wohl nicht grundsätzlich von jener Vielfalt an Lektüreformen, die man auch jenseits der Universität in der Schule, im Literaturbetrieb oder in der Freizeitkultur findet. Die »vollständige Lektüre eines Werkes«, so hat Heinz Schlaffer gegen den Kollektivsingular »Leser« eingewandt, ist empirisch die »Ausnahme«,[9] und selbst wenn ein Text »vollständig[ ]« gelesen wird, kann dies noch sehr Unterschiedliches bedeuten – wir kommen im Folgenden darauf zurück.

Zudem speist sich das Rollenverständnis von Lesenden, auch dies ein wichtiger Hinweis von Schlaffer, nicht zuletzt aus der erwarteten oder erinnerten Lektüre: Man bereitet das Lesen durch die Lektüre des Klappentextes, der Verlagsankündigung, einer Rezension, der Einleitung oder des Anfangskapitels vor und begnügt sich nicht selten damit. Was dann von dieser nur beabsichtigten Lektüre im Sinn ist, unterscheidet sich nicht grundsätzlich von dem, was nach einiger Zeit von tatsächlich gelesenen Texten hängen bleibt. Elemente jenseits und unterhalb des ganzen Werks spielen also eine große Rolle und unterstützen vielfältige Lektüremodalitäten: von der potentiellen über die vorgetäuschte und anschauende bis zur wiederholten Lektüre.[10]

Obwohl Schlaffer die bildungsbürgerliche Zumutung einer ganzheitlichen Lektüre souverän von sich und anderen Lesenden weist, unterstellt er zumindest den philologisch Lesenden nicht nur das »Ideal eines vollständigen Wissens über Texte«, sondern geht auch davon aus, dass die wissenschaftliche Praxis diesem Ideal gerecht wird.[11] Die Geisteswissenschaften, so scheint es, pflegen den »Mythos Lesen«.[12] Gerade in den Literaturwissenschaften fällt es offenbar schwer, die eigene Lektürerealität nicht mit Lektüreidealen gleichzusetzen.[13] Das liegt auch an der Emphatisierung des Lesens, für die der Altphilologe Friedrich Nietzsche wegweisend war. In einer berühmten und viel zitierten Passage der *Morgenröthe* bemerkt er dazu:

> Philologie nämlich ist jene ehrwürdige Kunst, welche von ihrem Verehrer vor Allem Eins heischt, bei Seite gehn, sich Zeit lassen, still werden, langsam werden –, als eine Goldschmiedekunst und -kennerschaft des Wortes, die lauter feine vorsichtige Arbeit abzuthun hat und Nichts erreicht, wenn sie es nicht lento erreicht. Gerade damit aber ist sie heute nöthiger als je, gerade dadurch zieht sie und bezaubert sie uns am stärksten, mitten in einem Zeitalter der ›Arbeit‹, will sagen: der Hast, der unanständigen und schwitzenden Eilfertigkeit, das mit Allem gleich ›fertig werden‹ will, auch mit jedem alten und neuen Buche: – sie selbst wird nicht so leicht irgend womit fertig, sie lehrt gut lesen, das heisst langsam, tief, rück- und vorsichtig, mit Hintergedanken, mit offen gelassenen Thüren, mit zarten Fingern und Augen lesen.[14]

Im Nachlass Szondis findet sich ein gutes Zeugnis für dieses zarte Lesen: die bereits erwähnte, von Lektürespuren übersäte Reclam-Ausgabe von Kleists *Amphitryon* [→ Kap. 16, Abb. 1].[15] Erste Beobachtungen (»Errata«) notiert er sich bereits auf den Paratexten – es scheint, als begleite die Problematisierung den gesamten Umgang mit dem Buch. Besonders deutlich wird diese kontinuierliche Interpretationsarbeit bei Deutungsansätzen, die Szondi während der Lektüre kommen und die er am Rand des Textes festhält.[16]

Für das, was Nietzsche als philologisches Lesen beschreibt, sind jedoch andere Indizien aufschlussreicher: Szondi streicht im Dramentext bereits das erste gesprochene Wort an (»Heda!«) und kreist es wie weitere Stellen auf der ersten Seite mit Bleistift ein. Er markiert damit interne Werkbezüge, die sich auf der Lautebene (»Heda« – »Holla«), in semantischer Hinsicht (»Tag« – »Nacht«), über wörtliche Wiederholungen (»Herz« – »Herz«) oder grammatikalische Funktionen ergeben (»meine« – »meiner« – »ich«).[17] Diese fieberhafte Suche nach intratextuellen Korrespondenzen ist typisch für das literaturwissenschaftliche Lektüreverhalten. Auch andere Texte Szondis zeigen, wie solche Strukturen den Blick orientieren und Anhaltspunkte für Interpretationen bieten.

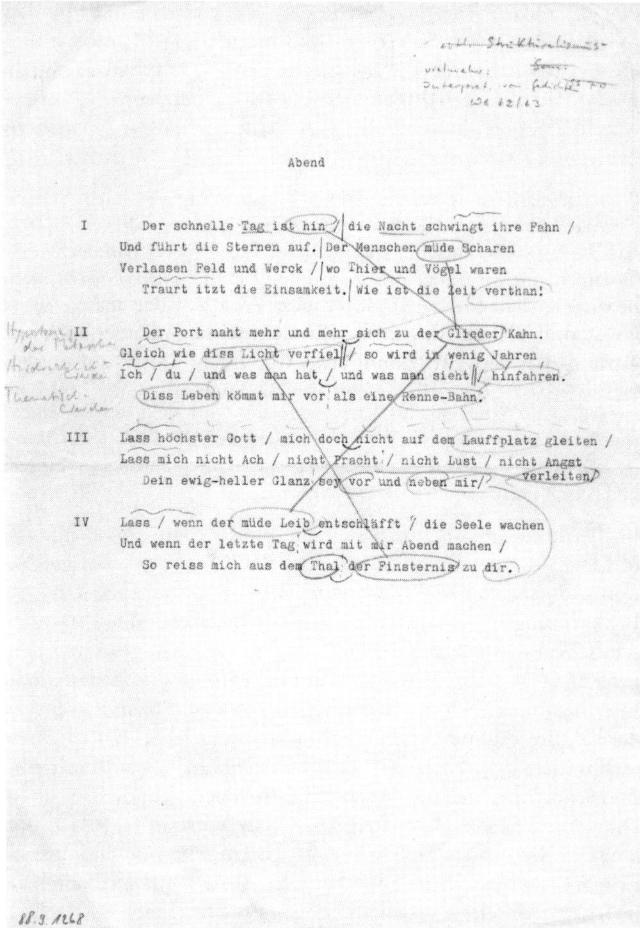

Abend

I Der schnelle Tag ist hin / die Nacht schwingt ihre Fahn /
Und führt die Sternen auf. Der Menschen müde Scharen
Verlassen Feld und Werck / wo Thier und Vögel waren
Traurt itzt die Einsamkeit. Wie ist die Zeit verthan!

II Der Port naht mehr und mehr sich zu der Glieder Kahn.
Gleich wie diss Licht verfiel / so wird in wenig Jahren
Ich / du / und was man hat / und was man sieht / hinfahren.
Diss Leben kömmt mir vor als eine Renne-Bahn.

III Lass höchster Gott / mich doch nicht auf dem Lauffplatz gleiten /
Lass mich nicht Ach / nicht Pracht / nicht Lust / nicht Angst verleiten /
Dein ewig-heller Glanz sey vor und neben mir /

IV Lass / wenn der müde Leib entschläfft / die Seele wachen
Und wenn der letzte Tag wird mit mir Abend machen /
So reiss mich aus dem Thal der Finsternis zu dir.

Abb. 1: Annotierte Abschrift von Gryphius' »Abend« aus den Unterlagen zu Peter Szondis Seminar »Interpretation von Gedichten«.[18]

In einer kleinen empirischen Studie hat Iris Winkler Indizien dafür gesammelt, dass professionell Interpretierende – anders etwa als Schülerinnen und Schüler – reflexartig nach Bezügen fahnden, sobald sie analytisch zu lesen beginnen. Literaturwissenschaftlich wird das Interpretationsobjekt nicht punktuell aufgefasst, sondern zumindest tendenziell als eine integrale Ganzheit. Auf Basis dieser Voraussetzung zeigen sich textinterne Muster, an denen Deutungsversuche ansetzen können.[19] Diese intratextuellen Bezüge ergeben sich durch ebenjene voraus- und rückblickende Aufmerksamkeitsbewegung, die Nietzsche als typisch für die Lektüre von Philologen bezeichnet hat, wobei die Amplitude – wie auf den ersten Seiten von Szondis Kleist-Ausgabe – sehr klein sein kann, aber auch sehr groß: Später verweist Szondi etwa von einem Detail auf Seite 15 (»Die ganze Portion Sosias bist«) zu einer Stelle auf Seite 63 (»Meine volle Portion gebrauch' ich«), und es ist gut möglich, dass diese unscheinbaren Passagen nur aufgrund ihrer Ähnlichkeit merkwürdig erschienen sind.

Tatsächlich vollzieht sich das Lesen generell in Blickwechseln, weil Texte nie linear ins Auge fallen. Außer beim Buchstabieren werden nicht einmal die Buchstaben der Wörter im Einzelnen gesehen, vielmehr bilden Leserinnen und Leser aufgrund von ausgewählten Eindrücken ständig Hypothesen über größere Zusammenhänge und gehen nur ins Detail, wenn Verständnisprobleme auftreten.[20] Finden die Blickwechsel im literaturwissenschaftlichen Kontext gezielter oder gesuchter statt? Jedenfalls rechnet man dort mit bedeutungsvollen Aspekten auf unterschiedlichen Ebenen, mit genauerer Aufmerksamkeit für einzelne Stellen und einer Erinnerung an das Gelesene über längere Abstände hinweg. Um mit dieser Komplexität von Beziehungen, die sich dabei ergibt, zurechtzukommen, müssen diese Lektürepraktiken von Schreibpraktiken, vom Einkreisen, Unterstreichen etc., begleitet werden, die den Text für erneute Lektüren präparieren.

Nietzsches Einschätzung ist also, betrachtet man Szondi, einerseits treffend: Hier benötigt ein Interpret offenbar viel Zeit, weil er »rück- und vorsichtig« liest und dabei eine Fülle von »Hintergedanken« entwickelt und mitlaufen lässt. Andererseits lehrt die Philologie nicht nur das langsame und genaue, sondern auch das schnelle und kursorische Lesen. Nimmt man etwa Szondis Lektüre der Kleist-Forschung als Beispiel, hat man es in allen Fällen mit Belegen für das zu tun, was der Soziologe Andrew Abbott als »partial mastery reading« bezeichnet:

> In den meisten Fällen muss man in der Forschung ein Buch oder einen Artikel nicht vollständig kennen. Vielmehr benötigt man einen Teil davon und muss diesen gut kennen. Das ist Lesen mit teilweiser Kenntnis – in der Praxis die häufigste Art des Lesens in den Sozial- und Geisteswissenschaften. Wenn wir ein Buch oder einen Artikel lesen, wollen wir in der Regel nur über einen Teil davon etwas wissen.[21]

Dass Philologen sowohl vor- und rücksichtig als auch kursorisch lesen, musste man Nietzsche jedoch nicht erklären. Er selbst war nicht nur ein Meister des überfliegenden Lesens, sondern hat zudem intensiv über Bücher reflektiert, »welche man nicht durchliest, aber häufig aufschlägt«, dabei »an irgend einem Satze« hängen bleibt und darüber nachdenkt: »für und wider, hinein und drüber hinaus, wie einen der Geist treibt«.[22] Nietzsche konnte mit der Idealisierung von geistiger Arbeit zu einem genialen Schöpfungsakt wenig anfangen und betonte stattdessen die handwerkliche Seite, darunter auch das Zusammenspiel von Lesen und Schreiben, Re-Lektüre und Überarbeitung:[23]

> In Wahrheit producirt die Phantasie des guten Künstlers oder Denkers fortwährend, Gutes, Mittelmässiges und Schlechtes, aber seine Urtheilskraft, höchst geschärft und geübt, verwirft, wählt aus, knüpft zusammen; wie man jetzt aus den Notizbüchern Beethoven's ersieht, dass er die herrlichsten Melodien allmählich zusammengetragen und aus vielfachen Ansätzen gewissermaassen ausgelesen hat. [...] Alle Grossen waren grosse Arbeiter, unermüdlich nicht nur im Erfinden, sondern auch im Verwerfen, Sichten, Umgestalten, Ordnen.[24]

Nietzsches Passagen zum kursorischen und partiellen Lesen wurden – wie Tobias Brückner gezeigt hat – in der Rezeptionsgeschichte systematisch verdrängt, weil seine Leser gern als Anwälte der emphatischen Lektüre auftreten und mit diesem Widerspruch von Programmatik und Performanz ein gutes Beispiel für die Normalität partieller Aufmerksamkeit bieten.[25] Die Leseforschung jedenfalls hat sich angesichts der Diversität von Rezeptionsprozessen schon lange vom Lesen im Singular verabschiedet. Griffige Dichotomien (zum Beispiel lautes vs. leises, intensives vs. extensives Lesen) haben sich als unhaltbar erwiesen, denn in jeder historischen Phase muss man mit diversen Lesertypen rechnen, die zudem in unterschiedlichen Situationen, relativ zu Textsorten, Medien oder Absichten sehr unterschiedlich lesen. Die zentrale Herausforderung besteht darin, diese Faktoren aufeinander abzustimmen und eine »Ökologie des Lesens« zu entwickeln, die gekonnt »zwischen wildem, explorativem Herumlesen und sparsamer, kräfteschonender Lektüre zu navigieren weiß«.[26] Dies bedeutet im Übrigen auch, das nicht ›das‹ geisteswissenschaftliche Lesen etwa durch digitale Medienpraktiken in die Krise gerät, sondern vornehmlich ein bestimmter »Mythos des Lesens«, der mit dem »Prestigeverlust des Buchs« zusammenhängt.[27] Darüber hinaus müssen Ensembles von rezeptiven *und* produktiven Praktiken berücksichtigt werden, die die Praxis bestimmen und in der geisteswissenschaftlichen Forschung etwas mit deren prinzipieller Publizität zu tun haben [→ Kap. 17]. Interessanterweise hat man etwa den Eindruck, dass Szondi sich mit der Sekundärliteratur, die er stark selektiv festhält und vielleicht auch eher überfliegend zur Kenntnis nimmt, nicht ebenso intensiv befasst wie mit der Interpretation, an der er lesend, annotierend, exzerpierend und schreibend arbeitet.

Generell befördert die Einbindung der Lektüre in epistemische Prozesse die Diversität des Lesens. So steht etwa zu erwarten, dass am Anfang von Forschungsprojekten mehr exzerpiert und weniger selektiv gelesen wird als am Ende, weil man erst im Lauf der Zeit weiß, worauf es letztlich ankommt und was der Aufmerksamkeit *in diesem Zusammenhang* wert ist. In noch größeren zeitlichen Dimensionen gilt dies für Ausbildungsprozesse, denn wie lernt man eigentlich, richtig zu blättern?[28] Indem man möglichst schnell damit anfängt und von vornherein vermeidet, sich durch konsequente Ganztextlektüre zu überfordern? Indem man sich also gleich bei Studienbeginn von Leseidealen verabschiedet und das, was man wegen der Vermeidung von Ganztextlektüren in der Schule ohnehin gewohnt ist, auch wissenschaftlich für normal hält?

Andrew Abbott hat auf der Grundlage ethnografischer Selbstbeobachtung eine Arbeitsanleitung für geistes- und sozialwissenschaftliche Forschung vorgelegt, die sich intensiv mit solchen Fragen auseinandersetzt. Mit den drei Begriffen »*scanning*«, »*browsing*« und »*brute force*« markiert Abbott drei Stationen auf einer Skala zwischen dem schnellen Überfliegen eines Textes und der sorgfältigen Detaillektüre. Hinzu kommen diverse Arten des »*reading*«.

Es fällt nicht ganz leicht, diese Kategorisierungen nachzuvollziehen,[29] aber darauf kommt es hier auch gar nicht an. Entscheidend ist, dass Abbott – erstens – die Zirkularität und Zufälligkeit von Arbeitsprozessen betont, zweitens die Übergänge zwischen einzelnen Erschließungspraktiken und drittens die Tatsache, dass man in unterschiedlichen Arbeitsphasen stets vieles zugleich tut, aber auf unterschiedliche Weise[30] – in der Vorbereitungsphase rät Abbott etwa dazu, in ausgewählten Fällen eher Sekundärliteratur Wort für Wort und von der ersten bis zur letzten Seite zu durchforsten, während in der ›mittleren Phase‹ eher Primärliteratur im Zentrum detaillierter Aufmerksamkeit stehe.[31]

Man kann Abbotts Hinweise vor allem als Provokation eines Leseideals auffassen, das *per se* Ganztextlektüre fordert, mit der Realität jedoch wenig zu tun hat und vielleicht noch nicht einmal wirklich produktiv wäre, wenn es in der Forschung umgesetzt werden könnte oder würde. Interessant ist dabei allerdings, dass unterschiedliche akademische Gattungen partielle, selektive oder überfliegende Lektürepraktiken einerseits und ganzheitlich angelegte Lesestrategien andererseits mit unterschiedlicher Wahrscheinlichkeit thematisieren. So zeigen sich Einführungen in Arbeitstechniken typischerweise offen für pragmatische Beschränkungen der Aufmerksamkeit und thematisieren kursorische Zugriffe und lassen diese zu.[32] Es geht aber nicht einfach darum, ein Loblied auf das selektive Lesen zu singen. Denn was bedeutet es eigentlich, einen Text ›ganz‹ zu lesen? Bei einem kurzen Text etwas anderes als bei einem langen; bei einem komplizierten, verworrenen oder gedankenüberladenen etwas anderes als bei einem für den Lektürekonsum wohlpräparierten mit einer klaren Pointe; bei einem ›theoretischen‹ etwas anderes als bei einem ›empirischen‹ etc. Abbott empfiehlt daher an vielen Stellen des Arbeitsprozesses unterschiedliche Formen der Erschließung eines Textganzen – was weder zu verwechseln ist mit der Lektüre jeder Stelle eines Textes noch mit der gleichmäßig hohen Aufmerksamkeit für den ganzen Text.

Besonders aufschlussreich ist dabei die Unterscheidung zwischen zwei Typen von Ganztextlektüre: Während es beim »narrative reading«[33] um eine sich erst noch orientierende und vor allem thematische Wahrnehmung von Texten geht, zielt das »mastery reading«[34] als Standardform der Ganztextlektüre auf argumentative Gehalte und Zusammenhänge. Entsprechende Lesepraktiken verfolgen dabei eine bestimmte Ergebniserwartung, die sich jedoch den Ereignissen im Leseprozess enttäuschungssensibel anpasst. Entscheidend ist dabei, dass man durch Lektüreakzente (zum Beispiel auf Inhaltsverzeichnis, Index oder Zusammenfassungen) sowie durch ein permanent blätterndes Hin- und Herspringen einen guten, belastbaren Eindruck davon entwickelt, was ein Text insgesamt zu bieten hat. Weil man dabei eine gewisse gedankliche Konsistenz unterstellen darf, sind hypothesengesteuerte Sprünge und Auslassungen zweckmäßig. In gewisser Weise empfiehlt Abbott gezielt das zu tun, was beim Lesen ohnehin mikrologisch stattfindet, nämlich die permanente Interaktion zwischen der Verarbeitung von Daten und dem spekulativen Einsatz von Wissen auch im Blick auf größere Texteinheiten. Man sollte sich also generell nicht der Vorstellung hingeben, die Lektüre vollziehe sich in einem linear verlaufenden Bottom-up-Prozess.[35] Das gilt *de facto* nicht einmal für das narrative Lesen, sondern allenfalls für die seltenen Gelegenheiten, in denen eine Stelle so kompliziert zu entziffern ist, dass man ins Buchstabieren wechselt.

Im Fall einer unreflektierten Verwechslung zwischen den unterschiedlichen Strategien zur Erschließung eines Textganzen gibt Abbott für den »narrativen« Modus die Parole aus: »Save that for Tolstoy!«[36] Prinzipiell aber erklärt er beide Formen der umfassenden, wenngleich nicht in derselben Weise detaillierten Wahrnehmung von Texten – an der richtigen Stelle des Forschungsprozesses und für den richtigen Zweck eingesetzt – für zweckmäßig, und dies schon allein deswegen, weil die Fähigkeit zum »mastery reading« die »narrative« Lektüre voraussetzt. Man muss, mit anderen Worten, schon viele Ganztexterfahrungen gesammelt haben, um dann gekonnt auszuwählen und zielgerichtet zu arbeiten.

Anders sieht es – zumindest in der ›mittleren‹ Arbeitsphase – im Fall des Quellenstudiums aus. Hier hält Abbott es für prinzipiell unzulässig, »primary materials« wie eine Erzählung wahrzunehmen. In diesem Zusammenhang wird dann auch deutlicher, wodurch sich die verschiedenen Lektüremodi eigentlich unterscheiden, nämlich durch die mehr oder weniger intensive Problematisierung des Gelesenen:

> An einem Primärdokument ist nichts einfach. Lassen Sie sich nicht dazu verleiten, die Geschichte passiv über sich ergehen zu lassen. Wenn Sie sich dabei ertappen, machen Sie eine Pause. Die meiste Zeit, die Sie mit der

Lektüre von Primärdokumenten verbringen, sollten Sie damit verbringen, über das Gelesene zu grübeln: Warum dies? Warum gerade jetzt? Was dachte sie, was sie da tat? Wer war das Publikum? Und warum? Versuchen Sie, über alternative Lesarten nachzudenken, insbesondere bei wichtigen Dokumenten, und darüber [...].[37]

Abbott dürfte sich hier auf Quellentypen beziehen, die in der geschichts- oder sozialwissenschaftlichen Praxis dominieren und nicht jener lesenden Versenkung bedürfen, die Szondi im Fall emphatisch aufgefasster poetischer Texte fordert. Dennoch trifft er gut, was sich in der »gesellschaftlichen Syntax« [→ Kap. 2] von Szondis Kleist-Interpretation sowie in den Zeugnissen des Bearbeitungsprozesses dokumentiert.

Der Vergleich von eher ausführlichen und verknappten Exzerpten ist vor diesem Hintergrund nicht nur als Indiz für unterschiedliche Lektüreverfahren relevant, sondern auch dafür, dass nur aufeinander abgestimmte Rezeptionspraktiken zum Ziel führen und dass bei dieser Abstimmung produktive und rezeptive Praktiken zusammen- und ineinanderwirken. Bei Szondi erfüllen etwa die selektiven, kurzen und daher von außen gesehen eher erratischen Notate nur dann ihren Zweck, wenn sie im Zusammenhang anderer Exzerpte und im Blick auf kommende Formulierungen – und das heißt letztlich: im Blick auf die Publikation – wahrgenommen werden, wenn sie also ihren Platz im Forschungsprozess finden, dessen Verlauf darüber entscheidet, ob sie zu etwas gut sein könnten.

Geisteswissenschaftliche Lektürekompetenz zeigt sich gerade dadurch, dass Aufmerksamkeit nicht gleichmäßig gestreut wird, sondern dass man weiß, wann schneller oder langsamer, genauer oder ungenauer, auszugsweise oder integral zu lesen ist und dass man dies auch virtuos zu praktizieren versteht. Oder etwas nüchterner formuliert: Geisteswissenschaftlerinnen und Geisteswissenschaftler kommen gut mit den Ergebnissen unterschiedlicher Lektüreverfahren zurecht, und dies selbst dann, wenn sie über ihre schwankende Sorgfalt kein Zeugnis ablegen. Das philologische Ideal der selektionslosen Aufmerksamkeit, dem Szondi immer wieder huldigt [→ Kap. 7], steht dazu einerseits in einer Spannung, andererseits bleibt auch er bei einem längeren Text wie etwa Kleists *Amphitryon* den Beleg dafür schuldig, weil er sich sonst in einer ausufernden Interpretation verlieren würde. Oder anders: Es genügen partielle oder exemplarische Belege, um den Anspruch zu erheben, dass jede weitere Stelle, die angeführt werden könnte, ins Bild passen würde. Obwohl jede Forscherin und jeder Forscher aus der eigenen Erfahrung weiß oder wissen müsste, dass normalerweise Seiten überblättert, Passagen nur kursorisch gelesen, eher vage erinnert, mehr oder weniger gut verstanden und mehr oder weniger intensiv bedacht werden, bestimmen normative Erwartungen die Auseinandersetzung mit dem Lesen, und dies gerade auch in der wissenschaftlichen Selbstreflexion.

Die verzettelte, zerstreute, diffuse, oberflächliche, unscharfe, selektive, absichts- und vorurteilsvolle Lektüre erscheint jedenfalls nur dann als Defizit, wenn sich die Aufmerksamkeit auf die Begegnung kognitiver Aktivitäten mit der Welt der Zeichen beziehungsweise auf den Zusammenstoß von Buch und Kopf konzentriert, wenn das Lesen mithin davon isoliert wird, für was es in den Geisteswissenschaften in der Praxis gut ist:[38] für die Vorbereitung von Seminaren, für das Verfassen von Hausarbeiten, Klausuren, Referaten, Vorträgen, Zeitschriftenbeiträgen, Sammelbandartikeln oder Monografien, für die Konzeption von Gutachten oder Anträgen etc. Es wäre illusorisch, hier nur eine Form der (ganzheitlichen) Lektüre zu fordern – und vermutlich auch unangemessen. Und es unterschätzt die Kompetenzen, die für das richtige kursorische und selektive Lesen notwendig sind.

Allgemeiner formuliert: Um so etwas wie geisteswissenschaftliche Praxis zu verstehen, muss man also rekonstruieren, inwiefern »einzelne soziale Praktiken […] *Voraussetzungen* in anderen Praktiken« haben und inwiefern sie »*Anschlüsse* für weitere Praktiken« bieten. »Praktiken sind […] vernetzt mit vielfältigen anderen Praktiken und Einstellungen«, bilden jedoch »keine geschlossenen und umfassend integrierten Ganzheiten«.[39] Einzelne Praktiken können akzentuiert, vernachlässigt, umgewichtet, neukonstelliert, weggelassen oder ausgetauscht werden, sodass sich eine Praxis ändert oder in sich differenziert, ohne eine ganz andere zu werden beziehungsweise zu enden – später werden wir an einem Beispiel zeigen, wie eine Praxis endet [→ Kap. 35]. Andere Praktiken sind stärker formalisiert, organisiert und institutionalisiert. So bestehen für das wissenschaftliche Lesen bei allen Freiheiten und individuellen Gestaltungsmöglichkeiten auch fester gefügte Rahmenbedingungen (etwa Studien- und Prüfungsordnungen, vorgeschriebene Qualifikationswege, Berufspflichten etc.), die darüber bestimmen, welche

Aktivitäten in einer bestimmten Situation Vorrang haben und wie viel Zeit dafür bleibt.[40]

Von hier aus lässt sich die Frage nach der geisteswissenschaftlichen Praxis und ihren disziplinären Varianten stellen: Einzelne Aktivitäten mögen in gewisser Hinsicht ubiquitär erscheinen – in unserer Kultur wird überall und ständig gelesen und geschrieben, und falls die Diagnose von der Entwicklung einer Wissensgesellschaft zutreffen sollte, dürften auch epistemische Praktiken verbreitet sein.[41] »Dispersed practices« finden sich also in vielen unterschiedlichen sozialen Feldern.[42] Als Praktiken und damit als Teil einer Praxis sind indes auch solche Aktivitäten miteinander verbunden, sie verweisen aufeinander und spezifizieren sich im Rahmen von Arrangements. Sie verfügen über ausreichend Gemeinsamkeiten, um in unterschiedlichen Kontexten als ›Lesen‹ oder ›Schreiben‹ erkennbar zu sein. Ihr Sinn, ihre Bedeutung und auch ihr normativer Status kommt ihnen jedoch im Vollzug innerhalb ihres Netzwerks von Praktiken zu.[43]

21. Der Lehrstuhl als Praxiszusammenhang

Anders als bei Szondi wird das Schreiben und Lesen auch in größeren organisatorischen Einheiten koordiniert. Wie aber verknüpfen Lehrer-Schüler-Verhältnisse oder größere Arbeitszusammenhänge Praktiken des Schreibens und Lesens? Sengle schreibt und liest in einem fest etablierten institutionellen Ensemble, in das viele Personen integriert sind: im Kollektiv »Lehrstuhl«. Die universitäre Organisationsform Lehrstuhl ist immer wieder in Frage gestellt, als »große[s] Reformhindernis der deutschen Universität« und »professorale Monokratie« charakterisiert worden.[1] Ohne seinen Lehrstuhl hätte Sengle die *Biedermeierzeit* nur schwer realisieren können: Am Lehrstuhl delegiert er das Auslesen, Durchsehen, Exzerpieren, Zusammenfassen, Korrigieren und Kommentieren an Mitarbeiterinnen und Mitarbeiter; er delegiert auch die Bearbeitung von biedermeierzeitlichen Themenkomplexen an Studierende, die bei ihm Abschlussarbeiten verfassen.[2] Manche Themen, wie die vergleichende Untersuchung deutscher Übersetzungen von Balzacs *Eugénie Grandet*, werden sogar mehrfach vergeben.[3] Wenn Sengle im ersten Band der *Biedermeierzeit* darauf hinweist, dass »zahlreiche[] Doktoranden, Staatsexamens- und Magisterkandidaten [...] auf dem Felde der Biedermeierzeit – manchmal sehr eng! – mit mir zusammengearbeitet haben«, so bleibt im Ungefähren, wie diese emphatisch »eng[e]« Zusammenarbeit ausgesehen haben mag.[4] Klar wird nur, dass Sengle deutlich zwischen (potentiell) gedruckten Dissertationen auf der einen und ungedruckten Magister- und Staatsexamensarbeiten auf der anderen Seite unterscheidet.

Die Dissertationen charakterisiert Sengle als »eine unentbehrliche Ergänzung« seiner dreibändigen Epochendarstellung, weshalb er ankündigt, dass er ihnen im abschließenden Band seines »Gesamtwerks eine besondere Seite« widmen möchte.[5] »Ergänzung« sollen die Dissertationen wohl im Sinne einer Bestätigung der Befunde des »Gesamtwerks« durch historische Detaillierung sein. Eine Dekade später lässt Sengle im Abschlussband der *Biedermeierzeit* ein zweiseitiges, 48 Dissertationen umfassendes »VERZEICHNIS / der im Zusammenhang mit dieser Epochendarstellung entstandenen Dissertationen« abdrucken [Abb. 1].

VERZEICHNIS

der im Zusammenhang mit dieser Epochendarstellung entstandenen Dissertationen in chronologischer Reihenfolge

Reinhard Wagner: Wesen und Geltung der erzählenden Prosa im Urteil der Biedermeierzeit. Diss. [Masch.] Tübingen 1952.
Hans Oelschläger: Theodor Fontane. Sein Weg zum Berliner Gesellschaftsroman. Diss. [Masch.] Marburg 1954.
Hans Gunther Prescher: Das Problem der literarischen Gattungen bei Ferdinand von Saar. Diss. [Masch.] Marburg 1954.
Karl Heim: Wilhelm Raabe und das Publikum. Diss. [Masch.] Tübingen 1954.
Fritz Heyn: Die Sprache Büchners. Diss. [Masch.] Marburg 1955.
Wilhelm Kurz: Formen der Versepik in der Biedermeierzeit. Diss. [Masch.] Tübingen 1955.
Erika Schmohl-Windfuhr: Der Streit um Heinrich Heine. Darstellung und Kritik der bisherigen Heinewertung. Diss. [Masch.] Marburg 1956.
Kurt Waselowsky: Der Übergang vom Vers zur Prosa in den Dramen Christian Dietrich Grabbes. Diss. [Masch.] Marburg 1956.
Karl Heinz Wocker: Kritik und Produktion bei Franz Grillparzer, Diss. [Masch.] Marburg 1956.
Kurt Partl: Friedrich Schillers *Wallenstein* und *König Ottokars Glück und Ende*. Eine vergleichende Interpretation auf geschichtlicher Grundlage. Diss. Köln 1957.
Manfred Windfuhr: Immermanns erzählerisches Werk. Zur Situation des Romans in der Restaurationszeit. Gießen 1957.
Jost Hermand: Die literarische Formenwelt des Biedermeiers. Gießen 1958.
Theo Zindler: Die Entwicklung im lyrischen Stil Lenaus. Diss. [Masch.] Marburg 1959.
Anne Ruth Strauß: Mörikes Gelegenheitslyrik. Diss. [Masch.] Marburg 1960.
Günter Adam: Die vaterländische Lyrik der Befreiungskriege. Studie zur Tendenzdichtung. Diss. [Masch.] Marburg 1962.
Jürgen Heinichen: Das späte Novellenwerk Ludwig Tiecks. Diss. Heidelberg 1963.
Eva Becker: Der deutsche Roman um 1780. Stuttgart 1964.
Marie Luise Gansberg: Der Prosa-Wortschatz des deutschen Realismus. Unter besonderer Berücksichtigung des vorausgehenden Sprachwandels 1835–1855. Bonn 1964.
Otto-Reinhard Dithmar: Deutsche Dramaturgie zwischen Hegel und Hettner um die Wende von 1840. Diss. Heidelberg 1965.
Ludwig Fertig: Der Adel im deutschen Roman des 18. und 19. Jahrhunderts. Diss. Heidelberg 1965.
Michael Kaiser: Literatursoziologische Studien zu Gottfried Kellers Dichtung. Bonn 1965.
Thomas Cramer: Das Groteske bei E. T. A. Hoffmann. München 1966.
Eberhard Seybold: Das Genrebild in der deutschen Literatur. Vom Sturm und Drang bis zum Realismus. Stuttgart u.a. 1967.
Günter Häntzschel: Tradition und Originalität. Allegorische Darstellung im Werk Annette von Droste-Hülshoffs. Stuttgart u.a. 1968.
Roger Paulin: Gryphius' »Cardenio und Celinde« und Arnims »Halle und Jerusalem«. Eine vergleichende Untersuchung. Tübingen 1968.
Werner Weiland: Der junge Friedrich Schlegel oder Die Revolution in der Frühromantik. Stuttgart u.a. 1968.

1073

Abb. 1: Verzeichnis in Friedrich Sengles *Biedermeierzeit*.[6]

Georg Jäger: Empfindsamkeit und Roman. Wortgeschichte, Theorie und Kritik im 18. und frühen 19. Jahrhundert. Stuttgart u.a. 1969.
Wolfgang Hegele: Grabbes Dramenform. München 1970.
Rolf Schröder: Novelle und Novellentheorie in der frühen Biedermeierzeit. Tübingen 1970.
Werner Hahl: Reflexion und Erzählung. Ein Problem der Romantheorie von der Spätaufklärung bis zum programmatischen Realismus. Stuttgart u.a. 1971.
Michael Meyer: Die Entstehung des historischen Romans in Deutschland und seine Stellung zwischen Geschichtsschreibung und Dichtung. Die Polemik um eine »Zwittergattung« (1785-1845). Diss. München 1972.
Herbert Neumaier: Der Konversationston in der frühen Biedermeierzeit 1815-1830. Diss. München 1972.
Hans Helfried Schmidt: Untersuchungen zum Stilideal des Lakonismus in der Biedermeierzeit 1830-1848. Thesis [Masch.] McGill Univ. Montreal, P.Q. 1972.
Helmuth Widhammer: Realismus und klassizistische Tradition. Zur Theorie der Literatur in Deutschland 1848-1860. Tübingen 1972.
Ulrich Eisenbeiß: Das Idyllische in der Novelle der Biedermeierzeit. Stuttgart u.a. 1973.
Rainer Klassen: Logik und Rhetorik der frühen deutschen Aufklärung. Diss. München 1973.
Ralf Stamm: Ludwig Tiecks späte Novellen. Grundlage und Technik des Wunderbaren. Stuttgart u.a. 1973.
Heidemarie Bade: Jean Pauls politische Schriften. Tübingen 1974.
Winfried Bauer: Jeremias Gotthelf. Ein Vertreter der geistlichen Restauration der Biedermeierzeit. Stuttgart u.a. 1975.
Hella Jäger: Naivität. Eine kritisch-utopische Kategorie in der bürgerlichen Literatur und Ästhetik des 18. Jahrhunderts. Kronberg/Ts. 1975.
Wolfgang Pross: Jean Pauls geschichtliche Stellung. Tübingen 1975.
Hubert Fritz: Die Erzählweise in den Romanen Charles Sealsfields und Jeremias Gotthelfs. Zur Rhetoriktradition im Biedermeier. Bern u.a. 1976.
Hans Göttler: Der Pfarrer im Werk Jeremias Gotthelfs. Ein Beitrag zur Stellung des Geistlichen in der Literatur der Biedermeierzeit. Diss. München 1978.
Günther Hirschmann: Kulturkampf im historischen Roman der Gründerzeit 1859–1878, München 1978.
Inge Graichen: Der frühe Gottfried Keller. Menschenbild und poetische Konzeption. Frankfurt/M. 1979.
Franz Schüppen: Studien zum literarhistorischen Ort des Autors Sealsfield-Postl (demnächst).
Hans-Joachim Simm: Abstraktion und Dichtung. Zur erkenntnistheoretischen und geschichtsphilosophischen Deutung der Poesie von der Aufklärung bis zum bürgerlichen Realismus (demnächst).
Gerhard Hämmerling: Die idyllische Dichtung zwischen Geßner und Voß. Studien zu einer Theorie, Kritik und allgemeinen historischen Bedeutung (demnächst).

Auffällig ist, dass der größte Teil der Dissertationen, die in der Dekade zwischen 1952 und 1962 abgeschlossen werden, nicht im Druck erscheinen: Von 15 Dissertationen werden 12 nicht publiziert. Von den in der Folgezeit abgeschlossenen Dissertationen werden dagegen fast alle gedruckt: Von 33 Dissertationen erscheint nur eine nicht (es handelt sich um eine in Kanada eingereichte Arbeit). Wie erwähnt, etabliert sich die Veröffentlichung der Dissertation in den 1960er Jahren erst langsam als Standard, sobald sich dies für Verlage wegen staatlicher »Druckkostenzuschüsse« zu rentieren beginnt.[7]

Ganz anders verfährt Sengle mit den vielen »ungedruckten Magister- und Staatsexamensarbeiten, denen [er] Dank schulde«; diese werden nicht in das Verzeichnis aufgenommen, sondern lediglich im Anmerkungsapparat der *Biedermeierzeit*-Bände aufgeführt.[8] Blättert man durch die Quellenangaben im Anmerkungsapparat der ersten beiden Bände, stößt man auf Nennungen von etwa 35 ungedruckten Arbeiten, wobei die Autorinnen und Autoren sowie Titel der Abschlussarbeiten nur selten vollständig aufgeführt und die Seitenzahlen der Bezugsstellen nicht angegeben werden – was einerseits einer weniger strikt formalisierten zeitgenössischen Zitationspraxis geschuldet zu sein scheint, die sich auch an anderen Stellen der *Biedermeierzeit* beobachten lässt, und andererseits dem Sachverhalt, dass die ungedruckten Abschlussarbeiten für die akademische Leserinnen- und Leserschaft der *Biedermeierzeit* ohnehin nicht auffindbar sein dürften. Nimmt man die Art, wie Sengle auf einzelne Abschlussarbeiten verweist, genauer in den Blick, verdichtet sich der Eindruck, dass Sengle großzügig verfährt. Ungedruckte Abschlussarbeiten werden auch dort angeführt, wo deren Nennung aufgrund des hohen Allgemeinheitsgrads der Beobachtungen oder des bloßen Sammlungscharakters von Textbeispielen im Rahmen des zeitgenössischen Normgefüges wohl nicht notwendig gewesen wäre. Entnimmt Sengle etwa einige Beispielstellen für Heines Witz aus einer Staatsexamensarbeit, so wird dies auch in den Endnoten vermerkt: »Dies und die meisten folgenden Beispiele nach einer ungedruckten Magister-Arbeit von Brunhild *Ratzow*, Die Witzmetapher bei Heinrich Heine.«[9]

Die Reverenz kann aber auch in die gegenläufige Richtung erfolgen. Jedenfalls finden sich Danksagungen der Schülerinnen und Schüler in den von Sengle betreuten Hochschulschriften [→ Kap. 4]. Zunächst ist auffällig, dass ein höherer Anteil der Dissertationen keine Danksagung enthält: eine deutliche Abweichung von der heutigen Danksagungspraxis.[10] Diejenigen Dissertationen, die Dank an Sengle enthalten, bedanken sich häufig für seine Rolle als Anreger.[11] Während Sengle also in seiner Danksagungspraxis für materiale Zuarbeit dankt, wird er in den Danksagungen seiner Schülerinnen und Schüler zum Anreger, der die entscheidenden konzeptuellen Impulse für die Arbeiten gegeben habe. In der Danksagungspraxis kommen somit implizite Kontraste zwischen Arbeit und Zuarbeit, zwischen Anregen und Ausführen zur Geltung [→ Kap. 4].

Die von Sengle betreuten Dissertationen, die fast alle seine Arbeiten zitieren,[12] werden in den Besprechungen des Fachorgans *Germanistik* häufig mit Sengle in Verbindung gebracht (interessanterweise ist auch in den bibliografischen Angaben zu den Dissertationen, die Sengle für die *Biedermeierzeit* exzerpieren lässt, fast immer der Name der Dissertationsbetreuerinnen und -betreuer vermerkt).[13] Während im Rahmen der dreibändigen *Biedermeierzeit* die Mitarbeiterinnen und Mitarbeiter das Material und die Belege zuliefern, die Sengle dann literaturhistorisch synthetisiert, liefert die von Sengle betreute Dissertation von Herbert Neumaier aus der Perspektive eines Rezensenten nur das Material und die Belege für die vom Meister bereits geschilderten »größere[n] Zusammenhänge« nach.[14]

Sengle vermag also die Zuarbeiten in sein ›Lebenswerk‹ zu integrieren, die konkret auf die Realisierung seiner *Biedermeierzeit*-Bücher ausgerichtet sind; zudem werden die von seinen Mitarbeiterinnen und Mitarbeitern sowie Studierenden eigenständig, wenn auch zum Teil unter seiner Anleitung erarbeiteten Studien als Bausteine des großen *Biedermeierzeit*-Projekts der »Sengle-Schule« wahrgenommen.[15] Sengle macht auf diese Weise einerseits die Kollektivarbeit seiner Mitarbeiterinnen und Mitarbeiter in seinem dreibändigen Werk zu seiner individuellen Leistung; andererseits verbindet er die mehr oder weniger eigenständigen Forschungsbeiträge seiner Mitarbeiterinnen und Mitarbeiter unauflöslich mit seinem Namen, sodass sie Beiträge seines werkübergreifenden Kollektivprojekts *Biedermeierzeit*, mithin Teile des übergreifenden germanistischen Forschungsprogramms einer ›Sengle-Schule‹ werden.

Es entspricht durchaus der damaligen Praxis, die Aktivitäten an einem Lehrstuhl langfristig an bestimmten Themenfeldern auszurichten. In welchem Umfang die Forschungsbeiträge der Mitarbeiterinnen und Mitarbeiter von Sengle an dem Projektzusammenhang *Biedermeierzeit* orientiert sind, lässt sich etwa den Themenlisten der Oberseminare entnehmen. So betreut Sengle im Wintersemester 1970/71 in seinem Oberseminar mehr als 50 Abschlussarbeiten und Dissertationen, von denen eine gute Hälfte den Themenkreis seiner *Biedermeierzeit* betreffen.[16] Dieser Zusammenhang ist seinen Mitarbeiterinnen und Mitarbeitern nicht entgangen. Im Oktober 1970 schreibt Günter Häntzschel an Sengle: »Mir ist [...] einmal mehr Ihr großes organisatorisches und systematisches Talent aufgefallen, in der Art, wie sinnvoll Sie Magister-, Staatsexamens- und Doktorarbeiten vergeben und diese dann zu beiderseitigem Gewinn ausnützen.«[17] Die briefliche Beobachtung, dass Sengle die Arbeiten des akademischen Nachwuchses »zu beiderseitigem Gewinn aus[zu] nützen« wisse, ist als Kompliment gemeint.

Die »manchmal sehr eng[e]« Orientierung auch der Dissertationsthemen an dem Forschungsprogramm Sengles stößt auf unterschiedliche Resonanz. Manche Promovendinnen und Promovenden signalisieren Freude darüber, dass ihre Dissertation im Rahmen des übergreifenden *Biedermeierzeit*-Projekts einen Ort hat und dass sie dann auch in den *Biedermeierzeit*-Bänden an der entsprechenden Stelle genannt werden. So schreibt der bereits genannte Herbert Neumaier in einem Brief an Sengle: »Besonders freundlich finde ich es, daß Sie meine Arbeit nach der Ankündigung im ersten Band der ›Biedermeierzeit‹ auch im dritten Band erwähnen werden.«[18] Andere Promovendinnen und Promovenden wie Jost Hermand, der bei Sengle in den 1950er Jahren eine Dissertation über *Die literarische Formenwelt des Biedermeiers* geschrieben hatte,[19] lassen später verlauten, sie seien zu dieser Themenwahl gezwungen worden.[20] Der Druck bei der thematischen Schwerpunktsetzung sei politisch-ideologisch motiviert gewesen. An dieser Stelle spielen die arbeitspragmatischen, vielleicht auch ausbildungspragmatischen Gründe keine Rolle, die Sengle dazu bewogen haben mögen, die thematische Ausrichtung der betreuten Dissertationen im Sinn seines literaturhistorischen Großvorhabens zu beeinflussen. An anderer Stelle hebt Hermand diese Dimension allerdings hervor:

> Bereits in den frühen fünfziger Jahren scharte Sengle als frischgebackener Ordinarius an der Marburger Universität einen Schülerkreis um sich, den er schon damals im Hinblick auf sein erst viel später abgeschlossenes Bie-

dermeierbuch fast ausschließlich für Dissertationsthemen zu interessierten [sic] versuchte, die seinem eigenen Forschungsvorhaben zugute kommen würden.[21]

Nicht näher ausgeführt wird zudem, welche Rolle das akademische Verhältnis von ›Lehrer‹ und ›Schülerin‹ respektive ›Schüler‹, das Hermand hier selbst als das leitende akademische Beziehungsmodell entwirft, für die Auswahl von Arbeitsthemen hatte. Was bedeutet es für die individuelle Themenwahl und für die thematische Schwerpunktbildung der eigenen Forscherinnen- und Forscherlaufbahn, eine ›Schülerin‹ beziehungsweise ein ›Schüler‹ Sengles zu sein?[22] Und wie manifestiert sich die Schülerinnen- und Schülerschaft in Publikationen?[23] Vor allem aber: In welcher Weise ist die Schülerschaft an das Organisationsmodell des Lehrstuhls geknüpft?

Noch zwölf Jahre nach der Publikation seiner Dissertation und ein Jahr vor der Veröffentlichung des ersten Bandes der *Biedermeierzeit* bezeichnet sich Hermand in der von ihm und Manfred Windfuhr gemeinsam herausgegebenen Festschrift zum 60. Geburtstag Sengles ausdrücklich als dessen »Schüler[ ]«.[24] Das Vorwort der beiden Herausgeber artikuliert auf fast gequälte Weise die spannungsvolle Lehrer-Schüler-Konstellation, die Hermand auch an anderer Stelle charakterisiert.[25] Das fängt schon bei der Frage an, ob es sich um eine »Festschrift« handeln dürfe. Der Jubilar habe sich nämlich gegen eine Festschrift »gesträubt« und auch die Herausgeber halten die Festschrift für ein unzeitgemäßes Publikationsformat, von dem unbedingt »Abstand genommen werden« solle, weshalb sie das Wort »Festschrift« zunächst in distanzierende einfache Anführungszeichen setzen. Und doch gehen die Anführungszeichen in der Folge wieder verloren, wenn die Herausgeber nach ihrer rhetorischen Distanzierungsakrobatik eröffnen, dass sie sich trotz allem »entschlossen haben, [...] eine Festschrift« zu veröffentlichen. Schon hier lässt sich also das merkwürdige rhetorische Ritual beobachten, das uns auch heute noch wohlbekannt ist: unverkennbare Festschriften, die rundheraus behaupten, recht eigentlich keine sein zu wollen; aufwendig hergestellte Publikationen, gegen die sich alle gesträubt haben. Die Kritik der Festschrift wird 1970 aber noch mit einer politischen Semantik verknüpft: Typischerweise sei die Festschrift die »letzte Bekrönung« nach einer erfolgreichen »Herrscherlaufbahn«; der professorale Potentat fordere von den Schülerinnen und Schülern einen letzten »Tribut«, nämlich die seinem »Personenkult[]« förderliche publizistische »Ehrung«.[26] Der typische Festschriftenempfänger wird damit von den Herausgebern mit einer diffusen Ironie zum autoritären Wissenschaftsregenten erklärt.

Stärker noch als ein »Gefühl des Dankes«, dem Hermand und Windfuhr in ihrem Vorwort Ausdruck verleihen, ist ein Gefühl der Abhängigkeit spürbar, das sich selbst durch Kritik nicht ausräumen lässt: Denn die Beiträgerinnen und Beiträger des Bandes haben sich »alle einmal mit irgendwelchen Aspekten der Restaurationsepoche von 1815 bis 1848 beschäftigt [...], deren Erforschung zu den Hauptanliegen Friedrich Sengles gehört«. Der Meister hat sein »Hauptanliegen« zu demjenigen seiner Schülerinnen und Schüler gemacht. Die Tatsache, dass die ›Schülerinnen‹ und ›Schüler‹ in der Festschrift ihren ›Lehrer‹ kritisieren, ändert nichts daran, dass sie sich weiterhin an den konzeptuellen Grundlagen und historischen Gegenstandsbereichen ihres ›Lehrers‹ abarbeiten. Selbst die nachdrücklichsten Abgrenzungsgesten in den Festschriftbeiträgen sind mit Abhängigkeitsmarkierungen versehen. So hebt Hermand Einwände gegen Sengles Epochenkonzeption hervor, betont aber auch, dass er eine »unter seinem Einfluß stehende Dissertation« geschrieben habe.[27] Windfuhr formuliert zwar eine »Gegenthese« zu Sengle, weist aber darauf hin, dass seine Position »auch im Widerspruch noch auf Sengle zurückgeht«.[28]

Die Herausgeber der Festschrift versuchen das spannungsreiche Verhältnis von ›Schülern‹ und ›Lehrer‹, an dem sie selbst teilhaben, als »generations- und positionsbedingte Abweichungen«[29] zu deuten, als Unterschied also in biografischem Alter und politischer Anschauung. Sie gebrauchen damit ein Deutungsmodell, das Sengle selbst immer wieder bemüht hat – beispielsweise auch dort, wo er in seiner Auseinandersetzung mit Hermand im ersten Band der *Biedermeierzeit* seinen Schüler als »den jungen Verfasser« oder als einen der »Jüngeren« tituliert.[30] Auch in späteren Schriften weist er darauf hin, seine Schriften seien von einem »junge[n] Rezensent[en]« missverstanden worden, nicht aber von seinen »Altersgenossen«.[31] Das asymmetrische akademische Beziehungsmodell von ›Lehrer‹ und ›Schülerin‹ beziehungsweise ›Schüler‹ wird damit von beiden Parteien als mehr oder weniger politisierter Generationenkonflikt gedeutet,[32] nicht aber als eine Konstellation, die primär mit der Strukturierung akademischer Zusammenarbeit an der deutschen Universität oder den organisatorischen Erfordernissen der Realisierung eines literaturhistorischen Großprojekts in einem gegebenen akademischen Arbeitszusammenhang zu tun hat.

22. Dienste versehen

Der Arbeitszusammenhang, in dem die *Biedermeierzeit* kollaborativ produziert wird, ist der Lehrstuhl von Friedrich Sengle. Das Assistenzpersonal ist in den 1970er Jahren der Leiterin beziehungsweise dem Leiter eines Lehrstuhls persönlich zugeordnet, was, wie eine kritische Studie von 1972 hervorhebt, die Aneignung der Arbeit der Assistentinnen und Assistenten durch die Lehrstuhlinhaberin beziehungsweise den Lehrstuhlinhaber grundsätzlich erleichtert.[1] Der Lehrstuhl ist dabei eine unter Legitimationsdruck stehende akademische Organisationseinheit mit weitgehenden Rechten der Inhaberin beziehungsweise des Inhabers. Zugleich handelt es sich um ein akademisches Beziehungsmodell, in dem das Assistenzpersonal nicht nur an den Forschungsprojekten der Lehrstuhlinhaberin beziehungsweise des Lehrstuhlinhabers mitarbeitet (und diese Person in Lehre und Administration unterstützt), sondern auch in einem festen und langfristigen Ausbildungsverhältnis und/oder Förderungsverhältnis zu ihr steht. Die Aktivitäten des Assistenzpersonals am Lehrstuhl sind, wenn man die Semantik der Akteure übernimmt, letztlich in ein Verhältnis von ›Meister‹ und ›Schüler‹ eingespannt und Teil einer gestuften akademischen Laufbahn, deren Erfolg auf die tatkräftige Förderbereitschaft des ›Meisters‹ angewiesen bleibt.

Manche sahen in den an Lehrstühlen verbreiteten Beziehungsformen aber weniger Verhältnisse von ›Meister‹ und ›Schüler‹ als von ›Herr‹ und ›Knecht‹ realisiert. Zweifellos nahm das Verhältnis gelegentlich eher Züge eines »strenge[n] Herr-Knecht-Verhältnis[ses]« an, wie der Sozialphilosoph Oskar Negt rückblickend formuliert,[2] möglicherweise auch mit Blick auf die damaligen Bemühungen um eine »Drehung von Herr/Knecht-Verhältnissen« an der Universität.[3] Die Kritik an einer mit dem ›knechtischen‹ Status der Assistenz verknüpften Asymmetrie der akademischen Anerkennungsverhältnisse führt innerhalb des Hochschulwesens im Laufe der 1960er Jahre zu einer Reflexion über die Organisationspraktiken universitärer Arbeit und zu umfassenden Reformbemühungen – auch in München und Berlin. An der Freien Universität Berlin setzt sich Szondi intensiv mit den Initiativen des ›Mittelbaus‹ auseinander, den Status der Assistentinnen und Assistenten zu verbessern.[4] Diese fordern eine Anstellung durch die Institute und nicht durch die Lehrstühle, um die Abhängigkeit von den Ordinariaten zu verringern. Das Verhältnis von akademischer Selbstqualifikation (Habilitation) und Dienstleitungen (Mitarbeit in Lehre, Beratung, Prüfung, Verwaltung) soll zugunsten der Selbstqualifikation neu austariert werden, weil die meisten Assistentinnen und Assistenten aufgrund der Mehrfachbelastungen nicht zum Forschen kommen. Überhaupt sollen das Assistenzpersonal sowie die akademischen Rätinnen und akademischen Räte all die Aufgaben in Lehre, Beratung, Prüfung und Verwaltung offen und offiziell ausüben dürfen, die sie bereits faktisch, aber gleichsam informell und klandestin für die Professorinnen und Professoren übernehmen – es war auch andernorts nicht unüblich, dass die Assistentinnen und Assistenten Seminare im Namen der Lehrstuhlinhaberin beziehungsweise des Lehrstuhlinhabers anboten.[5] Als etwa Szondi am 8. April 1969 um Beurlaubung für eine Gastprofessur an der Yale University bittet, versichert er, dass »die Vollständigkeit der Lehrveranstaltungen [...] durch Nachholung beziehungsweise Vertretung durch Assistenten gewährleistet sein« werde.[6] Ähnlich erklärt er bei Antrag auf ein »Forschungssemester« im Wintersemester 1971/72, dass »die Vollständigkeit der Lehrveranstaltungen [...] gewährleistet« sei, »da am Seminar im Wintersemester 1971/72 voraussichtlich ein Assistenzprofessor und drei promovierte Assistenten ganz, ein Hochschullehrer (Prof. Goebel) teilweise tätig sein werden«.[7]

Die Assistenten und akademischen Räte des Germanischen Seminars der Freien Universität Berlin stellen ihre Situation in einem »Diskussionsbeitrag« anschaulich dar: Im Zuge des »allgemeinen Funktionszuwachs[es] der Universität« lasteten in den Bereichen der Lehre, Beratung, Prüfung und Verwaltung »auf dem Ordinarius eine in den beiden letzten Jahrzehnten vervielfachte Menge von Aufgaben«; der Anstieg der Aufgabenlast für Lehrstühle wirke »sich auch auf die Assistenten aus, die verstärkt zur Unterstützung und Entlastung herangezogen werden müssen«.[8] Die Mitarbeiter im ›Mittelbau‹ wirken »mit bei der Vorbereitung von Haupt- und Oberseminaren und nehmen an ihnen mitverantwortlich teil. Sie übernehmen weitgehend Beratung, Korrektur, Besprechung und Bewertung von Seminararbeiten und -klausuren«. Weiterhin würden den Räten und Assistenten »die Vorbereitung, Durchführung und Auswertung der Klausuren der Hauptseminarprüfungen [...] fast ausschließlich übertragen; an der Vorbereitung und Abhaltung der Colloquien ist jeweils ein Nicht-Habilitierter, d.h. ein Assistent und akademischer Rat, beteiligt«.[9] Auch würde der Mittelbau regelmäßig »bei der Durchsicht von Staatsexamensklausuren, bei der Durchsicht von Staats-, Magister-und Doktorarbeiten« herangezogen.[10] Und das ist lange noch nicht alles:

> Dem Oberassistenten obliegt die Verwaltung und Organisation des Etats, die Koordinierung sämtlicher Lehrveranstaltungen und seminaristischen Beratungen, wie überhaupt die gesamte technische Organisation des Seminars.
>
> Die Assistenten und akademischen Räte besorgen die obligatorische allgemeine Studienberatung; für die Betreuung der Tutoren und Tutorengruppen ist ein akademischer Rat verantwortlich. Die Leitung und den Ausbau der Bibliothek besorgen ein Assistent und ein akademischer Rat.[11]

Die gesamte informelle Organisation entspreche nicht den gesetzlichen Vorgaben und trage auch nicht der Tatsache Rechnung, dass es sich bei den Assistentinnen und Assistenten um eigenständige Akademikerinnen und Akademiker handle: »Die erhöhte Selbstständigkeit und Eigenverantwortlichkeit der Assistenten sind institutionell und im Bewusstsein der Beteiligten nicht hinreichend berücksichtigt.«[12] Gegen diesen Zustand einer Dauerdelegation der Aufgaben in Lehre, Beratung, Prüfung und Verwaltung an die Assistentinnen und Assistenten lasse sich aufgrund der institutionalisierten Abhängigkeitsbeziehungen aber kaum vorgehen.

Zu der Mehrfachbelastung der Assistentinnen und Assistenten, die die Lehrstuhlinhaberin beziehungsweise den Lehrstuhlinhaber tagtäglich in Lehre, Beratung, Prüfung und Verwaltung unterstützen, kommt noch die bereits geschilderte Mitarbeit der Assistentinnen und Assistenten im Bereich der Forschungsaktivitäten der Ordinarien. Es verwundert angesichts des vielfachen Engagements des Mittelbaus im akademischen Alltagsbetrieb allerdings nicht, dass die Ressourcen für forschungsunterstützende Mitarbeit zuweilen begrenzt gewesen sein dürften. Sengle bemüht sich deshalb schon früh um die Akquise weiterer Mitarbeiterinnen und Mitarbeiter, die sich ganz auf die Zuarbeit zur *Biedermeierzeit* konzentrieren können. Seine umfassende Korrespondenz mit der Deutschen Forschungsgemeinschaft legt Zeugnis davon ab, wie er die Fertigstellung der *Biedermeierzeit* in den universitären Arbeitszusammenhang seines Lehrstuhls zu integrieren versucht. Die erste Antragstellung bei der Deutschen Forschungsgemeinschaft für eine Hilfskraftstelle, die Sengle bei der Erarbeitung der *Biedermeierzeit* unterstützen soll, stammt vom Frühjahr 1956 (die erste Person auf dieser Stelle ist Rolf Schröder). Es folgen dann in regelmäßigen Abständen Verlängerungsanträge, in denen immer auch der Fortgang der Arbeit an der *Biedermeierzeit* dokumentiert und die Formen und Funktionen von kollaborativen Arbeitsweisen reflektiert werden. Zusätzlich zu der Hilfskraftstelle beantragt Sengle zeitweise eine wissenschaftliche Mitarbeiterstelle oder eine weitere Hilfskraftstelle. Die letzte Bewilligung der Deutschen Forschungsgemeinschaft erfolgt im Herbst 1977, mehr als zwei Jahrzehnte nach dem ersten Antrag.

Es überrascht nicht, dass Sengle in seinen Schreiben an die Deutsche Forschungsgemeinschaft die Semantik des Materials bedient, die wir bereits an anderer Stelle diskutiert haben [→ Kap. 4]: Sengle sei auf »die Mitarbeit [s]einer Schüler« angewiesen;[13] es gebe nämlich »viel Material«, das er »allein in [s]einer gegenwärtigen Lage nicht aufarbeiten« könne.[14] Es bedürfe einer »in der Peripherie [s]eines Materials mitarbeitende[n] Forschungshilfskraft«.[15] Sengle hebt aber von Anfang an ausdrücklich hervor, dass eine derartige »fremde Hilfe« nur für bestimmte Gegenstände in Frage komme:

> Schliesslich ein Wort zu der allgemeinen, verständlicherweise umstrittenen Frage, ob bei derartigen geisteswissenschaftlichen Arbeiten fremde Hilfe überhaupt möglich und sinnvoll ist. Ich muss gestehen, dass ich zunächst selbst Bedenken hatte. Aber ich erlebte eine angenehme Überraschung. Der Forscher muss natürlich bereits ein ungefähres Bild von dem Gegenstande haben, ehe er eine Hilfskraft ansetzen kann. Wenn er z. B. den Briefwechsel oder das Tagebuch eines Dichters durcharbeiten lässt, so muss er sagen können, über welche bestimmten Fragen er Aufklärung wünscht. Verfährt er so, dann kann ihm eine Hilfskraft sehr viel Zeit sparen. Immer wieder konnte ich feststellen, dass das Vermutete tatsächlich zu finden war, – Belege, die in der Sekundärliteratur nicht auftauchten. Die Hilfskraft ermöglicht also einen engeren Kontakt mit Quellen zweiter Ordnung, zu deren Lektüre man bei einer so weitgespannten Arbeit sonst nicht so leicht kommt. Bei den Quellen erster Ordnung (Dichtungen) wird die Mitarbeit natürlich auf das Trivialschrifttum beschränkt bleiben: Ergänzung von Teillektüre auf dem Gebiet des Romans usw. Dagegen ist die Anfertigung von Exzerpten der wissenschaftlichen Literatur, besonders der Dissertationen,

sehr nützlich. [...] Ich kann nur sagen, dass mir das – an sich nicht ungefährliche – Experiment geglückt erscheint und dass der Ausfall meines Mitarbeiters einen schweren Schlag für mich bedeuten würde [...].[16]

Sehr deutlich wird betont, welche Aufgaben delegiert werden können: Sowohl die Lektüre der Forschungsliteratur als auch die Auswertung von historischen Egodokumenten (Briefe und Tagebücher) kann durch eine »fremde Hilfe« vorgenommen werden. Nur im Rückgriff auf »begabte Hilfskräfte« bestehe die Chance, den Forschungsstand zu überblicken:

Die Arbeiten, die man [...] an begabte Hilfskräfte übertragen kann, sind größer als konservative Kollegen zugeben und überdies notwendig; denn wie soll man sonst an die unerschöpfliche Dissertationsliteratur herankommen [...].[17]

Sengle berichtet, dass er über die Jahre »im Ausbilden und Ansetzen von Hilfskräften eine lange Erfahrung« akkumuliert habe[18] und von diesen regelmäßig »Exzerpte und Beurteilungen von Neuerscheinungen« erwarte.[19] Selbst im Bereich der ›Primärliteratur‹ ist für ihn eine Delegation von Lektüre denkbar; jedenfalls dort, wo der Philologe sich vom Imperativ der integralen Lektüre entbunden sieht – im Bereich der Trivialliteratur nämlich. Sengle geht also von der Gegenstandsspezifik verschiedener Lektüreverfahren aus [→ Kap. 20]: Bei Trivialliteratur kommt es eher darauf an, eine große Menge von literarischen Werken möglichst schnell zu lesen, um literarische und kulturelle Muster zu erkennen; nicht so aber bei ›großen‹ kanonischen Werken, deren ›Individualität‹ vorausgesetzt wird. Ebenso deutlich wird aber eine methodische Problematik: Die delegierte Lektüre ist eine angeleitete Lektüre, die sich an der Bestätigung von Hypothesen durch das Beibringen von Belegstellen orientiert (»das Vermutete tatsächlich zu finden«); die delegierte Lektüre gleicht damit einem entproblematisierten Suchauftrag, der für Irritationen, die jenseits des formulierten Arbeitsauftrags liegen, relativ unsensibel bleiben dürfte.

Sengle möchte derartige wissenschaftliche Dienstleitungen schon Anfang der 1960er Jahre mit der akademischen Nachwuchsförderung verknüpfen, wenn er die Deutsche Forschungsgemeinschaft darum bittet, ihm nicht mehr eine studentische Hilfskraft, sondern eine wissenschaftliche Mitarbeiterin beziehungsweise einen wissenschaftlichen Mitarbeiter zur Seite zu stellen:

Auf diese Weise könnte ich den jungen Doktor [...] als Hilfe behalten und ihn gleichzeitig weiterentwickeln. Er hätte in den wichtigsten Forschungszeiten unter meinen genauen Anweisungen zu arbeiten, im übrigen könnte er sich breiter in mein Spezialgebiet (Biedermeierzeit) einarbeiten, was z. B. durch ein Zeitschriftenreferat über die neuerschienene Literatur nachzuweisen wäre; und daraus könnte sich dann später wieder die selbständige Forschung eines Nachwuchsmannes ergeben. So käme eine [...] organische Verbindung von wissenschaftlicher Dienstleistung und selbständiger Arbeit zustande.[20]

In den Folgejahren berichtet Sengle, dass er bei der Besetzung der Forschungsassistenz über einen längeren Zeitraum mit unterschiedlichen Statusgruppen experimentiert habe. Die Stelle sei mit Studierenden, mit Promovierenden und mit Habilitierenden besetzt worden. Am besten seien Promovierende für derartige Stellen geeignet gewesen: Erstens, weil »der fortgeschrittene, gut gestellte Doktorand [...] sich dem Semesterrhythmus am besten anpassen« könne,[21] was darauf hindeutet, wie wichtig für akademische Praktiken die »Unterscheidung von ›Vorlesungszeit‹ und ›vorlesungsfreier Zeit‹ [ist], mit der sich die Priorisierungen zwischen Lese- und anderen Arbeiten immer wieder verschieben«.[22] Und zweitens eigne sich die Promovendin beziehungsweise der Promovend, weil er sich, »wenn er wissenschaftlich wirklich interessiert ist, nicht ausgenützt sondern begünstigt« fühle.[23] Was sind die Voraussetzungen dafür, dass sich eine »fremde Hilfe« als von der Vorgesetzten beziehungsweise von dem Vorgesetzten »begünstigt« fühlt? Auch hier spielt die Aussicht auf akademische Förderung eine wichtige Rolle, wie Sengle selbst betont: Sobald sich der Zusammenhang von wissenschaftlichen Dienstleistungen und akademischer Nachwuchsförderung auflöst, weil er als »angehende[r] Emeritus [...] keinem Studenten mehr eine wissenschaftliche Karriere eröffnen« kann, fällt es nämlich zunehmend schwer, für das eigene Projekt »Spitzenkräfte zu gewinnen«; der »finanzielle[] Anreiz« wird deshalb nun »besonders wichtig«.[24]

In den 1960er Jahren wird aber nicht nur intensiv über die Formen des Zusammenarbeitens nachgedacht, die an Lehrstühlen angesiedelt sind. Es lässt sich darüber hinaus eine vielgestaltige Suchbewegung nach alternativen Institutionalisierungsformen des geisteswissenschaftlichen Zusammenarbeitens ›auf Augenhöhe‹, das heißt zwischen Professorinnen beziehungsweise Professoren beobachten. Ein Beispiel dafür ist die sogenannte »Tafelrunde« um Richard Alewyn.[25] Alewyn geht es ausweislich eines Rundschreibens um die Etablierung eines eigenständigen Gesprächsforums neben dem universitären Lehrstuhlbetrieb.[26] Peter Szondi, der einige seiner wichtigsten Aufsätze im von Alewyn herausgegebenen *Euphorion* publiziert,[27] zeigt Interesse an der »Tafelrunde« und vergleicht im Briefverkehr mit Alewyn das Soziabilitätsmodell der »Tafelrunde« mit dem Modell von *Poetik und Hermeneutik*.[28] Auch gibt er deutlich zu erkennen, dass er, wie auch Alewyn, an einer allgemeineren Reflexion über die »sinnvollste Kommunikationsform« interessiert ist.[29] Wie bereits im Bereich der akademischen Lehre lässt sich auch hier ein großes Interesse Szondis beobachten, die herkömmlichen akademischen Kommunikationspraktiken durch neue zu ersetzen oder doch wenigstens zu ergänzen [→ Kap. 26]. Bei all diesen kollegialen Kollaborationsformen handelt es sich aus der Perspektive der Beteiligten allerdings um institutionelle Komplementärformen, die das herkömmliche Lehrstuhlwesen nicht ersetzen, sondern erweitern sollen.

Etwas anders ist die ebenfalls in den 1960er Jahren inaugurierte Forschungsgruppe *Poetik und Hermeneutik* ausgerichtet [→ Kap. 28], die von Szondi als eine »kritische[] Gegengründung zu den Mammut-Kongressen« verstanden wurde.[30] Eine ›Gruppe‹ ist *Poetik und Hermeneutik* nämlich insofern, als die Kolloquien und die umfangreichen Sammelpublikationen in der Außendarstellung als Ergebnisse einer anspruchsvollen fachübergreifenden Gruppenarbeit präsentiert werden – tatsächlich stand diese Außendarstellung, wie jüngere archivbasierte Forschung gezeigt hat, häufig in einer gewissen Spannung zur faktischen Arbeitspraxis,[31] und dies gilt auch für das Versprechen großer interdisziplinärer Zusammenarbeit.[32] In einem Gutachten schreibt Friedrich Sengle der Forschungsgruppe *Poetik und Hermeneutik* aber bereits 1968 einen »Modellcharakter« zu und hebt hervor, dass sich in den Geisteswissenschaften bald »nach diesem Muster weitere Gruppen bilden könnten«.[33] Angesichts des von ihm genau beobachteten Aufkommens von neuen Formaten gruppenförmiger Forschung in den Geisteswissenschaften räumt er 1969 in seiner Korrespondenz mit der Deutschen Forschungsgemeinschaft über den Fortgang der *Biedermeierzeit* dann auch ein, man werde ihm »vielleicht den Vorwurf machen, daß [er] ein so umfassendes Werk allein, statt in der Gruppenarbeit« unternommen habe; er weist den antizipierten Einwand aber mit dem Hinweis zurück, dass »Gruppenarbeit in positivistischem Sinne günstig« sein möge, aber dort unweigerlich fehlgehe, wo »keine vorgegebenen, sondern der Sache möglichst angemessenen Grundkonzeptionen bis in die Details durchgeführt werden« müssten.[34] Wie Sengles Einlassungen zeigen, ist ihm klar, dass mit der ›Gruppe‹ eine neue Organisationsform der akademischen Arbeitspraxis in den Geisteswissenschaften an Attraktivität gewinnt, doch hält er die *Biedermeierzeit* nicht zuletzt aufgrund ihres programmatischen und synthetischen Anspruchs für nicht gruppentauglich.

23. Arbeiten in Teams und Gruppen

In den 1960er Jahren gibt es anspruchsvolle Versuche, die kollaborative Dimension wissenschaftlicher Arbeit jenseits von tradierten Lehrstuhlusancen zu theoretisieren. Die reflexive Aufmerksamkeit gilt dabei aber nicht den bereits etablierten Formen des Zusammenarbeitens an Lehrstühlen oder Seminaren, sondern alternativen Formen der akademischen Zusammenarbeit, die als innovativ und vielversprechend wahrgenommen werden; an erster Stelle die »Gruppe« beziehungsweise das »Team«.[1] Die wissenschaftliche »Team-Arbeit« wird als ein neues soziales Phänomen charakterisiert, das nach einer eigenen »Team-Theorie« rufe.[2] Die Soziologen Hans Paul Bahrdt, Helmut Krauch und Horst Rittel operieren dabei mit der etablierten Entgegensetzung von traditioneller akademischer »Einzelarbeit« und neuer »Gruppenarbeit«. Aus dieser Perspektive wird das »Team« beziehungsweise das »Kooperativ« gegen die herkömmliche »Ein-Mann-Forschung« ins Spiel gebracht,[3] das heißt gegen den Professor, der »im Alleingang forscht«.[4] Die drei Soziologen sehen indessen klar, dass selbst die in »Teams«, »Gruppen« oder »Kooperativen« institutionalisierte kollaborative Forschungsaktivität immer mit einer Forschungspraxis einhergeht, in der längere Arbeitsphasen aus wissenschaftlicher Einzelaktivität bestehen.[5]

Nachdrücklich wird von ihnen der projektförmige Charakter des »Teams« hervorgehoben: Die »Teambildung« sei lediglich eine »Zweckbindung auf Zeit« und »kein Lebensbund wie eine Ehe«.[6] Ihr könnten sich aber Hindernisse in den Weg stellen: Diejenigen, die nach einer »teamartige[n] Verfassung« projektförmig forschen wollten, seien meist in eine Lehrstuhlstruktur eingebunden, die von »autoritäre[n] […] Auffassung[en]« und »hierarchischen Abstufungen« geprägt sei.[7] Die akademische Organisationsform des Lehrstuhls kommt so in erster Linie als Innovationshindernis in den Blick: Das volle Innovationspotential des »Teams« könne nicht freigesetzt werden, weil das Team häufig aus der Professorin als »Meisterin« beziehungsweise dem Professor als »Meister« und den Assistentinnen und Assistenten als »Gesellinnen« und »Gesellen« zusammengesetzt sei.[8] Zwischen »Meisterin« beziehungsweise »Meister« und »Gesellinnen« und »Gesellen« bestehe nämlich in der herkömmlichen Lehrstuhlstruktur eine ebenso starke wie langfristige Abhängigkeitsbeziehung, die nicht projektförmig, das heißt gerade nicht als »zeitlich begrenzte« Teamaufgabe aufgefasst werden könne, sondern mutmaßlich eher »wie eine Ehe« funktioniere. Die drei Soziologen sehen also deutlich, dass die Praxisformationen ›Teamarbeit‹ und ›Lehrstuhlmitarbeit‹ schon im Hinblick auf die temporale Logik des Zusammenarbeitens stark divergieren. Im Gegensatz zur temporären Teamarbeit orientiert sich die Lehrstuhlmitarbeit an der gesamten akademischen Laufbahn der Beteiligten. Die Bindungen zwischen Professorin beziehungsweise Professor und Assistentin beziehungsweise Assistent sind aus der damaligen Perspektive »nahezu Lebensgemeinschaften«, auch weil die Personen auf Professuren letztlich »das Lebensschicksal der Assistenten in der Hand« hätten.[9]

Man kann diese kritische Perspektive teilen, ohne die scharfe Entgegensetzung zwischen vormodern-zunftmäßigem und pseudofeudal-autoritärem Lehrstuhlwesen einerseits und funktional-liberalem und modernisierungsfreundlich-zukunftsträchtigem »Team« beziehungsweise »Kooperativ« andererseits übernehmen zu müssen.[10] Derartige grundsätzliche Entgegensetzungen verstellen nämlich den Blick dafür, dass auch an den Lehrstühlen innerhalb und außerhalb der Geisteswissenschaften eine Vielzahl von kollaborativen Arbeitsformen gängig waren, die man allein mit den Mitteln einer »Team-Theorie« möglicherweise nicht so gut zu fassen bekommt wie mit den Instrumenten einer Theorie der *communities of practice*, die Kollaborationspraktiken in unterschiedlichen institutionellen Kontexten zu erfassen erlaubt und gerade auch für die Beobachtung nicht programmatischer und gering formalisierter Praktiken des Kollaborierens geeignet ist [→ Kap. 2]. Wir wissen gegenwärtig allerdings in der empirischen Breite noch zu wenig darüber, welche Formen der kollaborativen Arbeit an geisteswissenschaftlichen Lehrstühlen praktiziert wurden und werden. Es wäre wünschenswert, neben Lehrstuhl und »Team« beziehungsweise »Gruppe« auch andere Formen akademischer Arbeitsgruppen (darunter auch die von einflussreichen Fördergebern wie der Deutschen Forschungsgemeinschaft definierten Kollektivformate) vergleichend in den Blick zu nehmen, ohne bestimmten Formaten vorab den Ausweis eines Modernisierungsdefizits auszustellen.

Das *Biedermeierzeit*-Projekt Sengles vermag in Erinnerung zu rufen, dass die noch in jüngerer Zeit artikulierte Auffassung, Literaturwissenschaft sei letztlich schöngeistigen »Individualisten« vorbehalten, die »kollektive Arbeit« weiterhin »scheuen« und über keinen »›Teamgeist‹« verfügen, wiederum die vielfältigen Formen kollektiver Arbeit ausspart, die schon an germanistischen Lehrstühlen stattgefunden haben und weiterhin stattfinden.[11] Erst wenn man hierarchische Formate, die stark mit der Delegation von Aufgaben operieren, nicht rundheraus ausblendet, kommt etwa die Mitarbeit von studentischen und wissenschaftlichen Hilfskräften in den Blick, die auch heute noch gängig ist.[12] Auch Hilfskräfte können, wenn sie im Rahmen kollaborativer Forschungsprojekte Aufträge erledigen, wissenschaftliche Kompetenzen erwerben und einüben, »die für die eigene (akademische) Karriere von Bedeutung« sind. Werden Hilfskräfte mit forschungsnahen Aufgaben betraut, können sie nämlich »konkrete[] Einsicht in wissenschaftliches Arbeiten« erlangen. Auch bietet sich ihnen die »Möglichkeit der mimetischen Aneignung« der beobachteten Forschungspraxis.[13] Die Aneignung eines akademischen Habitus und die ersten Schritte einer akademischen Laufbahn finden durchaus in asymmetrischen Delegationsverhältnissen erfolgreich statt, wie die vielen Qualifikationsarbeiten der ›Schülerinnen‹ und ›Schüler‹ Sengles vor Augen führen [→ Kap. 29].

Auch auf der folgenden Qualifikationsstufe kommt es zu forschungsnaher Ausbildung in asymmetrischen akademischen Beziehungsverhältnissen. Die starken Asymmetrien, die für die Stellen der Mitarbeiterinnen und Mitarbeiter oder die bis Mitte der 1970er Jahre vorherrschende Assistentur charakteristisch sind, haben ihre Ursache nicht zuletzt in einer Rollenkumulation der Inhaberinnen und Inhaber von Lehrstühlen: Sie sind die Vorgesetzten, die die Mitarbeiterinnen und Mitarbeiter einstellen und ihnen Zuarbeit anweisen; die Betreuenden, die die Mitarbeiterinnen und Mitarbeiter ausbilden sowie deren Qualifikationsarbeit begleiten und bewerten; und schließlich die Förderinnen und Förderer, die die Mitarbeitenden protegieren und deren Karriere unterstützen. Für das Stellenprofil der Mitarbeitenden oder Assistierenden ist eine »unklare Mischung von Zuarbeits- und Qualifizierungsfunktionen« charakteristisch.[14]

Die Abhängigkeitsverhältnisse, die mit dem Lehrstuhlmodell einhergehen können, haben in der Folgezeit dazu geführt, die wissenschaftliche Qualifikation an Lehrstühlen schrittweise durch die Qualifikation in strukturierten Promotionsprogrammen (zum Beispiel an Graduiertenkollegs) zu ersetzen oder zumindest zu ergänzen. Hier hat der Wissenschaftsrat eine wichtige Rolle gespielt, der in seinen »Empfehlungen zur Doktorandenausbildung« von 2002 zwar feststellt, dass Promovierende sich auch an Lehrstühlen »[v]iele Tätigkeiten [...] durch *Learning-by-doing*« aneignen würden, dass eine derartige Spielart der Wissensvermittlung aber in zu geringem Maße differenziert und formalisiert sei.[15] Und tatsächlich scheint das praktische »*Learning-by-doing*« an Lehrstühlen undifferenzierter, informeller und auch unstrukturierter abgelaufen zu sein, als es den heutigen Gepflogenheiten in der strukturierten Ausbildung entspricht.[16] In der strukturierten Promotion ist das Betreuungsverhältnis formalisiert und meist auf mehrere Betreuende verteilt; das Curriculum ist in hohem Maße vorgegeben und in Promovierendenkohorten organisiert; auch spielt die Orientierung an der außerakademischen Berufspraxis eine wichtige Rolle. Trotzdem ist die ›nicht-strukturierte‹ Dissertation in den Geisteswissenschaften auch heute noch gängig. Zudem zählt es zu den offenen Fragen, wie sich die Programme und die Praxis der strukturierten »Doktorandenausbildung« zueinander verhalten, wo die fächerspezifischen Grenzen des Delegierbaren liegen und wie sehr hier wie dort persönliche Verantwortlichkeit das Zusammenwirken prägt.

Gegen die großen strukturierten Promotionsprogramme in den Geisteswissenschaften ist eingewandt worden, sie würden die intellektuelle Weiterentwicklung der Promovierenden zu stark regulieren und deshalb nicht mehr »die Möglichkeiten für individuelle Zugänge, originelle Forschungsansätze und unorthodoxe Fragestellungen« bieten.[17] Ob das davor verbreitete, mehr oder weniger fest an Lehrstühlen verankerte Modell der »freien Promotion« derartige Möglichkeiten per se in höherem Maße bot, lässt sich aber mit Blick auf Sengle bezweifeln. Die gesamte intellektuelle Aktivität des Arbeitszusammenhangs um Sengle wurde nämlich an seinem eigenen übergreifenden Publikationsprojekt orientiert [→ Kap. 21]. Deshalb ist Sengle als »Vorläufer geisteswissenschaftlicher Großforschungsprojekte«[18] bezeichnet worden. Ob diese Charakterisierung zutrifft, hängt davon ab, was man genau unter »Großforschungsprojekten« in den Geisteswissenschaften versteht – eine Frage, die sowohl begrifflich als auch historisch nicht einfach zu beantworten ist.[19]

Kollaborative Gruppenforschung wird in den historisch-philologischen Disziplinen seit der Mitte des 19. Jahrhunderts betrieben. Das Hauptargument dafür, auf größere Gruppen kollektiv forschender Wissenschaftlerinnen und Wissenschaftler zu setzen, waren die schieren Materialmengen und die damit einhergehenden Zeithorizonte ›positivistischer‹ Grundlagenarbeit. Die ressourcenintensive historisch-philologische Grundlagenforschung, die das Leistungsvermögen selbst der bemerkenswertesten Einzelforscher übersteigen musste, betraf etwa die Sammlung von Papyri, die Editionen von Inschriften oder das Erstellen von Wörterbüchern. Diese äußerst langfristigen Projekte einer organisierten Gruppenforschung waren nicht primär an der Universität, sondern an den Akademien angesiedelt.

Oben wurde skizziert, dass bereits die Philologen des 19. Jahrhunderts sich die Frage stellten, wie genau der Status sowohl der Arbeit als auch der Arbeiter in den vornehmlich an den Akademien angesiedelten Kollektiven zu konzeptualisieren sei [→Kap. 4]. Häufig wurde dabei zwischen innovativer Individualforschung und delegierbarer Kollektivforschung unterschieden. Die innovative Forschungsarbeit der Philologie beruhe zwar auf dem von akademischen Hilfsarbeitern bereitgestellten Material, verarbeite dieses ›rohe‹ Material aber erst zu ›höherem‹ wissenschaftlichen Wissen. Derartige theoretische Verhältnisbestimmungen standen in engem Zusammenhang mit den Formen der Institutionalisierung kollektiver philologischer Arbeit. Der einflussreiche klassische Philologe August Boeckh hatte Mitte des 19. Jahrhunderts zwar noch ein republikanisches Modell der kooperativen Forschung im Kopf, dem zufolge alle Wissenschaftler »ebenbürtig« sein sollten, weil es im »Gelehrtenstaat[ ]« der Wissenschaftlerinnen und Wissenschaftler ebenso wie im »bürgerlichen Staat[ ]« keine bloßen »Handlanger« geben dürfe.[20] Dieses republikanische Ideal philologischer Kooperation erschien aber bereits zeitgenössischen Historikern wie Theodor Mommsen deplatziert; diese unterschieden dann auch deutlich zwischen Wissenschaftlerinnen und Wissenschaftlern im ›höheren‹ und eigentlichen Sinn und ›niederen‹ akademischen ›Hülfsarbeitern‹.[21]

In derartigen ›wissenspolitischen‹ Überlegungen, wie kollektives

Arbeiten in den Geisteswissenschaften zu institutionalisieren sei, deutet sich ein komplexes Verhältnis von expliziten Konzeptualisierungen und gängigen Vollzugswirklichkeiten kollaborativer Praxis an. Auch handelt es sich dabei nicht um eine rein wissenschaftsinterne Konstellation. Schon für die Philologen und Historiker des 19. Jahrhunderts ist ein Hauptadressat der skizzierten Überlegungen vielmehr der Staat, der für eine umfassende Förderung dieser ressourcenintensiven Forschung gewonnen werden soll.[22] Die Kollektivforschung im Sinn einer institutionell organisierten, langfristig geplanten, projektförmig verfassten und vor allem arbeitsteilig strukturierten Kollektivarbeit erweist sich damit als eine besondere Schnittstelle zwischen Wissenschaft und Politik – und ist es, wenn man etwa an die an Kollektivforschungsvorhaben orientierten »Exzellenzinitiativen« denkt, bis heute geblieben.

Zu dem Zeitpunkt, als Sengle die ersten beiden Bände der *Biedermeierzeit* finalisiert, beginnt in der Bundesrepublik Deutschland die bis heute anhaltende, nachdrückliche Wende zur projektbezogenen Gruppenforschung an der Universität.[23] Das hat mit Veränderungen in der deutschen Förderlandschaft zu tun: 1968 wird von der Deutschen Forschungsgemeinschaft das Programm der Sonderforschungsbereiche inauguriert. Wissenschaftshistorisch geschulte Beobachterinnen und Beobachter haben die zentrale Rolle der Programme der Deutschen Forschungsgemeinschaft für die bundesrepublikanische Implementierung von Kollektivforschung in den geisteswissenschaftlichen Disziplinen bereits hervorgehoben: Förderformate wie die Sonderforschungsbereiche haben auch in den Geisteswissenschaften die Tendenzen zur Kollektivforschung stark stimuliert.[24] Neben die Sonderforschungsbereiche treten andere Formate der Kollektivforschung wie die Schwerpunktprogramme oder die kleiner dimensionierte Forschergruppe.

Auch Friedrich Sengle ist in diese Prozesse involviert. Gemeinsam mit Wolfgang Frühwald beantragt er 1978 bei der Deutschen Forschungsgemeinschaft die Bewilligung einer Forschergruppe *Sozialgeschichte der deutschen Literatur*, die ab 1981 auch von Renate von Heydebrand mitgeleitet wird. Die Laufzeit der Forschergruppe erstreckt sich mit Fortsetzungsanträgen von 1979 bis 1986.[25] Sengles Skepsis hinsichtlich des Gelingens von Gruppenforschung ist allerdings auch in diesem Kontext ausgeprägt. An Renate von Heydebrand schreibt er später rückblickend:

Ich höre […] von mehreren Seiten, daß die großen wissenschaftlichen Institutionen bereits an der Effizienz der Gruppenarbeit in deutscher Form zu zweifeln beginnen und daß man künftig der amerikanischen Form kleiner, monarchisch geleiteter Teams den Vorzug geben will. Auch die Einzelförderung soll wieder mehr Gewicht erhalten. Die Wahrheit, sagte ja schon Schiller, ist kein Produkt der Mehrheit.[26]

Die »Gruppenarbeit« unterliegt zudem dem Imperativ der Interdisziplinarität.[27] Die Deutsche Forschungsgemeinschaft signalisiert im Vorfeld der Antragstellung, dass der Erfolg des Antrags auch davon abhängen werde, ob eine Historikerin oder ein Historiker gefunden werden könne, die beziehungsweise der neben Frühwald und Sengle als Antragstellerin beziehungsweise Antragsteller fungiere. Die beiden Germanisten suchen daraufhin nach einer Mitantragstellerin beziehungsweise einem Mitantragsteller aus dem Kreis der Münchner Historikerinnen und Historiker, können aber niemanden finden – Thomas Nipperdey wird wiederholt angefragt, stößt aber nicht dazu.[28] Es bleibt schließlich bei einer monodisziplinären Riege von Antragstellenden. Allerdings sind eine Hierarchieebene darunter andere Disziplinen involviert. Konzeptionell handelt es sich um eine literaturwissenschaftliche »Gruppenarbeit«, die auf transdisziplinäre Verbindungen zur Soziologie (Literatursoziologie) und zur Geschichte (Sozialgeschichte der Literatur) setzt. Sengle beobachtet diese disziplinübergreifenden Bezugnahmen bereits in der Antragsphase mit großer Sorge, weil mit ihnen das Risiko einhergehe, dass das gesamte Projekt von einer genuin »literarische[n] Sozialgeschichte«[29] und einer »strenge[n] Literaturwissenschaft« abkomme.[30]

Die internen Konflikte der Forschergruppe kristallisieren sich dann an einem Punkt heraus, der die Frage der interdisziplinären Kollaboration unmittelbar betrifft: die »Theorie«. Der an der Forschergruppe beteiligte Germanist Jörg Schönert stellt rückblickend fest, dass »Theorie-Arbeit« für die Münchner Forschergruppe »von besonderer Bedeutung [war], da bereits bei der Einrichtung der Forschergruppe die Gutachter befürchteten, dass es ohne einen konzeptuellen Rahmen bei einer Bündelung von Einzelprojekten bleiben könnte«.[31] Sengle richtet sich vehement gegen die Auffassung, dass disziplinübergreifendes Zusammenarbeiten durch »Theorie« ermöglicht und erleichtert werden könne; vielmehr vertritt er, wenn er in seinen Reflexionen über die Forschergruppe wiederholt die Opposition von Theorie und Geschichte verwendet, dezidiert die Auffassung, dass interdisziplinäre Kollaboration das gemeinsame Bearbeiten historischer Gegenstände voraussetze. Die ambitionierte »Theoriegruppe«, die sich innerhalb der Münchner Forschergruppe herausbildet, ist Sengle deshalb immer ein Dorn im Auge.[32] Die Gruppe sei, wie Frühwald später sekundiert, von einem »Theoriewahn« erfasst worden; im Rahmen des Theoretisierens würden Modelle maßgeblich, die in ihren Ausgangsdisziplinen in hohem Maße umstritten seien, also nicht sinnvoll auf die eigene literaturhistorische Arbeit übertragbar seien.[33] Ein konzentriertes Arbeiten an verbindlicher Theorie kann, darin scheinen Frühwald und Sengle übereinzustimmen, eine gelingende Koordination von geisteswissenschaftlicher Gruppenarbeit nicht gewährleisten.

Wenn Sengle seine anfängliche Skepsis zurückstellt und eine Forschergruppe trotz fortbestehender Einwände gegen »Gruppenarbeit in deutscher Form« mitbeantragt, hängt das wohl auch mit den wissenschaftspolitischen Rahmenbedingungen zusammen, die sich in dieser Zeit verändern: In einem Schreiben der Münchner Hochschulleitung, das Ende 1976 die Dekaninnen und Dekane sowie Hochschullehrerinnen und Hochschullehrer erreicht, wird darauf hingewiesen, dass die Bayerischen Universitäten angehalten seien, eigene »Forschungsschwerpunkte« herauszubilden. Mit »Forschungsschwerpunkten« seien vor allem größere Projekte in den Programmlinien der Deutschen Forschungsgemeinschaft (Schwerpunktprogramme, Sonderforschungsbereiche oder Forschergruppen) sowie andere größere Forschungsverbünde gemeint. Daneben träten kleinformatigere »Forschungsprojekte« sowie eine nicht projektförmig organisierte »allgemeine Forschungstätigkeit«. Die Hochschulleitung der Ludwig-Maximilians-Universität München weist besorgt darauf hin, dass damit von politischer Seite eine klare Relevanzhierarchie zugunsten einer »programmierten und programmierbaren« Forschung und zuungunsten einer »allgemeine[n] Forschungstätigkeit«, wie sie sonst alltäglich etwa an Lehrstühlen betrieben wird, installiert sei. Diese Hierarchie könne mit sich bringen, dass letztlich überhaupt nur große drittmittelfinanzierte Forschungsprojekte als universitäre Forschungsschwerpunkte aufgefasst werden könnten.[34]

Mit der Forschergruppe *Sozialgeschichte der deutschen Literatur* gelingt es Sengle und seinen Mitantragstellenden wenig später, einen derartigen Forschungsschwerpunkt an der Münchner Germanistik zu verankern. Wenn Sengle im Laufe der 1970er Jahre doch ein gewisses Interesse an Praktiken des ›Theoretisierens‹ entwickelt, dann nicht im Kontext einer interdisziplinären Theoriearbeit an sozialtheoretischen Grundfragen einer Sozialgeschichte der Literatur, sondern vielmehr in polemischer Absicht. Ihn treibt eine wissenschaftspolitische und weltanschauliche Motivation an: Die Sozialgeschichte der Literatur, wie sie in der Münchner Forschergruppe betrieben werden soll, richtet sich für ihn programmatisch sowohl gegen eine marxistische Sozialgeschichte der Literatur in der Bundesrepublik Deutschland als auch gegen die Germanistik der Deutschen Demokratischen Republik. In einem Brief an die Deutsche Forschungsgemeinschaft schreibt er im Sommer 1977: »der Sinn der Sache ist es in meinen Augen, den Marxisten ihr Monopol in der neugermanistischen Sozialgeschichte streitig zu machen. Zu diesem Zweck habe ich [...] bereits ein ›Internationales Jahrbuch für Sozialgeschichte der deutschen Literatur‹ begründet.«[35] Wenige Monate später fügt er in einem weiteren Schreiben an die Deutsche Forschungsgemeinschaft hinzu, es könne »kein Neugermanist leugnen, daß wir den sozialgeschichtlichen Bereich in verhängnisvoller Weise der DDR-Germanistik überlassen haben. Unser Antrag ist eine Art Antwort auf die in der Germanistik besonders heftige Studenten- und Assistentenrevolution.«[36] Die Revolution äußert sich für ihn auch in marxistisch orientierten Rezensionen der *Biedermeierzeit*, etwa in einer 38 doppelspaltige Seiten umfassenden Diskussion in der Zeitschrift der *Roten Zelle Germanistik*.[37] Wenn Sengle in dieser Zeit überhaupt eine fundierte Auseinandersetzung mit ›Theorie‹ befürwortet und betreibt, dann in dem reaktiven Sinne, dass er unbedingt etwas *gegen* eine theoretisch avancierte marxistische Sozialgeschichte der Literatur, die auch unter seinen Schülerinnen und Schülern erheblich an Attraktivität gewonnen hat, aufbieten möchte[38] [Abb. 1[39]].

Diese Beobachtungen erlauben, auf zwei blinde Flecken der bisherigen kulturhistorischen Beobachtung von ›Theorie‹ in den 1960er und 1970er Jahren hinzuweisen [→ Kap. 11-15]. Erstens ist ›Theorie‹ nicht nur eine anti-institutionelle Geste, die sich gegen die etablierten Strukturen richtet; vielmehr bekommt ›Theorie‹ zunehmend auch in den neuen akademischen Formaten der hochorganisierten interdisziplinären Gruppenforschung einen wichti-

Abb. 1: Fachbereichszeitung 4/76, Rote Zelle Germanistik, Rote Zellen/AK, München.

gen systematischen Standort zugewiesen. ›Theorie‹ kann zweitens einen ›reaktiven‹ Charakter aufweisen: Neben die auch von Sengle bemühte anti-theoretische Geste, die alles transdisziplinäre Theoretisieren pauschal verwirft, tritt selbst bei Sengle eine andere Geste, die man ›defensives‹ Theoretisieren nennen könnte. Ein Theoretisieren also nicht primär um seiner selbst willen, sondern um den Wissensansprüchen, die andere, als ›gegnerisch‹ empfundene Gruppen bereits mit hohem theoretischen Aufwand ausformuliert haben, etwas Satisfaktionsfähiges entgegensetzen zu können.

Im wissenschaftspolitischen Umfeld der Münchner Forschergruppe lässt sich eine Bevorzugung von großen Kollektivformaten beobachten, die heute längst zum akademischen Alltag gehört. Die großen Förderprogramme kollektiver Gruppenforschung, die seitdem zu einem zentralen Instrument der Steuerung des deutschen Universitätswesens geworden sind, gehen mit Schwerpunktbildungen einher und führen auf Hochschulseite zu einer Ressourcenkonzentration. Sie treten damit nicht nur in Konkurrenz zu den etablierten universitären Strukturen, sondern sollen diese ebenfalls verändern und wettbewerbsmäßiger ausrichten. Die Förderprogramme sollen langfristige strategische Entscheidungen über die internen Priorisierungen der Universitäten bei der Schaffung von infrastrukturellen Rahmenbedingungen und disziplinübergreifenden Schwerpunkten bewirken. Diese Bemühungen um eine fachübergreifende Schwerpunktbildung werden seitdem von emphatischen Diskursen über Interdisziplinarität flankiert;[40] zudem wird die eher gegenstandsorientierte geisteswissenschaftliche Kollektivforschung schrittweise von einer an disziplinübergreifenden Forschungsthemen ausgerichteten Kollektivforschung abgelöst. Im Rahmen dieser vor allem von der Deutschen Forschungsgemeinschaft geförderten Programme der Gruppenforschung wird das geisteswissenschaftliche Arbeiten zudem in »immer stärkere[m] Maße ›Projekt‹-Forschung«.[41] In den Geistes- und Sozialwissenschaften ist projektförmige Forschung lange ungewöhnlich gewesen,[42] weshalb sie sich in den westdeutschen Geisteswissenschaften im Laufe der 1970er Jahre erst konzeptuell etablieren musste.[43] Während Forscherinnen und Forscher in den Geisteswissenschaften zuvor häufig ohne fremdfixierten Zeithorizont an Fachproblemen gearbeitet haben oder wie Sengle über viele Jahrzehnte ein übergreifendes Publikationsprojekt weiterentwickelten, wird Forschung seither zunehmend in eine Projektform mit im Voraus genau formulierten Zeitplänen, Arbeitsschritten und Zielvorgaben gegossen.[44] Diese Umstellung hat erhebliche Konsequenzen: »Die zeitliche Begrenzung der Forschungsförderung führt zur Episodenhaftigkeit der Forschung, zur Aufgliederung in ›Projekte‹, die mit Ergebnissen abgeschlossen und immer neu beantragt werden müssen. Ein beträchtlicher Zeitaufwand geht deshalb in das laufende Projektieren von Projekten.«[45] Es entstehen in diesem Kontext mithin ganz eigene Praktiken des Projektierens, die sich ihre Forschungsthemen nicht selten von fremder Seite vorgeben lassen.[46] Derartige heteronome Festlegungen können – etwa im Bereich des Promovierens – durchaus als Entlastung empfunden werden.[47]

Das lange in seinen Dimensionen nur schwer abschätzbare *Biedermeierzeit*-Projekt Sengles wurde von der Deutschen Forschungsgemeinschaft »durch ein Vierteljahrhundert« unterstützt;[48] nur handelte es sich dabei eben nicht um ein ›Projekt‹ im Sinne der heutigen Projektforschung. Die langfristige Förderung macht Sengles *Biedermeierzeit* nicht zu einem Exempel für eine Großforschung, wie wir sie heute kennen. Die Unterstützung galt nämlich letztlich der Person Friedrich Sengle – nicht im Sinn der Förderung einer individuellen Einzelforschung, sondern im Sinn der Unterstützung eines kollaborativen Forschungszusammenhangs, der von einem Individuum angeleitet wurde und auf die langfristige Forschungsagenda dieses Individuums hin ausgerichtet war (wie ein Max Planck-Institut im Kleinen, wenn man so will). Das *Biedermeierzeit*-Projekt und seine kollaborativen Arbeitsformen lassen sich deshalb weder als Großkollektivforschung noch als Individualforschung verbuchen. Die Förderinstitutionen tun sich weiterhin schwer, diesen Bereich abzudecken.

Sengle selbst äußert sich in den Vorworten der *Biedermeierzeit* ambivalent über die eigenen Arbeitsformen und deren kollektive oder individuelle Aspekte. Einerseits wird von ihm gleich auf der ersten Seite im Vorwort des ersten Bandes nachdrücklich hervorgehoben, dass das Projekt »fast über die Kraft eines einzelnen Mannes ging« – was per Implikation bedeutet, dass es in einem Kraftakt eben doch von einem Einzelnen bewältigt wurde. Im Gegensatz zu ihm wären »Forscher der jüngeren Generation […] ein derartiges Unternehmen wahrscheinlich nur in Gemeinschaft mit andern« angegangen; er aber habe sich gegen eine »Kollektivarbeit«[49] entschieden. Eine Individualarbeit also. Auf den letzten Seiten des Vorwortes wird dann jedoch konzediert, dass er bei dem Unternehmen doch nicht »ganz allein unterwegs« gewesen sei und deshalb »sehr viel für Hilfe zu danken« habe.[50] In gewisser Hinsicht ist Sengles Ambivalenz nachvollziehbar: Die Arbeit ist weder das Resultat eines Forscherinnen- und Forscherkollektivs noch das Ergebnis eines heroischen Einzelforschers.

Das hat der Beobachtung der *Biedermeierzeit* einige Schwierigkeiten bereitet. Es verwundert nicht, dass sich in der fachgeschichtlichen Rekonstruktion des *Biedermeierzeit*-Projekts die ironische Konstellation herausgebildet hat, dass Sengle sowohl als Vorläufer der Großforschungsprojekte der Gegenwart verstanden worden ist als auch als ein letztes emphatisches Aufbäumen der heroischen Individualforschung in einer Epoche zunehmender Kollektivierung. In Rezensionen und Kommentaren wird die *Biedermeierzeit* nämlich wie auch schon zuvor von Sengle selbst[51] als ein »›Lebenswerk‹« charakterisiert, in dem sich ein ganzes »Forscherleben[ ]« zum Ausdruck bringe, das sich gegen eine Germanistik stemme, »in der sich nur noch Arbeitsgruppen und Kollektive an die Literaturgeschichtsschreibung wagen«.[52]

Die mehr als 3000 Seiten umfassende Studie sei »das Ergebnis einer mehr als dreißigjährigen Arbeit – nicht, wie neuerdings gang und gäbe, eines Teams von ›Spezialisten‹, sondern eines einzelnen Mannes«.[53] Sengle belege eindrücklich »die neuerdings angezweifelte Gültigkeit individueller literaturwissenschaftlicher Forschung«[54] und vermöge derart »die Vorstellungen über Amt und Arbeit des Literaturwissenschaftlers« zurechtzurücken.[55] Er verfüge nämlich selbst über »den weitaus größten Materialfundus, den heute irgendein Literaturhistoriker« aufbieten könne,[56] habe »jeden Text gelesen [...], über den er schreibt« und schöpfe nur »ausnahmsweise aus zweiter Hand«.[57] Sengles *Biedermeierzeit* soll hier zur Selbstversicherung einer Literaturwissenschaft dienen, für die die individuelle Forscherinnen- und Forscherleistung auch im Bereich der Literaturgeschichte das Maß aller Dinge bleiben soll. Angesichts der vielen assistierenden Hände, die Sengle auch beim Auslesen und Durchsehen der Quellen und Forschungsliteratur tatkräftig unterstützt haben, ist festzuhalten, dass derartige disziplinäre Selbstversicherungen auf falschen Vorstellungen von den Arbeitspraktiken im Umfeld der *Biedermeierzeit* beruhen.

Die Arbeitspraktiken, die im Nachlass Sengles ihre Spuren hinterlassen haben, legen nahe, Sengles jahrzehntelange Forschungen in der persönlichen Arbeitsgruppe weder als Individualforschung noch als Großprojektforschung zu charakterisieren. Das *Biedermeierzeit*-Projekt zeigt, dass es nicht hilfreich ist, die Wissenschaftsmanagerin und Wissenschaftsmanager, die das großbetriebliche Forschungsteam professionell anleiten, gegen den Wissenschaftsmönch und die Wissenschaftsnonne auszuspielen, die in kontemplationsförderlichen Reservaten noch eine charismatische Meisterschaft ausbilden. Blickt man aus einer praxeologischen Perspektive auf das *Biedermeierzeit*-Projekt Sengles, so gewinnt man nämlich den Eindruck, dass die faktische Arbeitseinheit dieses Vorhabens weder auf der Ebene der Großkollektive noch auf derjenigen des einsamen Einzelforschers, sondern dazwischen liegt – und dass sich die auf dieser mittleren Ebene etablierten Arbeitszusammenhänge auch nicht beliebig ›hochskalieren‹ lassen.

Auf der Ebene kleinerer, hierarchisch organisierter Arbeitszusammenhänge, die mal enger und mal loser gekoppelt sind, formeller oder informeller kollaborieren und in einem subdisziplinären Raum über eine längere Zeitstrecke eine gemeinsame Forschungspraxis lokal etablieren, wird auch in den Geisteswissenschaften immer wieder mit großem Erfolg operiert. Diese kleineren Arbeitszusammenhänge können zwar nicht ohne Weiteres kritisch gegen einen »angepaßten Wissenschaftsbetrieb« in Stellung gebracht werden, wie 1980 in einer Rezension des letzten Bandes der *Biedermeierzeit* gemutmaßt wird,[58] aber sie vermögen doch in einer von großformatigen Exzellenzinitiativen und internationalen Hochschulrankings geprägten Gegenwart unsere aktuellen Beobachtungsroutinen und Beschreibungsgewohnheiten produktiv zu irritieren.

Ungeklärt bleibt aber die Frage, wie genau das Arbeitsumfeld eines Lehrstuhls oder Arbeitsbereichs, eines Teams oder einer Gruppe ausgestattet sein muss, damit die kollaborativen Praktiken, die in diesen Organisationseinheiten angesiedelt sind, auch erfolgversprechend verlaufen können. Wie viele Räume braucht man und welche Geräte sind unverzichtbar? Welche Kommunikationsapparate müssen vorhanden und wie viel Verbrauchsmaterial muss disponibel sein? Und wer darf über all dies frei verfügen und wer muss es verwalten? Mit anderen Worten: Wie steht es um die materiellen Infrastrukturen, die bestimmte Praxisformen erst ermöglichen und hervorbringen, sich aber auch durch die Veralltäglichung dieser Praxisformen überhaupt erst festigen und institutionalisieren?

24. Institutionalisieren und Inkorporieren

Eine Praxis erweist sich nicht auf allen Ebenen und an allen Orten als gleichermaßen flexibel. So umfasst das Rollenensemble[1] ›Geisteswissenschaftlerin‹ und ›Geisteswissenschaftler‹ auch mehr oder weniger strikt bestimmte, je nach Sicht institutionalisierte oder organisierte Aspekte:[2] Forscherin kann man in vielen Kontexten sein, ebenso Mitglied eines Teams, ›Meister‹ oder ›Schüler‹; Hochschullehrerin dann schon in weniger und Lehrstuhlinhaberin nur in ganz bestimmten. Diese Vielfalt gilt zumal für die geisteswissenschaftliche Praxis, die sich unter vielen Umständen und in diversen institutionellen und organisatorischen Formen ausführen lässt. Gleichwohl hat sich im Zuge der Herausbildung eines modernen Wissenschaftssystems die Koppelung von Wissenschaft an Universitäten und dort an »Seminare« oder »Institute« als zentral erwiesen, während Alternativen – etwa die Forschung von Privatgelehrten, »Schulmännern«, Bibliothekarinnen und Bibliothekaren oder von ›außeruniversitären‹ Einrichtungen wie den Akademien – zumindest quantitativ eine nachgeordnete Rolle spielen. Der Unterschied von Wissenschaft und Universität ist wichtig, weil zu oft die Krise der Universität mit der Krise der Wissenschaft verwechselt wird. Man kann aber über die Koppelungen von Praxis, Institutionen und Organisationen auch nicht einfach hinwegsehen. Was also zeichnet solche universitären Institute aus und wie verhalten sie sich zur Praxis der Wissenschaft?

In den 1980er Jahren, so berichtet der Literaturwissenschaftler Heinz Schlaffer, habe einmal ein Germanistikprofessor den Kanzler einer deutschen Hochschule auf die »vom Universitätsgesetz garantierte ›Grundausstattung‹« hingewiesen und sich über Stellenstreichungen beschwert. Die Reaktion fiel einigermaßen schroff aus: »›Was ist die Grundausstattung eines Philologen? Ein Bleistift und ein Arsch!‹«[3] Schlaffer findet die »Verblüffung des Professors« zwar nachvollziehbar, eigentlich bemerkenswert aber erscheint ihm »die Fähigkeit des Kanzlers, die wesentlichen Elemente einer Wissenschaft so knapp und anschaulich zu benennen«.[4] Abgesehen davon, dass man andere Körperteile, etwa Augen, Ohren, Hände oder Hirn, für mindestens so wichtig wie das Hinterteil halten könnte, stellt sich die Frage, ob der Kanzler seine Aussage im Griff hat: Um sich zu platzieren, benötigt es einen Arbeitsplatz; um zu schreiben, Arbeitsmaterial; und wenn alles nicht umsonst gewesen sein soll, muss das Geschriebene diskutiert, korrigiert, redigiert, publiziert und von Kolleginnen und Kollegen gelesen und in ihren eigenen Schriften weiterverarbeitet werden. Das geht nicht ohne eine komplexe personale, institutionelle und mediale Infrastruktur – und es kostet Geld.

Die unverständige Bemerkung des Kanzlers ist symptomatisch, weil die Geisteswissenschaften – auch in ihrem Selbstbild – traditionell als eine infrastrukturlose Veranstaltung aufgefasst wurden. Erst in jüngerer Zeit wird danach gefragt, wie die in der Wissenschaftsforschung für die Laborwissenschaften entwickelten Perspektiven auch im disziplinären Kontext der Geisteswissenschaften fruchtbar gemacht werden könnten.[5] Man sieht eben schnell, dass sich auch die Grundausstattung der Geisteswissenschaften nicht auf eine einfache Pointe bringen lässt, sondern verhandlungswürdig und -bedürftig ist – zumindest dann, wenn es an einer wichtigen akademischen Schwellensituation um die Berufung einer Professorin oder eines Professors geht. So machte sich Peter Szondi, bevor er 1965 den Ruf auf einen Lehrstuhl für »Vergleichende Literaturwissenschaft« an der Freien Universität Berlin annahm, Gedanken über die Ausstattung seines Arbeitsplatzes. Er forderte etwas mehr als nur eine Sitzgelegenheit und einen Stift, nämlich ein »Institut« [Abb. 1[6]].

Szondi benötigte demnach Räume: »Direktorenzimmer 30 qm«, »Assistentenzimmer 16 qm«, »Geschäftszimmer 32 qm«, »Zimmer für Hilfskräfte 16 qm«, »Übungsraum 30 qm«, »Raum für techn. Apparate 16 qm« sowie ein »Zimmer für Bibliothekarin 16 qm« – die dazugehörige Bibliothek soll auf 180 m^2 mit 30 000 Bänden bestückt sein und »60 Arbeitsplätze« bieten. Die Personalausstattung umfasst neben dem Direktor und der »Bibliothekarin« zwei »Assistentenstellen«, eine »Ratsstelle«, eine »Sekretärin«, zwei »Hilfsassistenten« (die mit den Assistentinnen beziehungsweise Assistenten aufgerechnet werden könnten) und eine »Gastdozentur«. Als »Gründungsetat« sieht Szondi 100 000 DM für die Bibliothek vor, einen »laufenden Etat« von 25 000 DM sowie etwa 10 000 DM für »technische Geräte (Photokopiergerät, Diktaphon, Plattenspieler, Schreibmaschine, Mikrolesegerät, Vervielfältigungsgerät)«. Die Ge-

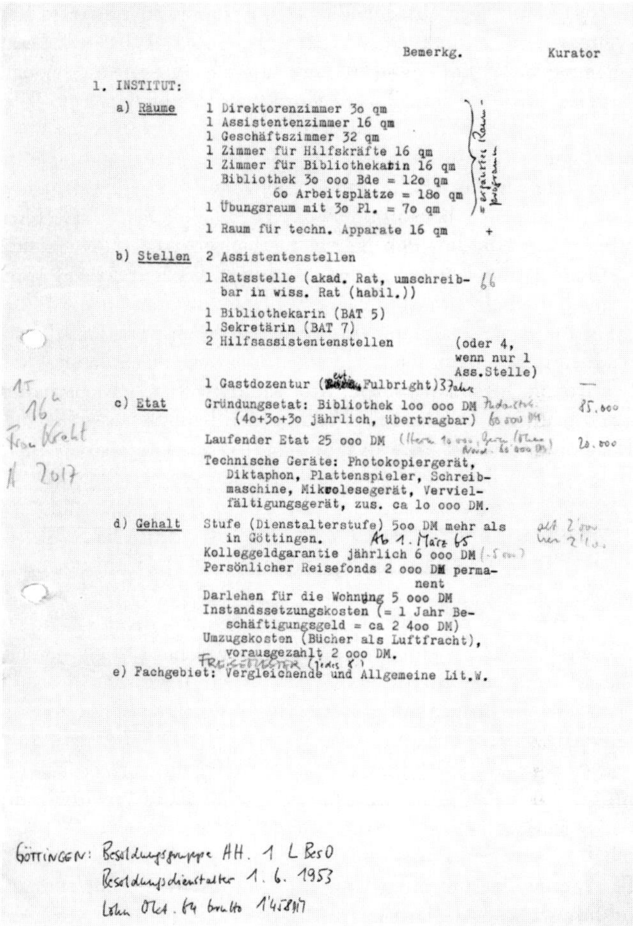

Bemerkg. Kurator

1. INSTITUT:

a) Räume
1 Direktorenzimmer 3o qm
1 Assistentenzimmer 16 qm
1 Geschäftszimmer 32 qm
1 Zimmer für Hilfskräfte 16 qm
1 Zimmer für Bibliothekarin 16 qm
Bibliothek 3o ooo Bde = 12o qm
6o Arbeitsplätze = 18o qm
1 Übungsraum mit 3o Pl. = 7o qm
1 Raum für techn. Apparate 16 qm

b) Stellen
2 Assistentenstellen
1 Ratsstelle (akad. Rat, umschreibbar in wiss. Rat (habil.))
1 Bibliothekarin (BAT 5)
1 Sekretärin (BAT 7)
2 Hilfsassistentenstellen (oder 4, wenn nur 1 Ass.Stelle)
1 Gastdozentur (evtl. Fulbright)

c) Etat
Gründungsetat: Bibliothek 1oo ooo DM (4o+3o+3o jährlich, übertragbar)
Laufender Etat 25 ooo DM
Technische Geräte: Photokopiergerät, Diktaphon, Plattenspieler, Schreibmaschine, Mikrolesegerät, Vervielfältigungsgerät, zus. ca 1o ooo DM.

d) Gehalt
Stufe (Dienstalterstufe) 5oo DM mehr als in Göttingen. Ab 1. März 65
Kolleggeldgarantie jährlich 6 ooo DM
Persönlicher Reisefonds 2 ooo DM permanent
Darlehen für die Wohnung 5 ooo DM
Instandssetzungskosten (= 1 Jahr Beschäftigungsgeld = ca 2 4oo DM)
Umzugskosten (Bücher als Luftfracht), vorausgezahlt 2 ooo DM.

e) Fachgebiet: Vergleichende und Allgemeine Lit.W.

GÖTTINGEN: Besoldungsgruppe AH. 1 LBesO
Besoldungsdienstalter 1. 6. 1953

Abb. 1: Peter Szondis Notizen für Berufungsverhandlungen.

haltsverhandlungen beziehen die persönlichen Bezüge ein und eine »Garantie« für »Kolleggelder«, »persönliche Reisefonds«, ein »Darlehen für die Wohnung«, »Instandsetzungskosten« sowie »Umzugskosten«. Auch die zeitliche Infrastruktur steht zur Debatte: Jedes achte Semester soll ein »Freisemester« sein.

Es handelt sich um eine zeittypische geisteswissenschaftliche Infrastruktur, die Forschung, Lehre und Verwaltung einbezieht und darauf zielt, eine bestimmte Praxis zu ermöglichen. Tatsächlich kommt das Angebot von Seiten der Universitätsleitung Szondis Wünschen mit leichteren Kürzungen weit entgegen. Bei den Räumlichkeiten erhält Szondi nur eine Willenserklärung; für die Einladung von Kolleginnen und Kollegen beziehungsweise Gastdozenturen verweist man ihn an die dafür vorgesehenen Mittel der Philosophischen Fakultät. Der Rest wird bewilligt.[7] Zwar mussten noch Abstimmungsprobleme bewältigt werden, wie ein aufgeregtes Telegramm Szondis aus Princeton zeigt [Abb. 2[8]]:

VOM KURATOR VERSPROCHENE MITTEILUNG BER[U]FUNGSZUSAGEN NICHT ERHALTEN STOP TELEGRAMM UNBEANTWORTET STOP S[E]H[] ANTRITT SOMMERSEMESTER GEFAE[]RDET WAERE FUER AUFKLAERUNG DANKBAR SZONDI.[9]

Es bestand offenbar ein Konsens darüber, welcher Mittel, die über Bleistift und Hinterteil hinausgehen, es zur Institutionalisierung einer Geisteswissenschaftlerin beziehungsweise eines Geisteswissenschaftlers bedarf.

Das Verhältnis einer Praxis zu Institutionen lässt sich gleichwohl nur schwer verallgemeinern. Literaturwissenschaftliche Forschung, wie Szondi sie vollzieht, passt sich zwar in das moderne Wissenschaftssystem und in dessen Institutionen ein. Die entsprechende Praxis ergibt sich in einer komplexen akademischen Interpretationsinfrastruktur, die sich im Verlauf des 19. Jahrhunderts etabliert und dabei heterogene Elemente aufeinander abgestimmt hat: Arbeits- und Veröffentlichungsformate, Genres, Wissenschaftsauffassungen, Evaluationsprozeduren, Öffentlichkeitskonzeptionen, Verfahren der akademischen Selbstpräsentation und vieles andere mehr [→ Kap. 32].[10] Szondi leistete jedoch auch in anderen Umgebungen als dem von ihm projektierten Institut für Allgemeine und Vergleichende Literaturwissenschaft und mit deutlich weniger

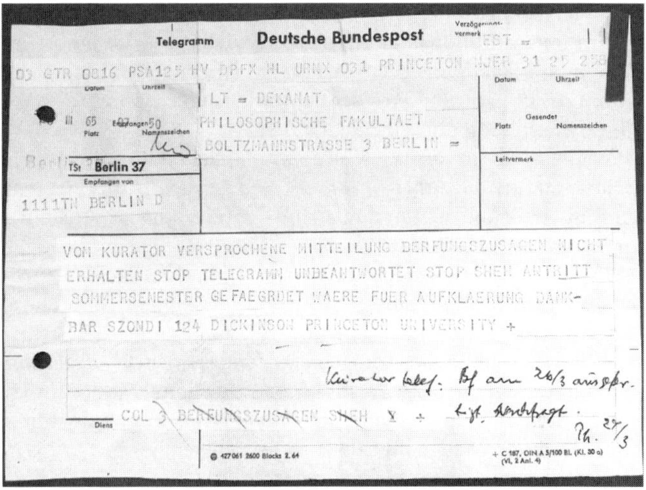

Telegramm Deutsche Bundespost

LT = DEKANAT
PHILOSOPHISCHE FAKULTAET
BOLTZMANNSTRASSE 3 BERLIN =

Berlin 37

1111TN BERLIN D

VON KURATOR VERSPROCHENE MITTEILUNG DERFUNGSZUSAGEN NICHT
ERHALTEN STOP TELEGRAMM UNBEANTWORTET STOP SHEN ANTRITT
SOMMERSEMESTER GEFAEGRDET WAERE FUER AUFKLAERUNG DANK-
BAR SZONDI 124 DICKINSON PRINCETON UNIVERSITY +

COL 3 BERFUNGSZUSAGEN SHEH Y +

Abb. 2: Peter Szondis Telegramm an das Dekanat der Philosophischen Fakultät der FU Berlin.

Ressourcen ausgestattet gute Arbeit – schlicht gesagt: Ob er eine seiner Interpretationen im institutionellen Rahmen der Freien Universität Berlin oder andernorts erarbeitet hat, lässt sich anhand der Texte nicht entscheiden.

Einzelne Disziplinen unterscheiden sich dadurch, dass sie spezifische institutionelle Bezüge und Arbeitsumgebungen für mehr oder weniger relevant halten. Selbstbild und faktischer Zustand treten durchaus in interessante Spannungen: Die Philosophie etwa, das hat Ulrich Johannes Schneider gezeigt, fühlt sich typischerweise an der Universität gut aufgehoben, weil sie glaubt, dort das sein zu können, was sie ohnehin ist, oder weil die Universität als Ort von Wissenschaft sowieso insgesamt ein zutiefst philosophisches Projekt ist.[11] Es besteht nicht nur ein »Schweigerecht«[12] im Blick auf die institutionalisierte und organisierte Arbeit, das professionelle Philosophinnen und Philosophen gern in Anspruch nehmen und das ihnen vom Publikum auch zugebilligt wird. Die Pointe aber liegt darin, dass es geradezu zu den Eigenheiten der »Universitätsphilosophie« zählt, ihre Institutionalisierung auszublenden, um sich selbst im Verbund der Disziplinen zu behaupten.[13] Es zählt auch aus diesem Grund zu den Kontinuitäten der Universitätsphilosophie, gegen die Universitätsphilosophie zu polemisieren.[14]

Während es in der Geschichtswissenschaft zum Pflichtprogramm gehört, die Arbeit in unterschiedlichen Institutionen wie der Bibliothek und dem Archiv ostentativ zu verbinden,[15] stellt dies für viele andere Fächer, darunter auch für weite Teile der heutigen Philologien, eine weniger obligatorische Option dar. Freilich zeichnet sich auch in der Philologie ein »growing appetite for archival evidence« beziehungsweise eine neue Wertschätzung von Archivquellen als epistemischen Dingen ab.[16] Zudem war die vergleichsweise große Distanz zum Archiv nicht schon immer gegeben: Im 19. Jahrhundert zählte es auch für Philologen zum Standard, mit unpubliziertem Material umzugehen. Aus diesem Grund hat Wilhelm Dilthey im Rahmen seines Projekts, die Geisteswissenschaften insgesamt zu modernisieren, neue Formen der Institutionalisierung von Archiven gefordert.[17]

Die Wertschätzung dieser Art von Quellenarbeit veränderte sich zudem nicht nur in diachroner Perspektive, sondern auch in synchroner Hinsicht: Weder bewegte sich jede Philologie noch jeder Teilbereich innerhalb der Philologien oder auch nur jede einzelne Philologin oder jeder einzelne Philologe in gleicher Distanz zum Archiv.[18] Dem neueren literaturwissenschaftlichen Archiventhusiasmus trat eine vehemente Kritik im Namen eines theoriegeleiteten Vorgehens entgegen, das sich von der Aura der Archivalien nicht verzaubern lassen möchte.[19] Schließlich: Selbst wenn sich ein Literaturwissenschaftler oder eine Literaturwissenschaftlerin zur Institution des Archivs in ein positives Verhältnis setzt, kann dies sehr Unterschiedliches bedeuten. So basierten Szondis Hölderlin-Interpretationen auf der genauen Auswertung der historisch-kritischen Ausgabe, er fügt aber in seine Studie »zur Entstehungsgeschichte des hymnischen Spätstils« zusätzlich zwei faksimilierte Handschriften ein, deren Originale, wie die Bildunterschrift erläutert, in der Württembergischen Landesbibliothek Stuttgart liegen.[20] Die Diskussion einer editorischen Entscheidung führt er dezidiert auf der Grundlage der »Faksimiles«.[21] Man könnte also sagen, dass Szondi seine Fähigkeit zur mikrophilologischen Detailanalyse durch den

Bezug aufs Manuskript beweist und insofern eine gewisse Archivnähe oder -affinität zeigt, aber die Institution selbst eben doch nicht in seine Arbeitsprozesse integriert hat.

Solche Differenzierungen gelten in ähnlicher Weise für die geschichtswissenschaftliche Wertschätzung von Archivarbeit. Die Pflicht dazu besteht nicht für alle, für jedes Projekt oder für jede Publikationsform in derselben Weise. Während der »Kult des Archivs« das Image der Disziplin prägt, machen viele Historikerinnen und Historiker ihren Studienabschluss, ohne ein Archiv von innen gesehen zu haben. Nicht nur Studierende, auch professionelle Geschichtswissenschaftlerinnen und Geschichtswissenschaftler unterhalten je nach Forschungsvorhaben eine mehr oder weniger intime Beziehung zu Archiven, je nach methodischen Vorlieben[22] und – um es noch trivialer zu machen – je nachdem, wie viel Zeit ihnen für eine Publikation zur Verfügung steht. Neben gattungssystematischen spielen hier auch gattungshistorische Unterschiede eine Rolle: So haben die Historiker des 19. Jahrhunderts ihre großen Gesamtdarstellungen auf der Grundlage von Archivalien verfasst, wohingegen Thomas Nipperdey seine *Deutsche Geschichte* schreiben konnte, ohne Archive zu besuchen. Programmatisch vertrat er ein historistisches Programm, zu dessen Ethos eigentlich die Nutzung von ungedruckten oder zumindest unbekannten und noch nicht ausgewerteten ›Primärquellen‹ zählt, hielt sich in der Praxis aber nicht daran. Nachdem Nipperdey seine Archivkompetenz in der Habilitationsschrift unter Beweis gestellt hatte, ließ er es damit gut sein.[23]

Auch wenn also das Verhältnis von Praktiken und Institutionen komplex ist und wechselt, ist es offenkundig für die Könnerschaft förderlich, sich in disziplinären Infrastrukturen aufzuhalten und dort zu interagieren. Empirische Belege liefern die Berufswege einer wenig untersuchten Personengruppe: In den letzten Jahren waren an deutschen Universitäten in den Geisteswissenschaften Tausende von studentischen Hilfskräften beschäftigt.[24] Ihnen eröffnen sich Interaktionsmöglichkeiten, die vor der Bildungsexpansion der 1960er Jahre vor allem im Seminarbetrieb normal waren: persönliche Beziehungen zu verschiedenen Gruppen des Hochschulpersonals, bei denen sich nicht zuletzt viele Anlässe für informelle Kommunikation ergeben (Klatsch, Tratsch, Lästereien etc.); privilegierter Zugang zu Arbeitsmitteln, etwa zu einem Büro, zur

Bibliothek, zum Kopiergerät oder PC; schnelle Rückmeldungen, die Forschung und Lehre verkoppeln, und vieles andere mehr.[25] Und gerade aus dieser Studierendengruppe rekrutieren sich auffällig viele Promovierende, denn sie können sich früher als ihre Kommilitoninnen und Kommilitonen berufliche Perspektiven an der Universität vorstellen.[26]

Solche Zusammenhänge verweisen zunächst auf die genetische Beziehung zwischen Praktiken, Institutionen und Organisationen: Institutionen gründen auf einem »Fundus von kommunikationslos angenommenen Selbstverständlichkeiten [...], den zu thematisieren das Interesse fehlt«.[27] Es handelt sich um das, was evident als gute, bewahrenswerte Praxis erscheint. Institutionen stabilisieren »Erwartungserwartungen«[28] und dienen dazu, »Konsens erfolgreich zu überschätzen«.[29] Eine wichtige Pointe dieses Institutionalisierungs- und Stabilisierungsprozesses besteht darin, dass Erwartungen auch kompetent enttäuscht und als solche produktiv weiterverarbeitet werden können – etwa in Schulstreitigkeiten, Theoriekontroversen, Debatten über die Zukunft eines Fachs oder überhaupt in Form von Innovationsangeboten, die durchaus radikal ausfallen können, ohne dass man sich um zu radikale Veränderungen sorgen müsste, weil es ein institutionalisiertes Widerlager der Praxis gibt.

Man sollte die genetische Beziehung also nicht so deuten, als gehe die wissenschaftliche Praxis als eher lose Konfiguration ihrer Verfestigung durch Institutionalisierung einfach voraus. Institutionen sind keine Behälter, in die man Praktiken füllt, man muss aber von Seiten der Praxeologie auch keine konzeptionelle Angst vor ihnen haben. Wenn sich konkrete Untersuchungen vor das Problem gestellt sehen, wie sie von einzelnen Praktiken zu größeren sozialen Zusammenhängen gelangen, ohne abstrakte Über- oder Unterbauten zu postulieren, bleibt häufig unbedacht, dass die Einzelpraktiken immer schon im Verknüpfungszusammenhang eines größeren sozialen Ensembles stehen, das sie vorbereitet, ermöglicht, begleitet und so weiter.[30] Wenn man Einzelpraktiken von institutionalisierten Ensembles analytisch ablöst, dann erscheint es zwar so, als bildeten sie »den Hintergrund und die Möglichkeitsbedingung« von Institutionen und als müssten sie diesen »›entgegenkommen‹«.[31] Eigentlich aber handelt es sich bei Institutionen um einen von vielen »Aggregatszustände[n]«,[32] in denen sich Praktikenbündel befinden.

Ähnliches lässt sich von Organisationen sagen: Sie kennen zwar explizite Eintritts-, Teilnahme- und Austrittsbedingungen. Im Unterschied zu einer Institution wie einer Praxis kann man ihnen qua Bescheid angehören oder auch von ihnen ausgeschlossen werden. An der Praxis einer Organisation kompetent Anteil zu nehmen, setzt allerdings ebenfalls Übung in informellen Routinen voraus. Das Interesse an Institutionen und Organisationen bildet also nicht *per se* eine analytische Alternative zum Interesse an der Praxis. Dies gilt zumal dann, wenn man bedenkt, dass soziale Prozesse nicht bei null anfangen, dass sie sich »zugleich situativ und transsituativ« vollziehen und über »stetig mitlaufende Verweisungshorizonte« verfügen, »auf die sie sich selektiv beziehen«.[33] Die Medien der Praxis weisen in eine ähnliche Richtung: Wenn eine soziale Situation durch gegenseitige Wahrnehmung begrenzt wird, dann ermöglichen telekommunikative Technologien erhebliche Zerdehnungen von »Prozesse[n] der Zuwendung und Abwendung«.[34] Ob man es dann etwa *noch* mit ›Interaktion‹ zu tun hat oder *schon* mit ›Gesellschaft‹, ist auch eine Frage der gestuften Teilnahme und Teilhabe an Situationen [→ Kap. 29]. Für eine historisch interessierte Betrachtung schließlich würde die Ausblendung der organisierten Seite von Wissenschaft praxeologische Perspektiven zu sehr einengen angesichts der globalen Tendenz, Universitäten primär von dieser Seite aus zu thematisieren, also Organisationspraktiken (und -fantasien) zu entwickeln, die – wie in x-beliebigen anderen Organisationen auch – die essentielle Bedeutung von Evaluationen und Akkreditierungen, von Zielvereinbarungen, der Formalisierung und Bürokratisierung und des Ausbaus einer Managementebene unterstellen.[35]

Bei allem Entgegenkommen: Für makrosoziale Phänomene bedeutet eine praxeologische Perspektivierung gleichwohl, dass auch sie in starker Weise situiert werden müssen und sich nicht unabhängig von ihren Vollzugswirklichkeiten begreifen lassen.[36] Wie ›Institution‹ oder ›Organisation‹ eignen sich Praxistheorien auch andere makrosoziologische Kategorien gestuft an, etwa die Konzepte der sozialen Felder oder kulturellen Lebensformen.[37] Im Sinn einer »flachen« Gesellschaftsontologie, die keine emergenten Phänomene jenseits von unterschiedlich komplizierten und komplexen »Bündeln« von Praktiken und »materiellen Arrangements« benötigt, um das Soziale zu beschreiben,[38] liegt keine Kluft zwischen Individuen und Interaktionen und sozialen Strukturen.[39] Vielmehr kann die Welt insgesamt von ihren Praktiken aus betrachtet werden, also im Blick auf die permanent zu leistende Durchführungsarbeit und das Zusammenspiel von Gewohnheit und Routine auf der einen, der manchmal gezielten, manchmal eher unbeabsichtigten Nutzung von Spielräumen auf der anderen Seite. Es geht insgesamt um Skalierungen (mehr oder weniger groß, dicht, geschlossen, dauerhaft, stabil etc.), die auch von forschungspragmatischen Entscheidungen abhängen.[40]

Dass dabei die Praxeologie großer Phänomene gerade für Ansätze mit »flachen« Ontologien ganz eigene Herausforderungen mit sich bringt, ist bereits kritisch vermerkt worden.[41] In den Fokus rückt damit die Frage, wie Transsituativität hergestellt wird,[42] mithin mittels welcher Praktiken, Technologien und Formate situationsübergreifende Zusammenhänge gestiftet werden [→ Kap. 34].[43] Ein Beispiel für ein kleines und unscheinbares Instrument, das in wiederkehrenden Präsenzveranstaltungen verwendet wird, um transsituative Verknüpfungen herzustellen, ist der Seminarplan. So benennt der Plan zu Szondis Hauptseminar über »Probleme der literarischen Hermeneutik« im Wintersemester 1965/66[44] selbstverständlich die Themen der einzelnen Sitzungen, führt aber auch an, wann Referate abgegeben und wann sie zu halten sind. Weitere Angaben betreffen Termine für die Anmeldung zum Seminar sowie für die Übernahme der Referate, die in der »Sprechstunde« verteilt werden, sodass diverse Zeitpunkte und Räume zueinander in Beziehung gesetzt werden.

Bestimmte Selbstverständlichkeiten, mit denen dieser Seminarplan aus der Mitte der 1960er Jahre rechnet, verlieren sich im Zuge der Debatte um die Reform der Universität. Als Szondi rund drei Jahre später, im Sommersemester 1969, eine »Einführung in die Methoden der vergleichenden Literaturwissenschaft« anbietet, verzichtet er dem allgemeinen Trend entsprechend auf die monologische Situation des Referats und skizziert neue Formen der seminaristischen Abstimmung von »›clock-time‹« und »›calendar-time‹« [→ Kap. 26]:[45]

Aufgabe des Seminars ist die Einübung in die Praxis des Textvergleichs und die Klärung seiner Voraussetzungen, seiner Methodik sowie seiner Funktion im Rahmen der genetischen und wirkungsgeschichtlichen Interpretation.

In den Sitzungen soll ohne Referate gearbeitet werden. Voraussetzung der sinnvollen Teilnahme ist die gründliche Vorbereitung auf jede Sitzung, evtl. in Arbeitsgruppen, die zu Semesterbeginn gebildet werden können. Es empfiehlt sich, die zunächst auf das Programm gesetzten Werke schon in den Semesterferien zu studieren. Hausarbeiten können im Anschluß an das Seminar geschrieben werden.[46]

Die Lektürearbeit wie die Schreibarbeit ist in großen Teilen in den Semesterferien vor und nach dem Seminar zu bewältigen.

Auch die Seminarpläne, die Friedrich Sengle zum Beispiel für seine Oberseminare entwirft, enthalten ein ganz spezifisches Verständnis, wie diese Veranstaltungsform die Aktivitäten ihrer Teilnehmenden orientieren und strukturieren soll und dabei mit dem übergreifenden Gefüge der Organisation Universität verbunden ist [Abb. 3[47]].

In Sengles Oberseminar wird noch um 1970 mit Referaten gearbeitet. Die Studierenden sind aufgefordert, ein Referat zu halten oder eine Rezension vorzustellen, zudem wird erwartet, dass sie alle Seminartermine besuchen. Auch von den Lehrstuhlmitarbeitenden wird verlangt, dass sie im Oberseminar anwesend sind und sich an der Diskussion der Referate und Rezensionen beteiligen. Überlieferte Protokolle legen nahe, dass sich neben Sengle vor allem die am Lehrstuhl engagierten Personen an den Diskussionen beteiligt haben dürften.[48] Sengle geht wie Szondi davon aus, dass sowohl die seminaristischen als auch alle anderen universitären Lehrveranstaltungen nur dann erfolgreich sein können, wenn die Semesterferien für studienrelevante Lektüren genutzt werden. In einer schriftlichen Erklärung wendet Sengle sich ausdrücklich gegen die Auffassung, dass die »vorlesungsfreie Zeit« als eine »Ferienzeit« anzusehen sei:

[…] das Universitätsstudium ist im Unterschied zum Schulunterricht so aufgebaut, daß der Student den größten Teil der Zeit im Semester und vor allem außerhalb des Semesters selbständig studieren muß. Diese selbständige Arbeit besteht z. B. in der Lektüre der speziellen Literatur, über die in den Vorlesungen und Übungen gesprochen wurde, im Durcharbeiten von Lehrbüchern, die den Stoff ganzer Semester zusammenfassen, und in der

Prof. Dr. F. Sengle: Oberseminar 1970/71. Themenplan.

30. 10.	Silvia Wach: Immermanns 'Münchhausen' (Stiluntersuchung).
6. 11.	Hans-J. Ruckhäberle: Flugschrif en um Büchner. Rez.: Joseph Strelka, Vergleichende Literaturkritik. (Hubert Fritz)
13. 11.	Karlheinz Hillebrecht: Die Funktion des Dialekts in der Literatur des Biedermeier. Rez.: Alberto Martino, Geschichte der dramatischen Theorien in der Aufklärung. (Wolfgang Proß)
20. 11.	Gisa Hanusch: Büchnerpreisträger seit 1951. Rez.: Günther Weydt, Nachahmung und Schöpfung. (Claus Richter)
27. 11.	Rez.: Streisand, Geschichtliches Denken von der dt. Frühaufklärung bis zur Klassik. (Wolf-Rüdiger Gauer). - Jenö Krammer, Ödön von Horvath. Leben und Werk aus internationaler Sicht. (Ingeborg Herd)
4. 12.	Winfried Bauer: Gotthelf und die Restauration. Rez.: Heinz-Otto Lichtenberg, Unterhaltsame Bauernaufklärung. (Hella Jäger)
11. 12.	Margarete Menke: Literatursoziologische Studien zu A. Schnitzler. Rez.: Romane vom Fliessband. (Reinhard Wimmer)
18. 12.	Rez.: Jörg Schönert, Roman und Satire im 18. Jh. (Max Bucher)
15. 1.	Richard Mellein: Heine und Wieland. Rez.: Helmut Koopmann, Das Junge Deutschland. Stg. 1970. (Claus Richter)
22. 1.	Wolfgang Proß: Jean Pauls Auseinandersetzung mit der Klassik.
29. 1.	Bruno Forstner: Otto Ludwig und die Grenzboten-Journalisten.
5. 2.	Helmuth Widhammer: Klassizistische Züge in der frührealistischen Literaturtheorie. Rez.: Franz Althaus, Ästhetik, Ökonomie, Gesellschaft. (Richard Mellein). - Texte der russischen Formalisten. Bd. I. (Georg Jäger & Wolfgang Proß)
12. 2.	Inge Bierlein: Gottfried Keller. Literaturbegriff. Politische Situation. M. Theunissen, Gesellschaft und Geschichte. (Klaus Zeller) Rez.

Weitere mögliche Rezensionen: Thomas A. Sebeok: Style in Language. New York, London 1960. - Erwin Leibfried: Identität und Variation. Texte Metzler 1970. - Reinhard Mielitz: Die Situation der Studienanfänger in der Philosophischen Fakultät. Göttingen 1970. - Ders.: Methodik des Geschichtsunterrichts. - Reinhard Wittram: Anspruch und Fragwürdigkeit der Geschichte. 6 Vorlesungen. Göttingen 1970.

Abb. 3: Friedrich Sengles Themenplan für das Oberseminar 1970/71.

Abfassung wissenschaftlicher Abhandlungen von der kleinen ›Seminararbeit‹ in Anfängerübungen bis zur ›Zulassungsarbeit‹ (zum Staatsexamen) und zur Doktorarbeit.[49]

So gesehen rechnen die Seminarpläne auch bei Sengle implizit immer mit einer intensiven Lektüreaktivität und Schreibarbeit, die weitgehend außerhalb des im Seminarplan terminlich abgesteckten Zeithorizonts stattfinden soll.

William Germano und Kit Nicholls haben in einer Studie über den »Syllabus« die Praxis dieses ebenso ubiquitären wie unauffälligen Dokumenttyps untersucht;[50] auch Rachel Sagner Buurma und Laura Heffernan greifen in ihrem vieldiskutierten Buch über das historische Archiv der literaturwissenschaftlichen Lehrpraxis auf diese Quellengattung zurück.[51] Der Seminarplan ist tatsächlich eine implizite Abmachung, die aus den Teilnehmenden erst eine Gruppe macht, die sich ein Semester lang gemeinsam einen bestimmten Gegenstand vornehmen wird. Er strukturiert die Zeit des Seminars und die Abfolge der Lektüren, er bestimmt obligatorische und fakultative Aktivitäten. Vor allem aber entwirft er den Bezugshorizont der gesamten Veranstaltung, dient während des Semesters also mehr oder weniger implizit als permanenter Bezugspunkt, der zusammenfassende Rückblicke und vorausgreifende Ankündigungen rechtfertigt – und der auch Raum für Abweichungen, Improvisationen und wiederholte Aktualisierungen lässt, die als solche dann aber trotzdem im Horizont des situationsübergreifenden Plans stehen. Ein Instrument transsituativer Praxis ist der Seminarplan auch deswegen, weil er das Seminar mit der Organisation Universität, der Struktur des Curriculums und den Erfordernissen der Evaluation von Studienleistungen verknüpft. Die Tatsache, dass Praktiken sich meist in beobachtbaren Szenen geteilter Aufmerksamkeit ereignen, bedeutet also nicht, dass eine praxeologische Perspektive das Soziale auf situative Sichtbarkeiten reduzieren müsste.[52] Ein alltägliches Papierstück wie der Seminarplan zeigt, dass situative Praktiken durch transsituative Formen der »Aufmerksamkeitsorganisation« verknüpft werden können und dass diese Formen auch materielle Spuren hinterlassen, die einer praxeologischen Rekonstruktion zugänglich sind.[53]

Um zum prinzipiellen Aspekt zurückzukommen: Man kann in einem Gefüge von Praktiken also jenen Bezügen nachgehen, die in Richtung von Organisationen führen. Bei Szondi wären dann stärker die bürokratischen Praktiken oder die Einbettung in administrative Zusammenhänge sowie das entsprechende Spektrum von Akteurinnen und Akteuren zu berücksichtigen. Ob und inwiefern die institutionalisierte oder organisierte Praxis für eine bestimmte Fragestellung relevant ist beziehungsweise welcher Aspekt der Praxis Vorrang haben soll, muss von Fall zu Fall geklärt werden. Somit liegt eine pragmatische Haltung nahe, die angesichts der »ontologischen Heterogenität« wissenschaftlicher Praxis für mikrosoziale Phänomene sensibel bleibt und sich gegenüber Abstraktionen tolerant verhält.[54]

Die Beziehung der Praxis zu situationsübergreifenden Phänomenen wie Institutionen oder Organisationen bereitet praxeologischen Programmen allerdings auch theoriestrategisch Kopfzerbrechen.[55] Um die Eigenständigkeit des Zugriffs zu behaupten, legen sie einerseits Wert darauf, dass das Soziale in jedem Moment in, mit und durch Praktiken realisiert werden muss, und betonen im Anschluss daran dessen Vielgestaltigkeit und Vollzugscharakter.[56] Dieser mikrosoziologischen Perspektivierung der Praxis steht eine strukturalistische und funktionalistische Tradition gegenüber.[57] Denn andererseits ist offenkundig, dass eine Praxis über latente Qualitäten verfügt und auch dann wiedererkennbar überdauert, wenn sie gerade nicht realisiert und aktualisiert wird. Um aus diesem Dilemma herauszukommen, ohne auf höherstufige Strukturen oder Systeme ›hinter‹, ›über‹ oder ›unterhalb‹ der Praxis zurückgreifen zu müssen, wird gern die Inkorporiertheit oder das *embodiment* von Praktiken betont. Das Körpergedächtnis bewahrt die vergangene Praxis, bereitet die zukünftige vor und ergänzt auf diese Weise die interobjektive »Verankerung« von Praktiken [→ Kap. 17].[58] Der Begriff der Routine spielte daher lange Zeit eine dominierende Rolle in praxeologischen Studien.[59]

Zu den kanonischen Beispielen für diese inkorporierte Macht der Praxis zählt das Fahrradfahren,[60] eine vertraute Könnerschaft, bei der es schwerfällt, genaue Rechenschaft über die Aneignung und Durchführung abzulegen – man kann etwas (*knowing how*), weiß aber nicht genau, wie es gemacht wird (*knowing that*).[61] Der Erwerb dieser Praktik erfolgt in einer Mischung aus Anweisungen und Übungen, und vermutlich würde es ohne Regeln genauso wenig klappen wie ohne die sich im Vollzug allmählich verbessernde Tätigkeit. Was aber bedeuten Anweisungen wie ›Halte den Lenker mit beiden Händen!‹, ›Setze dich auf den Fahrradsattel!‹ oder ›Tritt die Pedale gleichmäßig mit den Füßen!‹? Vermutlich handelt es sich um ein gutes Beispiel dafür, dass die eigentliche Pointe am impliziten Wissen nicht darin besteht, dass es sich *per se* der Explikation entzieht, sondern dass die Anwendung der Regel eingeübt werden muss und die Praxis daher tiefer reicht als die Theorie. Dies gilt freilich ›nur‹ in einer grundlegenden Weise, die für die Praxis nicht in jeder Situation relevant ist.

Die Inkorporiertheit von Praktiken bietet vielfältige konzeptionelle Vorteile: Man kann darüber gut den impliziten Charakter des Know-How, Tacit Knowledge etc. plausibilisieren – Körperbewegungen lassen sich nicht allein auf Grundlage verbaler Anweisungen, also ohne Vor- oder Begleitübungen[62] und ohne Imitationsangebote, vermitteln, ausführen und habitualisieren; man kann die Diversität der Praxis betonen – Körper sehen unterschiedlich aus, bewegen sich eigenartig und eigenwillig; und man kann am Präsenzcharakter und an der Spontaneität der Praxis festhalten. Körper sind Anwesenheitsmedien mit situationsabhängigen Performanzen. Und obwohl der Körper über ein verbal schwer oder nicht zugängliches ›Wissen‹ verfügt, sich mit hoher Abweichungswahrscheinlichkeit bewegt und für das Hier und Jetzt des Sozialen steht, prägen sich ihm Gewöhnungsprozesse so ein, dass er als träge Materie die routinierte Durchführung von Aktivitäten gewährleistet. Er bildet *prima facie* einen stabilen Anker in einer stark prozessualisierten und verzeitlichten Auffassung des Sozialen. Fasst man eine Praktik als eine »durch bestimmte implizite Wissenskriterien regulierte Form von Körperbewegungen« auf, ist einerseits für Wiederholung gesorgt, andererseits sind stets Verschiebungen möglich.[63]

Zwei Beobachtungen dazu: Für den praxeologischen Situationismus, Präsentismus und Momentanismus ist zum Ersten aufschlussreich, dass der Verweis auf die Körperlichkeit der Praxis häufig bemerkenswert abstrakt erfolgt. Es ist typischerweise nicht von diesem oder jenem Fahrradfahren in bestimmten Situationen die Rede, sondern vom Fahrradfahren an und für sich bei Gelegenheiten, die man sich irgendwie so ähnlich vorstellen kann.[64] Auch wir hätten in dieser nur scheinbar konkreten, eigentlich aber abstrakten Weise von Inkorporation, *embodiment* oder Habitualisierung reden können, als wir immer wieder auf die handgreiflichen Aspekte des geisteswissenschaftlichen Lesens und Schreibens oder auf den interobjektiven Charakter der Forschungsarbeit hingewiesen haben. Das Versprechen, das mit dem Bezug auf die Verkörperung einer situativ lokalisierten Praxis gemacht wird, wäre damit jedoch nicht wirklich eingelöst worden, weil dazu wesentliche Quellen und Daten fehlen.[65]

Zum Zweiten fällt auf, dass der Aspekt der Inkorporiertheit für praxeologische Studien – nicht zuletzt in historischer Perspektive[66] – lediglich für bestimmte Praktiken und in bestimmten Hinsichten auf die Praxis relevant ist.[67] Dies gilt auch konzeptionell: Umfassende Praxistheorien erklären die Verkörperung zwar für fundamental, thematisieren sie aber nur an bestimmten Stellen. In seiner für den Practical Turn grundlegenden Studie über Social Practices stellt etwa Theodore R. Schatzki den Körper ins Zentrum, wenn er die Beziehung zwischen »Mind« und »Action« in den Griff bekommen will. Sobald er die soziale Dimension stärker fokussiert, wechselt er jedoch das begriffliche Register und scheint zu vergessen, dass Körper für ihn zuvor von so großer (Theorie-)Bedeutung waren.[68] Ein ähnliches Problem lässt sich in der Praxistheorie Pierre Bourdieus beobachten, die die Körperlichkeit der Praxis in der mikrosoziologischen Habitustheorie ins Zentrum stellt, diese in der makrosoziologischen Feldtheorie aber streckenweise ganz aus dem Blick verliert.[69] Die Bezugnahme auf Körperlichkeit ist mithin perspektivisch durchaus fruchtbar, muss aber auch in ihrer theoriestrategischen Funktion gesehen werden. Sie wird wahrscheinlicher, je weniger man sich für die zirkulierende und verteilte Beweglichkeit von Praktiken interessiert, also für den Befund, »dass Praktiken nicht nur *von uns* ausgeführt werden, sondern auch *um uns herum* und historisch *vor uns* existieren«.[70]

25. Räume der Praxis

Aufgrund der Vernetzung von Praktiken haben wir es stets mit komplizierten Verhältnissen der Kopräsenz, Inferenz und Kompetenz zu tun, also ebenso mit Gegebenheiten vor Ort, mit intersituativen Verhältnissen[1] wie mit den Möglichkeiten von Situationen. Die Praxis des Körpers ist wie diejenige anderer Präsenzmedien in der Beziehung von Anwesenheit *und* Abwesenheit zu denken. Entscheidend für das Profil einer Praxis ist, wie sie das Gefüge moderiert, wie sie also lokalisiert oder globalisiert[2] und das Verhältnis von Performanz und Kompetenz bestimmt.[3]

Diese Vermittlungs- und Anpassungsleistungen müssen gerade auch in Lehrkontexten erbracht werden: Ob es sich im Fall der Kleist-»Übung«, die Szondi im Sommersemester 1960 angeboten hat [→ Kap. 19], tatsächlich um ein forschungsförmig abgehaltenes Seminar gehandelt und wie man sich die Lektüre- und Reflexionspraxis konkret vorzustellen hat, lässt sich allenfalls erahnen. Während andere Quellen die historische Seminarpraxis besser zugänglich machen, etwa die Sitzungsprotokolle, mit denen Szondi auf die pädagogischen Turbulenzen der 68er-Bewegung reagiert hat und mit denen wir uns im Folgenden befassen, bieten die Unterlagen zur Kleist-»Übung« nur wenige Hinweise auf deren Durchführung. Stattdessen finden sich erneut Indizien für die Infrastrukturen beziehungsweise für die unterschiedlichen Institutionen, die von Szondi für das Seminar in Anspruch genommen wurden.

Die von Szondi bei der Vorbereitung und wohl auch während der »Übung« genutzte Reclam-Ausgabe von Kleists *Amphitryon* weist von Anfang an Spuren einer textintern vergleichenden Lektüre auf [→ Kap. 20; Kap. 16, Abb. 1].[4] Dieser Umgang prägt zwar die gesamte Arbeit mit dem Drama, aber Szondi geht nur am Anfang ins Detail und zielt anschließend eher auf weiter auseinanderliegende, makrostrukturelle Korrespondenzen zwischen einzelnen Stellen. Diese Verfahren, den Text für die Interpretation zu strukturieren, werden durch weitere Problematisierungsverfahren ergänzt beziehungsweise zum Teil abgelöst. Dazu zählt neben der konventionellen Auszeichnung inhaltlich wichtiger Textstellen durch Unterstreichungen vor allem auch die Markierung intertextueller Bezüge zu anderen Texten. Aufschlussreich für Szondis Vorgehen sind dabei vor allem die Parallelen innerhalb von Kleists Werk. Es lässt sich rekonstruieren, dass Szondi für die Querbezüge auf Kleists Briefe an Wilhelmine von Zenge auf die von Helmut Sembdner erstmals 1952 herausgegebene, bis heute kanonische Werkausgabe zurückgegriffen hat.[5] Diese Ausgabe zitiert er zwar nicht im Molière-Kleist-Vergleich, dafür aber in der Habilitationsschrift,[6] während er parallel in einem handschriftlichen Zusatz des Vortragstyposkripts für den Habilitationsvortrag[7] sowie in der Zeitschriftenfassung auf die zweite Auflage der historisch-kritischen Kleist-Ausgabe von Georg Minde-Pouet, Reinhold Steig und Erich Schmidt verweist. Geht man der »Errata«-Liste nach, die Szondi im Buchdeckel der Reclam-Ausgabe notiert hat, führen die Spuren zu dieser Ausgabe.[8]

Szondi verwendete mithin zur Interpretation von Kleists Drama nicht nur weitere Werke, ihm standen auch unterschiedliche Ausgaben der Werke zur Verfügung, die er für unterschiedliche Praktiken parallel genutzt hat. Für die Arbeit in der Kleist-Übung erschien ihm offenbar trotz der Fehler die kostengünstige, leicht handhabbare Arbeitsausgabe von Reclam passend, und dies wohl auch deswegen, weil er sie ungehemmt annotieren konnte und weil die Studierenden sich diese Ausgabe leisten und leicht überallhin mitnehmen konnten: In Verlagsverhandlungen legte Szondi immer wieder Wert darauf, auf dem gerade entstehenden akademischen Taschenbuchmarkt mit kostengünstigen Büchern präsent zu sein, weil er das Kaufverhalten der Studierenden fest im Blick behielt [→ Kap. 13].[9]

Szondi richtete seine Aufmerksamkeit also auf mehrere Objekte, mit denen er unterschiedlich umging, die er aufeinander bezog und deren gruppenspezifische Verwendung er einkalkulierte. Diese Lektürepraktiken entsprechen nicht dem kulturellen Stereotyp des Lesers, der sich still und zurückgezogen auf ein einziges Buch konzentriert, sondern dem Bild des Geistesarbeiters, der stets eine Bibliothek benutzt, mit mehreren Büchern hantiert und sich diese lesend und schreibend aneignet. Die dominante Vorstellung von abgeschiedener und fokussierter Lektüre führt ohnehin in die Irre, weil sie die soziale Dimension unterschätzt, die den Umgang mit Büchern prägt. Szondi hat zudem genaue Vorstellungen zur Institutionalisierung seines Arbeitsbereichs und zur Bedeutung geisteswissenschaftlicher Infrastrukturen: In den Berufungsverhandlungen fordert er einen Übungsraum für 30 Personen sowie eine Bibliothek mit einer Grundausstattung von 30 000 Büchern und 60 Arbeitsplätzen [→ Kap. 24].

Szondi ging offenbar davon aus, dass wissenschaftliche Lektürepraktiken in Lehre und Forschung eine bibliothekarische Infrastruktur voraussetzen sowie ein bestimmtes Raumangebot mit einer bestimmten Arbeitsatmosphäre.[10] Räume haben in der Praxis eine lokale Komponente: Sie definieren einen bestimmten, abgegrenzten Ort. Sie weisen aber auch stets darüber hinaus, weil sie mit anderen Lokalitäten in Beziehungen stehen und über Ketten von Praktiken aufeinander verwiesen sind. Wie eine Praktik kommt auch ein Platz nie allein, sondern verbindet sich in der Praxis mit Serien, Zusammenhängen und Abfolgen von Plätzen in der Raumnutzung.[11] Und ebenso wenig wie Dinge einfach beliebig verwendet werden [→ Kap. 16], werden Räume zwar vielfältig, aber nicht beliebig genutzt, sondern legen bestimmte Nutzungen nahe – wenn man Erfahrungen gesammelt hat, welche Möglichkeiten die strukturierte und geordnete Verteilung von Dingen in einem bestimmten Kontext eröffnen. Auch so etwas wie Raumerfahrung lässt sich als Praktik auffassen, »die der Inkorporierung entsprechender kultureller Schemata und ihrer sinnlichen Sensibilitäten auf Seiten des Subjekts bedarf«.[12] Welche Bedeutung also haben Räume und Plätze für epistemische Praktiken?

Szondi forderte in den Berufungsverhandlungen, wie erwähnt, unterschiedliche Räume mit verschiedenen Funktionen. Allerdings lässt sich festhalten, dass er auch ohne diese Räume erfolgreich philologisch gearbeitet hat, dass also die Koppelung von epistemischen Praktiken an bestimmte Aufenthaltsorte nicht sehr strikt sein kann [→ Kap. 24]. Geisteswissenschaftliches Arbeiten ist typischerweise ›entgrenzt‹, weil es – zumal in Zeiten digitaler Zerstreuung – gerade nicht an die Experimentalordnung und damit an die fixe Räumlichkeit von Laboren gebunden ist.[13] Dies bedeutet aber keinesfalls, dass die Arbeit unabhängig von bestimmten Orten stattfindet, sondern dass ein kompliziertes Raummanagement zur Verfügung steht, um die vielfältigen Anforderungen des geisteswissenschaftlichen Alltags handhabbar zu machen. Feldstudien weisen darauf hin, dass etwa die ›eigene‹ Forschungstätigkeit und jene Aufgaben, die als Pflicht aufgefasst werden (z. B. Verwaltungspflichten), *nach*

Möglichkeit räumlich separiert stattfinden – Forschung platziert sich vornehmlich in privaten Arbeitsräumen, der Rest in institutionalisierten Büros. Für bestimmte Formen des geisteswissenschaftlichen Schreibens scheint eine intime, individuelle, auf bestimmte Arbeitsformen und wohl auch -projekte abgestimmte Anordnung von Dingen von besonderer Bedeutung zu sein. Dies hat Konsequenzen für die Bibliotheksnutzung: Dort wird typischerweise recherchierendes Lesen und Schreiben gepflegt, wohingegen die gezielte Ausarbeitung von Publikationen eher zu Hause stattfindet.[14] Insofern stimmt das Stereotyp also durchaus, erfasst aber nur einen Teil der Arbeit und verfehlt dessen prinzipielle Soziabilität.

Man muss es vorsichtig formulieren: (Räumliche) Infrastrukturen eröffnen Zugriffsmöglichkeiten, provozieren Zugriffsgewohnheiten und legen interpretatorische Vermittlungs- und Passungsarbeit nahe. Bibliotheken sorgen in diesem Zusammenhang auf ihre Weise für eine gewisse intersubjektive Verbindlichkeit und Plausibilität der Praktiken, die in ihnen ausgeführt werden. Es erscheint daher schlüssig, dass Szondi bei der Planung seines »Instituts« den größten Einzeletat für diese Institution vorsieht. Warum aber beantragt er finanzielle Mittel für eine eigene Büchersammlung? Könnte er in Berlin nicht auch die bereits vorhandenen Bibliotheken benutzen?

Die Einrichtung von Seminarbibliotheken zielt immer auch auf die Abstimmung unterschiedlicher Interessen. Als Szondi 1971 den Wechsel von der Freien Universität Berlin an die Universität Zürich plante, ging er in diesem Sinn auf den genannten Vorbehalt ein, um einen »Sonderkredit in Höhe von SFr 60 000,–« für den »Ausbau der Bibliothek des Seminars für Vergleichende Literaturwissenschaft« zu erwirken:

> Die vorliegende Liste geht von der Überlegung und der Erfahrung aus, daß eine effiziente und mit möglichst wenig Zeitverlust verbundene Arbeit in der Bibliothek eines komparatistischen Seminars nur dann möglich ist, wenn sie die wichtigsten literarischen, literaturtheoretischen und philosophischen Primärtexte der am Seminar vertretenen Sprachen, möglichst als Präsenzbibliothek, besitzt. [...] Daß die hier angeführten Werkausgaben in der Zentralbibliothek ebenfalls vorhanden sind sowie teilweise auch in jeweils einer der philologischen Seminarbibliotheken, spricht nicht gegen ihren Ankauf für die Bibliothek des komparatistischen Seminars. Denn die dort stattfindende Arbeit setzt das Nebeneinander der verschiedenen Lite-

raturen voraus. Sie kann also meist weder in einem der neuphilologischen Seminare, die jeweils nur eine Literatur vertreten, sinnvoll geleistet werden, noch in der Zentralbibliothek, die als Ausleihbibliothek einen großen Teil gerade der Primärtexte jeweils nur auf Vorbestellung hin bereitstellen kann, was einer kontinuierlichen und konzentrierten Arbeit recht abträglich ist.[15]

Selbst für den Fall, dass sich die Planungen für ein »Philologisches Zentrum« tatsächlich realisieren ließen und alle literaturwissenschaftlichen Bibliotheken an einem Ort zusammenkommen würden, erklärte Szondi die Anschaffungen für vertretbar, weil es sich um die »jeweils beste kritische Ausgabe der Werke der genannten Autoren handelt«, weil »bei der großen Anzahl von Studierenden auch Doppelankäufe zu verantworten« sind und weil das Vorhandensein mehrerer Exemplare auch die Ausleihe nach Hause ermöglicht, was »im Interesse der Arbeitsintensität liegt«.[16] Das ist eine schöne Pointe für das Zusammenspiel von An- und Abwesenheit [→ Kap. 27]: Die gut ausgestattete Bibliothekslandschaft mit komfortablen Arbeitsplätzen ermöglicht das Studium an unterschiedlichen Orten, darunter insbesondere auch im epistemisch vertrauten heimischen Arbeitszimmer.

Wo aber werden die Voraussetzungen dafür geschaffen, dass zu Hause ›intensiv‹ gearbeitet werden kann? Für die im Rahmen der Corona-Pandemie viel diskutierte Frage, inwiefern die Möglichkeiten zur Arbeit vom Home Office aus gerade auch in der Lehre intensiviert werden sollen, ist das eine entscheidende Frage. Hier lohnt ein Blick zurück in jene Zeit, in der das heute vertraute räumliche Setting geisteswissenschaftlicher Arbeit entstand: Als der Literaturwissenschaftler Wilhelm Scherer 1877 aus Straßburg an die Berliner Friedrichs-Wilhelms-Universität wechselte, fand er keine Seminarbibliothek vor. Diese Arbeitsumgebung verstand sich so wenig von selbst, dass sich lange Zeit nichts daran änderte. Erst 1884 nutzte Scherer eine ebenso traurige wie günstige Gelegenheit: Die Privatbibliothek seines gerade verstorbenen Kollegen Karl Müllenhoff stand zum Verkauf und sollte nun den Kern einer Seminarbibliothek bilden. Scherer verfasste dafür ein »*Promemoria* betreffend das Germanische Seminar«,[17] um das Ministerium von dieser Investition zu überzeugen, reflektierte dabei grundsätzliche Aspekte der philologischen Praxis und formulierte ein berühmt gewordenes Bonmot:

Mit Bibliotheken ausgestattete Seminare, in denen die vom Direktor aufgenommenen Mitglieder von Morgens bis Abends ungestört arbeiten können, in denen auch die vom Direktor geleiteten Übungen stattfinden, haben einen ähnlichen Vortheil für die philologischen und historischen Wissenschaften wie die Laboratorien für die Naturwissenschaften. Den Lernenden wird das Arbeitsmaterial selbst in die Hand gegeben.[18]

Der Vergleich von Labor und Seminar sowie von Natur- und Geisteswissenschaften ist verführerisch. Scherer behauptet jedoch nicht, dass Bibliotheken die Laboratorien der Philologien *sind*, sondern dass beide Räume und Institutionen »einen ähnlichen Vortheil« bieten – es geht mithin auch ohne diese räumlichen Bedingungen, nur eben nicht so gut. Insbesondere für die Unterweisung in »wissenschaftlicher U n t e r s u c h u n g« erscheinen Bibliotheken als günstige Orte, um sich »in der selbstständigen Forschung unter Anleitung des Lehrers« zu versuchen.[19] Worin genau besteht dieser »Vortheil« bei der Ausbildung eines Forschers?

Bibliotheksräume koordinieren intersubjektive und interobjektive Verhältnisse und bilden auf diese Weise »Szenen gemeinsamer Aufmerksamkeit«[20] aus. Sie versammeln unterschiedlich qualifizierte Akteurinnen und Akteure und viele Objekte, sodass ein komplexer, aber gleichwohl begrenzter Beobachtungsraum entsteht.

Endlich gewährt das Seminar die Möglichkeit, daß der Direktor, mitten unter den Büchern, die Mitglieder in den manchmal schwierigen und gar nicht von vornherein zu treffenden Gebrauche der litterarischen Hilfsmittel unterweise [...]. Es ist ein großer Unterschied, ob der Direktor einfach das richtige s a g t oder ob es der Schüler in Gegenwart des Direktors durch eigene Bemühung e r m i t t e l t, wobei nebenbei der Direktor Gelegenheit erhält, die vorhandenen Wörterbücher nach ihrer Zuverlässigkeit und speciellen Brauchbarkeit zu charakterisiren und durch die lebendige Thätigkeit, an welche sich seine Worte knüpfen, eine viel eindringlichere Belehrung zu ertheilen.[21]

Das praxeologisch entscheidende Wort lautet dabei »nebenbei«: Es macht mithin aus Scherers Blickwinkel den besonderen Wert des Praxisgefüges aus, dass bestimmte Aktivitäten beiläufig erfolgen – so wie es sich in einer Situation ergibt. Was im Seminar geschieht, ist also didaktisch gerade nicht vorab geplant beziehungsweise lässt sich gar nicht antizipieren. Scherer empfiehlt aber auch keine genialische Pädagogik, die den Dozenten von der sorgfältigen

Vorbereitung des Seminars entlasten würde. Er legt vielmehr Wert darauf, dass in der situationsspezifisch und nebenbei erfolgenden Vermittlung ein Gespür für die Spielräume, Kontingenzen und Überraschungen der Praxis mitgegeben wird, auf die man immer gefasst sein sollte. Solche Aktivitätsniveaus werden verfehlt, wenn man eine stark zielorientierte Auffassung von kognitiven Prozessen pflegt, die sich allein auf die überraschungsfreie Vermittlung von deklarativem Wissen, also von Informationen, konzentriert.

An diesem Punkt unterscheidet sich freilich Szondis Konzeption von derjenigen Scherers, denn beim Ausbauplan für die Zürcher Bibliothek für Allgemeine und Vergleichende Literaturwissenschaft konzentriert er sich ganz auf die »Ausgaben der Werke der wichtigsten Autoren der deutschen, französischen, englischen und italienischen Literatur und Philosophie seit der Renaissance«, wohingegen er für die »Sammlung von Sekundärliteratur [...] in erster Linie« die »Zentralbibliothek« in die Pflicht nimmt.[22] Gleichwohl ist für beide, für Scherer wie für Szondi, die Bibliothek die privilegierte Institution, um zu vermitteln, wie unterschiedliche Gegenstände zugleich und in Beziehung zueinander literaturwissenschaftlich aufgefasst werden sollen beziehungsweise wie sich erfahrene und geschickte epistemische Akteurinnen und Akteure im Umgang mit vielen epistemisch relevanten Objekten verhalten.

Seit den 1960er Jahren gerät die Bibliothek als fixiertes räumliches Setting freilich in vielen Hinsichten unter Druck: Mit der Etablierung des akademischen Taschenbuchmarkts [→ Kap. 13], der auch Studierenden den Erwerb von Arbeitsmitteln erleichtert, mit der Verbreitung des Kopiergeräts,[23] das ja auch Szondi für sein Institut anschaffen ließ [→ Kap. 24], lassen sich die von Scherer am Seminar situierten Zugriffsmöglichkeiten andernorts mit relativ geringem Aufwand strukturell ähnlich einrichten und arrangieren. Der eine Aspekt daran ist, dass erfahrene Wissenschaftlerinnen und Wissenschaftler davon berichten, wie wichtig ihnen der möglichst umstandslose Zugriff auf Arbeitsmaterialien und Informationen ist. Was aktuell wichtig genommen wird oder genommen werden soll, muss auch vorliegen, sonst gilt: Aus den Augen, aus dem Sinn.[24] Nähe ist hier – zumal später unter digitalen Bedingungen – kein bloß räumlicher Begriff, sondern bezieht sich auf ein medial vermitteltes Netzwerk, das unterschiedliche Orte und Institutionen verknüpft. Dieser Zugriff auf diverse Lokalitäten findet allerdings

– und das ist der zweite, überaus wichtige Aspekt – bevorzugt an einem bestimmten Ort statt, eben dem eigenen Arbeitszimmer als Ort des intensiven Austauschs.[25] Das emphatische Votum für die Entgrenzung und Delokalisierung wissenschaftlicher Arbeit (zum Beispiel der akademischen Lehre, die zu guten Teilen per Fernstudium absolviert werden soll) dürfte sich nicht zuletzt aus der Hoffnung speisen, das besonders effektive Arbeitszimmer so selten wie möglich verlassen und das Institutsbüro gar nicht mehr besuchen zu müssen. Nicht nur für Pendlerexistenzen dürfte es sich um eine attraktive Perspektive handeln.

Es fehlen Untersuchungen, welche pädagogischen Effekte Bibliotheksarbeit in den Geisteswissenschaften tatsächlich erzielt oder welche Praktiken dort vollzogen werden. Scherer jedenfalls erhoffte sich, vermutlich aufgrund der eigenen Bibliothekserfahrungen, dass der Aufenthalt an einer Lehr- und Forschungsinstitution mit langen Öffnungszeiten (»von Morgens bis Abends«) und einer konzentrierten Atmosphäre (»ungestört arbeiten«) ein bestimmtes Wissenschaftsethos vermitteln würde. Eine entscheidende Leistung der Bibliothek bestünde somit darin, dass sie die Arbeitserfordernis plausibel macht, weil epistemische Dinge in Bibliotheken als Teil eines Arbeitsgebiets und -zusammenhangs erscheinen: Man sieht, dass ein Buch nie allein dasteht und dass daher die Zumutung berechtigt ist, zum Verständnis eines Buchs viele andere Bücher sowohl nacheinander als auch in Bezug aufeinander zur Kenntnis zu nehmen. Weiterhin zeigt das Beispiel anderer erfahrener und geschickter Benutzer, deren Beobachtung sich in der Bibliothek kaum vermeiden lässt, wie schnell man mit einem Buch fertig werden oder wie lange man sich damit befassen sollte, wie viele Bücher auf einem Tisch liegen können, entweder im Stapel zum sukzessiven Abarbeiten oder nebeneinander zur parallelen Nutzung.

Ein besonderer Effekt der institutionellen Verknüpfung von Seminarpraxis und Bibliothek liegt also darin, dass dadurch der Umgang mit Anwesenden auf virtuelle Beziehungen abgestimmt wird. Die Bibliothek bietet, mit Scherer formuliert, »Orientierung auf dem Gesammtgebiete«[26] – oder anders: Sie suggeriert, dass es so etwas wie ein »Gesammtgebiet« überhaupt gibt, das materiell den Sinnhorizont [→ Kap. 2] konkreter Forschungsprojekte bildet und bestimmte Passungsanforderungen stellt. Dies gilt sowohl für den Untersuchungsgegenstand als auch für die disziplinäre

Gemeinschaft. Zu solchen aufwendigen Arbeitsleistungen gehört eine gewisse Frustrationstoleranz – viele Bücher werden ohne eindeutige Effekte gelesen, weil sie nicht den Eindruck erwecken, die Forschung voranzubringen. Und dazu gehört die Fähigkeit, ein Gespür dafür zu entwickeln, was – vielleicht zufälligerweise – relevant ist und was relevant sein oder werden könnte. Auch die Fähigkeit, Lücken der Bibliothek zur Kenntnis zu nehmen, also ihre Grenzen zu erkennen und dann andernorts weiterzuarbeiten, ist für deren kompetente Nutzung notwendig.[27]

Es verfehlt somit die bibliothekarische Aktivitätsfülle, wenn bei Bibliotheken allein »Leseplätze« gezählt werden. Tatsächlich finden sich dort »Arbeitsplätze«, die Szondi in seinem Papier für die Berufungsverhandlungen einplant. Diese Umgebung ermöglicht wie auch andere epistemisch relevante Räume eine Vielzahl an sozialen Kontakten, Beobachtungsmöglichkeiten und wissenschaftlichen Praktiken des Lesens und Schreibens. Darin dürfte einer der Gründe dafür liegen, dass Einführungen ins Studium in der Regel die Arbeit in der Bibliothek thematisieren.[28] *Wenn* ausreichend Erfahrung damit gesammelt wurde, *dann* verfügen Könnerinnen und Könner über ein transportables Repertoire an Know-How, das auch in anderen Arbeitsräumen zur Geltung gebracht werden kann. Daher geht die Mehrzahl erfahrener Geisteswissenschaftlerinnen und Geisteswissenschaftler, die selbst am liebsten zu Hause arbeiten, davon aus, dass die kompetente Organisation und Nutzung der privaten Arbeitsinfrastruktur am besten in der Seminarkommunikation vor Ort, im Kontext von Instituten und im Blick auf die Nutzung von Bibliotheken vermittelt wird.

26. Lehrveranstaltungen als Praxisgefüge

Als Wilhelm Scherer 1877 von Straßburg nach Berlin wechselte [→ Kap. 25], fand er auch deswegen keine Seminarbibliothek vor, weil es noch gar kein Philologisches Seminar gab. Was sich heute von selbst versteht, war vor rund 150 Jahren eine antrags- und begründungsbedürftige Innovation. Das Seminar hat sich erst im späten 18. Jahrhundert an deutschen Universitäten zunächst in der Altphilologie institutionalisiert und wurde von dort in andere Fächer und Länder exportiert.[1] Es handelte sich von Anfang an um ein hybrides Gebilde: Ein Seminar bildete eine organisatorische und bürokratische Einheit und ein Ensemble von Räumen, die für besondere Arbeitsformen vorgesehen waren. In diesem Rahmen richtete sich dann auch das Seminar als Veranstaltungsform ein. Es verfügte über eine informelle, flexibel gestaltete Seite, aber auch über eine stark bürokratisierte Dimension, wenn es um Zugangsberechtigungen und vor allem um den angeschlossenen Prüfungsbetrieb ging.

Das Seminar in diesem umfassenden Sinn verstand sich im späten 18. und im 19. Jahrhundert als elitäre Einrichtung, in der besonders begabte Studierende, die ins Lehramt strebten, selbst wissenschaftlich aktiv waren und sich »auf ein *einzelnes* relativ klar umrissenes wissenschaftliches Fachgebiet« konzentrierten.[2] Seminaristen genossen gegenüber ihren Kommilitonen einige Vorteile: Neben finanzieller Unterstützung zählte dazu vor allem die Möglichkeit, die Seminarbibliothek zu nutzen.[3] Gegen Ende des 19. Jahrhunderts entwickelte sich das Seminar dann von einer Veranstaltungsform und Institution für wenige zu einer Lehr-Lern-Umgebung für alle.[4] Das war durchaus nicht im Sinn der Erfinder. Damals wie heute koinzidiert die Steigerung von Studierendenzahlen mit der Klage, die Neulinge verfügten nicht mehr über die Eignung zum wissenschaftlichen Arbeiten.[5]

In den meisten Berufungsverhandlungen stehen die grundlegenden Elemente eines Seminars wie bei Szondis Institutsplanungen zur Debatte [→ Kap. 24]: Räume, Personal, Bibliotheksausstattung, Arbeitsgeräte, Budgets. Diese Posten stehen mit diversen Aktivitäten in Beziehung: An Seminaren wird verwaltet, geforscht und gelehrt; dort arbeiten mehr oder weniger kompetente sowie für unterschiedliche Arbeiten qualifizierte Personen zusammen, die verschiedene Positionen auf der akademischen Karriereleiter besetzen und sowohl wissenschaftlichen als auch wissenschaftsunterstützenden und nichtwissenschaftlichen Tätigkeiten nachgehen. Sie interagieren zudem mit diversen Arbeitsmitteln und -medien, für deren Betreuung zum Teil spezielle Kompetenzen (etwa die einer »Bibliothekarin«) notwendig erscheinen. Es müssen mithin von allen Seiten erhebliche Vermittlungs- und Passungsleistungen erbracht werden – was der Verwaltung gut tut, kommt der Forschung nicht unbedingt gelegen.

Dass das Seminar nicht nur eine Verwaltungseinheit sowie ein räumliches, personales und mediales Setting bezeichnet, sondern zugleich ein Lehrformat, leuchtet insofern ein, als die organisierte, regelmäßige Zusammenkunft von Lehrenden und Lernenden die größte Aktivitätsdichte und -fülle aller akademischen Veranstaltungen im Bereich der Geisteswissenschaften aufweist [→ Kap. 19]. In diesem Kontext tun diverse Akteurinnen und Akteure mit durchaus abweichenden Interessen vieles gleichzeitig und aneinander anschließend: schreiben, diskutieren, zuhören, schweigen, tuscheln, nachdenken, lesen, referieren, qualifizieren, rumhängen etc. Dieser Arbeitszusammenhang vermittelt besonders reichhaltig, was alles möglich ist, wo Grenzen gezogen werden sollten, welche Praktiken sinnvoll kombiniert werden können, wo Abweichungen förderlich oder sogar erfordert sind. Im Seminar wiederholen und bündeln sich damit viele der Vermittlungsleistungen, die für Institute insgesamt charakteristisch sind: Auch hier wird geforscht, gelehrt und – etwa im angeschlossenen Prüfungsbetrieb – verwaltet.

Eine als ›Institut‹ organisierte Praxis verweist somit erneut darauf, dass sich der Sinn von Praktiken nur dann erschließt, wenn man einbezieht, was zuvor passiert ist, was danach und was gleichzeitig geschieht – oder anders: Man versteht das ›Wozu‹ und ›Warum‹ von Lehr- und Lernpraktiken ebenso wie von Forschungspraktiken nur dann, wenn man die Präsenz in einem zeitlich und sozial gedehnten, räumlich situierten Arbeitszusammenhang verfolgt.[6] Erst in diesem Kontext erscheint evident, worauf sie sich gerade eben jetzt beziehen und warum sie dies tun.

Die praktische Komplexität des Seminars als Lehrformat machte es möglich, dass diese Veranstaltungsform die Kritik an der Institution ›Universität‹ während der Studentenrevolten relativ gut überstand. Es galt im Prinzip als demokratisierungsfähig, wohingegen die Vorlesung die intellektuelle Diktatur der Ordinarien verkörperte.[7] Nicht jede Form von Anwesenheit also erweist sich für die Beteiligten als gleich gut. Dabei zeichnen sich jene modernen Lehrformate und -usancen ab, die auch heute das Bild der universitären Ausbildung bestimmen: Szondi reagierte auf die studentischen Vorbehalte gegen didaktische Gewohnheiten schnell und flexibel, weil sie seinen pädagogischen Intuitionen entgegenkamen.[8] Er sagte eine für das Sommersemester 1969 geplante Vorlesung aufgrund von Bedenken gegen die »monologisch[e]« Abhandlung ab und machte das »Thema« stattdessen zum »Diskussionsobjektgegenstand« – die Kritik an vorgetragenem Wissen kam offenbar zunächst von ihm selbst, dann auch von seinen »Assistenten und Doktoranden«.[9] Als neues Format führte er das »Colloquium« ein und verknüpfte damit die Idee einer bestimmten Arbeitspraxis beziehungsweise eines Gefüges von Praktiken. Er zielte auf einen »zwingenden Zusammenhang« von vier »Tätigkeiten«, die »die Arbeit des Hochschullehrers ebenso charakterisieren wie die des Studenten«: »Lesen, Reflexion, Diskussion, Schreiben«.

Szondis pädagogische Vision verweist mit der Rahmung des Reflektierens und Diskutierens durch das Lesen und Schreiben zunächst auf die Relativität von Anwesenheit beziehungsweise darauf, dass die Universität als institutionalisierte Moderation von Anwesenheit und Abwesenheit angemessen begriffen werden kann. Dabei ist der Bedarf an Abwesenheitskompetenz im Lauf der Zeit zweifellos gestiegen: In vielen geisteswissenschaftlichen Fächern konnte man bis weit ins 20. Jahrhundert an der Fiktion festhalten, man ›kenne‹ den Betrieb oder sei mit ihm ›vertraut‹. Bis etwa um 1930 standen solche gewagten intellektuellen Operationen vielleicht noch auf einer soliden Grundlage, denn bis zu diesem Zeitpunkt war es durchaus möglich, mit einem großen, aber bewältigbaren Lesepensum von etwa 500 bis 700 Seiten pro Woche alles zur Kenntnis zu nehmen, was in einem Fach wie Geschichte, Klassische Philologie, Kunstgeschichte oder Philosophie publiziert wurde.[10] Danach stieg das Publikationsaufkommen erheblich an und explodierte nach dem Zweiten Weltkrieg. Den konkreten Überblick zu behalten, war jetzt allenfalls in Spezialgebieten möglich. Während sich zuvor lesend – also in der Kommunikation unter Abwesenden

– eine gewisse Vertrautheit und der Eindruck von Nähe auf Grundlage von Lektüre einstellen mochte, verlor die Welt der *Academia* definitiv auch diese Form von »face-to-face quality«.[11] An die Stelle eigener Lektüre musste nun die Vermittlung über Bibliografien, Abstracts, Rezensionen, Forschungsüberblicke oder – in jüngerer Zeit – digitale Plattformen und Social Media treten, die andere Zugänge zur Forschungslandschaft und neue Formen des Überblicks ermöglichen und dabei nicht auf umfassenden, sondern auf selektiven Zugang setzen. Was also meint es unter diesen Bedingungen, die Universität zumal im Blick auf die Lehre als Anwesenheitsinstitution zu verstehen?

Zunächst muss man betonen, dass es sich beim Seminar eigentlich um eine kontraintuitive Einrichtung handelt: Es trat seinen Siegeszug als Garant intensivierter Präsenz in einer Zeit an, in der die Voraussetzung zum Verzicht auf Anwesenheit mehr denn je gegeben war. Nicht nur »angesichts heutiger Medien«,[12] wie das nordrhein-westfälische »Hochschulzukunftsgesetz« von 2014 behauptete, sondern bereits vor 150 Jahren hätte man auf die Idee kommen können, »dass sich die Einübung in den wissenschaftlichen Diskurs« auch ohne Anwesenheit von Lehrenden und Lernenden bewerkstelligen lässt. Der Alphabetisierungsgrad stieg parallel zur Einführung seminaristischer Praktiken permanent an. Schriftliche Kommunikationsangebote standen massenhaft und kostengünstig in Formen von Büchern, Zeitschriften und Zeitungen zur Verfügung. Allerdings war das Vertrauen in erschließende und vermittelnde Einführungsliteratur, die heute in allen Studiengängen boomt, noch nicht ausgebildet – für diese Art von Instruktion hat man sich insbesondere auf das Format der Vorlesung verlassen. Für immer mehr Menschen öffneten sich im Verlauf des 19. und frühen 20. Jahrhunderts die Zugänge zu Bildungsangeboten, die an relativ beliebigen Orten und zu individuell passenden Zeiten autodidaktisch angenommen werden konnten. Warum also entfaltete das Seminar gerade in dieser historischen Phase seine pädagogische Evidenz?

Mit Szondi lautet die Antwort: Es geht in der Lehre darum, Vermittlungsformate zu finden, die geisteswissenschaftliche Praxis als Gefüge von Praktiken im Kontext der universitären Infrastruktur vermitteln. Eben dieser »zwingende[] Zusammenhang«, so Szondi, hat in der Vorlesung keinen Platz: Bereits der Name der Veranstaltung weist darauf hin, dass der Vortragende den Zuhörenden »die Arbeit des Lesens« abnimmt und dass sich auch »Vorlesung und Diskussion« kaum vereinbaren lassen – »neuerdings ›eingeplante‹ Diskussionen (jede 3. Stunde z. B.)«, so bemerkt Szondi mit einem Seitenhieb auf den Umgang mit den Studierendenprotesten, hätten »die Tendenz, zu Fragestunden zu verflachen; will ein Student mal diskutieren, wenn es nicht vorgesehen ist, so kann ihm passieren, dass einige Wochen später der Staatsanwalt wegen Beamtennötigung gegen ihn ermittelt«.[13]

Interessanter fallen die Überlegungen zur »Reflexion« und zum »Schreiben« aus. Szondi betont die handwerkliche Seite des Nachdenkens, indem er Reflexion als Effekt des Umgangs mit Büchern und Aufsätzen konzipiert, genauer: der Möglichkeit, »inne[zu] halten«, »zurück[zu]blättern«, das Gelesene zu »überprüfen« und mit dem, was man in anderen Büchern oder Aufsätzen findet, zu »konfrontieren«. Man sieht gut, dass Szondi das Ideal des philologischen Lesens, wie Nietzsche es eindrucksvoll beschrieben hat [→ Kap. 20], in der Lehre vermitteln will und dabei auch die Vorlesung mit der bibliothekarischen Infrastruktur verknüpft. Vor allem aber beschreibt Szondi den Vorgang der wissenschaftlichen Lektüre als aktiven Prozess und bezieht dabei intellektuelle und körperliche Bewegungen aufeinander.

Die höchste Eigenaktivität und epistemische Effektivität und damit auch die größte Nähe von Forschung und Lehre bescheinigt Szondi freilich nicht dem Lesen, sondern dem Schreiben:

> Was nun das Schreiben betrifft, das Ausarbeiten von Thesen, Referaten, so ist es dem Vorlesungsbetrieb ebenfalls fremd und vielleicht kann man die Behauptung wagen, dass Dissertationen viel eher aus Seminaren als aus Vorlesungen hervorgegangen sind, weil nämlich der Student und künftige Doktorand im Seminar bereits aktiv mitarbeitet, während die Vorlesung ihm eher suggeriert, das Thema sei die Privatdomäne des Professors, dessen Werk mit der Vorlesung in einer 1. Fassung sozusagen schon vorliegt.[14]

Dass der akademische Unterricht so direkt an der Forschungsanbahnung gemessen wird, erklärt sich auch daraus, dass das Studium der Allgemeinen und Vergleichenden Literaturwissenschaft nicht auf das Lehramt vorbereitet.[15] Zudem war zu Szondis Zeiten die ›grundständige‹ Promotion noch üblich – in der Studienordnung wird eigens festgehalten: »In Ausnahmefällen wird auf Grund hervorragender Seminarreferate beziehungsweise Hausarbeiten auch ohne diesen Zwischenabschluß [Magister, S.M./C.S.] ein Dissertationsthema vergeben.«[16] Für das »Colloquium« wird organisatorisch weiter nachjustiert, um die Arbeitsintensität zu erhöhen: Szondi bezieht die Teilnehmenden in die Semesterplanung ein; er lässt die Diskussionen protokollieren, sodass dem Seminar seine Diskussionsaktivitäten zurückgespiegelt werden können; zudem gibt er die Gesprächsleitung in jeder Sitzung an eine andere Person aus dem Kreis der Promovierenden oder Mitarbeiterinnen und Mitarbeiter ab.[17]

Szondi reagierte mit der Verteilung und Delegierung von Aktivitäten auf die Studierendenproteste. Einen Eindruck von einem ganz anderen Typus von Seminar vermittelt Klaus Reichert in seinen Erinnerungen an Szondis Veranstaltung zu Hegels »Ästhetik« im Wintersemester 1960, die offenbar mit der Gesprächssituation des Colloquiums nur die Passagen des Schweigens gemeinsam hatte:

> Das Seminar war klein, etwa 20 Teilnehmer, später 8 bis 10. Ein Hüne von einem Mann betrat den Raum, dunkel gekleidet, dunkel verschattet das Gesicht unter einer schon grauen Löwenmähne, er wirkte bei fast bulliger Gestalt trotz der Grösse wie vornübergebeugt, hätte er nicht gelegentlich unvermittelt das Haupt gen Himmel gereckt wie zu Saturn, die Stimme aus dem Koloss war leise, nicht zart, fast tonlos, dabei bestimmt und unwidersprechbar, obwohl er lieber über den Büchern gesessen hätte, als Worte von sich zu geben in der Nicht-Gesprächs-Situation seines Seminars. 200 Seiten Hegel waren von Woche zu Woche zu lesen und von einem Teilnehmer zu referieren, woraufhin Szondis ›Was sagen Sie dazu?‹ oft mit minutenlangem Schweigen – seinem, unserem – ausgehalten wurde. [...] Der schweigsame, in sich gekehrte Lehrbeauftragte [...] hatte eine Aura wie einen ehrfurchtgebietenden Schutzraum um sich, die einen seine Übersensibilität und gleichzeitig seine erst durch weniges beglaubigte Bedeutung ahnen liess, auch seine nicht in Frage stellbare Autorität.[18]

Das Modell des »Colloquiums« war von Szondi gewiss gut gemeint, erweckte aber offenbar zu große Hoffnungen. Nach etwas mehr als einem Monat wurde sein »Vorschlag« angenommen, »eine Kritik des Colloquiums und seiner Arbeit im Kreise aller Colloquiumsteilnehmer vorzunehmen«.[19] Zwar bestand Einigkeit darüber, dass die »schlechte Seminartradition [...], bei der nur eine Minderheit aktiv ist«, aufgehoben werden sollte, aber mit der Durchführung des Colloquiums waren die Teilnehmenden aus ganz unterschiedlichen Gründen unzufrieden. Beklagt wurde etwa der »Niveauunterschied«, der dazu führte, dass die »Fortgeschrittenen« die Diskussion beherrschten und sich die »verschiedensten Benjaminzitate zuspielten«. Ein anderes Defizit lag in der unerfahrenen Gesprächsführung, die dazu tendierte, die Diskussion zu zentralisieren – die »Leiter«, so Szondi, müssten den »Fehler vermeiden [...], auf jedes Votum unmittelbar selbst zu antworten«.[20]

Die meisten Verbesserungsvorschläge zielten, wie bereits erwähnt [→ Kap. 19], auf eine striktere Vorbereitung durch Leitfragen und -thesen, um auf diese Weise eine klar fokussierte, ergebnisorientierte Seminardiskussion unabhängig von individuellen Vorkenntnissen zu ermöglichen. Letztlich näherte sich die Diskussion jedoch der Selbstauflösung des Colloquiums: Nicht nur regte ein Teilnehmer an, Szondi möge doch zu Beginn der Veranstaltung auf Grundlage von Vorlesungsmanuskripten einen »viertelstündigen Vortrag« halten – sein Erkenntnisinteresse bestehe nämlich schlicht darin, »zu erfahren, was Herr Szondi zu dem Thema des Colloquiums zu sagen habe«.[21] Ein anderer Diskutant stellte zudem zur Debatte, ob das Colloquium unter den gegebenen Umständen überhaupt dazu geeignet sei, die Vorlesung zu ersetzen.[22] Letztlich wurde der Vorschlag angenommen, die »nächste Sitzung zur Organisationsdebatte zu benutzen«, also eine »Generaldiskussion über die Organisation und die Arbeitsweise des Colloquiums« zu führen.[23]

Szondis Idee, dass man in der konkreten Textarbeit gemeinsam Interpretationsperspektiven entwickelt, dass also die epistemischen Dinge selbst für eine geordnete, fruchtbare Diskussion sorgen, wenn man nur richtig mit ihnen umgeht, kollidierte mit den Erwartungen der Teilnehmenden. Als »Herr Schivelbusch« das »Problem des mangelnden Praxisbezugs am Colloquium« aufwarf, entgegnete Szondi, »die Praxis des Literaturwissenschaftlers seien literaturwissenschaftliche Untersuchungen, fände also in den Seminaren statt, für die das Colloquium nur eine Ergänzung darstellen solle«.[24] Die Situierung philologischer Praxis im Seminar greift aber offenbar zu kurz, denn wozu bräuchte Szondi sonst ein Colloquium? Entscheidend ist daher der Hinweis, dass die Komplexität der wissenschaftlichen Praxis, wie sie Szondi als Ideal in typisch geisteswissenschaftlicher Manier vor Augen steht, nur in der Kombination unterschiedlicher Formate vermittelt werden kann, die jeweils bestimmte Bündel von Praktiken bevorzugen. Letztlich erwies sich daher auch die Vorlesung als weiterhin relevanter Veranstaltungstyp mit spezifischen Leistungen und Funktionen: Szondi bot bereits im Sommersemester 1970 wieder eine Vorlesung an, allerdings »mit Colloquium«.[25]

Obwohl Szondi das Colloquium nur als »Ergänzung« zum Seminar verstand, orientierte er sich eigentlich am historisch ursprünglichen Format des Seminars: Das Berliner Institut für Allgemeine und Vergleichende Literaturwissenschaft war eine akademische Enklave mit elitärem Anspruch[26] – Szondi wirkte auf einige Studierende als »Furcht einflößende Autorität«, andere schätzten seine Unterstützung und den engen Austausch.[27] Die Verhältnisse waren überschaubar, weit entfernt von der Anonymität der Massenuniversität, die in den 1960er Jahren parallel entstand. Die Ausbildung konzentrierte sich auf die Forschungsfähigkeit oder Forschungsbefähigung. Offenkundige »Niveauunterschied[e]« sollten durch erhöhte Eigenaktivität ausgeglichen werden. Auf den Vorschlag, dass sich die Diskussion nur auf Werke beziehen sollte, die zuvor als relevant genannt worden waren, entgegnete Szondi: »[B]ei genauer Angabe der zitierten Stelle« habe »jeder die Möglichkeit [...], das Zitierte bis zur nächsten Sitzung nachzulesen. Gewisse Stellen auf Grund von anderen besser verstehen zu suchen, sei eine philologische Aufgabe.«[28]

Wer also die institutionelle Infrastruktur nicht ausnutzen und das entsprechende Gefüge von Praktiken nicht realisieren wollte, war ebenso fehl am Platz wie derjenige, der nicht dazu bereit war, strukturelle Überforderung durch Temporalisierung zu bewältigen, also momentane Verständnisschwierigkeiten im Seminar als Gelegenheit zu begreifen, nach dem Seminar in Aktion zu treten. Die Colloquiumsteilnehmer hatten insofern zu hohe Erwartungen an das innovative Lehr-Lern-Format, als bei entsprechender Vorbereitung alles Relevante während der Veranstaltung, mithin im Präsenzbetrieb, geschehen sollte. Der »zwingende[] Zusammenhang« von »Tätigkeiten«, den Szondi ins Zentrum seiner Überlegungen stellte, verband jedoch mit Praktiken des Lesens, Reflektierens, Diskutierens und Schreibens eine »gesellschaftliche Syntax« [→ Kap. 2], die Kommunikation unter Anwesenden und Abwesenden aufeinander abstimmte.

Als Szondi nach einem kurzen Intermezzo im Sommersemester 1970 wieder eine Vorlesung anbot, verknüpfte er sie dann auch mit einem »›Colloquium‹«. Dieser erneute Versuch, »die Monologie der traditionellen Vorlesung zu durchbrechen«, zielte darauf ab, »das Gespräch, die Kritik, die Revidierbarkeit der sogenannten Lehrmeinung zu institutionalisieren«:

> Das soll in der Weise geschehen, dass Sie alle, meine Damen und Herren, gebeten sind, Ihre Fragen, Einwände, ergänzenden Bemerkungen und abweichenden Ansichten zunächst in schriftlicher Form einzureichen, wobei ich Sie ebenfalls bitten möchte, dabei möglichst die Textstellen in den behandelten ästhetischen Schriften genau anzugeben, auf deren Auslegung in der Vorlesung Ihre Fragen und Einwände sich beziehen.[29]

Szondi verknüpfte die Vorlesung als Anwesenheitsinstitution mit Medientechniken, die die Kommunikation unter Abwesenden ermöglichten. Aus dieser Perspektive zeigt sich die Universität insgesamt zwar als Anwesenheitsinstitution. Offenbar legt die Scientific Community großen Wert auf die kopräsente »Gemeinschaft« der »Lehrenden und Lernenden« und lässt sich nur schwer von der Überzeugung abbringen, dass insbesondere die Möglichkeit zur wechselseitigen Beobachtung aller Beteiligten der »Verfasstheit komplexer intellektueller Lernprozesse« angemessen ist.[30] Bereits die essentielle Verknüpfung von Bibliotheks- und Seminararbeit [→ Kap. 25], die Nutzung des Seminars zur Einübung wissenschaftlichen Schreibens [→ Kap. 19] oder die prinzipielle Publizität geisteswissenschaftlicher Forschungsarbeit [→ Kap. 17] zeigen jedoch, dass das Seminar nur dann einleuchtet, wenn es in längere Verkettungen von Praktiken eingebunden wird. Was also ›vor Ort‹ in der Praxis meint, wird auch von dem bestimmt, was sich in Bezug darauf andernorts abspielt. Akteurinnen und Akteure erscheinen aus dieser Perspektive als Mediatoren von Beziehungsgefügen.[31] Oder mit Stefan Hirschauer auf einen Merksatz gebracht: »Handlungen haben Urheber, Praktiken Träger oder Teilnehmer.«[32]

Ein unscheinbares Zeichen, das Szondi für diese stets über das Seminar hinausweisende Dynamik setzte, bestand in den Rekapitulationen, die er in seine Lehrveranstaltungen immer wieder einbaute. Solche Rückverweise sind, anders als man auf den ersten Blick vielleicht glaubt, nicht für diejenigen gedacht, die in der letzten Sitzung nicht anwesend waren. Wer nämlich das vergangene Geschehen nicht miterlebt hat, dürfte solche kompakten, andeutungsreichen Informationen schwer verstehen, weil sich nicht vermitteln lässt, wie man zu bestimmten Aspekten gekommen ist. Sie tragen jedoch zur Konstitution der Seminargemeinschaft bei. Für dieses Kollektiv sind Personen relevant, die jetzt anwesend sind *und* zuvor anwesend waren [→ Kap. 27].[33] Lehrveranstaltungen sind Ereignisse, die seriell organisiert sind und auf unterschiedliche Weise vertikale (»›clock-time‹«) und horizontale Strukturen (»›calendar-time‹«) aufweisen.[34] Institutionalisierungen der Praxis wie Seminare oder Tagungen, aber auch Orte wie Bibliotheken, Archive und andere ›Arbeitsplätze‹ und ›Arbeitsräume‹ wirken als Anwesenheitsinstitutionen vor allem deswegen erkenntnisfördernd, weil sie ermöglichen, auf komplizierte und komplexe Handlungs*abläufe* sowie Handlungs*zusammenhänge* zurückzukommen[35] und damit dem Wiederholungscharakter der Praxis gerecht zu werden [→ Einleitung, Kap. 17 u. 24]. Dies bedeutet auch: Es wäre verkehrt, Anwesenheitsinstitutionen oder gar die Praxis generell allein von ihrer Präsenz her zu deuten.

27. Praxis und Präsenz

Szondi versuchte also, mit reformierten Varianten des Seminars und der Vorlesung einen »zwingenden Zusammenhang« von »Tätigkeiten« zu institutionalisieren und dabei Formen des gemeinsamen und einsamen Arbeitens aufeinander abzustimmen. Er zielte damit ins Zentrum der räumlich und zeitlich disparaten Praxis der Geisteswissenschaften. Tatsächlich sind Wissenschaftlerinnen und Wissenschaftler zwischen verschiedenen Arbeitsorten unterwegs, und da sie nicht über die Fähigkeit der Bilokation verfügen, geht die körperliche Anwesenheit an einem Ort mit der körperlichen Abwesenheit an einem anderen einher, ohne dass sie damit aus der geisteswissenschaftlichen Praxis vor Ort austreten würden. So forderte Szondi in den Berufungsverhandlungen mit der Freien Universität Berlin [→ Kap. 24] nicht nur finanzielle Mittel, die ihm ein Leben vor Ort ermöglichen – ein »Darlehen für die Wohnung«, »Umzugskosten (Bücher als Luftfracht)«. Er dachte auch daran, wie er Berlin zumindest temporär wieder verlassen könnte, und kalkulierte »2000 DM permanent« als »persönliche[n] Reisefonds« ein.[1]

Ein kursorischer Blick auf beliebige Aspekte des Wissenschaftsbetriebs belegt, dass insgesamt ein erstaunlich großer, mit dem Einsatz erheblicher Ressourcen gestillter Bedarf an Anwesenheitskommunikation außerhalb des Universitätsarbeitsorts besteht. Solche Aufenthalte werden selbstverständlich medial vermittelt und virtualisiert. Auch daran dachte Szondi bei seinen Berufungsverhandlungen und beantragte nicht nur Räume und ein Reisebudget, sondern zudem »ca 10 000 DM« für »technische Geräte«, darunter eben auch solche Hilfsmittel, die wie die »Schreibmaschine«, das »Mikrolesegerät« oder das »Vervielfältigungsgerät« für wissenschaftliche Kommunikation sorgen können. Über Szondis Nutzung des Telefons wissen wir leider nichts Genaueres, aber immerhin wird deutlich, wie essentiell der Fernsprecher für ihn war, als er sich – von der robusten Schwerfälligkeit der Berliner Verwaltung enerviert – am 9. Juni 1965 an den Rektor der Freien Universität wandte:

Ew. Magnifizenz

bitte ich ergebenst, prüfen zu wollen, ob die Freie Universität Berlin meinen bis jetzt erfolglos gebliebenen Antrag auf Verlegung meines früheren Telephonanschlusses nach Berlin beim Fernmeldeamt 2 Berlin unterstützen könnte. Zur Begründung meiner Bitte erlaube ich mir auszuführen: Ich habe Anfang Mai 1965 meine Lehrtätigkeit als Ordinarius für Vergleichende Literaturwissenschaft an der Freien Universität aufgenommen und meinen Wohnsitz von Göttingen nach Berlin verlegt. Mein Antrag auf Verlegung des Fernsprechanschlusses wurde vom Fernmeldeamt 2 Berlin (An - 89/S-335/65) am 12.1.1965 wie folgt beantwortet: ›Ihrem obenbezeichneten Antrag kann vorerst nicht entsprochen werden, weil die hierzu notwendige Anschlussleitung nicht verfügbar ist. Wir haben den Antrag vorgemerkt. Sie erhalten wieder Nachricht, sobald sich der Zeitpunkt für die Bereitstellung der Leitung ungefähr voraussagen lässt.‹

Das Fehlen eines Telephonanschlusses macht sich in der Wahrnehmung meiner Dienstgeschäfte ausserordentlich störend und zeitraubend bemerkbar. Da es dem Herrn Kurator leider noch nicht möglich war, für das neue Seminar für Vergleichende Literaturwissenschaft passende Räume bereitzustellen und ich auch über ein Provisorium nicht verfüge, entfällt die Möglichkeit, mich tagsüber in telephonisch erreichbaren Diensträumen aufzuhalten, Die Planung und Einrichtung des neuen Seminars, die Besetzung der Stellen, der Kontakt mit dem Dekanat leiden sehr stark darunter, dass ich über keinen Fernsprechanschluss verfüge.[2]

Tatsächlich setzt sich das Rektorat für Szondis Telefonanschluss ein, und zwar mit bemerkenswert verständigen Argumenten:

Da die Hochschullehrer bei ihrer Forschungstätigkeit auch auf ihre wissenschaftliche Privatbibliothek angewiesen sind, während der häuslichen Forschungstätigkeit mit ihrem Universitätsinstitut ständig telefonisch Verbindung haben und überdies stets telefonisch erreichbar sein müssen, wird hiermit gebeten, die baldige Einrichtung eines Fernsprechanschlusses in der Wohnung von Herrn Professor Szondi zu ermöglichen.[3]

Mit einer gewissen nostalgischen Wehmut blickt man auf Zeiten zurück, in denen man glaubte, mit solchen Gründen im öffentlichen Dienst Berlins etwas in Bewegung setzen zu können. Präsenz und Absenz jedenfalls, dies zeigt sich an diesen Alltagsproblemen, sind in der Praxis in vielen Hinsichten keine Gegensätze. Dies gilt selbstverständlich umso mehr unter aktuellen Medienbedingungen, in denen alles digital angebahnt, begleitet, vollzogen oder abmoderiert wird.[4] Im Begutachtungsbetrieb etwa werden die Materialien mittlerweile in der Regel elektronisch zur Verfügung gestellt, die Organisation des Verfahrens läuft per E-Mail, entschieden aber wird über Anträge regelmäßig von Begutachtungsgruppen, die sich an einem Ort zusammensetzen. Sie greifen auf schriftliche, häufig elektronisch übermittelte Voten zurück; sie googeln während der Sitzung, um sich argumentativ zu munitionieren; oder sie ermitteln per Mausclick den Publikationsstatus von Antragstellenden.

Trotz dieser digitalen Begleitung und Untermalung jeder Sitzung wird die evaluative Qualität von direkten Interaktionen von der Deutschen Forschungsgemeinschaft, der VolkswagenStiftung, der Fritz Thyssen Stiftung und vielen anderen Förderinstitutionen so hoch geschätzt, dass sie darauf nicht verzichten wollen – und das, obwohl empirische Argumente dafür vorliegen, dass es alternative Verfahren gibt, die mehr Objektivität versprechen. Die Videokonferenzen der Covid-Phasen haben daran etwas, aber nicht viel verändert. Der Grund für diesen Ressourcenaufwand dürfte darin liegen, dass neben sachlicher Richtigkeit auch soziale Verbindlichkeit eine entscheidende Rolle spielt. Es gilt der Grundsatz: »Debattieren spielt eine entscheidende Rolle bei der Schaffung von Vertrauen.«

> [...] faire Entscheidungen entstehen aus einem Dialog zwischen verschiedenen Arten von Experten, einem Dialog, der Raum für Ermessensspielraum, Ungewissheit und das Abwägen einer Reihe von Faktoren und konkurrierender Formen von Exzellenz lässt. Er lässt auch Raum für Flexibilität und dafür, dass Gruppen ihr eigenes gemeinsames Verständnis davon entwickeln, was Exzellenz ausmacht – d.h. ihren eigenen Gruppenstil, einschließlich Sprachnormen und impliziter Gruppengrenzen. Persönliche Autorität korrumpiert den Prozess nicht zwangsläufig: Sie wird von der Gruppe als Medium für Fachwissen und als Grundlage für das Vertrauen in die Qualität der getroffenen Entscheidungen aufgebaut.[5]

Ähnlich verhält es sich mit akademischen Austauschprogrammen:[6] Lassen sich Kontakte mit Kolleginnen und Kollegen im Ausland nicht auch klimaschonend aus der Ferne via Skype, Zoom, Webex, E-Mail und per Cloud unterhalten? Kann nicht jeder die neuesten Posts und Tweets lesen, sich das aktuelle Paper, den jüngsten Aufsatz oder das gerade erschienene Buch besorgen? Das ist gewiss der Fall. Vorbereitet werden damit aber nicht zuletzt Einladungen. *Zugleich* also werden erhebliche Fördermittel dafür aufgewendet, renommierte Kollegen aus dem Ausland einzufliegen, um Vortrags-,

Seminar- oder Workshoperlebnisse *in actu* zu ermöglichen, und dies, obwohl akademische Autorität gängigen Auffassungen zufolge wesentlich auf Distanznahme, auf unpersönlichen Wissens- und verallgemeinerbaren Erkenntnisansprüchen beruht, die nicht an eine bestimmte räumliche Zone gebunden sind.[7]

So plant Szondi in seinem Etat neben Reisemitteln für sich selbst und einer Medienausstattung auch eine »Gastdozentur« ein. Sein Institut für Allgemeine und Vergleichende Literaturwissenschaft gewann erheblich dadurch an Strahlkraft, dass er eine neugierige Einladungspolitik pflegte, beginnend mit Jean Starobinskis Vortrag am 15. Mai 1966 sowie mit Jean Bollack, der in jenem Sommersemester eine Veranstaltung zu Pindar und Empedokles anbot.[8] Szondi »konstruiert« mit seinen Einladungen eine »eigene Topographie«, zur der etwa folgende Orte (in alphabetischer Reihenfolge) zählten: Cambridge (Leonard Forster), Frankfurt am Main (Theodor W. Adorno), Genf (Jean Starobinski), Jerusalem (Gershom Scholem), Köln (Harald Weinrich), Konstanz (Hans Robert Jauß, Wolfgang Iser), New Haven (Geoffrey Hartmann, Peter Demetz, René Wellek), Paris (Jean Bollack, Pierre Bourdieu, Jacques Derrida, Tzvetan Todorov), Zürich (Paul de Man, Max Wehrli).[9] Umgekehrt unterhielt Szondi nicht nur eine Zweitwohnung in Paris, sondern nahm auch Gastprofessuren an der Princeton University in New Jersey (1965) oder an der Hebrew University in Jerusalem (1968) wahr.[10]

Gerade an diesem Beispiel zeigt sich jedoch zugleich, wie umstritten die Moderation von Anwesenheit und Abwesenheit ist. Als Szondi seine Gastprofessur an der Yale University antreten wollte, kam es zu Verstimmungen mit der Fakultätsleitung. Szondi hatte darauf hingewiesen, dass es sich um eine »ehrenvolle« und eine seiner »wissenschaftlichen und akademischen Arbeit förderliche Aufgabe« handle, und hatte mit dem Wunsch um Beurlaubung vom 15. April bis 15. Mai 1970 »zur Begründung« weiter ausgeführt:

> Das von mir an der Freien Universität Berlin gelehrte Fach gehört zu den wenigen Disziplinen, die an den Universitäten der Bundesrepublik so gut wie nicht vertreten sind. Der daraus sich ergebende Mangel an wissenschaftlichen Kontakten, besonders auch an Vergleichsmöglichkeiten, was Studiengang, Prüfungsanforderungen etc. betrifft, macht sich empfindlich bemerkbar und lässt sich durch Gastvorträge, schriftliche Kontakte u. a. nur in sehr beschränktem Masse beheben. Andererseits ist das Department of Comparative Literature der Yale University anerkanntermassen die beste

und interessanteste Ausbildungs- und Forschungsstätte unseres Faches, so dass ich mir von der geplanten Gastprofessur für meine weitere Arbeit an der Freien Universität Berlin grossen Gewinn verspreche. Ich glaube deshalb, die Bitte äussern zu dürfen dass meine Tätigkeit dort als überwiegend im dienstlichen Interesse liegend anerkannt und § 2, Abs. 2 der HUrlVO angewandt wird.

Die Vollständigkeit der Lehrveranstaltungen wird durch Nachholen beziehungsweise Vertretung durch Assistenten gewährleistet sein; die Durchführung der Prüfungen dürfte durch meine Abwesenheit in den ersten vier Wochen des Semesters keine Behinderung erfahren.[11]

Dem Dekan genügten diese Vorsorgen nicht. Er äußerte »grosse Bedenken«. Die Freistellung eines anderen Kollegen habe zu »studentischen Protesten, sogar Regreßansprüchen geführt«. In einem weiteren Fall habe das Kuratorium der Universität in Frage gestellt, ob eine »Vertretung wirklich den Bedürfnissen der Studenten genügen werde«.[12]

Grundsätzlicher war der Konflikt einige Jahre zuvor ausgefallen, als es um die Dienstbezüge während Szondis Gastprofessur in Jerusalem ging – ihm wurde allein die Fortzahlung der »Unterrichtsgarantie« gewährt. Dagegen erhob Szondi am 31. Juli 1967 gegenüber dem Rektor Einspruch. Er begründete folgendermaßen seine Ansicht, »daß die Vertretung des Lehrstuhls für Vergleichende Literaturwissenschaft an der Hebräischen Universität Jerusalem durch einen Ordinarius der Freien Universität Berlin a) ausschließlich im dienstlichen Interesse und b) zugleich im Interesse der Bundesrepublik Deutschland beziehungsweise des Landes Berlin liegt«:

Die Lehrstuhlvertretung liegt im dienstlichen Interesse, da ich vom Kontakt mit Kollegen und Studenten meines für Deutschland ganz neuen Faches und von dem Studium des an der Hebräischen Universität Jerusalem eingerichteten Ausbildungsganges und der in dieser Hinsicht gemachten Erfahrungen mir überaus wichtige Anregungen für die weitere Etablierung der Komparatistik an unserer Universität verspreche, insbesondere auch im Zusammenhang mit der z.Zt. angestrebten Intensivierung des Studiums und Verkürzung der Studienzeit durch Einführung eines Grundstudiums etc. Da diese Fragen sich für die Vergleichende Literaturwissenschaft wegen ihrer Mehrsprachigkeit ganz anders stellen als für die einzelnen Philologien, bin ich nicht nur auf die Erfahrungen meiner Berliner Kollegen aus den Nachbarfächern, sondern auch auf die meiner ausländischen Fachkollegen angewiesen.

Weiterhin verwies Szondi darauf, dass ihm aus der Gastdozentur keine finanziellen Vorteile erwachsen, verschob die Begründung ins Prinzipielle und berührte dabei auch Fragen des deutsch-israelischen Dialogs:

> Die Aufnahme der diplomatischen Beziehungen zwischen der Bundesrepublik Deutschland und Israel hat die offizielle Basis für einen Kulturaustausch geschaffen. Dieser geht, soweit ich unterrichtet bin, und aus Gründen, die ich hier nicht zu erläutern brauche, über private Reisen von Schriftstellern, Professoren und Studentengruppen zur Zeit kaum hinaus. Als ich die Einladung der Hebräischen Universität Jerusalem erhielt, glaubte ich sie nicht zuletzt deshalb annehmen zu müssen, da ich darin zugleich eine Kontaktaufnahme seitens der Hebräischen Universität gegenüber unserer Universität sah. Wenn ich nicht irre, ist dies eine der ersten, wenn nicht die erste, Einladung, die ein Mitglied einer deutschen Universität aus Israel erreicht.[13]

Auch in diesem Fall setzte sich der Konflikt fort, ohne dass dies hier weiterverfolgt werden müsste. Es genügt der Beleg, wie vielfältig und komplex die Gründe dafür sein können, an einem Ort an- und an einem anderen abwesend zu sein.

Die wissenschaftliche Wertschätzung von Anwesenheit *und* Abwesenheit wird weiter dadurch bestätigt, dass die Lizenz zur Moderation ungleich verteilt ist: In den »wissenschaftsunterstützenden Bereichen«[14] arbeitet das »Verwaltungs-, technische und sonstige Personal« vorwiegend ortsgebunden.[15] Hier darf man verlässliche Anwesenheit am universitären Arbeitsplatz erwarten.[16] Auch wenn sich infolge der Corona-Maßnahmen eine gewisse Flexibilisierung unter dem Stichwort Home Office andeutet, sodass die Historizität von Mobilitätszugeständnissen deutlich wird, gilt im Grundsatz: Je wissenschaftlicher es zugeht, desto mehr Bewegungsfreiheit gesteht man den Akteuren zu – Hochschullehrerinnen und Hochschullehrer etwa können ihre »dienststellenbezogenen Dienstaufgaben«[17] als ›DiMiDo-Professoren‹ erledigen. Zudem werden Dienstreiseanträge zu Tagungen oder Begutachtungssitzungen während des Semesters routinemäßig genehmigt. Es versteht sich offenbar von selbst, dass bestimmte akademische Aktivitäten die Anwesenheit am angegebenen Ort erfordern. Angesichts der allenfalls mittelmäßigen Hotels, die die Reisekostengesetze erlauben, und der bescheidenen Verpflegungspauschale scheiden Genusssucht und Erholungsbedarf als mögliche Motivationen aus.

Diese Bestandsaufnahme führt zu einem wichtigen Punkt: Seit wann und warum sind die Fluchtreflexe von Wissenschaftlerinnen und Wissenschaftlern so ausgeprägt? Ein Indiz dürfte die Gründung von Forschungskollegs nach dem Vorbild des Institute for Advanced Study in Princeton (1930) sein. In Deutschland beginnen viele Erzählungen über dieses Förderungsformat mit dem Bielefelder ZiF/Zentrum für interdisziplinäre Forschung (1968).[18] Als besonders renommierte Institutionen folgen das Historische Kolleg in München (1980) und das Wissenschaftskolleg zu Berlin (1981). Zwar kommt es auch danach noch zu einer ganzen Reihe von Gründungen. Eine regelrechte »Gründungswelle« brandete jedoch erst in den Jahren 2006 bis 2010 durch Deutschland, als das Geld der Exzellenzinitiative viele Universitäten auf die gleiche originelle Idee brachte.[19] Die generelle Tendenz bringt eine Studie des Wissenschaftsrats auf den Punkt: »*Institutes for Advanced Studies* (IAS) haben sich in den letzten Jahrzehnten weltweit von einer Ausnahmeerscheinung zu einem markanten Institutionentyp des Wissenschaftssystems entwickelt«. Neben Interdisziplinarität und der Bereitschaft zur Kooperation mit anderen »Einrichtungen des Wissenschaftssystems« steht an erster Stelle der wesentlichen Merkmale dieser Einrichtungen: »Physische Anwesenheit der Fellows auf Zeit und in einem definierten räumlichen Kontext«.[20]

Die Attraktivität solcher teils inner-, teils außeruniversitärer Einrichtungen, für die sich insbesondere die Geisteswissenschaften interessieren, zählt die ›Freistellung‹ von regulären Lehr- und Verwaltungsaufgaben für die Forschung. Im »Memorandum zur Gründung eines internationalen Institute for Advanced Study in Berlin« lautet die zentrale Zielvorgabe für entsprechende Einrichtungen, sie sollen »wissenschaftliche Leistung höchster Qualität dadurch fördern, dass sie hervorragende Forscher an einem Ort vereinigen«.[21] Besonders sticht der Kontrast der Forschungskollegs zu den zeitgleich im deutschsprachigen Raum etablierten und expandierenden Forschungsformaten der drittmittelgeförderten Kollektivforschung heraus. Während man etwa in Sonderforschungsbereichen oder in Forschergruppen generell Projektanträge formulierte, bestimmte Leistungen in Aussicht stellte, sich auf Arbeitsprogramme und Publikationsformate festlegte und sich Evaluationsprozessen aussetzte, fiel dies bei Aufenthalten zumindest an einigen Forschungskollegs weitgehend aus oder bildete zumindest nicht die Voraussetzung der Anwesenheit: »Die Arbeitsbedingungen bedeuteten einen Ausnahmezustand«, schreibt der Sprachwissenschaftler Uwe Pörksen rückblickend über seinen Aufenthalt am Wissenschaftskolleg zu Berlin.[22] Es wird Wert auf gemeinsame Mahlzeiten und Präsenz bei Veranstaltungen des gastgebenden Kollegs gelegt. Für eine bestimmte Zeit soll man sich privilegiert in bestimmten Räumen aufhalten, um einerseits für sich selbst zu forschen und um andererseits dafür neue Impulse durch (interdisziplinäre) Gespräche und (internationale) Kontakte zu bekommen beziehungsweise zu geben.

Die Forschungsarbeit fügt sich jedoch nicht in jedem Fall reibungslos in den neuen Kontext: Immer wieder ist in »Ex-post-Berichten der Fellows festzustellen, dass sie am Ende nicht das geschafft haben, was sie sich vorgenommen hatten, sondern häufig ganz andere, neue Wege gegangen sind«.[23] Vielleicht haben sich einige auch einfach nur von ihrer neuen Umgebung ablenken lassen? Ist es daher womöglich erfolgversprechender, ein Forschungskolleg in Bielefeld (ZiF) als in München (Historisches Kolleg) oder Berlin (Wiko) zu betreiben? Die »Ergebniswirklichkeit« der Forschungskollegs jedenfalls weicht so stark von den Ergebnisprognosen ab, dass sich die Frage stellt, »ob die Arbeit an der Fertigstellung eines Buches einstweilen nicht doch besser am heimischen Schreibtisch geschieht, wo man über alle notwendigen Unterlagen verfügt, anstatt immer wieder auf Hilfestellungen am fremden Ort angewiesen zu sein«.[24] Auch dafür existieren eigene Förderformate, die für die Verfertigung einer Monografie oder eines ›substantiellen‹ Beitrags eine Stellenvertretung finanzieren.

Wenn jedoch Studien am gewohnten Arbeitsplatz gerade für viele Geisteswissenschaftlerinnen und Geisteswissenschaftler effektiver erscheinen: Warum erfreuen sich die Forschungskollegs dann einer so großen Beliebtheit? Vielfach lautet die Antwort: Der Aufenthalt an einem Institute for Advanced Study nähert sich einem Wissenschaftsideal, das sich mit den Universitätsreformen der zurückliegenden zwei Jahrzehnte immer weiter von der Realität entfernt hat. Forschungskollegs kompensieren demnach einen Alltag, der von ›Forschungsprojekten‹ geprägt ist: genau umrissene Problemstellungen, entsprechend durchgeplanter und zeitlich befristeter Einsatz von Personen, Zeit, Geld und Geräten, dessen Erfolg nach Abschluss des Projekts überprüft werden kann. Dieser Typus von Projektforschung hat sich erst in den letzten hundert Jahren etabliert und wurde mit der enormen Aufwertung der Drittmitteleinwerbung zum Goldstandard wissenschaftlichen Engagements. Selbst in den Geisteswissenschaften, die sich vergleichsweise zurückhaltend geben, lag der Anteil der »Nicht-Antragstellenden« unter den Professorinnen und Professoren bereits 2010 lediglich bei etwa 21 %, obwohl die Forschungsfragen dieser Fächergruppe eher als in anderen Disziplinen ohne Drittmittel bearbeitet werden können.[25] Wenn Geisteswissenschaftlerinnen und Geisteswissenschaftler im Durchschnitt zwei bis drei Anträge pro Jahr stellen, dürfen sie als »›sehr aktiv‹« gelten; in den Ingenieurwissenschaften muss man immerhin zwölf bis dreizehn Anträge stellen, um es in diese Kategorie zu schaffen.[26]

Forschungskollegs verhalten sich »strukturell komplementär« zu dieser Art der systemisch etablierten Projektarbeit. Hier geht es um Personen, nicht um befristet getaktete Vorhaben; die »Problemwahl« ist freigestellt; man benötigt keinen Zeit- und Arbeitsplan; die Entlastung von der gewohnten »Sozialordnung[ ]« und die Integration in die »Spezialgemeinschaft« der Fellows wird nicht aufgrund eines Zukunftsversprechens, sondern im Vertrauen auf die bislang erbrachten Forschungsleistungen gewährt.[27] Die Konkurrenz von Universitäten und Forschungskollegs resultiert also nicht nur aus dem Renommee und der Frage, was an den Universitäten eigentlich passiert, wenn die Advanced Studies dort nicht stattfinden, sondern aus der prinzipiellen Alternative, die sich hier eröffnet und die viel mit dem Management von An- und Abwesenheit zu tun hat. Wie oft also kann man sich so etwas wie Kollegfreizeiten erlauben? Wer kann sich dies erlauben? Und ab wann ist man eigentlich zu abwesend, um zu einer bestimmten *community of practice* noch dazuzugehören? Welchen Begründungs- und Antragsaufwand muss man betreiben, um freigestellt zu werden? Was halten die Kollegen davon? Und war es für die Studierenden nur von Vorteil, wenn ihnen als Ersatz für Szondi ein so anregender Gesprächspartner wie etwa Hans Robert Jauß zur Verfügung stand, der im Wintersemester 1968/69 zur Vertretung nach Berlin reiste?[28]

Es gibt mithin unterschiedliche Gründe, sich die Aufgabe der Moderation von Anwesenheit und Abwesenheit aufzubürden: Im Begutachtungsbetrieb gleicht Interaktion unterschiedliche Blickwinkel in sachlicher Hinsicht aus, legitimiert die Vorgänge aber vor allem auch in sozialer und normativer Hinsicht. Der akademische Austausch sorgt – ähnlich wie der Tagungsbetrieb – natürlich für intellektuelle Anregung, die man allerdings ebenfalls erhält, wenn man auf den nächsten Aufsatz wartet. Im Nahkontakt werden jedoch Hintergrundinformationen geliefert, vor und nach dem Vortrag ist Zeit für den Austausch informeller Art, der auch Platz für Tratsch, Klatsch und Gerüchte bietet, und es eröffnen sich viele Gelegenheiten zur Ausbildung und Bestätigung sozialer Vertraulichkeit – oder auch zur Verfestigung von Animositäten. Dabei gehört es zum guten Ton, eine Einladung mit einer Gegeneinladung zu erwidern, sodass über diese kostspielige Variante des akademischen Gabentauschs Netzwerke ausgebildet werden.

Berücksichtigt man, dass eine Kombination aus epistemischen, sozialen und normativen Motivationen den Grund dafür bietet, sich für Anwesenheit an dem einen und Abwesenheit an einem anderen Ort zu entscheiden, dann versteht man auch die Attraktivität von Forschungskollegs. Sie setzen die Fellows einem erheblichen sozialen und intellektuellen Stress aus, sie sind epistemisch nicht durchgehend so effektiv, wie es der Exzellenzanspruch vielleicht erwarten lassen würde, und sie werden daher auch ihren programmatischen normativen Ansprüchen nur bedingt gerecht. Sie erinnern aber an die Abstimmung von Erkenntnispraktiken, korrelierenden gesellschaftlichen Strukturen und einem wissenschaftlichen Ethos, das – in der Regel als enttäuschtes Ideal – den Wissenschaftsbetrieb am Laufen hält.

Für die Organisation von Praxis ist dabei nicht nur bezeichnend, wie Präsenz, mediale Vermitteltheit und Absenz stets aufeinander abgestimmt werden müssen: Der praxeologische Präsentismus, also das Faible für die körperliche Performanz, die hier und jetzt durch stetige Wiederholung für die Existenz einer Praxis sorgt [→ Einleitung], beleuchtet nur eine Seite des wissenschaftlichen Alltags. Zugleich aber fällt auf, dass die erwähnten Anwesenheitsangebote dazu tendieren, in Serie zu gehen: Wer sich als Gutachterin oder Gutachter bewährt hat, wird sich vor weiteren Anfragen nicht retten können; wer andere einlädt, wird selbst eingeladen, trifft bei dieser Gelegenheit Personen, die wiederum als Einzuladende und Einladende in Frage kommen; und wer einmal Fellow war, hat gute Chancen, bei einem anderen Kolleg erneut zu dieser Ehre zu kommen. Das oft beklagte Leerlaufen und In-sich-Kreisen des Wissenschaftsbetriebs hat auch mit dem typischen Bedarf der Praxis an ständiger Bestätigung im Vollzug zu tun.

28. Konferieren

Es mag bei epistemischen Singles [→ Kap. 7] keinen wesentlichen Unterschied machen, ob sie in einer fest terminierten universitären Lehrveranstaltung oder an einem anderen Ort und vielleicht sogar zu einem Zeitpunkt eigener Wahl lernen. Diese Idee des Lernens ›für sich‹ ist aber auch für die Geisteswissenschaften in vielen Hinsichten zu klein und vor allem zu unpraktisch beziehungsweise praxisfern gedacht. Wissenschaftlich relevant anwesend zu sein bedeutet, in angemessener, passender Weise an einer räumlich platzierten, zeitlich und sozial gedehnten Situation teilnehmen zu können, an der mehrere Akteurinnen und Akteure einander ein gemeinsames Interesse an einer Sache unterstellen. Das muss man zunächst vor Ort ausprobieren, ehe man dann womöglich Kompetenzen erwirbt, die Nahkontakt verzichtbar machen.

Für die Praxis der Wissensvermittlung sind die Ergebnisse ethnografischer Studien über den Konferenzbetrieb aufschlussreich, weil man sich leicht Wege der Informationsübertragung denken kann, die schonender mit den knappen akademischen Ressourcen ›Aufmerksamkeit‹, ›Zeit‹ und ›Geld‹ umgehen als Tagungen. Auch hier aber liegt die Pointe im Drumherum der gesamten Veranstaltung:

> Akademische Konferenzen veranschaulichen die Vielfalt der fachlichen Positionen im akademischen Bereich. Auf Konferenzen treffen sich Wissenschaftler nicht nur als Forscher, die intellektuelle Ansprüche vertreten, sondern auch als Kollegen. Dabei schreiben sie sich gegenseitig nicht nur intellektuelle Aussagen, sondern auch soziale Identitäten und Rollen zu. Wissenschaftler versuchen zum Beispiel zu erkennen, ob der Diskutant ihres Vortrags in einer freundlichen Stimmung ist. Sie entscheiden, ob sie sich mit einem Kollegen über Sport unterhalten wollen oder ob Politik ein besseres Gesprächsthema wäre, und sie stellen fest, wer ansprechbar ist und eine angenehme Gesellschaft beim Konferenzdinner bieten würde.[1]

Das komplette Tagungsgeschehen – von der Konzeption und Einladung über die Organisation und Durchführung bis zur bürokratischen Abwicklung und der Betreuung der Tagungspublikation – bezieht die Akteurinnen und Akteure auf unterschiedlichste Weisen ein.[2] Sich auf einer Tagung so passend zu verhalten, dass man präsent ist, bedeutet daher vor allem, für die Tagung da zu sein und sich für diese Gelegenheit zu verhalten. Es wäre realitätsfremd, zu erwarten, dass die intellektuelle Aufmerksamkeit dabei ununterbrochen auf höchstem Niveau bleibt. Dieser Maßstab, den auch die Euphoriker des Digitalen aus ihrer Perspektive gern anlegen, überschätzt das stets schwankende Maß geistiger Zuwendung. Wie in der wissenschaftlichen Praxis generell sollte man auch hier unterschiedliche Aktivitätsniveaus für normal und im Rahmen einer Aufmerksamkeitsökonomie für produktiv halten.

Präsenz ist mithin steigerbar, etwa im Blick darauf, wie stark körperlich präsente Personen sich kommunikativ erreichbar zeigen, wie sehr ihre Aufmerksamkeit involviert ist, in welcher Weise die Anwesenden sich als relevant einschätzen, voneinander Notiz nehmen und »Reaktionserwartungen« hegen. Wie sonst auch werden in der Wissenschaft selbstverständlich Möglichkeiten zur Präsenzminimierung und -steigerung genutzt.[3] Für die Teilhabe am Tagungsgeschehen ist es jedenfalls weder notwendig noch möglich, ununterbrochen intensiv den Vorträgen zu folgen, sich an den Diskussionen zu beteiligen und sich ins Pausengetümmel zu werfen. Zudem wäre es vermutlich eher erschütternd, wenn man schon während eines Vortrags genau wüsste, was die Zuhörenden sich dabei denken und was bei ihnen hängen bleibt. Für solche Rückmeldungen bleibt Zeit in den Pausengesprächen, allerdings auch nur andeutungsweise.

Noch in einer anderen Hinsicht zeigt das Tagungsgeschehen wie viele andere typische Präsenzsituationen, dass sich Aspekte der wissenschaftlichen An- und Abwesenheit nicht dichotom gegenüberstehen, sondern dass es um das Zusammenspiel in einem Medienverbund geht, der zwar Fernkommunikation bevorzugt, aber viele Beziehungsformen ermöglicht. Dies gilt nämlich gerade im Zeitalter der Digitalisierung. So dürfte etwa die Tagungskonjunktur im wissenschaftlichen Bereich durch die Umstellung auf E-Mail-Kommunikation einen entscheidenden Schub erhalten haben. Der Aufwand hat sich dadurch stark verringert. Man benötigt weder Papier noch Briefumschläge oder Briefmarken. Zu- und Absagen erfolgen in der Regel relativ schnell. Während früher die finanziellen und personellen Ressourcen eines Lehrstuhls mit Sekretariat, Hilfskräften sowie Mitarbeiterinnen und Mitarbeitern beansprucht wurden und ein langer Vorlauf notwendig war, lassen sich Tagungsbegegnungen mithilfe der digitalen Infrastruktur gut auch ohne solche institutionellen Voraussetzungen organisieren. Das hat den Einstieg des ›wissenschaftlichen Nachwuchses‹ ins Tagungsgeschäft gewiss begünstigt.

Insgesamt scheint es jedoch so, dass sich die Alltagseffekte von Medien und gerade auch der Digitalisierung in der Wissenschaft nur schwer auf einen Nenner bringen lassen. Es ist etwa durchaus aufschlussreich, dass sich beim Tagungsgeschehen signifikante Unterschiede im Vergleich zwischen herkömmlichen Geisteswissenschaften und den Digital Humanities zeigen:[4] Das Begleitkonzert in den sozialen Medien ist bei *DH*-Treffen reichhaltiger orchestriert. Die schriftlichen Ankündigungen dessen, was im Vortrag passieren soll, fallen ausführlicher aus, wohingegen die Ergebnissicherung in Form von Papers eine vergleichsweise kleine akademische Form bevorzugt. Zugleich aber sorgt diese distanzkommunikative Umgebung dafür, dass auf den Tagungen selbst intensiver zusammengearbeitet werden kann, weil mehr Zeit für manifeste Kollaborationen bleibt.[5] Es handelt sich um einen Bereich, in dem Arbeitsteilung aufgrund des Zusammenwirkens etwa von Geisteswissenschaften und Informatik notwendig ist und akzeptiert wird.

Aktuell könnte man jedenfalls in einigen geisteswissenschaftlichen Fächern seine Zeit ausschließlich auf Konferenzen zubringen und sich dort mit den Kolleginnen und Kollegen von Angesicht zu Angesicht austauschen. Auf zentralen Internetplattformen werden für Fächer wie Geschichte (*H-Soz-Kult*) oder literaturwissenschaftliche Germanistik (*H-Germanistik*) jedes Jahr hunderte von Tagungen angezeigt – selbst wenn man alles andere sein lassen würde, wäre es unmöglich, dies alles mitzuerleben. Daher besteht eine legitime Möglichkeit, eine Einladung mit Bedauern und dem Hinweis auf Terminkollisionen abzulehnen: Leider wurde die Einladung zu einer anderen Tagung bereits angenommen, die zum selben Zeitpunkt stattfindet. Im Extremfall ist man dann auf keiner Tagung mehr wirklich anwesend, weil man sich virtuell immer schon auf einer anderen befindet.

Im Vergleich zu diesem Tagungsgetümmel waren Szondis Gastvorträge und Konferenzteilnahmen noch relativ übersichtlich.[6] Selbst in den 1960er Jahren aber nahm das Tagungsgeschehen aus Perspektive der Akteure mechanisch-betriebliche Züge an. Als

Richard Alewyn Szondi neben Ingrid Strohschneider-Kohrs, Beda Allemann, Rainer Gruenter, Walter Killy, Eberhard Lämmert, Albrecht Schöne, Herbert Singer, Karl Stackmann und Peter Wapnewski 1969 zu einem regelmäßig tagenden Gesprächskreis einlud [→ Kap. 22], begründete er dies mit folgender Diagnose:

> Wir alle leiden im grauen (oder roten) Alltag des akademischen Betriebs unter dem Schwinden des wissenschaftlichen Gesprächs. Verbandtagungen sind – unvermeidlich – zu Massenveranstaltungen ausgewachsen. Persönliche Begegnungen sind selten und zufällig. Infolgedessen sind Kommunikation und Diskussion bis auf schäbige Reste verkümmert.
>
> Diesem Missstand abzuhelfen vermöchte die Bildung eines zwanglosen Kreises von Zunftgenossen, der sich einmal jährlich für zwei oder drei Tage an einem stillen Ort versammelt. Formen und Themen solcher Zusammenkünfte müssten noch erörtert, die rechte Mitte zwischen Planung und Improvisation erprobt werden.[7]

Eine legendäre Reaktion auf solche Diagnosen bot die *Poetik-und-Hermeneutik*-Gruppe, die wir bereits mehrfach erwähnt haben [→ Kap. 22]. Sie setzte dem von Alewyn beklagten »Schwinden des wissenschaftlichen Gesprächs« ein Tagungsformat entgegen, das schriftliche Eingaben, mündliche Auseinandersetzung und schriftliche Nachbereitung zur Intensivierung des intellektuellen Austauschs kombinierte. Man darf daher unterstellen, dass Szondi ein aufmerksamer Leser und Zuhörer war, als er vom 9. bis 13. September 1968 erstmals an einem Treffen der renommierten Arbeitsgruppe teilgenommen und sich dort mit der »Realität mythischer Späthorizonte« auseinandergesetzt hat.[8]

Die mit seiner Einladung verbundenen Erwartungen hatte Hans Robert Jauß am 28. Februar 1968 in einem Brief nach Jerusalem benannt, wo Szondi gerade eine Gastprofessur an der Hebrew University wahrnahm:

> Nach den bisher eingegangenen Zusagen für Referate besteht gerade im Bereich der Forschungsinteressen, für die Sie und Herr Lämmert zuständig sind, eine sehr fühlbare Lücke. Es wäre mißlich, wenn wir ausgerechnet über die deutsche Klassik und Romantik, eine Epoche, die das Thema von Dichtung und Mythos in einer höchst eigentümlichen, um nicht zu sagen verhängnisvollen Weise artikuliert hat, keine vorbereitete Gesprächsposition in unserem Programm hätten. Da Sie, lieber Herr Szondi, gerade in diesem Bereich schon viel gearbeitet haben, fühle ich mich eher legitimiert,

Sie im Namen von Herrn Fuhrmann doch noch um einen Beitrag – und sei er in Thesenform – zu bitten. Mir steht vor allem Ihre Abhandlung: ›Überwindung des Klassizismus – Hölderlins Brief an Böhlendorff‹ vor Augen, dessen These doch wohl einen hervorragenden Schlüssel für die Behandlung dieser ganzen Epoche der Dichtungsgeschichte enthält.[9]

Jauß schrieb Szondi eine Rolle auf den Leib und definierte vorab, welche Expertise der Kollege einbringen sollte, um eine konzeptionell geschlossene Verhandlung des Tagungsthemas zu gewährleisten. Nur nebenbei sei erwähnt, dass Jauß im selben Brief die Modalitäten seiner Gast- beziehungsweise Vertretungsprofessur an der Freien Universität Berlin ansprach, zu der Szondi ihn eingeladen hatte – auch dies zählte zu den größeren Rahmungen des Tagungsvorgangs und den damit zusammenhängenden Netzwerkeffekten.[10] Hier interessiert jedoch, wie Szondi seine Teilhabe an dieser zeitlich, räumlich, sozial und kommunikativ verteilten Tagungspraxis organisiert.

Szondi hielt in einem roten Ringbuch knappe Notizen zu einzelnen Vorlagen des *Poetik-und-Hermeneutik*-Treffens und deren Diskussion fest – Petra Boden hat die entsprechenden Passagen transkribiert. Das Verhältnis dieser Bemerkungen zum maschinenschriftlichen Protokoll sowie zur Druckfassung der Tagungsbeiträge zeigt, wie in der »Bearbeitungsmaschinerie *Poetik und Hermeneutik*«[11] von Stufe zu Stufe mit teils unscheinbaren, teils starken Eingriffen Formulierungen rekontextualisiert wurden. So unterschied Szondi etwa in seinen Notizen zur Diskussion von Hans Blumenbergs grundlegender Vorlage über »Wirklichkeitsbegriff und Wirkungspotential des Mythos« jene Beobachtungen, die an und für sich oder für ihn selbst buchenswert waren, von solchen, die er für das Tagungsgeschehen für relevant hielt.

Die Aufzeichnungen setzen mit Notizen zu Odo Marquards Kommentar zu Blumenbergs Vorlage ein. Kritik an Marquard spart Szondi sich jedoch für seine Stellungnahme zu dessen Vorlage. In seiner Wortmeldung zur Blumenberg-Diskussion bezieht er sich stattdessen vermittelt auf die Vorlage, und zwar unter Bezug auf die vorangehenden Kommentare von zwei Tagungsteilnehmern, gegen die er Blumenberg in Schutz nimmt (Jacob Taubes, Professor für Judaistik und Hermeneutik an der Freien Universität Berlin; Wolfhart Pannenberg, Theologieprofessor an der Ludwig-Maximilians-Universität München). Im Ringbuch bereitet er seine Intervention vor:

→Taubes: die Geschichten des A. u. N. Testaments sind keine Geschichten von Gott in dem Sinn der gr. Mythologie. (Bl. p.4)
→Pannenberg: Humanisierung der Mythologie: Übergang vom Oriental. zum Griechischen (Bl. 49)[12]

Das Protokoll zur Diskussion, das auf der Grundlage von Tonbandmitschnitten erstellt wurde, hält dann folgendes Statement fest:

Pannenberg hat darauf hingewiesen, daß Blumenberg für das, was der Mythos hinter sich läßt, was er überwindet, keine griechischen Beispiele, sondern nur eines aus Ägypten genannt hat. Ich vermute, daß diese Konzeption eine Entwicklungshypothese voraussetzt, die im späten 18. Jahrhundert eine bedeutende Rolle gespielt hat, die These vom orientalischen Ursprung der griechischen Mythologie.

Wenn man die Geschichten des AT und NT mit der griechischen Mythologie vergleicht, muß man dann nicht sagen, daß es sich in der Bibel gar nicht um Gottesgeschichten handelt, sondern im AT um Geschichten vom auserwählten Volk und im NT um die Geschichte seines menschgewordenen Sohnes. Allenfalls in der Genesis geht es um die Allmacht Gottes.[13]

In dieser Fassung wird, aus dem Zusammenhang gerissen, gar nicht unmittelbar deutlich, dass sich der zweite Absatz auf die schon länger zurückliegende Wortmeldung von Taubes bezieht. Stattdessen scheint die griechische Mythologie einen thematischen Bezug zwischen den beiden Passagen nahezulegen, die sich eigentlich an zwei unterschiedliche Adressaten wenden. Vor dem Hintergrund des Tagungsgeschehens muss das nicht weiter problematisch sein: Die Anwesenheit von adressierbaren Personen ermöglicht soziale Kohärenz, die sachlich nicht besonders strikt ausgebildet sein muss. Auf Konferenzen sind solche erratischen Bemerkungen auch deswegen normal, weil sie in der Interaktion durch Blickwechsel und Körperwendungen Richtung und Ziel bekommen. Ohne diese Tagungsumgebung erscheinen sie dann freilich eigentümlich disparat.

Man weiß, wie hart die Redaktion von *Poetik und Hermeneutik* am Diskussionsteil der Tagungsbände gearbeitet hat, weil sich das, »was sachlich möglich gewesen wäre«, deutlich von dem unterschied, »was diskursiv tatsächlich stattfand«.[14] Interessant ist dabei vor allem, dass sich an dieser Stelle eigentlich erst in der Publikationsfassung von Szondis Gesprächsbeitrag der Eindruck einer lebendigen und offensiv kontrovers geführten Diskussion einstellt. Retrospektiv also wird für jene Effekte lebendiger Tagungspräsenz gesorgt, die zum Mythos des Arbeitskreises beigetragen haben:[15]

Pannenberg hat gegen Blumenbergs Terror-These eingewandt, sie sei nicht aus der griechischen, sondern aus der ägyptischen Mythologie abgeleitet. Dieser Einwand wird hinfällig, sobald man annimmt, daß Blumenberg in der Frage nach dem Ursprung der griechischen Mythologie – nach dem, was von ihr ›ästhetisierend‹ überwunden wird – der Auffassung der Romantik folgt, nach der die griechische Mythologie orientalischen Ursprungs sei.[16]

Die sachliche Substanz hat sich nicht wirklich verändert, die »›gesellschaftliche Syntax« ist aber in einer ganz anderen sozialen Tonlage gestimmt: An die Stelle eines Hinweises tritt ein Einwand, an die Stelle einer Vermutung eine harte Widerlegung. Und zudem wird die Stellungnahme durch den Hinweis auf die romantisch-idealistische Mythentheorie genau um jene Expertise ergänzt, für die Szondi von Jauß im Namen des *Poetik-und-Hermeneutik*-Kreises gebeten worden war.

Auch die überarbeitete Stellungnahme zu Taubes' Blumenberg-Kritik zeigt in der Sachdimension deutlich stärkere Kontinuität als in der Sozialdimension:

Wenn Taubes gegen die These Blumenbergs, Allmacht verwehre es, von ihrem Träger eine Geschichte zu erzählen, einwendet, es gäbe immerhin biblische Geschichten, die Schöpfungsgeschichte stehe nicht für sich, so wäre zu fragen, ob es sich, statt um Gottesgeschichten (die den griechischen Göttergeschichten zu vergleichen wären), im Alten Testament nicht vielmehr um Geschichten vom auserwählten Volk und im Neuen Testament um die Geschichte vom menschgewordenen Sohn Gottes handelt. Eine Geschichte von der Allmacht Gottes ist in der Bibel, scheint mir, einzig die *Genesis.*[17]

Wieder wird betont, dass Szondi sich auf einen »Einwand« bezieht, wohingegen die übrigen Formulierungen vorsichtiger und zaghafter ausfallen (»so wäre zu fragen«, »scheint mir«).

Was also an Blumenbergs Aufsatz an sich wichtig, für den Philosophen charakteristisch oder für Szondi selbst bedenkenswert sein mochte, deckte sich nicht mit dem, was Szondi im Blick auf die Tagungsteilnehmerinnen und Tagungsteilnehmer aus dem Tagungsgeschehen heraus für das Tagesgeschehen für relevant hielt und daher in diesem Kontext öffentlich präsentierte – Taubes verstand sofort, dass er gemeint war, und reagierte, zumindest laut Diskussionsprotokoll, direkt auf Szondis Intervention. Ebenso wich die redigierte Tagungsdarstellung im Konferenzband von Szondis Notizen sowie vom Diskussionsprotokoll ab, explizierte bestimmte Bezüge und stellte andere erst nachträglich her. Was vor Ort passend erschien, konnte im Rückblick und in einer anderen Situation diesen Eindruck vermissen lassen.

Daher ließen die Herausgeber der Tagungsbände auch relativ freie Hand bei der Bearbeitung der Redebeiträge für die Publikation. So informierte der Altphilologe Manfred Fuhrmann im März 1969 Szondi darüber, dass dieser die Äußerungen im Protokoll »einer kritischen Prüfung unterziehen« könne: »[H]insichtlich der Formulierungen und überhaupt des stilistischen Gewandes« habe Szondi »völlig freie Hand«, auch die Reihenfolge der Argumente sei nicht fixiert und man dürfe selbst »neue, demselben Beweisziel dienende oder dieses Beweisziel modifizierende Argumente hinzufügen«. Dass sich »für einzelne Diskussionspartner inzwischen neue, jedoch mit dem jeweiligen Diskussionsthema eng zusammenhängende Aspekte ergeben haben«, erschien mithin normal. Beschränkt wurde diese »Redaktionstätigkeit« lediglich dadurch, dass die »Positionen«, die ein Beiträger auf einer Tagung eingenommen hatte, »erhalten« wurden und »der Anschluß [...] an das Vorausgehende und an das Folgende gewahrt bleiben« musste. Angesichts der zum Teil weit auseinanderliegenden Bezugnahmen waren Streichungen immer riskant, weil sie eine »Anspielung« ungewollt »gegenstandslos« machen konnten.[18]

Gerade Fuhrmann aber verstieß gegen diese groben Richtlinien. So kam es zu einer erheblichen Verstimmung zwischen ihm und Szondi, als er sein Statement so veränderte, dass Szondis kritische Reaktion ins Leere lief. Szondi monierte dies brieflich:

Sie schreiben: ›Dass sich spätere Variationen so gut wie nie auf das früheste Auftreten eines Mythos – oder vielmehr: auf die älteste dramatische Behandlung dieses Mythos – beziehen, ist, scheint mir, notorisch unrichtig.‹ (Fahne 216 Mitte.) Der Satz, der in meinem Votum auf den von Ihnen zitierten folgt (Fahne 214) nennt Homer, es ist also klar, dass ich mit ›frühestes Auftreten‹ eben nicht die ›älteste dramatische Behandlung‹ meine, sondern die vordramatischen Erwähnungen (Homer und Hesiod etwa), und zwar dies nicht nur auf den ›Amphitryon‹ bezogen, sondern genau so auf den Oedipus-Mythos. In Ihrer Antwort wird also mit der zwischen Korrektur und Erläuterung stehenden (schwankenden) Parenthese ›oder vielmehr: ...‹ überhaupt erst die Meinung hergestellt, die Sie dann mit gutem Grund als

›notorisch unrichtig‹ bezeichnen können. Nur ist es nicht mein Satz, sondern dessen von Ihnen abgewandelte Fassung, die dieses Urteil verdient.[19]

Ähnlich verhielt es sich mit einer anderen Antwort von Fuhrmann. Auch hier erinnerte Szondi an den Wortlaut des Protokolls beziehungsweise an eine Stelle, die Fuhrmann komplett gestrichen und auf die sich Szondis Stellungnahme wesentlich bezogen hatte:

Dass Sie jetzt das von mir Behauptete nicht mehr ›mit Entschiedenheit bestreiten‹, sondern als Missverständnis bezeichnen, kann ich nur damit erklären, dass Sie nach der Lektüre meiner Ausführungen zur ›Electre‹ Ihre Sicht der Dinge etwas geändert haben, statt dies aber zuzugeben, mir Missverständnis vorwerfen. [...] Unter einem wissenschaftlichen Streitgespräch hatte ich mir bislang anderes vorgestellt.[20]

Es ging mithin um den Ausgleich zwischen der Sicherung des sachlichen Ertrags einerseits und der Bewahrung einer sozialen Situation andererseits, in der sich bestimmte Einsichten in einem Kommunikationsprozess eingestellt hatten. Jauß vermittelte im Übrigen zwischen den Kontrahenten und sorgte schnell für Schlichtung.[21] Um solche für die Praxis typischen Verquickungen unterschiedlicher Dimensionen angemessen einzubeziehen, empfiehlt sich eine sozial reichhaltige Vorstellung von Präsenz, die nicht allein die sachliche Vermittlung von ›Inhalten‹ berücksichtigt und Anteilnahme auf einer breiten Skala zu bestimmen erlaubt.

Ob man dann in einer Druckfassung noch jene launigen Bemerkungen festhalten mag, die im Tagungskontext für gute Stimmung sorgen, ist wiederum eher eine Frage des Geschmacks. Szondis Übergang von Inhaltsreferat zur Kritik im Kommentar zu Odo Marquards Beitrag fiel jedenfalls in der Publikationsfassung völlig sachlich und trocken aus (»Marquards Prämisse, den Widerspruch von Autonomiephilosophie und Mythologiephilosophie, halte ich aus zwei Gründen für problematisch«).[22] In seinen Notizen leitete er seine Kritik sehr viel aufwendiger ein und legte dabei offenkundig viel Wert auf Umgangsformen:

Herr Marquard zeigt sich in seiner angenehm verwirrenden Weise von der Richtigkeit seiner These so wenig überzeugt, dass man nicht weiss, was ihn weniger stören würde: dass man der These zustimmt oder dass man sie zu widerlegen sucht.

Zu meinem Glück brauche ich darüber nicht länger zu grübeln, ~~da~~

> ~~ich bereits dort Zweifel habe, wo Herr Marquard~~ da ich bereits die Prämisse von Herrn Marquards These für problematisch halte, nämlich den behaupteten Widerspruch von Autonomiephilosophie und Mythologiephilosophie als Philosophie der heteronomen Geschichte.
>
> Diese Prämisse halte ich aus zwei Gründen für problematisch [...].[23]

Angesichts des enormen Aufwands und des etwas unangemessenen Ertrags, der sich auf Tagungen und auch bei den Treffen der *Poetik-und-Hermeneutik*-Gruppe in Präsenz eingestellt hat, könnte man sich fragen, ob ein schriftliches Umlaufverfahren nicht womöglich deutlich effektiver gewesen wäre. Die Vortragssituation ist jedoch in bestimmten Hinsichten sachlich und sozial reicher, in anderen Hinsichten ärmer als die schriftliche Kommunikation unter Abwesenden, die den wissenschaftlichen Alltag dominiert. Beides lässt sich nicht aufeinander reduzieren: Der Vortrag verwandelt eine Menge von Personen in ein wissenschaftliches Auditorium mit eigenen Spielregeln, das von der konkreten Situation abstrahiert, die wechselnde Aufmerksamkeiten in einer ganz bestimmten Weise fokussiert und sich in der wechselseitigen Beobachtung aller Anwesenden konstituiert.[24] Über die intellektuellen und körperlichen Zumutungen, die sich mit dem Status der Zuhörenden und Zuschauenden verbinden, tröstet vor allem das Versprechen hinweg, dass der Vortrag eine »Zugänglichkeit« eröffnet, »die *nur* auf die Mitglieder des Präsenzpublikums beschränkt ist« – dies betrifft gleichermaßen den »Zugang zu einer Autorität« wie zu dem »Gegenstand, den der Redner beherrscht«.[25]

Vortragende ermöglichen solche Zugänge dadurch, dass sie in einer bestimmten Weise mit sich selbst im Blick auf das Publikum umgehen.[26] Diese Moderation findet im Zwischenraum von Mündlichkeit und (konzeptioneller) Schriftlichkeit statt: Im Zentrum der Performance steht eine Art »Text-Selbst«, eine Schriftidentität, die das Auditorium möglicherweise bereits als Autorin beziehungsweise Autor kennt und die (re-)zitiert werden kann. Für die Vortragssituation sind freilich jene »zusätzlichen Redestatus« charakteristisch, die sich in Kontrast zum »Text-Selbst« setzen.[27] Dazu zählen etwa »stimmliche Modulationen«, die die Tragfähigkeit bestimmter Aussagen unterstützen oder – zum Beispiel durch einen ironisierenden Ton – in Frage stellen. Auch in den ein- und ausleitenden Passagen spricht typischerweise eine Stimme, die weder mit den Gesprächen außerhalb des Vortrags noch mit der tragenden Vortragsstimme identisch ist.[28] Sie organisiert vielmehr den Übergang vom einen ins andere, etwa durch direkte Bezugnahmen auf die Vortragsgelegenheit, durch Hintergrundinformationen zum Stellenwert des Vortrags in umfangreicheren Forschungsprozessen oder durch die Überleitung zur anschließenden Diskussion.[29] In einen Vortrag kann zudem eine Fülle von »Texteinschüben« eingebaut werden, die in der gedruckten Rede keinen Platz finden und das Gesagte zuspitzen, abschwächen, kühn verallgemeinern oder anschaulich präzisieren.[30] Wie wichtig die »situative Leistung von übereinander gelagerten Modulationen, Textklammern und Texteinschüben« ist, wird vor allem dann deutlich, wenn ein Autor seinen Vortrag nicht selbst hält, sondern eine andere Person den Text abliest,[31] aber auch dann, wenn eine Autorin oder ein Autor auf das ganze Drumherum und Nebenbei verzichtet.

Der Vortrag inszeniert mithin elementare Perspektivierungspraktiken des wissenschaftlichen Diskurses,[32] bringt dessen polyphone Anlage stimmlich und gestisch deutlicher zur Geltung, und zwar noch bevor es zum direkten Publikumsgespräch kommt. Gerade Beiseite- und Nebenbemerkungen, Ergänzungen, Erläuterungen und andere Aktivitäten einer ›zweiten Stimme‹ zeigen, wie vorsichtig, skeptisch und differenziert man mit Plausibilitätsgraden umgeht (Modalisierung); Nachdrücklichkeit, Emphasen, Wiederholungen und gezielte Hinweise deuten darauf hin, dass die eigenen Wissensansprüche nicht einfach in der Welt sind, sondern dass man von ihnen überzeugen muss (Persuasivität); die mehrstimmige Rede verweist darauf, dass man um konkurrierende Wissensansprüche, Forschungsansätze und Untersuchungsmethoden weiß und dass im Horizont dieser Alternativen jede Darstellung – auch die der eigenen Überzeugungen – abwägend erfolgen sollte (Dialogizität und Perspektivität) [→ Kap. 2].

Generell jedenfalls sieht man also nicht nur am Zusammenspiel von Tagungsgeschehen mit den Aktivitäten der Vor- und Nachbereitung, dass Interaktion unter Anwesenden und Distanzkommunikation unter Abwesenden keine Alternativen sind. Vielmehr verbindet sich bereits im Vortrag die mündliche Performance mit wichtigen Aspekten der konzeptionellen akademischen Schriftlichkeit. Es bestehen wechselseitige Beziehungen im Vollzug einzelner Prozessphasen und in deren geordneter Abfolge. Dies gilt im Übrigen auch für die »Zitationserfolg[e]«, die internationale

Kontakte erzielen: Publikationen, die aus der grenzüberschreitenden Begegnung von Wissenschaftlerinnen und Wissenschaftlern hervorgegangen sind, werden häufiger angeführt.[33] Unklar ist, ob diese Veröffentlichungen dann wieder neue Arbeitstreffen, Vortragseinladungen, Forschungsaufenthalte, Workshops und Tagungen stimulieren.

Es würde die praxeologische Rekonstruktion der Tagungspraxis jedenfalls zu sehr einschränken, wenn man sie nur von Vortragsbeginn bis Diskussionsende betrachten und vor allem im Blick auf die Vermittlung und Verhandlung von Ideen bewerten würde, und dies auch deswegen, weil einige Ideen ohne die Zusage zu einer Konferenz, die man beim Näherrücken des Termins nicht selten bereut, gar nicht in der Welt wären. Konferenzen dienen nicht nur dem intellektuellen Austausch, der akademischen Sozialisation und Enkulturation, der Verhandlung von sozialen Hierarchien oder der Etablierung innovativer Forschungsfelder, sondern halten schlicht auch einen anstrengenden, kräftezehrenden Betrieb am Laufen, in dem Akteurinnen und Akteure Verpflichtungen eingehen, die sie nur mit hohen sozialen Kosten aufkündigen können.[34]

29. Die Vielfalt des Teilnehmens

Wissenschaftliche Schreibprozesse und Mündlichkeit sind nicht so deutlich getrennt, wie es die Unterscheidung von (schriftlicher) Fernkommunikation und (mündlicher) Nahkommunikation nahelegt. Was sich im Vortrag zeigt, gilt auch für die scheinbar einsame Schreibsituation. Im Zusammenspiel und bei der Koordination der entsprechenden Praktiken werden, wie Kornelia Engert und Björn Krey in ihrer Arbeitsplatzstudie gezeigt haben, Lesen und Schreiben typischerweise von leisem und lautem Sprechen begleitet, das dazu beiträgt, gedankliche und flüchtige Aktivitäten zu stabilisieren, sie für die schriftliche Formulierung zu präparieren und auszuprobieren.[1] Die Praktik, ›Texte‹ zu diktieren, für die früher nicht Spracherkennungssoftware, sondern Sekretärinnen beansprucht wurden, wäre eine eigene Untersuchung wert. Das permanente Zusammenspiel von Distanz- und Präsenzmedien spricht jedenfalls dafür, eher über Abstimmungsverhältnisse als über klare Unterschiede nachzudenken.

Es ist vor diesem Hintergrund stilistisch aufschlussreich, dass einige Veränderungen, die Szondi an seinem oben ausführlicher behandelten Habilitationsvortrag [→ u. a. Kap. 1 u. 2] vornimmt, die mündliche Präsentation des Textes erleichtern. Bei einem Vortragstext wäre dies im Prinzip auch nicht anders zu erwarten. Hier aber bleiben diese Formulierungen in der Publikation im Druck stehen oder finden sich sogar nur dort, weswegen sie auf das prinzipielle Zusammenspiel von Lesen, Schreiben und Sprechen zurückgeführt werden können. So beginnt etwa der zweite Absatz von Szondis Kleist-Interpretation am Ende mit einer Wiederholung, die den Text offenkundig für eine mündliche Aufführung rhythmisiert:

> […] das Buch, dessen Titelblatt zum ersten Mal den Namen des Dichters trug: *Heinrich von Kleists Amphitryon, ein Lustspiel nach Molière.*
>
> *Ein Lustspiel nach Molière* – die vier Wörter […].[2]

Diese stark rhythmisierte Wendung ist aber gerade nicht mehr für den Vortrag gemacht, sondern findet sich so nur in der Publikationsfassung. Das Zusammenspiel von Mündlichkeit und Schriftlichkeit in der Textarbeit verweist auf den Einfluss virtueller, nur vorgestellter Interaktion beim Ringen um Formulierungen. Bei der mündlichen Unterstützung der Formulierungssuche testen Verfasserinnen und Verfasser an sich selbst gleichsam schon einmal durch, wie passend eine Formulierung klingen würde. Zugleich lässt sich diese Interaktion mit sich selbst als Indiz dafür deuten, dass nahkommunikative Verhältnisse eine elementare Unterstellung bilden und das Gefühl der Anteilnahme an der Scientific Community grundieren. Faktisch sind die Kolleginnen und Kollegen dabei abwesend, aber eine Art Selbstgespräch simuliert deren Anwesenheit. Ähnlich wie beim Zugriff auf verschiedene Orte im digitalen Raum, der allerdings privilegiert im gewohnten eigenen Arbeitszimmer stattfindet [→ Kap. 25], deuten sich komplizierte Verbindungen von An- und Abwesenheit, von Lokalisierung und Delokalisierung an.

Dies gilt auch für eine auf den ersten Blick paradoxe pädagogische Pointe der Seminar-Tätigkeit [→ Kap. 19]: Der Austausch unter Anwesenden erscheint notwendig, weil durch momentane Reflexionsstimulierungen und die in der Interaktion gleichzeitig gegebene Vielfalt von Anteilnahmen besonders gut vermittelt werden kann, wie man angemessen wissenschaftlich schreibt, also so gekonnt abwesend ist, dass man nicht als epistemischer Single, sondern stets in Gesellschaft der Scientific Community liest und formuliert. Die gemeinsame Arbeit in einem Raum zu einer bestimmten Zeit ist aus dieser Perspektive die Voraussetzung dafür, dass man auch im Home Office, in der Bibliothek, im Archiv oder sogar im Café passend arbeitet. Man könnte also vermuten, dass es unter Anwesenden nicht zuletzt um die Vermittlung von Abwesenheitskompetenz geht. Zugespitzt formuliert: Die erfolgreiche wissenschaftliche Arbeit unter Abwesenden beziehungsweise in Abwesenheit anderer zehrt von Voraussetzungen, die sie selbst nicht erbringen kann. Umgekehrt, so liegt es auf der Hand, prägen fernkommunikative Strukturen die akademische Nahkommunikation [→ Kap. 27].

Praxeologische Ansätze haben ein besonderes Faible für Anwesenheit: Die Betonung von interobjektiven Verhältnissen [→ Kap. 17], der Inkorporierung [→ Kap. 24] oder der Performativität und Situativität von Praktiken [→ Kap. 27] macht Präsenzeffekte für die Ausbildung von *communities of practice* verantwortlich. Um Teil einer Praxis zu sein, genügt es nicht, diese von außen zu beobachten, sondern man muss an ihr teilhaben, sich für die Vollzüge mitverantwortlich fühlen.[3] Häufig wird dabei der Eindruck erweckt, als müsste jedermann gleichermaßen in das Geschehen insgesamt involviert sein, um dem holistischen Charakter der Praxis gerecht zu werden. Gerade Einführungspraktiken oder arbeitsteilige Prozesse des Zu-, Zusammen- und Mitarbeitens zeigen aber, dass die Teilhabe auch partiell erfolgen kann und nicht alle Akteurinnen und Akteure über den Blick fürs Ganze verfügen müssen, um für eine Praxis essentiell zu sein. Woher also weiß man, wie sehr jemand auf einer Skala von peripherer bis intensiver Partizipation wirklich dabei ist, wenn das scheinbare Nebenbei und die Hintergrundaktivitäten einer Praxis nicht weniger wichtig sein sollen als die offensichtlich dazugehörigen Spielzüge? Und wäre es für sozial komplexere Praxisvollzüge wirklich hilfreich, wenn alle zu jedem Zeitpunkt versuchten, den Eindruck von Teilnahmslosigkeit konsequent zu vermeiden? Wie werden mehr oder weniger intensive, eher körperlich oder eher intellektuell auszugestaltende sowie mehr oder weniger kommunikationsbedürftige Formen des Dabei-Seins zeitlich gestreut und vermittelt?

Aus dieser Perspektive stellt sich die Frage, was es eigentlich bedeutet, anwesend zu sein, noch einmal neu und anders. Dass allzu emphatische Auffassungen mit der geisteswissenschaftlichen Alltagspraxis wenig zu tun haben, belegt der Streit um die Anwesenheitspflicht in universitären Lehrveranstaltungen, der vor einigen Jahren energisch geführt wurde: Als etwa im November 2017 der Verwaltungsgerichtshof Baden-Württemberg positiv über die Klage eines Politologiestudenten gegen die Bestimmungen zur Anwesenheitspflicht der Universität Mannheim entschieden hat, wurde der Mangel an justiziablen Bestimmungen verurteilt. Man sollte klar entscheiden können, ab wann Studierende ausreichend oft Seminarsitzungen besucht haben, um als anwesend zu gelten.[4] Tatsächlich bestehen Spielräume, die noch dazu stark variieren: So hat etwa im Südwesten Berlins die Freie Universität beschlossen, dass man in einer Veranstaltung anwesend war, wenn man 85 Prozent der Sitzungstermine wahrgenommen hat, wohingegen zwölf Kilometer weiter an der Humboldt-Universität in Berlin-Mitte 75 Prozent ausreichen.[5] In der Tat liegt der Anteil von Studierenden, die in ihren gebuchten Veranstaltungen wirklich stets anwesend sind, im statistischen Durchschnitt lediglich bei 3 bis 9 Prozent.[6] ›Anwesenheit‹ ist also ein relativer und gradueller Begriff, der sich auf größere zeitliche Zusammenhänge bezieht.

In der Praxis wird die Einschätzung darüber, ob jemand anwesend war, dadurch verkompliziert, dass qualitative Unterschiede bestehen: Studierende dürfen an der Humboldt-Universität zu Berlin von den 16 Sitzungen eines Semesters vier Termine ohne Entschuldigung verpassen. Handelt es sich dabei aber um die ersten Sitzungen, in denen neben methodischen und inhaltlichen Grundlagen basale Informationen über den Verlauf des Seminars, die Organisationsformen oder die Art und Weise der zu absolvierenden Prüfungsleistungen vermittelt und gemeinsame Perspektiven entwickelt werden, dann dürfte einem der Besuch eines Seminars häufig verwehrt bleiben, obwohl sich die Fehlzeit im Prinzip im Toleranzbereich bewegt. Wesentlich ist mithin nicht allein die Kenntnis und Befolgung der expliziten Regel, wie oft man nicht dabei sein darf, um gleichwohl als anwesend zu gelten, sondern auch das Erlernen der impliziten Normen, die akzeptablen Fehlzeiten moderieren, ein Gefühl also dafür, zu welchen Zeitpunkten und in welchem Rhythmus die eigene Abwesenheit mehr oder weniger angemessen erscheint.

Entsprechendes gilt natürlich nicht nur für Studierende. ›Anwesenheit‹ ist auch für etablierte Wissenschaftlerinnen und Wissenschaftler eine relative Kategorie, weil sich in der Präsenzmoderation sachliche und soziale Aspekte verknüpfen: War der Tagungsbestäuber, der nur zu seinem Vortrag einfliegt und danach wegen wichtiger Termine gleich wieder abreist, auf dieser Konferenz präsent? Hätte er zumindest noch das Abendessen, eine Übernachtung und das morgendliche Geplänkel am Frühstücksbüffet mitmachen müssen, um bei der Tagung wirklich dabei gewesen zu sein? Kann die Koryphäe mangelnde körperliche Präsenz ausgleichen, wenn sie für ihre Keynote nicht einen Text aus der Schublade zieht oder Versatzstücke aus anderen Vorträgen wiederverwertet, sondern sich auf die Fragestellung einer Tagung einlässt und eigens für diesen Anlass einen Vortrag anfertigt? Und überhaupt: Lässt sich die Präsenz auf einer Tagung nicht einfach dadurch ersetzen, dass man einen Beitrag zum Tagungsband liefert? Oder einfach nur im Tagungsprogramm auftaucht, das über die digitalen Verteiler einen Eindruck vom Geschehen vermittelt?

In solchen Fällen geht es nicht nur um ein emphatisches Verhältnis zur Anwesenheit, sondern vor allem darum, dass Präsenz von verschiedenen Seiten unterschiedliche Formen der Teilhabe ermöglicht. Nur so gesehen passt sie zu einem Wissenschaftsbetrieb, zu dessen kuriosen Erscheinungen etwa auch der ›Tagungsschläfer‹ zählt: der renommierte Ordinarius, der bei den ersten Worten eines Vortrags einnickt, beim Schlussapplaus wieder aufschreckt und sofort die erste Frage stellt – und zwar passend. Das Verhalten zeugt zwar von schlechten Manieren, aber auch von viel Sachkenntnis, sozialer Erfahrenheit und einem Gespür für das, was möglich und wahrscheinlich ist.

Welche unterschwelligen Aufmerksamkeitsleistungen gerade dann erbracht werden, wenn man sich im Seminar der Anwesenheit entziehen will, zeigen ethnografische Studien. So gehen insbesondere von Verfahren, mit denen das Ende einer Seminarsitzung organisiert wird, widersprüchliche und schwer zu deutende Signale aus. Irritierenderweise beginnen Studierende pünktlich zwei Minuten vor dem offiziellen Ende des Seminars mit dem Zusammenpacken, also bevor die Sitzung mit einem entsprechenden ostentativen Sprechakt der oder des Dozierenden beendet wurde. Zunächst deutet dies auf nicht gerade leidenschaftliche Teilnahme an der Sache hin. Aufschlussreich ist jedoch der empirische Befund, dass Studierende sich selbst dann auf diese Weise verhalten, wenn die »clock-time« noch gar nicht abgelaufen ist und die Seminarsitzung früher endet, als sie eigentlich mit Blick auf die Uhr erwarten dürften. Die Seminaröffentlichkeit nimmt offenkundig subtile Hinweise wahr, die auf eine Finalisierung deuten beziehungsweise auf unterschiedliche Phasen der Veranstaltung.[7] Insofern partizipieren gerade auch die Studierenden am Seminar als Szene gemeinsamer Aufmerksamkeit, die auf den ersten Blick desinteressiert wirken, weil sie sich zum richtigen Zeitpunkt darauf vorbereiten, den Raum möglichst schnell zu verlassen.

›Anwesenheit‹ ist also nichts, was man mit der Uhr in der Hand, einem Blick in die Runde und einem Strich auf einer Liste feststellen kann. Vielmehr handelt es sich um eine graduelle Kategorie, um eine Frage der passenden Moderation und um ein soziales Verhältnis.[8] Einer Person zuzugestehen, dass sie sich anwesend verhält, hat viel mit Renommee zu tun, mit über längere Zeit erbrachter, mit erwarteter Leistung, mit kommunikativem und intellektuellem Engagement für die Sache und die Situation, in der diese verhandelt wird, mit dem Sinn für den richtigen Zeitpunkt,[9] für den Takt einer Veranstaltung und für die Choreografie der Teilnehmenden, kurzum: mit der Fähigkeit, sich auf eine Praxis einzulassen, die Spielräume ermöglicht und von vielen Akteurinnen und Akteuren sowie diversen Aktivitäten bestimmt wird.

Betont man das normale Zusammenspiel vielfältiger Formen von Präsenz und Absenz im wissenschaftlichen Alltag, mag das auf den ersten Blick der Position derjenigen entgegenkommen, die in der bereits erwähnten ebenso skurrilen wie aufschlussreichen Debatte um die Anwesenheitspflicht die Präsenz von Studierenden für lässlich erklärt haben: Im September 2014 verabschiedete in Nordrhein-Westfalen das »Hochschulzukunftsgesetz« die Anwesenheitspflicht als rechtswidrig und unzeitgemäß. Die Gegner dieser Verbindlichkeit sahen in ihr einen Angriff nicht nur auf die »Studierfreiheit« oder »Berufsausübungsfreiheit«, sondern auch auf die »Handlungsfreiheit« überhaupt und damit als mit den menschlichen Grundrechten nicht vereinbar.[10] Das waren schwere Geschütze. Das »Glück der Bildung« stand auf dem Spiel, die angemessene Reaktion auf einen »fundamentalen Funktionswandel von Universitäten« zur Debatte.[11]

So gestattete etwa die »Begründung« für das nordrhein-westfälische »Gesetz über die Hochschulen« nur noch in besonders ausgezeichneten einzelnen Fällen, dass die Universität von der kontinuierlichen Präsenz aller Lernenden ausgeht. Anwesenheit durfte lediglich in solchen Ausnahmesituationen gefordert werden, in denen »ohne jeden Zweifel vermutet werden kann« und für »jeden Durchschnittsbeobachter unmittelbar einsichtig« ist, dass das »konkrete[] Lernziel der konkreten Lehrveranstaltung« nur dann erreicht wird, wenn alle sich vor Ort befinden. Lapidar wurde bemerkt: »Bei der Lehrveranstaltungsform des Seminars liegen diese Erfordernisse offensichtlich nicht vor.«[12]

In der bildungspolitischen Debatte wurden zwei Aspekte vermengt, nämlich die Frage, ob es zulässig ist, körperliche Kopräsenz verbindlich zu verordnen, und die Frage, ob man diese Form der Anwesenheit für pädagogisch wertvoll halten sollte. Die Antwort auf die erste Frage mag strittig sein, die Antwort auf die zweite Frage ist es definitiv nicht, solange keine adäquate Alternative zur Präsenzlehre angeboten wird: In einer Metastudie, in der der Hamburger Pädagoge Rolf Schulmeister die Ergebnisse von rund 300 internationalen Untersuchungen zu unterschiedlichen Fächern und Universitätssystemen synthetisiert hat, werden unter anderem zwei Thesen untermauert: Zum Ersten ist Selbststudium unwahrscheinlicher, als es das Argument vom autarken Lernen unterstellt – wer Lehrveranstaltungen fernbleibt, investiert die eingesparte Zeit im statistischen Durchschnitt eher nicht in den eigenständigen Erwerb des verpassten Wissens.[13] Zwischen Selbstbeschreibung und Studienpraxis klaffen erhebliche Lücken. Zum Zweiten hat Präsenz in Lehrveranstaltungen eindeutig positive Effekte auf den Studienerfolg – die empirische Bildungsforschung ist sich »selten wie nie einig, dass Studierende, die Veranstaltungen öfter versäumen, schlechtere Noten haben und eher zum Studienabbruch neigen«.[14]

In einem anderen Licht erscheint die Lage nach dem hastigen und hoch engagierten Ausflug in die digitale Lehre, die im Kontext der Maßnahmen zur Bekämpfung der Corona-Pandemie notwendig wurde. Für viele überraschend, funktionierte die Lehre vom Home Office aus ganz gut und in einigen Fällen sogar besser als im gewohnten Präsenzbetrieb. Dies gilt etwa für Studierende, für die freie Zeiteinteilung ein hohes Gut darstellt, aber auch für Dozierende, die von einer merklichen Verbesserung bei bestimmten schriftlichen Leistungen berichten. Um es im Grundsätzlichen kurz zu machen: Wir halten den Einsatz von digitalen Mitteln in der Lehre für normal und digitale Lehre konzeptionell im engeren Sinn für fruchtbar. Aus einer praxeologischen Perspektive stellt sich lediglich die Frage, für welche Lehr- und Lernformate, für welche Lehr- und Lernziele und für welche Lehr- und Lernpersönlichkeiten eine mehr oder weniger stark über digitale Kanäle vermittelte Lehre in bestimmten Hinsichten von Vor- oder Nachteil ist.

Aus dieser Perspektive fällt an der Diskussion um die digitale Lehre zum einen die schiefe Opposition zwischen Präsenz- und digitaler Lehre auf sowie zum anderen die Neigung zu schismatischen, normativ stark belasteten Konstruktionen, und zwar auf beiden Seiten. Während der Vorwurf, die Verteidiger der Präsenzlehre hingen einer verklärten Vorstellung der akademischen Gemeinschaft von Lehrenden und Lernenden an, das Ziel nicht immer verfehlt, halten die emphatischen Vertreter der digitalen Lehre es für abwegig, dass jemand über technischen Sachverstand verfügt und gleichwohl Vorteile des Analogen sehen könnte. Es liegt daher angeblich wahlweise an Unvermögen, an Ignoranz oder an Innovationsunwilligkeit, wenn man an der Idee festhält, der in Seminaren stattfindende Austausch sei eine besondere Gelegenheit zur Vermittlung wissenschaftlicher Praxis.[15]

Aus der Distanz wirkt diese Diskussion kurios: Sollen Studierende, die zwar immatrikuliert sind, aber die Universitätsräume nicht oder nur bei Gelegenheit besuchen, wirklich genauso viel und gut lernen wie diejenigen, die in Seminaren und Vorlesungen ständig vor Ort sind? Wozu dann der ganze Aufwand? Warum sollte man in die Universität als Anwesenheitsinstitution investieren, wenn man irgendwie und irgendwann auch zu Hause studieren kann? Es muss um mehr und anderes gehen, wenn man den Wert von akademischer Anwesenheit in Zweifel zieht – ebenso wenn man ihn aufs Vehementeste verteidigt: Dass Seminare die hohen Erwartungen, die an sie gestellt werden, nicht stets erfüllen, liegt auf der Hand. Bedeutet dies aber, dass sie als Veranstaltungstypus ›schlecht‹ sind? Können nicht auch Seminaraktivitäten in vielen verschiedenen Hinsichten scheitern oder gelingen?

Die normativen Wallungen, die sich auf beiden Seiten finden und nur ein Entweder-oder zulassen, werden der komplexen Praxis nicht gerecht und legen die Vermutung nahe, dass es sich um eine Diskussion handelt, die symptomatisch instruktiv ist. So spielen auch triviale Gründe in diese Diskussion hinein, von bildungspolitischer Seite aus beispielsweise die Not, die explodierenden Studierendenzahlen dadurch zu bewältigen, dass möglichst viele Studierende zu Hause bleiben.[16] Aus einer praxeologischen Perspektive jedenfalls betrifft der Streit um die Anwesenheitspflicht die Praxis als ein Gefüge von Praktiken mit ihren Sach- und Sozialdimensionen – mit Szondi formuliert: den »zwingenden Zusammenhang« von »Tätigkeiten«.

Dabei ist allerdings der Doppelcharakter solcher »Tätigkeiten« zu berücksichtigen. Ihre Verteilung lässt sich unterschiedlich auffassen: Interaktionen werden »mit Anwesenden geteilt«. Bei solchen Gelegenheiten vollzieht sich jede Tätigkeit nur als Aspekt einer Situation und bliebe abstrahiert davon »unvollständig« – ein Gespräch zu führen, ist dann nur möglich, wenn andere unmittelbar daran beteiligt sind. Betrachtet man diese »Tätigkeiten« hingegen als Praktik, dann geht es zugleich um ein Handeln, das »mit vielen Abwesenden geteilt wird«, die etwas ähnlich tun und einer lokal dissoziierten Praxis zugehören. Im Vergleich mit der Interaktion ist die »Sozialität von Praktiken« also »schwächer«, weniger direkt oder eben sozial und zeitlich stärker gedehnt.[17] Für beide analytische Perspektiven gilt freilich, dass die Akteurinnen und Akteure »konsequent in Beziehungen« zu denken sind.[18] Wenn man Interaktionen und Praktiken auf diese Weise differenziert: Inwiefern ist Interaktion dann eine gute Gelegenheit, um Praktiken zu vermitteln und einzuüben?

Um diese Fragen zu konkretisieren, lohnt sich ein Blick auf Seminarunterlagen von Dozierenden, die allerdings nicht die tatsächliche, sondern größtenteils nur die geplante Durchführung eines Seminars erschließen – wenn man so will: das Seminar, das man sich vorgenommen hat. Behandelt man die Seminarunterlagen jedoch als Dokumente eigenen Rechts, fällt – wie bereits bemerkt [→ Kap. 19] – auf den ersten Blick die Heterogenität der Materialien auf, und zwar quer durch die geisteswissenschaftlichen Fächer. So lassen sich die vergleichsweise spärlichen Notizen, die sich Szondi im Verlauf des Sommersemesters 1963 im Hauptseminar »Dramatik des Sturm und Drang« gemacht hat und die sich vor allem auf die gehaltenen Referate beziehen,[19] nicht mit den umfangreichen Exzerpten, Gedankensammlungen und Interpretationsansätzen vergleichen, die etwa im Kontext seines Seminars zu Adornos *Ästhetischer Theorie* im Sommersemester 1971 überliefert sind.[20] Die Materialien zum Proseminar »Interpretation von Gedichten« (Wintersemester 1962/63) deuten auf eine ganz andere Aufbereitung als das Sturm-und-Drang-Seminar hin und bestehen im Wesentlichen aus didaktisch gut strukturierten eigenen Interpretationsansätzen sowie Gedächtnisstützen für die Vermittlung von Grundlagenwissen etwa zur Metrik oder Rhetorik.[21]

Vielfältig sind die Materialien nicht nur im Vergleich unterschiedlicher Veranstaltungen. Auch innerhalb eines Seminars wechseln die Darstellungsmodi: Szondis »Einführung in die Methoden der vergleichenden Literaturwissenschaft« (Sommersemester 1969) beginnt mit einer fast ausformulierten Rede zur »1. Sitzung«, die er so hätte verlesen können.[22] Darin legt er – in sauberer Tintenschrift und mit nur wenigen Korrekturen oder nachträglichen Einschüben notiert – zunächst die Fragestellung beziehungsweise Perspektive des Seminars dar und erläutert die systematischen Überlegungen, die hinter dem »Arbeitsprogramm« stehen. In diese

Passage baut er zudem einen »bibliothekarischen Exkurs« ein, in dem er auf die Standorte und Bibliothekssignaturen der Bücher vor Ort hinweist (»Bücher zur Stoffgeschichte unter V. 4, zur Motivgeschichte unter V. 5.«). Anschließend geht er »im einzelnen« auf die Texte ein, die im Seminar behandelt werden sollen. Im Verlauf des Seminars nimmt diese didaktische Zubereitung ab. So entfallen etwa die gezielten »Interpretationshinweise«, die Szondi anfangs vergibt. Zudem verringert sich der Umfang der Notizen für eine Sitzung gegen Ende des Semesters merklich. Die Stichworte für die »Schlussdiskussion« am 10. Juli 1969, die Szondi auf nur einer Seite verteilt, fallen im Vergleich zu den acht Seiten zu Kleists »*Findling* und seine[n] Quellen« oder den vierzehn Seiten zu den intertextuellen Beziehungen zwischen Jean-Paul Sartres *Les mouches* und den »Elektra-Dramen« spartanisch aus.

Man könnte diesen Befund als Indiz für abnehmendes Lehrengagement deuten. Der entscheidende Grund für diese Verschiebungen und Lücken ist jedoch nicht der nachlassende Einsatz des Dozenten, sondern die Veränderung der Arbeitsformen im Verlauf des Seminars. Die weniger ausführliche schriftliche Vorbereitung verweist auf die intensivierte Kooperation zwischen den unterschiedlichen Seminarakteurinnen und -akteuren, weil Szondi zwar mit Frontalunterricht startet, dann jedoch – ähnlich wie im »Colloquium« [→ Kap. 26] – in die Position des Diskussionsleiters wechselt und anschließend die Verantwortung für das Seminargeschehen an die Studierenden delegiert. Wie bereits erwähnt [→ Kap. 24], hatte Szondi auf dem Seminarplan erklärt, dass er auf Referate verzichtet und dass die »sinnvolle Teilnahme« von der »gründliche[n] Vorbereitung auf jede Sitzung« abhängt, die »evtl. in Arbeitsgruppen« erfolgen könne.[23] In der dritten Sitzung werden diese »Arbeitsgruppen« eingeteilt; ab der fünften Sitzung übergibt Szondi an sie und tritt in den Hintergrund. Er nimmt also unterschiedliche Positionen ein, unterbreitet diverse Imitationsangebote und ermöglicht den Studierenden Rollenwechsel. Diese unterschiedlichen Formen der Teilhabe erhöhen die Vielfalt der Seminarmaterialien, in denen sich zudem weitere akademische Darstellungsformen finden. Zu den im Seminarplan verzeichneten Samuel-Beckett-Sitzungen notiert sich Szondi in dem Ringbuch, das er für die Seminarvorbereitung nutzt, keine Zeile. Unter den Handouts, die er aufbewahrt hat, finden sich jedoch ein Auszug aus Becketts *Malone meurt* sowie die Parallelstelle aus der englischen Übersetzung *Malone Dies* mit seinen handschriftlichen Annotationen und Anmerkungen.

Noch ein letzter Aspekt: Weder Seminarsitzungen noch Seminare insgesamt stehen für sich allein. Sie sind vielmehr in eine zeitlich und räumlich verteilte Praxis eingebettet. So weist Szondi in der Sitzung, in der die Arbeitsgruppen gebildet werden, auch auf die »Themenbesprechung« für ein »literatursoziologische[s] Seminar« hin, das im folgenden Wintersemester stattfinden soll. Und in den Notizen zur ersten Sitzung bemerkt er:

> Das Arbeitsprogramm schlägt Beispiele vor. Es könnten auch andere sein, es soll aber versucht werden zu zeigen, warum gerade diese Beispiele. Es könnten andere an ihre Stelle gesetzt werden, aber wenn nicht besondere Bedenken gegen einzelne Themen, so können die vorgeschlagenen vielleicht in Form von Hausarbeiten anschließend an das Seminar bearbeitet werden.

Ein Seminar findet im Kontext anderer Seminare statt (während des vorigen, des gleichen oder des folgenden Semesters). Und was mündlich und schriftlich im Seminar geschieht, soll Effekte für die Seminararbeiten haben, die »anschließend« in der vorlesungsfreien Zeit erarbeitet werden – in der Bibliothek und im Home Office.

Das Seminar gilt als Inbegriff der Präsenzlehre, weil es so viele Aktivitäten und ganz unterschiedliche Formen der Teilhabe ermöglicht – bis hin zu Aktivitäten, die gerade nicht mehr in Kopräsenz erfolgen. Die Erfahrung des Unterrichts aus dem Home Office während der Corona-Pandemie zeigt dann zunächst, dass Videokonferenzen der Interaktion in vielen Hinsichten erstaunlich nahekommen, dass aber natürlich auch einige Limitationen bestehen. Dies betrifft etwa die Reaktionsgeschwindigkeit, die Möglichkeiten des Durcheinanderredens und Sich-ins-Wort-Fallens, die körpersprachliche Kommentierung, Modalisierung und Strukturierung des Gesprächs oder die Anschluss- und Binnenaktivitäten außerhalb des Protokolls. Sitzordnungen, Körperhaltungen oder die Kleidung geben Auskunft über Positionen im wissenschaftlichen Sozialgefüge, die über die Situation hinausgehen. Sie dienen als »*mikroökologische Metaphern*« für strukturelle Zusammenhänge, für vergangene Ereignisse, etablierte Bindungen und vieles andere mehr.[24] Während in der Zoom-Konferenz das gezielte »Mitteilungs*handeln*« im Zentrum steht, spielen unter Anwesenden in einem Raum die »ungesteuert verstreuten Zeichen der visuellen Kommunikation« eine erhebliche Rolle.[25]

Nun könnte man diese semiotische Verschlankung in sachlicher Hinsicht durchaus für einen Vorteil halten, und dies vor allem dann, wenn man eine ebenso schlanke, idealisierende Vorstellung der geisteswissenschaftlichen Praxiszusammenhänge pflegt. Passende Verhaltensformen aber entwickeln sich typischerweise in der Interaktion, weil sie aus einer längeren Zeitdauer kontinuierlichen Miteinanders resultieren, bei dem das ›Nebenbei‹ eine immens große Rolle spielt [→ Kap. 25]. Selbst wenn also auch unter telemedialen Bedingungen passend agiert wird, muss man sich fragen, wie es dazu gekommen ist. In der Interaktion erfolgen Korrekturen prompt und auf diversen Wegen: deklarativ, aber auch durch Gesten, Mimik oder eine bestimmte (skeptische, ironisierende, desinteressierte, anteilnehmende, engagierte etc.) Tonlage. Die Teilnahme an Perspektivenwechseln gibt dabei den Ausschlag, und zwar gerade durch Meinungsverschiedenheiten und Missverständnisse. Das Erleben von solchen Reflexionsgebräuchen disponiert dazu, »kollektive Überzeugungen und Praktiken«[26] von eigentümlichen Einrichtungen wie ›Geschichtswissenschaft‹, ›Philosophie‹, ›Anglistik‹ oder ›Kulturwissenschaft‹ zu verstehen. Selbst in technisch hochgerüsteten Videokonferenzen fallen Schattierungen schwerer als im Gespräch unter körperlich Anwesenden, sodass die »gesellschaftliche Syntax« [→ Kap. 2] sich verändert.

Für die Wertschätzung gradueller Unterschiede spricht dabei das enorme Engagement, mit dem sich ein Wissenschaftler wie Szondi solchen sprachlichen Nuancen und Modulationen bei der Ausarbeitung von Texten widmet [→ Kap. 1 u. 2]. Selbst wenn man jedoch in solchen Fällen eher die Gemeinsamkeiten zwischen Fern- und Nahkommunikation betonen und die Ähnlichkeit von Interaktion unter Anwesenden und per Videokonferenz Zugeschalteten hervorheben möchte, bleiben prinzipielle Unterschiede, und zwar dann, wenn man die Zusammenhänge der Praxis – das Vorher, Zugleich und Nachher von Praktiken – in den Blick nimmt. Der Wortmeldung vom Home Office aus fehlt das ganze Drumherum und Getue, das Veranstaltungen zu bieten haben, die körperliche Präsenz verlangen, also die Anbahnungen, das Nebenbei oder die Abmoderation der Lehr-Lern-Situation. Der Weg zum Seminar, der Austausch kurz vor Beginn oder nach Veranstaltungsende, die kleinen Gesten des Interesses oder Desinteresses an dem gerade Gebotenen oder die Möglichkeiten zu sichtbarem abweichenden und konformen Verhalten bieten viele informelle Möglichkeiten, die Spielräume der akademischen Praxis auszuprobieren. Setzt man allein auf Inhaltsvermittlung, dann erscheint das alles als nebensächlich. Interessiert man sich jedoch dafür, wie sich Sach- und Sozialdimensionen in der geisteswissenschaftlichen Praxis verbinden, dann liegen hier wesentliche Bildungsleistungen: Gerade das nebenbei Erfolgende prägt auch im Akademischen die Syntax des Sozialen.

30. Kommunikation unter Anwesenden

Was auch immer konkret damit gemeint sein könnte, dass man unter Anwesenden wissenschaftliche Praxis erfährt, erlernt und einübt: So wie John Williams in seinem Roman *Stoner* das Seminar Archer Sloanes schildert, dürfte sich Szondi die Vermittlung eines »zwingenden Zusammenhangs« von »Tätigkeiten« nicht vorgestellt haben. Sloane, Dozent für Literaturwissenschaft an der University of Missouri in Columbia in der ersten Hälfte des 20. Jahrhunderts, setzt zwar auch auf die Verbindung von Praktiken und gibt sich nicht mit der womöglich gelungenen Rezeption in der stillen Lektüre zufrieden. Seine »Studenten« sollen nicht nur lesen, sondern auch darüber sprechen, wie sie einen Text verstanden haben. Der diktatorische Auftritt des Dozenten bewegt das Auditorium jedoch nicht zu weiterführenden Äußerungen. Nachdem er ihnen das 73. Shakespeare-Sonett vorgelesen hat, stellt er die entscheidende Frage: »Was bedeutet dieses Sonett?«

›Mr Wilbur?‹ Keine Antwort. ›Mr Schmidt?‹ Jemand hustete. Sloane drehte sich mit dunkel blitzenden Augen zu Stoner um. ›Mr Stoner, was bedeutet das Sonett?‹

Stoner schluckte und versuchte, den Mund zu öffnen.

›Es ist ein Sonett, Mr Stoner‹, erklärte Sloane trocken, ›eine lyrische Komposition aus vierzehn Zeilen in einer bestimmten Anordnung, die Sie fraglos auswendig gelernt haben. Es wurde in der englischen Sprache geschrieben, die Sie, wenn ich nicht irre, bereits seit einigen Jahren beherrschen. Der Verfasser heißt William Shakespeare, ein Dichter, der zwar schon tot ist, aber in den Köpfen nicht weniger Menschen dennoch einen Platz von einiger Bedeutung einnimmt.‹ [...] Ohne ins Buch zu schauen, trug er das Gedicht erneut vor [...]. ›Über drei Jahrhunderte hinweg redet Mr Shakespeare mit Ihnen, Mr Stoner. Können Sie ihn hören? [...] Was sagt es Ihnen, Mr Stoner? Was bedeutet das Sonett?‹

Stoner hob langsam und zögerlich den Blick. ›Es bedeutet‹, sagte er und streckte mit vager Bewegung die Hände in die Höhe [...]. ›Es bedeutet‹, sagte er noch einmal, konnte aber nicht beenden, was er zu sagen begonnen hatte.

Sloane sah ihn neugierig an. Dann nickte er abrupt, sagte: ›Der Unterricht ist beendet‹ und verließ, ohne jemanden anzusehen, den Raum.[1]

Hat William Stoner die ›Bedeutung‹ des Sonetts erfasst, obwohl er diese nicht artikuliert? Später jedenfalls erweist er sich als begabter Literaturwissenschaftler. Dass er die ›Bedeutung‹ des Shakespeare-Sonetts verstanden hat, kann nicht ausgeschlossen werden. Solange er jedoch kein passendes Verständnis zu artikulieren vermag, wird er für Sloane jedenfalls eine Enttäuschung bleiben. Erst nachdem der Dozent die »Arbeiten« von Stoner »angesehen« hat, wendet sich ihr Verhältnis ins Positive,[2] sodass Stoners akademische Karriere beginnen kann. Das mag auf den ersten Blick selbstverständlich wirken, nicht aber, wenn man das Stereotyp der Geisteswissenschaft als lesende Wissenschaft dagegenhält. Dann nämlich erschließt sich das richtige Verstehen in einem wissenschaftlichen Kontext nicht durch die Frage nach der richtigen Lektüre, sondern danach, ob es einer Leserin oder einem Leser gelingt, sich so zu artikulieren, dass es den Anschein hat, die Lektürepraktiken würden zu anderen Praktiken passen, in denen sie ›geäußert‹ werden [→ Kap. 1, 2, 20].

Erneut liegen mehrere Einwände gegen eine zu enthusiastische Wertschätzung oder eben ›Überschätzung‹ der Präsenzsituation nahe: Tatsächlich bevorzugt das »Lernen und Lehren am gemeinsamen Ort« auf den ersten Blick »diejenigen mit ausgeprägterem Selbstbewusstsein, mündlichen Ausdrucksfähigkeiten, unproblematischer Körperselbstwahrnehmung sowie diejenigen, die es sich (finanziell, organisatorisch, geografisch) leisten könnten, über längere Zeiträume vor Ort zu sein«.[3] Wenngleich es in Szondis Colloquium ungleich lebendiger als in Sloanes fiktionalem, aber realitätsnah geschildertem Shakespeare-Seminar zugegangen ist, bestehen zwischen den beiden Veranstaltungen – aus großem Abstand betrachtet – aufschlussreiche Gemeinsamkeiten. Auch bei Szondi wurden ja die Hoffnungen enttäuscht, dass sich möglichst der gesamte Teilnehmendenkreis an den Diskussionen beteiligt. Stattdessen bestritt eine kleine Minderheit von Personen das Gespräch (die »Fortgeschrittenen«, die sich die »verschiedensten Benjaminzitate zuspielten«) [→ Kap. 26].[4]

Könnte man aber nicht umgekehrt sagen, dass auch den Argumenten gegen die Überschätzung der Präsenzsituation eine zu emphatische und eingeschränkte Auffassung davon zugrunde liegt? Die Formen der Anteilnahme an einer Lehrsituation sind weitaus vielfältiger und vielschichtiger als hier unterstellt, weil der rhetorisch und sachlich eindrucksvolle Redebeitrag nur ein Partizipationsnachweis unter vielen anderen möglichen ist.[5] Es lässt sich leicht denken, dass die kommunikativ aufdringliche Person vielen auf die Nerven geht, wohingegen eine zurückhaltende Seminarteilnehmerin oder ein zurückhaltender Seminarteilnehmer einen angenehm klugen Eindruck hinterlässt. Die nur schwer vorhersagbare Vielfalt von Seminaraktivitäten zeigt sich jedenfalls dann, wenn das Vorher und Nachher und alle Beteiligten in die Beobachtung einbezogen werden, wenn also reflektiert wird, dass sich das Seminar in jeder Situation durch das Verhalten der Gesamtheit aller involvierten Personen konstituiert, gerade also auch der Lernenden untereinander.[6]

Studierende sind nicht allein für Dozierende da, sondern immer auch für ihre Kommilitoninnen und Kommilitonen[7] mit allen Konkurrenzen, Allianzen, Peinlichkeitsgefühlen und Kooperationsbedürfnissen, die dazugehören. Sie signalisieren im Seminar auf sehr unterschiedliche Weise, dass sie ein »intentionales und geistiges Leben« führen, das sie zum Teil zu einer sozialen Gruppe macht:[8] Sie nehmen an einem Sachgespräch teil; die Dozierenden erhoffen sich, dass bestimmte »reflexive Prozesse« stattfinden; sie erwarten aber eben auch, dass die Studierenden sich sachlich *und* sozial auf die anderen Anwesenden einlassen.[9] Interaktive Verhältnisse in Lehrveranstaltungen bieten besonders vielfältige Möglichkeiten, sich zu mimischen, gestischen oder sprachlichen Reaktionen zu verhalten und damit schnell zu bemerken, wie passend und anschlussfähig das eigene Agieren den anderen erscheint.

Wie wichtig es ist, dass Studierende für ihre Kommilitoninnen und Kommilitonen da sind, hat etwa Hans Blumenberg bemerkt. Vor allem die »ältere[n] und bewährte[n] Studenten« seien diesbezüglich zentral:

> Sie bestimmen weitgehend den sich herausbildenden Stil und die Atmosphäre neu eingerichteter Seminare und Institute, weil, wie sich gezeigt hat, die Anfangssemester ihr Studien- und Arbeitsverhalten bis in die Technik der Diskussion und der Studienmittelwahl weitgehend durch ›Abgucken‹ lernen.[10]

Das meiste würden die »Anfangssemester« nicht direkt von den Dozierenden, sondern indirekt von ihren älteren Mitstudierenden lernen. Blumenberg, der Veränderungen im Universitätswesen und der Studienorganisation mit Gespür für die Praxis beobachtet hat, kritisierte deshalb, dass in der universitären Lehre zunehmend das Kohortenprinzip gelte, weshalb nur noch akademisch Gleichaltrige in einer Veranstaltung zusammensitzen würden:

> [E]s fehlen die Altersunterschiede in den Seminaren. Früher waren da die ganz alten ›Böcke‹ – [so] wurden die genannt –, die wussten schon, wie's gemacht wird und denen guckte man zu, erst mal ein bisschen, dann versuchte man es auch. Aber wenn lauter erste Semester irgendwo sitzen oder lauter dritte oder vierte, dann ist die Aussicht, dass einer vom anderen lernen kann, leider nur sehr gering.[11]

Für Blumenberg war also eine erfolgreiche Seminarpraxis stark geprägt von einem Lehr-Lern-Verhältnis zwischen den Seminarteilnehmenden. Aber Blumenbergs Beobachtungen enthalten noch eine weitere praxeologische Pointe: Das Seminar erlaubt den Novizinnen und Novizen, aus einer gewissen Distanz »erst mal ein bisschen« zuzuschauen, bevor sie selbst schrittweise aktiv an der Seminarpraxis teilhaben. Das Seminar ermöglicht die Gradualisierung der Teilhabe am situativen Lernen. Gerade der Umstand, dass die Teilhabe am Seminar auf einer breiteren Skala von einer peripheren und teilinvolvierten Position bis zu einer komplett integrierten Position möglich und legitim ist, eröffnet den Studierenden die Option, sich schrittweise an eine komplexe Praxis anzunähern. Aus dieser Perspektive erweist sich das halbdistanzierte und randständige Verhalten, das Dozierende in ihren Seminaren immer wieder beobachten und beklagen, nicht notwendig als ein Anzeichen für den unwiderruflichen Niedergang der Praxisform Seminar, sondern als ein essentieller Bestandteil seminaristischer Praxis. Legitime periphere Partizipation ist, wie Jean Lave und Étienne Wenger herausgestellt haben, geradezu ein Grundmoment des erfolgreichen situativen Lernens in *communities of practice* [→ Kap. 2].[12]

Die obige unfaire Analogie zwischen den Seminaren von Sloane und Szondi führt auf einen elementaren Unterschied zwischen den Veranstaltungen der beiden Dozenten hin, den man leicht übersieht, der aus der hier skizzierten praxeologischen Perspektive jedoch ausschlaggebend ist: Sloane ruft die Studierenden auf. Er wartet nicht, bis sich jemand meldet, und versucht auch nicht, mit unterschiedlichen Fragen und Perspektivierungen oder zumindest mit der Qual der Stille die Teilnehmenden dazu zu bewegen, sich selbstständig zu melden. Bei Szondi gibt es in den Seminarprotokollen keinen Hinweis auf diese Art der Erteilung von Rederecht – oder in diesem Fall besser: der Verordnung von Redepflicht.

Das hat seinen Grund nicht zuletzt darin, dass die Teilnahmepraxis institutionell unterschiedlich organisiert ist und dass Institutionen unterschiedlich mit ›Meldungen‹ umgehen. Die Melderegel, dies hat Thomas Wenzl gezeigt, organisiert, diszipliniert und kanalisiert das Gespräch in größeren Gruppen. Sie konfrontiert die Teilnehmenden »mit der Anforderung [...], sich grundsätzlich unter Einnahme einer am Allgemeinen orientierten Haltung ausschließlich auf einen [...] vorgegebenen Themenfokus zu beziehen«, der für alle gilt.[13] Mit anderen Worten: Das Sich-Melden gewöhnt an Szenen gemeinsamer Aufmerksamkeit, daran also, die Dinge von der Seite aus wahrzunehmen, von der aus sie für eine (Unterrichts-) Öffentlichkeit relevant sind. *In Bezug darauf* können dann individuelle Interessen[14] artikuliert oder verschwiegen werden. Meldepraktiken ermöglichen also auch die gezielte Abweichung von der Regel, solange man zeigt, dass man weiß, worum es eigentlich geht (»Meine Frage führt in eine ganz andere Richtung ...«; »Mich interessiert etwas ganz anderes ...« etc.).[15]

Das schon mehrfach erwähnte Seminarprotokoll von Szondis Colloquium am 2. Juni 1969 [→ Kap. 19 u. 26] bietet natürlich keine exakte Dokumentation des Kommunikationsgeschehens. Aus Perspektive der Protokollantin aber wird das reichhaltige Repertoire ersichtlich, mit dem Fokussierungen, Anschlüsse, positive und negative Bezüge sowie eher erratische Äußerungen aufeinander folgen und in der Summe das Colloquium ausmachen: Anfänglich wird ausgehend von einer Kritik ein Vorschlag unterbreitet, der »später« die Unterstützung von mehreren Teilnehmenden findet; es folgen Vermutungen, gegen die Einwände vorgebracht werden; einige Kommilitoninnen und Kommilitonen markieren eigene Erkenntnisinteressen oder stehen mit fundamentalen Vorbehalten eher allein. Deutlich wird dabei vor allem die breite Skala an abweichendem Verhalten, von Nuancierungen bis hin zur Fundamentalkritik.

Die Norm, passend abzuweichen und gerade dadurch zur kognitiven Evaluation beizutragen, ist nicht in allen Institutionen gleichermaßen verbreitet. Während die Schule diese Option zur Verfügung stellt, aber nicht unbedingt Wert darauf legt, fördert der universitäre Seminarbetrieb den gekonnten Hinweis auf eigene

Interessen.[16] Dies liegt erneut an einem spezifischen Umgang mit Meldungen: Im Unterschied zum universitären Seminar zeichnet sich der Schulunterricht durch eine »Beteiligungspflicht« aus. Daher muten Lehrerin oder Lehrer nicht zu viel zu, wenn sie beliebige Schülerinnen und Schüler aufrufen – so wie Archer Sloane, dessen Seminarleitung daher auch eher ›verschult‹ wirkt. Offenkundig geht diese Praxis davon aus, dass die Klasse permanent bei der Sache bleibt und daher einzelne Schülerinnen und Schüler zu jedem beliebigen Zeitpunkt ins Unterrichtsgeschehen involviert werden dürfen. Die gesamte Konstellation basiert darauf, dass sie von einer »Beteiligungs*pflicht*« ausgeht und nicht von einem »Beteiligungs*wunsch*«.[17]

Universitäre Seminare im Bereich der Geistes- und Sozialwissenschaften funktionieren typischerweise anders, zumindest dann, wenn sie auf Unterschiede zur Schule setzen. Sie gehen von der handlungsleitenden akademischen Fiktion freiwilliger Teilnahme aus. Man rechnet hier mit »*bildungswillige*[*n*] *Subjekte*[*n*]«. Dozierende liefern sich der »freiwillige[n] Beteiligungsbereitschaft« aus.[18] Daher spielt das Schweigen eine viel größere Rolle als im schulischen Unterricht. Die Interaktionsabfolgen sind instabil. Es kommt faktisch vor, dass Studierende aufgerufen werden, ohne dass sie sich gemeldet haben. Das aber bleibt die Ausnahme. Das Seminar lässt mithin unterschiedliche Formen der Anteilnahme zu sowie entsprechende Formen der Nach- und Vorbereitung. Man kann auf diverse Weise bei der Sache sein: eher pragmatisch, nur phasenweise interessiert in Bezug auf prüfungsrelevante und tatsächlich überprüfte Beiträge oder auch mit intensivem und stetigem intellektuellen, emotionalen, körperlichen, geistigen sowie kommunikativen Engagement.

Das Verlaufsprotokoll einer Sitzung von Szondis Seminar »Zur linguistischen Analyse von Gedichten«, das im Sommersemester 1970 nach der »Anwendbarkeit«[19] der strukturalistischen Modellinterpretation von Charles Baudelaires *Les Chats* durch Roman Jakobson und Claude Lévi-Strauss fragt, ist vor diesem Hintergrund in vielen genannten Hinsichten interessant. In der protokollierten Sitzung sollten die Seminarteilnehmenden die Analyse von Jakobson und Lévi-Strauss »konkret [nachvollziehen]«.[20] Auf die thematisch eher offene Initiierung der Diskussion durch einen Gesprächsleiter (»Wie werden die Daten strukturiert?«) folgt zunächst einmal »längeres Schweigen«. Im Folgenden dominieren drei Personen das Gespräch. Auch andere Kommilitoninnen und Kommilitonen nehmen Teil, aber nur phasenweise. Das Ganze wird immer wieder durch Pausen, Kommunikationsabbrüche und -neueinsätze rhythmisiert und droht gegen Ende zu zerfallen, als der Gesprächsleiter enttäuscht bemerkt: »Offenbar hat niemand Lust, über die Beschreibung wirklich zu reden.« Über was aber wurde dann die ganze Zeit zuvor gesprochen?

Nun wechselt die Diskussion auf eine Beobachtungsebene:

Herr [X]: Diese Beschreibung besteht in wissenschaftlicher Selbstbefriedigung. Es ist die Frage, was man mit ihren Kategorien anfangen kann, und das scheint nicht viel zu sein.

Herr [Y]: Wie soll eine Kritik möglich sein, wenn man sie nicht an der Analyse zeigen kann, was daran schlecht ist [am Rand notiert Szondi: »ja!«, S.M./C.S.]. Das ganze erinnert mich ein bisschen an Adornos Unterscheidung von transzendentaler und immanenter Gesellschaftskritik in den ›Prismen‹. Die transzendentale Kritik weiß immer schon, was herauskommen wird. Stattdessen sollte man wohl doch mit Hegelscher immanenter Kritik sich in die Sache vertiefen, die man kritisieren will.

Herr [X]: Ich habe die Analyse zu Hause gründlich gelesen und mit dem Gedicht verglichen. Aber wenn über die anfänglichen Hilfsmittel hinaus ganz andere eingeführt werden müssen, ist das nicht richtig.

Frl. [Z]: Im Gegensatz zur marxistischen Literaturwissenschaft, die alles allein schafft.

Herr [X]: Das ist kein Argument.

Frl. [Z]: In der Tat, aber glauben Sie, daß es ein Argument gegen eine literaturwissenschaftliche Arbeit ist, wenn sie nicht nur eine einzige Methode verwendet?

Nach einer erneuten Replik macht ein weiterer Kommilitone den Vorschlag, die Perspektive zu wechseln (»Vielleicht ist der Anspruch doch ein bißchen anders. Könnte man nicht [...]. Der Anspruch wäre dann [...]«). Szondi unterstützt diese Wende und notiert am Rand: »ja«. Schließlich vertagt der Gesprächsleiter die Textanalyse: »In der nächsten Sitzung sollten wir vielleicht wirklich konkret werden und genauer darüber sprechen, ob ein Zusammenhang zwischen den beiden Teilen besteht und inwiefern.«

Man tritt diesem Seminargeschehen nicht zu nahe, wenn man feststellt, dass sich der sachliche Ertrag in überschaubaren Grenzen hält – zumindest solange die Ausgangsfrage als Maßstab gilt. Denn eigentlich dreht sich die Debatte um die Frage, was es bedeutet, »konkret« zu sein und »genau« über etwas zu sprechen. So besteht der letzte Eintrag des Protokolls auch außerhalb der Ordnung in einer kleinen Zeichnung: eine schlafende Katze mit dem Motto »chat, animé mais ennuyé« [Abb. 1].

Abb. 1: Protokoll der Sitzung vom 23.4.1970 von Peter Szondis Seminar »Zur linguistischen Analyse von Gedichten«.[21]

Neben der Freiwilligkeit oder dem Zwang, sich zu melden, besteht, so führt Thomas Wenzl weiter aus, ein zweiter Unterschied zwischen den Meldeordnungen von Schule und Universität darin, dass Meldungen in der Schule verfallen, wenn die richtige Antwort im Raum steht, wohingegen im Seminar jede Meldung abgearbeitet wird. Schülerinnen und Schüler müssen möglichst oft aufzeigen und akzeptieren, dass es nicht jedes Mal klappt. Es ist strategisch ungeschickt, sich im Schulunterricht nur dann zu melden, wenn sachliches Interesse vorliegt, wohingegen sich eine »maximal hohe gegenstandsindifferente Beteiligungsbereitschaft« als vorteilhaft erweist.[22] Im Universitätsseminar stellt eine Meldung hingegen »*keine legitim abweisbare Bewerbung* um eine Äußerungschance dar, sondern sie macht ein *Recht* geltend, am Seminardiskurs partizipieren zu dürfen«.[23] Die Redeliste wird sogar dann abgearbeitet, wenn die Studierenden ihre Meldung gar nicht mehr aufrechterhalten. Umgekehrt gilt: Wenn man sich nicht meldet, besteht durchaus die Möglichkeit, ein komplettes Semester in einem Seminar schweigend zu verbringen. Allerdings sollte dieses Schweigen im Sinne der angemessenen Teilhabe an der Seminarpraxis kompetent erfolgen, also unter Vermeidung von Handlungen, die Unaufmerksamkeit bedeuten.[24] In Gesprächen lässt sich feststellen, wie anspruchsvoll dies ist: Dozierende neigen mit einer gewissen Dünnhäutigkeit dazu, schon unscheinbare Verhaltensweisen als Zeichen von Desinteresse zu interpretieren. Nicht selten reagieren Studierende aufrichtig überrascht und beteuern das Gegenteil, wenn sie darauf angesprochen werden.

Anders als im Schulunterricht kann in vielen geisteswissenschaftlichen Seminaren jede Meldung genau dann erfolgen, wenn Studierende den Eindruck haben, etwas zum Diskurs inhaltlich beitragen zu können und dies auch tun wollen. Dozierende befinden sich daher in einer Haltung der »Dauerdiskursbereitschaft«.[25] Gesprächsprotokolle von Seminaren legen nahe, dass die unerwünschte Ping-Pong-Abfolge von Redebeiträgen von Dozierenden- und Studierendenseite die Regel ist – Szondi wies die studentische Diskussionsleitung eigens darauf hin, dass ihre Aufgabe nicht darin bestehe, auf jeden Redebeitrag zu reagieren [→ Kap. 26].[26] Während sich die Studierenden je nach Disposition oder momentaner Neigung passiv oder aktiv verhalten können, »wird von Dozenten erwartet, während der gesamten Zeit der Lehre Standpunkte zu entfalten und argumentativ auf Wortbeiträge von Studierenden einzugehen«.[27]

Für das geisteswissenschaftliche Praxisgefüge ist das Meldeverhalten nicht zuletzt deswegen charakteristisch, weil die Lehre Formen der Anteilnahme dupliziert, die auch in Forschungszusammenhängen relativ verbindlich gelten: Die Praxis des Seminars entspricht der Logik von Redelisten auf Tagungen.[28] So wie in der Lehre alle, die sich melden, ein Anrecht darauf haben, zu Wort zu kommen, sind auch nach Vorträgen alle an der Reihe, die auf der Redeliste stehen. Nur selten und unter hohem Zeitdruck verzichtet man darauf, jeden per Handzeichen annoncierten Frage- und Diskussionsbedarf zu stillen. Und nur wenige Rednerinnen und Redner verzichten auf die Wahrnehmung des per Handzeichen einmal angemeldeten Rederechts, selbst wenn sich der Beitrag als nicht besonders zwingend erweist oder die Frage ›im Prinzip‹ bereits gestellt oder die Antwort ›eigentlich‹ bereits gegeben wurde.

Allein mit sachlichen Erwägungen, die sich auf ›wahre‹ oder ›richtige‹ inhaltliche Antworten konzentrierten, lässt sich diese Praxis nicht erklären. Vielmehr kommt es im Seminargeschehen auf die Vermittlung von Inhalten in vielfacher Problematisierung und Perspektivierung an, also auf genau jene »gesellschaftliche Syntax« [→ Kap. 2], die die Textarbeit der forschenden Interpretin beziehungsweise des forschenden Interpreten bestimmt. Was im Seminar, wenn es gut läuft, faktisch stattfindet, nämlich die permanente Auseinandersetzung mit Alternativen, das vollzieht Szondi für sich, indem er nicht allein vorliegende Deutungen berücksichtigt, sondern sogar mögliche Deutungen in Betracht zieht, obgleich niemand anderes da ist, der ihm gegenüber diese Optionen zur Geltung bringt [→ Kap. 1 u. 2].

Interaktion ist nicht die notwendige Bedingung, aber eine gute, reichhaltige, komplexe Gelegenheit, um auszuhandeln, worum es fachlich eigentlich gehen soll und gehen kann und warum dies der Fall ist. Daher lässt sich im unmittelbaren, schnellen und vor allem kontinuierlichen Kontakt besonders gut verstehen, was es bedeutet, mit epistemischen Dingen umzugehen [→ Kap. 16], oder was es heißt, ›bei der Sache zu bleiben‹, und zwar gerade durch abweichende Perspektivierungen und Problematisierungen [→ Kap. 18]. Im Unterschied zur selbstständigen Aneignung von Inhalten unterbreitet eine Seminarkommunikation Angebote, mit gekonnten Perspektivierungen und der dazu notwendigen Terminologie vertraut zu werden, eben weil die Meldeordnung dort so vielen Personen Gelegenheit gibt, zu einer Sache Stellung zu beziehen und unterschiedliche Formulierungen für Ähnliches zu verwenden, und weil ein reichhaltiges Repertoire an verbalen und körpersprachlichen Modalisierungsverfahren zur Verfügung steht. Noch einmal: Dies bedeutet gerade nicht, höchste Konzentrationsdauerleistungen zu erbringen. Vielmehr motivieren die vielfältigen Signale für unterschiedliche Varianten der Teilnahme das eigene Verhalten.

Beleuchtet man das seminaristische Bildungskonzept in dieser Hinsicht, setzt es traditionell vor allem ein anderes Format unter Druck: die Vorlesung, die vor der Existenz von Seminaren über Jahrhunderte hinweg im Zentrum der geisteswissenschaftlichen Lehre stand. Aus der Perspektive des Seminars und der Seminararbeit galt die lange gepflegte Praxis der Vorlesungsmitschrift als Inbegriff intellektueller Passivität, obwohl diese Disqualifizierung einer genaueren Hinsicht nicht standhält.[29] Dabei muss man allerdings zwischen der in verschiedenen Disziplinen variierenden Wertschätzung von Lehrformaten unterscheiden – in der Philosophie etwa besaß die Vorlesung parallel zur Etablierung von Seminaren eine andere Bedeutung als in den Philologien.[30] Eine Reaktion auf den Druck durch das Seminar bestand allerdings insgesamt darin, die Vorlesung neu zu deuten: Sie wechselte – zumindest dem Programm nach – »vom reproduktiven und pädagogischen ins innovative Fach«.[31]

Nun könnte man sagen, dass diese Innovationsverpflichtung den normalen Vorlesungsbetrieb eher idealisiert und spätestens unter Bedingungen eines verschulten Curriculums irrelevant geworden ist. Zudem könnte die Vorlesung – aufgefasst als monologische Darbietung von ›Inhalten‹ – leicht durch das Buch oder durch digitale Aufzeichnungen ersetzt werden. Zum einen aber verkennt diese Begründung die lange, bis weit in die Frühe Neuzeit zurückreichende Tradition der Vorlesungskritik, die etwa in der Romantik parallel zur Etablierung des Seminarbetriebs neuen Schwung bekam und – wie Szondi erleben musste – während der 1960er Jahre lediglich einmal mehr aufbrandete [→ Kap. 26]. Zum anderen und vor allem aber verkürzt diese Einschätzung die Komplexität der Lehr-Lern-Situation auf propositionale Dimensionen, also eben auf ›Inhalte‹. In der Vorlesung als Performance stehen jedoch viele modalisierende Möglichkeiten zur Verfügung, um eine eigene »gesellschaftliche Syntax« zu entwickeln [→ Kap. 2]. Es geht aus einer praxeologischen Perspektive nicht darum, wie ein epistemischer Single einem anderen eine Botschaft übermittelt, sondern wie sich das Vorlesungskollektiv in einer durch Multimodalität und Multimedialität geprägten Situation verhält, deren Erfolg entscheidend von Gegenwärtigkeit wie vom Vorher und Nachher geprägt ist.[32] Diese komplexe Lage ist auch ein Grund dafür, warum es ›die‹ Vorlesung im Singular nicht gibt.[33]

Bereits die Konstitution der Vortragssituation findet mittels so kleiner Gesten und mimischer Hinweise statt, dass gar nicht auffällt, wie schlagartig sich die Welt vor, während und nach der Vorlesung unterscheidet – wenn die Veranstaltung klappt. Es ist eine Frage von Takt und akademischem Anstand, wie die Praxis ›Vortrag‹ oder ›Vorlesung‹ dadurch ermöglicht wird, dass sich viele Personen von jetzt auf nachher als Teil des Publikums verhalten.[34] Entscheidend ist: Der Übergang von der murmelnden Menge zur mehr oder weniger stillen Zuhörendenschaft geht zwar schnell, erfolgt aber nicht augenblicklich, sondern setzt an einigen Stellen ein und ergreift innerhalb kurzer Zeit epidemisch den ganzen Raum. Allein damit wird deutlich, dass es sich nicht um eine monologische, sondern um eine interaktive Situation handelt. Die Rekonstruktion der Kommunikation mit einer häufig schweigenden Menge bezieht Blickrichtungen, Handbewegungen und Gestik, Körperhaltung und -position in die Analyse ebenso ein wie den Umgang mit Seminartools und -technologien (Projektoren, Bildschirmen, Tafeln etc.).

Der Sinn der Veranstaltung ergibt sich aus der komplexen Verkettung und Kombination unscheinbarer Praktiken *aller* Akteurinnen und Akteure,[35] die anwesend sind und die Aufmerksamkeit in einer gewissen Weise auf eine *gemeinsame* ›Sache‹ ausrichten oder sich dem kollektiven Trend dazu entziehen, aber in jedem Fall den Bezug auf das, was vor Ort geschieht, nicht vermeiden können. So gibt es bei der Wahl von Standpunkten (im eigentlichen Sinn des Worts verstanden), Blickrichtungen oder Handbewegungen liebgewonnene Gewohnheiten, die Positionsentscheidung wird aber in der konkreten Situation nicht von Rednerinnen und Rednern als epistemischen Singles getroffen, sondern erweist sich in einem größeren sozialen und zeitlichen Kontext als mehr oder weniger passend.[36]

Für die Geisteswissenschaften ist dabei die Abneigung gegen gedruckte Scripts, die man sich auch zu Hause durchlesen kann, typisch. Es mag etwa bei Mischformen von digitaler Lehre und Präsenzlehre ausführliche Handouts, vielleicht sogar ausführlichere Fließtexte geben, in denen Kerngedanken des Vorlesungstextes länger dargelegt werden, aber diese gibt so gut wie niemand heraus. In anderen Fächern (etwa in den Rechts-, Technik- oder Wirtschaftswissenschaften) geht man anders mit dem Vorlesungstext um. Dort kann eine Person etwas vorlesen, für das sie nicht als Autorin verantwortlich ist. In den Humanities hingegen geben häufig bereits die Materialien der Vorlesenden zu erkennen, dass sie sich ein gewisses Maß an Vorläufigkeit und Improvisation gönnen und persönlich stark involviert und engagiert sind. Sie signalisieren damit die personale Verankerung des Wissens, die vielfältigen Formen der Abrundung und zulässigen Offenheit sowie die diversen Arten der Ausarbeitung und der variierenden Anteilnahme am Forschungsgeschehen. Man sieht an der Zettelwirtschaft, an der Mischung von Druckschriftlichem und Handschriftlichem, an den ästhetischen und konzeptionellen Stärken und Schwächen der PowerPoint-Präsentation, dass viele Hinweise auf den Forschungscharakter des Wissens gegeben werden: auf die Komplexität von Problemen, auf den entsprechenden Habitus, auf das »Risiko«, das eine Rednerin beziehungsweise ein Redner eingeht und das ihr beziehungsweise ihm eine bestimmte Form der »Geistesgegenwart« abverlangt.[37] Und manchmal auch einfach auf die fehlende Zeit, die von anderen Verpflichtungen in Verwaltung und Forschung aufgezehrt wurde und der Vorbereitung der Lehre nicht in zufriedenstellendem Umfang zur Verfügung stand.

Selbst auf der scheinbar passiven Seite der Zuhörenden können alle Teilnehmenden beobachten, wie konzentriert oder zerstreut, anteilnehmend oder gelangweilt, bemüht oder lässig nicht nur die Produktion und Vermittlung, sondern gerade auch die Rezeption gestaltet wird: welche Medien beziehungsweise interobjektiven Bezüge[38] dabei eine Rolle spielen (Papier, Stift, Laptop, Smartphone und vieles andere mehr), wie viel oder wie wenig mitgeschrieben wird, was sich parallel mitverfolgen lässt (im Austausch mit Anwesenden und Abwesenden), ob und wann es sinnvoll sein könnte, sich Mitschriften zu organisieren, bei der Dozentin oder dem Dozenten nachzufragen (vor, während oder nach der Veranstaltung; sichtbar für alle oder eher verdeckt in der Sprechstunde; mündlich oder schriftlich) etc. Man lernt also in der Vorlesung, was es bedeutet, Teil eines wissenschaftlichen (zum Beispiel studentischen) Publikums zu sein.[39]

Die Vorlesung, und auch darauf hat Thomas Wenzl hingewiesen, wendet sich dabei der Idee nach an eine möglichst große Menge. Es handelt sich um ein Interaktionsformat, »für das *hohe Teilnehmerzahlen objektiv wünschenswert* sind«.[40] Der entscheidende Grund für diese Ausrichtung an vielen Zuhörenden besteht darin, dass das große Auditorium in spezifischer Weise »*Bedeutsamkeit*« so generiert, dass in einer Situation etwas »*Herausgehobenes*« erwartet werden darf, das über die Situation hinausreicht. Vorlesungen machen also unter Anwesenden »die unmittelbare Präsenz großer Vergemeinschaftungen erfahrbar«, die das »sinnliche[] Fassungsvermögen eigentlich übersteigen«.[41]

Erneut soll es gerade nicht um eine unrealistische Auffassung des Vorlesungsalltags gehen, der diesem Ideal heute genauso wenig wie vor hundert Jahren entspricht – weil Vorlesungen ohnehin nicht so intensiv besucht werden, wie es dem dafür notwendigen Aufwand auf Seiten der Dozierenden angemessen wäre, oder weil sich im Lauf des Semesters in so gut wie allen Vorlesungen ein erheblicher Schwund an Publikum verzeichnen lässt [→ Kap. 29]. Das aber ist nicht der entscheidende Punkt, denn selbst in Vorlesungen mit einer kleinen Zahl an Besucherinnen und Besuchern verteilt sich das studentische Publikum überall im Raum, als müsste man irgendwo in einem überfüllten Hörsaal noch einen Sitzplatz ergattern. Weder also entziehen sich alle der Blickkontrolle der Dozierenden in der letzten Reihe, noch suchen sie deren Nähe.

Pragmatisch wäre es eigentlich sinnvoll, sich an einem Ort im Raum zusammenzufinden – etwa in der vorderen Mitte der Stuhlreihen, wo man am besten sieht und hört. Man würde dann die Vorlesungssituation der Sitzordnung des Seminars annähern. Die Praxis der Vorlesung aber erweist sich als robust. Die Studierenden imitieren mit ihren Platzierungspraktiken gewissermaßen ein ›großes Publikum‹ und bestätigen damit, dass der Vorlesungsauftritt – als Rede an eine wünschenswert große Menge – mit besonders hohem Verallgemeinerungsanspruch auftreten und sich an ein Publikum richten sollte, für das die körperlich Anwesenden Stellvertretungen sind, ohne die es aber nicht zu dieser Rede kommen würde. Mit Thomas Wenzl formuliert: In der »strukturell im Vorlesungsformat verankerte[n] Anforderung, den je eigenen Standpunkt innerhalb eines Fachs möglichst präzise und verallgemeinerbar darzulegen«, liegt für Lehrende »eine zentrale bildungsbedeutsame Funktion der Vorlesung«.[42] Und für die Lernenden gilt gerade im Vergleich mit der Schule, dass es sich bei der Vorlesung um ein Lehrformat handelt, das sie auf die Besonderheiten ihres neuen Arbeitsorts hinweist, also auf die Universität als eine Institution, an der die »Studierendenschaft« in Interaktion etwas tut, was als Praxis an vielen anderen Orten auch stattfindet: Wissenschaft.[43]

31. Praktiken der Soziabilität

In *Perlmanns Schweigen*, dem Erfolgsroman des ehemaligen Berliner Philosophieprofessors Peter Bieri, führt ein unsympathischer Wissenschaftler auf Konferenzreisen immer einige Exemplare seiner aktuellen Publikationen mit sich, um sie seinen Kolleginnen und Kollegen aufzudrängen – der Protagonist des Romans kommt nicht umhin, ein Exemplar in die Hand gedrückt zu bekommen. Auch dies ist eine Art von akademischer Anwesenheitskommunikation.[1] Meistens aber finden derartige – manchmal ersehnte und willkommene, gelegentlich unerwünschte und lästige – Weitergaben geisteswissenschaftlicher Werke als Distanzkommunikation statt: per Post. So auch in *Perlmanns Schweigen*, wo den Protagonisten regelmäßig Päckchen mit Sonderdrucken erreichen.[2] Er vermag diesen Zusendungen allerdings nicht viel abzugewinnen:

> Am Anfang, als Assistent und Privatdozent, hatte er auf jeden Sonderdruck mit einem Brief reagiert, der oft die Länge einer Rezension hatte. Es war eine umfängliche Korrespondenz entstanden, denn er hatte nie gewußt, wann ein solcher Briefwechsel zu Ende war, und hatte es nicht fertig gebracht, den Brief des anderen den letzten sein zu lassen. Die anderen fühlten sich ernst genommen, auch geschmeichelt, es war für sie ein Anlaß, ihre Arbeit weiter zu kommentieren, und nicht selten fand Perlmann in einem späteren Sonderdruck den Hinweis, daß diese neue Arbeit auf eine besonders anregende Korrespondenz mit ihm zurückgehe. Darüber war jeweils viel Zeit vergangen, er war sich wie der selbsternannte und zugleich zwangsverpflichtete Trainingspartner der anderen vorgekommen, der selbst nicht vorankam. Dann, mit den Verpflichtungen als Professor, waren diese weitläufigen Briefwechsel zeitlich unmöglich geworden. Er hatte keinen Mittelweg gefunden und war von einem Tag zum anderen dazu übergegangen, einfach nicht mehr zu reagieren.
>
> Er selbst hatte nie eigene Sonderdrucke verschickt; nur auf Anfrage hin hatte die Sekretärin einen vom Stapel genommen.[3]

Bieris Gelehrter ist ein seltenes Geschöpf. Die meisten Wissenschaftlerinnen und Wissenschaftler dürften nicht ähnlich kategorisch auf den eigenständigen Versand von Sonderdrucken verzichtet haben. Auch Friedrich Sengle nimmt trotz der vielfältigen Verpflichtungen als Professor immer rege an der akademischen Kommunikation mit Sonderdrucken teil. Die postalisch zirkulierenden Drucke dienen, wie er schreibt, »um ›Fernerstehenden‹ ein ›Lebenszeichen‹ zu geben«.[4] Als 1980 endlich der letzte Band der *Biedermeierzeit* erscheint, ist eine der ersten Fragen, die sich der Autor des monumentalen Werks stellt, an wen die Freiexemplare seiner Publikation zu versenden sind, die in mancher Hinsicht als monografisches Pendant der Sonderdrucke fungieren. Am 30. Juni 1980 wendet er sich deswegen brieflich an seinen Hausverlag Metzler:

> Das Verzeichnis der zu verteilenden Freiexemplare macht mir großes Kopfzerbrechen, weil ich durch Büchergeschenke, die man mir reichlich machte, außerordentlich viele Verpflichtungen habe: Alterserscheinung!
>
> Hier eine kleine Liste von Adressen, bei denen ich hoffe, daß sie der Verlag berücksichtigen kann:
>
> 1) Deutsche Forschungsgemeinschaft
> 2) Bayerische Akademie der Wissenschaften
> 3) Benno v. Wiese
> 4) Manfred Windfuhr
> 5) Helmut Kreuzer
> 6) Walter Müller-Seidel
>
> Bitte teilen Sie mir doch, wenn möglich umgehend, mit, ob diese bedeutenden Empfänger, ähnlich wie es früher war, vom Verlag übernommen werden oder nicht. Ich würde meine Bestellung gerne bald erledigen[.][5]

Sengle, daran besteht kein Zweifel, *muss* Belegexemplare seines gerade erschienenen Buchs an die hier aufgelisteten und darüber hinaus an viele weitere Institutionen und Individuen senden – fraglich ist nur, ob der Verlag oder der Autor für die Kosten dieser sechs Empfänger aufkommen wird. Freiexemplare sendet Sengle einerseits an Institutionen und Individuen, die ihn bei der Herstellung seines ›Lebenswerks‹ unterstützt haben, andererseits an Personen, die ihn ihrerseits mit Büchern beschenkt und damit dazu verpflichtet haben, die Gabe bei nächster Gelegenheit mit einem eigenen Werk zu erwidern.

Wie sich bereits anhand dieses Briefes erkennen lässt, kann man auch in geisteswissenschaftlichen Kreisen um 1980 eine reziproke Zirkulation von »Büchergeschenken« beobachten. Nur stellt sich die Frage, wie diese Praxis des biblionomen Gabentauschs im akademischen Alltag am Laufen gehalten werden kann: Wie soll man auf die vielen sozialen »Verpflichtungen«, die aus dem Empfang von fremden Büchern erwachsen, zeitnah reagieren, wenn man selbst nur alle paar Jahre eine neue Monografie als Tauschobjekt vorweisen kann? Glücklicherweise ist die intellektuelle Gabenökonomie nicht darauf angewiesen, dass in schneller Folge dickleibige Bücher wie der dritte Band der *Biedermeierzeit* erscheinen, um dann umgehend in die akademische Papierzirkulation eingespeist zu werden. Es gibt schlankere Alternativen, die auf die schnellen Gabenflüsse der gelehrten Welt besser abgestimmt sind.

Im Düsseldorfer Nachlass von Sengle findet sich eine unüberschaubare Anzahl von merkwürdigen Papierobjekten, die ihm über den gesamten Verlauf seiner wissenschaftlichen Karriere geschenkt worden sind. Es handelt sich um Sonderdrucke von Aufsatzpublikationen, die Sengle fest in seine alltägliche wissenschaftliche Arbeitspraxis integriert hat, was sich daran erkennen lässt, dass er sie häufig in eine der vielen Aktenmappen eingelegt hat, in denen er diverse Materialien für seine Forschungsprojekte sammelte. Sengle ist, wie die meisten Geisteswissenschaftlerinnen und Geisteswissenschaftler seiner Zeit, ein eifriger Versender und Sammler von Sonderdrucken gewesen. Damit war er nicht allein. Die Sonderdrucksammlungen des Deutschen Literaturarchivs Marbach zeigen, welche Ausmaße die Praxisform des Sonderdrucks im 20. Jahrhundert erreicht: Die Sammlungen einiger Germanisten enthalten deutlich über 1000 Exemplare (Richard Brinkmann, 1516 Exemplare; Hans-Henrik Krummacher, 1774 Exemplare; Fritz Martini, 4833 Exemplare, Wilhelm Voßkamp, 1621 Exemplare); auch die Sammlungen von Philosophen, Historikern und Politikwissenschaftlern haben einen beträchtlichen Umfang (Hans-Georg Gadamer, 833 Exemplare; Reinhart Koselleck, 2401 Exemplare; Dolf Sternberger, 1467 Exemplare). Die Sonderdrucksammlung des weltweit bekannten klassischen Philologen Walter Burkert überragt sie allerdings alle: Er hat in seiner Gelehrtenlaufbahn 7681 Exemplare gesammelt.

Der damals ubiquitäre Sonderdruck ist ein akademisches Format, das seine spezifische Bestimmung erst in Praktiken des Tauschs, des wiederholten Gebens und Nehmens erfährt. Darauf weist auch Sengle selbst in einem Goethe-Aufsatz hin: »Robert Minder, mit dem ich den Austausch von Sonderdrucken pflegte, erwiderte in einem seiner Briefe mein Kompliment mit dem freundschaftlichen Rat, meine Wieland-Kenntnis in einer kleineren Schrift zu größerer Wirkung zu bringen.«[6] Überraschend ist an dieser Charakterisierung, dass der fachliche Austausch von Sonderdrucken mit der Erwiderung kollegialer Komplimente verknüpft wird. Das war damals keineswegs selten. Nachdem Siegfried Kracauer im Herbst 1964 auf dem zweiten Kolloquium der Forschungsgruppe *Poetik und Hermeneutik* Hans Robert Jauß und Max Imdahl kennengelernt hatte, traten die beiden jüngeren Geisteswissenschaftler mit der Bitte an ihn heran, er möge Erwin Panofsky einen ihrer Sonderdrucke übermitteln. In dem anschließend aufgesetzten Brief an Panofsky weist Kracauer darauf hin, dass die Übersendung des Sonderdrucks der beiden deutschen Geisteswissenschaftler als »Ausdruck ihrer Verehrung« zu verstehen sei.[7] Panofskys postwendende Antwort an Jauß und Imdahl, die ebenfalls von Kracauer übermittelt wird, enthält zwar keinen Sonderdruck, wohl aber freundliche Komplimente.[8]

Derartige Briefstellen zeigen, dass die Zirkulation von Sonderdrucken nicht nur der Verbreitung von gedrucktem Wissen diente, sondern auch der Herstellung persönlicher Anerkennung und Verbindlichkeit. Die Übersendung von Sonderdrucken ist zweifellos eine niedrigschwellige Form der akademischen Kooperation, da der Absender dem Empfänger die Literaturbeschaffung erleichtert; sie dient zusätzlich der Aktualisierung und Aufrechterhaltung der Sozialbeziehung durch reziproke Kommunikation – und der akademischen Beziehungsstiftung, wie Friedrich Sengle seinem Schüler Günter Häntzschel in einem Brief erläutert. Der Sonderdruck sei nämlich ein wichtiges Medium der Kontaktanbahnung: »Versuchen Sie […] in eine Briefbeziehung zu kommen, wenn einer auf einen Sonderdruck reagiert«.[9] So gesehen haben Hans Robert Jauß und Max Imdahl bei ihrer Kontaktaufnahme mit Panofsky alles richtig gemacht.

Wie genau aber ist diese Praxis des Versendens und Empfangens von Sonderdrucken, die Praxis des unentwegten Verschenkens und Geschenktbekommens von schlanken Papierobjekten in die Herstellung von akademischer Soziabilität involviert? Die zitierten Stellen machen auch deutlich, dass die Praxis der akademischen Übermittlung von Komplimenten auf die postalische Übermittlung von schmaleren Druckerzeugnissen angewiesen war. Die Praxis des akademischen Komplimentierens im Zuge des unentwegten Zirkulierens von Sonderdrucken war in die gängigen akademischen Publikationspraktiken integriert, basierte also auf den Infrastrukturen des wissenschaftlichen Zeitschriftenwesens. Wie aber ist das

Verhältnis von Sonderdruck- und Publikationspraxis genau zu rekonstruieren? Lassen sich zwischen den beiden etablierten Praxisbereichen wechselseitige Abstützungszusammenhänge erkennen? Vor allem aber: Wie kommt es dazu, dass sich die Praxis des Sonderdrucks im Laufe des 19. Jahrhunderts fest etabliert hat und am Ende des 20. Jahrhunderts wieder abhandengekommen ist?

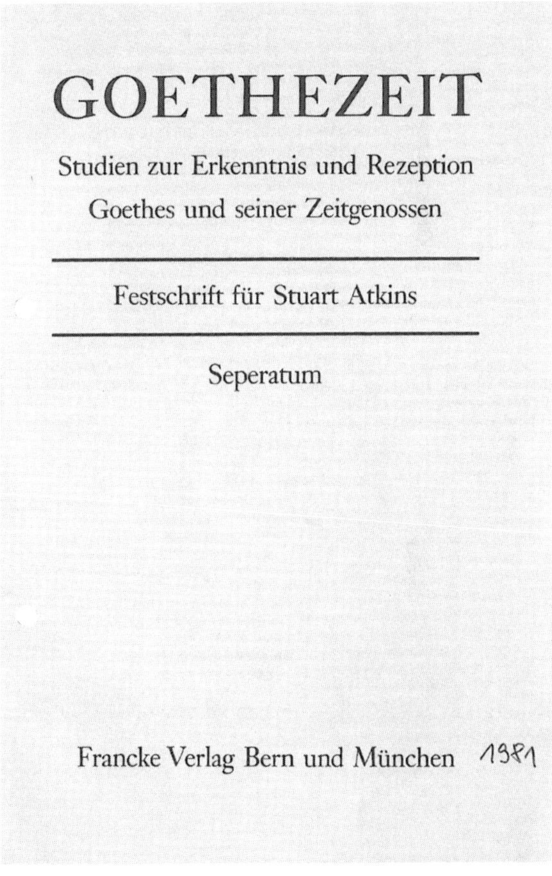

GOETHEZEIT

Studien zur Erkenntnis und Rezeption
Goethes und seiner Zeitgenossen

Festschrift für Stuart Atkins

Seperatum

Francke Verlag Bern und München 1981

Abb. 1: Cover des Sonderdrucks von Friedrich Sengle an Jörg Schönert.[10]

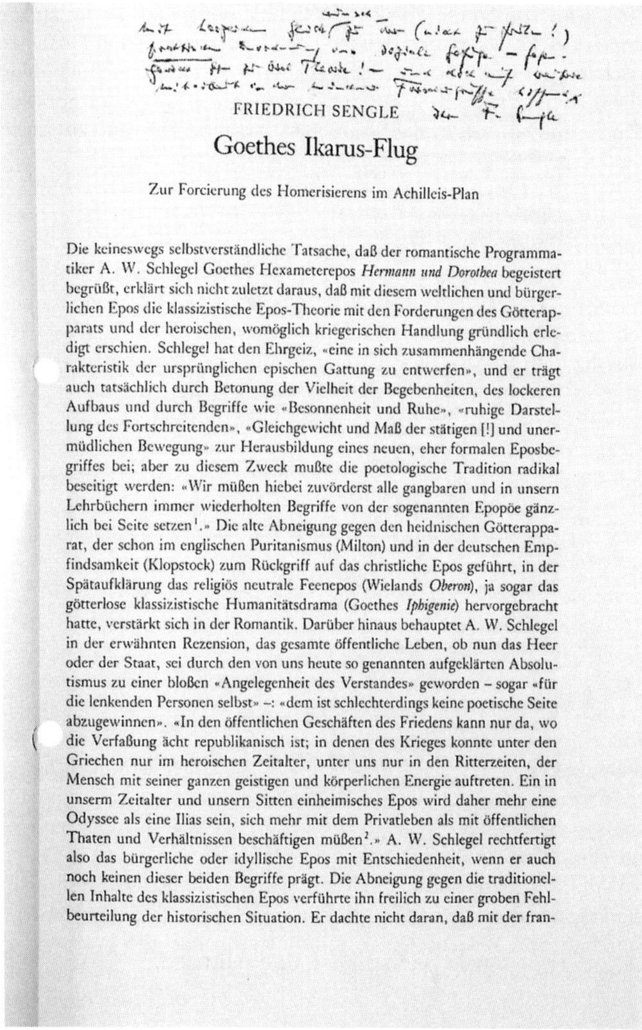

FRIEDRICH SENGLE

Goethes Ikarus-Flug

Zur Forcierung des Homerisierens im Achilleis-Plan

Die keineswegs selbstverständliche Tatsache, daß der romantische Programmatiker A. W. Schlegel Goethes Hexameterepos *Hermann und Dorothea* begeistert begrüßt, erklärt sich nicht zuletzt daraus, daß mit diesem weltlichen und bürgerlichen Epos die klassizistische Epos-Theorie mit den Forderungen des Götterapparats und der heroischen, womöglich kriegerischen Handlung gründlich erledigt erschien. Schlegel hat den Ehrgeiz, «eine in sich zusammenhängende Charakteristik der ursprünglichen epischen Gattung zu entwerfen», und er trägt auch tatsächlich durch Betonung der Vielheit der Begebenheiten, des lockeren Aufbaus und durch Begriffe wie «Besonnenheit und Ruhe», «ruhige Darstellung des Fortschreitenden», «Gleichgewicht und Maß der stätigen [!] und unermüdlichen Bewegung» zur Herausbildung eines neuen, eher formalen Eposbegriffes bei; aber zu diesem Zweck mußte die poetologische Tradition radikal beseitigt werden: «Wir müßen hiebei zuvörderst alle gangbaren und in unsern Lehrbüchern immer wiederholten Begriffe von der sogenannten Epopöe gänzlich bei Seite setzen[1].» Die alte Abneigung gegen den heidnischen Götterapparat, der schon im englischen Puritanismus (Milton) und in der deutschen Empfindsamkeit (Klopstock) zum Rückgriff auf das christliche Epos geführt, in der Spätaufklärung das religiös neutrale Feenepos (Wielands *Oberon*), ja sogar das götterlose klassizistische Humanitätsdrama (Goethes *Iphigenie*) hervorgebracht hatte, verstärkt sich in der Romantik. Darüber hinaus behauptet A. W. Schlegel in der erwähnten Rezension, das gesamte öffentliche Leben, ob nun das Heer oder der Staat, sei durch den von uns heute so genannten aufgeklärten Absolutismus zu einer bloßen «Angelegenheit des Verstandes» geworden – sogar «für die lenkenden Personen selbst» –: «dem ist schlechterdings keine poetische Seite abzugewinnen». «In den öffentlichen Geschäften des Friedens kann nur da, wo die Verfaßung ächt republikanisch ist; in denen des Krieges konnte unter den Griechen nur im heroischen Zeitalter, unter uns nur in den Ritterzeiten, der Mensch mit seiner ganzen geistigen und körperlichen Energie auftreten. Ein in unserm Zeitalter und unsern Sitten einheimisches Epos wird daher mehr eine Odyssee als eine Ilias sein, sich mehr mit dem Privatleben als mit öffentlichen Thaten und Verhältnissen beschäftigen müßen[2].» A. W. Schlegel rechtfertigt also das bürgerliche oder idyllische Epos mit Entschiedenheit, wenn er auch noch keinen dieser beiden Begriffe prägt. Die Abneigung gegen die traditionellen Inhalte des klassizistischen Epos verführte ihn freilich zu einer groben Fehlbeurteilung der historischen Situation. Er dachte nicht daran, daß mit der fran-

Abb. 2: Erste Seite des Sonderdrucks von Friedrich Sengle an Jörg Schönert.[11]

Geisteswissenschaftlerin oder Geisteswissenschaftler zu sein, bedeutete schon lange vor Sengle: in der Lage sein, Sonderdrucke zu versenden. Schon seit dem 18. Jahrhundert gibt es Sonderdrucke. Das Versenden von Sonderdrucken erfüllt seit dieser Zeit in der Wissenschaft eine Vielzahl von zentralen sozialen Funktionen. Und doch sind Sonderdrucke heute selten geworden. Die Zeiten scheinen vorbei, in denen Sonderdrucke als heftförmige Statusobjekte und papierne Leistungsbeweise per Post verschickt oder auf Fachtagungen verteilt werden. Dass die Kommunikationspraxis des Sonderdrucks – ein von einer Autorin beziehungsweise einem Autor direkt verteilter, meist auch diesen ausdrücklich zugeeigneter, mehr oder weniger aufwendig hergestellter Abzug eines wissenschaftlichen Artikels – zu einem obsoleten Format geworden ist, hängt unter anderem mit der Digitalisierung zusammen. Der Sonderdruck ist heute nämlich fast vollständig seinem elektronischen Pendant gewichen: Der digitale ›Sonderdruck‹ ist typischerweise eine PDF-Datei.[12] Die Autorinnen und Autoren können sie auf unterschiedliche Weise an die Kolleginnen und Kollegen übermitteln: durch den direkten Versand per E-Mail; durch den E-Mail-Versand einer Internetadresse, die der Adressatin beziehungsweise dem Adressaten erlaubt, den Artikel auf der Plattform des Wissenschaftsverlags kostenlos herunterzuladen; oder durch die Ablage der Datei auf einer digitalen Plattform. Da im Rahmen der Digitalisierung der Akt des Ausdruckens keine notwendige Voraussetzung mehr für die Lektüre eines Artikels ist und dieser Akt von Lesenden, sofern sie über einen Drucker verfügen, jederzeit selbst vollzogen werden kann, verliert der materielle Sonderdruck an Relevanz.[13] Der wissenschaftliche Artikel zirkuliert nunmehr als eine vom Verlag mehr oder weniger restriktiv zur Verfügung gestellte Datei im PDF-Format.[14]

Mit dem graduellen Obsoletwerden des Sonderdrucks stellt sich die Frage, was genau ein Sonderdruck war, weshalb die geisteswissenschaftliche Wissenschaftskommunikation gut 200 Jahre nicht ohne dieses akademische Format ausgekommen ist und warum es trotz allem wie das Polaroidbild oder die Audiokassette bald in das imaginäre Museum obsoleter Medienformate eingehen wird.[15] Eine praxeologische Perspektive erlaubt zu erkennen, dass ein Antwortversuch nicht nur aktuelle digitale Medienumbrüche in Rechnung stellen muss, sondern auch die akademische Praxis der Sonderdruckinteraktion, die ein bestimmtes Selbstverständnis der geisteswissenschaftlichen Persona stützt.

Die Praxis des Austauschs von Sonderdrucken ist ein internationales Phänomen und ein Phänomen, das sich seit dem 18. Jahrhundert und bis in die Gegenwart in den meisten geisteswissenschaftlichen Disziplinen ausmachen lässt, darunter auch in Disziplinen wie den klassischen und modernen Philologien, der Kunstgeschichte, Geschichte, Philosophie, Soziologie und den Rechtswissenschaften. Ihre Internationalität lässt sich daran ablesen, dass sich in allen größeren Wissenschaftssprachen Bezeichnungen für den Sonderdruck finden lassen. Ausdrücke, die seit dem 18. Jahrhundert verwendet werden, sind unter anderem: Sonderdruck, Sonderabdruck, Sonderabzug, Separatdruck, Separatabdruck, Separatabzug, Separatum. Neben diese Ausdrücke treten Umschreibungen wie »aus [...] besonders abgedruckt«, »abgedruckt aus [...]«, »besonders ausgedruckt aus [...]« – wobei statt der eckigen Klammern dann die bibliografische Angabe der Publikation steht, aus der dieser Separatabdruck vorgenommen wurde.

Sonderdrucke sind technisch gesehen Sonderabzüge von Teilen einer größeren Publikation, die noch während der Herstellung vorgenommen werden. Der Sonderdruck ist gewissermaßen ein ›Weiterdrucken‹. Ein Sonderdruck im engeren Sinne liegt »nur dann vor, wenn der Text nicht neu gesetzt, sondern vom gleichen Satz abgedruckt ist wie auch die Quelle, aus der er stammt«.[16] Deshalb werden Autorinnen und Autoren, die eine Sonderdruckmenge beziehen wollen, die über den vertraglich zugesicherten Umfang hinausgeht, häufig darum gebeten, dass sie diese Menge bereits bei der Rücksendung der Korrekturfahnen mitteilen (und teilweise sogar auf den Korrekturfahnen selbst vermerken). Von einem technischen Standpunkt aus gesehen (der meist nicht der Standpunkt der faktischen Gebrauchsformen ist) muss der Sonderdruck im engeren Sinn von allen Sonderdrucken unterschieden werden, die eine umfassende Neueinrichtung des Satzes notwendig machen (mit einem neuen Umbruch und so weiter) und deshalb auch getrennt von der größeren Publikation, das heißt in einem ganz eigenen Herstellungsvorgang produziert werden (hier könnte man von Sonderausgaben sprechen).[17]

Diese Differenz lässt sich an einem Beispiel aus dem späten 18. Jahrhundert erläutern: Johann Gottfried Herders auf 1774 datierten Sonderabzügen von »Wie die Alten den Tod gebildet?«. Es handelt sich bei diesen Sonderabzügen um zwei Quartbogen.[18] Sie sind, wie auch die ebenfalls auf 1774 datierte Publikation im *Hannoverischen Magazin*, zweispaltig.[19] Dabei sind die ersten Seiten der beiden Ausgaben weitgehend satzidentisch. Genauer: die Seiten eins bis neun des Sonderabzugs sind mit den Spalten 1505 bis 1518 des Zeitungsdrucks weitgehend satzidentisch. Allerdings sind von Anfang an die Spaltennummerierungen durch Seitennummerierungen und die alten Bogensignaturen durch neue ersetzt worden. Darüber hinaus ist die zeitungsmäßige Paratextualität des Zeitschriftendrucks durch eine buchmäßige Paratextualität ersetzt worden – inklusive Titelblatt und Vignetten. Da sich die Unterbrechung zwischen dem 95. und 96. Stück des *Hannoverischen Magazins* nicht mehr problemlos typografisch in den Sonderabzug übersetzen lässt, divergiert zudem der Satz sichtlich ab Seite zehn des Sonderdrucks respektive Spalte 1519 des Zeitungsdrucks.

Bei dem Sonderabzug Herders handelt es sich nicht um einen wissenschaftlichen Sonderdruck im engeren Sinne. Es wird nämlich überhaupt keinen Wert darauf gelegt, dass die Paginierung und das Layout des Sonderdrucks so umfassend mit dem Erstdruck in der Zeitschrift übereinstimmen, dass der Sonderdruck eine Stellvertretungsfunktion erfüllen, das heißt anstelle des Erstdrucks zitiert werden kann. In Bezug auf moderne Sonderdrucke kommt dem Erstabdruck in der Zeitschrift eine epistemische Autorität zu (die Güte des Aufsatzes leitet sich daraus ab, dass er in genau dieser Zeitschrift gedruckt werden durfte). Der wissenschaftliche Sonderdruck kann seinen Formatanforderungen also nur dann gerecht werden, wenn er die Merkmale des Zeitschriftenabdrucks erhält, die sich für seine funktionale Stellvertreterschaft im Rahmen relevanter Wissenspraktiken als notwendig erweisen (davon ist das Zitieren eine der zentralen).

Blickt man aber auf Herders Sonderabzug, so gewinnt man den Eindruck, dass der Abdruck in der Zeitschrift für ihn nicht der maßgebliche Ort epistemischer und kultureller Autorität ist, dass also der Sonderabzug auch nicht in einer Abhängigkeitsrelation zu dem Zeitschriftendruck steht: Wie der Verzicht auf eine (weitgehende) Satzidentität des Gesamttextes und der Verzicht auf die Übernahme der Originalpaginierung (in Spalten) deutlich machen, soll der Sonderdruck nicht anstelle des Erstdrucks zitiert werden können. Vielmehr scheint es so, dass der Sonderdruck als quasi eigenständige Publikation im Heftformat eine höhere kulturelle Würde aufweist als der unselbstständige Zeitschriftenabdruck.

Da der Sonderabzug auf einen paratextuellen Hinweis auf den Erstpublikationsort vollständig verzichtet, könnte man sogar noch stärker formulieren: Der Sonderabzug wird als eigenständige Publikation präsentiert. Herders Sonderabzug ist also nicht, wie man zunächst vermuten könnte, ein Sonderdruck im engeren Sinne, sondern vielmehr der Versuch, einen anspruchsvollen Text, der zunächst unselbstständig in einem seriellen Medium publiziert worden ist, in einem erweiterten Netzwerk von Freundinnen und Freunden sowie Förderinnen und Förderern als eine selbstständige heftförmige Arbeit zirkulieren zu lassen.[20] Wenn die ersten Seiten dieses Sonderabzugs mit den ersten Seiten des Zeitungsdrucks weitgehend satzidentisch sind, so ist das nicht dem Versuch geschuldet, mehr oder weniger mühevoll einen modernen Sonderdruck herzustellen, sondern vielmehr umgekehrt der Arbeitsersparnis für den Satz der Sonderausgabe.

Eine engere Definition des Sonderdrucks müsste also lauten: Der Sonderdruck ist ein Druckerzeugnis, das aus einer größeren Publikation entnommen ist und diese Entnahme auch paratextuell markiert, wobei beide Versionen (zumindest der Intention nach) weitgehend identisch sind (Satzidentität). Der Sonderdruck wird vom Verlag einem klar bestimmten Kreis dem Beitrag verbundener Personen (vor allem der Autorin beziehungsweise dem Autor) in einer (häufig vorab) begrenzten Anzahl von Exemplaren zur Verfügung gestellt. Diese können dann in einem restringierten Personenkreis von Freundinnen und Freunden sowie Kolleginnen und Kollegen in einer nichtkommerziellen Weise zirkulieren, wobei der Sonderdruck typischerweise mehr oder weniger zeitgleich mit der Publikation (Zeitschrift oder Sammelband) erscheint, aus der er entnommen ist.

Dieser Bestimmungsversuch ist freilich in mehrfacher Hinsicht erläuterungsbedürftig: Sonderdrucke sind insofern nicht selbstständig, als die Sonderabzüge eines Beitrags aus einer Zeitschriftenpublikation oder Sammelpublikation nicht ohne den Bezug auf diese ›originäre‹ Publikation angemessen erfasst werden können. Sonderdrucke gewinnen aber im Vergleich zu den darin enthaltenen ›Ursprungsbeiträgen‹ insofern eine gewisse Selbstständigkeit, als sie über ein eigenes Titelblatt beziehungsweise einen eigenen Titelumschlag verfügen. Titelblatt beziehungsweise -umschlag sorgen für eine (immer nur relative) bibliografische Selbstständigkeit des Sonderdrucks. Die Relevanz des Titelblattes beziehungsweise -umschlags für den Sonderdruck lässt sich unter anderem den um 1900 einflussreichen *Instruktionen für die alphabetischen Kataloge der preussischen Bibliotheken und für den preussischen Gesamtkatalog* entnehmen. Dort wird die Titelaufnahme von Sonderdrucken geregelt. In der 1899 erschienenen Erstauflage wird festgelegt, wie die Sonderdrucke aus dem Druckschriftenbestand der Bibliotheken im Bibliothekskatalog zu verzeichnen sind. Unterschieden werden in den *Instruktionen* Sonderdrucke mit eigenem Titelblatt und solche ohne eigenes Titelblatt.[21] Für beide Sonderdrucktypen werden Verzeichnungsbeispiele aufgeführt.[22] Zunächst sollen nur die Sonderdrucke mit eigenem Titelblatt verzeichnet werden, denen gewissermaßen eine höhere bibliografische Selbstständigkeit zugeschrieben wird.[23] Die preußischen *Instruktionen* sind insofern ›fortschrittlich‹, als sie für den Sonderdruck überhaupt eine bibliografische Systemstelle im Bibliothekskatalog vorsehen. Normalerweise wurden und werden Sonderdrucke oder Sonderdrucksammlungen nicht eigens katalogisiert.[24] Sonderdrucke sind vielmehr eine Form ephemeren Schrifttums, die den Bibliotheken eher lästig ist.[25]

Das Erfordernis einer Entnahme aus einem größeren Publikationszusammenhang bringt mit sich, dass Autorexemplare von Monografien (*presentation copies*) nicht als Sonderdrucke verstanden werden sollten. Das gilt auch für vollständige Zeitschriftenbände, die den Aufsatz einer Autorin oder eines Autors enthalten (hier müsste von Belegexemplaren beziehungsweise Freiexemplaren eines Zeitschriftenhefts gesprochen werden und nicht von Sonderdrucken). Der oben signalisierte Bedarf an paratextueller Markierung läuft darauf hinaus, dass Sonderabzüge, die keinen paratextuell markierten Bezug auf den übergreifenden Publikationskontext des Beitrags enthalten, keine Sonderdrucke im hier vorgeschlagenen Sinn sind: In dem Fall handelt es sich eher um eigenständige Sonderausgaben wie etwa der oben diskutierte Sonderabdruck Herders. Der Definitionsvorschlag impliziert auch, dass die Separatabdrucke typischerweise anstelle der Originalpublikation verwendet werden können, was einerseits signifikante Veränderungen am Textbestand der Ausgangspublikation ausschließt und andererseits eine identische Paginierung von Sonderdruck und primärer Zeitschriftenpublikation voraussetzt.

Wichtig mit Blick auf die praxishistorische Situierung des Sonderdrucks ist weiterhin, dass die von Verlagsseite approbierte Exemplaranzahl an Sonderdrucken ausschließlich für eine nichtkommerzielle Distribution, das heißt vornehmlich für einen persönlichen Vertrieb in einem freundschaftlichen und kollegialen Zirkulationsradius gedacht ist: Nicht als Sonderdrucke zu charakterisieren sind aus dieser Perspektive also kommerzielle Teilabdrucke eines größeren Werks, die als selbstständige Publikationen im Handel vertrieben werden – so wie etwa die Abhandlungen, die in der *Enzyklopädie* von Johann Georg Krünitz als Artikel erscheinen und auch als eigenständige Publikationen wiederabgedruckt und vermarktet werden.[26] Schließlich erfolgt die Zirkulation des Sonderdrucks typischerweise mehr oder weniger zeitgleich mit der kommerziellen Publikation der umfassenderen Veröffentlichung, sonst würde es sich um einen Vorabdruck (*preprint*) oder Nachdruck (*reprint*) handeln – wobei die Grenzen zwischen Sonderdruck, Vorabdruck und Nachdruck historisch nicht immer klar gezogen werden können.[27]

Diese Definition betont: Anders als Vorabdrucke, Nachdrucke, Belegexemplare und andere verwandte Formen stehen Sonderdrucke in einer ›derivativen‹ Beziehung zu ›originären‹ Aufsatzpublikationen; sie begleiten den historischen Aufstieg des Zeitschriftenaufsatzes zu einer primären wissenschaftlichen Publikationsform seit dem Ende des 18. Jahrhunderts und sind nur in diesem historischen Zusammenhang angemessen zu verstehen. Wie lässt sich der Sonderdruck als Praxiszusammenhang genauer fassen?

32. Das langsame Entstehen einer Praxis

Die Geschichte des Sonderdrucks ist Teil der übergreifenden Geschichte des wissenschaftlichen Publikationswesens.[1] Die innerhalb der Buchkultur lange etablierte Praxis, Sonderexemplare von Buchpublikationen herzustellen, die von den Autorinnen und Autoren dann als Widmungsexemplare verwendet werden, steht gewiss in einem Zusammenhang mit der Praxis, Sonderdrucke von Zeitschriftenaufsätzen herzustellen, die dann ebenfalls mit Widmungen versehen werden. Der schmale Sonderdruck zeichnet sich im Gegensatz zum buchförmigen Sonderexemplar aber dadurch aus, dass er in Gestalt und Umfang eine ephemere Anmutung aufweist – er bietet nur einen kleinen Ausschnitt aus dem viel umfassenderen, häufig seriellen Publikationszusammenhang.

Bislang ist nur die Geschichte der naturwissenschaftlichen Zeitschrift umfassender wissenschaftshistorisch rekonstruiert worden.[2] Wie Alex Csiszar in einer Studie über den angloamerikanischen und französischen Raum zeigen kann, mussten erst äußerst heterogene Elemente (Publikationsformate, Textsorten, Wissenschaftsauffassungen, Evaluationsverfahren, Öffentlichkeitskonzeptionen, Karrieremodelle) miteinander verknüpft werden, um die Fachzeitschrift in den Naturwissenschaften zum maßgeblichen akademischen Publikationsmodell werden zu lassen. Dies erfolgt schrittweise seit dem Ende des 18. Jahrhunderts: Hier wird das an Aktualität orientierte periodische Publikationswesen mit der an Neuheit ausgerichteten und an innovativen Originalbeiträgen interessierten Wissenschaft verknüpft. Das serielle Publikationsformat der Zeitschrift erlaubt derart, wissenschaftliche Erkenntnisfortschritte zeitnah zu publizieren. Die Fachzeitschrift erweist sich damit als ideales Medium, um wissenschaftliche Prioritätsansprüche registrieren zu lassen: In einer an Fortschrittsimperativen ausgerichteten Wissenschaft geht es schließlich auch darum, wer einen Wissensanspruch zuerst im Medium des Drucks aufstellt. Zugleich wird der Originalaufsatz zur Leitgattung der Naturwissenschaften. An die Stelle von mehrbändigen enzyklopädischen Darstellungen oder umfassenden monografischen Studien rückt die kürzere, journalkompatible Aufsatzpublikation. Die naturwissenschaftliche Forschung wird zu einer Zeitschriftenwissenschaft, die sich ausschließlich an den Kolleginnen- und Kollegenkreis richtet.

Das Genre des Aufsatzes und die übergreifende Vorstellung einer Forschungsliteratur, die periodisch in kleinen aufsatzförmigen Schritten voranschreitet, lassen sich laut Csiszar gut zur Deckung bringen mit der ›positivistischen‹ Wissenschaftsauffassung des 19. Jahrhunderts, für die naturwissenschaftlicher Fortschritt eine serielle Akkumulation von ›kleinen‹ Fakten und Erkenntnissen ist. Der Forschungsstand verstreut sich im Zuge dessen allerdings in eine unüberschaubare Vielzahl von Fachaufsätzen. Um den Überblick über den rasant wachsenden Publikationsausstoß nicht vollends zu verlieren, werden seit dem ausgehenden 19. Jahrhundert große bibliografische Projekte angestoßen, die auf eine systematische Verzeichnung aller Aufsätze abzielen. Neben die Fachbibliografie tritt die Personalbibliografie: Die Zeitschriftenpublikation dient zunehmend der Zuweisung einer akademischen Identität. Wer sich als vollwertige Wissenschaftlerin oder vollwertiger Wissenschaftler verstehen will, muss eine Publikationsliste mit Aufsätzen vorweisen können, die in anerkannten Fachjournalen platziert sind. Die Persona einer Wissenschaftlerin oder eines Wissenschaftlers wird nunmehr anhand der Qualität und Quantität der Zeitschriftenpublikationen definiert – und diese zirkulieren auch als Sonderdrucke.

Ab der zweiten Hälfte des 18. Jahrhunderts scheint sich die Herstellung von Sonderdrucken in den Naturwissenschaften schrittweise zu etablieren.[3] Um 1780 dürfen die Autoren akademischer Aufsätze eine bestimmte Anzahl von Sonderdrucken auf eigene Rechnung herstellen lassen; ab dem frühen 19. Jahrhundert werden den Autoren eine bestimmte Anzahl von Sonderdrucken, meistens 50 oder 100 Exemplare, kostenfrei zur Verfügung gestellt – allerdings immer verbunden mit der Möglichkeit, weitere Sonderdrucke auf eigene Kosten herstellen zu lassen.[4] Die Anzahl der zirkulierenden Sonderdrucke konnte in den Naturwissenschaften des 19. und frühen 20. Jahrhunderts durchaus 300 Exemplare und mehr erreichen.

Von Seiten der Zeitschriftenverleger bestand immer eine gewisse Besorgnis, die unentgeltlich zur Verfügung gestellten Sonderdrucke könnten dem Verlag finanziell schaden, wenn ihre Zirkulation nicht genau reglementiert und reguliert würde. Wie Csiszar herausgearbeitet hat, kristallisieren sich die Konflikte zwischen akademischen Autoren und wissenschaftlichen Zeitschriftenverlegern bereits im

19. Jahrhundert immer wieder an der Frage heraus, wie genau mit Sonderdrucken zu verfahren sei: Auf wie viele kostenfreie Exemplare darf der Autor Anspruch erheben? Wie viele Exemplare darf er auf eigene Kosten herstellen lassen? Welcher zeitliche Abstand zur Erstpublikation muss gewahrt werden, bevor es dem Autor erlaubt ist, seine Exemplare in Umlauf zu bringen? In der zweiten Hälfte des 20. Jahrhunderts verschärft sich diese Konstellation mit dem Aufkommen der Fotokopiergeräte.[5] Diese Fragen behalten bis in die Gegenwart ihre Brisanz, wenn Wissenschaftsverlage die Anzahl der digital zirkulierenden ›Sonderdrucke‹ zu beschränken versuchen oder eine mehrjährige Frist zwischen der Erstpublikation in der Fachzeitschrift und der Veröffentlichung in offen zugänglichen Repositorien verlangen.

Möglicherweise überschneidet sich diese Geschichte mit der noch nicht geschriebenen Geschichte der geisteswissenschaftlichen Fachzeitschrift. Die Vorstellung, dass Fortschritt eine serielle Akkumulation von ›kleinen‹ Fakten und Erkenntnissen ist, die am besten seriell zu publizieren sind, lässt sich in ›positivistischen‹ Strängen der Geisteswissenschaften des 19. Jahrhunderts ausmachen. Auch hier wird die seriell erscheinende Fachzeitschrift als ein Instrument gesehen, zeitnah wissenschaftliche Prioritätsansprüche registrieren zu lassen. Darüber hinaus geht mit der geisteswissenschaftlichen Fachzeitschrift tendenziell eine Öffentlichkeitskonzeption einher, die das adressierte Publikum auf den disziplinären Kolleginnen- und Kollegenkreis der Aufsatzautorin beziehungsweise des Aufsatzautors einschränkt (wobei dieser Kreis sich auf außeruniversitäre Kolleginnen und Kollegen etwa in der Schule erstrecken kann).

Zweifellos divergiert die Geschichte der geisteswissenschaftlichen Fachzeitschrift aber zugleich in entscheidenden Punkten von der Geschichte der naturwissenschaftlichen Fachzeitschrift: In den Geisteswissenschaften sind buchförmige Publikationen wie die Monografie oder das Handbuch bis heute nicht umfassend von der Fachzeitschrift verdrängt worden.[6] Ferner finden sich innerhalb der geisteswissenschaftlichen Fachzeitschriften häufig nicht nur Originalbeiträge, sondern eine Vielzahl weiterer Textsorten (zum Beispiel Miszellen oder Editionen). Schließlich wird die Evaluation der eingereichten Beiträge in den Geisteswissenschaften über lange Zeiträume und teilweise bis in die Gegenwart von Herausgeberinnen und Herausgebern sowie Redaktionen geleistet und nicht durch

Peer-Review-Verfahren gesichert. Entscheidend ist, dass auch in den Geisteswissenschaften der Aufstieg des Sonderdrucks als eines maßgeblichen Modells der Wissenschaftskommunikation im Zusammenhang mit der Etablierung des geisteswissenschaftlichen Zeitschriftenwesens steht, dass aber neben der Zeitschrift immer auch andere Publikationsformate wie zum Beispiel Festschriften, Fachenzyklopädien und Handbücher eine herausragende Rolle gespielt haben, mitsamt den diesen Publikationsformaten entsprechenden Sonderdrucken.[7]

Mit der Etablierung des geisteswissenschaftlichen Zeitschriftenwesens im 19. Jahrhundert geht auch die Konsolidierung des Sonderdruckformats einher.[8] Wie stark sich der Sonderdruck bereits um 1900 als Leitformat akademischer Interaktion auch in der Germanistik durchgesetzt hat, lässt sich den Gelehrtenbriefwechseln dieser Zeit entnehmen, etwa dem zwischen August Sauer und Bernhard Seuffert. Sauer und Seuffert waren nicht nur als Autoren, sondern auch als Herausgeber führender germanistischer Fachzeitschriften mit den vielen Aspekten des Sonderdruckformats wohlvertraut – Seuffert ab 1888 als Herausgeber der *Vierteljahrsschrift für Litteraturgeschichte* und Sauer ab 1894 als Herausgeber des *Euphorion*.[9] Auffällig an dem Briefwechsel ist Sauers wiederholte Beschäftigung mit dem Sonderdruckformat, nicht selten verbunden mit der Klage, die erforderlichen »Sonderabzüge« würden nicht oder nicht rechtzeitig oder nicht in erforderlicher Anzahl versandt.[10] Erwartet werden typischerweise zwischen 20 und 30 »Abzüge« beziehungsweise »Sonderabzüge«.[11] Auch von den Rezensionen werden »Sonderabzüge« erwartet.[12]

Sauer ist der Auffassung, dass Verlage für Sonderdrucke lediglich den Selbstkostenpreis in Rechnung stellen dürfen.[13] Es wird geklagt, wenn »die (über die 5-Zahl bestellten) Sonderabzüge übermäßig hoch berechnet[]« sind.[14] Die Anzahl der Abzüge wird also nicht unbedingt mit den Herausgebern der betreffenden Publikation abgeklärt, sondern auch direkt mit den Verlegern: »Wollen Sie sich wegen der von Ihnen gewünschten Abzüge selbst mit Böhlaus verständigen oder soll ich die Veranstaltung dafür treffen; in letzterem Fall müssten Sie mir sagen, wie viel Abz[üg]e Sie wünschen.«[15] Bei der Verlagssuche für Zeitschriftenprojekte spielen die Sonderdrucke eine wichtige Rolle: Attraktiv ist ein Verlag für Zeitschriftenprojekte dann, wenn er ein hohes Honorar und eine große Anzahl kostenfreier Sonderdrucke in Aussicht stellen kann. Bei der

Verlagssuche erweist es sich deshalb als großes Hindernis, wenn von der Gegenseite »hartnäckig auf der Verweigerung der Sonderabdrücke« beharrt wird.[16] Zu den Vorzügen eines geplanten Verlagswechsels gehört in diesem Sinne, dass der neue Verleger 20 kostenfreie »Sonderabzüge« zugestehen würde: »von allem 20 Sonderabzüge mit eigenem Umschlage umsonst für die Autoren«.[17] Auch bei der Einwerbung von Zeitschriftenbeiträgen kommen Sonderdrucke zum Zug: Um prospektive Beiträger wird von den Herausgebern geworben, indem ein Honorar und »Abzüge« in Aussicht gestellt werden: »Abzüge so viel Sie wünschen.«[18]

Wie sich dem Briefwechsel von Bernhard Seuffert mit Otmar Schissel von Fleschenberg entnehmen lässt,[19] dient der postalische Austausch von Sonderdrucken dazu, die briefliche Interaktion und das intellektuelle Gespräch zwischen den Tauschpartnern aufrechtzuerhalten [→ Kap. 28]. Er dient aber auch der bibliografischen Erfassung der Aufsätze: So soll zum Beispiel *Euphorion* eine Liste aller bei der Redaktion eingegangenen Fachpublikationen enthalten, wobei diese Liste nicht nur aufgrund eingegangener Monografien, sondern eben auch aufgrund »einlaufende[r] Separatdrucke aus Zeitschriften« erstellt wird.[20]

Zudem bietet der Austausch der Sonderdrucke auch in den Geisteswissenschaften dieser Periode die Möglichkeit der Prioritätssicherung von Wissensansprüchen. Im Briefwechsel von Seuffert und Sauer findet sich dafür ein Beispiel. Der Sonderdruck eines Aufsatzes von Seuffert soll bereits vor der Publikation des entsprechenden Aufsatzbandes gedruckt und in Umlauf gebracht werden, um seine Priorität abzusichern:

> Sie überliessen den Aufsatz dem Band 18 der Schriften; verlangen aber, dass Ihnen die Sonderabzüge schon jetzt ausgefolgt werden; (vielleicht in grösserer Anzahl, als ursprünglich geplant war) dadurch käme der Aufsatz den Interessenten und eventuellen Concurrenten jetzt zur Kenntnis; Ihre Priorität wäre gesichert.[21]

Seuffert entscheidet sich dann aber, den Aufsatz, der zunächst in dem von Sauer herausgegebenen 18. Band der *Schriften der Goethe-Gesellschaft* erscheinen sollte, als 38 Seiten umfassendes monografisches Heft zu publizieren.[22]

Schließlich soll nicht unterschlagen werden, dass der Sonderdruck um 1900, genau wie schon lange zuvor bei buchförmigen

Widmungsexemplaren üblich, gelegentlich mit einem gewissen materiellen Repräsentationsanspruch verbunden wird. Die Bemühung, Sonderdrucke in höherer Qualität als im primären Publikationskontext herstellen zu lassen, lässt sich auch um 1900 klar erkennen, wenn Sonderdrucke »auf besserem breitrandigem papiere« angefertigt werden sollen.[23]

Umfassendere Überlegungen zur materiellen Ausstattung der Sonderdrucke finden sich nicht nur bei Sauer und Seuffert. Wie Michael Diers anhand des Briefwechsels von Aby Warburg herausgearbeitet hat, lässt Warburg von seinen akademischen Aufsätzen Sonderdrucke in »nobler Aufmachung« privat anfertigen, die er dann an eine große Gruppe von Kolleginnen und Kollegen sowie Freundinnen und Freunden sendet.[24] Von dem Aufsatz »Arbeitende Bauern auf Burgundischen Teppichen« werden etwa 150 Sonderdrucke hergestellt. Für den Versand der Sonderdrucke erstellt er eine Adressliste mit 84 Namen, darunter Institutionen, die der Forschungsarbeit förderlich gewesen sind oder in einem sachlichen Zusammenhang mit dem Forschungsthema stehen, weiterhin Fachkolleginnen und Fachkollegen sowie schließlich Freundinnen und Freunde und Familie. Eine differenzierte wissenschaftliche Resonanz auf den Artikel scheint er sich primär von den Adressatinnen und Adressaten der »noble[n]« Sonderdrucke erwartet zu haben; in jedem Fall steht für ihn außer Frage, dass eine zeitnahe Replik der Adressatinnen und Adressaten erfolgen wird.[25]

Ein weiteres Beispiel, das eine nähere Analyse verdient, sind die Sonderdrucke, die Walter Benjamin anfertigen lässt. Im Pariser Exil findet zwischen ihm und der Redaktion der *Zeitschrift für Sozialforschung* eine intensive briefliche Auseinandersetzung über die Ausstattung und die Anzahl der Sonderdrucke der französischen Fassung seines Aufsatzes über »Das Kunstwerk im Zeitalter seiner technischen Reproduzierbarkeit« statt. Anfangs fordert Benjamin die ungewöhnlich hohe Anzahl von 150 Sonderdrucken: »Sehr lieb wäre mir, wenn ich etwa 150 Sonderdrucke bekommen könnte. Das würde der Verbreitung der Arbeit hier sehr förderlich sein.«[26] Da der Aufsatz zunächst in eine publizistische Werbemaßnahme eingebettet wird, die die *Zeitschrift für Sozialforschung* in Frankreich bekannt machen soll, werden ihm sogar 200 Sonderdruckexemplare in besonderer Ausstattung in Aussicht gestellt: »Im Hinblick auf die grosse propagandistische Bedeutung dieses Artikels fuer die Zeitschrift soll ausnahmsweise eine Sonderdruckauflage von 200 Stueck angefertigt werden. Aus den gleichen Gruenden wird ein Spezialumschlag angefertigt.«[27] Die materielle Ausstattung und typografische Einrichtung des Sonderdrucks wird dann genau geplant.[28]

Die Redaktion gewinnt aber den Eindruck, dass der »Kunstwerk«-Aufsatz für den geplanten »Werbefeldzug fuer die Zeitschrift« doch nicht geeignet ist. Friedrich Pollock wendet in einem Brief an Benjamin aus New York ein, dass es nicht richtig sei,

> gerade dieser Studie durch die reichliche Verteilung von Sonderdrucken in demonstrativer Weise das placet der Zeitschrift [zu] geben. Sie wissen, dass wir im allgemeinen jedem Autor aus grundsaetzlichen Erwaegungen nur zwanzig Sonderdrucke zur Verfuegung stellen [...].
>
> Wenn ich in dem vorliegenden Fall zunaechst geneigt war, Ihren Wunsch nach einer groesseren Auflage und einer Foerderung der moeglichst weiten Verbreitung der Sonderdrucke zu befuerworten, so geschah es, weil ich glaubte, dass wir Ihre Arbeit gleichzeitig zu einem kleinen Werbefeldzug fuer die Zeitschrift in Frankreich benutzen koennten. Inzwischen habe ich mich davon ueberzeugt, dass ich mich geirrt habe.[29]

Pollock muss Benjamin also die enttäuschende Nachricht übermitteln, »dass wir die hohe Sonderauflage, die besondere Ausstattung der Sonderdrucke und den Werbefeldzug unterlassen muessen«; um die Enttäuschung etwas abzufedern, stellt er Benjamin aber in Aussicht, »dass fuer Sie 50 Sonderdrucke in der ueblichen Ausstattung hergestellt werden, damit Sie Separata an einen etwas groesseren Kreis verschicken koennen«.[30]

In seinem Antwortschreiben gibt Benjamin sein Einverständnis in der »Frage der Separata«, die er nunmehr nur »in der üblichen Weise mit einem blossen ›hommage de l'auteur‹«, also bloß mit einer handschriftlichen Widmung versenden werde.[31] Benjamin bedarf der französischsprachigen Sonderdrucke vor allem, um in der schwierigen Exilsituation sein französisches Netzwerk zu festigen [Abb. 1 u. 2].[32] Eng verknüpft ist damit die Frage der Adressaten, die typischerweise in Listen gesammelt werden [Abb. 3].[33] Neben der 84 Namen aufführenden Adressliste von Warburg mag sich die 51 Namen tragende Liste Benjamins bescheiden ausnehmen; beide Listen werden aber in den Schatten gestellt von einer »Versendungsliste für 200 Sonderdrucke« des Berliner Germanisten Julius Petersen [Abb. 4], die immerhin 170 Personen aufzählt.[34]

Benjamin-Archiv
Dr 694

29

Zeitschrift
für
Sozialforschung

Herausgegeben im Auftrag des
INSTITUTS FÜR SOZIALFORSCHUNG
von Max Horkheimer

SONDERDRUCK

Jahrgang III 1934 Heft I
LIBRAIRIE FÉLIX ALCAN / PARIS

Abb. 1: Cover eines Sonderdrucks von Walter Benjamin.[35]

Arnold Levy-Ginsberg
in freundschaftlicher Erinnerung
Paris Juni 1934 Walter Benjamin

Abb. 2: Widmung eines Sonderdrucks von Walter Benjamin.[36]

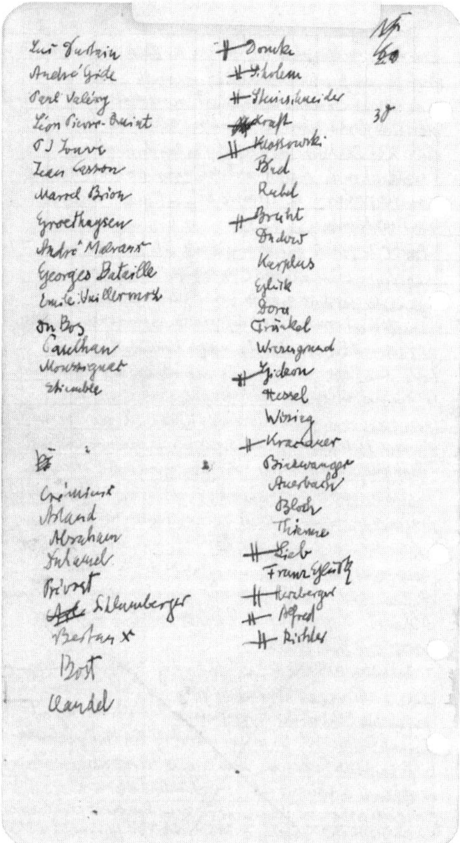

Abb. 3: Namensliste von Walter Benjamin.[37]

Versendungsliste für

200 Sonderdrucke v. Petersen

Goethe im Nachruf.

1.Prof. J.H. Robertson, 90 Regents Park Road, London NW 1

2. Prof.F. Norman, University College, Gower Street, London WC 1

3. Prof. Karl Breul, Cambridge, University

4. Prof. H.G. Fiedler, The Lane House, Norham Road, Oxford

5. Prof. Karl Schreiber, Yale University, New Haven Conn, USA

6. Prof. Weigand, Yale University, New Haven Conn. USA.

7. Prof. W. Kurrelmeyer, Johns Hopkins University, Baltimore Maryland

8. Prof.Feise, Johns Hopkins University, Baltimore Md.

9. Prof. Cooper, Leland Stanford University, Palo Alto California.

10.Prof.Schneider, University of California, Berkeley Cal.

11.Prof. J.H.Scholte, AmsterdamZ.,Gabriel Metsu-Streat 4.

12.Prof.van Dam, Amsterdam, Universität.

13.Dr. W. Kayser, Lektor a.d. Universität Amsterdam.

14.Prof.Dr.H.Fr.Rosenfeld, Åbo (Finnland), Henriksgatan 7.

15.Prof. H.Minde-Pouet, Bln.-Lichterfelde, Dreckestr.30 Pension Heuser.

16 Dr.Freiherr v.Biedermann, Bln.-Steglitz, Albrechtstr. 33

17.Prof. B.K. Sarkar, Calkutta, 45B Machuabazar Street

18. Dr. O.v.Petersen, Riga, Herder-Institut

19. Oberstudiendirektor Dr. Schauer, Magdeburg, Bismarkstr.1

20. Dr. Bergmann, Weimar, Goethe-Schiller-Archiv

21.Geh.Regierungsrat Prof. Dr. Max Friedländer, Eichkamp, Eichkampweg

72.24

Abb. 4: Namensliste von Julius Petersen.[38]

Für Benjamin gewinnt der Sonderdruckversand aufgrund des Exils eine geradezu existentielle Dimension. Bei Petersen hat er dagegen eher einen betriebsmäßigen Charakter. Was in derartigen Listen aber übergreifend zum Ausdruck kommen dürfte: Der Sonderdruck ist in vielen Fällen wohl keine gedruckte Beilage zur umfangreichen brieflichen Kommunikation gewesen, sondern vollständig an die Stelle des brieflichen Austauschs gerückt.

Nicht erst die Digitalisierung lässt also den herkömmlichen Sonderdruck zu einem überholten Kommunikationsformat werden. Der ritualisierte Sonderdruckverkehr konnte schon vorher ironisch und mokant kommentiert werden.[39] Aus technikhistorischer Perspektive beginnt der langsame Rückgang der emphatischen Interaktion im Format des Sonderdrucks wohl bereits mit dem Aufkommen der Fotokopiergeräte.[40] Einerseits sind die Wissenschaftlerinnen und Wissenschaftler nun nicht mehr so stark wie früher auf die Zusendung von Sonderdrucken angewiesen, um an Arbeitsexemplare der aktuellen Forschungsartikel zu kommen, weil sie diese Exemplare selbst kopieren lassen oder über Fernleihdienste in Kopie beziehen können.[41] Andererseits lässt sich beobachten, dass die Kopie ab den 1970er Jahren auch in der wissenschaftlichen Interaktion als funktionales Äquivalent von Sonderdrucken verwendet wird: Neben den mehr oder weniger aufwendig gedruckten und von Verlagsseite zur Verfügung gestellten Sonderdruck tritt ab der zweiten Hälfte der 1960er Jahre, verstärkt ab den 1970er Jahren, der von den Autorinnen und Autoren selbst kopierte ›Sonderdruck‹.[42]

Diese selbst kopierten Sonderdrucke orientieren sich in der Machart nicht selten an ihren gedruckten Pendants: Die Kopien werden in der Blattmitte gefalzt und geheftet, teilweise auch mit einer Broschur versehen, um der Kopie einen stärkeren Heftcharakter zu verleihen: Die Autorinnen und Autoren »kopieren die eigenen Artikel, heften sie liebevoll zusammen und versehen sie oft auch noch mit einer Kopie des Umschlagblattes«.[43] Obwohl diese Kopien wie der typische Sonderdruck mit einer knappen handschriftlichen Widmung versehen sein können, ähneln sie letztlich doch stark den unansehnlichen Arbeitskopien, die den akademischen Alltagsbetrieb dieser Epoche prägen. Da zwischen Wissenschaftlerinnen und Wissenschaftlern nun permanent gedruckte Sonderdrucke, selbstgemachte ›Sonderdrucke‹ und weitere Arbeitskopien zirkulieren, erhält der ehemals exklusiv anmutende Sonderdruck zunehmend den Status einer etwas aufwendiger hergestellten Fotokopie und erfährt derart eine schleichende Entwertung.

33. Kollegiale Papierpraktiken

Die Sonderdrucke, die sich mutmaßlich auf Heinz Schlaffers Schreibtisch stapelten, waren wohl ebenfalls keine mit Mühe adressierten persönlichen Ansprachen, sondern breit gestreute geisteswissenschaftliche Fachkommunikation [→ Kap. 32]. Als solche sind Sonderdrucke seit dem 19. Jahrhundert ein fest etabliertes akademisches Format, dem althergebrachte Kommunikationsroutinen entsprachen. Wie man sich diese Routinen genau vorstellen muss, lässt sich erschließen, wenn man die in unterschiedlichen Archiven gesammelten Sonderdrucke in Augenschein nimmt.[1] Eine Sichtung dieser Bestände erlaubt, über die Quellengattung des Gelehrtenbriefwechsels hinaus Beobachtungen an den Sonderdrucken selbst zu machen. Die im Folgenden aufgeführten Beobachtungen betreffen in einem ersten Schritt die materielle Einrichtung der Sonderdrucke und in einem zweiten die akademischen Praxisformen, die sich aus dieser materiellen Überlieferung erschließen lassen.

Im Hinblick auf die Herstellung der Sonderdrucke lassen sich anhand der Archivalien folgende differenzierende Befunde zusammentragen: Der Umfang der Sonderdrucke kann sich von einer Seite bis maximal 30 oder 40 Seiten erstrecken. Auffällig ist, dass auch Sonderdrucke von äußerst kurzen Rezensionen und Referaten vorgenommen werden (Sonderdrucke werden hergestellt von Artikeln aus Fachlexika, Festschriften, Sammelbänden, Fachzeitschriften, aber eben auch von Rezensionen und einseitigen Referaten). Es finden sich Sonderdrucke mit und ohne Umschlag, wobei bei einem beachtlichen Anteil von Zeitschriften große Mühe darauf verwendet wird, den Umschlag des Sonderdrucks materiell (das heißt hinsichtlich der verwendeten Pappe, der farblichen Gestaltung und so weiter) an den Umschlag der Zeitschriftenausgabe anzulehnen. Man kann eine große Bandbreite an Heftungen beobachten: Es wird häufig mit Klammern geheftet (zwei Klammern entlang der linken Seitenkante einige Millimeter innerhalb der Seite, teilweise mit einem über die Klammer geklebten Papierstreifen; oder zwei Klammern im Falz; oder eine diagonale Klammer in der linken oberen Ecke der Seite). Es gibt aber auch lose Blätter, die nur von einer Büroklammer zusammengehalten werden. Sonst sind die

Sonderdrucke häufig geklebt. Mit Faden geheftete Sonderdrucke lassen sich fast nicht ausmachen.

Es gibt Sonderdrucke mit und ohne Titelblatt. Das Titelblatt, das häufig zugleich Teil des Umschlags ist, kann den Titel der Herkunftspublikation, den Titel der separierten Abhandlung und weitere Angaben zur intendierten Zirkulationsweise enthalten. Teilweise wird das ursprüngliche Titelblatt der Herkunftspublikation (der Zeitschrift oder des Sammelbandes) verwendet, teilweise wird für den Sonderdruck ein eigenes Titelblatt hergestellt (Sondertitelblatt). Aber auch wenn der Sonderdruck über das ursprüngliche Titelblatt verfügt, wird nur die Vorderseite des Titelblatts verwendet, das heißt die Rückseite des Titelblatts mit bibliografischen Angaben (Impressum, Copyright und so weiter) wird in der Regel nicht mit abgedruckt. Häufig liest man auf dem Titelblatt zudem aufgedruckte Verlagshinweise wie etwa »Nicht im Handel«, »Dieser Sonderdruck ist im Buchhandel nicht erhältlich«, »Sonderdruck. Im Buchhandel einzeln nicht käuflich« oder »Überreicht vom Verfasser«, »Mit Empfehlungen überreicht vom Verfasser«, »Vom Verfasser überreicht« (häufig auch als Stempel).

Gelegentlich wird auf dem Rückumschlag Werbung für weitere Verlagsartikel untergebracht. Dort finden sich zudem immer wieder Informationen zur Anzahl der Sonderdruckexemplare, die den Autorinnen und Autoren frei zur Verfügung gestellt werden. Für die zweite Hälfte des 20. Jahrhunderts, die in den Marbacher Sonderdrucksammlungen gut vertreten ist, lässt sich so eine ›normale‹ Sonderdruckanzahl ansetzen. In den geisteswissenschaftlichen Disziplinen dürften die Autorinnen und Autoren meist zwischen 20 und 30 Exemplare kostenlos zur freien Verfügung erhalten haben, wobei 50 kostenfreie Exemplare in diesem Zeitraum wohl bereits ein hoher Wert sind. Zwischen den 1950er Jahren und 2009 wurde den Autorinnen und Autoren, die in der *Deutschen Vierteljahrsschrift für Literaturwissenschaft und Geistesgeschichte* einen Artikel geschrieben hatten, zugesichert: »Jeder Verfasser erhält von seinem Beitrag 20 unberechnete Sonderdrucke, weitere 30 Sonderdrucke können auf Wunsch gegen Berechnung geliefert werden.« Ab 2010 erhielten sie dann fünf Freiexemplare des Heftes. Heute sind es noch zwei Freiexemplare und die PDF-Datei.

Die Autorinnen und Autoren können ihre Sonderdrucke dann mit weiteren Merkmalen versehen: an erster Stelle mit einer Widmung, die sich normalerweise auf die mit Füllfederhalter oder Kugelschreiber aufgetragene Grußformel »Name des Adressaten, Gruß, Datum, Name des Autors (Unterschrift)« beschränkt.[2] Neben die Grußformel treten, wenn überhaupt, meist nur knappe textliche Zusätze. Häufig wird mit den Initialen unterschrieben, gelegentlich auch mit dem Hinweis »vom Vf.«. Der formelhafte Charakter der Widmungen macht deutlich, dass die Widmungen in hohem Maße konventionalisierte und ritualisierte Kommunikationsakte sind. Wenn Ernst Gombrich seinen Aufsatz »Ritualized Gesture and Expression in Art« an Erwin Panofsky mit der verbindlichen Widmung »For PAN / not as a ritualized gesture / EG.« übersendet, handelt es sich natürlich trotz allem um eine ebensolche ritualisierte Geste des akademischen Alltags.[3]

Immer wieder finden sich weitere handschriftliche Ergänzungen. Beobachten lassen sich bibliografische Hinweise zum Ursprungskontext des Sonderdrucks, die von den Autorinnen und Autoren handschriftlich oder maschinenschriftlich nachgetragen worden sind, ebenso handschriftliche Autorkorrekturen von orthografischen und typografischen Fehlern. Darüber hinaus wird gelegentlich die Privatadresse (ab der zweiten Hälfte der 1990er Jahre auch die E-Mail-Adresse) der Autorin beziehungsweise des Autors handschriftlich hinzugefügt. Teilweise finden sich von ihrer Hand schließlich Hinweise auf bestimmte Seitenzahlen, die offenbar die Aufmerksamkeit der Empfängerin beziehungsweise des Empfängers auf eine bestimmte Textstelle hinlenken sollen.[4] Gelegentlich bittet der Absender die Empfänger sogar um Zustimmung, so zum Beispiel, als Leo Spitzer einen Sonderdruck seiner Intervention im Eduard-Mörike-Interpretationsstreit zwischen Martin Heidegger und Emil Staiger an Panofsky sendet und ihn handschriftlich fragt: »Hab ich recht?«[5] Auch wenn die breite Distribution der Sonderdrucke über den Postverkehr der Regelfall gewesen sein dürfte, lassen sich den Sonderdrucken in Marbach immer wieder Hinweise auf eine persönliche Überreichung entnehmen. Zweifellos werden einige Sonderdrucke im Rahmen anderer akademischer Veranstaltungsereignisse und Geselligkeitsformen übergeben worden sein.

Wie aber gehen die Adressatinnen und Adressaten der überreichten und übersandten Sonderdrucke mit den Artefakten um? Blickt man auf die in Marbach, Princeton und andernorts überlieferten Sonderdrucksammlungen, so ist an erster Stelle festzuhalten, dass die Sonderdrucke meist aufbewahrt werden. Der Aufbau und die Ordnung der Sonderdrucksammlung ist ein fester Bestandteil des akademischen Alltags. Neben den Sonderdrucken im strengen Sinn findet sich in Sonderdrucksammlungen zudem häufig weiteres akademisches Kleinschrifttum (broschierte Hefte von geringerem Umfang wie zum Beispiel Universitäts- und Akademiereden). Nicht selten ist ein separater Schrank oder eine abgesonderte Ablage für die Aufbewahrung von Sonderdrucken vorgesehen.[6] Die Sonderdrucke fungieren auch selbst als kleine Archive des akademischen Austauschs.[7] Als solche sind sie teilweise bereits von den Absenderinnen und Absendern intendiert, wenn sie den Sonderdrucken handschriftliche Verbesserungen oder maschinenschriftliche Errata-Listen beifügen (womit im Grunde der Sonderdruck die autorisierte Fassung des Aufsatzes wird)[Abb. 1[8], 2[9]] sowie maschinenschriftliche Publikationsverzeichnisse oder auch gedruckte Visitenkarten beilegen [Abb. 3[10], 4[11]]. Zu kleinen Archiven werden die Sonderdrucke auch in den Händen der Empfängerinnen und Empfänger, die den Sonderdrucken nicht selten die ursprünglichen Anschreiben, die zum Beispiel auf einen Adresswechsel hinweisen, beilegen oder auch ausgerissene Papierstücke des ursprünglichen Versandumschlags beifügen, auf denen die Adresse der Absenderin beziehungsweise des Absenders vermerkt ist. Die akademische Sonderdrucksammlung wird für die Empfängerinnen und Empfänger derart zu einer ›lebenden‹ Adressdatei.

In den Sonderdrucken finden sich gelegentlich Einlegezettel mit Lektüreeindrücken. Auf diese Weise kann der Sonderdruck zu einem kleinen Archiv von vielfältigen handschriftlichen Lektürespuren werden.[12] Dies sollte zwar insofern nicht überraschen, als das intensive Lesen mit Stift in der Hand nur eine Form akademischer Lektüre neben vielen anderen ist, aber darauf aufmerksam machen, dass der Sonderdruck nicht nur die Funktion hat, ein Lektüreobjekt zu sein. Er ist vielmehr innerhalb der wissenschaftlichen Kommunikation noch in andere Praxiszusammenhänge eingebettet und erfüllt weitere wichtige Zwecke.

Wofür wird der Sonderdruck in den untersuchten Briefwechseln und Sonderdrucksammlungen noch gebraucht? An erster Stelle ist die Zirkulation von Wissen zu nennen. Doch wird diese Zirkulation nicht bereits durch das reguläre wissenschaftliche Zeitschriftenwesen gewährleistet? Möglicherweise bietet der Sonderdruck Vorteile,

412 MEASURE

tions, would have been innocent enough to be deceived, or sufficiently insecure to be intimidated. For a resourceful pamphleteer to become a biblical author was in their eyes a triumph of religion, particularly as Pietro Aretino "had a vanity in being thought easy." He could be trusted, in his supposedly careless manner, to endow the biblical stories with all the freshness and color of a modern parable, and without impairing their sacred style. While his books on the humanity of Christ and on the lives of the Virgin and of St. Catherine read like hymns composed in the jubilant manner of some of Titian's religious paintings, it is unmistakable that in his *rifacimento* of Genesis he relied for the grandiose effect of the finale on an attempt to compete with Michelangelo. The prophetic sleep of Noah at the conclusion of this book recalls the last picture on Genesis in the Sistine Ceiling, in which Noah is represented drunk and asleep (fig. 1).

To link the Old and New Testaments through a dream was, of course, a purely literary device reminiscent of epic poetry and philosophical novels, and hence quite alien to Michelangelo's plastic imagination. But the use made by Aretino of this contrivance was to bring out, as in Michelangelo's picture, the prophetic significance of the sleeping Noah, whose very name was translated as *requies.*

Stretched out unconscious in the hut of his vineyard and derided because of his nakedness (Genesis 9:20-27), the drunken Noah was regarded by the Church Fathers as a prophetic image of "Christ drunk with his passion"–a token of the "sacrament of the chalice." According to St. Augustine, this sacrament could not have prevailed

> had not Christ, as foretold by the Prophets, . . . slept in his passion as in the inebriation of foolishness which is wiser than men, and the weakness of the mortal flesh thus being laid bare as stronger than men by the secret council of God.*

This parallel between the "foolishness" of Noah and of Christ was first drawn in the third century, when St. Cyprian defended the sacrament of wine. Transmitted by St. Ambrose, St. Augustine, St. Isadore of Seville, and a succession of minor Church Fathers and Doctors, the mystery of Noah was illustrated in the popular *Biblia Pauperum,* where the Derision of Noah was juxtaposed to the Derision of Christ (fig. 2). The text between the two pictures explains that "the sleeping Noah signifies Christ, whom the Jews crowned with a crown of thorns,"** the mocking of Christ thus being foreshadowed in the mocking of Noah by his son Ham.

It was in order to stress this prophecy in the Sistine Ceiling that Michelangelo put the Delphic Sibyl next to the picture of the Derision of Noah. In the *Sibyllinic Oracles,* she foretells the coming of a saviour "*qui traditur in manus infidelium et corona spinea coronabi-*

*Contra Faustum XII, 24.

** See also J. Klaczko, Rome & the Renaissance, 1903, p. 301.

Abb. 1: Sonderdruck von Wind mit handschriftlich ergänzten Fußnoten.

tur." Popular woodcuts of the Renaissance show her holding a crown of thorns: "*Vaticinatur de Christi coronatione.*" Michelangelo refrained from supplying the Prophets and Sibyls with such explicit signs, preferring to convey their prophetic message through the pictorial contexts in which he placed the figures. On seeing the Delphic Sibyl next to the Derision of Noah, we are to understand that this is a prophetic image, foreshadowing the Derision of Christ. And the mystical reading is further stressed by the presence of the prophet Joel. Appearing on the opposite side of the same painting, he confirms the Sibyl's prophecy by a concordant passage, addressing the drunken owner of the vineyard as a man of sorrows:

> Awake, ye drunkards, and weep; and howl, all ye drinkers of wine, because of the new wine; for it is cut off from your mouth. For a nation is come up upon my land, strong, and without number, whose teeth are the teeth of a lion. . . . He has laid my vine waste, and barked my fig tree . . . even all the trees of the field are withered because joy is withered away from the sons of men. (Joel 1:5-12)

"And thus the planting of the vineyard of Noah," St. Augustine concludes, "and his getting drunk from the fruit, and his exposing his nakedness in his sleep, and the other things there done and recorded, are weighted with prophetic meanings and covered with prophetic veils." The allegory extends to the minor incidents in Michelangelo's picture. As the passion of Christ is prepared by his incarnation, so the drunkenness of Noah is preceded by the planting of the vine. The earth which Noah is seen digging in the background ("And Noah began to be an husbandman, and he planted a vineyard"—(Genesis 9:20) is the "vineyard of the Lord Zebaoth," of which the fruit is made manifest in Noah's drunkenness and humiliation. And further, the quarrel between the three sons of Noah, two of whom tried to protect their father against the mockery of the third, was said to have established a triple division among the people of the earth; for "these are the three sons of Noah, and of them was the whole earth overspread" (Genesis 9:19). While the descendants of Ham, who laughed at his father's nakedness, were a race of infidels, the races of Shem and Japheth formed the two bodies of the *Ecclesia Judorum* and the *Ecclesia Gentilium*; and a prophetic significance was attached to the fact that the son "in the middle" (*medius*) was the betrayer and scoffer, being equally removed from the primacy of the Jewish disciples and the plenitude of the Gentiles. Thus the sharing of the creed between Prophets and Sibyls, who represent the harmony of the two churches in their common fight against infidels, is mysteriously preordained by the drunkenness of Noah which produces a division between his sons.

* *Oracula Sibyllina*, ed. Geffcken-Schreiber, 1903, s.v. "Sibilla Delphica."
** Mâle, *L'Art Religieux de la Fin du Moyen Age*, 1925, p. 271.
*** *Civitas Dei*, XVI, 2

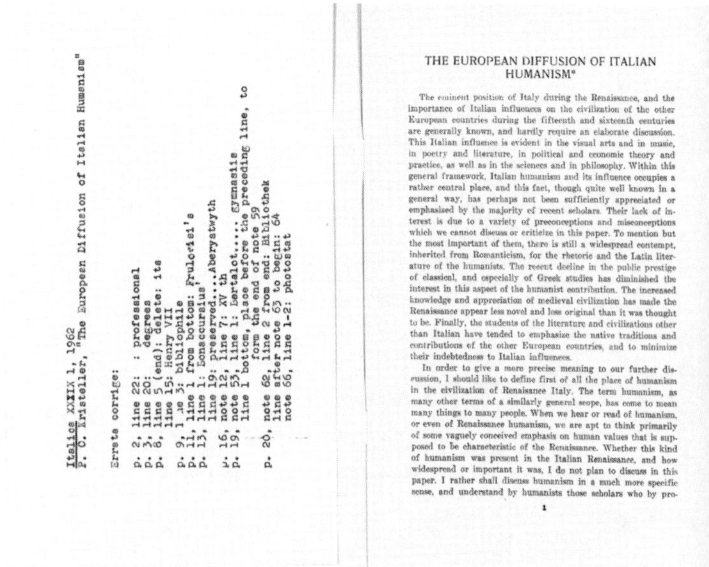

Italica XXXIX 1, 1962
P. O. Kristeller, "The European Diffusion of Italian Humanism"

Errata corrige:

p. 2, line 22: : professional
p. 3, line 20: degrees
p. 8, line 5 (end): delete: its
line 15: Henry VII
p. 9, line 3: bibliophile
p. 11, line 1 from bottom: Fruloeisi's
p. 13, line 1: Bonaccursius'
line 19: preserved....Aberystwyth
p. 16, note 12, line 7: XV th
p. 19, note 53, line 1: Bertalot.... Gymnasiis
line 1 bottom, place before the preceding line, to
form the end of note 59
p. 20, note 62, line 2 from end: Bibliothek
line after note 63 to begin: 64
note 66, line 1-2: photostat

THE EUROPEAN DIFFUSION OF ITALIAN HUMANISM*

The eminent position of Italy during the Renaissance, and the importance of Italian influences on the civilization of the other European countries during the fifteenth and sixteenth centuries are generally known, and hardly require an elaborate discussion. This Italian influence is evident in the visual arts and in music, in poetry and literature, in political and economic theory and practice, as well as in the sciences and in philosophy. Within this general framework, Italian humanism and its influence occupies a rather central place, and this fact, though quite well known in a general way, has perhaps not been sufficiently appreciated or emphasized by the majority of recent scholars. Their lack of interest is due to a variety of preconceptions and misconceptions which we cannot discuss or criticize in this paper. To mention but the most important of them, there is still a widespread contempt, inherited from Romanticism, for the rhetoric and the Latin literature of the humanists. The recent decline in the public prestige of classical, and especially of Greek studies has diminished the interest in this aspect of the humanist contribution. The increased knowledge and appreciation of medieval civilization has made the Renaissance appear less novel and less original than it was thought to be. Finally, the students of the literature and civilizations other than Italian have tended to emphasize the native traditions and contributions of the other European countries, and to minimize their indebtedness to Italian influences.

In order to give a more precise meaning to our further discussion, I should like to define first of all the place of humanism in the civilization of Renaissance Italy. The term humanism, as many other terms of a similarly general scope, has come to mean many things to many people. When we hear or read of humanism, or even of Renaissance humanism, we are apt to think primarily of some vaguely conceived emphasis on human values that is supposed to be characteristic of the Renaissance. Whether this kind of humanism was present in the Italian Renaissance, and how widespread or important it was, I do not plan to discuss in this paper. I rather shall discuss humanism in a much more specific sense, and understand by humanists those scholars who by pro-

1

Abb. 2: Sonderdruck von Kristeller mit eingelegter maschinenschriftlicher Errata-Liste.

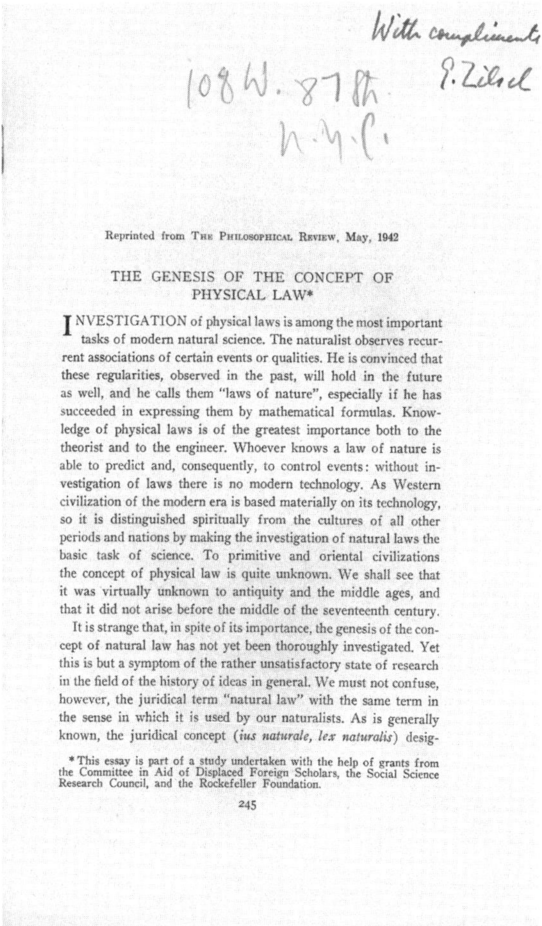

With compliments
E. Zilsel

108 W. 87th
N.Y.C.

Reprinted from THE PHILOSOPHICAL REVIEW, May, 1942

THE GENESIS OF THE CONCEPT OF PHYSICAL LAW*

INVESTIGATION of physical laws is among the most important tasks of modern natural science. The naturalist observes recurrent associations of certain events or qualities. He is convinced that these regularities, observed in the past, will hold in the future as well, and he calls them "laws of nature", especially if he has succeeded in expressing them by mathematical formulas. Knowledge of physical laws is of the greatest importance both to the theorist and to the engineer. Whoever knows a law of nature is able to predict and, consequently, to control events: without investigation of laws there is no modern technology. As Western civilization of the modern era is based materially on its technology, so it is distinguished spiritually from the cultures of all other periods and nations by making the investigation of natural laws the basic task of science. To primitive and oriental civilizations the concept of physical law is quite unknown. We shall see that it was virtually unknown to antiquity and the middle ages, and that it did not arise before the middle of the seventeenth century.

It is strange that, in spite of its importance, the genesis of the concept of natural law has not yet been thoroughly investigated. Yet this is but a symptom of the rather unsatisfactory state of research in the field of the history of ideas in general. We must not confuse, however, the juridical term "natural law" with the same term in the sense in which it is used by our naturalists. As is generally known, the juridical concept (*ius naturale, lex naturalis*) desig-

* This essay is part of a study undertaken with the help of grants from the Committee in Aid of Displaced Foreign Scholars, the Social Science Research Council, and the Rockefeller Foundation.

245

Abb. 3: Sonderdruck von Zilsel mit Widmung.

Edgar Zilsel

108 West 87th St.,
New York, N.Y.
Phone: SC 4-9427

List of Publications

(1) English Publications:

History and Biological Evolution, Philosophy of Science, vol.7 (1940), 121 ff.,
Copernicus and Mechanics, Journal of the History of Ideas, vol.1 (1940), 113 ff.,
The Origins of William Gilbert's Scientific Method, ibid., vol.2 (1941), 1 - 32,
Phenomenology and Natural Science, Philosophy of Science, vol.8 (1941), 26 ff.,
Physics and the Problem of Historico-sociological Laws, ibid., vol.8 (1941), no.4,
Problems of Empiricism, International Encyclopedia of Unified Science, II/8, pp. 53 - 94, The University of Chicago Press, 1941.

Two articles on The Genesis of the Concept of Physical Law the one, on The Sociological Roots of Science the other, have been accepted for publication in The Philosophical Review and The American Journal of Sociology respectively.

German Publications:

(2) Statistics, Philosophy of Science, Natural Philosophy:

Das Anwendungsproblem (The Problem of Application. A philosophical essay on induction and the law of great numbers). Leipsic: J. A. Barth 1916, 196 pp.
Neue Grundlegung der statistischen Mechanik (New Foundation of Statistical Mechanics). Monatshefte fuer Mathematik und Physik vol. 31 (1921) pp. 118 ff.
Die Asymmetrie der Kausalität und die Einsinnigkeit der Zeit (The Asymmetry of Causality and the Direction of Time). Naturwissenschaften vol. 15 (1927) pp. 280 ff.
Naturphilosophie (Philosophy of Nature), published in: Einfuehrung in die Philosophie, ed. by F. Schnass, Osterwieck-Harz, A. W. Zickfeldt 1928 pp. 107 ff.
Zur Wissenschaftslogik (On Logic of Science), Erkenntnis vol. 3 (1932) pp. 143 ff.
P. Jordans Versuch den Vitalismus quantenmechanisch zu retten (On P. Jordan's attempt to save Vitalism by means of Quantum Mechanics). Erkenntnis vol. 5 (1934) pp. 56 ff.
Besides I regularly contributed reviews on the newly published works on logic of science and natural philosophy to the "Naturwissenschaften" from 1924 to 1937 and to the "Zentralblatt fuer Mathematik und ihre Grenzgebiete" from 1930 to 1934.

(3) Problems of Genius, Sociology, Philosophy of History:

Die Geniereligion (The religion of Genius. A critical essay on the modern ideal of personality). Leipsic-Vienna: W. Braumueller 1918. 200 pp.
Die Entstehung des Geniebegriffes (The Genesis of the Concept of Genius. A contribution to the history of thought of antiquity and early capitalism). Tuebingen: J.C.B. Mohr 1926, 346 pp.
Geschichte und Biologie, Ueberlieferung und Vererbung (History and Biology, Tradition and Heredity). Archiv fuer Sozialwissenschaften und Sozialpolitik, vol. 65 (1931), 475 ff.

(4) History of Philosophy:

Abfassungszeit und Methode der Amphibolie der Reflexionsbegriffe in Kants Kritik der reinen Vernunft. (Time of Composition and Method of the Chapter Amph.d.Refl.begr. in Kant's Critique of Pure Reason). Archiv fuer Geschichte d. Philosophie vol. 26 (1913)
Moritz Schlick. Naturwissenschaften vol. 25 (1937) pp. 161 ff.

Abb. 4: Lebenslauf von Zilsel als Beilage zum Sonderdruck.

weil er nicht über typische Distributionskanäle des Verlagswesens und des Buchhandels vertrieben, sondern per Post verschickt wird (wobei dieser Versand meist nicht per Privatpost, sondern über die Poststellen der Universitäten und Akademien erfolgt). Auch wenn sich in den Geisteswissenschaften nie die akademische Praxis der Naturwissenschaften und Lebenswissenschaften etabliert zu haben scheint, routinemäßig Sonderdrucke bei fremden Autorinnen und Autoren zu bestellen,[13] so wurde doch auch hier in spezifischen historischen Konstellationen, in denen die reguläre wissenschaftliche Literaturversorgung nicht gewährleistet gewesen ist, auf Sonderdrucke zurückgegriffen. Ein Beispiel wäre die kriegsbedingt prekäre Literaturversorgung der klassischen Philologie in England Anfang der 1940er Jahre.[14] Auch in der wissenschaftlichen Literaturversorgung der Deutschen Demokratischen Republik sollten bestimmte Engpässe offenbar durch den Erwerb von Sonderdrucken gelindert werden.[15]

Inwiefern der Sonderdruck immer wieder Element einer prekären Wissensinfrastruktur gewesen ist, bedarf aber noch einer systematischen Untersuchung. Es wäre zum Beispiel zu fragen, inwieweit die kollegiale Distribution von Sonderdrucken auf dem Postweg die in den Geisteswissenschaften nicht selten national beschränkte Distribution der Wissenschaftsverlage zu ergänzen vermag. In diesem Sinne übersendet zum Beispiel der italienische Philosoph Benedetto Croce 1933 dem deutschen Romanisten Karl Vossler einige Sonderdrucke eines Aufsatzes: »Ich schicke Dir einige Exemplare meines Sonderdrucks über [Alexander Gottlieb] Baumgarten für den Fall, daß er einige Gelehrte in Deutschland interessiert.«[16] In seinem Antwortbrief versichert Vossler: »Ich werde die vier Sonderdrucke Deines sehr schönen Essays über Baumgartens *Ästhetik* gut zu verteilen suchen.«[17] Der Sonderdruck gehorcht hier einem kollegialen Modus der transnationalen Dissemination von Wissen.[18]

Was die Zirkulation von Wissen angeht, so erleichtert der Sonderdruck für die Empfängerin beziehungsweise den Empfänger den zeitnahen Zugang zu wissenschaftlicher Literatur. Da der Satz und die Paginierung des Sonderdrucks mit der betreffenden Zeitschrift oder dem betreffenden Sammelwerk übereinstimmen, gilt der Sonderdruck als ein zitierfähiges Dokument und damit als ein vollgültiges Arbeitsinstrument. Deshalb kann der Sonderdruck auch ein Mittel der Sicherung von Prioritätsansprüchen sein: Nicht nur in den Naturwissenschaften scheinen die Sonderdrucke von Zeitschriftenartikeln häufig bereits vor der Publikation des entsprechenden Zeitschriftenbandes dem Artikelautor zugegangen und von diesem dann auch umgehend in Zirkulation gebracht worden zu sein, sodass die Erstrezeption wissenschaftlicher Artikel innerhalb eines Forschungsdiskurses in vielen Fällen bereits über den vorab versandten Sonderdruck früher stattgefunden haben wird (zudem kann die Verbreitung ungedruckter Manuskripte an diesen Zirkulationspraktiken teilhaben). Gleichwohl scheint die Bemühung, hochinnovative Wissensansprüche bei allen relevanten Mitspielerinnen und Mitspielern eines spezifischen Wissensfelds so früh wie möglich zirkulieren zu lassen, in den Geisteswissenschaften eine geringere Rolle zu spielen als in den Naturwissenschaften. In den Geisteswissenschaften, so hat es den Eindruck, dient der Sonderdruck gelegentlich weniger als ein papiernes Instrument, um Kolleginnen und Kollegen zeitnah über aktuelle Forschungsaktivitäten in Kenntnis zu setzen, sondern eher als ein Druckerzeugnis, das man ohne Schaden lange im Regal reifen lassen kann, um es dann bei passender Gelegenheit im innerakademischen Tauschverkehr voll zur Geltung kommen zu lassen.

Die extensiven Sonderdrucksammlungen in Marbach und Princeton verweisen auf eine etablierte Form des akademischen Netzwerkens.[19] Das Versenden von Sonderdrucken war der Antrieb eines routinisierten kollegialen Austauschs.[20] Die Geschichte des materiellen Sonderdruckformats ist deshalb in erster Linie die Alltagsgeschichte akademischer Beziehungsformen. Sonderdrucke werden als Aufhänger für eine akademische Kommunikationsanbahnung genutzt.[21] Jüngeren Forscherinnen und Forschern dient das Format der erstmaligen Kontaktaufnahme mit etablierten Forscherinnen und Forschern: Mittels eines dem Brief beigelegten Sonderdrucks lässt sich eine disziplinäre Interessenkongruenz beglaubigen, die die ›kalte‹ akademische Kontaktaufnahme erst rechtfertigt. Robert Altick charakterisiert zum Beispiel in seinen Memoiren den Austausch von signierten Sonderdrucken an nordamerikanische Abteilungen für englische Literatur in den 1940er und 1950er Jahren als eine zentrale Form der Interaktion zwischen der Gruppe der Nachwuchsforscherinnen und Nachwuchsforscher und der Gruppe der etablierten Professorinnen und Professoren.[22]

Das Format dient auch etablierten Wissenschaftlerinnen und Wissenschaftlern dazu, sich auch jenseits von Tagungen »durch das Lebenszeichen eines Sonderdrucks wieder bemerkbar« zu machen [→ Kap. 28].[23] In vielen Fällen mutet der Sonderdruck wie eine überdimensionierte akademische Postkarte an. Es finden sich darauf nicht selten knappe Mitteilungen, die außerhalb eines akademischen Kommunikationsraums wohl tatsächlich auf einer Postkarte Platz gefunden hätten. Im Medium des Sonderdrucks werden Geburtstagsgrüße bestellt und beste Wünsche für den Jahreswechsel ausgerichtet. Die akademische Routinisierung der Verwendung von Sonderdrucken für die Übermittlung von kollegialen Neujahrswünschen ließe sich an einer Vielzahl von Beispielen aus Sonderdruckbeständen oder Briefwechseln belegen.[24] Der jährliche Rhythmus der Übermittlung von Sonderdrucken erlaubt derart, akademische Beziehungen über lange Zeiträume hinweg routinisiert zu pflegen.

Da der Gruß als soziale Geste den Gegengruß verlangt und die Gabe früher oder später eine Gegengabe erwartet, folgt auf den Sonderdruck meist der ›Gegensonderdruck‹. Wenn zum Beispiel Albrecht Schöne einen Aufsatz an Richard Brinkmann sendet, verbindet er das mit der Widmung: »Als Gegengabe«.[25] Der Sonderdruck kann, insofern er auf Reziprozität angelegt ist, nur im Plural angemessen beobachtet werden. Es ist diese Reziprozität des Gebens und Nehmens von personalisierten Druckerzeugnissen, die sich in der Kommunikation mit Sonderdrucken idealerweise einstellt und festere Formen der sozialen Verbundenheit zu stiften vermag. Manche Sonderdruckbeziehungen überdauern mehrere Jahrzehnte: So etabliert sich zwischen dem in Chicago ansässigen Hans Dieter Betz und dem in der Schweiz lehrenden Walter Burkert ein vier Jahrzehnte andauernder regelmäßiger Austausch, in dem zwischen 1970 und 2008 insgesamt 35 Sonderdrucke von Betz übermittelt werden.

Eine akademische Beziehung kann sogar durch die Nachfrage nach Sonderdrucken initiiert werden wie im Fall von Jacob Taubes und Hans Blumenberg. Taubes bittet Blumenberg in seinem ersten Brief: »Wenn Sie mir das Buch und einige Ihrer Separata senden, wäre ich Ihnen sehr verbunden.«[26] Eine Logik von Gabe und Gegengabe findet sich auch im Briefwechsel zwischen Taubes und Blumenberg artikuliert, wenn Taubes 1963 in einem Brief fordert, Blumenberg möge ihm doch weitere Sonderdrucke senden, zugleich aber eigene Sonderdrucke als »Gegenleistung« in Aussicht stellt:

> Ich habe meine Kollektion Blumenberg durchgesehen und finde, wie ich bereits andeutete, nur folgende Sonderdrucke aus ›Studium Generale‹: [...]. Von den Aufsätzen, die in Zeitschriften kleineren Formats erschienen sind, aber ebenso wichtig sind, habe ich nichts erhalten. Darf ich Sie bitten, Ihre Sekretärin daran zu setzen, alles, was noch fehlt, nach Columbia University, New York, zu schicken. Ende September erhalten Sie einen Sonderdruck aus Berlin und einige ›Minora‹ aus New York, freilich eine nur kleine Gegenleistung.[27]

Blumenberg zeigt sich zehn Monate später allerdings enttäuscht, weil »die immer wieder zugesagte Sendung Ihrer Separata als Gegenleistung gegen die von Ihnen energisch betriebene Lieferung meinerseits bis heute ausgeblieben ist«.[28] Gut fünfzehn Monate später erinnert Blumenberg seinen Briefpartner wieder »an die Erfüllung Ihrer immer wieder gegebenen Zusage [...], mir auch von Ihren Arbeiten mehr [...] in mein Dossier zu liefern«.[29]

Insofern der Sonderdruck als gedruckte Gabe einer Logik akademischer Reziprozität gehorcht, stellt sich die Frage, ob die Übermittlung eines Sonderdrucks nicht immer schon implizit mit der Erwartung verbunden war, selbst demnächst Empfängerin beziehungsweise Empfänger eines Sonderdrucks für das eigene »Dossier« zu werden. An dem Briefwechsel zwischen Blumenberg und Carl Schmitt lässt sich erkennen, dass Schmitt die Reziprozitätserwartungen unbedingt erfüllen will, wenn er auf Blumenbergs Sonderdruckzusendung mit einem eigenen »alten« Sonderdruck antwortet:

> Sehr verehrter Herr Blumenberg,
>
> mit vielem Dank erwidere ich Ihre freundlichen Neujahrswünsche. Die beiden Veröffentlichungen, die Sie beifügen, fesseln mich [...]. [...] Ich füge einen alten Sonderdruck bei, ein gebrauchtes allerletztes Exemplar, um nicht mit einer ›blossen‹ Danksagung vor Ihnen zu erscheinen.[30]

Auch für Blumenberg waren die Sonderdrucke nicht bloß »symbolisches Kapital«, sondern immer zugleich »Produktionsmittel«.[31] Ein Produktionsmittel waren sie aber nicht nur, weil sie in der Epoche vor dem Fotokopierer den Zugang zu Forschungsaufsätzen erleichterten und eine Lektüre mit Stift in der Hand erlaubten.[32]

Der Zugang zu Sonderdrucken orientierte auch die Aufmerksamkeit des Lesers Blumenberg in einem unübersichtlichen zeitgenössischen Publikationsumfeld. Rüdiger Zill verweist in seiner magistralen Biografie darauf, dass Blumenberg häufig Forschungsliteratur rezipierte, die ihm als Sonderdruck zuging:

> Sekundärliteratur scheint nicht zuletzt dann bedeutend gewesen zu sein, wenn sie von Autoren stammte, die eine wichtige Rolle im akademischen Umfeld spielten. [...] So las Blumenberg sehr häufig Aufsätze von Kollegen, auch wenn sie nicht unmittelbar sein aktuelles Arbeitsfeld betrafen.[33]

Der Sonderdruck fungiert für den Philosophen damit als »lesende Fortsetzung von akademischen Nahbeziehungen«[34] und stiftete einen eigenen Aufmerksamkeitshorizont für relevante Forschung. Die Reziprozität, die sich durch den postalischen und teilweise auch persönlichen Austausch von Sonderdrucken etabliert, erlaubt den Briefpartnerinnen und Briefpartnern, in einen fortlaufenden intellektuellen Austausch zu treten und einen gemeinsamen Aufmerksamkeitshorizont auszubilden. Ein Blick in den Briefwechsel zwischen Carl Schmitt und Reinhart Koselleck bestätigt dies: Die teilweise stark annotierten Sonderdruckexemplare der beiden Briefpartner zeugen von dem Willen, die kleinen Drucksachen immer wieder zu Durchgangsstationen eines fortlaufenden Gesprächs zu machen.[35] Die schwierige Frage, ob es eigentlich höflich ist, anderen Personen ungefragt Sonderdrucke zuzusenden, wird auch durch diese Reziprozitätserwartung motiviert. In einem Brief an Emmanuel Levinas bringt Jacques Derrida 1964 dieses Problem auf den Punkt:

> Ich habe lange gezögert – bereits seit ihrem Erscheinen –, Ihnen diese ›abgeworfenen Blätter‹ zu senden [...]. Zunächst, weil sie es nicht verdienen; dann, weil ich fürchtete, Sie allzu plump zu nötigen, mit mir darüber zu sprechen oder mir darüber zu schreiben. Ich bin immer sehr unglücklich, wenn ich entscheiden muß, ob ich Sonderdrucke verschicken soll oder nicht – ob es freundlicher ist, es zu tun oder es zu unterlassen.[36]

Derrida erweist sich als sensibel für eine Logik der Gabe, die mit der Gegengabe nicht rechnen darf, letztlich aber doch unvermeidlich im Sinnhorizont der Reziprozität erfolgt. Doch die Reziprozität wissenschaftlicher Kommunikation beschränkt sich nicht auf das Geben und Erwidern von Sonderdrucken. Dass diese spezifische Form reziproker Kommunikation in übergreifende akademische Beziehungsgefüge und ›Schuldverhältnisse‹ eingebettet ist, lässt sich an der Sonderdruckkommunikation selbst ablesen. Häufig erfolgt deren Zusendung nämlich an Personen, die sich bei der Ausarbeitung eines Aufsatzes als hilfsbereit und förderlich erwiesen haben.[37] Blickt man etwa auf bestimmte Formen philologischer Arbeit, die stark auf Archivarbeiten beruhen, so lässt sich beobachten, dass die kollegiale Zirkulation von Transkriptionen von Archivmaterial für editorische oder literaturhistorische Zwecke ein wichtiges Moment einer akademischen Gemeinschaftsbildung ist, die ebenfalls mit textuellen Reziprozitätserwartungen einhergeht.[38] Wie auch beim Austausch von Sonderdrucken lässt sich hier beobachten, dass textuelle Transaktionen nicht nur philologische Forschung erleichtern, sondern auch Kollegialität stiften.

Die Etablierung von Formen der Kollegialität durch das Geben und Erwidern von Sonderdrucken kann aber durchaus auch mit der Bemühung um soziale Exklusivität einhergehen. Carl Schmitt soll die Kommunikation mit Sonderdrucken in diesem Sinn eingesetzt haben.[39] Im Einzelfall lässt sich nicht immer leicht feststellen, ob ein Sonderdruck aufgrund einer Beschränkung der Exemplaranzahl von Verlagsseite ein knappes Gut war oder ob nicht in erster Linie die Autorin beziehungsweise der Autor selbst die Zirkulation des Sonderdrucks eingeschränkt hat, um nur mit einem exklusiven Kreis von Adressatinnen und Adressaten in Austausch zu treten. So bittet Paul Feyerabend 1970 seinen Briefpartner Hans Albert um Verständnis dafür, dass er aufgrund der Knappheit der Sonderdrucke keine Exemplare an Hans Lenk senden könne: »Auch habe ich immer nur sehr wenig Sonderdrucke etc. Kopien (darum sende ich nur wenig herum, und habe dem Lenk keine geschickt).«[40] Das wird von Albert allerdings mit Unglauben quittiert:

> Daß Du nur wenige Sonderdrucke verteilst, kann ein ganz fauler Trick sein (Werterhöhung durch geringes Angebot; die Leute reißen sich darum, bekommen aber nur was, wenn sie genügend kämpfen: dadurch zusätzliche Werterhöhung (Opfertheorie des Wertes: wofür man geopfert hat, das wird hochgehalten...) usw. usw.). Der Lenk ist ganz betrübt, daß er nie was bekommt.[41]

Lenk ist mutmaßlich nicht betrübt, weil ihm derart wissenschaftstheoretische Einsichten vorenthalten werden. Vielmehr handelt es sich bei den Sonderdrucken, wie Albert pointiert zur Geltung bringt, immer um Drucksachen, deren Wert ihre epistemische Funktion übersteigt. Der Sonderdruck dient der wissenschaftlichen Informationsübermittlung und der Kommunikation von persönlicher Verbundenheit und Wertschätzung im Modus einer heftförmigen, mit handschriftlicher Widmung versehenen Gabe. Wer damals keinen Sonderdruck erhält, kann deshalb leicht das Gefühl gewinnen, nicht zum ›Denkkollektiv‹ dazuzugehören, in dem man sich mit hoher Frequenz im Medium des Drucks wechselseitig grüßt.

34. Praktiken der Selbstdarstellung

Die wiederholte wechselseitige Versicherung von Anerkennung und Dankbarkeit mittels der Übersendung von Sonderdrucken taktete lange die disziplinäre Kommunikation mit und stiftete eine kontinuierliche disziplinäre Selbstbeobachtung.[1] Damit sich ein Format für die Etablierung einer derart rhythmisierten und routinisierten textuellen Übermittlungspraxis eignet, muss das Format an akademische Gattungen gekoppelt sein, die von Wissenschaftlerinnen und Wissenschaftlern in relativ regelmäßigen Abständen hergestellt und veröffentlicht werden – also an mittlere Genres wie den Aufsatz oder kleine Genres wie Rezensionen und Referate. So gesehen, dient das Verfassen und Veröffentlichen von Aufsätzen nicht allein dem Nachweis der eigenen akademischen Leistungskraft [→ Kap. 32]; es dient auch einer Teilhabe an der wissenschaftlichen Kommunikation, an der sich die Zugehörigkeit zu einer Disziplin oder einem Praxiskollektiv daran bemisst, dass man sich als publizierende Person zeigt. Diese Kollektive werden immer wieder reaktualisiert durch den Austausch von Sonderdrucken. Informellere Typen der Stiftung und Stärkung dieser Fachzugehörigkeit lassen sich beobachten, wie etwa der Versand der Sonderdrucke an renommierte und einflussreiche Fachvertreterinnen und Fachvertreter zeigt, deren umfassende Sonderdrucksammlungen sich dann schrittweise zur Repräsentation einer disziplinären Gemeinschaft ausbilden.

Hinzu treten formellere Typen der ›Registrierung‹ innerhalb einer Disziplin wie die fachbibliografische Erfassung der eigenen Veröffentlichungen: Die Sonderdrucke werden von den Autorinnen und Autoren teilweise direkt an die Redaktionen bibliografischer Leitorgane geschickt, um dort Aufnahme zu finden. Ein interessantes Beispiel aus den Geisteswissenschaften ist hier die Fachbibliografie *Germanistik*, die Sonderdruckexemplare zugesandt bekommt, weil sie von jedem Titel, der in ihren Heften bibliografisch erfasst wird, einen gedruckten Beleg verlangt. *Germanistik* hat an dem regen Austausch von Sonderdrucken auch insofern Anteil, als sie selbst Sonderdrucke ihrer bibliografischen Referate an die Autorinnen und Autoren verteilt. Wie der Schriftleiter der *Germanis-*

tik um 1960 bemerkt, sind diese Sonderdrucke vor allem auch für jüngere Germanistinnen und Germanisten auf den ersten Karrierestufen als Referenz wichtig.[2] Auch für Geisteswissenschaftlerinnen und Geisteswissenschaftler auf fortgeschrittenen Karrierestufen behalten die Sonderdrucke als Leistungsnachweise im Rahmen von Kandidaturen und Bewerbungen Relevanz. Bereits am Anfang des 19. Jahrhunderts wurden die Sonderdrucke als Beilagen zu den Publikationslisten von Kandidatinnen und Kandidaten für die Zuwahl zu wissenschaftlichen Akademien verwendet.[3] Ebenso wurden sie lange bei der Bewerbung für Professuren den Publikationslisten beigelegt (in den Ausschreibungstexten für Professuren findet sich teilweise die ausdrückliche Aufforderung, eine bestimmte Anzahl an Sonderdrucken den Bewerbungsunterlagen beizulegen). Auch im Rahmen des Berichtswesens im Kontext der Projektforschung lässt sich die Forderung finden, der Liste der Projektpublikationen Sonderdrucke beizufügen. Schließlich wird der Sonderdruck in der Kommunikation mit einer für die Wissenschaften und die Universitäten zuständigen Ministerialbürokratie als publizistischer Leistungsnachweis gebraucht.[4]

Die vorangehende praxeologische Perspektivierung erlaubt, weitere Beobachtungen anzustellen. Es sollte deutlich geworden sein, dass sich akademische Formate nicht allein mit Verweis auf bestimmte materielle oder medientechnische Gegebenheiten erfassen lassen [→Kap. 16 u. 17]. Formate sind vielmehr nur als Gebrauchsformate, mithin als Praktiken materieller Textualität angemessen zu verstehen.[5] Der Sonderdruck als spezifisches Format der Wissenschaftskommunikation ist ein sich in sozialen Praktiken manifestierendes printmaterielles Artefakt. Es handelt sich beim Sonderdruck um ein über lange Zeiträume äußerst erfolgreiches wissenschaftliches Format. Dieser Erfolg ist aber nicht allein in der materiellen Gestalt des Sonderdrucks selbst zu suchen, sondern in der Tatsache, dass der Sonderdruck im Rahmen seines akademischen Gebrauchs viele und vielfältige Zwecksetzungen der Wissenschaftskommunikation zugleich zu erfüllen vermag. Aufgrund dieser kommunikativen Leistungskraft des Sonderdrucks war man lange wohl erst dann als Wissenschaftlerin beziehungsweise als Wissenschaftler voll satisfaktionsfähig, wenn man Sonderdrucke an Kolleginnen und Kollegen versenden konnte – also reziprozitätsfähig war. Der Sonderdruck dient in hohem Maße der akademischen Selbstpräsentation, wobei sich diese zum einen auf den Ausweis der individuellen wissenschaftlichen Leistung bezieht und zum anderen darauf, sich als mustergültige wissenschaftliche Persona auszuweisen.

Die Beobachtung des Sonderdrucks lehrt, dass geisteswissenschaftliche Artikel in unterschiedlichen materiellen Formaten zirkulieren können: Als aktueller Beitrag in einem ungebundenen Zeitschriftenheft; als bereits älterer Beitrag in einem gebundenen Jahrgangsband; als Wiederabdruck in den ›Kleinen Schriften‹ einer Autorin oder eines Autors oder eben als separierter Sonderdruck, der persönlich übermittelt worden ist. Der Sonderdruck zeichnet sich durch eine publizistische Dekontextualisierung aus: Was als Beitrag in einem Zeitschriftenheft, Jahrbuch, Sammelband oder Handbuch noch materiell eingebunden und deshalb klar in dem umfassenderen sozialen Kontext einer intellektuellen Kollektivarbeit situiert ist, wird durch den Sonderdruck aus diesen Kontexten herausgelöst. Der separate Sonderdruck kann den Artikel zur Solonummer machen. Wie die Marbacher Sonderdruckarchive vor Augen führen, hat diese textkulturelle Separierungsarbeit auch ein materielles Korrelat. Schlägt man die archivierten Sonderdrucke auf, so lässt sich innerhalb des Sonderdrucks eine materielle Abgrenzung von den anderen Beiträgen beobachten: Wenn sich im Sonderdruck auf den ersten oder letzten Seiten noch Textabschnitte anderer Beiträge finden, werden diese Abschnitte häufig entweder deutlich durchgestrichen oder mit weißem Papier überklebt. Die Kotexte des Sonderdruckbeitrages werden auf diese Weise abgeschnitten, durchgestrichen und überdeckt. Auch finden sich in den Sonderdrucken nur selten die Inhaltsverzeichnisse der umfassenderen Publikationen, die einen Rückschluss auf die anderen Beiträge erlauben würden. Die Separierungsaktivität, die den individuellen Artikel freistellt, macht den Sonderdruck zu einem idealen Format intellektueller Individualisierung.

Ein plastisches Beispiel für den akademischen Bedarf an intellektueller Individualisierung mittels Sonderdrucken lässt sich dem Briefwechsel zwischen dem Literaturwissenschaftler Werner Hamacher und dem Verlag C.H. Beck entnehmen, der sich um die Erstpublikation des mittlerweile in fünfter Auflage vorliegenden Bandes *Positionen der Literaturwissenschaft: Acht Modellanalysen am Beispiel von Kleists »Das Erdbeben in Chili«* dreht.[6] Der von dem Germanisten David E. Wellbery herausgegebene Band präsentiert acht Beiträge in Aufsatzlänge, die jeweils eine literaturwissenschaftliche Forschungsrichtung repräsentieren und anhand einer Modellinterpretation der Erzählung Heinrich von Kleists exemplifizieren sollen [→ Kap. 14].[7] Hamacher wird in dieser Versuchsanordnung ursprünglich angefragt, die mit dem Namen Jacques Derrida verbundene Forschungsrichtung der »Grammatologie« zu vertreten. Schon früh wird aber deutlich, dass Hamacher sich den Rahmenbedingungen der Versuchsanordnung nicht beugen will: Er wehrt sich gegen die einheitlichen Umfangsvorgaben für die Beiträge, er weist die Zuordnung seines Beitrages zu der Forschungsrichtung »Grammatologie« zurück. Mehr noch: Er lehnt eine Zuordnung seines Beitrages zu einer Forschungsrichtung grundsätzlich ab und besteht darauf, dass sein Beitrag anstelle eines Titels, der eine Forschungsrichtung benennt, eine typografische Leerstelle aufweist.

Die Tatsache, dass der Beitrag Hamachers keinen regulären Titel aufweist, ist begründet in seiner Weigerung, sich einer Forschungsrichtung (einer »Position«) zuzuordnen. Die Leerstelle im Titel soll anzeigen, dass literaturwissenschaftliche Forschungsrichtungen der Literatur grundsätzlich nicht gerecht werden könnten: Die bereits der Versuchsanordnung des Bandes vorgängigen Bemühungen, literaturwissenschaftliche »Positionen« zu etablieren, gehe fundamental fehl. Der Beitrag Hamachers besteht vielmehr auf dem kategorisch ›Nicht-Positionalen‹ einer adäquaten Beschäftigung mit Literatur. Der am Schluss des *Positionen*-Bandes platzierte Beitrag formuliert mit dem Bestehen auf dem ›Nicht-Positionalen‹ also eine Kritik der auf den vorangehenden Seiten gedruckten anderen »Positionen«. Diese negative Geste wird aber im Medium der buchförmigen Darstellung gleichwohl zu einer weiteren »Position« neben den anderen darin abgedruckten abgeschwächt. In gewisser Hinsicht integriert der Pluralismus der »Positionen« des Bandes selbst seine vehemente Negation als eine weitere mögliche Position unter vielen – und neutralisiert damit den Totalitätsanspruch einer als radikal intendierten Negation.

Es verwundert deshalb nicht, dass Hamacher bei der buchförmigen Einreihung seines Aufsatzes in den programmatischen Methodenpluralismus des Bandes unwohl sein musste und er seinen Beitrag im Format des Sonderdrucks gerne aus dem übergreifenden Buchzusammenhang herausgelöst sehen wollte. In der Kommunikation mit dem Verlag drängte er deshalb auch auf die Herstellung von Sonderdrucken. Der Verlag wies dieses Ansinnen allerdings mit methodenpluralistischen Argumenten zurück:

> Wir sind eigentlich nicht der Meinung, daß wir bei diesem Band Sonderdrucke der einzelnen Beiträge herstellen lassen sollten, denn genau das, was den Reiz des Bandes ausmachen sollte – die Konfrontation verschiedener methodologischer Ansätze –, geht verloren, wenn man einzelne Beiträge herauslöst. Der Leser eines solchen Sonderdruckes erhielte vielleicht eher den Eindruck, es handele sich bei dem Buch um eine Aufsatzsammlung über Kleist. Wir möchten Sie daher bitten, auf Sonderdrucke zu verzichten, und haben stattdessen [...] die für einen solchen Sammelband ungewöhnliche Zahl von acht Belegexemplaren pro Beitrag vorgesehen.[8]

In gewisser Hinsicht hätte das Format des Sonderdrucks Hamacher erlaubt, seine radikale Negation eines auf »verschiedene[n] methodologische[n] Ansätze[n]« bestehenden Pluralismus alternativer »Positionen« auch durch die materielle Separierung seines Beitrags von den anderen Beiträgen zu vollziehen. Das buchförmige Belegexemplar belässt es dagegen bei der Einreihung des Beitrags in eine Ordnung, aus der dieser eigentlich ausbrechen will.

Die oben skizzierte Separierungsaktivität macht den Sonderdruck zu einem idealen Darstellungsformat akademischer Einzelleistung. Im Format des Sonderdrucks wird aus dem publizistischen Beitrag zum kollektiven Projekt ›Wissenschaft‹ ein publizistischer Beitrag zum individuellen Projekt ›wissenschaftliche Karriere‹. Der Sonderdruck separiert das, was in einer individuellen Leistungsbilanz, wie dem persönlichen Publikationsverzeichnis, verbucht und ausgestellt werden darf. Er erweist sich damit als eine akademische Praxis der Individualisierung *par excellence* [→ Kap. 4]. Diese Tendenz hat sich durch das Format des digitalen ›Sonderdrucks‹ vielleicht sogar noch verstärkt: Lange Zeit waren nur der Sammelband oder die Zeitschrift mehr oder weniger eigenständige Publikationen, die darin enthaltenen Aufsätze waren es nicht. Erst der Sonderdruck vermochte es, die Aufsätze zu separieren. In einer Epoche, in der digitale Aufsätze über einen eigenen Digitalen Objektbezeichner (DOI) verfügen, bedarf es der nachträglichen Separierung durch den Sonderdruck nicht mehr. Auf beliebten digitalen Plattformen wie Academia.edu, ResearchGate.net oder SSRN.com können Wissenschaftlerinnen und Wissenschaftler mittlerweile ein persönliches Verzeichnis ihrer Publikationen erstellen, das auch die aus ihren ursprünglichen Publikationskontexten bereits herausgelösten digitalen ›Sonderdrucke‹ enthält.

Der Sonderdruck ist auch ein Format, das bestimmte Präsentationen der geisteswissenschaftlichen Persona zu stützen vermag. Er unterstützt die Imagination einer wissenschaftlichen Persona, die sich in einem von tiefem wechselseitigen Respekt geprägten, nichtökonomischen Raum bewegt, in dem gedruckte Gaben ehrerbietig getauscht werden. Eine jüngere Reanimation des aufwendig gedruckten Sonderdrucks verfährt ebenso kenntnisreich wie konsequent, wenn sie einen engen Bezug zwischen Format und wissenschaftlicher Persona herstellt: Das Format stehe nämlich »dem Autor [...] zum gelehrten Gabentausch« zur Verfügung; es diene der Wiederbelebung einer »gelehrte[n] Geschenkökonomie«, weil man es »nicht kaufen, sondern nur geschenkt bekommen« könne.[9] Die Beschreibung des Sonderdruckaustauschs als »›gift economy‹«[10] ist nicht erst ein retrospektiver wissenschaftshistorischer Einordnungsversuch. Bereits in der Sonderdruckkommunikation des 20. Jahrhunderts finden sich häufig Ausdrücke wie »Gabe«, »Gegengabe«, »Tausch«, »Opfer« und »Dank« als Selbstbeschreibungsbegriffe der Beteiligten.

Der mit einer persönlichen handschriftlichen Widmung versehene Sonderdruck wird bereits von den Beteiligten nicht nur als Pflege einer akademischen Beziehungsstruktur aufgefasst, sondern dient auch der Bestätigung eines bestimmten Bildes der wissenschaftlichen Persona. Diese wird nicht zufällig im Rückgriff auf das Vokabular nichtkommerzieller Tauschbeziehungen beschrieben. Die moderne Wissenschaft kann sich auf diese Weise als vormoderne Gelehrtengemeinschaft reflektieren: als eine Gemeinschaft, in der die akademische Anerkennung noch in persönlichen Beziehungen übertragen und noch nicht über eine unpersönliche akademische Öffentlichkeit verteilt wird; als eine Gemeinschaft, in der die Zirkulationskultur noch von einem ritualisierten kollegialen Tauschhandel unter autonomen Einzelautorinnen und -autoren geprägt ist und noch nicht von den heteronomen Zwängen eines unter Marktbedingungen operierenden wissenschaftlichen Verlagswesens; mithin als eine Gemeinschaft, in der Gelehrte die Empfängerinnen und Empfänger ihrer Arbeiten noch direkt kontaktieren und persönlich ansprechen können, weil die Kommunikation noch nicht über unpersönliche Instanzen wie Öffentlichkeit und Buchmarkt vermittelt wird.[11] Eine derartige Vorstellung, Wissenschaft sei idealerweise eine private Tauschökonomie innerhalb von kleinen Kollektiven, die auf persönlichen Bindungen basieren, steht zweifellos in einer gewissen Spannung zu den universalistischen Ansprüchen der modernen Wissenschaft, zu demokratischen Vorstellungen eines gleichberechtigten Zugangs zu Wissen[12] – und zu den Schreckvisionen eines anonymen Massenbetriebs, in den sich auch Geisteswissenschaften verwandelt haben [→ Einleitung].

Die historische Rekonstruktion der Kommunikation mit Sonderdrucken zeigt, dass die kritisch gemeinte wissenschaftshistorische Geste, die Geisteswissenschaften seien letztlich nie ›modern‹ gewesen, weitgehend ins Leere läuft – ist ein ›vormodernes‹ Verständnis der wissenschaftlichen Persona doch selbst schon fester Bestandteil der geisteswissenschaftlichen Selbstbeschreibung. Und weshalb sollte diese Selbstbeschreibung nicht einen wichtigen Aspekt der modernen Geisteswissenschaften treffen? Die zentrale Rolle, die dem Sonderdruck in der geisteswissenschaftlichen Kommunikation im 19. und 20. Jahrhundert zukommt, legt jedenfalls nahe, dass die Funktionsweise sowohl des wissenschaftlichen Veröffentlichens als auch der akademischen Öffentlichkeit eine erneute Betrachtung verdient. In den vorgeblich ›modernen‹ Geisteswissenschaften des 19. und 20. Jahrhunderts zirkulieren Wissensansprüche nicht nur und gelegentlich nicht einmal primär in einer unpersönlichen wissenschaftlichen Öffentlichkeit, die von einem ausdifferenzierten akademischen Verlagswesen mitproduziert wird.[13] Vielmehr zirkulieren die Wissensansprüche manchmal primär in kleineren Personenkreisen im reziproken Austausch von persönlichen Sonderdruckexemplaren.

Der Sonderdruck verknüpft somit zwei soziale Sphären: einerseits die Sphäre einer auf der Grundlage des wissenschaftlichen Zeitschriftenformats ausdifferenzierten öffentlichen Fachkommunikation, andererseits die komplementäre Sphäre eines persönlichen wissenschaftlichen Austauschs. In der Sphäre des persönlichen, teilweise auch vertraulichen Austauschs wird die Kommunikation von Reziprozitätserwartungen strukturiert. Die Zirkulation von Sonderdrucken ist hier nicht selten mit anderen Praktiken des reziproken Austauschs verbunden wie etwa dem Übersenden und Kommentieren der Rohfassungen von wissenschaftlichen Arbeiten oder der schriftlichen Mitteilung und Diskussion von vorläufigen Forschungsergebnissen. Die skizzierte Geschichte des Sonderdrucks lässt erkennen, dass das Verhältnis dieser beiden Sphären wenigstens in den Geisteswissenschaften anspruchsvoll ausbalanciert und weitgehend komplementär ist. Mit Blick auf den Sonderdruck wird deutlich, dass sich die wissenschaftliche Persona in beiden Sphären bewähren muss.

Die gängige persönliche Tauschpraxis, die der Sonderdruck ans Tageslicht fördert, ist also keine vollgültige Alternative zum ›modernen‹ geisteswissenschaftlichen Verlagswesen, und zwar schon deshalb, weil sie selbst die infrastrukturelle Grundlage dieses Verlagswesens voraussetzt. Durch die Zirkulation von Sonderdrucken lässt sich vielmehr neben der größeren wissenschaftlichen Öffentlichkeit eine kleinere schaffen. Der stetige Austausch von Sonderdrucken stellt einen »Nexus« zwischen unterschiedlichen Interaktionssituationen her – und etabliert auf diese Weise transsituative Beziehungen mit einer relativ hohen Dauerhaftigkeit und Reichweite.[14] Der Sonderdruck leistet eine »*mediale*[] *und materiale[] Verbindung von Situationen*« und vermag deshalb, Intersituativität herzustellen [→ Kap. 25].[15] Es ist das unentwegt zirkulierende Artefakt des Sonderdrucks, das die situative Begrenzung von einzelnen Interaktionskonstellationen auf weitere zu öffnen erlaubt.[16] Im Hinblick auf einen derartigen »Nexus von Situationen« stellt sich die Frage nach der »Dichte ihrer Anschlüsse und Vernetzungen, ihrer mal losen, mal festeren Kopplung mit anderen Situationen« und die Frage, »durch welche Relation und welche Objekte [...] Situationen miteinander verbunden« werden.[17]

Intersituativität stiften die Sonderdrucke aber nur, weil an ihre Zirkulation auch eine akademische Interaktionsmoral geknüpft ist, die nicht nur und vielleicht nicht einmal vordringlich die logistischen Imperative einer effizienten Wissenschaftsverbreitung betrifft, sondern vielmehr die ethischen Imperative einer dauerhaften wechselseitigen Verpflichtung auf die aufmerksame Wahrnehmung der Veröffentlichungsaktivität und die Anerkennung der Wissensansprüche der anderen. Die durch Sonderdrucke gestiftete Intersituativität lässt sich weder auf die Kommunikation in einer großen Öffentlichkeit noch auf die persönlichen Kommunikationsakte zwischen zwei Individuen reduzieren – dies auch deshalb, weil die Sonderdruckempfängerinnen und -empfänger immer unterstellen müssen, dass sie nicht die Einzigen sind, die einen Sonderdruck erhalten, sondern diese im intersituativen Nebeneinander einer wissenschaftlichen *community of practice* zirkulieren.[18] Die hier untersuchten überindividuellen akademischen Kommunikationspraktiken erweisen sich damit als wichtiger Bestandteil einer modernen moralischen Ökonomie des Wissens,[19] deren allseits anerkannte Papierwährung lange der Sonderdruck war.

35. Das unmerkliche Ende einer Praxis

Friedrich Sengle hatte den Sonderdruck als ein »Kompliment« charakterisiert und die Praxis der Zirkulation von Sonderdrucken damit in einer Kultur akademischer Verbindlichkeit situiert [→ Kap. 31]. Versteht man das »Komplimentieren« als eine Praktik, so stellt sich die Frage, wie man diese Einzelpraktik ins Verhältnis setzen soll zu der auf den vorangehenden Seiten eingehender rekonstruierten umfassenderen Praxis des Sonderdrucks. Die Beantwortung dieser Frage erlaubt eine knappe exemplarische Darstellung wichtiger Dimensionen einer praxeologischen Untersuchungsperspektive auf die Geisteswissenschaften [→ Einleitung]. Praxeologische Perspektiven fokussieren die Materialität von alltäglichen routinisierten Prozessen, die auf der Aktivierung eines implizit geteilten sozialen Wissens beruhen und zur prozessualen Konstitution von Subjektivität beitragen.[1] Blickt man auf das Komplimentieren im Format des Sonderdrucks, so wird aus praxeologischer Perspektive Folgendes klar: Das Komplimentieren hat den repetitiven Charakter einer etablierten Routine des akademischen Alltags; es erfolgt mittels eines materiellen Objekts, nämlich des Sonderdrucks als eines wiedererkennbaren akademischen Papierobjekts; es basiert auf einem implizit geteilten sozialen Wissen etwa darüber, dass ein im Format des Sonderdrucks artikuliertes Kompliment auf Reziprozität angelegt ist; und es trägt im Vollzug des Komplimentierens zur Konstitution einer akademischen Persona bei, die in einem spezifischen sozialen Kontext legitim und relevant zu sein beansprucht.[2]

Wenn die vorangehenden Sätze die Einzelpraktik des Komplimentierens immer mit Bezug auf das Format des Sonderdrucks bestimmt haben, so ist das kein Zufall. Praktiken des Komplimentierens lassen sich nämlich in ganz unterschiedlichen gesellschaftlichen Bereichen und sozialen Situationen beobachten. So kann man die generelle Wertschätzung für eine Kollegin beziehungsweise einen Kollegen um 1970 durch die freundliche Übersendung eines Sonderdrucks ausdrücken, vielleicht aber auch dadurch, dass man auf einer Tagung höflich das feine Tuch des Mantels lobt. In beiden Fällen mag es sich um die Praktik des Komplimentierens handeln – und doch divergieren die konkreten Vollzugsweisen und sozialen Einbettungen des Komplimentierens so stark voneinander, dass man sich wohl keinen großen analytischen Gewinn davon versprechen würde, die spezifische Praktik des Komplimentierens im Format des Sonderdrucks gemeinsam mit den vielen anderen möglichen sozialen Spielarten des Komplimentierens unter einem abstrakten Rubrum ›Komplimentierpraktik‹ zu subsumieren.

Hier wird erneut deutlich, dass die Untersuchung von Praktiken fehlgeht, wenn sie von der elementaristischen Grundvorstellung getrieben ist, dass es bereits für sich bestehende und bestimmte Einzelpraktiken gäbe, aus deren nachfolgender Kombination dann schrittweise die soziale Realität aufzubauen wäre. Diese elementaristische Grundkonzeption ist gerade für praxeologische Rekonstruktionen der Geisteswissenschaften bisher häufig leitend gewesen.[3] Wie das Beispiel des Komplimentierens im Format des Sonderdrucks deutlich macht, erfährt die Einzelpraktik des Komplimentierens ihre Bestimmung aber überhaupt erst im Kontext einer übergreifenden Praxisform, die diverse Einzelpraktiken auf ganz eigene Weise miteinander verknüpft. Was genau ›Komplimentieren‹ als Einzelpraktik ist, erweist sich also erst im situativen Kontext, mithin im Zuge der Einbettung dieser Einzelpraktik in die akademische Praxisform ›Sonderdruck‹. Damit ist nicht gesagt, dass die Praxisform nicht auf den wiederholten Vollzug der in ihr auf intrikate Weise miteinander verknüpften Einzelpraktiken angewiesen wäre, sondern nur, dass ebendiese Einzelpraktiken ihr spezifisches Profil überhaupt erst durch die koordinierte Integration ihrer Vollzüge in eine übergreifende Praxisform erhalten.[4]

Die Einsicht, dass die Analyse von Einzelpraktiken nicht primär auf einer elementaristischen Ebene erfolgen kann, hat weitreichende Konsequenzen. Wenn Einzelpraktiken ihre spezifische Bestimmtheit erst im Kontext des Vollzugs ihrer Verknüpfung mit anderen Einzelpraktiken innerhalb von übergreifenden Praxisformen gewinnen, muss die Praxisform der privilegierte Analysezusammenhang einer praxeologischen Perspektive sein. Wie aber soll man derartige Praxisformen rekonstruieren? Übernimmt man die Differenzierungsvorschläge der sozialtheoretischen Diskussion mit einigen Einschränkungen, so ergibt sich daraus für das ›Komplimentieren‹ im Format des Sonderdrucks folgende Charakterisierung: Das »Komplimentieren« wäre nicht nur ein ereignishaftes Sprachverhalten, sondern eine kulturell etablierte Einzelpraktik innerhalb der Praxisform »Sonderdruck«, die wiederum innerhalb der übergreifenden transnationalen Praxisformation der Geisteswissenschaften angesiedelt wäre.

Praxisformen sind, wie sich am Beispiel des Sonderdrucks beobachten lässt, sozio-materielle Gefüge, die Einzelpraktiken miteinander im Praxisvollzug verketten und diese in ihrer je spezifischen Verkettung erst bestimmen. Die Praxisformen sind darauf angewiesen, dass das Gefüge der verketteten Praktiken permanent wiederholt beziehungsweise ›aktualisiert‹ wird. Diese Wiederholungen finden im Rückgriff auf ein sozial geteiltes, nicht selten implizites praktisches Wissen darüber statt, wie diese Praktiken situativ zu vollziehen sind. Praxisformen können sich als stabil und langlebig erweisen, sie können aber auch (graduell oder abrupt) desintegrieren, wenn sich das Gefüge der miteinander verknüpften Einzelpraktiken (allmählich oder plötzlich) entkoppelt. Der Sonderdruck ist ein gutes Anschauungsbeispiel dafür, wie die allmähliche Entkoppelung einer Vielzahl von Einzelpraktiken zur Desintegration einer einstmals stabilen akademischen Praxisform führt. Der Grund dafür, dass der Sonderdruck im Lauf der zurückliegenden Jahrzehnte merklich an Relevanz verloren hat, lässt sich nämlich nicht am Niedergang einer Einzelpraktik wie der des ›Komplimentierens‹ festmachen (oder an einer anderen Einzelpraktik). Es bedarf hierzu vielmehr des übergreifenden Analyserahmens der historischen Praxisform.

Das ›Komplimentieren‹ im Format des Sonderdrucks war mit einer fast unüberschaubaren Vielzahl von anderen Praktiken verkoppelt. Man könnte sogar sagen, dass alle Praktiken, die in diesem Buch diskutiert werden, bei dem ›komplimentierenden‹ Austausch von Sonderdrucken in der einen oder anderen Weise involviert sind: darunter Praktiken der Soziabilität (die Pflege akademischer Netzwerke durch einen gelehrten Austausch per Briefpost), Praktiken der Publikation (das Drucken von Aufsätzen in papiernen Fachzeitschriften), Praktiken der Evaluation (die Darstellung persönlicher Leistungskraft mittels exemplarischer Leistungsproben) [→ Kap. 9], Praktiken des Sammelns (der Aufbau eines Sonderdruckarchivs für den persönlichen Gebrauch) [→ Kap. 33], Praktiken des Lesens (die Lektüre von Aufsätzen in einem Format, das sie von ihren ursprünglichen buchförmigen oder zeitschriftenförmigen Publikationszusammenhängen separiert) [→ Kap. 20] oder Praktiken der Selbstdarstellung (das *self-fashioning* von Absenderin beziehungsweise Absender und Adressatin beziehungsweise Adressat als gewichtigen Akteurinnen und Akteuren eines akademischen Diskurses).

Im Fall des Sonderdrucks entkoppelt sich das hier nur skizzierte Gefüge von Einzelpraktiken schrittweise. Die Praktiken der Soziabilität verändern sich: Die Umstellung von kollegialen auf freundschaftliche Kommunikationsmodi lässt das formelle Übersenden von Leistungsproben als unpassend erscheinen. Die Verknüpfung von aktiver Netzwerkpflege und beharrlicher Publikationszirkulation, die sich zum Beispiel in den langen Auflistungen von prädestinierten Sonderdruckempfängerinnen und -empfängern niedergeschlagen hatte, wird nun loser. Die Praktiken der Publikation verändern sich: Die wissenschaftlichen Zeitschriftenverlage stellen keine größeren Mengen von papiernen Sonderdrucken mehr her; die digitalen Sonderdrucke, die an deren Stelle treten, werden nicht, obwohl das eigentlich denkbar wäre, von den Autorinnen und Autoren mit handschriftlichen Zusätzen personalisiert. Die Praktiken der Evaluation verändern sich: Bei Ausschreibungen für akademische Stellen wird darauf hingewiesen, dass der Bewerbung keine Sonderdrucke als papierne Leistungsnachweise der persönlichen Publikationskarriere beigelegt werden sollen. Die Praktiken des Sammelns ändern sich: Der Ausbau von Fernleihsystemen, die Digitalisierung des Zeitschriftenwesens (sowie die retrospektive Digitalisierung von Zeitschriftenbeständen) und die Möglichkeit des problemlosen Kopierens oder Scannens von Aufsätzen (nicht selten durch Hilfskräfte) lassen den Aufbau eines persönlichen Sonderdruckarchivs zunehmend als verzichtbar erscheinen.

Auch die Praktiken der Selbstdarstellung ändern sich schließlich: Es gilt zunehmend als peinlich, im persönlichen Austausch stolz auf eigene Publikationen zu verweisen, dafür scheint nun in sozialen Netzwerken wie Twitter die entsprechende Peinlichkeitsschwelle niedriger zu sein. Aber nicht allein die schrittweise Veränderung der genannten Praktiken führt dazu, dass die Praxisform ›Sonderdruck‹ über einen längeren Zeitraum unmerklich desintegiert, auch die graduelle Entkoppelung der Praktiken untereinander hat daran einen erheblichen Anteil. Der Nichtgebrauch des Sonderdrucks dürfte nämlich in hohem Maße davon begünstigt worden sein, dass sich gängige Praktiken des akademischen Lesens, die im Sonderdruckformat mit anderen Praktiken fest verknüpft waren, ohne größere

Schwierigkeiten auch mit anderen Praxisformen verkoppeln lassen. So sehr Papierkopien oder PDF-Dateien sich von dem Sonderdruck unterscheiden mögen, so leicht lassen sich die akademischen Lesepraktiken auch mit diesen verbinden. Im Hinblick auf die spezifische alltägliche akademische Praxis des annotierenden Lesens mit Stift in der Hand können sie deshalb in vielen Situationen als vollwertige Äquivalente für den Sonderdruck fungieren.[5]

Wo das Zirkulieren von Sonderdrucken sukzessive an sozialer Akzeptanz verliert und die Selbstverständlichkeit der mit der Sonderdruckzirkulation verbundenen sozialen Erwartungen allmählich verloren geht, schlägt die Desintergration der Praxisform auch auf die motivationalen Haltungen der Akteurinnen und Akteure durch. Das Versenden von Sonderdrucken wird zunehmend zur reinen Last; wer keine Sonderdrucke erhält, beschwert sich nicht mehr; die Reziprozität des Sonderdruckaustauschs wird nicht mehr situativ eingefordert oder sogar explizit als generelle Verhaltensnorm formuliert. Es verbreiten sich – wie die oben angeführten polemischen Spitzen Heinz Schlaffers vor Augen führen – zudem Versuche einer diskursiven Delegitimation des Praxisvollzugs. Etwas, das lange selbstverständlich und nicht begründungsbedürftig schien und mit großem Ressourcenaufwand routinisiert betrieben wurde, erweist sich plötzlich als erklärungsbedürftig und fremd.

Der Sonderdruck ist kein Artefakt mehr, das einen angeht und mit dem man achtsam umgeht. Das selbstverständliche Teilhaben an der Praxisform des Sonderdrucks wird schrittweise zu einem nicht minder selbstverständlichen Absehen von Teilhabe. Die in die Praxisform eingelagerte soziale Unterstellung, alle anderen würden fest mit der Zirkulation von Sonderdrucken rechnen, wird von der Erwartungshaltung abgelöst, ›man‹ wolle lieber nicht mit derartigen Artefakten behelligt werden – und dies nicht, wie in einem funktionalistischen Vokabular formuliert würde, weil die Praxisform in einem strengen Sinn »redundant« geworden wäre,[6] sondern weil sich *peu à peu* die Entkoppelung einer komplexen historischen Praxisform ereignet hat, die mit einer meist stillen ›moralischen‹ Entwöhnung einhergeht. Insofern die Teilhabe an einer Praxisform immer mit einem ›moralischen‹ Engagement der Sorge einhergeht,[7] ist unsere bedenkenlose Sorglosigkeit im alltäglichen Umgang mit Sonderdrucken das deutlichste Zeichen dafür, dass sich diese Praxisform aufgelöst hat.

Peter Szondi hat in diesem Bereich bereits Anfang der 1970er Jahre eine zunehmende Sorglosigkeit registriert. Seine Enttäuschung über diesen Wandel artikuliert er im Februar 1971 in einem Brief an Rainer Gruenter, wenn er die vier Epochen der brieflichen Beziehung zwischen ihm und seinem Briefpartner knapp Revue passieren lässt:

> [...] es gibt Anzeichen dafür, daß vor vielen Jahren – aber es ist so lange her, daß das Gedächtnis täuschen und die Anzeichen falsch deuten mag – zwischen uns Briefe gewechselt wurden. Dann brach die Ära der Sonderdrucke an, begleitet von Widmungen, zu denen die Briefe der Urzeit zusammengeschrumpft waren. [...] Eine dritte Epoche nach dieser Zeitrechnung ist durch wortlose Separata gekennzeichnet. Auch sie ging zu Ende: An die Stelle der Sonderdrucke ist das Rundschreiben getreten.[8]

Auf die Ära des Privatbriefs folgt diejenige des mit persönlicher Widmung versehenen Sonderdrucks; dann folgt die Epoche des widmungslosen Sonderdrucks und schließlich diejenige des unpersönlichen Rundbriefs, der die individuelle Ansprache und Adressierung ganz kassiert. In gewisser Hinsicht gewinnt für Szondi schon der widmungslose Sonderdruck den Charakter eines auf unpersönliche Gruppenkommunikation abzielenden Rundschreibens. Bereits 1971 lässt sich eine gewisse Unzufriedenheit mit dem neuen Umgang mit Sonderdrucken beobachten, der für Szondi das Signum einer Epoche der immer bürokratischer und betriebsförmiger werdenden Geisteswissenschaften ist.

Drei Dekaden später fertigt der Literaturwissenschaftler Heinz Schlaffer den Sonderdruck schließlich in einer polemischen Glosse ab: Die Zusendung eines Sonderdrucks sei eine Störung, »eine gelinde Form des Hausfriedensbruchs«.[9] Als Schlaffer diese Polemik 2001 publiziert, neigt sich die Epoche des Sonderdrucks dem Ende zu. Eine Praxis, die sich lange von selbst verstand, löst sich langsam auf. Welche mittelfristigen Konsequenzen diese Auflösung für das gesamte Gefüge der geisteswissenschaftlichen Praxis haben wird, lässt sich allerdings nicht *ad hoc* bestimmen. Praktiken und Praxisformen können, wie dieses Buch gezeigt hat, auf ganz unterschiedliche Weisen mit anderen Praktiken und Praxisformen verknüpft sein, sie können sich zudem auf diverse Arten zu mehr oder weniger losen übergeordneten Einheiten verbinden. Von der historischen Spezifik der komplexen Affiliationsformen und Aggregationsweisen hängt ab, welche Effekte das Verschwinden oder die umfassende Umwandlung einer über mehr als ein Jahrhundert fest etablierten Praxisform wie der des Sonderdrucks haben wird. Es ist jedenfalls nicht auszuschließen, dass sich in diesem Fall – wie auch in vielen anderen – das gesamte Gefüge der geisteswissenschaftlichen Praxis als so anpassungsfähig und plastisch erweisen wird, dass die Auflösung auf längere Sicht ohne krisenhafte Konsequenzen absorbiert werden kann.

Nachwort: »… denn sie wissen nicht, was sie tun«

»Das unmerkliche Ende einer Praxis« – unser Versuch einer Praxeologie der Geisteswissenschaften soll nicht sentimental-nostalgisch mit einem Ausblick auf die Endlichkeit jeder menschlichen Praxis enden. Das letzte Kapitel zum Funktionsverlust des Sonderdrucks und der Aktivitäten, die damit zusammenhingen, ist uns vielmehr deswegen wichtig, weil dieses Buch keineswegs das konservative Projekt verfolgt, einer verlorengegangenen Praxis nachzutrauern [⟶ Einleitung: Die Stabilität der Praxis]. Der Umgang mit Sonderdrucken war über mehr als ein Jahrhundert ein integraler Teil des geisteswissenschaftlichen Arbeitsalltags, nun aber hat sich unter digitalen Vorzeichen die Geistesarbeit so rekonfiguriert, dass wir auch ohne diese Praxis auskommen. Vermutlich werden viele Akteure noch nicht einmal gemerkt haben, dass ihnen mittlerweile etwas fehlen könnte, und falls doch, wird vielfach Unklarheit darüber bestehen, was genau mit dem Sonderdruck obsolet geworden ist.

Unser Ansatz zielt vor aller Apologie oder Kritik darauf, erst einmal besser zu verstehen, was in den Geisteswissenschaften alltäglich gemacht und unscheinbar geleistet wird. Dafür ist ein Aspekt zentral, den wir am Ende noch einmal eigens betonen wollten: dass die Praxis aus einem unebenen Gefüge von Praktiken besteht, die erst in ihrem wechselseitigen Bezug sinnvoll erscheinen. In der Regel überfordert das nur schwer durchschaubare und ebenso spannungsvolle wie dynamische Verhältnis von Sach- und Sozialgefügen die einzelnen Akteure. Das deutsche Wissenschaftssystem stellt mit der Universität eine Institution zur Verfügung, die diese überfordernde Vielfalt von miteinander verknüpften Praktiken als ›Wissenschaft‹ präsent zu halten erlaubt und unterschiedliche Krisendiagnosen und Reformvisionen ermöglicht. Aus einer praxeologischen Perspektive erscheint es eher unplausibel, dass sich dieses unebene Praxisgefüge mit wenigen groben Handgriffen reformieren lässt – und dass Veränderungen der aktuellen Verhältnisse an allen Stellen des Praxisgefüges »Geisteswissenschaften« die gleichen, positiven oder negativen, Effekte zeitigen werden.

Vielleicht liegt es auch an diesen Eigenschaften der wissenschaftlichen Praxis, dass bestimmte Probleme nur schwer aus der Welt zu schaffen sind. Aus einer gewissen Distanz wird dies besonders deutlich – oder wenn zwei abgrenzbare Praxisgefüge aufeinandertreffen. So berichtete der britische Germanist H.T. Betteridge im Herbst 1960 im *Times Literary Supplement* seinem britischen Publikum von einem ausgedehnten Besuch deutscher Universitäten. Er habe Gespräche an sieben westdeutschen Hochschulen geführt, die bei ihm zunehmend Irritationen ausgelöst hätten. Die deutschen Professoren seien mit der Situation vor Ort alles in allem recht zufrieden, die Mitarbeiterinnen und Mitarbeiter unterhalb der Professuren dagegen unzufrieden gewesen, hätten sich aber kaum getraut, ihre Missstimmung zu artikulieren. Betteridge erklärt sich diesen Sachverhalt so: »Konformismus ist die unabdingbare Voraussetzung für eine akademische Karriere.«[1] Die Frage, welche Voraussetzungen es denn genau seien, die einen derartigen intellektuellen Konformismus begünstigten, beantwortet er gleich selbst mit einer kleinen Lehrgeschichte über die deutschen Geisteswissenschaften:

> – M. besucht die Tutorien und schreibt fleißig Aufsätze; wer beurteilt seine Arbeit? Professor X. – M. kann seinen Lebensunterhalt als Student nicht bestreiten; wer entscheidet in letzter Instanz, ob er Hilfe aus öffentlichen Mitteln erhält oder nicht? Professor X. – M. ist bereit, sich einer Prüfung zu unterziehen; wer allein entscheidet, ob er besteht oder nicht? Professor X. – M. möchte sich weiterbilden oder ins Ausland gehen; wer ermöglicht dies, indem er die notwendige finanzielle Unterstützung ermöglicht? Professor X. – M. möchte ganz unten auf der akademischen Leiter anfangen; wer ist der Einzige, der eine Assistentenstelle zur Verfügung stellen kann? Nur Professor X. Wer ist fortan für alles verantwortlich, was mit M. geschieht, nicht nur in seiner Lehre und Forschung, seiner eventuellen Eingliederung in die Gruppe permanenten Personals […], sondern auch für jeden Schritt seiner weiteren Karriere bis hin zum erhofften Ruf auf einen Lehrstuhl? Jedes Mal lautet die Antwort: Professor X.[2]

In Betteridges harscher Kritik am allmächtigen »Professor X«, der unumschränkte Herrschaft über die von ihm abhängigen Mitarbeiterinnen und Mitarbeiter ausübt, gewinnt der deutsche Ordinarius fast mythische Züge: Was man auch an einer deutschen Universität vorhat, immer bewegt man sich schon in dem unbegrenzten Machtbereich des »Professor X«. Betteridges Statement war damals Teil einer größeren Debatte des *Times Literary Supplement*, die die Vor- und Nachteile des deutschen Universitätswesens vor allem im

Hinblick auf die geisteswissenschaftlichen Fächer diskutierte. Es wurden Probleme benannt, die in aktuellen Diagnosen wiederauftauchen: die Abhängigkeit der Mitarbeiterinnen und Mitarbeiter unterhalb der Professur; die lange Dauer des Wegs zur Festanstellung; der Mangel an beruflichen Alternativen nach der Qualifikation in den forschungsorientierten deutschen Geisteswissenschaften; oder auch die föderale und damit unübersichtliche Struktur der deutschen Hochschulpolitik. Wir halten es für außerordentlich wichtig, weiter an Lösungen für diese bestehenden Probleme zu arbeiten, möchten aber zugleich darauf hinweisen, dass die Akteurinnen und Akteure diese Probleme nicht alle und vor allem nicht alle auf dieselbe Art und Weise haben. Inwiefern also wird man der Komplexität der Geisteswissenschaften analytisch gerecht, wenn man sich nicht für das unebene Praxisgefüge ihres Disziplinendickichts interessiert und alle bestehenden Problemlagen mittels der Fiktion eines allmächtigen und generalverantwortlichen »Professor X« einebnet? Mit Peter Szondi und Friedrich Sengle haben wir zwei Literaturwissenschaftler ins Zentrum unserer Untersuchung gestellt, die zwar gewiss nicht das disziplinäre Spektrum des Geisteswissenschaftlichen zu illustrieren vermögen, die bei allen Gemeinsamkeiten aber doch so viele Unterschiede aufweisen, dass die Identität des sagenhaften »Professor X« ebenso fragwürdig erscheint wie die Identität derjenigen, die mit Sengle und Szondi in unterschiedlichen Praxiszusammenhängen kooperierten und interagierten.

In der Debatte des *Times Literary Supplement* finden sich aber auch aufschlussreiche Beobachtungen, die weniger das Personal der deutschen Geisteswissenschaften betreffen als einen Wandel in ihrem Praxisgefüge. Es wird deutlich, dass sich die Verantwortlichkeiten für problematische Dynamiken nicht wirklich klar zuordnen lassen:

> Das alte Verhältnis zwischen Professor und Student im Seminar, auf dem die Idee der akademischen Ausbildung früher weitgehend beruhte, ist undurchführbar geworden. Viele Seminare der unteren Stufe umfassen mehrere hundert Mitglieder, von denen der Professor die meisten nicht persönlich kennen kann. Er hat den Kontakt zu seinen Studenten verloren, da die bewährte Methode der Lektüre und allgemeinen Diskussion von Aufsätzen zu ausgewählten Themen durch die Mitglieder des Seminars nicht mehr in der alten Form durchgeführt werden kann.[3]

Aus der Perspektive des Germanisten Ernest Ludwig Stahl scheint die für die Geisteswissenschaften maßgebliche Praxisformation des Seminars, die eine spezifische Sozialbeziehung zwischen Lehrenden und Lernenden etabliert und ein fein abgestimmtes Gefüge aus Praktiken des Schreibens, Lesens, Diskutierens und Kritisierens impliziert [→ Kap. 19, 25, 26], kaum noch realisierbar zu sein. Als Ursache für diesen Wandel werden die Bildungsexpansion und die mit ihr verbundene Verschlechterung des Verhältnisses von Lehrenden und Lernenden identifiziert. Dass der Professor die Mitglieder des Seminars nicht mehr persönlich kennen kann, meint weitaus mehr als das etwas banal anmutende Faktum, aufgrund der ansteigenden Teilnehmerzahl nicht mehr imstande zu sein, sich die Namen aller Beteiligten zu merken. Vielmehr geht mit dem Mangel der persönlichen Bekanntheit der Verlust eines ganzen voraussetzungsreichen Praxisgefüges einher, das die Geisteswissenschaften im Kern ausgemacht hat.

Der britische Beobachter hebt hervor, dass sich bestimmte Praxisformationen nicht beliebig erweitern oder verkleinern lassen: Man kann zwar eine Lehrveranstaltung mit einer dreistelligen Teilnehmerzahl stattfinden lassen – nur gehorcht sie dann faktisch nicht mehr der impliziten Logik der Praxisformation »Seminar«. Die Beibehaltung des Namens »Seminars« täuscht darüber hinweg, dass das zuvor so bezeichnete Ausbildungsmodell, das aus einem intrikat verknüpften und weitgehend impliziten Gefüge von Praktiken besteht, längst verabschiedet worden ist. Das geisteswissenschaftliche Seminar, so wie es noch in den 1960er Jahren betrieben wird, veranschaulicht, dass die geisteswissenschaftliche Praxis aus einem Ensemble von Aktivitäten besteht, die durch geteiltes implizites Wissen, also durch ein gemeinsames Know-How über das angemessene Schreiben, Lesen, Diskutieren, Kritisieren und vieles mehr sinnhaft verknüpft sind – und dass dieses Ensemble äußerst sensibel auf Veränderungen der Sozialzusammenhänge reagiert, in denen es situiert ist. Ab einer gewissen Anzahl von Seminarteilnehmenden, so nicht nur die Einschätzung Stahls, löst sich unmerklich der zuvor bestehende unsichtbare Verbund von Praktiken auf. Insofern verwundert es auch nicht, dass die erste Bemerkung über das Seminar, die Roland Barthes 1974 in seinen Reflexionsnotizen *An das Seminar* anstellt, die Größe der Seminargruppe betrifft: »Klein ist unsere Versammlung«.[4]

Wie Barthes hervorhebt, liegt die Einheit dieser Praxis in den Händen der Praxisteilnehmenden, die sie alltäglich vollziehen. Da diese Praxis sich häufig indirekt einspielt, ist sie den Praxisteilnehmenden nicht notwendig transparent und muss nicht einmal an ihren Bedürfnissen ausgerichtet sein. Diese Implizitheit der etablierten Praxisgefüge bringt auch das Problem mit sich, dass für die Praxisteilnehmenden häufig nur schwer zu beurteilen ist, welche gesellschaftlichen Transformationen einen fundamentalen Wandel der eingespielten Praktiken nach sich ziehen werden und welche nicht. Niemand hat den von Stahl beschriebenen fundamentalen Wandel der Seminarpraxis vorausgesehen. Lässt sich sagen, was heute geschehen müsste, um die noch von Barthes so geschätzte Praxisformation unter gegenwärtigen Vorzeichen wiederzugewinnen? Lässt sich absehen, welche Konsequenzen die Digitalisierung der Lehre, die in den Corona-Semestern erfolgt ist, auf die Praxis der geisteswissenschaftlichen Wissensvermittlung haben wird? Wie steht es um die Effekte der Digitalisierung auf die Forschung, etwa im Bereich des Publikationswesens? Wie wirkt sich eine an Leitvorstellungen wie Internationalisierung und Interdisziplinarität orientierte Projektforschung auf die Praktiken der Geisteswissenschaften aus? Was verändert sich in dem Moment, in dem Wissenschaftskommunikation zu einem Erfordernis wird, dem Wissenschaftlerinnen und Wissenschaftler selbst genügen sollen? Werden die von *#IchbinHanna* ausgelösten Transformationen in den Karrierestrukturen der Geisteswissenschaften die Praxisformationen der geisteswissenschaftlichen Lehre, Forschung und Verwaltung fundamental verändern? Welche Wirkungen hat es auf die Praxis der Geisteswissenschaften, wenn man die Praxisformen der Geistesarbeit an die Geschäftspraktiken und »Normalarbeitsverhältnisse« anderer »Branchen« angleicht?[5] Welche Effekte wird es auf die Laufbahnen von jungen Wissenschaftlerinnen und Wissenschaftlern haben, wenn sich direkt nach der Dissertation entscheidet, ob man eine Lebenszeitstelle antreten kann oder nicht? Werden sich in diesem Wettbewerb vor allem diejenigen durchsetzen, die aufgrund familiärer Privilegien ohnehin schon instruiert sind und alles sofort ›richtig‹ machen?

Die Pointe dieser Fragen ist nicht, dass wir die Antworten bereits parat hätten, sondern nur, dass wir die Idee einer allumfassend befriedigenden, glatten Antwort auf dieses unebene Ineinander von

Praxisformationen für eine Illusion halten. Die immer wiederkehrenden Versuche, pauschale Krisendiagnosen zu formulieren und dann *One-size-fits-all*-Reformmodelle für alle Beteiligten, alle Fälle und alle akademischen Disziplinen zu entwickeln, können die Spezifik der praktizierten Geistesarbeit nur verfehlen. Unsere Untersuchung legt nahe, dass derartige Versuche gerade dort fehlgehen müssen, wo sie von Personen betrieben werden, die nur wenig über die impliziten Logiken der geisteswissenschaftlichen Praxis wissen. Wäre dieses Buch eine Dramedy des Geistes, wie die anfangs diskutierte Netflix-Erfolgsserie *The Chair* [→ Einleitung], so müsste sie wohl den Untertitel »… denn sie wissen nicht, was sie tun« tragen. Nur wären die Kenntnislosen, auf die wir anspielen, nicht allein abgehoben agierende Figuren in der Wissenschaftsverwaltung oder ignorante Personen in der Bildungspolitik, sondern eben: wir alle. Aufgrund des impliziten und intrikat verschränkten Charakters des geisteswissenschaftlichen Arbeitens wissen wir die meiste Zeit selbst gar nicht so genau, was wir *in der Praxis* tun. Und das aus gutem Grund. Doch wenn wir trotz der vielgestaltigen Veränderungen der Gegenwart der akademischen Geistesarbeit auch zukünftig einen zentralen Platz in unserer Gesellschaft erhalten wollen, werden wir nicht umhinkommen, uns unserer eigenen unmerklichen und ›krummen‹ Praktiken anzunehmen, um sie in ihrem variablen Zusammenspiel besser zu verstehen – nicht zuletzt deshalb, um sie anderen, die sich fragen, was es mit unserer alltäglichen Geistesarbeit eigentlich auf sich hat, besser erklären zu können.

Dank

Auch dieses Buch ließe sich prinzipiell als ein Gefüge kollaborativer Geistesarbeit analysieren. Ein guter Ausgangspunkt für eine derartige Analyse wäre die Danksagung, die allerdings immer nur einen kleinen Teil der kollaborativen Beziehungen abbilden kann, die ein Werk ermöglicht haben [→ Kap. 3].

Da es sich um ein archivbasiertes Buch handelt, müssen an erster Stelle die Archive stehen, deren Unterstützung bei der Recherche und Forschung unverzichtbar war: Wir danken dem Archiv der Akademie der Künste Berlin, dem Universitätsarchiv der Freien Universität Berlin, dem Archiv des Institute for Advanced Study Princeton, dem Deutschen Literaturarchiv Marbach und dem Heinrich-Heine-Institut Düsseldorf.

Wir sind nicht die Ersten oder die Einzigen, die sich um die Erforschung der geisteswissenschaftlichen Arbeit bemüht haben, weshalb wir einzelne Abschnitte dieses Buches zu unterschiedlichen Zeitpunkten seiner Entstehung und Entwicklung kompetenten Kolleginnen und Kollegen mündlich oder schriftlich präsentieren konnten: Für kritische Lektüren beziehungsweise Diskussionen danken wir Andrea Albrecht, Caspar Hirschi, Fotis Jannidis, Helene Kraus, Hans-Harald Müller, Myriam Richter, Jørgen Sneis, Claudia Stockinger, Erika Thomalla, Tilman Venzl, Tobias Werron, Simone Winko und Daniel Zimmer. Für Hinweise danken wir zudem Julia Amslinger, Eva D. Becker, Petra Boden, Alex Csiszar, Holger Dainat, Mark-Georg Dehrmann, Ruth Doersing, Walter Erhart, Anthony Grafton, Michael Kämper-van den Boogaart, Kai Kauffmann, Marcel Lepper, Mingchao Mao, Daniel Morat, Sabine Reh, Jörg Schönert, Meinolf Schumacher, Enno Stahl, Denis Thouard, Nina Verheyen, David Wellbery, Martin Willems und Manfred Windfuhr.

Die gesamte Herstellung des abgabefertigen Manuskripts haben Fabienne Steeger und Karena Weduwen ebenso umsichtig wie unermüdlich begleitet: Ohne ihre beeindruckende redaktionelle Kompetenz und ohne ihre ›selektionslose Aufmerksamkeit‹ hätten wir dieses Projekt nicht realisieren können. Für wertvolle Unterstützung von Sekretariatsseite danken wir Andrea Schrottenloher, für ihr sorgfältiges Lektorat Klara Vanek, für die Betreuung von Verlagsseite Philipp Hölzing.

Eine mit Archivquellen argumentierende Arbeit ist schließlich darauf angewiesen, dass die Rechteinhaber die entsprechenden Publikationsgenehmigungen erteilen: Wir möchten allen Rechteinhaberinnen und Rechteinhabern danken, vor allem aber Berthold Sengle sowie Christoph König und Josepha Schwerma, die uns unterschiedliche Teile der Szondi betreffenden Archivalien zugänglich gemacht haben.[1]

Gewidmet ist der Band unseren Studierenden zunächst in Kiel und dann in Berlin und Bielefeld, mit denen wir immer wieder diskutieren durften, wie sie die Praxis der Geisteswissenschaften beobachten und bewältigen.

Nachweis

Im Rahmen dieses Buches haben wir uns zum ersten Mal mit den Praxisformationen befasst, die sich anhand der archivalischen Überlieferung Peter Szondis und Friedrich Sengles freilegen lassen. Dennoch basiert es auch auf vielfältigen gemeinsamen Forschungen, die wir seit mehr als einem Jahrzehnt an unterschiedlichen Wirkungsorten verfolgt haben. Erste Ergebnisse dieser Forschungen sind in diesem Zeitraum auch in der Form von Aufsätzen, Essays oder Zeitungsartikeln vorgestellt worden. Die folgende Liste bietet eine Auswahl dieser Veröffentlichungen, von denen einige in unterschiedlichem Umfang auch Eingang in dieses Buch gefunden haben:

Martus, »Philo-Logik«

Martus/Spoerhase, »Praxeologie der Literaturwissenschaft«

Martus/Spoerhase, »Eine praxeologische Perspektive auf Einführungen«

Martus, »Epistemische Dinge der Literaturwissenschaft?«

Martus, »Wandernde Praktiken ›after theory‹?«

Martus, »Zur normativen Modellierung und Moderation von epistemischen Situationen«

Martus, »Interpretieren – Lesen – Schreiben«

Martus, »Verstehen als Arrangement von Praktiken und Normen«

Spoerhase, »Big Humanities«

Spoerhase/Martus, »Die Quellen der Praxis«

Spoerhase, »Seminar versus MOOC«

Spoerhase/Hirschi, »Zwischen Bleiwüste und Bilderflut«

Spoerhase, »Gegen Denken?«

Spoerhase, »Seminar Libraries as Laboratories of Philology«

Spoerhase, »Offprints«

Anmerkungen

Einleitung: Weshalb über die Praxis der Geisteswissenschaften nachdenken?

1. Im Folgenden verwenden wir in der Regel die ›männliche‹ und ›weibliche‹ Form und meinen damit ein ganzes Spektrum geschlechtlicher Möglichkeiten. In einigen historischen Fällen haben wir uns auf die männliche Form beschränkt, um die Geschlechterverhältnisse zu markieren. Und in einigen wenigen Fällen haben wir aus stilistischen Gründen nur die eine oder andere Form gesetzt.
2. Münch, *Akademischer Kapitalismus.*
3. Leendertz, »Wettbewerbsorientierung und Flexibilisierung in der Wissenschaft«, S. 43.
4. Vgl. zur Diskrepanz zwischen der Bewertung von »Einzelforschung« in Evaluationsprozeduren und deren Verbreitung: Seel, »Lob der Einzelforschung«.
5. Vgl. Krull, »Forschungskollegs und Institutes for Advanced Study«.
6. Ähnlich revisionsbedürftig sind in dieser Hinsicht auch die Auffassungen der Gegenstände – vgl. z. B. zur Literatur Amlinger, *Schreiben.*
7. Vgl. Martus, »›Zu Professoren taugen wir wohl beide nicht‹«.
8. Vgl. dazu sowie zu einer abgewogenen und im Grunde positiv-zuversichtlichen Einschätzung der im deutschen Wissenschaftssystem fest verankerten Geisteswissenschaften: Lamping, »Zur Lage der Geisteswissenschaften«.
9. Weingart u. a. (Hg.), *Die sog. Geisteswissenschaften*, S. 9, S. 13.
10. Vgl. dazu die »Außenansichten« auf die »Innenansichten« der Geisteswissenschaften von Prinz/Weingart, »Innenansichten geisteswissenschaftlicher Forschung«.
11. Dalferth, »Vor der Selbstabschaffung?«, S. 6.
12. Gumbrecht, »Mehr Geist«, S. 25.
13. Spiewak, »Rettet euch selbst«, S. 45 f.
14. Kablitz, »Apokalyptiker und Alimentierte«, S. N3.
15. Vgl. etwa für den französischen Kontext Schaeffer, *Petite écologie des études littéraires*, S. 14.
16. Vgl. zu einer praxeologischen Erklärung der Krisenneigung des philologischen Diskurses als Effekt einer spezifischen Reflexivität und Selbstbezüglichkeit: Krause/Pethes, »Scholars in Action«, S. 77-81.
17. Arnold, »Das Fach in Dauerkrise«, S. 24. Vgl. auch Herbold, »Weg vom Klischee,« oder Greiner, »Die Krise der Germanistik«.

18. Vgl. Kronthaler, »Nur die besten sollen bleiben«, S. N4.
19. Bahr/Eichhorn/Kubon, *#IchBinHanna.* Die klassische Studie dazu: Bourdieu, *Homo academicus*; konzeptionell deutlich daran orientiert ist eine jüngere Bestandsaufnahme mit Fokus auf den Sozialwissenschaften, in der zum einem u. a. (fachlicher) Differenzierungsbedarf angemahnt und zum anderen empirische Defizite markiert werden: Keil, *Die Ordnung des Feldes.*
20. Vgl. z. B. so etwas: Sieber/Petit, »Introduction: The State of the Humanities«.
21. Die Daten finden sich unter www.nopss.gov.cn.
22. Vgl. für eine differenzierte Beschreibung: American Academy of Arts & Sciences, *The State of the Humanities.*
23. Stover, »Warum es keine guten Gründe zur Verteidigung der Geisteswissenschaften gibt«, S. 25.
24. Wiele, »Dieser Schuss zielt aufs Herz«, S. L2.
25. Stover, »Warum es keine guten Gründe zur Verteidigung der Geisteswissenschaften gibt«, S. 38, S. 32.
26. Niewel, »Raus aus der Misere«, S. 14.
27. Oellers, »Das Ende des Krisengeredes«.
28. Doerry, »Schiller war Komponist«, S. 104.
29. Vgl. Sina, »Ein Topos der Disziplin«, S. N3. Vgl. zur Geschichte des »crisis talk« in den Geisteswissenschaften zuletzt Reitter/Wellmon, *Permanent Crisis.* Auch die Epistemologie der Literaturwissenschaft, die Annick Louis jüngst entwickelt hat, wählt die »Krise« als Ausgangspunkt; vgl. Louis, *Sans objet*, S. 13-17 und S. 169-182.
30. Eine der einflussreichsten Stimmen im Krisendiskurs war lange sicherlich Odo Marquard. Marquard, »Ein Plädoyer für die Geisteswissenschaften«, S. ROM1: »Die gegenwärtige Krise der Geisteswissenschaften ist – kurz gesagt – keine ›Leistungskrise‹, sondern eine ›Überforderungskrise‹. Die Geisteswissenschaften sterben also nicht ab, sondern sie halten nur – obwohl sie wachsen – mit ihrer modernen Unvermeidlichkeit nicht Schritt. Das aber spricht nicht gegen, sondern es spricht gerade für meine Grundthese, die da lautet: Je moderner die moderne Welt wird, desto unvermeidlicher werden die Geisteswissenschaften.«
31. Vgl. Reitter/Wellmon, *Permanent Crisis*, S. 4, S. 20 f.
32. So die Beitragstitel in: Heidbrink/Welzer (Hg.), *Das Ende der Bescheidenheit.*
33. Vgl. Spiewak, »›Es gibt keine Krise‹« [Interview], S. 39.
34. Vgl. Menand, »Too Good for This World«.
35. Koschorke, »Über die angebliche Krise der Geisteswissenschaften«, S. 22.

36. Vgl. Fassin, »Crisis«.
37. Vgl. Piper, *Can We Be Wrong?*, S. 4.
38. Es soll hier nicht darum gehen, dass Pipers wissenschaftshistorische Einschätzungen recht undifferenziert sind. Blickt man etwa fachhistorisch auf die literaturwissenschaftliche Produktion, lassen sich durchaus Strömungen ausmachen, in denen Philologinnen und Philologen nicht primär an Generalisierung interessiert waren, in denen mithin eine philologische Untersuchung über ein Gedicht Goethes über nichts anderes Auskunft geben sollte als über ebendieses Gedicht. Natürlich wurde auch das kritisiert und in ein Krisennarrativ überführt: Die Philologie befinde sich gerade deshalb in der Krise, weil sie nicht an Verallgemeinerung, sondern nur am nicht verallgemeinerbaren Detail interessiert sei. Piper selbst stellt in seinem Buch in Frage, ob es sinnvoll sei, eine ganze fachwissenschaftliche Monografie oder auch nur ein ganzes Kapitel einer derartigen Monografie über einen einzigen Roman zu schreiben – er selbst stellt sich also auf die Seite derjenigen, die auf Generalisierung abheben, nur sei diese eben bis heute nicht auf die richtige Weise unternommen worden (vgl. Piper, *Can We Be Wrong?*, S. 4). Auch wollen wir nicht weiter darauf eingehen, dass seine Beispielwahl recht einseitig anmutet – zur Krisenrhetorik des Traktats gehört, dass der Blick auf die bisherige Forschungspraxis in der Literaturwissenschaft fast nur negative Beispiele zutage fördert: Umfassende literaturhistorische Studien, die wichtige literarische Phänomene auf breiter Quellenbasis studieren, methodisch reflektiert und theoretisch durchdacht sind und sich um vorsichtige Generalisierungen bemühen, scheint es bislang nicht zu geben. Die Literaturwissenschaft scheint für Piper eine lange Liste von abschreckenden Beispielen zu sein, die zeigen, was alles falsch gemacht wurde. Als Beispiel für die Praxis der überzogenen Generalisierungen in der Literaturwissenschaft zitiert Piper mit Fredric Jameson einen marxistischen Kulturtheoretiker, der sich das spekulative Generalisieren gewissermaßen zur professionellen Hauptaufgabe gemacht hat. Jameson ist sicherlich nicht exemplarisch für das Gros literaturwissenschaftlicher Forschung. Auch dass die jüngere allgemeine Wissenschaftstheorie von ihm kaum berücksichtigt wird, möchten wir nicht weiter problematisieren. Zentral ist für uns vielmehr, dass die komplexe Praxis, mit Exemplarizität zu argumentieren, die laut Piper in der Literaturwissenschaft auffallend stark verankert ist, kaum erkundet wird. So stark verankert im Übrigen, dass Piper selbst nicht umhinkann, sich ebenfalls dieser Praxis zu bedienen. Wenn Piper in seinem Buch die Hermeneutik umfassender diskutiert, beansprucht er nämlich genau das Verfahren, das er sonst so vehement kritisiert: Friedrich

Schleiermacher und Wilhelm Dilthey stehen bei Piper gleichsam für *die* Hermeneutik ein (S. 51-54). Probleme der allgemeinen Ästhetik werden von Piper exemplarisch anhand von Kant abgehandelt, dessen Pointe in der Literaturwissenschaft meist missverstanden worden sei (vgl. S. 61). Aber weshalb sollten gerade diese beiden Hermeneutiker *exemplarische* Hermeneutiker sein? Weshalb wird aus der umfassenden Tradition ästhetischer Reflexion gerade Kant als *der* Ästhetiker herausgegriffen werden? Zweifellos stehen hier Annahmen im Hintergrund, die vielen Germanistinnen und Germanisten unmittelbar einleuchten mögen, eben gerade weil in der gängigen Argumentationspraxis bestimmte Exemplarizitätsannahmen ohne größere Einwände akzeptiert werden.

39. Hösle, *Kritik der verstehenden Vernunft*, S. 13, S. 16.
40. Vgl. Alt, *Exzellent!? Zur Lage der deutschen Universität*, S. 11-20.
41. Luhmann, *Die Grenzen der Verwaltung*, S. 105 f.
42. Hösle, *Kritik der verstehenden Vernunft*, S. 41 f.
43. Nennen möchten wir vor allem zwei wichtige Sammelbände: Brenner (Hg.), *Geist, Geld und Wissenschaft*; Arnold/Fischer (Hg.), *Disziplinierungen.*
44. Solche Verweise deuten auf Stellen, an denen wir ein angesprochenes Thema genauer behandeln.
45. Als einschlägige Überblicke möchten wir nur exemplarisch auf zwei jüngere Veröffentlichungen hinweisen, die unterschiedliche praxeologische Strömungen in ihrer historischen Entwicklung profilieren: Reckwitz, *Kreativität und soziale Praxis*; Schäfer (Hg.), *Praxistheorie.*
46. Vgl. Nicolini, *Practice Theory.*
47. Vgl. Wenger, *Communities of Practice.*
48. Vgl. Nicolini, *Practice Theory*, S. 84, S. 87.
49. Die Herausforderungen dürften nicht zuletzt etwas damit zu tun haben, dass ohne Inkaufnahme eines infiniten Regresses nicht wiederum regelhaft formuliert werden kann, wie und wann die Regel angewendet werden soll. Die Wiederholbarkeit praktischer Vollzüge ist daher auch für die Evaluation von Könnerschaft entscheidend. Wie Gilbert Ryle meinte, könnte eine einmalig gelungene Handlung auch einfach nur zufällig geschehen, wohingegen Könnerschaft sich dadurch auszeichnet, dass sich im Zeitverlauf dieselben (oder auch immer bessere) Fähigkeiten und mithin Routinen zeigen. Und dass Verbesserung nicht gegen Routiniertheit spricht, zeigt zudem die Vereinbarkeit von Perfektionierung und Gewöhnung.
50. Siehe dazu Nicolini, *Practice Theory*, S. 214 f.
51. Vgl. zum Lebenslauf im genauen Überblick die »Chronik« zu Szondi von Andreas Isenschmid in: König, *Engführungen*, S. 99-112.

52. Vgl. für eine eindrückliche Würdigung der akademischen Aktivitäten Szondis Lämmert, »Peter Szondi: Ein Rückblick zu seinem 65. Geburtstag«. Vgl. auch Riechers, *Peter Szondi.*
53. Vgl. Niefanger, »Friedrich Sengle«.
54. Vgl. Sengle, »Baruch-Börne als Kritiker Deutschlands und Deutscher Dichtung«. Vgl. dazu die Studie von Stein, »Zur Börne-Rezeption im Dritten Reich«. Vgl. auch die daran anschließende Debatte: Windfuhr, »Spannungen als autorspezifischer Strukturzug«; Stein, »Sengles Heine«. Vgl. zur Zeitschrift *Weltkampf* den Beitrag von Lorenz, »Die ›Judenfrage‹ im Spiegel nationalsozialistischer ›Wissenschaft‹«.
55. Wulf Segebrecht vertritt die Auffassung, dass sich Sengle noch während des Krieges von antisemitisch orientierten Deutungsansätzen vorsichtig distanziert habe; vgl. seine Einschätzung in Sengle, »E.T.A. Hoffmann-Probleme«, S. 50-52. Vgl. dazu auch Kaube, »Im Tornister«.
56. Vgl. die Erinnerungen von Eva D. Becker und Roger Paulin in Koloch, »Briefliche Begegnungen«. Vgl. auch Jessen, »Schellingstraße«.
57. Vgl. für eine knappe Würdigung der akademischen Aktivitäten Sengles Müller-Seidel, »Friedrich Sengle«.
58. Schivelbusch, *Die andere Seite*, S. 44.
59. Wir teilen nicht die Auffassung Suzanne Marchands, dass praxishistorische Perspektiven grundsätzlich nicht in der Lage sind, individuelle Eigenheiten intellektuellen Arbeitens zur Geltung kommen zu lassen; vgl. Marchand, »Weighing Context and Practices«, S. 145 f., S. 166.
60. Werke im Vergleich: Friedrich Sengles dreibändige *Biedermeierzeit. Deutsche Literatur im Spannungsfeld zwischen Restauration und Revolution 1815-1848* (Stuttgart: Metzler 1971-1980) und die Neuausgabe von Peter Szondis *Theorie des modernen Dramas* in der edition suhrkamp 27 (Frankfurt/M.: Suhrkamp 1963), Fotografie: Chris Korner, Deutsches Literaturarchiv Marbach.
61. Kreuzer, »Zwischen Restauration und Revolution«, S. L12.
62. Vgl. Drews, »Philologie mit Noblesse«.
63. Vgl. Bremer, *Postskriptum Peter Szondi.*
64. Sengle, *Biedermeierzeit*, Bd. I, S. VIII [im Folgenden zitiert als *Biedermeierzeit* mit Bandangabe in römischen Ziffern]. Vgl. auch jüngere Würdigungen der Forschungsleistung aus der Perspektive verschiedener Autorphilologien: Böck, »Archäologie in der Wüste«; Venzl/Zimmermann, »Die *Biedermeierzeit* als verfallenes Forschungsmonument?«.
65. Sengle, »Zum Problem der modernen Dichterbiographie«, S. 102. Friedrich Sengle vertritt am ehesten eine Vorstellung von Epochenimmanenz, wenn er sich verschiedentlich darum bemüht, »die Bieder-

meierzeit aus der Biedermeierzeit zu erklären«. So die Formulierung von Denkler, »Literaturgeschichte für Mündige«, S. 270.

66. Kreuzer, »Zwischen Restauration und Revolution«, S. L12.
67. Szondi, »Stellungnahmen zu Stellungnahmen – 30. 7. 1970«, S. 152.
68. Szondi, »Stellungnahmen zu Stellungnahmen – 30. 7. 1970«, S. 152.
69. Vgl. dazu Schulz, »Germanistik als Bildersturm«, S. BuZ5.
70. Lämmert, »Peter Szondi: Ein Rückblick zu seinem 65. Geburtstag«, S. 5.
71. Reichert, »Zum Bilde Szondis«, S. 65.
72. Schivelbusch, *Die andere Seite*, S. 44.
73. Schivelbusch, *Die andere Seite*, S. 51.
74. Schönert, »Sozialgeschichte der Literatur – ein vorübergehendes Meteor?«, S. 11.
75. Auch auf die gesellschaftlichen Veränderungen, die in den späten 1960er Jahren an den Universitäten deutlich spürbar werden, reagieren Szondi und Sengle unterschiedlich. Während Sengle auf 1968 mit polemischen Abgrenzungen von marxistischen Strömungen in BRD und DDR reagiert, ist Szondi im Prinzip verständnisvoll und sogar unterstützend. Vgl. zu Sengle und 1968 das Dossier von Koloch (Hg.), *1968 in der deutschen Literaturwissenschaft*.
76. Sengle, Friedrich: Gutachten für das Frankfurter Berufungsverfahren, 13. 10. 1964, in: Rheinisches Literaturarchiv des Heinrich-Heine-Instituts Düsseldorf: Nachlass Friedrich Sengle: Ordner Gutachten II, S. 2 (der Hinweis »149 f.« ist handschriftlich eingefügt, S.M./C.S.). Der Nachlassbestand Friedrich Sengles befindet sich im Rheinischen Literaturarchiv des Heinrich-Heine-Instituts Düsseldorf, das im Folgenden mit HHI abgekürzt wird.
77. Vgl. See, »Peter Szondi und die Frankfurter Universität«; Jäger, »Ende Legende. Peter Szondi und Frankfurt«; Habermas, »In unverkennbar aggressiver Tonlage«; See, »Unspektakulärer Vorgang«; Perels, »Die Ablehnung Szondis«; See, »Szondis Frankfurter ›Nichtberufung‹«; Weber, »Berufungen. Szondi, Adorno, Politzer«. Vgl. zuvor schon König, *Engführungen*, S. 74 f. Vgl. dazu auch Kaube, »Der eine und der andere Pfeil«.
78. Gansberg, Marie-Luise: Bibliografie und Zusammenfassung der Schriften Szondis, in: HHI: Nachlass Friedrich Sengle: Ordner Gutachten II, S. 3. Vgl. zu Gansberg das Dossier von Koloch (Hg.), *1968 in der deutschen Literaturwissenschaft*.
79. Gansberg, Marie-Luise: Bibliografie und Zusammenfassung der Schriften Szondis, in: HHI: Nachlass Friedrich Sengle: Ordner Gutachten II.
80. Gansberg, Marie-Luise: Bibliografie und Zusammenfassung der

Schriften Szondis, in: HHI: Nachlass Friedrich Sengle: Ordner Gutachten II, S. 2.
81. Grimm/Hermand, »Vorwort«, S. X.
82. Grimm/Hermand, »Vorwort«, S. IX, S. XI.
83. Die damaligen Konfliktkonstellationen in München zwischen Professoren, Assistenten und Studierenden können hier nicht näher diskutiert werden; vgl. ausführlicher dazu Dittmann, »›1968‹, das Institut für Deutsche Philologie und Walter Müller-Seidel«; Schönert, »Walter Müller-Seidel in Konfliktkonstellationen«.
84. [Anonym]: Die Liebesverhältnisse der Assistenten, in: unireport Jg. 22, Nr. 11 (Juni 1969), S. 2, in: HHI: Nachlass Friedrich Sengle: Ordner München II.
85. [Anonym]: Die Liebesverhältnisse der Assistenten, in: unireport Jg. 22, Nr. 11 (Juni 1969), S. 2, in: HHI: Nachlass Friedrich Sengle: Ordner München II.
86. Vgl. Daston, »Die unerschütterliche Praxis«.
87. Vgl. Sagner Buurma/Heffernan, *The Teaching Archive*, S. 11: »a disciplinary historical focus on practice rather than theory reveals interconnections rather than oppositions and continuities rather than ruptures.«
88. Vgl. Sagner Buurma/Heffernan, *The Teaching Archive*, S. 11, S. 208.
89. Vgl. die Kritik von Guillory, »›Flipping‹ the History of Literary Studies«.
90. Vgl. zur Verkoppelung von Forschung und Lehre auch Menger, *La différence, la concurrence et la disproportion*.
91. Vgl. Strand, »Practice Theory«, S. 11.
92. Reckwitz, »Grundelemente einer Theorie sozialer Praktiken«, S. 296. Vgl. zur »relativen Kontinuität der Form von Praktiken« Reckwitz, »Die Reproduktion und die Subversion sozialer Praktiken«.
93. Vgl. Nicolini, *Practice Theory*, S. 85 f.
94. Vgl. für eine Perspektive, die das Ereignishafte stark betont, Hillebrandt, *Soziologische Praxistheorien*.
95. Vgl. Schäfer, *Die Instabilität der Praxis*.
96. Vgl. Winko, »Autor-Funktionen«.
97. Vgl. Münch, *Akademischer Kapitalismus*. Vgl. für die komplexen Kooperationsverhältnisse der Praxis des »kognitiven Kapitalismus«: Kaufmann, »Materialität des Wissens«.
98. Kritisch dazu: Kaube, »Die bibliometrische Verblendung«, S. 36.
99. Vgl. Thadden, »Professoren protestieren gegen die Uni«, S. 59; Scholz, »Jammern die nur?«, S. 33.
100. Vgl. Spoerhase (Hg.), »Publikationsregime«.

1. Geisteswissenschaftliches Arbeiten

1. Zu den folgenden Angaben vgl. die »Chronik« von Andreas Isenschmid in: König, *Engführungen*, hier S. 103-105.
2. Die Doktorarbeit bestand aus den ersten drei Kapiteln der Theorie des moderenen Dramas (Isenschmid in: König, *Engführungen*, hier S. 103).
3. Szondi, Peter: Gesuch um Zulassung zur Habilitation, in: FU Berlin, UA: HabilA-Szondi in PA-Szondi-Bd. V. Vgl. zu dieser biografischen Situation sowie zur Berufung an die FU: Durzak, »Peter Szondi«, S. 316 f. Verweise auf Archivbestände aus dem Universitätsarchiv der Freien Universität Berlin enthalten fortan die Abkürzung »FU Berlin, UA«.
4. [Anonym]: Kommissionsurteil zu Peter Szondis Habilitation, in: FU Berlin, UA: HabilA-Szondi in PA-Szondi-Bd. V.
5. Szondi, Peter: Kommissionsbeschluss zum Thema des Habilitationsvortrags, in: FU Berlin, UA: HabilA-Szondi in PA-Szondi-Bd. V.
6. Szondi, »*Amphitryon.* Kleists *Lustspiel nach Molière*«.
7. Vgl. Peter Szondi an Jean und Mayotte Bollack, Brief vom 7. 8. 1964, in: Szondi, *Briefe*, S. 174.
8. Szondi, »L'›Amphitryon‹ de Kleist, une ›Comédie d'après Molière‹«, S. 37-39. Darin fügt Szondi Erläuterungen etwa für Tieck (»le poète romantique, dont les mérites pour la gloire de son ami ne sont pourtant pas des moindres«) oder Otto Brahm hinzu (»le grand critique et homme de théâtre du naturalisme, un Antoine allemand«) (so im korrigierten Typoskript: Szondi, Peter: Französische Fassung von *Amphitryon,* Kleists *›Lustspiel nach Molière‹*, in: Deutsches Literaturarchiv Marbach, A: Szondi: Prosa, Sammlungen, 88.9.1140/4, S. 1). Verweise auf Archivbestände aus dem Deutschen Literaturarchiv Marbach enthalten fortan die Abkürzung »DLA«.
9. Szondi, »Amphitryon, Kleists ›Lustspiel nach Molière‹«.
10. Vgl. Szondi, *Schriften II*, S. 155-169. Die Anpassung betrifft Querverweise in Szondis Werk, die nun auf die *Schriften* referieren.
11. Vgl. »Kleists ›Amphitryon‹ in Luzern«, Beilage des Briefs vom 1. 9. 1954 von Peter Szondi an den Hessischen Rundfunk, in: Szondi, *Briefe*, S. 41-44 (dazu König, *Engführungen*, S. 51 f.); Szondi, *Schriften II*, S. 401-404.
12. Weitere Materialien und Einblicke in die Interpretation unter dieser Überschrift in: Gellhaus u. a., »*Fremde Nähe*«, S. 448-459. Zum Prinzip der »perpetuierten Erkenntnis« bei Szondi: Müller, »›Das Moment des Fragens‹«.
13. Szondi, Peter: Fassung von *Amphitryon,* Kleists *›Lustspiel nach Molière‹*, in: DLA, A: Szondi: Prosa, Sammlungen, 88.9.1140/1.

14. Möglicherweise weist eine Abweichung in der Tintenfarbe auf eine dritte Korrekturstufe auf dieser handschriftlichen Ebene hin.
15. Darauf weist einerseits die unterschiedliche Dicke und Beschaffenheit der Linien hin, andererseits eine Variante im zweiten Satz.
16. Szondi, Peter: Fassung von *Amphitryon,* Kleists *›Lustspiel nach Molière‹*, in: DLA, A: Szondi: Prosa, Sammlungen, 88.9.1140/2.
17. Szondi, Peter: »Korrekturexemplar« von Szondis Habilitationsvortrag [S. 13], in: DLA, A: Szondi: Prosa, Sammlungen, 88.9.1140/1.
18. Vgl. Rosenberg, »Die sechziger Jahre als Zäsur in der deutschen Literaturwissenschaft«.
19. Isenschmid, »›Die philologische Leidenschaft des Differenzierens‹«, S. 282-291; vgl. König, »Peter Szondis Ethik des wissenschaftlichen Essays«; König, »Klar und dunkel«.
20. Szondi, Peter: »Korrekturexemplar« von Szondis Habilitationsvortrag [S. 1], in: DLA, A: Szondi: Prosa, Sammlungen, 88.9.1140/1.
21. Die Verschreibung »Heinricht« wurde handschriftlich korrigiert.
22. Wenn man von der unterschiedlichen Titelauszeichnung absieht.
23. Für diese Tendenz spricht, dass Szondi die französische Fassung anders beginnt: »En 1807, quatre ans avant la mort de Kleist, parut à Dresde le livre […]« (Szondi, Peter: Französische Fassung von *Amphitryon,* Kleists *›Lustspiel nach Molière‹*, in: DLA, A: Szondi: Prosa, Sammlungen, 88.9.1140/4, S. 1) – der Hinweis auf die französische Gefangenschaft entfällt.
24. Diese Verschiebung nimmt Szondi in der Kleist-Interpretation häufiger vor, etwa auch an der bereits angeführten programmatischen Stelle: »Entgegen dieser Behauptung wäre es zu zeigen, dass nicht nur der Ton, sondern auch die Themen und Motive sich verändern […]«, (Szondi, Peter: Korrekturen der ersten Vortragsfassung, in: DLA, A: Szondi: Prosa, Sammlungen, 88.9.1140/1). In den folgenden Fassungen, die sich dem Vortrag nähern dürften, rückt das »sich« dann nach vorn (z. B.: »Entgegen dieser Behauptung gilt es zu zeigen, wie sich neben dem Ton auch Themen und Motive verändern […]«; Szondi, Peter: Fassung von *Amphitryon,* Kleists *›Lustspiel nach Molière‹*, in: DLA, A: Szondi: Prosa, Sammlungen, 88.9.1140/2).
25. Die Klammern wurden handschriftlich eingefügt.
26. Vgl. Engert/Krey, »Das lesende Schreiben und das schreibende Lesen«, S. 372.
27. Vgl. zur Praxeologie der Anstreichung Jaspers/Kilcher, *Randkulturen*.
28. Peter Szondi an Bernhard Böschenstein, Brief vom 11. 9. 1953, in: Szondi, *Briefe*, S. 28.
29. Luhmann, »Lesen lernen«, S. 152.
30. Etwa: *der, die, und, den, des, zu, das, im, sich, auf, mit, als, ist, eine, für, nicht, dem, auch, ein, es, einer, werden, aus, wie, wird, bei, er, durch.*

31. Vgl. Jannidis/Konle/Martus, »Stil der Literaturwissenschaft?«.
32. Zu einem praxeologischen Konzept des Wiederholens vgl. Schäfer, *Die Instabilität der Praxis*.
33. Vgl. Reckwitz, »Grundelemente einer Theorie sozialer Praktiken«, S. 294, S. 297.
34. Descher/Petraschka, »Die Explizierung des Impliziten«, S. 196 f. (Hervorhebung Verf.).
35. In dieser Hinsicht verhält sich die »Operationskette[ ]« prioritär zu ihren Elementen (Schüttpelz, »Der Punkt des Archimedes«, S. 238).
36. Goffman, *Der Vortrag*, S. 14.
37. Vgl. zu »World Intelligibility« Schatzki, *Social Practices*, S. 111 f.; zur sprachlichen Seite bzw. zur engen Verklammerung, aber Deckungsungleichheit von Praktiken und ihrer sprachlichen Fassung: ebda., insbes. S. 127-130. Vgl. hier auch ebda., S. 124 zu verschiedenen Graden der Integriertheit von Praktiken.
38. Jaeggi, *Kritik von Lebensformen*, S. 26 f.
39. Jaeggi, *Kritik von Lebensformen*, S. 114 (Hervorhebung Verf.).

2. Soziale Praktiken

1. Vgl. Angermüller, »How to Become an Academic Philosopher«; Krey, *Textarbeit*, S. 43.
2. Jaeggi, *Kritik von Lebensformen*, S. 118.
3. Vgl. König, »Peter Szondis Ethik des wissenschaftlichen Essays«, S. 40: »Das intellektuelle Zentrum Szondis und das Zentrum seiner Forschung liegen außerhalb der Universität«.
4. Vgl. Hirschauer, »Intersituativität«, S. 126.
5. Dieses Verdikt trifft im Prinzip auch in der ersten Fassung zu, hier allerdings, weil das sprachwissenschaftliche Interesse am »Stilistische[n]« oder – so die Korrektur – an der »Sprache« die literaturwissenschaftlich relevante Problematisierung verfehlt. In M1 heißt es: »Für einen Vergleich, dem es nicht so sehr um das Stilistische, als um das von Fricke gemeinte Intentionale, geht, ist auch diese Untersuchung keine Hilfe […]«.
6. Die Überarbeitung der in der Anmerkung zuvor zitierten Stelle stimmt syntaktisch nur dann, wenn man davon ausgeht, dass auf eine maschinenschriftliche Stelle (»um die Aussage«) die handschriftliche Veränderung folgt (Szondi, Peter: »Korrekturexemplar« von Szondis Habilitationsvortrag, in: DLA, A: Szondi: Prosa, Sammlungen, 88.9.1140/1).
7. Hier S. 3 (Szondi, Peter: »Korrekturexemplar« von Szondis Habilitationsvortrag, in: DLA, A: Szondi: Prosa, Sammlungen, 88.9.1140/1).

Versteht man den programmatischen »Traktat« *Über philologische Erkenntnis*, den Szondi kurz nach seinem Habilitationsvortrag erstmals der Öffentlichkeit vorstellt, als methodologische Selbstversicherung der eigenen Arbeit, dann beschreibt er dort treffend die unruhige »Tätigkeit« des »Scheidens und Entscheidens«, die sein »philologische[s] Wissen« prägt (Szondi, *Schriften I*, S. 265 f.).

8. Szondi, Peter: »Korrekturexemplar« von Szondis Habilitationsvortrag [S. 3], in: DLA, A: Szondi: Prosa, Sammlungen, 88.9.1140/1.
9. Szondi, Peter: »Korrekturexemplar« von Szondis Habilitationsvortrag, in: DLA, A: Szondi: Prosa, Sammlungen, 88.9.1140/1. Dies ist die früheste rekonstruierbare Fassung, bei der bereits einige Wörter durch »X« getilgt und nicht mehr entzifferbar sind.
10. Vgl. dazu Niemann, *Wissenschaftssprache praxistheoretisch*, S. 40-43. Laut Riechers (*Peter Szondi*, S. 11) verwendet Szondi in seinen publizierten Schriften nur an einer Stelle das Wort ›Ich‹. Allerdings muss man einschränkend bemerken, dass er stattdessen die erste Person Plural verwendet (z. B. Szondi, *Schriften II*, S. 135). Vgl. in diesem Zusammenhang zur Invisibilisierung sowie zu unterschiedlichen Aspekten der (Text-)Performanz der Wissenschaftlerpersönlichkeit: Friese, »Thresholds in the Ambit of Discourse«, S. 289 f.; Etzemüller, »›It's the performance, stupid‹«. Zu Besonderheiten der Geisteswissenschaften, in denen das ›Ich-Verbot‹ nicht besonders strikt gilt: Hyland, *Academic Publishing*, S. 72.
11. Szondi, Peter: Fassung von *Amphitryon,* Kleists *›Lustspiel nach Molière‹*, in: DLA, A: Szondi: Prosa, Sammlungen, 88.9.1140/2.
12. Während in der zitierten Reinschrift des Habilitationsvortrags noch ein deutlicher Imperativ formuliert wird (»Entgegen dieser Behauptung gilt es zu zeigen [...]«, Szondi, Peter: Fassung von *Amphitryon,* Kleists *›Lustspiel nach Molière‹*, in: DLA, A: Szondi: Prosa, Sammlungen, 88.9.1140/2), greift die Zeitschriftenausgabe auf die Konjunktiv-Variante der vorherigen Fassung zurück (»Entgegen dieser Behauptung wäre zu zeigen [...]«; Szondi, »*Amphitryon.* Kleists *Lustspiel nach Molière*«, S. 251).
13. Vgl. Niemann, *Wissenschaftssprache praxistheoretisch*, S. 41. Vgl. zu »Autorisierungen«: Krey, *Textarbeit*, S. 98-103.
14. Vgl. Pohl, *Studien zur Ontogenese wissenschaftlichen Schreibens*, S. 233.
15. Vgl. zu Differenzierungen und Empirisierungen z. B. Steinhoff, »Zum *ich*-Gebrauch in Wissenschaftstexten«.
16. Vgl. für die Auseinandersetzungen mit Bernhard Böschenstein und Ivan Nagel z. B. Peter Szondi an Bernhard Böschenstein, Brief vom 11. 9. 1953, in: Szondi, *Briefe*, S. 27-32; Peter Szondi an Ivan Nagel, Brief vom 14. 11. 1954, in: Szondi, *Briefe*, S. 50-53.

17. Vgl. Niemann, *Wissenschaftssprache praxistheoretisch*, S. 41 f.
18. Vgl. u. a. Daston/Sibum (Hg.), »Scientific Personae and Their Histories«.
19. Jaeggi, *Kritik von Lebensformen*, S. 97.
20. Z.B. Reckwitz, »Grundelemente einer Theorie sozialer Praktiken«.
21. Zur Intelligibilität von Praktiken vgl. Schatzki, *Social Practices*, S. 110-126.
22. Hierzu und zum Folgenden: Cox, »What are Communities of Practice?«. Während die Untersuchung von *communities of practice* in den 1990er Jahren zunächst dazu dienen sollte, die Leistung lokaler Lernkulturen zu erfassen, hat sich das Konzept anschließend zu einem Management Tool entwickelt, das der Effizienzsteigerung von Gruppenarbeit dient. Die Fokussierung auf lukrative Wege des Problemlösens lässt den praxeologisch eigentlich interessanten Ausgangsimpuls verblassen, nämlich die Frage, inwiefern Lernprozesse und Vergesellschaftungseffekte zusammenhängen. *Communites of practice* bilden sich demnach über die Teilhabe an gemeinsamen Aktivitäten, über wechselseitige Beobachtung und Imitation sowie in der eher nebenbei erfolgenden Profilierung einer gruppenspezifischen Identität, die sich im Know-How bzw. in *ways of doing* ausdrückt. Vgl. hier auch Hirschauer, »Verhalten, Handeln, Interagieren«, S. 46: Die Rede von Praktiken anstelle von Handlungen unterstreicht neben dem Körper- und Artefaktbezug die »tätige und situierte Seite des Handelns und Verhaltens sowie eine vom Akteur dezentrierte Verteilung von Tätigkeit«.
23. Konflikte sind für *communites of practice* ebenso normal wie ungleich verteilte Macht, wenngleich es einen gewissen Trend zu harmonisierenden Gemeinschaftsvorstellungen gibt – an dieser Stelle muss man der Verführungskraft des *community*-Begriffs widerstehen. Womöglich lassen sich zudem nicht alle Gemeinschaften von der Seite praktischer Teilhabe aus betrachten, weil viele Arbeitswelten von Formalisierungen geprägt sind und keinen Wert auf die identifikatorische Ausbildung von Gruppenidentitäten legen. In den Geisteswissenschaften ist dies jedenfalls nicht der Fall. Vgl. zu kritischen Differenzierungen und Erinnerungen an den Ausgangsimpuls: Hughes/Jewson/Unwin (Hg.), *Communities of Practice*.
24. Szondi, *Schriften II*, S. 156.
25. Zit. nach Szondi, *Schriften II*, S. 156.
26. Szondi, *Schriften II*, S. 164.
27. Szondi, *Schriften II*, S. 167.
28. Szondi, *Schriften II*, S. 156 f.
29. Vgl. zur polyphonischen Dimension Angermüller, »How to Become an Academic Philosopher«, z. B. S. 271; hier auch zur Positionierung

in virtuellen Sozialverhältnissen: ebda., S. 272, S. 275. Vgl. auch Krey, *Textarbeit*, S. 141 f.

30. Pointiert dazu: Schatzki, »Practice Minded Orders«, S. 60 f.
31. Vgl. Engert/Krey, »Das lesende Schreiben und das schreibende Lesen«, S. 370.
32. Vgl. Engert/Krey, »Das lesende Schreiben und das schreibende Lesen«, S. 372.
33. Vgl. Engert/Krey, »Das lesende Schreiben und das schreibende Lesen«, S. 374. Selbst Interpretationen, die sich nicht auf konkrete Interpretationsalternativen beziehen, fingieren in der Regel solche alternativen Meinungen (vgl. z. B. Hempfer, *Literaturwissenschaft*, S. 12).
34. Vgl. Engert/Krey, »Das lesende Schreiben und das schreibende Lesen«, S. 368 f.
35. Im Anschluss an die oben zitierte Pointe der Kleist-Deutung Frickes: »Nichts wäre dagegen einzuwenden, es sei denn die Frage, ob es sich nicht trotz oder auch wegen dieser Gegensätzlichkeit lohnte, Kleists *Amphitryon* Vers für Vers mit dem Lustspiel Molières zu vergleichen« (Szondi, *Schriften II*, S. 156).
36. Szondi, *Schriften II*, S. 158.
37. Szondi, *Schriften II*, S. 158.
38. Hyland, *Disciplinary Discourses.*
39. Hoffmann, *Schreiben im Forschen*, S. 204.
40. Hoffmann, *Schreiben im Forschen*, S. 204 f.
41. Hirschauer, »Verhalten, Handeln, Interagieren«, S. 50.
42. Vgl. Angermüller, »How to Become an Academic Philosopher«, S. 265 f., S. 268 f., S. 273, S. 282.

3. Delegieren und Zuarbeiten

1. Müller, »Groß- (und) Forschung?«, S. 27.
2. Vgl. dazu etwa den Briefwechsel während der Erstellung der französischen Fassung der *Amphitryon*-Interpretation: Peter Szondi an Mayotte Bollack, Brief vom 24. 2. 1963, in: Szondi, *Briefe*, S. 127 f.; Peter Szondi an Jean und Mayotte Bollack, Brief vom 7. 8. 1964, in: Szondi, *Briefe*, S. 174 f.
3. Bogdal, »EIN(FACH)?«, S. 119, Anm. 87.
4. Vgl. dagegen Whidden, »On Collaboration«, S. 7-9.
5. Koloch, »Briefliche Begegnungen«, S. 3 f.
6. Kreuzer, »Archäologie einer Epoche«, S. 13L. Kreuzer bezieht sich wohl auf Gansberg, *Der Prosa-Wortschatz des deutschen Realismus.*
7. Schönert, »Konstellationen und Perspektiven«, S. 388. Vgl. zu der Generation Sengles Erhart, »Generationen«, S. 88-91.

8. Schönert, »Konstellationen und Perspektiven«, S. 388.
9. Schönert, »Konstellationen und Perspektiven«, S. 388.
10. Schönert, »Konstellationen und Perspektiven«, S. 388 f.
11. Vgl. zur Beschreibung des gesamten Nachlasses auch Windfuhr, »Einführung in den Sengle-Nachlaß«.
12. Vgl. zum Verhältnis von »Meistern« und »Schülern« übergreifend Waquet, *Les enfants de Socrate.*
13. Sengle, Friedrich: Annotiertes Exzerpt zu Karl-Heinz Käfers »Versöhnt ohne Opfer«, in: HHI: Nachlass Friedrich Sengle: Biedermeierzeit, Mappe: Heine, letzte Durchsicht.
14. Sengle, *Biedermeierzeit*, Bd. III, S. IX f.
15. Vgl. die handschriftliche Notiz, dass die von »Hans Göttler als DFG-Hilfskraft« erstellten maschinenschriftlichen Exzerpte sich an den gleichen Stichwörtern orientieren wie die handschriftlichen Exzerpte Sengles: Sengle, Friedrich: Handschriftliche und maschinenschriftliche Exzerpte von Friedrich Sengle und Hans Göttler, in: HHI: Nachlass Friedrich Sengle: Biedermeierzeit, Mappe: Selbst exzerpierte und auf Stichwortlisten ausgewertete Briefe.
16. Vgl. Sengle, *Biedermeierzeit*, Bd. III, S. 344 f.
17. Sengle, *Biedermeierzeit*, Bd. III, S. X.
18. Sengle, Friedrich: Handschriftliche und maschinenschriftliche Exzerpte von Friedrich Sengle und Hans Göttler, in: HHI: Nachlass Friedrich Sengle: Biedermeierzeit, Mappe: Selbst exzerpierte und auf Stichwortlisten ausgewertete Briefe.
19. Göttler, Hans: Exzerpt zu Biologismus (Geschlechter) mit Notizen Sengles, in: HHI: Nachlass Friedrich Sengle: Biedermeierzeit, Mappe: Selbst exzerpierte und auf Stichwortlisten ausgewertete Briefe.
20. Sengle, *Biedermeierzeit*, Bd. III, S. 344 f., Hervorhebungen S.M./C.S.
21. Sengle, *Biedermeierzeit*, Bd. III, S. X.
22. Fallbacher, Karl-Heinz: Karl-Heinz Fallbacher an Friedrich Sengle, Brief vom 2.7.1979, in: HHI: Nachlass Friedrich Sengle: Biedermeierzeit, Mappe: Immermann.
23. Jäger, Georg: Georg Jäger an Friedrich Sengle, Brief vom 14.4.1966, in: HHI: Nachlass Friedrich Sengle: Biedermeierzeit, Mappe: Töne, Ia, Allg., Declamation.
24. Vgl. Sengle, *Biedermeierzeit*, Bd. I, S. 615 f. Jäger erstellt auch Exzerpte zu historischen Bestimmungen der »Idylle« (Jäger, Georg: Maschinenschriftliche Exzerpte von Georg Jäger, in: HHI: Nachlass Friedrich Sengle: Biedermeierzeit, Mappe: hellrote DIN-A4-Mappe). Das Konvolut enthält ein vierseitiges maschinenschriftliches Exzerpt mit Idylledefinitionen von Heusinger, Pölitz, Bouterwek und Eschenburg sowie ein dreiseitiges maschinenschriftliches Exzerpt zu Penkers »Ab-

handlung vom Schäfergedichte«. Für die Publikation scheinen diese Exzerpte von Sengle nicht berücksichtigt worden zu sein.

25. Windfuhr, Manfred: Maschinenschriftliche Exzerpte von Manfred Windfuhr, in: HHI: Nachlass Friedrich Sengle: Biedermeierzeit, Mappe: Immermann, I.
26. Die Passagen finden sich dann in Sengle, *Biedermeierzeit*, Bd. III, S. 829, S. 836, Anm.
27. Sengle, Friedrich: Maschinenschriftliches Exzerpt, in: HHI: Nachlass Friedrich Sengle: Biedermeierzeit, Mappe: Literatursprache.
28. Sengle, Friedrich: Exzerpt zu Joachim Goths »Nietzsche und die Rhetorik«, in: HHI: Nachlass Friedrich Sengle: Biedermeierzeit, Mappe: Nachtrag Lit.sprache.
29. Sengle, *Biedermeierzeit*, Bd. I, S. 279, Anm.
30. Sengle, Friedrich: Exzerpt zu Joachim Goths »Nietzsche und die Rhetorik«, in: HHI: Nachlass Friedrich Sengle: Biedermeierzeit, Mappe: Nachtrag Lit.sprache.
31. Sengle, *Biedermeierzeit*, Bd. I, S. 279, Anm., Hervorhebungen S.M./C.S.
32. Sengle, Friedrich: Maschinenschriftliches Exzerpt, in: HHI: Nachlass Friedrich Sengle: Biedermeierzeit, Mappe: Nachtrag, Bd. III, Heine, 2b.
33. Wobei das Zitat an zwei Stellen fehlerhaft ist; vgl. Sengle, *Biedermeierzeit*, Bd. III, S. 499, Anm.: »effective an activating result« anstelle von »effective and activating results«. Vgl. Karger, *Heinrich Heine*, S. 245.
34. Sengle, *Biedermeierzeit*, Bd. II, S. 1092.
35. Auszug aus der Dissertation *Heinrich Zschokkes Erzählungskunst* von Margarete Prieger [1 Bl.], S. 2, in: Staatsbibliothek zu Berlin, MS 25/7424.
36. Vgl. Sengle, *Biedermeierzeit*, Bd. II, S. 846: »Abenteuer- und Geschichtsroman gehen ineinander über. Diese Kombination ist äußerst zählebig, vielleicht deshalb, weil sie sich bis zu einem gewissen Grad auf Scott berufen konnte.«
37. Es findet sich in den Seminarplänen teilweise eine Paarung: Auf jede Seminarsitzung wird ein »Referat« und eine »Rezension« verteilt; siehe dazu Sengle, Friedrich: Oberseminar 1970/71, Themenplan, in: HHI: Nachlass Friedrich Sengle: Haupt/Oberseminar.
38. Vgl. z. B. Sengle, *Biedermeierzeit*, Bd. III, S. 1099, S. 1110.
39. Sengle, *Biedermeierzeit*, Bd. III, S. X.
40. Vgl. Sengle, *Biedermeierzeit*, Bd. III, S. X. Nur für das Kapitel über Georg Büchner wird kein herangezogener »Spezialist« namhaft gemacht.
41. Vgl. dazu Grafton, *The Culture of Correction in Renaissance Europe*.

42. Vgl. zu dieser Dimension des »Peer Review« Abbott, »On Being the Editor of AJS«, S. 30.
43. Sengle, Friedrich: Friedrich Sengle an Fritz Martini, Brief vom 12. 7. 1973, in: DLA, A: Martini. Vgl. zum Verhältnis von Sengle und Martini auch die Hinweise in Albrecht/Krumeich, *Fritz Martini und die deutsche Literaturwissenschaft*.
44. Sengle, Friedrich: Friedrich Sengle an Peter von Polenz, Brief vom 19. 6. 1969; Polenz, Peter von: Peter von Polenz an Friedrich Sengle, Brief vom 23. 7. 1969; Sengle, Friedrich: Friedrich Sengle an Peter von Polenz, Brief vom 13. 2. 1970, in: HHI: Nachlass Friedrich Sengle: Biedermeierzeit [eine spezifischere Quellenangabe ist aufgrund der Nachlassordnung nicht möglich, S.M./C.S.].
45. Sengle, Friedrich: Friedrich Sengle an den Metzler Verlag, Brief vom 20. 10. 1969, in: HHI: Nachlass Friedrich Sengle: Metzler Verlag.
46. Sengle, Friedrich: Visitenkarte, in: HHI: Nachlass Friedrich Sengle: Biedermeierzeit, Mappe: Heine, ungeordnetes Material, 8.
47. Vgl. Becker, *Der deutsche Roman um 1780*.
48. Becker, Eva D.: Eva D. Becker an Friedrich Sengle, Brief vom 15. 1. 1979, in: HHI: Nachlass Friedrich Sengle: Biedermeierzeit, Mappe: Heine, letzte Durchsicht.
49. Vgl. Windfuhr, *Immermanns erzählerisches Werk*; Windfuhr, *Die barocke Bildlichkeit und ihre Kritiker*.
50. Diese und die unmittelbar folgenden Stellen finden sich in: Windfuhr, Manfred: Notizen zu F. Sengle »Heinrich Heine« (Kapitel der Biedermeierzeit) von Manfred Windfuhr, in: HHI: Nachlass Friedrich Sengle: Biedermeierzeit, Mappe: Heine, ungeordnetes Material, 8.
51. Sengle verwendet diesen Begriff übrigens in seiner Rekonstruktion der Kritik, die Herwegh an Heine übt; für ersteren sei letzterer ein »volksfremde[r] Artist«, vgl. Sengle, *Biedermeierzeit*, Bd. I, S. 203. Bereits 1970 hatte Windfuhr in einem *Germanistik*-Referat von Benno von Wieses *Karl Immermann* auf die Problematik des Volksbegriffs hingewiesen; vgl. Windfuhr, »Benno von Wiese: Karl Immermann« [Ref.]. – Vgl. zu Windfuhrs später erfolgender Beschäftigung mit Sengles Heine-Bild: Windfuhr, »Spannungen als autorspezifischer Strukturzug«. Vgl. auch die Replik von Stein, »Sengles Heine«.
52. Windfuhr, Manfred: Notizen zu F. Sengle »Heinrich Heine« (Kapitel der Biedermeierzeit) von Manfred Windfuhr, in: HHI: Nachlass Friedrich Sengle: Biedermeierzeit, Mappe: Heine, ungeordnetes Material, 8.
53. Windfuhr, Manfred: Notizen zu F. Sengle »Heinrich Heine« (Kapitel der Biedermeierzeit) von Manfred Windfuhr, in: HHI: Nachlass Friedrich Sengle: Biedermeierzeit, Mappe: Heine, ungeordnetes Material, 8.

54. Vgl. zur Auseinandersetzung um Heines »Volksbegriff« auch die Korrespondenz von Manfred Windfuhr und Sengle: Windfuhr, Manfred: Manfred Windfuhr an Friedrich Sengle, Brief vom 3.7.1970; Windfuhr, Manfred: Manfred Windfuhr an Friedrich Sengle, Brief vom 22.8.1970; Windfuhr, Manfred: Manfred Windfuhr an Friedrich Sengle, Brief vom 1.9.1970; Windfuhr, Manfred: Manfred Windfuhr an Sengle, Brief vom 18.9.1970; Windfuhr, Manfred: Manfred Windfuhr an Sengle, Brief vom 24.12.1970, in: HHI: Nachlass Friedrich Sengle: Korr. Windfuhr, I (1952-1970); Windfuhr, Manfred: Manfred Windfuhr an Friedrich Sengle, Brief vom 4.1.1972, in: HHI: Nachlass Friedrich Sengle: Allg. Korrespondenz Windfuhr.
55. Vgl. Sengle, *Biedermeierzeit*, Bd. I, S. XIV.
56. Sengle, *Biedermeierzeit*, Bd. III, S. X.
57. Sengle, *Das Genie und sein Fürst*, S. VI.
58. Marquard, »Entlastung vom Absoluten«, S. XVIII. Vgl. dazu Amslinger, *Eine neue Form von Akademie*, S. 98-100; Kuchenbuch, »Zum Diktieren in den Geisteswissenschaften«.
59. Singer, Herbert: Herbert Singer »An die Mitglieder von ›Alewyns Tafelrunde‹«, Brief vom 12.2.1970, in: DLA, A: Szondi: Singer, Herbert/ Szondi, Peter, 1969-1970, 88.9.970/1-4.

4. Individualisieren und Kollektivieren

1. Vgl. zum kollektiven Charakter individueller Leistung Verheyen, *Die Erfindung der Leistung*, S. 199-208.
2. Ross, »Rekonstruktion des Biedermeier«, S. 10.
3. Sengle, *Biedermeierzeit*, Bd. III, S. X.
4. Vgl. Cronin, »Bowling Alone Together«, S. 560.
5. Vgl. zur deutlichen Zunahme von Koautorschaft in den Sozialwissenschaften seit den 1980er Jahren die Rekonstruktion von Henriksen, »The Rise in Co-Authorship«.
6. Vgl. Hentschel, »Wie kann Wissenschafts- und Technikgeschichte die vielen ›unsichtbaren Hände‹ der Forschungspraxis sichtbar machen?«, S. 12.
7. Zum exemplarischen Vergleich analoger und digitaler Geisteswissenschaften vgl. Schruhl, *Formationen der Praxis*.
8. Vgl. auch Kaulen, »Die literaturwissenschaftliche Monographie«.
9. Der Ausdruck »Gruppentext« wird hier nicht, wie etwa bei Wolfgang Kemp, kritisch-polemisch verwendet. Vgl. Kemp, »Gruppentexte«, S. 1015.
10. Die Frage, wie die vielfältigen Formen familiärer Mitarbeit in akademischen Danksagungen gewürdigt werden, wird bereits in den 1980er

Jahren erforscht; vgl. dazu die zahlreichen Hinweise in Ben-Ari, »On Acknowledgements in Ethnographies«, v. a. S. 76-78. Vgl. zuletzt auch die polemische Intervention von Callaci, »On Acknowledgements«, S. 128 f.

11. Becker, *Art Worlds*, S. 214. Vgl. zu Beckers Soziologie auch die Einführung von Pessin, *The Sociology of Howard S. Becker*.
12. Vgl. dazu Steven Shapins wegweisende Beschreibung der frühneuzeitlichen Wissenschaftskultur in Shapin, »The Invisible Technician«, S. 554. Vgl. auch für die Diskussion von Praktiken der Delegation an Amanuenses unter anderem die Hinweise bei Blair, »Early Modern Attitudes«; Hentschel (Hg.), *Unsichtbare Hände*; Waquet, *Dans les coulisses de la science*.
13. Vgl. Shapin, »The Invisible Technician«, S. 561.
14. Vgl. Shapin, »The Invisible Technician«, S. 554, Anm. zu Abb. 1.
15. Vgl. Daston, »The Moral Economy of Science«.
16. Vgl. zu diesem Problemkontext neuerdings Barner, *Von anderer Hand*.
17. Vgl. zum Zusammenhang der Karriere der Publikationsform »Sammelband« und der Intensivierung von Kollegialforschung in den Geisteswissenschaften v. a. Schönert, »Konstellationen und Perspektiven«, S. 405 f.
18. Vgl. dazu auch Stillinger, *Multiple Authorship*, S. 183-185.
19. Man kann Autorin oder Autor eines wissenschaftlichen Textes werden, ohne an der Verschriftlichung einer einzigen Zeile des Textes beteiligt gewesen zu sein; vgl. zu den verschiedenen Versuchen, bei in Mehrfachautorschaft publizierten Artikeln genauer zu bestimmen, welche Autorin bzw. welcher Autor was zu dem veröffentlichten Artikel beigetragen hat, Hyland, *Academic Publishing*, S. 67-89.
20. Dafür gibt es viele Beispiele. Wie Manuel Borutta rekonstruiert hat, war die Ehefrau von Fernand Braudel »seine engste wissenschaftliche Mitarbeiterin, half bei der Ordnung und Lektüre von Quellen, las Texte gegen und übersetzte sie«; wobei Paule Braudel in ihren eigenen Berichten dann aber »ihren Anteil an seinem Werk diskret ausblendet«. Borutta, »Braudel in Algier«, S. 25 f.
21. Vgl. Enfield, »Distribution of Agency«, S. 13.
22. Vgl. dazu Callaci, »On Acknowledgements«, S. 130.
23. Vgl. Zill, »Dank in der Wissenschaft«, Sp. 56.
24. »REGISTER / von Jutta Bus«, Sengle, *Biedermeierzeit*, Bd. I, S. 693; »REGISTER / von Max Bucher / unter Mithilfe von Marlies Schindler«, Sengle, *Biedermeierzeit*, Bd. II, S. 1103; »REGISTER / von Karl-Heinz Fallbacher«, Sengle, *Biedermeierzeit*, Bd. III, S. 1135. Die *Deutsche Forschungsgemeinschaft* bewilligt Friedrich Sengle dafür die Mittel für eine wissenschaftliche Angestelltenstelle. So wird z. B. von März

1970 bis Dezember 1970 Jutta Bus auf einer BAT IIa-Stelle halbtags angestellt und mit der Herstellung des Registers des ersten Bandes der *Biedermeierzeit* beauftragt, siehe: [Anonym]: Universität München, Aktenzeichen, IV - 14a - Bus, in: HHI: Nachlass Friedrich Sengle: Biedermeierzeit [eine spezifischere Quellenangabe ist aufgrund der Nachlassordnung nicht möglich, S.M./C.S.].

25. Sengle, *Biedermeierzeit*, Bd. I, S. 654, S. 681, S. 689; Bd. II, S. 18, S. 974; Bd. III, S. 622.
26. »Der zuletzt genannten Arbeit verdanke ich den größten Teil meines Materials.« Sengle, *Biedermeierzeit*, Bd. II, S. 18, Anm.: »Reinhard *Wagner*, Wesen und Geltung der erzählenden Prosa im Urteil der Biedermeierzeit, Diss. Tübingen 1952 [Masch.]«.
27. Vgl. Sengle, *Biedermeierzeit*, Bd. II, S. 833 f., Anm.: »Ich nenne hier ein für allemal die bahnbrechende Arbeit von Rolf *Schröder*: Novelle und Novellentheorie in der frühen Biedermeierzeit, 1970. In ihr findet man auch die Quellennachweise, soweit sie hier nicht gegeben werden.«
28. Wobei die Verbindlichkeit des Danks wohl mit seiner Spezifizität zunimmt: Man kann einer Institution danken (zum Beispiel dem Lehrstuhl), man kann einer bestimmten Person danken (zum Beispiel der Mitarbeiterin oder dem Mitarbeiter), man kann dieser Person für eine spezifische Leistung danken, die dann als solche auch gewürdigt wird (zum Beispiel der Mitarbeiterin oder dem Mitarbeiter für das Erstellen des Registers).
29. Die Hinweise auf die folgenden philologiehistorischen Quellen wurden dem folgenden Aufsatz entnommen: Müller, »Groß- (und) Forschung«.
30. Mommsen, »Rede am Leibnizschen Gedächtnistage«, S. 47.
31. Mommsen, »Akademische Antrittsrede«, S. 37.
32. Boeckh, »Ueber die Pflichten der Männer der Wissenschaft«, S. 128.
33. Burdach, »Die deutschen wissenschaftlichen Akademien«, S. 556.
34. Wilamowitz-Moellendorff, *Geschichte der Philologie*, S. 71.
35. Minor, »Centralanstalten«, S. 18.
36. Roethe, »Die Deutsche Kommission«, S. 48.
37. Diels, »Die Organisation der Wissenschaft«, S. 628.
38. Müller, »Groß- (und) Forschung«, S. 35.
39. Vgl. zum prekären Status der ›Hilfsarbeiter‹ an den Akademien um 1900 die Studie von Hoffmann, *Weibliche Arbeitswelten*; vgl. auch Wobbe (Hg.), *Zwischen Vorderbühne und Hinterbühne*.
40. Vgl. Merton, »A Note on Science and Democracy«. Hier zit. nach: Merton, *Social Theory and Social Structure*, S. 610.
41. Vgl. für ein Beispiel aus der Soziologie Schultheis, *Unternehmen Bourdieu*, S. 12.

42. Vgl. Isenschmid, »›Die philologische Leidenschaft des Differenzierens‹«, S. 268, S. 271, S. 287, S. 289 f.

5. Spezialisieren und Generalisieren

1. Minor, »Centralanstalten«, S. 20.
2. Vgl. Minor, »Centralanstalten«, S. 24 f.
3. Im Vorwort zum dritten Band der *Biedermeierzeit*, der 1980 veröffentlicht wird, berichtet Friedrich Sengle, dass bereits 1959 eine publizierbare Fassung des Bandes vorlag. Er habe sich aber »weder zur Veröffentlichung noch zur Zerstörung der Fassung von 1959 entschließen« können; der Band sei schließlich erst erschienen, nachdem »eine vollständige Umarbeitung« erfolgt sei (Sengle, *Biedermeierzeit*, Bd. III, S. V). Vgl. auch Sengle, Friedrich: Friedrich Sengle an Manfred Briegel, Brief vom 6. 7. 1977, Beilage 2, in: HHI: Nachlass Friedrich Sengle: Deutsche Forschungsgemeinschaft.
4. Sengle, *Biedermeierzeit*, Bd. III, S. 468 (die meisten Korrekturen sind wohl während der ersten Niederschrift im Schreibvorgang erfolgt; die grau markierten Zusätze sind einem weiteren Arbeitsschritt zuzuordnen und stammen vermutlich von fremder Hand).
5. Sengle, Friedrich: Handschriftliche Fassung des Heine-Kapitels, in: HHI: Nachlass Friedrich Sengle: Biedermeierzeit, Mappe: Biedermeierzeit I, 1–2 (1/2) (aus der 1. Arbeitsphase Frühjahr 1956). Ferner: Erstfassung für den späteren Bd. III Die Dichter [S. 1].
6. Sengle, Friedrich: Handschriftliche Fassung des Heine-Kapitels, in: HHI: Nachlass Friedrich Sengle: Biedermeierzeit, Mappe: Biedermeierzeit I, 1–2 (1/2) (aus der 1. Arbeitsphase Frühjahr 1956). Ferner: Erstfassung für den späteren Bd. III Die Dichter [S. 1].
7. Bereits im Vorwort des Bandes weist Sengle darauf hin, »daß sich in der Geisteswissenschaft vieles im Kreise bewegt« (Sengle, *Biedermeierzeit*, Bd. III, S. VI).
8. Sengle, *Biedermeierzeit*, Bd. III, S. 468.
9. Vgl. z. B. Sengle, *Biedermeierzeit*, Bd. III, S. 536-542.
10. Sengle, *Biedermeierzeit*, Bd. III, S. 590; S. 469, Anm.; S. 479.
11. Sengle, *Biedermeierzeit*, Bd. III, S. VI.
12. Sengle, Friedrich: Friedrich Sengle an die Deutsche Forschungsgemeinschaft, Brief vom 6. 3. 1973, in: HHI: Nachlass Friedrich Sengle: Deutsche Forschungsgemeinschaft.
13. Sengle, Friedrich: Friedrich Sengle an die Deutsche Forschungsgemeinschaft, Brief vom 3. 6. 1977, in: HHI: Nachlass Friedrich Sengle: Deutsche Forschungsgemeinschaft.
14. Sengle, Friedrich: Friedrich Sengle an die Deutsche Forschungsge-

meinschaft, Brief vom 3.6.1977, in: HHI: Nachlass Friedrich Sengle: Deutsche Forschungsgemeinschaft.

15. Sengle, Friedrich: Friedrich Sengle an die Deutsche Forschungsgemeinschaft, Brief vom 3.6.1977, in: HHI: Nachlass Friedrich Sengle: Deutsche Forschungsgemeinschaft.
16. Sengle, Friedrich: Friedrich Sengle an Manfred Briegel, Brief vom 6.7.1977, Beilage 2, in: HHI: Nachlass Friedrich Sengle: Deutsche Forschungsgemeinschaft.
17. Sengle, *Biedermeierzeit*, Bd. III, S. 468.
18. Sengle, *Biedermeierzeit*, Bd. III, S. 468.
19. Sengle, *Biedermeierzeit*, Bd. III, S. 591.
20. Sengle, *Biedermeierzeit*, Bd. III, S. 469 (Hervorhebung Verf.).
21. Sengle, *Biedermeierzeit*, Bd. III, S. 469.
22. Sengle, Friedrich: Handschriftliche Fassung des Heine-Kapitels, in: HHI: Nachlass Friedrich Sengle: Biedermeierzeit, Mappe: Biedermeierzeit I, 1–2 (1/2) (aus der 1. Arbeitsphase Frühjahr 1956). Ferner: Erstfassung für den späteren Bd. III Die Dichter [S. 3].
23. Sengle, *Biedermeierzeit*, Bd. III, S. 468.
24. Vgl. zum Verhältnis von Detail und Ganzem bei Minor auch die Hinweise von Dainat, »Von der Neueren deutschen Literaturgeschichte zur Literaturwissenschaft«, S. 497 f.; Kolk, »Liebhaber, Gelehrte, Experten«, S. 105 f.
25. Martini, Fritz: Fritz Martini an Friedrich Sengle, Brief vom 10.6.1973, in: DLA A: Martini.
26. Autorenkollektiv, *Geschichte der deutschen Literatur*. Vor allem der dritte Band der *Biedermeierzeit* ist von einer wiederholten kritischen Auseinandersetzung mit der DDR-Germanistik und der großen *Geschichte der Deutschen Literatur* geprägt.
27. Sengle, Friedrich: Friedrich Sengle an Fritz Martini, Brief vom 12.7.1973, in: DLA A: Martini.
28. Martini, Fritz: Fritz Martini an Friedrich Sengle, Brief vom 2.8.1973, in: DLA A: Martini.
29. Sengle, Friedrich: Friedrich Sengle an Fritz Martini, Brief vom 12.7.1973, in: DLA A: Martini.
30. Müller-Seidel, »Friedrich Sengle«, S. 264.

6. Publizieren als Kollaborationspraxis

1. Hans Blumenberg, zitiert in Zill, *Der absolute Leser*, S. 394.
2. Vgl. Zill, *Der absolute Leser*, S. 393 f.
3. Vgl. Zill, *Der absolute Leser*, S. 335, S. 393.
4. Nolte, *Lebens Werk*, S. 168 f., S. 187, S. 189.

5. Vgl. Nolte, *Lebens Werk*, S. 169.
6. Vgl. Nolte, *Lebens Werk*, S. 177.
7. Nolte, *Lebens Werk*, S. 182, S. 186.
8. Vgl. Nolte, *Lebens Werk*, S. 168 f., S. 182, S. 185.
9. Nolte, *Lebens Werk*, S. 182.
10. Dies betont Schultheis unermüdlich in seinem Erfahrungsbericht; vgl. Schultheis, *Unternehmen Bourdieu.*
11. Nolte, *Lebens Werk*, S. 187.
12. Vgl. Zill, *Der absolute Leser*, S. 286.
13. Vgl. Macfarlane, »The Ethics of Multiple Authorship«, S. 1196.
14. Vgl. Chihaya u. a., »Introduction: Collective Criticism«.
15. Vgl. The Multigraph Collective, »The Multigraph Collective«.
16. Vgl. Macfarlane, »The Paradox of Collaboration«, S. 471.
17. Vgl. zum Matthäus-Effekt die Studien von Merton, »The Matthew Effect in Science«; Merton, »The Matthew Effect in Science, II«. – Ironischerweise entstammen die Artikel von Merton selbst aus einem kollaborativen Arbeitszusammenhang mit Harriet Zuckerman, deren multilateraler Charakter von ihm zunächst nicht ausreichend ausgewiesen wurde; vgl. dazu Mertons Richtigstellung in Merton: »The Matthew Effect in Science, II«, S. 607, Anm. 2. Vgl. zur Rezeptionsgeschichte des Konzepts Zuckerman, »Dynamik und Verbreitung des Matthäus-Effekts«. – Vgl. zum Modell Mertons auch die kritischen Hinweise bei Menger, *La différence, la concurrence et la disproportion*, S. 481-493.
18. Schultheis, *Unternehmen Bourdieu.*
19. Vgl. Reckwitz, »Ein großer Kleinunternehmer«, S. 10: »Was Bourdieu mit hohem persönlichen Energieeinsatz ›von unten‹ versuchte«, werde den Forscherinnen und Forschern in der Exzellenzinitiative »mittlerweile ›von oben‹ nahegelegt«.
20. Schultheis, *Unternehmen Bourdieu*, S. 20.
21. Vgl. dazu Spoerhase/Thomalla, »Werke in Netzwerken«.
22. Sengle, Friedrich: Friedrich Sengle an die Deutsche Forschungsgemeinschaft, Brief vom 10. 3. 1956, in: HHI: Nachlass Friedrich Sengle: Deutsche Forschungsgemeinschaft.
23. Vgl. Metelmann, Ernst: Ernst Metelmann an Friedrich Sengle, 11. 6. 1952; Metelmann, Ernst: Ernst Metelmann an Friedrich Sengle, Brief vom 25. 6. 1952, in: HHI: Nachlass Friedrich Sengle: Metzler Verlag.
24. Vgl. Metelmann, Ernst: Ernst Metelmann an Friedrich Sengle, Brief vom 6. 1. 1953, in: HHI: Nachlass Friedrich Sengle: Metzler Verlag; vgl. auch Heselhaus, Clemens: Clemens Heselhaus an Friedrich Sengle, Brief vom 17. 12. 1952, in: HHI: Nachlass Friedrich Sengle: Korr. Heselhaus.

25. Sengle, Friedrich: Friedrich Sengle an die Deutsche Forschungsgemeinschaft, Brief vom 28.3.1957, in: HHI: Nachlass Friedrich Sengle: Deutsche Forschungsgemeinschaft.
26. Sengle, Friedrich: Friedrich Sengle an die Deutsche Forschungsgemeinschaft, Brief vom 28.3.1957, in: HHI: Nachlass Friedrich Sengle: Deutsche Forschungsgemeinschaft.
27. Sengle, Friedrich: Friedrich Sengle an die Deutsche Forschungsgemeinschaft, Brief vom 4.9.1960, in: HHI: Nachlass Friedrich Sengle: Deutsche Forschungsgemeinschaft.
28. Sengle, Friedrich: Friedrich Sengle an Wolfgang Treue, Brief vom 27.5.1966, in: HHI: Nachlass Friedrich Sengle: Deutsche Forschungsgemeinschaft.
29. Metzler Verlag: Metzler Verlag an Friedrich Sengle, Brief vom 18.9.1970, in: HHI: Nachlass Friedrich Sengle: Metzler Verlag.
30. Sengle, *Biedermeierzeit*, Bd. III, S. V.
31. Prawer, »The Metternich Years«, S. 319. Sofern nicht anders angegeben, stammen alle Übersetzungen von S.M./C.S.
32. Sengle, Friedrich: Friedrich Sengle an den Metzler Verlag, Brief vom 20.10.1969, in: HHI: Nachlass Friedrich Sengle: Metzler Verlag.
33. Sengle, *Biedermeierzeit*, Bd. III, S. VI.
34. Sengle, *Biedermeierzeit*, Bd. I, S. XI.
35. Sengle, *Biedermeierzeit*, Bd. I, S. XII.
36. Sengle, *Biedermeierzeit*, Bd. I, S. XII.
37. Sengle, *Biedermeierzeit*, Bd. I, S. VII.
38. Sengle, *Biedermeierzeit*, Bd. III, S. VI.
39. Metelmann, Ernst: Ernst Metelmann an Friedrich Sengle, Brief vom 24.3.1965, in: HHI: Nachlass Friedrich Sengle: Metzler Verlag.
40. Vgl. Sengle, Friedrich: Friedrich Sengle an Ernst Metelmann, Brief vom 1.2.1965; Metelmann, Ernst: Ernst Metelmann an Friedrich Sengle, Brief vom 15.2.1965; Sengle, Friedrich: Friedrich Sengle an den Metzler Verlag, Brief vom 25.5.1976, in: HHI: Nachlass Friedrich Sengle: Metzler Verlag.
41. Vgl. Nolte, *Lebens Werk*, S. 124f.
42. Sengle, Friedrich: Friedrich Sengle an Dietrich Bode, Brief vom 13.1.1976, in: HHI: Nachlass Friedrich Sengle: Metzler Verlag.
43. Metelmann, Ernst: Ernst Metelmann an Sengle, Brief vom 25.6.1964, in: HHI: Nachlass Friedrich Sengle: Metzler Verlag.
44. Vgl. Amslinger, *Verlagsautorschaft*.
45. Sengle, Friedrich: Friedrich Sengle an den Metzler Verlag, Brief vom 22.11.1975, in: HHI: Nachlass Friedrich Sengle: Metzler Verlag.
46. Bode, Dietrich: Dietrich Bode an Friedrich Sengle, Brief vom 8.1.1976, in: HHI: Nachlass Friedrich Sengle: Metzler Verlag.

47. Vgl. dazu ausführlicher Kraus/Steeger, »›Zwischen den Stühlen‹«.
48. Vgl. Sengle, Friedrich: Friedrich Sengle an den Metzler Verlag, Brief vom 18.7.1987, in: HHI: Nachlass Friedrich Sengle: Metzler Verlag.
49. Sengle, Friedrich: Friedrich Sengle an den Metzler Verlag, Brief vom 20.10.1969, in: HHI: Nachlass Friedrich Sengle: Metzler Verlag.
50. Sengle, Friedrich: Friedrich Sengle an den Metzler Verlag, Brief vom 25.5.1976, in: HHI: Nachlass Friedrich Sengle: Metzler Verlag.
51. Sengle, Friedrich: Friedrich Sengle an den Metzler Verlag, Brief vom 20.2.1970, in: HHI: Nachlass Friedrich Sengle: Metzler Verlag.
52. Sengle, Friedrich: Friedrich Sengle an die Deutsche Forschungsgemeinschaft, Brief vom 18.10.1969, in: HHI: Nachlass Friedrich Sengle: Deutsche Forschungsgemeinschaft.
53. Vgl. Kaulen, »Die literaturwissenschaftliche Monographie«.
54. Vgl. Daston/Marcus, »Undead Texts«; vgl. auch Verheyen, »Wer schreibt Geschichte für wen?«.

7. Die Regeln der Praxis

1. Kurzgefasst: »[W]hat a practice is, including what counts as an instance of the practice, is bound up with its *significance,* i.e., with what is at issue and at stake in the practice, to whom or what it *matters,* and hence with how the practice is *appropriately* or *perspicuously* described« (Rouse, »Two Concepts of Practices«, S. 202). Zum gespannten Verhältnis praxeologischer Ansätze zu normorientierten Erörterungen des Sozialen vgl. die wechselnde Beachtung des Körpers in unterschiedlichen Praxistheorien: Schäfer, *Die Instabilität der Praxis,* S. 27 f., S. 31 f., S. 358 f., S. 364-367.
2. Vgl. im Blick auf die Literaturwissenschaft dazu die konzisen Ausführungen von Schönert, »Normen und Standards«.
3. Zur Kritik an der selbstverständlichen Wertschätzung von »guten Gründen« vgl. Möllers, *Die Möglichkeit der Normen*, S. 23-66.
4. Hirschauer, »Verhalten, Handeln, Interagieren«, S. 48.
5. Möllers, *Die Möglichkeit der Normen*, S. 65 (Hervorhebung Verf.).
6. Normative Regulierung ist mithin nicht mit der Favorisierung rationaler Verhältnisse zu verwechseln (so etwa Schatzki, *Social Practices*, S. 15).
7. Vgl. z. B. Reckwitz, »Grundelemente einer Theorie sozialer Praktiken«, S. 292 f.
8. So etwa bei Brandom, *Begründen und Begreifen*, S. 23 f.: »Der rationalistische oder inferentialistische Pragmatismus [...] beginnt mit einer praktischen Unterscheidung zwischen guten und schlechten Inferenzen, die als eine Unterscheidung zwischen angemessenen und unan-

gemessenen *Taten* aufgefaßt wird«. Vgl. auch Brandom, *Expressive Vernunft*, z. B. S. 242 f.

9. Vgl. Möllers, *Die Möglichkeit der Normen*, z. B. S. 10, S. 338 (zur Angemessenheit), S. 57-62, S. 105, S. 318-322 (zur Kritik an Brandom).

10. Szondi, *Schriften I*, S. 271, S. 276; Limpinsel, *Angemessenheit und Unangemessenheit*, S. 9-11. Als generelle Einführung in den »Traktat«: Sparr, »Peter Szondi: *Über philologische Erkenntnis*«.

11. Umfassend dazu: Limpinsel, *Angemessenheit und Unangemessenheit*. Limpinsel weist mit »Topos« auf ein »Verfahren« hin, »mit dem, zunächst unabhängig von der Frage nach seiner Wahrheit, die Plausibilität einer Zuschreibung oder einer Perspektive hergestellt werden soll. [...] Ein hermeneutischer Topos ist ein nicht explizit markierter Gesichtspunkt (eine Annahme, Überzeugung, Hierarchie oder Definition), der mehrere hermeneutische Regeln begründet« (ebda., S. 25). Ergänzend hierzu: Willand, »Historische Angemessenheit«.

12. Mit exemplarischen Beispielen dazu: Limpinsel, *Angemessenheit und Unangemessenheit*, S. 8-18; Willand, »Historische Angemessenheit«, S. 175.

13. Szondi, Peter: Fassung von *Amphitryon*, Kleists ›*Lustspiel nach Molière*‹, in: DLA, A: Szondi: Prosa, Sammlungen, 88.9.1140/1, S. 2.

14. Zu den komplizierten fachhistorischen Konstellationen vgl. Scherer, »Philologische Modernisierung in der Restauration«.

15. Zu diesem problematischen Konzept vgl. kritisch im Anschluss an die Forschung: Kämper-van den Boogaart, »Praktiken, Praxen und Kulturen«, S. 204-207.

16. Vgl. Stern, »The Practical Turn«, S. 186: »What is a practice? No short answer will do here. At the very least, a practice is something people do, not just once, but on a regular basis. But it is more than just a disposition to behave in a certain way: the identity of a practice depends not only on what people do, but also on the significance of those actions and the surroundings in which they occur«.

17. Hempfer, »Die Angst vor dem Text«, S. 43 – im Folgenden wird diese These dann differenziert: An die Stelle von Interpretationsregeln treten Interpretationsmaximen (ebda., S. 51).

18. So in hierarchischer Ordnung der Spielbedingungen bei Bloor, »Wittgenstein and the Priority of Practice«, S. 107-109. Ähnlich zu Alternativen für »regulist and regularist conceptions«: Rouse, »Social Practices and Normativity«, z. B. S. 51. Zur praxeologischen Deutung der Regeldiskussion vgl. auch Schäfer, *Die Instabilität der Praxis*, S. 27-32.

19. Vgl. Bloor, »Wittgenstein and the Priority of Practice«, S. 109; Etzemüller, »›It's the performance, stupid‹«, S. 19 f.

20. Vgl. zu den kanonischen Argumenten Wittgensteins u. a.: Brandom, *Expressive Vernunft*, S. 56-72.

21. Vgl. Reckwitz, *Kreativität und soziale Praxis*, S. 52.
22. Zur gegenstandsrelativen Moderation von Normen vgl. exemplarisch Griem, »Standards für Gegenwartsliteraturforschung«.
23. Vgl. Kolk, »Wahrheit – Methode – Charakter«; Kolk, »Liebhaber, Gelehrte, Experten«; zur Etablierung der Norm »tendenziell selektionsloser Aufmerksamkeit«: Martus, *Werkpolitik*.
24. Möllers, *Die Möglichkeit der Normen*, S. 395.
25. Hempfer, »Die Angst vor dem Text«, S. 51. Zu Szondis Arbeit an der »Historisierung« literarischer Werke vgl. Laks, »Präliminarien zu den hermeneutischen Vorgehensweisen von Jean Bollack und Peter Szondi«, S. 79-81.
26. Vgl. Spoerhase, *Autorschaft und Interpretation*, z. B. S. 149 f., S. 155-157, S. 180-182; Willand, »Historische Angemessenheit«, S. 176-178. Zu Szondis ebenso kompliziertem wie anspruchvollem Verhältnis zur Geschichte vgl. Bollack, »Zukunft im Vergangenen« (in diesem Zusammenhang auf S. 387 zum Molière-Kleist-Vergleich).
27. Szondi, *Schriften II*, S. 158.
28. Burdorf/Fasbender/Moenninghoff (Hg.), *Metzler Lexikon Literatur*, S. 285.
29. So etwa die Leitthese der in der Kleist-Forschung einflussreichen Studie von Kittler, *Die Geburt des Partisanen*.
30. Brandom, *Expressive Vernunft*, S. 267, S. 269.
31. So das Spektrum von Begründungstypen bei Tilly, *Why?*.
32. Vgl. Möllers, *Die Möglichkeit der Normen*, S. 25 zur Kritik am »*methodischen*« und »*normativen* Individualismus« u. a. mit dem Argument, dass solche Isolierungen soziale Zuschreibungen sind: ebda., insbes. S. 32-34 (Hervorhebung Verf.).
33. So der Ausgangspunkt bei Tilly, *Why?*.
34. Vgl. dazu die interdisziplinären Perspektiven in Lahusen/Markschies (Hg.), *Zitat, Paraphrase, Plagiat*.
35. Man kann dies gut an den Herausforderungen sehen, mit denen Novizinnen und Novizen zu kämpfen haben: Hyland, *Disciplinary Discourses*, S. 109-128; Pohl, *Studien zur Ontogenese wissenschaftlichen Schreibens*. Zur Fußnotenforschung: Brand, »Fußnoten und Anmerkungen«.
36. Szondi, *Schriften II*, S. 167.
37. Fricke, *Gefühl und Schicksal bei Heinrich von Kleist*, S. 64.
38. Vgl. hier auch die skeptischen Nachfragen von Markschies, »Plagiate in der Wissenschaft«.
39. Erst bei der Überarbeitung erweitert er den Text – ohne Not – um einige Fußnoten (überarbeitete Fassung in: Szondi, *Satz und Gegensatz*, S. 71-78).

40. Vgl. Koselleck, »Dankrede«, S. 52 f.; Wimmer, »Über die Wirkung geschichtswissenschaftlicher Texte«, S. 229 f.
41. Vgl. Szondi, *Schriften I*, S. 274.
42. Szondi, Peter: Peter Szondi an Hans Magnus Enzensberger, Brief vom 7.7.1960, in: DLA, SUA: Suhrkamp/01 Verlagsleitung/Autorenkonv./Szondi, Peter 1960-1962.
43. Vgl. Szondi, »L'›Amphitryon‹ de Kleist«.
44. »Die Frage, welche diese Deutungen beantworten wollen: ob nämlich Alkmene Amphitryon treu bleibt oder nicht, ob es Jupiter gelingt, sie ihrem Gemahl zu entreißen, diese Frage ist falsch gestellt« (Szondi, *Schriften II*, S. 167).
45. Und wie steht es um die Passage einige Absätze weiter oben über die Leistungsvielfalt von Fußnoten, die wir – *beinahe* – wortwörtlich bereits an anderer Stelle so formuliert haben: Fehlen dort Anführungs- und Auslassungszeichen sowie Fußnote? (Martus/Thomalla/Zimmer, »Die Normalität der Krise«, S. 513).
46. Vgl. Möllers, *Die Möglichkeit der Normen*, S. 18, auch S. 398; Brandom, *Expressive Vernunft*, S. 50 f.
47. Vgl. Wiemer, »Ideen messen, Lektüren verwalten?«, S. 269 f., S. 274.

8. Die Verbindlichkeit der Praxis

1. Stollberg-Rilinger/Groß, »Torwächter oder Marktschreier?«.
2. Vgl. als Plädoyer für eine mittlere Theorieebene mit konkretem Fallbezug: Cahill, »The *Habitus*«.
3. Vgl. hierzu und zum Folgenden: Lamont, *How Professors Think*, z. B. S. 6 f., S. 42 f., S. 133 f.
4. Vgl. Nießen, »Begutachtung als Urteilsbildung«, S. 263.
5. Vgl. zu Praktiken des Vergleichens Epple/Erhart/Grave (Hg.), *Practices of Comparing*.
6. Vgl. insbesondere zum letztgenannten Aspekt, der in der Evaluationstheorie häufig vernachlässigt wird: Lamont, *How Professors Think*, S. 159-201.
7. Vgl. Lamont, *How Professors Think*, S. 146 f.
8. Vgl. Lamont, *How Professors Think*, S. 166-187.
9. Zu Unterschieden (etwa zwischen inter- und monodisziplinären Begutachtungsgruppen) vgl. Lamont/Huutoniemi, »Comparing Customary Rules of Fairness«.
10. Vgl. Lamont, *How Professors Think*, S. 8 f., 48 f., S. 112 f., S. 115 f., S. 119 f.
11. Vgl. Lamont, *How Professors Think*, S. 174.
12. Vgl. Lamont, *How Professors Think*, S. 108 f., S. 120-125.
13. Vgl. Nießen, »Begutachtung als Urteilsbildung«, S. 267.

14. Hirschauer, »Publizierte Fachurteile«, S. 81. Das ist auch für gutachterliche Leseprozesse aufschlussreich: Gutachtende lesen Texte auch im Blick darauf, dass sie ein Gutachten verfassen sollen, das selbst wiederum gelesen und weiterverarbeitet wird, oder dass sie in einer Gutachtersitzung darüber sprechen müssen, in der sich eine Fülle von Urteilen (auf der Basis mehr oder weniger intensiver Leseaktivitäten) kreuzen und zu weiteren Texten führen (Empfehlungen, Ablehnungen etc.). An die Stelle von dyadischen Beziehungen (zwischen Begutachtungsobjekt und begutachtender Person) sowie rollenspezifischen Praktiken (Schreiben oder Lesen) treten damit Prozesse »wechselseitige[r] Beobachtung von Urteilen, die in Ergänzung und Konkurrenz zueinander treten, die sich kontrollieren und umeinander buhlen« und diverse Praktiken aufeinander abstimmen (ebda., S. 54). Insofern ist die Unterscheidung von »verwertungsorientiertem« und »bewertungsorientiertem« Lesen (ebda., S. 58) nicht besonders trennscharf.
15. Möllers, *Die Möglichkeit der Normen*, S. 10.
16. Dies und das Folgende im Anschluss an eine Podiumsdiskussion zwischen Anna Lux, Carlos Spoerhase und Tobias Werron auf der Tagung »Evaluation in den Geisteswissenschaften. Institutionen – Personen – Praktiken« des Nachwuchsnetzwerkes »Akademische Archive. Forschungsprojekte zur Praxisgeschichte der Geisteswissenschaften« am 18. März 2021.
17. Brandom, *Expressive Vernunft*, S. 97 (Hervorhebung Verf.).
18. Möllers, *Die Möglichkeit der Normen*, S. 11.
19. So die zentrale Stoßrichtung bei Möllers, *Die Möglichkeit der Normen*, z. B. S. 14.
20. Vgl. Brandom, *Expressive Vernunft*, S. 85.

9. Die Vielfalt von Normen

1. Z.B. Brandom, *Begründen und Begreifen*, S. 24-27.
2. Brandom, *Begründen und Begreifen*, S. 28, S. 211; vgl. Brandom, *Expressive Vernunft*, S. 153; zur Inferentialität des Handelns ebda., S. 344.
3. Vgl. Brandom, *Expressive Vernunft*, S. 263 f.; zur Verlässlichkeit ebda., S. 307-318, S. 322-327.
4. Der Fundus an für wahr gehaltenen Überzeugungen (etwa all das, was als »technisches Objekt« mitläuft [→ Kap. 16]) lässt sich nie insgesamt über Beweise, Begründungen und Rechtfertigungen sichern (Brandom, *Begründen und Begreifen*, S. 127-130).
5. Die Behauptung, dass sich Know-How letztlich nicht explizieren lässt, verträgt sich also durchaus mit der Vermutung, dass man damit im

Blick auf bestimmte Situationen relativ weit kommen kann (Schatzki, *Social Practices*, S. 50, auch S. 64).

6. Brandom, *Expressive Vernunft*, S. 16, S. 91. Insofern steckt in Robert Brandoms Theorie der »Expressiven Vernunft« bzw. in der Idee, die sprachliche Praxis als »inferentiell gegliederte soziale Kontoführungspraxis« zu erschließen (ebda., S. 17), ein komplexes empirisches Forschungsprogramm, dessen Durchführung jedoch eine ganze Reihe von ›rationalen‹ Theorieentscheidungen in Frage stellen würde. Allein die Ausführungen darüber, wer zu »uns« gehört (ebda., S. 35-37), sind zwar in jeder Formulierung ›anregend‹, wirken angesichts der historisch verbürgten Selektionspraxis aber eigentümlich blass, sobald man konkreter nachfragt und dann auf zu viele Variablen stößt.
7. Z.B. Latour, »On Interobjectivity«, S. 233, S. 235, S. 238 (Bsp. »Counter«).
8. Brandom, *Expressive Vernunft*, S. 37.
9. Möllers, *Die Möglichkeit der Normen*, S. 19; zum Konzept der »normative[n] Ordnung[en]«: ebda., S. 179-182, S. 198 f., S. 202 f., S. 373 f., S. 381-384, S. 409-416.
10. Vgl. Riechers, *Peter Szondi*, S. 78 f.
11. Burdorf, »Der letzte Textgelehrte«, S. 415.
12. Lose Bemerkungen zu Szondis Faible für kleine Formen bei Sparr, »Kürze«; vgl. auch Riechers, *Peter Szondi*, S. 15 f.
13. Vgl. z. B.: »Sowenig indessen der Poetik des Aristoteles darf zum Vorwurf gemacht werden, daß es ihr an Einsicht in das tragische Phänomen gebricht, sowenig darf der Theorie des Tragischen, welche die deutsche Philosophie nach 1800 gewinnt, die Gültigkeit für ältere Tragödiendichtung von vornherein abgestritten werden« (Szondi, *Schriften I*, S. 152).
14. Zu Szondis Aufbau einer eigenen Geneaologie vgl. Riechers, »Wahlverwandtschaften«.
15. So auch der Befund bei Burdorf, »Der letzte Textgelehrte«, S. 417.
16. Vgl. Wieckenberg, »Killy, Hans Walther Theodor Maria«, S. 926.
17. Vgl. zur Expressionismusforschung nach 1945: Gärtner, *Kontinuität und Wandel in der neueren deutschen Literaturwissenschaft nach 1945*, S. 97-187.
18. Killy, Walther: Gutachten, in: FU Berlin, UA: HabilA-Szondi in PA-Szondi-Bd. V.
19. Deren »reiches Material« sei »nach Kategorien erfaßt«, »die aus dem Werk hinausführen« (Szondi, *Schriften II*, S. 157, Anm. 11).
20. Szondi, Peter: Auswahlbibliografie zu Kleist, in: DLA, A: Szondi: Verschiedenes, Seminare, 88.9.1269.
21. So in der Einschätzung von Hartwig Schultz (Schönert, Einleitung, S. 14).

22. Emrich, Wilhelm: Gutachten, in: FU Berlin, UA: HabilA-Szondi in PA-Szondi-Bd. V.
23. Emrich, Wilhelm: Gutachten, in: FU Berlin, UA: HabilA-Szondi in PA-Szondi-Bd.V.
24. Killy, Walther: Gutachten, in: FU Berlin, UA: HabilA-Szondi in PA-Szondi-Bd.V.
25. [Anonym]: Fakultätsgutachten, in: FU Berlin, UA: Personalakten, PA Szondi.
26. Killy, Walther: Gutachten, in: FU Berlin, UA: HabilA-Szondi in PA-Szondi-Bd. V.
27. »Man könnte dieser Bescheidung entgegenhalten [...]«; »Es hieße jedoch, Sinn, Ziel und Zweck der Arbeit missverstehen, würde man [...]« etc. (Emrich, Wilhelm: Gutachten, in: FU Berlin, UA, HabilA-Szondi in PA-Szondi-Bd. V).
28. Killy, Walther: Gutachten, in: FU Berlin, UA: HabilA-Szondi in PA-Szondi-Bd. V.
29. Killy, Walther: Gutachten, in: FU Berlin, UA: HabilA-Szondi in PA-Szondi-Bd. V.
30. Killy, Walther: Gutachten, in: FU Berlin, UA: HabilA-Szondi in PA-Szondi-Bd. V.
31. Vgl. zu diesen zentralen Evaluationsaspekten: Lamont, »Toward a Comparative Sociology of Valuation and Evaluation«, S. 206-211.
32. Boltanski/Thévenot, *Über die Rechtfertigung*, S. 183 (Hervorhebung Verf.).
33. Von einem »*sozial* gegliederten Standpunkt« aus gesehen, bedeutet es dreierlei, »Wissen« zuzugestehen: Man attestiert eine »*Festlegung*«, die aus guten Inferenzen folgt und sich als Grundlage für weitere Behauptungen eignet; man weist die »*Berechtigung* zu dieser Festlegung« zu – und man geht die Festlegung selbst ein (Brandom, *Begründen und Begreifen*, S. 157 f., Hervorhebung Verf.; vgl. zu »Behauptungen«: Brandom, *Expressive Vernunft*, S. 261-265). In die Evaluation sind mithin auch die Evaluierenden einbezogen und müssen daher für sich herausfinden, inwieweit sie den Evaluierten vertrauen dürfen.
34. Vgl. Lamont, *How Professors Think*, S. 107-109.
35. Emrich, Wilhelm: Gutachten, in: FU Berlin, UA: HabilA-Szondi in PA-Szondi-Bd. V.
36. Eine Sammlung von Rezensionen findet sich in: Szondi, Peter: Rezensionen und Texte zum *Versuch über das Tragische*, in: DLA, A, Szondi: Prosa, Sammlungen, 88.9.1162.
37. So die Varianten in einem einzigen Artikel, der leicht um Belege aus anderen Rezensionen ergänzt werden könnte: Blöcker, »Konfigurationen des Tragischen«.

38. Vgl. Tilly, *Why?*, S. 46 f.
39. [Anonym]: Kommissionsurteil, in: FU Berlin, UA: HabilA-Szondi in PA-Szondi-Bd. V.
40. Emrich, Wilhelm: Gutachten, in: FU Berlin, UA: HabilA-Szondi in PA-Szondi-Bd. V.
41. Dazu: Barnes, »Practice as Collective Action«, S. 28.
42. [Anonym]: Kommissionsurteil zu Peter Szondis Habilitation, in: FU Berlin, UA: HabilA-Szondi in PA-Szondi-Bd. V.
43. [Anonym]: Protokoll Habilitationsvortrag, in: FU Berlin, UA: HabilA-Szondi in PA-Szondi-Bd. V.
44. Szondi, Peter: Peter Szondi an Siegfried Unseld, Brief vom 26. 1. 1961, in: DLA, SUA: Suhrkamp/01 Verlagsleitung/Autorenkonv./Szondi, Peter 1960-1962.

10. Die Moderation von Normen

1. Peter Szondi an Peter Suhrkamp, Brief vom 14. 3. 1959, in: Szondi, *Briefe*, S. 85.
2. Vgl. Lamont, »Toward a Comparative Sociology of Valuation and Evaluation«, S. 11.
3. Vgl. zum Verfahren (vor allem im Blick auf die Etablierung der AVL): Riechers, *Peter Szondi*, S. 155-158. In ganz anderer Hinsicht zeichnet sich das zeitgleich laufende Frankfurter Berufungsverfahren durch normative Komplikationen aus, die in der Szondi-Forschung zu erheblichen Kontroversen geführt haben – die unterschiedlichen Positionen werden in dem Debattenbeitrag von Klaus von See erkennbar: »Peter Szondi und die Frankfurter Universität«. Zum weiteren Verlauf der Kontroverse vgl. Schröder, »Undeutbarkeit«, S. 124 f., Anm. 6.
4. [Anonym]: Fakultätsgutachten, in: FU Berlin, UA: Personalakten, PA Szondi.
5. Mit Ausnahme von Claude David. Vgl. David, Claude: Gutachten, in: FU Berlin, UA: Phil-V, Sig. 74.
6. So das Votum von Herman Meyer, Amsterdam. Vgl. Meyer, Herman: Gutachten, in: FU Berlin, UA: Phil-V, Sig. 74.
7. [Anonym]: Fakultätsgutachten, in: FU Berlin, UA: Personalakten, PA Szondi.
8. Vgl. Hamann, »The Making of Professors«, S. 926-929, S. 931-933, S. 937.
9. Vgl. Hamann, »The Making of Professors«, z. B. S. 920, S. 922; Hamann, »Zum Auftritt der Figur ›Professor‹ in Berufungsverfahren«, S. 292 f.
10. Dies spricht dann auch gegen die Isolierung des »Professors« bei Ha-

mann, der daher zu Recht immer wieder auf diese Rollenverwicklung aufmerksam macht: »The Making of Professors«, z. B. S. 922, S. 927, S. 929, S. 934.

11. Vgl. Hamann, »The Making of Professors«, S. 926 f. Vgl. dazu auch Lamont, *How Professors Think*, S. 75 f., S. 83, S. 185 f.
12. »Forum: Rez: Einleitung: Buchrezensionen in den Geschichtswissenschaften«.
13. Killy, Walther: Gutachten, in: FU Berlin, UA: HabilA-Szondi in PA-Szondi-Bd. V.
14. Zit. nach Scherer, *Jacob Grimm*, S. 326; vgl. dazu: Martus, »Der Mut des Fehlens«.
15. Karl Lachmann schrieb an Moriz Haupt: »Grimms Buch habe ich mit der grösten Mühe hinunter gewürgt. Neben den schönsten Sachen soviel willkürliches und auf plumpe Brücke gegründetes ist mir so zuwider wie eine unwahre und ungrade Politik« (zitiert nach: See, *Die Göttinger Sieben*, S. 105).
16. Vgl. Kolk, *Berlin oder Leipzig?*.
17. Der entscheidende Stichwortgeber war Wilhelm Scherer – vgl. dazu Martus, »›jeder Philolog ist eine Sekte für sich‹«; Martus, »Der Mut des Fehlens«.
18. Scherer, *Jacob Grimm*, S. 329.
19. Reiß (Hg.), *Materialien zur Ideologiegeschichte der deutschen Literaturwissenschaft*, S. 50.
20. Fleck, *Entstehung und Entwicklung*, S. 125; Polanyi, *Implizites Wissen*, S. 16.
21. So Andreas Kemmerling über Ryle, siehe Kemmerling, »Gilbert Ryle: Können und Wissen«, S. 155.
22. Löwenstein, »Précis«, S. 95. Vgl. auch ausführlicher Löwenstein, *Know-how as Competence*.
23. Vgl. Brandom, *Expressive Vernunft*, S. 102 f.
24. Vgl. Kreuzpaintner, »*Ideologie der Ideologiefreiheit*«, S. 238; vgl. zum Folgenden: Martus, »Zur normativen Modellierung und Moderation von epistemischen Situationen«, S. 225-228.
25. Vgl. Kreuzpaintner, »*Ideologie der Ideologiefreiheit*«, S. 212-243, insbes. S. 239 f.; zum Begriff vgl. Klausnitzer/Spoerhase/Werle, »Ethos und Pathos der Geisteswissenschaften«.
26. Holl/Pias (Hg.), »Aufschreibesysteme 1980/2010«, S. 182, S. 184.
27. Vgl. z. B. die Registerverweise in: Thoma (Hg.), *Handbuch Europäische Aufklärung*.
28. Vgl. Winko, »Zur Plausibilität als Beurteilungskriterium literaturwissenschaftlicher Interpretation«; vgl. auch Herméren, »Interpretation«, S. 273; Limpinsel, *Angemessenheit und Unangemessenheit*, S. 23: »Inter-

pretierende Texte [...] plausibilisieren eher, als dass sie beweisen.« Vgl. zur Diversität der Maßstäbe bereits im Blick auf das Argumentieren: Winko, »Standards literaturwissenschaftlichen Argumentierens«, S. 13-29.

29. Zu sehr unterschiedlichen Vorschlägen für die Bestimmung geisteswissenschaftlicher Qualitätsnormen: Horstmann, »Qualität und Qualitätsprüfung in den Geisteswissenschaften«, S. 213, S. 225 f.; vgl. auch zur Empirie von Evaluationsverfahren ebda., S. 219, sowie zur sozialen Einbindung von Bewertungen ebda., S. 221 f. Vgl. zur Multinormativität im internationalen Vergleich: Berning/Nünning/Schwanecke, »(Trans-)National Criteria, Norms and Standards in Literary Studies«.
30. Borkowski u.a., »Probleme der Interpretation von Literatur«, S. 46 (Hervorhebung Verf.). Vgl. auch Strube, *Analytische Philosophie der Literaturwissenschaft*, S. 103, S. 110.
31. Hempfer, *Literaturwissenschaft*, S. 8.
32. Beißner, Friedrich: »Beurteilungen und Zeugnisvorschläge«, in: DLA, A: Beißner: Verschiedenes, 79.725.
33. Beißner, Friedrich: »Beurteilungen und Zeugnisvorschläge«, in: DLA, A: Beißner: Verschiedenes, 79.725.

11. Theorie in der Praxis

1. Holl/Pias (Hg.), »Aufschreibesysteme 1980/2010«, S. 130.
2. Holl/Pias (Hg.), »Aufschreibesysteme 1980/2010«, S. 131.
3. Holl/Pias (Hg.), »Aufschreibesysteme 1980/2010«, S. 132.
4. Holl/Pias (Hg.), »Aufschreibesysteme 1980/2010«, S. 134.
5. Holl/Pias (Hg.), »Aufschreibesysteme 1980/2010«, S. 135 f.
6. Holl/Pias (Hg.), »Aufschreibesysteme 1980/2010«, S. 136.
7. Holl/Pias (Hg.), »Aufschreibesysteme 1980/2010«, S. 159.
8. Holl/Pias (Hg.), »Aufschreibesysteme 1980/2010«, S. 168.
9. Holl/Pias (Hg.), »Aufschreibesysteme 1980/2010«, S. 144.
10. Vgl. Holl/Pias (Hg.), »Aufschreibesysteme 1980/2010«, S. 169-179.
11. Vgl. Holl/Pias (Hg.), »Aufschreibesysteme 1980/2010«, S. 177 f.
12. Holl/Pias (Hg.), »Aufschreibesysteme 1980/2010«, S. 139.
13. So die Vermutung von Manfred Schneider in: Holl/Pias (Hg.), »Aufschreibesysteme 1980/2010«, S. 151.
14. Holl/Pias (Hg.), »Aufschreibesysteme 1980/2010«, S. 117-126.
15. Vgl. Kreuzpaintner, »*Ideologie der Ideologiefreiheit*«, S. 222.
16. Holl/Pias (Hg.), »Aufschreibesysteme 1980/2010«, S. 166.
17. Holl/Pias (Hg.), »Aufschreibesysteme 1980/2010«, S. 168.
18. So der Ausgangspunkt der provokativ-kritischen Rekonstruktion dieser »Literaturtheorie« bei Metscher, »Dialektik und Formalismus«.

Metscher zeigt die »Schematismen« auf, denen Szondi in idealistischer Tradition unbedacht folgt.

19. Vgl. [Anonym]: Fakultätsgutachten, in: FU Berlin, UA: Personalakten, PA Szondi.
20. So gegenüber Peter Suhrkamp zur Verteidigung der Autorenauswahl seiner Dissertation: Peter Szondi an Peter Suhrkamp, Brief vom 30.11.1955, in: Szondi, *Briefe*, S. 62, vgl. auch ebda., S. 71.
21. Peter Szondi an Peter Suhrkamp, Brief vom 14.3.1959, in: Szondi, *Briefe*, S. 85.
22. Vgl. Riechers, *Peter Szondi*, z. B. S. 20, S. 86.
23. Szondi, »Brief an den Dekan vom 26. Mai 1965«, S. 20.
24. Zit. nach König, »›Kein Komparatist, wie es im Buche dieser Disziplin steht‹«, S. 18.
25. Rosenberg, »Die Semantik der ›Szientifizierung‹«; vgl. Rosenberg, »Die sechziger Jahre als Zäsur in der deutschen Literaturwissenschaft«. Stefan Scherer sieht die Leistung Szondis in der »Verwissenschaftlichung von Geltungsansprüchen der Werkimmanenz« (»Philologische Modernisierung in der Restauration«, S. 298).
26. Zu historisch unpassender Haltung vgl. Riechers, *Peter Szondi*, S. 13.
27. Vgl. Mattenklott, »Peter Szondi als Komparatist«, S. 127.
28. Vgl. z. B. Attig, »Metapher, Metadiskursivität und Form-Semantik«, S. 129 f.
29. Vgl. König, *Engführungen*, S. 23-28.
30. Szondi, *Einführung in die literarische Hermeneutik*.
31. Szondi, »L'herméneutique de Schleiermacher«. Vgl. zur gleichnamigen Vorlesung Altenhofer, »Geselliges Betragen«, sowie Thouard, »Philosophie, Philologie und Hermeneutik bei Peter Szondi«.
32. Vgl. Krause, »The Meanings of Theorizing«, S. 25. Die Fokussierung auf »große Namen« lässt sich auch im Bereich der soziologischen Erforschung von soziologischer »Theorie« beobachten, wenn soziologische »Theoriepräferenzen« anhand der Nennung von Eigennamen (Bourdieu, Luhmann, Marx, Weber usw.) festgestellt werden (vgl. dazu Lenger/Rieder/Schneickert, »Theoriepräferenzen von Soziologiestudierenden«).
33. Vgl. Krause, »›Western Hegemony‹ in the Social Sciences«, S. 204.
34. Einschlägig dazu: Felsch, *Der lange Sommer der Theorie*. Vgl. ergänzend den Debattenschwerpunkt in: Horn/Schnyder (Hg.), »Herbst der Theorie?« [Debatte], sowie Williams, »The Posttheory Generation«; Cunningham, *Reading After Theory*; Eagleton, *After Theory*; Grizelj/Jahraus (Hg.), *Theorietheorie*; Geisenhanslüke, *Textkulturen*.
35. Vgl. die verschiedenen Hinweise bei Lämmert, »Peter Szondi: Ein

Rückblick zu seinem 65. Geburtstag«; Lämmert, »Theorie und Praxis der Kritik«; Sparr, »Poetik nach dem Strukturalismus«.

36. Vgl. Hamacher, »Ein Brief«, S. 294.
37. Riechers, *Peter Szondi*, S. 37.
38. König, *Engführungen*, S. 88. Ähnlich auch die Einschätzung von Riechers, *Peter Szondi*, S. 13.
39. Szondi, *Einführung in die literarische Hermeneutik*, S. 2, S. 195 (Hervorhebung Verf.).
40. Szondi, *Schriften I*, S. 264.
41. Szondi, Peter: Vorlesung über *Interpretationsprobleme*, in: DLA, A: Szondi: Prosa, Vorlesungen, 88.9.1197 (korrigierte Fassung).
42. Im Anschluss an Ryle, *Der Begriff des Geistes*, S. 28. Ein früher Beleg für diese Perspektivierung findet sich in einer Vorlesung von Charles S. Peirce aus dem Jahr 1903: Swedberg, »On Charles S. Peirce's Lecture ›How to Theorize‹ (1903)«. Bibliografische Einblicke in »the new theorizing movement« bei Swedberg, »Theorizing in Sociological Research«. Zu unterschiedlichen Bedeutungen, die das Theoretisieren in diesen Zusammenhängen hat, Krause, »The Meanings of Theorizing«, S. 23: »theorizing as the interpretation of major figures, as the application of existing concepts, as the practice of linking observations to existential issues, as the development of new concepts and as the joining of concepts to form testable hypothesis«.
43. Luhmann, »Die Praxis der Theorie«, S. 253. Für Luhmann ist dann ausgemacht, dass es sich um »ein Handeln« dreht, »das, wenn es von momentan empfundenen Bedürfnissen unabhängig und damit Arbeit werden soll, von sehr komplizierten Voraussetzungen abhängt, die das Sozialsystem der Wissenschaft garantieren muß« (ebda.).
44. Vgl. Martus, »Wandernde Praktiken ›after theory‹?«; Schmidt, »Theoretisieren«.
45. Vgl. Weick, »What Theory Is *Not*, Theorizing *Is*«; Abend, »The Meaning of ›Theory‹«, S. 190.
46. Vgl. Hillebrandt, *Soziologische Praxistheorien*, S. 31-36.
47. Vgl. Winko, »Autor-Funktionen«; Willand, »Autorfunktionen in literaturwissenschaftlicher Theorie und interpretativer Praxis«.
48. Vgl. Jannidis/Lauer/Winko, »Geschichte und Emphase«; Winko, »Zum Werkbegriff in der gegenwärtigen Interpretationspraxis«.
49. Zur Ineffizienz der programmatischen Unterscheidung von »Lektüre« und »Interpretation«: Winko, »Lektüre oder Interpretation?«.
50. Natürlich gibt es wichtige Ausnahmen wie Hand/Southerton, »Explaining Showering«; Heuts/Mol, »What Is a Good Tomato?«.

12. Theoretisieren

1. Für die Geschichtswissenschaft: Füssel, »Praktiken historisieren«, S. 269.
2. Brandom, *Expressive Vernunft*, S. 67. Vgl. zu den Gründen für diese Arbeitsteilung und der Kritik an der Zwei-Seiten-Konzeption: Levine, »Norms and Habits«.
3. Hirschauer, »Verhalten, Handeln, Interagieren«, S. 45; Cahill, »The *Habitus*«, S. 3-9.
4. Schatzki, *Social Practices*, S. 90; vgl. Schmidt, »Theoretisieren«, S. 248.
5. Schmidt, »Theoretisieren«, S. 253 (Hervorhebung Verf.). Vgl. für die Soziologie: Swedberg, »Theorizing in Sociological Research«, S. 190. Vgl. zu den Herausforderungen der ›doing theory‹ auch zuletzt Reckwitz, »Gesellschaftstheorie als Werkzeug«.
6. Schmidt, »Theoretisieren«, S. 252 f.
7. Vgl. etwa für die Literaturwissenschaft Jahraus, *Literaturtheorie*, S. 1.
8. Vgl. Abend, »The Meaning of ›Theory‹«, S. 173-199. Einen breiten Überblick bietet Zima, *Was ist Theorie?*
9. Vgl. aus literaturwissenschaftlicher Perspektive zur sogenannten Duhem-Quine-These Danneberg/Müller, »Wissenschaftstheorie, Hermeneutik, Literaturwissenschaft«, S. 195-196, Anm. 91.
10. Vgl. als (parteiische) Fallstudie zu Kosellecks Dissertation: Schwartz, »Leviathan oder Lucifer«.
11. Vgl. Kemp, »Wehe, Behemoth erwacht«, S. 145.
12. Marx, »Theater als literarische Institution«, S. 424.
13. Vgl. dazu kritisch Kieserling, »Die Habermasindustrie«.
14. Luhmann, *Das Erziehungssystem der Gesellschaft*, S. 134 – Luhmann begreift die »Klassiker« nur als ein entsprechendes Phänomen unter anderen.
15. Vgl. Swedberg, »From Theory to Theorizing«, S. 3 f.
16. Man, »The Resistance to Theory«; Pethes, »Philological Paperwork«.
17. Vgl. dazu sowie zu den innerinstitutionellen Konflikten im Hintergrund: Kreuzpaintner, »*Ideologie und Ideologiefreiheit*«.
18. Anderson, »Das Ende der Theorie«.
19. Vgl. Pethes, »Philological Paperwork«; Schruhl, *Formationen der Praxis*.
20. Lamont, *How Professors Think*, S. 83, S. 185 f.
21. Vgl. Lamont, *How Professors Think*, S. 184; Reed/Zald, »The Unsettlement of Communities of Inquiry«.
22. Koselleck, »Über die Theoriebedürftigkeit der Geschichtswissenschaft«.
23. Lodge, *Schnitzeljagd*, S. 31.

24. Schmidt, »Theoretisieren«, S. 253 f.
25. Vgl. Blumenberg/Taubes, *Briefwechsel 1961-1981*.
26. Vgl. Boden/Zill (Hg.), *Poetik und Hermeneutik im Rückblick*, S. 79, S. 210.
27. Vgl. z. B. Boden/Zill (Hg.), *Poetik und Hermeneutik im Rückblick*, S. 32, S. 273.
28. Vgl. Amslinger, *Eine neue Form von Akademie*, S. 57-62, Zitat S. 60.
29. Boden/Zill (Hg.), *Poetik und Hermeneutik im Rückblick*, S. 34, S. 39; Manfred Frank berichtet über Hans Robert Jauß, der als organisatorisches Zentrum von *Poetik und Hermeneutik* wirkte: »[...] der ging so wie Wotan durch die Welt und schuf sich seine Brünhilden und Walküren: ›Der passt zu uns, und die passt zu uns‹« (ebda., S. 251). Ausführlicher: Martus/Thomalla/Zimmer, »›Dass keine Atomphysiker dabei waren, hat mich auch nicht gewundert‹«, S. 79 f.
30. Culler, *Literaturtheorie*, S. 10-12.
31. Vgl. Birnstiel, *Wie am Meeresufer ein Gesicht im Sand*, S. 21 f.
32. Bogdal, »Anleitung zum Erlernen des Ungenauen«.
33. So ein Vorschlag bei Swedberg, »Theorizing in Sociological Research«, S. 192, die »basic tools for theorizing« zu bestimmen. Später kommen dann noch Induktion und Abduktion hinzu (ebda., S. 194). Als breiter angelegte Handreichung zum Erlenen des Theoretisierens vgl. Swedberg, *The Art of Social Theory*.
34. Vgl. Albrecht, »Analogieschlüsse und metaphorische Extensionen«, S. 275. Vgl. hier auch zur Analogie zwischen »Fällen« (»cross-case«) als ein Aspekt der Theoriebildung: Vaughan, »Analogy, Cases, and Comparative Social Organization«.
35. Selbst innerhalb eines gegebenen theoretischen Horizonts unterscheiden sich die »Strategien« und »argumentativen Gesten« so stark, dass die Bedeutung des Kollektivsingulars »Theorie« im Vergleich zur Diversität historischer und lokaler Ausprägungen verblassen kann (Berensmeyer, »Gestus und Geltung«, S. 494).
36. Vgl. als beispielhafte wissenschaftshistorische Analyse eines Etablierungsprozesses: Kolk, »Liebhaber, Gelehrte, Experten«.
37. Hierzu und zum Folgenden: Kolk, *Berlin oder Leipzig?*.
38. Vgl. Danneberg, »Dissens«; Petraschka, »Takt als heuristische Kategorie«, insbes. S. 593 f.
39. Exemplarisch z. B. Kolk, *Berlin oder Leipzig?*, S. 19.
40. Scherer, »*Kleinere Schriften* von Karl Lachmann« [Rez.], S. 604.
41. Scherer, »*Kleinere Schriften* von Karl Lachmann« [Rez.], S. 604 (Hervorhebung S.M./C.S.).
42. Vgl. Kindt/Müller, »Dilthey gegen Scherer«; Kolk, »›Repräsentative Theorie‹«.

43. Vgl. Danneberg, »Dissens«, S. 95-96.
44. Schadewaldt, *Hellas und Hesperien*, Bd. 2, S. 606-607. Vgl. zu Wilamowitz' Methodenskepsis auch Danneberg, »Dissens«, S. 96-97.
45. Szondi, *Schriften I*, S. 264 f.
46. Vgl. Danneberg, »›Ich habe nichts Neues zu sagen …‹«.
47. Szondi, Peter: Einleitung zu einem Vortrag, in: DLA, A: Szondi: 88.9.1125/2.
48. Vgl. Szondi, *Schriften II*, S. 167.
49. Luhmann, »Die Praxis der Theorie«, S. 253.

13. Theoretisieren und Publizieren

1. Im Blick auf die Bereitschaft zur Interdisziplinarität vgl. Martus/Thomalla/Zimmer, »›Dass keine Atomphysiker dabei waren, hat mich auch nicht gewundert‹«.
2. Silva/Vieira, *The Politics of the Book*, S. 2.
3. Schmidt, »Theoretisieren«, S. 252; Silva/Vieira, *The Politics of the Book*, S. 4.
4. Grundlegend dazu: Thomalla, *Anwälte des Autors.*
5. So auf dem Klappentext des Umschlags der Hardcover-Ausgabe: Szondi, *Schriften I.*
6. Szondi, *Schriften II*, S. 456.
7. So auf dem Klappentext der Taschenbuchausgabe: Szondi, *Schriften II.*
8. Silva/Vieira, *The Politics of the Book*, S. 1, S. 8, S. 10, S. 17.
9. Szondi, Peter: Einleitung zu einem Vortrag, in: DLA, A: Szondi: 88.9.1125/2.
10. Szondi, *Schriften I*, S. 273.
11. Szondi, *Schriften I*, S. 275.
12. Szondi, *Schriften I*, S. 275.
13. Zu den größeren Zusammenhängen und argumentativen Leitlinien vgl. Riechers, *Peter Szondi*, S. 100-127.
14. Szondi, *Schriften I*, S. 271.
15. Vgl. Riechers, *Peter Szondi*, S. 113-127; Peter Szondi an Paul Celan, Brief vom 3. 11. 1960, in: Szondi, *Briefe*, S. 108 f.; Peter Szondi an Theodor W. Adorno, Brief vom 5. 11. 1960, in: Szondi, *Briefe*, S. 109 f.; Peter Szondi an Paul Celan, Brief vom 3. 12. 1960, in: Szondi, *Briefe*, S. 111 f.
16. Vgl. zu den hintergründigen Bezügen insbes. Isenschmid, »›Self Displaced Person‹«.
17. Vgl. Brenner, »Habilitation als Sozialisation«, z. B. S. 331.
18. Vgl. Siegfried Unseld an Peter Szondi, Typoskript vom 5. 9. 1960, in: Szondi, *Briefe*, S. 106.
19. Szondi, Peter: Sonderdruck »Der tragische Weg von Schillers Deme-

trius«, in: *Die Neue Rundschau* 72 (1961), H. 1, S. 162-177, in: DLA, SUA: Suhrkamp/01 Verlagsleitung/Autorenkonv./Szondi, Peter 1960-1962.

20. Szondi, Peter: Sonderdruck »Der tragische Weg von Schillers Demetrius«, in: *Die Neue Rundschau* 72 (1961), H. 1, S. 162-177, in: DLA, SUA: Suhrkamp/01 Verlagsleitung/Autorenkonv./Szondi, Peter 1960-1962 [Deckblatt mit Widmung Szondis an Unseld].
21. Szondi, *Schriften II*, S. 276.
22. Bei Kleist verändern sich demnach im Vergleich zu Molière sowohl »der Ton« als auch »die Themen und Motive«, und zwar selbst dort, »wo man von einer wörtlichen Übersetzung sprechen könnte« (Szondi, Peter: Fassung von *Amphitryon,* Kleists *›Lustspiel nach Molière‹*, in: DLA, A: Szondi: Prosa, Sammlungen, 88.9.1140/1). Nicht zufällig kassiert Szondi im Verlauf des Bearbeitungsprozesses die anfangs noch erteilte Lizenz, von einer »wörtlichen Übersetzung« sprechen zu können: »Entgegen dieser Behauptung gilt es zu zeigen, wie sich neben dem Ton auch Themen und Motive verändern, und dort nicht weniger deutlich, wo man beinahe von einer wörtlichen Übersetzung sprechen könnte« (Szondi, Peter: Fassung von *Amphitryon,* Kleists *›Lustspiel nach Molière‹*, in: DLA, A: Szondi: Prosa, Sammlungen, 88.9.1140/2).
23. Vgl. Szondi, *Schriften I*, S. 282. Vgl. dazu: Groddeck, »Peter Szondi«, S. 468-470.
24. Szondi, *Schriften II*, S. 161.
25. Eine undatierte Disposition findet sich in: Szondi, Peter: Disposition zu *Satz und Gegensatz,* in: DLA, SUA: Insel-Verlag / Autoren, Insel-Verlag, Briefwechsel, Peter Szondi 1962-63, 10.01.
26. Szondi, Peter: Peter Szondi an Rudolf Hirsch, Brief vom 28. 2. 1964, in: DLA, SUA: Insel-Verlag / Autoren, Insel-Verlag, Briefwechsel, Peter Szondi 1962-63, 10.01.
27. Szondi, Peter: Peter Szondi an Rudolf Hirsch, Brief vom 23. 3. 1964, in: DLA, SUA: Insel-Verlag / Autoren, Insel-Verlag, Briefwechsel, Peter Szondi 1962-63, 10.01.
28. Szondi, Peter: Peter Szondi an Rudolf Hirsch, Brief vom 23. 3. 1964, in: DLA, SUA: Insel-Verlag / Autoren, Insel-Verlag, Briefwechsel, Peter Szondi 1962-63, 10.01.
29. Szondi, Peter: Peter Szondi an Siegfried Unseld, Brief vom 27. 11. 1969, in: DLA, SUA: Suhrkamp/ 03 Lektorate / 1969-1970 (Hervorhebung S.M./C.S.).
30. Siegfried Unseld an Peter Szondi, Typoskript vom 5. 9. 1960, in: Szondi, *Briefe*, S. 105 f.
31. Unseld, Siegfried: Siegfried Unseld an Peter Szondi, Brief vom

2.7.1962, in: DLA, SUA: Suhrkamp/ 01 Verlagsleitung/ Autorenkonv./ Szondi, Peter 1960-1962. Wir danken dem Suhrkamp Verlag für die freundliche Genehmigung zur Publikation der Unseld-Briefstellen.

32. Vgl. dazu in historischer Perspektive: Martus, *Werkpolitik*.
33. Peter Szondi an Siegfried Unseld, Brief vom 13.8.1956, in: Szondi, *Briefe*, S. 71.
34. Vgl. das »GUTACHTEN / über den Plan einer neuen Walter Benjamin-Ausgabe« in: Szondi, *Briefe*, S. 261; Isenschmid, »›In mancher Hinsicht ein Glaubensbekenntnis‹«, S. 84.
35. »In den Werbetexten wäre mir lieb, wenn ich weder als Schweizer, noch als Staiger-Schüler bezeichnet würde; in diesem Sinne habe ich seinerzeit den Entwurf auch korrigiert. Sonst fängt nämlich jede zweite Rezension damit an. (Und mit ›Habilitationsschrift‹ – deshalb lassen wir auch das besser weg.)« (Szondi, Peter: Peter Szondi an Fritz Arnold, Brief vom 30.1.1961, in: DLA, SUA: Insel-Verlag/ Autoren, Insel-Verlag, Briefwechsel, Peter Szondi 1960-61, 10.01).
36. Arnold, Fritz: Fritz Arnold an Peter Szondi, Brief vom 29.3.1961, in: DLA, SUA: Insel-Verlag/ Autoren, Insel-Verlag, Briefwechsel, Peter Szondi 1960-61, 10.01.
37. Szondi, Peter: Peter Szondi an Rudolf Hirsch, Brief vom 1.5.1964, in: DLA, A: Szondi: Briefe von ihm, 88.9.184/19.
38. Szondi, Peter: Peter Szondi an Hans Magnus Enzensberger, Brief vom 7.7.1960, in: DLA, SUA: Suhrkamp/01 Verlagsleitung/ Autorenkonv./ Szondi, Peter 1960-1962.
39. Szondi, Peter: Peter Szondi an Walter Boehlich, Brief vom 25.7.1960, in: DLA, SUA: Suhrkamp/01 Verlagsleitung/Autorenkonv./Szondi, Peter 1960-1962.
40. Peter Szondi an Fritz Arnold, Brief vom 13.12.1960, in: Szondi, *Briefe*, S. 114.
41. Peter Szondi an Fritz Arnold, Brief vom 13.12.1960, in: Szondi, *Briefe*, S. 114.
42. Siegfried Unseld an Peter Szondi, Typoskript vom 5.9.1960, in: Szondi, *Briefe*, S. 107.
43. Siegfried Unseld an Peter Szondi, Typoskript vom 5.9.1960, in: Szondi, *Briefe*, S. 107.
44. Szondi, Peter: Peter Szondi an Fritz Arnold, Brief vom 10.4.1963, in: DLA, SUA: Insel-Verlag / Autoren, Insel-Verlag, Briefwechsel, Peter Szondi 1962-63, 10.01.
45. Szondi, Peter: Peter Szondi an Fritz Arnold, Brief vom 13.3.1961, in: DLA, SUA: Insel-Verlag / Autoren, Insel-Verlag, Briefwechsel, Peter Szondi 1962-63, 10.01.
46. Szondi, Peter: Peter Szondi an Anneliese Botond, Brief vom 23.7.1964,

in: DLA, SUA: Insel-Verlag / Autoren, Insel-Verlag, Briefwechsel, Peter Szondi 1964-65, 10.01.

47. Vgl. Szondi, Peter: Peter Szondi an Rudolf Hirsch, Brief vom 7.11.1964, in: DLA, A: Szondi: Briefe von ihm, 88.9.185/12: »Der Satz ist auf dem guten Papier nun doch viel ansprechender, als ich es zunächst annahm, und obwohl ich dem alten Umschlagentwurf noch ein bisschen nachtrauere, ist es mir klar, dass es richtig war, auch hier die Aldus-Schrift zu wählen. Der Band ist sehr hübsch geworden, aber ich bin doch froh, dass wir den niedrigen Preis gewährt haben, denn es ist, wie Scholem sagen würde, doch nur ein Büchelchen«.

48. Szondi, Peter: Peter Szondi an Rudolf Hirsch, Brief vom 27.9.1964, in: DLA, A: Szondi: Briefe von ihm, 88.9.185/11. Vgl. auch Szondi, *Briefe*, S. 158 f.: »Ich bin Ihnen sehr dankbar, dass Sie die Ausstattung des Bandes dann mit mir besprechen wollen. Ich würde eigentlich am liebsten haben, wenn es möglich wäre, den Band wie den ›Anderen Pfeil‹ zu gestalten, mit einem ähnlichen Umschlag, nur vielleicht in anderen Farben (etwa graublau) und im Text natürlich einer kleineren Schrift, wie z. B. in dem Band von Sartre, Freundschaft und Ereignis. Da ich in diesem Fall ausnahmsweise die Anmerkungen in Form von Fussnoten auf den entsprechenden Seiten bringen will, wäre das etwas grössere Format sehr angenehm«.

49. Alewyn, *Probleme und Gestalten*, S. 7.

50. Garber, »Richard Alewyn«, S. 218.

51. Peter Szondi an Rudolf Hirsch, Brief vom 30.3.1964, in: Szondi, *Briefe*, S. 157 f.

52. Hildebrandt, »Peter Szondi: Satz und Gegensatz« [Rez.]; Szondi, Peter: Rezensionen zu *Satz und Gegensatz*, in: DLA, A: Szondi: Prosa, Sammlungen, 88.9.1138.

53. Szondi, Peter: Peter Szondi an Fritz Arnold, Brief vom 17.12.1960, in: DLA, A: Szondi: Briefe von ihm, 88.9.183/9.

54. Szondi, Peter: Peter Szondi an Fritz Arnold, Brief vom 10.4.1963, in: DLA, SUA: Insel-Verlag / Autoren, Insel-Verlag, Briefwechsel, Peter Szondi 1962-63, 10.01.

55. Szondi, Peter: Peter Szondi an Anneliese Botond, Brief vom 23.7.1964, in: DLA, SUA: Insel-Verlag / Autoren, Insel-Verlag, Briefwechsel, Peter Szondi 1964-65, 10.01.

56. Vgl. Insel Verlag an Peter Szondi, Brief vom 11.8.1964, in: DLA, SUA: Insel-Verlag / Autoren, Insel-Verlag, Briefwechsel, Peter Szondi 1964-65, 10.01.

57. Vgl. Kreuzpaintner, *»Ideologie der Ideologiefreiheit«*, S. 110, S. 135 (Anm. 173), S. 164 f., S. 222, S. 266.

58. Szondi, Peter: Peter Szondi an Siegfried Unseld, Brief vom 22.6.1963,

in: DLA, SUA: Suhrkamp/01 Verlagsleitung/Autorenkonv./Szondi, Peter 1963-1966.

59. Friedrich Sengles dreibändige *Biedermeierzeit. Deutsche Literatur im Spannungsfeld zwischen Restauration und Revolution 1815-1848* (Stuttgart: Metzler 1971-1980) und die Erstausgabe von Peter Szondis *Theorie des modernen Dramas* (Frankfurt/M.: Suhrkamp 1956), Fotografie: Chris Korner, Deutsches Literaturarchiv Marbach.
60. Die Neuausgabe von Peter Szondis *Theorie des modernen Dramas* in der edition suhrkamp 27 (Frankfurt/M.: Suhrkamp 1963), Fotografie: Chris Korner, Deutsches Literaturarchiv Marbach.
61. So im Fall von *Satz und Gegensatz* (vgl. Peter Szondi an Rudolf Hirsch, Brief vom 30.3.1964, in: Szondi, *Briefe*, S. 158).
62. Szondi, Peter: Peter Szondi an Rudolf Hirsch, Brief vom 24.4.1964, in: DLA, A: Szondi, Briefe von ihm, 92.106.1/2.
63. Vgl. Kreuzpaintner, »*Ideologie der Ideologiefreiheit*«, S. 113-117.
64. Vgl. bereits bei der Dissertation: Peter Szondi an Peter Suhrkamp, Brief vom 14.3.1959, in: Szondi, *Briefe*, S. 83.
65. Peter Szondi an Rudolf Hirsch, Brief vom 30.3.1964, in: Szondi, *Briefe*, S. 158.
66. Peter Szondi an Rudolf Hirsch, Brief vom 30.3.1964, in: Szondi, *Briefe*, S. 158.
67. Peter Szondi an Siegfried Unseld, Brief vom 16.2.1971, in: Szondi, *Briefe*, S. 339 f.
68. Hirsch, Rudolf: Rudolf Hirsch an Peter Szondi, Brief vom 22.4.1964, in: DLA, SUA: Insel-Verlag / Autoren, Insel-Verlag, Briefwechsel, Peter Szondi 1962-63, 10.01; Szondi erläutert die Zusammenhänge genauer in einem Brief an Rudolf Hirsch vom 24.4.1964, in: DLA, A: Szondi: Briefe von ihm, 92.106.1/2; vgl. auch Szondi, Peter: Peter Szondi an Siegfried Unseld, Brief vom 23.8.1965, in: DLA, SUA: Insel-Verlag / Autoren, Insel-Verlag, Briefwechsel, Peter Szondi 1964-65, 10.01.
69. Peter Szondi an Siegfried Unseld, Brief vom 16.2.1971, in: Szondi, *Briefe*, S. 339 f.
70. Vgl. Silva/Vieira, *The Politics of the Book*, S. 45.
71. Bremer, *Postskriptum Peter Szondi*, S. 9 f. (Hervorhebung S.M./C.S.).
72. Bremer, *Postskriptum Peter Szondi*, S. 40. Vgl. zugleich die Problematisierung, ob und in welcher Hinsicht Szondi als ›Theoretiker‹ behandelt werden sollte: ebda., S. 43 f.
73. So im Anschluss an Silva/Vieira, *The Politics of the Book*, S. 4.
74. Bereits am 2.7.1962 hatte Unseld Szondi informiert: »In diesem Zusammenhang nun gleich eine Nachricht, die ich höchst vertraulich entgegenzunehmen bitte. Ich werde im Mai des nächsten Jahres eine neue Reihe starten; sie gleicht in Format, Ausstattung, in der größeren

Auflage und vor allem dem Ladenpreis von DM 2.80 unseren bisherigen Dramen-Einzelausgaben. In diese neue Reihe fließen die bisherigen Reihen, also die Dramen-Einzelausgaben, die suhrkamp texte und auch die Reihe ›im Dialog‹ ein. Ich habe mich deshalb entschlossen, in diesem Herbst keine neuen suhrkamp texte herauszugeben. Die für dieses Jahr vorgesehenen Texte Benjamin und Nelly Sachs werden am 1.5.63 in der neuen Reihe erscheinen. – Für diese Reihe habe ich übrigens auch eine Neuausgabe Ihrer ›Theorie des modernen Dramas‹ vorgesehen« (Unseld, Siegfried: Siegfried Unseld an Peter Szondi, Brief vom 2.7.1962, in: DLA, SUA: Suhrkamp/01 Verlagsleitung/Autorenkonv./Szondi, Peter 1960-1962).

75. Unseld, Siegfried: Siegfried Unseld an Peter Szondi, Brief vom 27.9.1962, in: DLA, SUA: Suhrkamp/ 01 VL/ Autorenkonv./ Szondi, Peter 1962.
76. Szondi, Peter: Peter Szondi an Siegfried Unseld, Brief vom 6.7.1962, in: DLA, SUA: Suhrkamp/01 Verlagsleitung/Autorenkonv./Szondi, Peter 1960-1962.
77. Vgl. Mercer, »The Paperback Revolution«, S. 617.
78. Vgl. Mercer, »The Paperback Revolution«, S. 617 f.
79. Thomalla, *Anwälte des Autors*, S. 15.

14. Theoretisieren und Transferieren

1. Vgl. Secord, »Knowledge in Transit«.
2. Vgl. Isenschmid, »›In mancher Hinsicht ein Glaubensbekenntnis‹«; vgl. als Hinweis auf Benjamins auch unterschwellige Bedeutung für Szondi Bremer, »Szondis Trauerspielbuch?«.
3. Vgl. Hühn/Urbich/Steiner (Hg.), *Benjamins Wahlverwandtschaften*.
4. Vgl. Bargheer, »The Invention of Theory«, S. 499.
5. Vgl. Silva/Vieira, *The Politics of the Book*.
6. Ein interessantes Beispiel wäre die Edition des ›mittleren Luhmann‹; vgl. Luhmann, *Systemtheorie der Gesellschaft*.
7. Vgl. Silva/Vieira, *The Politics of the Book*, S. 76.
8. Vgl. Auerbach, »Génétique de l'imprimé et sociologie«.
9. Boltanski, Luc/Laurent Thévenot, *Les Économies de la grandeur*, Cahiers du centre d'études de l'emploi 31, Paris: Presses Universitaires de France 1987 [Cover].
10. Boltanski, Luc/Laurent Thévenot, *Les Économies de la grandeur*, Cahiers du centre d'études de l'emploi 31, Paris: Presses Universitaires de France 1987, S. 69.
11. Boltanski, Luc/Laurent Thévenot, *De la justification. Les économies de*

la grandeur, Collection NRF Essais, Paris: Gallimard 1991 [Cover]. © Éditions Gallimard.

12. Boltanski, Luc/Laurent Thévenot, *De la justification. Les économies de la grandeur*, Collection NRF Essais, Paris: Gallimard 1991, S. 115. © Éditions Gallimard.
13. Vgl. Silva/Bucholc, »On the Pragmatics of Social Theory«, S. 402.
14. Vgl. Wimmer, »Über die Wirkung geschichtswissenschaftlicher Texte«, S. 237.
15. Vgl. Hoffmann, »Koselleck in America«, S. 173.
16. Vgl. Cusset, *French Theory*.
17. Vgl. Hoffmann, »Koselleck in America«, S. 169-171; Kroll, »(Mis)reading the Market?«, S. 50-53.
18. Vgl. für entsprechende Fallstudien u. a. Sapiro/Bustamante, »Translation as a Measure of International Consecration«; Gerbaudo, »How Does Literary Theory Cross Boundaries (or Not)?«; Sapiro/Santoro/Baert (Hg.), *Ideas on the Move*.
19. Vgl. Sapiro (Hg.), *Sciences humaines en traduction*, S. 31.
20. Vgl. Sapiro (Hg.), *Sciences humaines en traduction*, S. 9-11.
21. Die folgende zusammenfassende Darstellung basiert auf den Ergebnissen der Studie von Sapiro (Hg.), *Sciences humaines en traduction*, S. 1-48, S. 158-174, S. 203-205.
22. Sapiro (Hg.), *Sciences humaines en traduction*, S. 10.
23. Vgl. Ollion/Abbott, »French Connections«, S. 347.
24. Vgl. aus der Mesoperspektive: Bennett (Hg.), *The Semiperiphery of Academic Writing*, sowie im Überblick: Hyland, *Academic Publishing*.
25. Vgl. Ollion/Abbott, »French Connections«, S. 348-352, vor allem S. 348 f.
26. Vgl. Ollion/Abbott, »French Connections«, S. 353-357, S. 364.
27. Vgl. Ollion/Abbott, »French Connections«, S. 358 f.
28. Vgl. Sapiro (Hg.), *Sciences humaines en traduction*, S. 21-23.
29. Creppell, »On Justification« [Rez.], S. 144.
30. Vgl. z. B. Bermann/Porter (Hg.), *A Companion to Translation Studies*.
31. Boltanski, Luc/Laurent Thévenot, *On Justification. Economies of Worth*, translated by Catherine Porter, Princeton Studies in Cultural Sociology, Princeton: Princeton University Press 2006 [Cover].
32. Paul, »Ist das Deutsch, oder kann das weg?«, S. N3.
33. Sapiro (Hg.), *Sciences humaines en traduction*, S. 168.
34. Vgl. Hamacher, »Unlesbarkeit«.
35. Die einzige nennenswerte Ausnahme ist Batchelor, *Translation and Paratexts*, S. 20-22, S. 32-34. Vgl. zu Paratexten, die Autorinnen oder Autoren den Übersetzungen ihrer eigenen Theorietexte beigeben, neuerdings die Hinweise von Hottner, »Theorieübersetzungsgeschichte«, S. 17 f.

36. Vgl. dazu die Hinweise von Paul, »Theorieübersetzungen«, S. 213-216.
37. Bollack, »Szondis ›Celan-Studien‹ heute«, S. 6; zur internationalen Rezeption Szondis: König, »Nachwort«, S. 474-480.
38. Vgl. dazu Lucas, »Um der französischen Kritik willen«, S. 114.
39. Wellbery, »*Literaturwissenschaft*: A Personal Reflection«, S. 612 f.
40. Vgl. Wellbery, »*Literaturwissenschaft*: A Personal Reflection«, S. 608 f. Vgl. zum Zusammenhang von Internationalisierung und Theoriebildung bereits die Thesen in Wellbery, »Interpretation versus Lesen«, vor allem S. 123 f.
41. Vgl. Bolter/Grusin, »Remediation«, S. 311-358.
42. Bolter/Grusin, *Remediation. Understanding New Media*, S. ix.
43. Bolter/Grusin, *Remediation. Understanding New Media*, S. 55 (Hervorhebung Verf.).
44. McLuhan, *Understanding Media*, S. 7.
45. Adorno, »Valérys Abweichungen«, S. 43; Szondi, *Schriften I*, S. 286.
46. Vgl. z. B. Thouard, »Szondi, Adorno und die ›Logik [des] Produziertseins‹«.

15. Gegenstände des Theoretisierens

1. Vgl. Thouard, »Szondi, Adorno und die ›Logik [des] Produziertseins‹«.
2. Vgl. Bode, *Ästhetik der Ambiguität*, S. 18. Vgl. zu Szondis Bezügen auf Empson und Richards zuletzt Geulen, »Altes und Neues aus den Literaturwissenschaften«.
3. Vgl. Steiner, »On Difficulty«.
4. Vgl. Lämmert, »Theorie und Praxis der Kritik«, S. 85.
5. Szondi, *Schriften I*, S. 283.
6. Vgl. die Definition von Guggenheim/Krause, »How Facts Travel«, S. 102, S. 106, S. 112, S. 114.
7. Krause, »›Western Hegemony‹ in the Social Sciences«, S. 198.
8. Vgl. Krause, »›Western Hegemony‹ in the Social Sciences«, S. 203.
9. Vgl. zur Wissenschaftstheorie und -geschichte des Exemplarischen auch Hacking, »Paradigms«.
10. Vgl. Guggenheim/Krause, »How Facts Travel«, S. 107; Krause, »›Western Hegemony‹ in the Social Sciences«, S. 199. Vgl. dazu auch die umfassende Studie von Krause, *Model Cases*.
11. Vgl. zum »Metrozentrismus« Go, *Postcolonial Thought*, S. 94-101.
12. Vgl. Krause, »›Western Hegemony‹ in the Social Sciences«, S. 204.
13. Vgl. Krause, »›Western Hegemony‹ in the Social Sciences«, S. 207.
14. So Go mündlich im September 2020 auf dem Kongress der Deutschen Gesellschaft für Soziologie.
15. Dies wurde an einem Beispiel aus der Literaturtheorie veranschau-

licht: Es gebe »Verfahren« zwar in allen Künsten und auch in vielen weiteren kulturellen Bereichen, eine Theoretisierung von Verfahren lasse sich deshalb aber nicht vorneweg abstrakt formulieren; sie werde sich vielmehr immer an den Verfahren in spezifischen Bereichen anlehnen und könne dann schrittweise versuchen, diese Anlehnungskontexte jeweils für sich zu überschreiten. Entscheidend sei, dass der theoretische Sinn von »Verfahren« erst in »ihrer jeweiligen Anlehnung an ihre Gebiete« klar wird, dass also zunächst immer von einer bereichsspezifischen »Jeweiligkeit« des »Verfahrens« auszugehen ist. Campe, »Verfahren«, S. 3.

16. Vgl. Poovey, »The Model System«.
17. Willer, »Was ist ein Beispiel?«, S. 61.
18. Man, *Allegorien des Lesens*, S. 47.
19. Campe, »Intensiv und Extensiv«, S. 7.
20. Wellbery (Hg.), *Positionen der Literaturwissenschaft*; Bogdal (Hg.), *Neue Literaturtheorien in der Praxis*; Jahraus/Neuhaus (Hg.), *Kafkas »Urteil« und die Literaturtheorie*; Keller/Miklautsch (Hg.), *Walther von der Vogelweide und die Literaturtheorie*; Richter u. a. (Hg.), *Balzacs »Sarrasine« und die Literaturtheorie*; Jahraus (Hg.), *Zugänge zur Literaturtheorie*; Grünnagel u. a. (Hg.), *García Lorcas Drama.*
21. Sittig, »Zur Praxis von literaturwissenschaftlichen ›Modellinterpretationen‹«, S. 375 f.
22. Sittig, »Zur Praxis von literaturwissenschaftlichen ›Modellinterpretationen‹«, S. 367.
23. Krey, *Textarbeit*, S. 131.
24. Vgl. Sittig, »Zur Praxis von literaturwissenschaftlichen ›Modellinterpretationen‹«, S. 376.
25. Anz, »Positionen der Literaturwissenschaft« [Rez.], S. 21.
26. Anz, »Positionen der Literaturwissenschaft« [Rez.], S. 21.
27. Scholz, »Kleist/Kafka«, S. 81.
28. Rheinberger, *Experimentalsysteme und epistemische Dinge*, S. 27.
29. Vgl. zu den *»matters of concern«* Latour, *Elend der Kritik*, S. 21.

16. Epistemische Dinge

1. Hess/Mendelsohn, »Paper Technology und Wissensgeschichte«, S. 3. Im Blick auf die Theoriebildung vgl. auch: Pethes, »Philological Paperwork«.
2. Rheinberger, *Experimentalsysteme und epistemische Dinge*, S. 130; Rheinberger, »Kritzel und Schnipsel«, S. 345.
3. Hirschauer, »Verhalten, Handeln, Interagieren«, S. 48.
4. Vgl. Reckwitz, »Grundelemente einer Theorie sozialer Praktiken«,

z. B. S. 292; Reckwitz, »Auf dem Weg zu einer kultursoziologischen Analytik«, S. 191.

5. Vgl. Reckwitz, *Kreativität und soziale Praxis*, S. 67-81; zu Varianten der ›Materialisierung‹ der Praxis: Schäfer, *Die Instabilität der Praxis*, S. 347-358.
6. Reckwitz, *Kreativität und soziale Praxis*, S. 38.
7. Vgl. Latour, »On Interobjectivity«, insbes. S. 238.
8. Vgl. Hirschauer, »Intersituativität«, S. 127 f.
9. Vgl. Bourdieu, *Sozialer Sinn*, S. 98-104.
10. Vgl. Reckwitz, »Auf dem Weg zu einer kultursoziologischen Analytik«, S. 191; Reckwitz, »Grundelemente einer Theorie sozialer Praktiken«, S. 292.
11. Szondi, *Schriften I*, S. 275.
12. Szondi, *Schriften I*, S. 275.
13. Szondi, Peter: Fassung von *Amphitryon,* Kleists ›*Lustspiel nach Molière*‹, in: DLA, A: Szondi: Prosa, Sammlungen, 88.9.1140/2.
14. Szondi, *Schriften II*, S. 161.
15. Szondi, *Schriften II*, S. 135, S. 238, S. 244, S. 248.
16. Rheinberger, *Experimentalsysteme und epistemische Dinge*. Zur eingeschränkten Übertragung auf den Bereich der Geisteswissenschaften vgl. Martus, »Epistemische Dinge der Literaturwissenschaft?«.
17. »Die Wirklichkeit ist nicht durch Tatsachen definiert. Tatsachen, *matters of fact*, machen nicht die ganze Erfahrung aus. Tatsachen sind nur eine sehr partielle und, wie ich meine, sehr polemische, sehr politische Wiedergabe der Dinge, die uns angehen, der *matters of concern*, und bloß eine Teilmenge dessen, was man auch den ›state of affairs‹, den *Stand der Dinge* nennen könnte.« (Latour, *Elend der Kritik*, S. 21, Hervorhebung Verf.).
18. Vgl. als *locus classicus*: Latour, »The Powers of Association«; zum »mattering« aus praxeologischer Perspektive: Schatzki, *Social Practices*, S. 123.
19. Simmel, *Philosophie des Geldes*, S. 57.
20. Simmel, *Philosophie des Geldes*, S. 57 f.
21. Simmel, *Philosophie des Geldes*, S. 58.
22. Rheinberger, *Experimentalsysteme und epistemische Dinge*, S. 27. Ähnlich spricht auch Günter Abel – ohne auf Rheinberger Bezug zu nehmen – von »›epistemischen Objekt[en]‹« als demjenigen, »worauf sich in den Wissenschaften, in der Philosophie und in anderen Künsten unsere epistemische, d.h. unsere wissens- und erkenntnis-orientierte Aufmerksamkeit und Neugierde, unsere Wissens- und Denkanstrengungen richten. Sie sind die Objekte der intellektuellen Begierde in Theorie und Praxis« (Abel, »Epistemische Objekte als Zeichen- und

Interpretationskonstrukte«, S. 127 f.; vgl. auch Abel, »Epistemische Objekte«, S. 285). Die Geisteswissenschaften spielen bei Abel eine geringe Rolle (vgl. z. B. Abel, »Epistemische Objekte als Zeichen- und Interpretationskonstrukte«, S. 128, S. 141).

23. Dazu ausführlicher Rheinberger, *Spalt und Fuge*.
24. Vgl. dazu auch Knorr-Cetina, »Objectual Practice«, insbes. S. 188 f.
25. Rheinberger, *Experimentalsysteme und epistemische Dinge*, S. 89.
26. Im Anschluss an Rheinberger: Martus, »Epistemische Dinge der Literaturwissenschaft?«, S. 39 f.
27. Z.B. Szondi, *Schriften II*, S. 136 f. oder S. 235.
28. Szondi, Peter: Materialien zum »Traktat« *Über philologische Erkenntnis*, in: DLA, A: Szondi: Prosa, Sammlungen, 88.9.1124 (hier S. 151 des Sonderdrucks).
29. Böhme, *Fetischismus und Kultur*, S. 22. Als Plädoyer für einen kontrollierten Fetischismus vgl. Latour, »On Interobjectivity«, S. 236. Vgl. zu anderen Theorieoptionen auch Halewood, »Facts as Social Things«.
30. Reckwitz, *Kreativität und soziale Praxis*, S. 105, S. 100.
31. Reckwitz, *Kreativität und soziale Praxis*, S. 106.
32. Kolk, »Liebhaber, Gelehrte, Experten«; Martus, »Philo-Logik«.
33. Reiß (Hg.), *Materialien zur Ideologiegeschichte der deutschen Literaturwissenschaft*, S. 125; vgl. dazu Martus, »Emil Staiger und die Emotionsgeschichte der Philologie«.
34. Vgl. zu einer angemessenen Rekonstruktion: Danneberg, »Zur Theorie der werkimmanenten Interpretation«.
35. Reckwitz, *Kreativität und soziale Praxis*, S. 106 f.
36. Reckwitz, *Kreativität und soziale Praxis*, S. 104, S. 113.
37. Als Pilotstudie vgl. König, *Hofmannsthal*; als weitere Fallstudie vgl. Martus, »Die Geistesgeschichte der Gegenwartsliteratur«.
38. Vgl. insbes. Szondi, *Schriften II*, S. 266-272; zu Hofmannsthal im Spannungsfeld von Wissenschaft und Kunst vgl. König, *Hofmannsthal*.
39. Vgl. Celan/Szondi, *Briefwechsel*; König, »Reflections of Reading«.
40. Vgl. Böhme, *Fetischismus und Kultur*, S. 55, S. 70.
41. Hirschauer, »Verhalten, Handeln, Interagieren«, S. 50.
42. Rheinberger, *Experimentalsysteme und epistemische Dinge*, S. 29.
43. Am Beispiel der Literaturwissenschaft vgl. dazu Martus, »Epistemische Dinge der Literaturwissenschaft?«, S. 26 f.
44. Vgl. Spoerhase, *Das Format der Literatur*, S. 13-16.
45. Vgl. als Forschungsüberblick mit moderater Kritik an einer Überschätzung abstrakter Theoriebildung: Karagianni/Schwindt/Tsouparopoulou, »Materialität«. Gegen die Hypostasierung ›reiner Stofflichkeit‹ bei der Verhandlung der Buchmaterialität vgl. Spoerhase, *Das Format der Literatur*, S. 34-36.

46. Vgl. Hirschauer, »Verhalten, Handeln, Interagieren«, S. 53.
47. Vgl. Fox/Panagiotopoulos/Tsouparopoulou, »Affordanz«; Reckwitz, *Kreativität und soziale Praxis*, S. 93.
48. Hirschauer, »Verhalten, Handeln, Interagieren«, S. 52.
49. Vgl. Spoerhase: »Seminar Libraries as Laboratories of Philology«.
50. Szondi, Peter: Annotierte Reclam-Ausgabe von Kleists *Amphitryon*, in: DLA, A: Szondi: Verschiedenes, Seminare, 88.9.1269, S. 16-17.
51. Star/Griesemer, »Institutional Ecology, ›Translations‹ and Boundary Objects«. Vgl. dazu Maye, »Die Grenzobjekte der Literatur«. In (selbst-)kritischer Perspektive: Star, »This is Not a Boundary Object«.
52. Vgl. Spoerhase, *Das Format der Literatur*, S. 22.
53. Vgl. Star/Griesemer, »Institutional Ecology, ›Translations‹ and Boundary Objects«, S. 393.

17. Interobjektivität

1. Szondi, Peter: Annotierte Reclam-Ausgabe von Kleists *Amphitryon*, in: DLA, A: Szondi: Verschiedenes, Seminare, 88.9.1269.
2. Szondi, Peter: Fassung von *Amphitryon,* Kleists *›Lustspiel nach Molière‹*, in: DLA, A: Szondi: Prosa, Sammlungen, 88.9.1140/2.
3. Vgl. Szondi, »*Amphitryon*, Kleists *Lustspiel nach Molière*«, S. 251.
4. Vgl. Szondi, *Schriften I*, S. 248.
5. Vgl. zu Lesesituationen (Leseräume, Lesezeiten): Krey, *Textarbeit*, S. 58-79.
6. Rheinberger, *Experimentalsysteme und epistemische Dinge*, S. 34.
7. Zu dieser Unterscheidung, die insbesondere von Schleiermacher wirkmächtig getroffen wurde, um die Hermeneutik auf die *subtilitas intelligendi* zu verpflichten: Danneberg, *Hermeneutiken*, S. 484-486; Limpinsel, *Angemessenheit und Unangemessenheit*, S. 338 f. Dass die *subtilitas explicandi* eine nachgeordnete oder verschwindend geringe Rolle spielt, sieht man sogar an der Komplexitätsanzeige der Interpretationsformel von Göran Herméren: »*X interpretiert Y als Z für U um zu V*« (Herméren, »Interpretation«, S. 254) – in dieser sehr guten Grundbestimmung fehlen Medien und Formate des Interpretierens. Eine erste Erweiterung könnte also lauten: »*X interpretiert Y als Z in Medium W in Form von P für U um zu V*« (vgl. die Hinweise zu »Konventionen interpretatorischer Genres« bei Zabka, *Pragmatik der Literaturinterpretation*, S. 97 f.).
8. Vgl. etwa Brenner, *Das Problem der Interpretation*.
9. Weimar, »Text, Interpretation, Methode«, S. 114 (Hervorhebung S.M./C.S.).
10. Insofern ist es bezeichnend, dass sich bei Gerhard Kurz zwar ein Ka-

pitel »Lesen und Interpretieren« findet, das Thema »Schreiben und Interpretieren« aber ausgespart wird, obwohl z. B. die Relevanz von »Gattungen der Interpretation« durchaus bewusst ist (Kurz, *Hermeneutische Künste*, S. 25-33, S. 55-66 – anders, als der Untertitel vermuten lässt, befasst sich Kurz nicht mit praxeologischen Konzepten). Vgl. zum Status des »Schreiben[s] in den Geisteswissenschaften«: Erhart/Treichel, »Editorial«, S. 267-272.

11. Weimar, »Text, Interpretation, Methode«, S. 121 (Hervorhebung Verf.).
12. Hyland, »Writing in the University«, S. 69.
13. Vgl. Hyland, *Academic Publishing*, z. B. S. 3-6, S. 67-74, S. 91-112.
14. Vgl. Csiszar, *The Scientific Journal*.
15. Vgl. Hamann, »The Making of Professors«, S. 627.
16. Umfassend aus einer eher handlungstheoretischen Perspektive: Hyland, *Academic Publishing*. Zu praxeologischen Anschlüssen vgl. etwa die kursorischen Überlegungen zu »communities of practice«: ebda., S. 93-95.
17. Insofern ergibt sich alles, was Geisteswissenschaftlerinnen und Geisteswissenschaftler tun, jeder Gedanke und jede Formulierung, immer schon in einer Publikationsumgebung (Hyland, *Academic Publishing*, z. B. S. 3-6, S. 67-74, S. 91-112).
18. Szondi, Peter: Gesuch um Zulassung zur Habilitation, in: FU Berlin, UA: HabilA-Szondi in PA-Szondi-Bd. V.
19. »Fasst man das Interpretieren als Handlung auf, so hat dies eine Reihe von Konsequenzen, die im Folgenden kurz dargestellt werden sollen. Paradigmatische Handlungen zeichnen sich durch folgende Elemente aus: (1) Sie werden von einem Handlungssubjekt ausgeführt; (2) sie gehen aus einem Überlegungsprozess hervor, in dem das Handlungssubjekt erwägt, welche Gründe dafür sprechen, die fragliche Handlung – und nicht eine andere oder gar keine – auszuführen; (3) sie sind auf Ziele bezogen, d. h. es gibt Dinge, die sich das Handlungssubjekt vom Ausführen der Handlung verspricht; (4) sie lassen sich (a) danach beurteilen, ob sie geeignet sind, das unter (3) genannte Ziel zu befördern, sowie (b) danach, ob sie sonstigen Standards gerecht werden. Die unter (a) genannte Beurteilung orientiert sich an ›internen‹ Kriterien, d. h. danach, ob die Handlung aus der Sicht des Handelnden gut, ratsam oder richtig ist, während die unter (b) genannte Beurteilung unter ›externen‹ Gesichtspunkten erfolgt, die dem Handelnden nicht zugänglich sein oder von ihm nicht geteilt werden müssen« (Kindt/Köppe, »Moderne Interpretationstheorien«, S. 11). Möglicherweise ist diese Konzeption einer Handlung als »analytische Rekonstruktion« gemeint, die der »tatsächliche[n] *Chronologie* des Interpretierens nicht

entsprechen muss«. Der tatsächliche Vollzug wäre dann anders zu beschreiben: »Betrachtet man die Chronologie von Interpretationshandlungen, so wird der Interpret vielleicht mit besonders augenfälligen Textmerkmalen beginnen, eine Präferenz für die Untersuchung dieser Merkmale ausbilden und dann von hier aus weitergehen. In diesem Zusammenhang ist es nicht unplausibel anzunehmen, dass sich das Interpretieren nach Art (einer Variante) des ›hermeneutischen Zirkels‹ abspielt: Man muss zwischen Textmerkmalen und Handlungszielen immer wieder hin und hergehen, um schließlich zu einem ausgewogenen ›Überlegungsgleichgewicht‹ zu kommen, in dem die einzelnen Präferenzen (für bestimmte Handlungen und Handlungsziele) möglichst gut aufeinander abgestimmt sind.« (Dennerlein/Köppe/Werner, »Interpretation«, S. 7, Hervorhebung Verf.). Auch hierbei liegt das Augenmerk auf der Beziehung zwischen einem als Leser imaginierten Interpreten und dem Interpretandum.

20. Peter Szondi an Bernhard Böschenstein, Brief vom 24. 9. 1954, in: Szondi, *Briefe*, S. 45. Die entscheidenden Passagen sind deckungsgleich: »Kleists ›Amphitryon‹ in Luzern«, Beilage des Briefs vom 1. 9. 1954 von Peter Szondi an den Hessischen Rundfunk, in: Szondi, *Briefe*, S. 41-43; Szondi, *Schriften II*, S. 403 f.
21. Szondi, Peter: Fassung von *Amphitryon*, Kleists *›Lustspiel nach Molière‹*, in: DLA, A: Szondi: Prosa, Sammlungen, 88.9.1140/1.
22. Vgl. Isenschmid »›In mancher Hinsicht ein Glaubensbekenntnis‹«, S. 88 f.
23. Vgl. zu Konzepten des »epistemischen Schreibens«: Raible, »Über das Entstehen der Gedanken beim Schreiben«; Krämer, »›Operationsraum Schrift‹«, S. 42 f.; Zanetti, »Einleitung«, S. 26-31; sowie vor allem: Hoffmann, *Schreiben im Forschen*.
24. Szondi, Peter: Notizen zu Kleists *Amphitryon*, in: DLA, A: Szondi: Prosa, Sammlungen, 88.9.1140/3.
25. Forschungsperspektiven dazu für eine Praxeologie der Philologie bei Krause/Pethes, »Scholars in Action«, S. 101-103.
26. Vgl. Rheinberger, »Kritzel und Schnipsel«. Zu diesem Forschungszusammenhang insgesamt: Krey, *Textarbeit*, S. 14-26.
27. Rheinberger, »Kritzel und Schnipsel«, S. 344.
28. Während im Manuskript Zitate aus den Seiten 70-76 notiert werden, setzt das Typoskript auf Seite 77 ein und reicht bis Seite 96.
29. Vgl. auch die Einladung zu einem engen Kreis von Literaturwissenschaftlern, in dem außerhalb des Betriebs Sachgespräche stattfinden sollten: Alewyn, Richard: Richard Alewyn an Peter Szondi, Brief vom 13. 3. 1969, in: DLA, A: Szondi: Briefe an ihn, 88.9.431/4. Dazu (mit Edition von Briefen): Vollhardt, »Der Ursprung der Empfindsam-

keitsdebatte in der ›Tafelrunde‹ um Richard Alewyn«, S. 60-63. Zu Szondis literatursoziologischen Ansätzen vgl. Fleig, »Towards a Sociology of Literature«.

30. Einen Hinweis auf seine Sammelpraktiken gab Alewyn selbst in einer Vorbemerkung zu seinem berühmten Aufsatz über »Klopstocks Leser«: »Die ersten Notizen zu diesem Thema findet der Verfasser auf Zetteln, die ihn fünfzig Jahre lang durch viele Länder und Zeiten begleitet haben. Was er hier Rainer Gruenter zu Ehren vorlegt, sind Auszüge aus Teilen einer größeren Abhandlung. Der Verdacht, der Verfasser sei nur einer zeitgemäßen Mode erlegen, wäre also ungerechtfertigt.« (Alewyn, »Klopstocks Leser«, S. 100).
31. Vgl. Alewyn, »Klopstocks Leser«, S. 100.
32. Vgl. Alewyn, Richard: »Klopstock« Exposé / Oberseminar Wintersemester 1966/67, in: DLA, A: Alewyn: Prosa, Vorlesungen, 89.5.68.
33. Vgl. Alewyn, Richard: Konv. Exposés zu Mittel- und Oberseminaren, in: DLA, A: Alewyn: Prosa, Vorlesungen, 89.5.69 (dort auch weitere Seminarprogramme).
34. Hervorzuheben ist hier Alewyn, »Klopstocks Leser«; Alewyn, »Klopstock!«.
35. Alewyn, Richard: Notiz- und Exzerptsammlung, in: DLA, A: Alewyn: Prosa, 89.5.34.
36. Z.B. zu Jupiter: »Seine Tragik, dass er A. nur durch einen Betrug gewinnen kann, bei dem er für sie aufhört, J. zu sein« (Alewyn, Richard: Notiz- und Exzerptsammlung, in: DLA, A: Alewyn: Prosa, 89.5.34).
37. Zit. nach Zelle, »Von der Empfindsamkeit zum l'art pour l'art«; vgl. generell die Beiträge in: Garber/Széll (Hg.), *Das Projekt Empfindsamkeit*, z. B. S. 36, S. 38, S. 46, S. 68-70, S. 91 f., S. 102.
38. Vgl. auch die Auswertung des Jauß-Nachlasses bei Amslinger, *Eine neue Form von Akademie*, S. 106-133.
39. Jauß, Hans Robert: Exzerpte zu »Zeit«, in: DLA, A: Jauss: Verschiedenes, K 25, M2.
40. Jauß, Hans Robert: Exzerpte zu Proust, in: DLA, A: Jauss: Verschiedenes, K 25, M3.
41. Die Exzerpte zum Thema »Zeit« sind nach Autoren geordnet.
42. »Die scheinbare ›Verwilderung‹ dieses Romans«, so hält Jauß fest, liege »nicht im Fehlen eines Aufbauschemas«, »nicht allein im parodistischen Sich-Hinwegsetzen über Gattungsnormen«, »auch nicht in Reflexionsstufen der verschiedenen Erzähler«: »Den tieferen Grund gibt der Erzähler selbst an [...], wenn er sein Werk in der Widmung ein ›Buch ohne Tendenz‹ nennt« (Jauß, Hans Robert: Exzerpte zu Texten der Neuzeit, nach Autoren alphabetisch geordnet, in: DLA, A: Jauss: Verschiedenes, K 25, M4).

43. Jauß, Hans Robert: Exzerpte zu Texten der Neuzeit, nach Autoren alphabetisch geordnet, in: DLA, A: Jauss: Verschiedenes, K 25, M4.
44. Jauß, Hans Robert: Exzerpte zu verschiedenen Themen, in: DLA, A: Jauss: Verschiedenes, K 26, M1.
45. Jauß, Hans Robert: Philosophische Probleme, in: DLA, A: Jauss: Verschiedenes, K 26, M5.
46. Jauß, Hans Robert: Erste Seite von Hans Robert Jauß' Exzerpten zu Proust, in: DLA, A: Jauss: Verschiedenes. K 25, M3, S. 1.
47. Hamburger, Käte: Exzerpte ›Mitleid I‹, in: DLA, A: Hamburger, 91. 4. 159.
48. Szondi, Peter: »Einführung in die literarische Hermeneutik« (Exzerpte, Stichwortregister, Bibliographie), in: DLA, A: Szondi: Prosa, Vorlesungen, 88.9.1193.
49. Hamburger, Käte: Notizheft, in: DLA, A: Hamburger, 91. 4. 160.
50. In diesem Fall zu Hume (Hamburger, Käte: Exzerpte ›Mitleid I‹, in: DLA, A: Hamburger, 91. 4. 159).
51. Hamburger, Käte: Materialsammlung, in: DLA, A: Hamburger, 91. 4. 161.
52. Vgl. Hoffmann, *Schreiben im Forschen*, S. 61. Dies deckt sich mit den empirischen Befunden zur Varianz von Schreibprozessen bei Friedrich, »Medienwahl und Medienwechsel«, insbes. S. 143-187.
53. Vgl. Antonijević, *Amongst Digital Humanists*; Schruhl, *Formationen der Praxis*; Franken, »Kulturwissenschaftliches digitales Arbeiten«.
54. Vgl. Rheinberger, »Kritzel und Schnipsel«.
55. Zabka, *Pragmatik der Literaturinterpretation*, S. 13.
56. Dies entspricht dem Fazit von Brand, »Wissens-Dinge«, S. 127 f.
57. Hoffmann, *Schreiben im Forschen*, S. 8.
58. Hoffmann, *Schreiben im Forschen*, S. 39, S. 206, vgl. auch S. 144 f.
59. Vgl. dazu etwa die Arbeitspraktiken der Brüder Grimm: Kraut, *Exzerpieren und Ordnen*.
60. Hoffmann, *Schreiben im Forschen*, S. 11.
61. Vgl. Hoffmann, *Schreiben im Forschen*, S. 216, S. 218.
62. Szondi, Peter: Notizen zu Kleists *Amphitryon*, in: DLA, A: Szondi: Prosa, Sammlungen, 88.9.1140/3.
63. Vgl. Hoffmann, *Schreiben im Forschen*, S. 148-150.
64. Vgl. zu motivationalen Vokabularen etwa Burke, *Permanence and Change*, S. 21.
65. Vgl. Hoffmann, »Festhalten, Bereitstellen«, S. 14 f.

18. Problematisieren

1. Hoffmann, *Schreiben im Forschen*, S. 204.
2. Nolte, *Lebens Werk*, S. 51.
3. Nolte, *Lebens Werk*, S. 56.
4. Nolte, *Lebens Werk*, S. 57.
5. Nolte, *Lebens Werk*, S. 63.
6. Nolte, *Lebens Werk*, S. 65.
7. Nolte, *Lebens Werk*, S. 84.
8. Vgl. Nolte, *Lebens Werk*, S. 96.
9. Nolte, *Lebens Werk*, S. 166.
10. Hoffmann, *Schreiben im Forschen*, S. 222.
11. Vgl. Bülow/Krusche, »Nachrichten an sich selbst«, S. 114. Vgl. zur Differenzierung: Zill, *Der absolute Leser*, S. 384-391.
12. Vgl. Zill, *Der absolute Leser*, S. 386.
13. Zill, *Der absolute Leser*, S. 381 f.
14. Luhmann, »Lesen lernen«, S. 9.
15. Luhmann, »Lesen lernen«, S. 11.
16. Vgl. Hoffmann, *Schreiben im Forschen*, prägnante Formulierungen z. B. auf S. 14, S. 31, S. 39, S. 118. Als konkretes Beispiel aus der Literaturwissenschaft vgl. die Auswertungen der Notizen von Peter Szondi bei Zanetti, »Literaturwissenschaftliches Schreiben zwischen Mimesis und Abstraktion«, S. 361-364. Man könnte hier auch von »Frames« bzw. von »Framing« sprechen, allerdings tendiert die Forschung zur Rahmung von Kommunikationsprozessen zu kognitivistischen Verkürzungen und interessiert sich bevorzugt für strategische Operationen. Für einen konzentrierten Überblick über Ansätze, Begriffe und die Forschungstradition vgl. Matthes, *Framing*.
17. Winko, »Zur Plausibilität als Beurteilungskriterium literaturwissenschaftlicher Interpretation«, S. 486.
18. Vgl. hier auch den Unterschied zwischen einer holistischen und einer analytischen Zuschreibung von Textfunktionen: Rolf, »Textuelle Grundfunktionen«, S. 423 f.
19. So – stark zusammengefasst – die These von Rheinberger (*Experimentalsysteme und epistemische Dinge*) im Blick auf die Genforschung; vgl. auch Müller-Wille/Rheinberger, *Das Gen im Zeitalter der Postgenomik*.
20. Szondi, *Schriften II*, S. 158.
21. Szondi, *Schriften II*, S. 404; vgl. »Kleists ›Amphitryon‹ in Luzern«, Beilage des Briefs vom 1. 9. 1954 von Peter Szondi an den Hessischen Rundfunk, in: Szondi, *Briefe*, S. 42.
22. Vgl. Szondi, *Schriften II*, S. 66.
23. Zit. nach Pohl, *Studien zur Ontogenese wissenschaftlichen Schreibens*, S. 17.

24. Engert/Krey, »Das lesende Schreiben und das schreibende Lesen«, S. 374.
25. Hyland, *Academic Publishing*, S. 117.
26. Schmidt/Volbers, »Öffentlichkeit als methodologisches Prinzip«, vor allem S. 29-32, S. 31 f. Vgl. auch Schmidt, *Soziologie der Praktiken*, S. 226-262.
27. Vgl. Werle, »Forschungsdiskussionen zur Problemgeschichte«; Werle, »Problemgeschichte II«. Vgl. insbes. Spoerhase, »Was ist kein Problem?«.
28. Fromm, »Bibliographie und deutsche Philologie«, S. 448 f. (Hervorhebung Verf.). Vgl. dazu Erhart, »Die Zeitschrift ›Germanistik‹«, S. 214.
29. Fromm, »Bibliographie und deutsche Philologie«, S. 448.
30. Vgl. Kolk, *Berlin oder Leipzig?*.
31. Polanyi, *Implizites Wissen*, S. 28.
32. Polanyi, *Implizites Wissen*, S. 29.
33. Polanyi, *Implizites Wissen*, S. 31.
34. Szondi, Peter: Notizen zu Kleists *Amphitryon*, in: DLA, A: Szondi: Prosa, Sammlungen, 88.9.1140/3.
35. Szondi, Peter: Notizen zu Kleists *Amphitryon*, in: DLA, A: Szondi: Prosa, Sammlungen, 88.9.1140/3.
36. Hoffmann, *Schreiben im Forschen*, S. 234.
37. Hoffmann, *Schreiben im Forschen*, S. 244. Vgl. in diesem Sinn zur Pluralität von Illokutionen: Zabka, *Pragmatik der Literaturinterpretation*, S. 64-66.
38. Rheinberger, *Experimentalsysteme und epistemische Dinge*, z. B. S. 9; Martus, »Epistemische Dinge der Literaturwissenschaft?«, S. 49-51.
39. Vgl. dazu am Beispiel von Friedrich Kittlers Habilitationsverfahren: Martus, »Zur normativen Modellierung und Moderation von epistemischen Situationen«. Zur Virtuosität der literaturwissenschaftlichen Fehlerverarbeitung: Martus, »Der Mut des Fehlens«. Die Fokussierung von Wahrheit und die entsprechende Reservierung von Kriterien wie ›passend‹ oder ›stimmig‹ für (inter-)textuelle Verhältnisse bei Zabka erscheint insofern problematisch: Zabka, *Pragmatik der Literaturinterpretation*, insbes. S. 116-125.
40. Szondi notiert diese Stellen so, dass »gesehen« einmal in der Mitte zwischen den beiden Äußerungen steht (Szondi, Peter: Notizen zu Kleists *Amphitryon*, in: DLA, A: Szondi: Prosa, Sammlungen, 88.9.1140/3).
41. Szondi, Peter: Notizen zu Kleists *Amphitryon*, in: DLA, A: Szondi: Prosa, Sammlungen, 88.9.1140/3.
42. Kanonische Stellen zum Missverstehen bei Schleiermacher, *Hermeneutik und Kritik*, z. B. S. 92, S. 178.
43. Vgl. Morstein/Preußer, »›Das Buch muss mich von der ersten Seite an fesseln … sonst lese ich es nicht‹«, insbes. S. 129 f.

44. Weimar, »Was ist Interpretation?«, S. 110.
45. Weimar, »Was ist Interpretation?«, S. 110.
46. Vgl. Zabka, *Pragmatik der Literaturinterpretation*, S. 20.
47. Zanetti, »Literaturwissenschaftliches Schreiben zwischen Mimesis und Abstraktion«, S. 361.
48. Vgl. Zanetti, »Literaturwissenschaftliches Schreiben zwischen Mimesis und Abstraktion«, S. 362.
49. Gemeint ist Szene II/5.
50. Szondi, Peter: Notizen zu Kleists *Amphitryon*, in: DLA, A: Szondi: Prosa, Sammlungen, 88.9.1140/3.
51. Er sammelt Stellen, Einfälle und Interpretationsansätze auf unliniierten DIN-A4-Papieren. Die Dokumente wirken durch die konsequente maschinenschriftliche Abfassung im Vergleich zu den Notaten von Szondi, Alewyn, Jauß oder Hamburger optisch deutlich homogener. Vgl. zu Kittlers Exzerpierpraktiken auch Kreuzpaintner, *»Ideologie der Ideologiefreiheit«*, S. 157-159.
52. Kittler, Friedrich: Exzerpte zu ›Aufschreibesysteme 1800 · 1900‹, in: DLA, A: Kittler, K104, M2.
53. »Es geht also darum, Durst und Begehren nicht offenzulassen wie Philologen oder Rhetoren, sondern so restlos zu stillen, daß sie erlöschen. Der Tod des Begehrens aber heißt Seele. Deshalb besteht die neue Erquickung, aufs Evangelium angewandt, im Übersetzen aus eigener Seele und redlichem Gefühl. Sicher, auch Gefühl und Seele sind nur Übersetzungen, eine substantivierende Paraphrase des Seufzers *ach* als des einzigen Signifikanten, der keiner ist. Aber sie machen einen anderen Anfang möglich und funktionieren alle Rhetorik um.« (Kittler, *Aufschreibesysteme 1800 · 1900*, S. 18, Hervorhebung Verf.).
54. Blaues Ringbuch unter Szondi, Peter: Notizen zu Kleists *Amphitryon*, in: DLA, A: Szondi: Prosa, Sammlungen, 88.9.1140/3.
55. Vgl. dazu Krämer, »›Operationsraum Schrift‹«.
56. Rheinberger, »Kritzel und Schnipsel«, S. 345.
57. Vgl. Hoffmann, *Schreiben im Forschen*, S. 168 f.
58. Szondi, Peter: Fassung von *Amphitryon, Kleists ›Lustspiel nach Molière‹*, in: DLA, A: Szondi: Prosa, Sammlungen, 88.9.1140/1, S. 9.
59. Meyer, *Gestalten und Probleme*, S. 11.
60. Meyer, *Gestalten und Probleme*, S. 13. Vgl. zur Anwendung von Faustregeln in den Experimentalwissenschaften: Rheinberger, *Experimentalsysteme und epistemische Dinge*, S. 95 f.
61. Luhmann, »Die Soziologie des Wissens«, S. 177.
62. Luhmann, »Die Soziologie des Wissens«, S. 178.
63. Ausführlicher hierzu und zum Folgenden Kämper-van den Boogaart/Martus/Spoerhase, »Entproblematisieren«, S. 12-15.

64. In gewisser Hinsicht weist schon der Paradigmenbegriff Thomas S. Kuhns auf die Verschränkung von Problematisierung und Entproblematisierung hin; vgl. weiterführend Hacking, »Paradigms«.
65. Vgl. dazu Spoerhase, »Was ist kein Problem?«; Spoerhase, »Dramatisierungen und Entdramatisierungen der Problemgeschichte«.

19. Seminararbeiten schreiben

1. Vgl. Luhmann, *Das Erziehungssystem der Gesellschaft*, S. 59 f.
2. Luhmann, *Das Erziehungssystem der Gesellschaft*, S. 133.
3. Vgl. Kämper-van den Boogaart/Martus/Spoerhase, »Entproblematisieren«, S. 13-16.
4. Vgl. Clark, *Academic Charisma and the Origins of the Research University*; Spoerhase/Dehrmann, »Die Idee der Universität«.
5. Herausragende Quellen für weiter zurückliegende Phasen bei Müller/Richter, *Praktizierte Germanistik*.
6. Vgl. etwa als besonders reichhaltiges Konvolut die »Unterlagen zum Seminar ›Historiographie 16.-18. Jh.‹« von Reinhart Koselleck (2 Mappen; DLA: A: Koselleck: Dokumente, Zugangsnummer HS.2008.0095, Mediennummer HS005966980).
7. Szondi, Peter: Annotierte Reclam-Ausgabe von Kleists *Amphitryon*, in: DLA, A: Szondi: Verschiedenes, Seminare, 88.9.1269.
8. Freie Universität Berlin, *Namen- und Vorlesungsverzeichnis Sommersemester* 1960, S. 140.
9. Szondi, Peter: Annotierte Reclam-Ausgabe von Kleists *Amphitryon*, in: DLA, A: Szondi: Verschiedenes, Seminare, 88.9.1269.
10. Vgl. zum Folgenden: Kämper-van den Boogaart/Martus/Spoerhase, »Entproblematisieren«, insbes. S. 9-13.
11. Vgl. zu den folgenden Zitaten: N. N., »Protokoll zu Organisationsfragen des Colloquiums vom 2 Juni 1969«, S. 72 f.
12. Beese, »Für die ›Orientierungsveranstaltung für Anfangssemester‹ am 10. Mai 1972«, S. 115.
13. Albers, »Vorbemerkung«, S. 9.
14. Faksimilierte Notizen in Eidelpes, »Vergleich ohne feste Regeln«, S. 68 (vgl. Szondi, Peter: Materialien zum Seminar »Einführung in die Methoden der Vergleichenden Literaturwissenschaft«, in: DLA, A: Szondi: Verschiedenes, Seminare, 88.9.1261).
15. Vgl. Kolk, »Liebhaber, Gelehrte, Experten«, S. 48-114; Danneberg, »Dissens«.
16. Vgl. Kolk, »›Repräsentative Theorie‹«.
17. So die Erinnerung eines Seminarteilnehmers, zit. nach: Spoerhase/Dehrmann, »Die Idee der Universität«, S. 108.

18. So in einem anderen, ebenfalls prototypischen Fall: Nottscheid, »›vorbild und muster‹«, S. 383.
19. Vgl. Pohl, *Die studentische Hausarbeit*, S. 41 f., S. 47.
20. Vgl. generell zu Szondis Hausarbeiten: Isenschmid, »Peter Szondi. Portrait des Literaturwissenschaftlers als junger Mann«.
21. Vgl. König, *Engführungen*, S. 102; Isenschmid, »Emil Staiger und Peter Szondi«, S. 175.
22. Vgl. Isenschmid, »Peter Szondi. Portrait des Literaturwissenschaftlers als junger Mann«, S. 404.
23. Bourdieu, *Praktische Vernunft*, S. 204-206; vgl. zum »literaturwissenschaftliche[n] Blick« Glaser, *Literaturwissenschaft als Wissenschaftskultur*, z. B. S. 117-125.
24. Vgl. Pohl, *Die studentische Hausarbeit*, S. 37.
25. Holger Dainat plädiert vehement gegen die Verengung der Aufmerksamkeit auf die Hausarbeiten und weist auf den hohen Stellenwert der Vorlesungsmitschrift hin: Dainat, »Mitschrift, Nachschrift, Referat, Koreferat«.
26. Meves (Hg.), *Deutsche Philologie an den preußischen Universitäten im 19. Jahrhundert*, Teilbd. II, S. 796 f. (Hervorhebung Verf.).
27. Ebel, »Jacob und Wilhelm Grimm und ihre Vorlesungstätigkeit in Göttingen 1830-1837«, S. 57, S. 96 (Hervorhebung S.M./C.S.). Zur Vermittlung von Forschung, Professorenstatus und entsprechenden Lehrformaten vgl. Martus, »›Zu Professoren taugen wir wohl beide nicht‹«.
28. Spoerhase/Dehrmann, »Die Idee der Universität«, S. 106, S. 108, S. 110, S. 112 f.
29. Vgl. König, *Engführungen*, S. 25, S. 29 (hier im Beitrag von Andreas Isenschmid).
30. Szondi, Peter: Fassungen und Materialien zur Seminararbeit über *Das mittelalterliche geistliche Spiel und das Problem des epischen Theaters*, in: DLA, A: Szondi: Prosa, Sammlungen, 88.9.1152/1.
31. So im Inhaltsverzeichnis einer Vorfassung der eingereichten Arbeit: Szondi, Peter: Fassungen und Materialien zur Seminararbeit über *Das mittelalterliche geistliche Spiel und das Problem des epischen Theaters*, in: DLA, A: Szondi: Prosa, Sammlungen, 88.9.1152/3.
32. Szondi, Peter: Fassungen und Materialien zur Seminararbeit über *Das mittelalterliche geistliche Spiel und das Problem des epischen Theaters*, in: DLA, A: Szondi: Prosa, Sammlungen, 88.9.1152/3, hier S. 1 f.
33. Vgl. Szondi, Peter: Fassungen und Materialien zur Seminararbeit über *Das mittelalterliche geistliche Spiel und das Problem des epischen Theaters*, in: DLA, A: Szondi: Prosa, Sammlungen, 88.9.1152.
34. Szondi, Peter: Fassungen und Materialien zur Seminararbeit über *Das*

mittelalterliche geistliche Spiel und das Problem des epischen Theaters, in: DLA, A: Szondi: Prosa, Sammlungen, 88.9.1152/1 (»Vorbemerkung«).
35. Vgl. Bremer, *Postskriptum Peter Szondi*, S. 37-40.
36. Vgl. Szondi, »Friedrich Schlegel und die romantische Ironie«.
37. Zu dieser groben Unterteilung von Kriterien vgl. Borkowski u. a., »Probleme der Interpretation von Literatur«, S. 48.
38. Szondi, Peter: Auszug aus Szondis Seminararbeit über *Das mittelalterliche geistliche Spiel und das Problem des epischen Theaters*, in: DLA, A: Szondi: Prosa, Sammlungen, 88.9.1152, S. 7.

20. Lektürepraktiken koordinieren

1. Schatzki, *Social Practices*, S. 89. Zu einer skalierenden Verhältnisbestimmung von Sagen und Tun, das »anstelle des Dualismus von doings und sayings unterschiedliche Grade der Artikuliertheit, ein *Kontinuum der Explizität*« setzt: Hirschauer, »Verhalten, Handeln, Interagieren«, S. 57 f. (Hervorhebung Verf.).
2. Reckwitz, »Grundelemente einer Theorie sozialer Praktiken«, S. 295. Vgl. auch die praxeologische Perspektive auf Leseszenen bei Griem, *Szenen des Lesens*.
3. Vgl. Kämper-van den Boogaart/Martus/Spoerhase, »Entproblematisieren«, S. 13.
4. Vgl. Fleck, *Entstehung und Entwicklung einer wissenschaftlichen Tatsache*, S. 146-164.
5. Vgl. Hyland, *Academic Publishing*, S. 130-132.
6. Baecker, »Forschung im Medium der Universität«, S. 89.
7. Zanetti, »Literaturwissenschaftliches Schreiben zwischen Mimesis und Abstraktion«, S. 363.
8. Peter Szondi an Fritz Arnold, Brief vom 16. 5. 1961, in: Szondi, *Briefe*, S. 121.
9. Schlaffer, »Der Umgang mit Literatur«, S. 3.
10. Vgl. Schlaffer, »Der Umgang mit Literatur«, S. 3 f.
11. Schlaffer, »Der Umgang mit Literatur«, S. 23.
12. Benesch, *Mythos Lesen.*
13. Vgl. Spoerhase, »Gegen Denken?«.
14. Nietzsche, *Sämtliche Werke*, Bd. 3, S. 17.
15. Szondi, Peter: Annotierte Reclam-Ausgabe von Kleists *Amphitryon*, in: DLA, A: Szondi: Verschiedenes, Seminare, 88.9.1269.
16. Um einige Beispiele anzuführen: Zu Kleist, *Amphitryon*, S. 38, II/4 (»Charis: Gewiß! Wie konnt' ich auch nur zweifeln [...]«): »Jup. – Amph. Dialektik der Verkleidung.« Zu ebda., S. 53, III/2 (»Amph.: Ich. Merkur. Wer? Ich!«): »Was für ein Ich?« Ebda., S. 70, III/11 oben

am Seitenrand: »das gegen A. Gesagte richtet sich zugleich gegen J und für A.«; unten am Seitenrand: »der göttliche Geliebte Amphitryon ist inzwischen zum Gemahl geworden, der Gemahl zum Betrüger.«

17. »Meine« und »meiner« sind unterstrichen und werden über eine Linie am Rand auf das umkreiste »ich« bezogen.
18. Szondi, Peter: Annotierte Abschrift von Gryphius' »Abend« aus den Unterlagen zu Szondis Seminar »Interpretation von Gedichten« (WS 1962/63), in: DLA, A: Szondi: Verschiedenes, Seminare, 88.9.1268.
19. Winkler, »Welches Wissen fördert das Verstehen literarischer Texte?«. Die Untersuchung mag empirisch auf dünnen und methodisch auf wackeligen Beinen stehen, weil die kleine Zahl von Probandinnen und Probanden gemäß ihrem unterstellten Fassungsvermögen mit unterschiedlichen Informationen und Aufgaben ins Interpretationsrennen geschickt wurden. Sie deckt sich jedoch mit unseren Lehrerfahrungen und Selbstbeobachtungen und erklärt sehr gut, was auf den ersten Seiten von Szondis *Amphitryon*-Ausgabe geschieht. Im Fall Szondis könnte man hier zugleich einen Effekt der strukturalistischen Analysepraxis sehen, mit der er sich früh beschäftigt hat und die sich insbesondere an Ähnlichkeits- und Oppositionsverhältnissen orientiert (zum ›prästrukturalistischen‹ Kontext vgl. Riechers, *Peter Szondi*, S. 47-53).
20. Vgl. Christmann, »Kognitionspsychologische Ansätze«.
21. Abbott, *Digital Paper*, S. 140.
22. Nietzsche, *Sämtliche Werke*, Bd. 8, S. 473 f. Vgl. dazu Brückner, *Auf dem Weg zur Philosophie*, S. 119.
23. Vgl. Brückner, *Auf dem Weg zur Philosophie*, S. 63-74, S. 240-243.
24. Nietzsche, *Sämtliche Werke*, Bd. 2, S. 146 f. Vgl. dazu Brückner, *Auf dem Weg zur Philosophie*, S. 70.
25. Vgl. Brückner, *Auf dem Weg zur Philosophie*, S. 107-152, insbes. S. 147 f.
26. Hagner, *Zur Sache des Buches*, S. 220.
27. Benesch, *Mythos Lesen*, z. B. S. 13, S. 21.
28. Vgl. zu dieser »Kulturtechnik« Maye, *Blättern/Zapping*.
29. Dazu zählt u. a. das »Scan Reading«, sodass sich die Kategorien vermischen und doppeln.
30. Vgl. Abbott, *Digital Paper*, z. B. S. XII, S. 4-6, S. 64, S. 104.
31. Vgl. Abbott, *Digital Paper*, S. 7-9, S. 86 f.
32. Z. B. Stary/Kretschmer, *Umgang mit wissenschaftlicher Literatur*, S. 46-49.
33. Abbott, *Digital Paper*, S. 134 f.
34. Abbott, *Digital Paper*, S. 137 f.
35. Vgl. Christmann, »Lesen als Sinnkonstruktion«, S. 169-171.
36. »The most common mistake in research reading (also in scholarly read-

ing more generally) is to read narratively when you should be reading for mastery. Never read a text without having specified ahead of time what you want [to] get from it. Any other approach degenerates into narrative reading. Save that for Tolstoy« (Abbott, *Digital Paper*, S. 141).

37. Abbott, *Digital Paper*, S. 144.
38. Vgl. dazu grundlegender: Jaeggi, *Kritik von Lebensformen*, S. 108.
39. Jaeggi, *Kritik von Lebensformen*, S. 103.
40. Vgl. Krey, *Textarbeit*, S. 35-41.
41. Vgl. Knorr-Cetina, »Objectual Practice«, S. 185-187.
42. Schatzki, *Social Practices*, S. 91; Reckwitz, *Kreativität und soziale Praxis*, S. 43; vgl. auch die Überlegungen zu kategorial gebundenen und offenen Praktiken bei Coulter, »Human Practices«, S. 46 f.
43. So entgegen Schatzki, *Social Practices*, S. 91 f. Schatzkis Unterscheidung von »dispersed« und »integrative practices«, also zwischen mehr oder weniger ubiquitären und sozial stark fokussierten Praktiken, leuchtet zwar im Prinzip ein, nicht aber die Beispielwahl für letztere (ebda., S. 98): Wählen, Lehren, Feiern, ja selbst Kochen findet in sehr vielen Umgebungen statt, vor allem aber sind die Teilpraktiken wiederum vielerorts zu finden. Deswegen ist es auch nicht schlüssig, »teleoaffective structures« für »integrative practices« zu reservieren (ebda., S. 99). Aus diesen Unschärfen resultiert schließlich eine Kompromissformel: »What is true is that people usually, though not always, are also engaged in an integrative practice when carrying on a dispersed one« (ebda.). Fruchtbringender, aber schwierig umzusetzen erscheint eher die Suche nach Strukturen innerhalb einer Praxis als Ensemble von Praktiken: Swidler, »What Anchors Cultural Practices«.

21. Der Lehrstuhl als Praxiszusammenhang

1. Bunia, »Der Sonderweg des Ordinariats«, S. N4.
2. Eine größere Anzahl von Schülerinnen- und Schülerarbeiten, die auch im Umfeld des *Biedermeierzeit*-Projekts entstanden sind, ist im Sengle-Nachlass ebenfalls überliefert (neben Dissertationen auch Magisterarbeiten und Staatsexamensarbeiten). Teilweise sind die Arbeiten sehr genau gelesen worden. So erstellt Sengle auf fast 30 DIN-A5-Seiten eng beschriebene handschriftliche Exzerpte aus Georg Jägers Habilitationsschrift.
3. Vgl. Wedekind, *Zwei deutsche Übersetzungen des Romans »Eugénie Grandet«* [Staatsexamensarbeit]; Lamm, *Die Übersetzung als Stilproblem* [Staatsexamensarbeit].
4. Sengle, *Biedermeierzeit*, Bd. I, S. XIV.
5. Sengle, *Biedermeierzeit*, Bd. I, S. XIV.

6. Sengle, *Biedermeierzeit*, Bd. III, S. 1073 f.
7. Vgl. dazu Kreuzpaintner, »*Ideologie der Ideologiefreiheit*«, S. 113-117.
8. Sengle, *Biedermeierzeit*, Bd. I, S. XIV.
9. Vgl. Sengle, *Biedermeierzeit*, Bd. I, S. 514-515, S. 681. Vgl. z. B. auch den Verweis auf die Arbeit von Rosemarie von Funcke in Sengle, *Biedermeierzeit*, Bd. I, S. 616.
10. Vgl. dazu Binczek u. a. (Hg.), *Dank sagen*.
11. Die Arbeit sei »auf Anregung von Prof. Dr. Friedrich Sengle« entstanden oder »auf Anregung und unter Betreuung von Prof. Dr. Friedrich Sengle« geschrieben worden: Neumaier, *Der Konversationston in der frühen Biedermeierzeit 1815-1830*, S. III; Göttler, *Der Pfarrer im Werk Jeremias Gotthelfs*, S. 5. Der Dank gilt der »Anregung und Betreuung«; die Arbeit verdanke »ihre Entstehung der Anregung von Herrn Professor Dr. Friedrich Sengle«. Fertig, *Der Adel im deutschen Roman des 18. und 19. Jahrhunderts*, S. 211; Schröder, *Novelle und Novellentheorie in der frühen Biedermeierzeit*, S. [V]. Was genau angeregt wurde, wird stellenweise eigens hervorgehoben: Die »Anregung zum Stilvergleich beider Dramen ist von Herrn Professor Dr. Friedrich Sengle ausgegangen«; und in einer anderen Dissertation fast gleichlautend: Die »Anregung zum Stilvergleich beider Dramen ist von Herrn Prof. Dr. Sengle ausgegangen«. Paulin, *Gryphius' ›Cardenio und Celinde‹ und Arnims ›Halle und Jerusalem‹*, S. V; Partl, *Friedrich Schillers ›Wallenstein‹ und Franz Grillparzers ›König Ottokars Glück und Ende‹*, S. 9. Auch in Danksagungen zu Habilitationsschriften kehrt diese Formulierung wieder: Manfred Windfuhr dankt seinem »Lehrer Friedrich Sengle, der die Arbeit angeregt« habe. Windfuhr, *Die barocke Bildlichkeit und ihre Kritiker*, S. VII.
12. Die einzige uns bekannte Ausnahme ist Hirschmann, *Kulturkampf im historischen Roman der Gründerzeit 1859-1878*.
13. Nicht alle Referentinnen und Referenten belassen es aber bei dem Hinweis, dass es sich um eine »bei F. Sengle gefertigte[] Diss.« beziehungsweise »bei F. Sengle angefertigte [...] Diss.« handelt. Vgl. Krohn, »Ulrich Eisenbeiß: Das Idyllische in der Novelle der Biedermeierzeit« [Ref.]; Perels, »Carla Freudenreich: Zwischen Loen und Gellert« [Ref.]. Manche weisen eigens darauf hin, dass die Dissertation »auf Anregung von F. Sengle« oder unter dem »Einfluß von F. Sengle« geschrieben worden sei. Vgl. Thieberger, »Rolf Schröder: Novelle und Novellentheorie in der frühen Biedermeierzeit« [Ref.]; Reinhardt, »Inge Graichen: Der frühe Gottfried Keller« [Ref.].
14. Steinecke, »Herbert Neumaier: Der Konversationston in der frühen Biedermeierzeit« [Ref.], S. 225: »Sengle ist in Bd 2 seines Werkes *Biedermeierzeit* (1972) erstmals ausführlicher auf den ›Konversationston‹

eingegangen und hat seine Bedeutung und seine Verbreitung in der Zeit gezeigt. N.s [Neumaiers, S.M./C.S.] im gleichen Jahr bei Sengle abgeschlossene Diss. kann daher nur noch wenig grundsätzlich Neues zum Thema beitragen; dennoch ist sie nicht überholt: N. liefert in sehr detaillierten Analysen eines umfangr. Textmaterials Belege für Sengles Ansichten, nicht selten konkretisiert und verdeutlicht er sie. Eine Einordnung in größere Zusammenhänge, wie Sengle sie vornimmt, wird von N. hingegen nur in Ansätzen versucht.«

15. Vgl. z.B. Böschenstein-Schäfer, *Idylle*, S. 33.
16. Vgl. Sengle, Friedrich: Teilnehmerliste, Oberseminar Prof. Dr. Sengle, WS 1970/71, in: HHI: Nachlass Friedrich Sengle: Haupt/Oberseminar.
17. Häntzschel, Günter: Günter Häntzschel an Friedrich Sengle, Brief vom 28.8.1970, in: HHI: Nachlass Friedrich Sengle: Korr. Häntzschel.
18. Neumaier, Herbert: Herbert Neumaier an Friedrich Sengle, Brief vom 14.4.1975, in: HHI: Nachlass Friedrich Sengle: Biedermeierzeit, Mappe: Nachtrag, Bd. III, Heine, 2b.
19. Laut Hermands Erinnerung wurde die Arbeit im Spätherbst 1953 verabredet und im Sommer 1955 erfolgte die Verleihung des Doktortitels; 1957 erschien die Arbeit im Druck, wurde aber vom Verlag auf 1958 datiert. Vgl. dazu Hermand, »›Biedermeier‹ oder ›Vormärz‹?«, S. 326.
20. Vgl. Hermand, »Literaturwissenschaft und ökologisches Bewußtsein«, S. 106 f.: »[...] wir ahnten auch nicht, daß viele unserer akademischen Lehrer ehemalige Nationalsozialisten waren und deshalb jede Auseinandersetzung mit Problemen des 20. Jahrhunderts als ›unwissenschaftlich‹ ablehnten. Aus diesem Grunde zwang mich Sengle, mein Dissertationsprojekt über die Farbsymbolik in den Gedichten Georg Trakls aufzugeben und statt dessen über *Die literarische Formenwelt des Biedermeiers* zu promovieren [...].« Später äußert Hermand sich nicht so forciert. Er habe sich von Sengle »bereden« lassen, nachdem seine Themen von Sengle ebenso wie von Wolfgang Kayser abgelehnt worden seien; da er »umgehend promovieren wollte«, habe er sich darauf eingelassen (Hermand, »›Biedermeier‹ oder ›Vormärz‹?«, S. 326).
21. Hermand, »›Biedermeier‹ oder ›Vormärz‹?«, S. 326.
22. Hermand kam ursprünglich auf Empfehlung von Friedrich Sengle an die University of Wisconsin; vgl. Hermand, *Zuhause und anderswo*, S. 94 f.
23. Lange wurde bereits in den Kurzlebensläufen der maschinenschriftlichen Abschlussarbeiten markiert, wessen Schülerin beziehungsweise Schüler man war: »Meine akademischen Lehrer waren die Herren Professoren Drs. Beißner, Kluckhohn, H. Schneider, Sengle, Spranger, Stadelmann, Staiger, Vogt, C. A. Weber, Weischedel und Frau Prof. Dr. Gauger.« Wagner, *Wesen und Geltung der erzählenden Prosa im Urteil der Biedermeierzeit*, S. [205].

24. Hermand/Windfuhr (Hg.), *Zur Literatur der Restaurationsepoche 1815-1848*, S. VI. Die Beiträgerinnen und Beiträger des Bandes sind: Jost Hermand, Günter Häntzschel, Alberto Martino, Roger Paulin, Franz Schüppen, Eva D. Becker, Georg Jäger, Hans-Wolf Jäger, Manfred Windfuhr, Ute Radlik, Kurt Partl und Michael Kaiser.
25. Vgl. zu Hermands scharfer Abgrenzung von Sengle auch die Hinweise bei Venzl/Zimmermann, »Die *Biedermeierzeit* als verfallenes Forschungsmonument?«, S. 75 f.
26. Hermand/Windfuhr (Hg.), *Zur Literatur der Restaurationsepoche 1815-1848*, S. VII.
27. Hermand, »Allgemeine Epochenprobleme«, S. 23. Hermand wird auch später noch als »abtrünnige[r] Sengle-Schüler« charakterisiert. Vgl. Nielsen, »Probleme der Lenau-Rezeption«, S. 379 (auch Günter Häntzschel wird ebda. der »Sengleschen Schule« zugeordnet).
28. Windfuhr, »Heinrich Heines Modernität«, S. 458, Anm 3.
29. Hermand/Windfuhr (Hg.), *Zur Literatur der Restaurationsepoche 1815-1848*, S. VII.
30. Sengle, *Biedermeierzeit*, Bd. I, S. 199. Wobei Sengle seine Kritik an Hermand später deutlich verschärft und seinen Schüler als »Salonmarxisten« disqualifiziert oder ihn auch eines »Taschenspielerkniffs« bezichtigt; vgl. Sengle, *Biedermeierzeit*, Bd. III, S. 469, Anm.; S. 536, Anm.
31. Sengle, *Vorschläge zur Reform der literarischen Formenlehre*, S. 5.
32. Vgl. Vogt, »Die Achtundvierziger und die Achtundsechziger«, S. 229-232.

22. Dienste versehen

1. Vgl. Bock, *Strukturgeschichte der Assistentur*, S. 221.
2. Negt, *Erfahrungsspuren*, S. 99.
3. Vgl. für diese Formulierung Negt/Kluge, *Geschichte und Eigensinn*, S. 716.
4. Szondi, Peter: Stellungnahmen zum Status der wissenschaftlichen Assistenten, in: DLA, A: Szondi: Zugehörige Materialien, 88.9.1299.
5. Vgl. Zill, *Der absolute Leser*, S. 154.
6. Szondi, Peter: Peter Szondi an den Rektor der Freien Universität Berlin, Brief vom 8. 4. 1969, in: FU Berlin, UA: PA Szondi, Bd. IV.
7. Szondi, Peter: Peter Szondi an den Präsidenten der Freien Universität Berlin, Brief vom 30. 12. 1970, in: FU Berlin, UA: PA Szondi, Bd. IV.
8. [Anonym]: Darstellung der Situation der Assistentenschaft. Ein Diskussionsbeitrag […], in: DLA, A: Szondi: Zugehörige Materialien. Stellungnahmen zum Status der wissenschaftlichen Assistenten, 88.9.1299, S. 2.

9. [Anonym]: Darstellung der Situation der Assistentenschaft. Ein Diskussionsbeitrag […], in: DLA, A: Szondi: Zugehörige Materialien. Stellungnahmen zum Status der wissenschaftlichen Assistenten, 88.9.1299, S. 2.
10. [Anonym]: Darstellung der Situation der Assistentenschaft. Ein Diskussionsbeitrag […], in: DLA, A: Szondi: Zugehörige Materialien. Stellungnahmen zum Status der wissenschaftlichen Assistenten, 88.9.1299, S. 3.
11. [Anonym]: Darstellung der Situation der Assistentenschaft. Ein Diskussionsbeitrag […], in: DLA, A: Szondi: Zugehörige Materialien. Stellungnahmen zum Status der wissenschaftlichen Assistenten, 88.9.1299, S. 3.
12. [Anonym]: Darstellung der Situation der Assistentenschaft. Ein Diskussionsbeitrag […], in: DLA, A: Szondi: Zugehörige Materialien. Stellungnahmen zum Status der wissenschaftlichen Assistenten, 88.9.1299, S. 3.
13. Sengle, Friedrich: Friedrich Sengle an die Deutsche Forschungsgemeinschaft, Brief vom 28. 3. 1957, in: HHI: Nachlass Friedrich Sengle: Deutsche Forschungsgemeinschaft.
14. Sengle, Friedrich: Friedrich Sengle an die Deutsche Forschungsgemeinschaft, Brief vom 10. 3. 1956, in: HHI: Nachlass Friedrich Sengle: Deutsche Forschungsgemeinschaft.
15. Sengle, Friedrich: Friedrich Sengle an die Deutsche Forschungsgemeinschaft, Brief vom 18. 10. 1969, in: HHI: Nachlass Friedrich Sengle: Deutsche Forschungsgemeinschaft.
16. Sengle, Friedrich: Friedrich Sengle an die Deutsche Forschungsgemeinschaft, Brief vom 28. 3. 1957, in: HHI: Nachlass Friedrich Sengle: Deutsche Forschungsgemeinschaft.
17. Sengle, Friedrich: Friedrich Sengle an die Deutsche Forschungsgemeinschaft, Brief vom 14. 11. 1963, in: HHI: Nachlass Friedrich Sengle: Deutsche Forschungsgemeinschaft.
18. Sengle, Friedrich: Friedrich Sengle an die Deutsche Forschungsgemeinschaft, Brief vom 6. 3. 1973, in: HHI: Nachlass Friedrich Sengle: Deutsche Forschungsgemeinschaft.
19. Sengle, Friedrich: Friedrich Sengle an Manfred Briegel, Brief vom 6. 7. 1977, Beilage 4, in: HHI: Nachlass Friedrich Sengle: Deutsche Forschungsgemeinschaft.
20. Sengle, Friedrich: Friedrich Sengle an Wolfgang Treue, Brief vom 21. 3. 1962, in: HHI: Nachlass Friedrich Sengle: Deutsche Forschungsgemeinschaft.
21. Sengle, Friedrich: Friedrich Sengle an die Deutsche Forschungsgemeinschaft, Brief vom 27. 5. 1966, in: HHI: Nachlass Friedrich Sengle: Deutsche Forschungsgemeinschaft.

22. Krey, *Textarbeit*, S. 40.
23. Sengle, Friedrich: Friedrich Sengle an die Deutsche Forschungsgemeinschaft, Brief vom 27. 5. 1966, in: HHI: Nachlass Friedrich Sengle: Deutsche Forschungsgemeinschaft.
24. Sengle, Friedrich: Friedrich Sengle an Manfred Briegel, Brief vom 6. 7. 1977, Beilage 4, in: HHI: Nachlass Friedrich Sengle, Deutsche Forschungsgemeinschaft.
25. Vgl. die Briefe von Richard Alewyn an Szondi über die »Tafelrunde« in DLA, A: Szondi: Alewyn, Richard/Szondi, Peter, 1964-1970, 88.9.431/1-11.
26. Vgl. Alewyn, Richard: Richard Alewyn an verschiedene Empfänger, Rundschreiben vom 17. 2. 1969 und 1. 7. 1969, in: DLA, A: Alewyn: Tafelrunde, 1969, 89.5.2993. Vgl. auch die Briefe von Herbert Singer; Singer, Herbert: Herbert Singer »An die Mitglieder von ›Alewyns Tafelrunde‹«, Brief vom 12. 2. 1970 und Brief vom 4. 3. 1970, in: DLA, A: Szondi: Singer, Herbert/Szondi, Peter, 1969-1970, 88.9.970/1-4; Singer, Herbert: Herbert Singer an Peter Szondi, Brief vom 9. 3. 1970, in: DLA, A: Szondi: Singer, Herbert/Szondi, Peter, 1969-1970, 88.9.970/1-4. Sehr interessant ist auch die handschriftliche Exposition zur Tafelrunde: Alewyn, Richard: Exposition zur »Tafelrunde«, in: DLA, A: Alewyn: Tafelrunde, Alewyn, Richard, Verschiedenes, 89.5.2989.
27. Vgl. dazu Adam, »Die Zeitschrift ›Euphorion‹ in den Jahren 1950-1970«, S. 247-250.
28. Szondi, Peter: Peter Szondi an Richard Alewyn, Brief vom 26. 3. 1969, in: DLA, A: Szondi°Bollack: Briefaktion, Szondi, Peter/Alewyn, Richard, 1969, 88.9.1610; vgl. auch das Pendant dieses Durchschlags (»Original«) in DLA, A: Alewyn: Szondi, Peter/Alewyn, Richard, 1969, 90.34.16/1-6. Der Brief ist auch abgedruckt in: Szondi, *Briefe*, S. 263-264. Vgl. dazu auch weitere Briefe von Szondi an Richard Alewyn in: DLA, A: Szondi: Szondi, Peter/Alewyn, Richard, 1969-1970, 88.9.4./1-7; Gegenbriefe von Alewyn in: DLA, A: Szondi: Szondi, Peter/Alewyn, Richard, 1964-1970, 88.9.431/1-11.
29. Vgl. Szondi, Peter: Peter Szondi an Richard Alewyn, Brief vom 22. 4. 1969, in: DLA, A: Szondi: Szondi, Peter/Alewyn, Richard, 1969-1970, 88.9.4./1-7.
30. Szondi, Peter: Peter Szondi an Richard Alewyn, Brief vom 26. 3. 1969, in: DLA, A: Szondi°Bollack: Briefaktion, Szondi, Peter/Alewyn, Richard, 1969, 88.9.1610.
31. Vgl. dazu Amslinger, *Eine neue Form von Akademie*.
32. Vgl. Martus/Thomalla/Zimmer, »›Dass keine Atomphysiker dabei waren, hat mich auch nicht gewundert‹«.
33. Sengle, Friedrich: Friedrich Sengle an die Stiftung Volkswagenwerk,

Brief vom 13.5.1968, in: HHI: Nachlass Friedrich Sengle: Gutachten III.

34. Sengle, Friedrich: Friedrich Sengle an die Deutsche Forschungsgemeinschaft, Brief vom 18.10.1969, in: HHI: Nachlass Friedrich Sengle: Deutsche Forschungsgemeinschaft.

23. Arbeiten in Teams und Gruppen

1. Bahrdt/Krauch/Rittel, »Die wissenschaftliche Arbeit in Gruppen«, S. 6, S. 26.
2. Bahrdt/Krauch/Rittel, »Die wissenschaftliche Arbeit in Gruppen«, S. 9, S. 27.
3. Bahrdt/Krauch/Rittel, »Die wissenschaftliche Arbeit in Gruppen«, S. 11.
4. Bahrdt/Krauch/Rittel, »Die wissenschaftliche Arbeit in Gruppen«, S. 15.
5. Bahrdt/Krauch/Rittel, »Die wissenschaftliche Arbeit in Gruppen«, S. 2, S. 26. Ebda., S. 33: »die Arbeit des Kooperativs findet nicht in ständiger Gemeinsamkeit aller Mitglieder statt. [...] Vielmehr besteht der Hauptteil der Arbeitszeit in isolierter Einzeltätigkeit. Nur der geringste Teil der Arbeitszeit wird in den [...] Koordinationssitzungen verbracht«.
6. Bahrdt/Krauch/Rittel, »Die wissenschaftliche Arbeit in Gruppen«, S. 33.
7. Bahrdt/Krauch/Rittel, »Die wissenschaftliche Arbeit in Gruppen«, S. 14, S. 16.
8. Bahrdt/Krauch/Rittel, »Die wissenschaftliche Arbeit in Gruppen«, S. 11, S. 15.
9. Bahrdt/Krauch/Rittel, »Die wissenschaftliche Arbeit in Gruppen«, S. 16, S. 33.
10. Bahrdt/Krauch/Rittel, »Die wissenschaftliche Arbeit in Gruppen«, S. 33.
11. Dill, »Interdisziplinäre Beziehungen zwischen Literaturwissenschaft und Natur- und Sozialwissenschaften«, S. 189.
12. Wobei berücksichtigt werden muss, welche Formen der menschlichen Assistenz seit der Dienstzeit Sengles durch maschinelle Assistenzsysteme ersetzt worden sind oder auch nur durch die Verbreitung von Paratexten wie dem Abstract, das die Erstellung von Zusammenfassungen durch Hilfskräfte eigentlich überflüssig macht: Können etwa die problemindifferenten Abstracts, die nun den meisten Aufsätzen vorangeschickt werden, überhaupt die problemorientierten Abstracts

ersetzen, die Sengle im Kontext eines spezifisch orientierten Arbeitsprozesses erstellen ließ?

13. Schneickert/Lenger, »Studentische Hilfskräfte im deutschen Bildungswesen«, S. 212 f.
14. Enders, »Professor werden ist sehr schwer, Professor sein dann gar nicht mehr?«, S. 87. Vgl. auch Enders, *Die wissenschaftlichen Mitarbeiter*.
15. Wissenschaftsrat, *Empfehlungen zur Doktorandenausbildung*, S. 16.
16. So werden zwischen den Betreuten und den Betreuenden zunehmend Betreuungsverträge abgeschlossen; vgl. dazu Gymnich/Stedman, »Doktorandenbetreuung: Betreuungsmodelle und Qualitätskriterien«. Vgl. für den französischen Bereich auch Waquet, *Les enfants de Socrate*, S. 294-297.
17. Dipper, »Die italienische Zeitgeschichtsforschung«, S. 365.
18. Bodgal, »EIN(FACH)?«, S. 119, Anm. 87.
19. Vgl. dazu Müller, »Groß- (und) Forschung«; weiterhin Müller, »Keine Forschung zur geisteswissenschaftlichen Großforschung?«; Schönert, »Zu Nutz und Frommen kooperativer Praxis in der Literaturwissenschaft«; Stockhorst/Lepper/Hoppe, *Symphilologie*.
20. Boeckh, »Ueber die Pflichten der Männer der Wissenschaft gemäß der bisherigen Entwickelung und dem gegenwärtigen Standpunct derselben«, S. 128.
21. Vgl. dazu Rebenich, *Theodor Mommsen und Adolf Harnack*; Rebenich/Franke (Hg.), *Theodor Mommsen und Friedrich Althoff*.
22. Vgl. Müller, »Groß- (und) Forschung«, S. 32.
23. Vgl. ausführlicher zu den folgenden Punkten bereits Spoerhase, »Big Humanities«; vgl. auch Kahlert, »›Große Projekte‹«; Kahlert, *›Unternehmungen großen Stils‹*; Eskildsen, »Scholarship as a Way of Life«.
24. Vgl. Schönert, »Konstellationen und Perspektiven«, S. 389-392.
25. Vgl. zur Forschergruppe Schönert, »Sozialgeschichte der Literatur – ein vorübergehendes Meteor?«.
26. Sengle, Friedrich: Friedrich Sengle an Renate von Heydebrand, Brief vom 29. 7. 1987, in: HHI: Nachlass Friedrich Sengle: Forschergruppe, März 79 – März 84.
27. Vgl. Martus/Thomalla/Zimmer, »›Dass keine Atomphysiker dabei waren, hat mich auch nicht gewundert‹«.
28. Vgl. Sengle, Friedrich: Friedrich Sengle an Thomas Nipperdey, Brief vom 24. 1. 1978, in: HHI: Nachlass Friedrich Sengle: Forschergruppe III; vgl. auch Sengle, Friedrich: Friedrich Sengle an Eberhard Weis, Brief vom 9. 5. 1978, in: HHI: Nachlass Friedrich Sengle: Forschergruppe, März 79 – März 84.
29. Sengle, Friedrich: Friedrich Sengle an Thomas Nipperdey, Brief vom

24.1.1978, in: HHI: Nachlass Friedrich Sengle: Forschergruppe III.

30. Sengle, Friedrich: Friedrich Sengle an Manfred Briegel, Brief vom 20.2.1978, in: HHI: Nachlass Friedrich Sengle: Forschergruppe III.
31. Schönert: »Durchsetzungsstrategien für Wissensansprüche«, S. 247.
32. Sengle, Friedrich: Friedrich Sengle an Renate von Heydebrand, Brief vom 29.7.1987, in: HHI: Nachlass Friedrich Sengle: Forschergruppe, März 79 – März 84.
33. Frühwald, Wolfgang: Wolfgang Frühwald an Friedrich Sengle, Brief vom 4.10.1983, in: HHI: Nachlass Friedrich Sengle: Korr. Frühwald.
34. Burkhardt, Rolf: Rolf Burkhardt (Vizepräsident III) an die Dekane und Hochschullehrer der Universität München, Anlage »Forschungsberichterstattung«, November 1976, in: HHI: Nachlass Friedrich Sengle: Forschergruppe III.
35. Sengle, Friedrich: Friedrich Sengle an Manfred Briegel, Brief vom 6.7.1977, beigelegter Brief an den Vertrauensdozenten der Deutschen Forschungsgemeinschaft, in: HHI: Nachlass Friedrich Sengle: Deutsche Forschungsgemeinschaft.
36. Sengle, Friedrich: Friedrich Sengle an Manfred Briegel, Brief vom 6.10.1977, in: HHI: Nachlass Friedrich Sengle: Deutsche Forschungsgemeinschaft.
37. [Anonym]: Fachbereichszeitung 4/76, Rote Zelle Germanistik, Rote Zellen/AK, München, in: HHI: Nachlass Friedrich Sengle: München Fakultät II.
38. Vgl. etwa Sengle, »Binsenwahrheiten«.
39. [Anonym]: Deckblatt der Fachbereichszeitung 4/76, Rote Zelle Germanistik, Rote Zellen/AK, München, in: HHI: Nachlass Friedrich Sengle: München Fakultät II.
40. Vgl. dazu auch Martus/Thomalla/Zimmer, »›Dass keine Atomphysiker dabei waren, hat mich auch nicht gewundert‹«.
41. Brenner, »Das Verschwinden des Eigensinns«, S. 44. Vgl. auch Torka, *Die Projektförmigkeit der Forschung*.
42. Vgl. Stinchcombe, »On Getting ›Hung-up‹ and Other Assorted Illnesses«, S. 272.
43. Vgl. Müller, *Germanistik in Siegen*, S. 170-175.
44. Dass mit der aus administrativen Gründen erfolgenden Verwaltung der Forschung in Projektstrukturen auch die prekäre Anstellung des Wissenschaftspersonals auf zeitlich befristeten Stellen einhergeht, ist immer wieder kritisiert worden. Vgl. Menke u.a., *Nach der Exzellenzinitiative,* Berlin 2013; Wissenschaftsrat, *Empfehlungen zu Karrierezielen und -wegen.*
45. Luhmann, »Die Universität als organisierte Institution«, S. 98.
46. Vgl. Macfarlane, »The Paradox of Collaboration«, S. 483.

47. Vgl. Stinchcombe, »On Getting ›Hung-up‹ and Other Assorted Illnesses«, S. 272.
48. Sengle, *Biedermeierzeit*, Bd. III, S. IX.
49. Sengle, *Biedermeierzeit*, Bd. I, S. VII.
50. Sengle, *Biedermeierzeit*, Bd. I, S. XIII.
51. Sengle, *Biedermeierzeit*, Bd. III, S. V.
52. Werner, »Friedrich Sengle: Biedermeierzeit« [Rez.], S. 843.
53. Holthusen, »Kontrapunktisches Denken«, S. 332.
54. Denkler, »Friedrich Sengle: Biedermeierzeit« [Rez.], S. 288.
55. Denkler, »Friedrich Sengle: Biedermeierzeit« [Rez.], S. 289.
56. Rosenberg, »Friedrich Sengle: Biedermeierzeit« [Rez.], S. 307.
57. Brinkmann, »Gedanken über einige Kategorien der Literaturgeschichtsschreibung«, S. 55.
58. Ross, »Biedermeierzeit als Denkmal«, S. 148.

24. Institutionalisieren und Inkorporieren

1. Vgl. Hamann, »The Making of Professors«, S. 920.
2. Zu Unklarheiten vor allem auf Seiten des Begriffs der Institution sowie zum Verhältnis von institutionellen und organisatorischen Aspekten der Universität vgl. Luhmann, »Die Universität als organisierte Institution«, S. 90-99.
3. Schlaffer, *Poesie und Wissen*, S. 214 f.
4. Schlaffer, *Poesie und Wissen*, S. 215.
5. Vgl. Pawlicka-Deger, »Place Matters«, S. 7 f.
6. Szondi, Peter: Notizen für Berufungsverhandlungen, in: DLA, A: Mattenklott ° Szondi, 10.26. Vgl. zur Geschichte des AVL-Instituts Albers (Hg.), *Nach Szondi.*
7. Szondi, Peter: Berufungsangebot vom 25. 3. 1965, in: FU Berlin, UA: PA Szondi, Bd. II.
8. Szondi, Peter: Peter Szondi an das Dekanat der Philosophischen Fakultät, Telegramm o. D., in: FU Berlin, UA: PA Szondi, Bd. V.
9. Szondi, Peter: Peter Szondi an das Dekanat der Philosophischen Fakultät, Telegramm o. D., in: FU Berlin, UA: PA Szondi, Bd. V.
10. Vgl. Spoerhase, »Fortsetzung im nächsten Heft«, S. N3 (mit Bezug auf Csiszar, *The Scientific Journal*).
11. Vgl. Schneider, *Philosophie und Universität*, S. 13-17.
12. Schneider, *Philosophie und Universität*, S. 3.
13. So eine der Leitthesen bei Schneider, *Philosophie und Universität*, z. B. S. 11: »Zu wissen, was der blinde Fleck ist, nämlich die Praxis der Universitätsphilosophie, muß zugleich heißen zu erkennen, daß es ein

blinder Fleck ist, also eine unaufhebbare Eigenschaft der Universitätsphilosophie.«

14. Vgl. Schneider, *Philosophie und Universität*, S. 31-34.
15. Vgl. Müller, »Geschichte machen«, S. 428; auf breiter Grundlage zu den komplizierten Verstrickungen, die der Gang ins Archiv bedeutete, sowie zu den Abhängigkeiten, in die sich die Wissenschaft damit begab: Müller, *Geschichte machen*, insbes. S. 375-416. Zur praktischen Seite u. a. des Erwerbs von Archivkompetenz in der Archivarbeit: Wimmer, »Der Geschmack des Archivs und der historische Sinn«, S. 90-107.
16. Starre, »The Document as Epistemic Object«, S. 404.
17. Vgl. Kindt, »Nachlassphilologie um 1900«.
18. Vgl. zu Trends in Richtung literaturwissenschaftlicher Archivforschung: Williams, »The Little Magazine and the Theory Journal«.
19. Vgl. Starre, »The Document as Epistemic Object«, S. 404 f.
20. Szondi, *Schriften I*, S. 306 f.
21. Szondi, *Schriften I*, S. 297, Anm. 11.
22. Vgl. Steedman, *Dust*, S. X f.
23. Vgl. Nolte, »Handschrift und Helfer«, S. 101 f.
24. Für die Zahlen wissenschaftlicher Hilfskräfte vgl. Statistisches Bundesamt, *Bildung und Kultur. Personal an Hochschulen*, S. 18: 2011: 31.986; 2012: 37.058; 2013: 40.915; 2014: 44.314; 2015: 45.400; 2016: 43.432; 2017: 44.796; 2018: 44.595; 2019: 43.454; 2020: 44.034.
25. Vgl. Schneickert/Lenger, »Studentische Hilfskräfte im deutschen Bildungswesen«, S. 210-213. Es greift zu kurz, sich wie Schneickert und Lenger nur auf Beziehungen zwischen Hilfskräften zu Hochschullehrerinnen und Hochschullehrern zu konzentrieren.
26. Vgl. Schneickert/Lenger, »Studentische Hilfskräfte im deutschen Bildungswesen«, S. 209, S. 214.
27. Luhmann, »Institutionalisierung«, S. 32.
28. Luhmann, »Institutionalisierung«, S. 30.
29. Luhmann, »Institutionalisierung«, S. 30.
30. Vgl. Latour, »On Interobjectivity«, S. 230.
31. Jaeggi, *Kritik von Lebensformen*, S. 75.
32. Jaeggi, *Kritik von Lebensformen*, S. 75.
33. Hirschauer, »Intersituativität«, S. 111.
34. Hirschauer, »Intersituativität«, S. 112, S. 119-125.
35. Vgl. Krücken/Meier, »Turning the University into an Organizational Actor«.
36. Zu weiteren Problemzusammenhängen vgl. Hirschauer, »Intersituativität«, S. 117.
37. »Das Insgesamt verstreuter Praktiken […] ist in allen Gesellschaften

zunächst in *spezialisierten*, *sachlich* zusammengehörigen Komplexen organisiert: beispielsweise Praktiken der Erziehung [...], ökonomische Praktiken der Produktion und des Austauschs, solche der Konsumtion, der persönlichen Beziehungen, der staatlich-politischen Administration, der Wissenschaft oder der Kunst. Diese Komplexe können als spezialisierte *›soziale Felder‹* verstanden werden, ohne dass damit strikte und in jedem Fall eindeutige Grenzziehungen zwischen ihnen präjudiziert wären [...]. Orthogonal zu den spezialisierten sozialen Feldern existieren *kulturelle Lebensformen* [...]. Auch eine Lebensform – etwa die des frühneuzeitlichen Adels, des Bürgertums, der *creative class*, der Punk-Subkultur – bildet ein Ensemble sozial-kultureller Praktiken, aber sie kombiniert Kulturtechniken unterschiedlicher sozialer Felder miteinander, etwa solche der Arbeit und der persönlichen Beziehungen, der Konsumtion und der Erziehung, der politischen Partizipation und der Freizeit.« (Reckwitz, *Kreativität und soziale Praxis*, S. 43; vgl. auch Reckwitz, »Grundelemente einer Theorie sozialer Praktiken«, S. 295).

38. Schatzki, »Praxistheorie als flache Ontologie«, S. 32 f.; vgl. Schatzki, *Social Practices*, insbes. S. 199-202; vgl. Latour, »On Interobjectivity«, S. 240. Bei Schatzki ist nicht ganz klar, ob die fundamentale Bedeutung von »Praktiken« (Schatzki, »Praxistheorie als flache Ontologie«, S. 30) durch die Ergänzung um »materielle[] Arrangements« (ebda., S. 33), die das Modell durch eine zusätzliche Variable flexibler macht, nicht doch infrage gestellt wird. Jedenfalls dient diese Verdoppelung der Grundkategorien zur Abgrenzung von Latour: Während Latour nur »Arrangements«, aber keine »Praktiken« kenne, betont Schatzki beide Aspekte (ebda., S. 35). In eine ähnliche Richtung geht die Rede von Wissensordnungen oder -systemen, die die Praxis wie eine Grammatik dirigieren – auch hier besteht die Gefahr, dass die eigentlich attackierte Unterscheidung von Handlungen und Strukturen unter der Hand wiederkehrt (Hirschauer, »Verhalten, Handeln, Interagieren«, S. 46 f.; vgl. auch im Anschluss an Latour: Hirschauer, »Intersituativität«, S. 126).
39. Vgl. Latour, »On Interobjectivity«, S. 232.
40. Vgl. Schatzki, »Praxistheorie als flache Ontologie«, S. 38-42.
41. Vgl. Nicolini, »Is Small the Only Beautiful?«, S. 102.
42. Vgl. Nicolini, »Is Small the Only Beautiful?«, S. 108.
43. Vgl. Nicolini, »Is Small the Only Beautiful?«, S. 110.
44. Szondi, Peter: Materialien zum Seminar »Probleme der literarischen Hermeneutik«, in: DLA, A: Szondi: Verschiedenes, Seminare, 88.9.1274.
45. Vgl. Tyagunova, *Interaktionsmanagement im Seminar*, S. 95.

46. Szondi, Peter: Materialien zum Seminar »Einführung in die Methoden der Vergleichenden Literaturwissenschaft«, in: DLA, A: Szondi: Verschiedenes, Seminare, 88.9.1261.
47. Sengle, Friedrich: Oberseminar 1970/71, Themenplan, in: HHI: Nachlass Friedrich Sengle: Haupt/Oberseminar.
48. Vgl. etwa Ratzow, Brunhild: Protokoll der Oberseminarsitzung vom 31.1.69, in: HHI: Nachlass Friedrich Sengle: Biedermeierzeit, Mappe: Nachtrag Lit.sprache.
49. Sengle, Friedrich: Bescheinigung, 29.3.1968, in: HHI: Nachlass Friedrich Sengle: München Fakultät I.
50. Vgl. Germano/Nicholls, *Syllabus*.
51. Vgl. Sagner Buurma/Heffernan, *The Teaching Archive*.
52. Vgl. Nassehi, *Der soziologische Diskurs der Moderne*, S.439.
53. Vgl. dazu Schmidt/Volbers, »Öffentlichkeit als methodologisches Prinzip«, S.32. Vgl. umfassender auch Schmidt, *Soziologie der Praktiken*, S.226-262.
54. So im Anschluss an Hirschauer, »Intersituativität«, S.111, S.127f., S.131.
55. Vgl. etwa das Hin und Her der Argumentation bei Schäfer, »Einleitung. Grundlagen, Rezeption und Forschungsperspektiven der Praxistheorie«, S.11-14; sowie analytisch schärfer und produktiv gefasst: Schäfer, »Praxis als Wiederholung«.
56. Vgl. Hillebrandt, *Soziologische Praxistheorien*, S.60: »Eine Praxisformation ist nur wirksam, wenn sie sich ständig ereignet« (vgl. zur »Präsenz« auch ebda., S.70 oder S.73; vgl. dann aber auch zu den latenten Dimensionen die Ausführungen zum »Sinn der Praxis« ebda., S.87-102, sowie zu »übersituativ wirksamen Formationen der Praxis« ebda., S.102-111). Vgl. zur Konfrontation von ganzheitlichen Gesellschaftskonzepten mit solchen, die aus einer praxeologischen Perspektive die normale Heterogenität von sozialen Verhältnissen sowie die Fragmentierung und Instabilität von Identität betonen: Schatzki, *Social Practices*, S.1-18. Dezidiert zu der Neigung, Präsenzverhältnisse zu privilegieren: Schatzki, »Praxistheorie als flache Ontologie«, S.34: »Die Anerkennung der raum-zeitlichen Ausdehnung der Bündel und Plenen impliziert jedoch, dass der lokalen Situation keine Priorität eingeräumt werden kann. Die Aktivitäten, Entitäten, Regeln, Verständnisse und Teleologien, die jede lokale Situation bestimmen, sind Elemente sozialer Phänomene (Praktiken, Arrangements und ihre Bündel), die sich situationsübergreifend in Zeit und Raum erstrecken. Sie bestimmen daher lokale Situationen gerade, weil sie Elemente von Bündeln sind. Damit unterscheidet sich die praxeologische Ontologie von der ethnomethodologischen und der phänomenologischen, die lokale Situationen betonen [...].«

57. Vgl. Hirschauer, »Verhalten, Handeln, Interagieren«, S. 56 f.
58. Reckwitz, *Kreativität und soziale Praxis*, S. 35 f.
59. Vgl. Schäfer, *Die Instabilität der Praxis*, S. 11.
60. Vgl. Collins, »What Is Tacit Knowledge?«.
61. Diese Unterscheidung hat bekanntlich Ryle (*Der Begriff des Geistes*) eingeführt.
62. Diesen Aspekt vernachlässigt Barnes bei seiner intellektualistischen Korrektur von Praxistheorien, z. B. Barnes, »Practice as Collective Action«, S. 29 – nur eine *geübte* Kavallerieeinheit, die es *gewohnt* ist, Befehlen zu folgen, kann Instruktionen *angemessen* umsetzen. Richtig ist dann allerdings, dass erfahrene Akteurinnen und Akteure mit Anweisungen produktiv umzugehen verstehen.
63. Reckwitz, *Kreativität und soziale Praxis*, S. 35.
64. Es wäre in diesem Zusammenhang interessant zu untersuchen, welche Funktion das Ich-Sagen bei Latour und seinen Beispielen hat (z. B. Latour, »On Interobjectivity«, S. 238) – und die Vermutung ist: Es handelt sich um eine geschickte Art, Konkretion zu behaupten, ohne konkret werden zu müssen.
65. Vgl. exemplarisch für eine abstrakte Thematisierung der körperlichen Dimension des Lesens: Hillebrandt, »Die Soziologie der Praxis als poststrukturalistischer Materialismus«, S. 86 (auch Hillebrandt, *Soziologische Praxistheorien*, S. 82 f.). Man muss weitgehend von der Vielfalt von Lesepraktiken abstrahieren, um zu behaupten, dass »die Praxis des Lesens von Texten« unter Bedingungen des Buchdrucks »eine völlig andere« sei, »als wenn Bücher in allen Lebensbereichen massenhaft zugänglich sind«. Genereller zum »Quellenproblem«: Etzemüller, »Der ›Vf.‹ als Subjektform«, S. 191-196.
66. Vgl. Reckwitz, *Kreativität und soziale Praxis*, S. 57-60; vgl. Spoerhase/Martus, »Die Quellen der Praxis«.
67. Vgl. zur wechselnden Beachtung des Körpers in unterschiedlichen Praxistheorien: Schäfer, *Die Instabilität der Praxis*, S. 328-346.
68. Auf Grundlage einer nur vorläufigen OCR kommt »Body«/»Bodies« in Schatzkis *Social Practices* in den Kapiteln 2 und 3 mit rund 195 000 Zeichen mehr als 140 Mal vor, in den Kapiteln 4, 5 und 6 mit rund 315 000 Zeichen nur etwa zehn Mal.
69. Vgl. zur doppelten Anthropologie Bourdieus: Dreyfus/Rabinow, »Can there Be a Science of Existential Structure and Social Meaning?«.
70. Schäfer, *Die Instabilität der Praxis*, S. 22 f.

25. Räume der Praxis

1. Vgl. Hirschauer, »Intersituativität«, S. 118.
2. Vgl. Latour, »On Interobjectivity«, S. 234.
3. Vgl. Barnes, »Practice as Collective Action«, S. 28.
4. Vgl. Szondi: Annotierte Reclam-Ausgabe von Kleists *Amphitryon*, in: DLA, A: Szondi: Verschiedenes, Seminare, 88.9.1269.
5. Das lässt sich aus dem Vermerk »vgl. Briefe. Werke II/596, 612, 666« schließen. Der bei Szondi dann in den ausgearbeiteten Fassungen zitierte Brief von Kleist an Wilhelmine von Zenge (Szondi, *Schriften II*, S. 161) findet sich bei Sembdner (Kleist, *Sämtliche Werke und Briefe*, Bd. 2) auf S. 596.
6. Szondi, *Schriften I*, S. 248.
7. Szondi, Peter: Fassung von *Amphitryon, Kleists ›Lustspiel nach Molière‹*, in: DLA, A: Szondi: Prosa, Sammlungen, 88.9.1140/2.
8. Korrektur von »Warst du es« zu »Warst du's«: Kleist, *Amphitryon*, S. 41: »Warst du es«. Kleist, *Werke*, Bd. 3, S. 62: »Warst du's«; Kleist, *Sämtliche Werke und Briefe*, Bd. 1, S. 298: »Warst dus«.
9. Vgl. dagegen aber auch Szondi, Peter: Peter Szondi an Rudolf Hirsch, Brief vom 23. 3. 1964: »Auch bedauere ich die Annäherung an Paperback und Taschenbuch in der Ausstattung ein wenig (etwa den Verzicht auf das Vorstehen des Umschlags), der ja kein niedriger Preis entspricht« (in: DLA, SUA: Insel-Verlag / Autoren, Insel-Verlag, Briefwechsel, Peter Szondi 1962-63, 10.01).
10. Zu unterschiedlichen Leseräumen vgl. Krey, *Textarbeit*, S. 60-68.
11. Vgl. Pawlicka-Deger, »Place Matters«, S. 4.
12. Reckwitz, *Kreativität und soziale Praxis*, S. 112.
13. Vgl. Müller, »Arbeit – Macht – Sinn«, S. 73.
14. Vgl. Hoffmann, »Library Life?«, S. 81, S. 83 f.
15. Szondi, Peter: Zum »Ausbau der Bibliothek des Seminars für Vergleichende Literaturwissenschaft« der Universität Zürich, in: DLA, A: Szondi: Verschiedenes, 88.9.1227.
16. Szondi, Peter: Zum »Ausbau der Bibliothek des Seminars für Vergleichende Literaturwissenschaft« der Universität Zürich, in: DLA, A: Szondi: Verschiedenes, 88.9.1227.
17. Vgl. zur Geschichte des Berliner Seminars die Hinweise bei Meves, »Die Gründung germanistischer Seminare an den preußischen Universitäten (1875-1895)«; Höppner, »Wilhelm Scherer, Erich Schmidt und die Gründung des Germanischen Seminars an der Berliner Universität«; vgl. zur Geschichte germanistischer Seminargründungen insgesamt: Weimar, *Geschichte der deutschen Literaturwissenschaft bis zum Ende des 19. Jahrhunderts*, S. 421-432.

18. Scherer, »*Promemoria* betreffend das Germanische Seminar«, S. 843. »[?]« ist eine editorische Bemerkung.
19. Scherer, »*Promemoria* betreffend das Germanische Seminar«, S. 843.
20. Tomasello, *Die kulturelle Entwicklung des menschlichen Denkens*, z. B. S. 117-122.
21. Scherer, »*Promemoria* betreffend das Germanische Seminar«, S. 844 f.
22. Szondi, Peter: Zum »Ausbau der Bibliothek des Seminars für Vergleichende Literaturwissenschaft« der Universität Zürich, in: DLA, A: Szondi: Verschiedenes, 88.9.1227.
23. Nachdrücklich betont wird die Bedeutung von Kopiertechniken bei Kreuzpaintner, »*Ideologie der Ideologiefreiheit*«, z. B. S. 14, S. 54, S. 64 f.
24. Vgl. Hoffmann, »Library Life?«, S. 86-88.
25. Vgl. Hoffmann, »Library Life?«, S. 86-88.
26. Scherer, »*Promemoria* betreffend das Germanische Seminar«, S. 844.
27. Die Müllenhoffsche Bibliothek muss aus Scherers Perspektive z. B. im Bereich der »neueren Litteratur« ergänzt werden (Scherer, »*Promemoria* betreffend das Germanische Seminar«, S. 844).
28. Vgl. Alker, »Die Bibliothek in literaturwissenschaftlichen Einführungen«.

26. Lehrveranstaltungen als Praxisgefüge

1. Vgl. etwa zur Geschichtswissenschaft: Pandel, »Von der Teegesellschaft zum Forschungsinstitut«; Huttner, »Historische Gesellschaften und die Entstehung historischer Seminare«, S. 39-83.
2. Pohl, *Die studentische Hausarbeit*, S. 41.
3. Vgl. Pohl, *Die studentische Hausarbeit*, S. 41 f., S. 47.
4. Vgl. Pohl, *Die studentische Hausarbeit*, S. 101.
5. Vgl. Pohl, *Die studentische Hausarbeit*, S. 174 f.; vgl. auch Pohl, *Studien zur Ontogenese wissenschaftlichen Schreibens*, S. 24-26.
6. Vgl. Tyagunova, *Interaktionsmanagement im Seminar*, S. 38.
7. Zu Szondis Einsätzen im Kontext von ›1968‹ vgl. Isenschmid, »›Die philologische Leidenschaft des Differenzierens‹«, S. 267-275.
8. Vgl. zu Szondis Engagement für Studienreformen sowie die Institutionalisierung der Allgemeinen und Vergleichenden Literaturwissenschaft z. B.: Peter Szondi an Albrecht Schöne, Brief vom 15. 7. 1966, in: Szondi, *Briefe*, S. 193-200; Peter Szondi an Rudolf Walter Leonhardt, Brief vom 22. 1. 1967, in: Szondi, *Briefe*, S. 208-213; Peter Szondi an Rudolf Walter Leonhardt, Brief vom 28. 1. 1967, in: Szondi, *Briefe*, S. 214-216.
9. Szondi, »Einführung zum ›literaturwissenschaftlichen Colloquium‹ vom 28. April 1969«, S. 70.

10. Vgl. Abbott, »Library Research Infrastructure«, S. 67.
11. Abbott, *Digital Paper*, S. 32.
12. Ministerium für Innovation, Wissenschaft und Forschung des Landes Nordrhein-Westfalen (Hg.), *Hochschulgesetz Nordrhein-Westfalen*, S. 318.
13. Szondi, »Einführung zum ›literaturwissenschaftlichen Colloquium‹ vom 28. April 1969«, S. 70.
14. Szondi, »Einführung zum ›literaturwissenschaftlichen Colloquium‹ vom 28. April 1969«, S. 70.
15. Vgl. die Charakterisierung des Instituts bei Lämmert, »Peter Szondi: Ein Rückblick zu seinem 65. Geburtstag«, S. 15.
16. Szondi, »Das Studium der Allgemeinen und Vergleichenden Literaturwissenschaft«, S. 63.
17. Vgl. Szondi, »Einführung zum ›literaturwissenschaftlichen Colloquium‹ vom 28. April 1969«, S. 71.
18. Reichert, »Zum Bilde Szondis«, S. 65.
19. N. N., »Protokoll zu Organisationsfragen des Colloquiums vom 2 Juni 1969«, S. 72.
20. N. N., »Protokoll zu Organisationsfragen des Colloquiums vom 2 Juni 1969«, S. 72.
21. N. N., »Protokoll zu Organisationsfragen des Colloquiums vom 2 Juni 1969«, S. 72 f.
22. Vgl. N. N., »Protokoll zu Organisationsfragen des Colloquiums vom 2 Juni 1969«, S. 73.
23. N. N., »Protokoll zu Organisationsfragen des Colloquiums vom 2 Juni 1969«, S. 73.
24. N. N., »Protokoll zu Organisationsfragen des Colloquiums vom 2 Juni 1969«, S. 73.
25. Albers, »Formen und Reformen der Lehre«, S. 77.
26. Vgl. Pillau, »Kontroversen um die ›Hauptseminarprüfung‹«, S. 38.
27. Riechers, *Peter Szondi*, S. 161, S. 164 f.
28. N. N., »Protokoll zu Organisationsfragen des Colloquiums vom 2 Juni 1969«, S. 72.
29. König, *Engführungen*, S. 78. Vgl. auch Albers, »Formen und Reformen der Lehre«, S. 77.
30. Stichweh, »Die Universität als Anwesenheitsinstitution«, S. 85.
31. Vgl. Latour, »On Interobjectivity«, S. 237; »The interactionists are right when they say that we should never leave interactions – but if one follows human interactions then one never stays in the same place, nor ever in the presence of the same actors and never in the same temporal sequence. [...] [W]e must hear the word *inter*action differently. This expression does not only signify that in all points of

society action remains local, and that it always surprises those who engage in it. It signifies that action must be *shared* with other kinds of actants dispersed in other spatio-temporal frameworks and who exhibit other kinds of ontology« (ebda., S. 238 f., Hervorhebungen Verf.).
32. Hirschauer, »Verhalten, Handeln, Interagieren«, S. 51.
33. Vgl. Tyagunova, *Interaktionsmanagement im Seminar*, S. 31, S. 96-98.
34. Tyagunova, *Interaktionsmanagement im Seminar*, S. 95.
35. Tyagunova, *Interaktionsmanagement im Seminar*, S. 26.

27. Praxis und Präsenz

1. Szondi, Peter: Notizen für Berufungsverhandlungen, in: DLA, A: Mattenklott ° Szondi, 10.26.
2. Szondi, Peter: Peter Szondi an den Rektor der Freien Universität Berlin, Brief vom 9. 6. 1965, in: FU Berlin, UA: PA Szondi, Bd. IV.
3. Rektorat der Freien Universität Berlin an Peter Szondi, o.D., in: FU Berlin, UA: PA Szondi, Bd. IV.
4. Vgl. Hirschauer, »Intersituativität«, insbes. S. 119-125.
5. Lamont, *How Professors Think*, S. 7, vgl. auch ebda., S. 50, S. 158.
6. Die Alexander von Humboldt-Stiftung, die sich ausschließlich der Wissenschaftskooperation zwischen ausländischen und deutschen Forscherinnen und Forschern widmet, könnte jedes Jahr den Aufenthalt von drei- bis viermal so vielen Personen in Deutschland fördern, als es ihr Gesamtbudget von derzeit rund 130 Millionen Euro (2018) erlaubt – zumindest wenn man bloß quantitativ das Verhältnis von Bewerbungen und Bewilligungen berücksichtigt.
7. Vgl. Friese, »Thresholds in the Ambit of Discourse«, S. 289 f.
8. Vgl. König, *Engführungen*, S. 76, S. 109. Die Einführung zu Starobinskis Vortrag nutzt Szondi, um sein Programm einer Allgemeinen und Vergleichenden Literaturwissenschaft kurz zu skizzieren: Szondi, »Einführung zu dem Vortrag von Jean Starobinski am 15. Juni 1966«, S. 24 f.
9. König, *Engführungen*, S. 76; vgl. Lämmert, »Peter Szondi: Ein Rückblick zu seinem 65. Geburtstag«, S. 11; Reinisch, »Derrida in Dahlem«, S. 51.
10. Eine Gastprofessur in Yale hat Szondi wegen des anstehenden Universitätswechsels nach Zürich abgelehnt: König, *Engführungen*, S. 108, S. 110 f. (Chronik von Andreas Isenschmid). Zu den Einladungen vgl. auch Mattenklott, »Peter Szondi als Komparatist«, S. 130 f. Zu den Aufenthalten in Jerusalem: Zepp, »Mallarmé in Jerusalem«; Sparr, »Peter Szondi in Jerusalem«.
11. Szondi, Peter: Peter Szondi an Fakultätsleitung, Brief o.D., in: FU Berlin, UA: PA Szondi, Bd. IV.

12. [Anonym]: Dekanat an Peter Szondi, o.D., in: FU Berlin, UA: PA Szondi, Bd. IV.
13. Szondi, Peter: Peter Szondi an den Rektor der Freien Universität Berlin, Brief vom 31.7.1967, in: FU Berlin, UA: PA Szondi, Bd. IV.
14. Banscherus u. a., *Wandel der Arbeit*, 2.
15. So die Bezeichnung des Statistischen Bundesamts (*Bildung und Kultur. Personal an Hochschulen*).
16. Obwohl gerade die Verwaltung in besonderem Maß von den Universitätsreformen im Zeichen des New Public Management der letzten zwanzig Jahre betroffen war, ist der Trend zur Flexibilisierung von Arbeitszeiten und -orten (etwa durch die Arbeit im Home Office) nicht so stark ausgeprägt, dass sich an der Präsenz Wesentliches verändert hätte (Banscherus u. a., *Wandel der Arbeit*, S. 163-165).
17. Vgl. die Ausführungen zur »Residenzpflicht« in: Hartmer/Detmer (Hg.), *Hochschulrecht*, S. 217.
18. Vgl. Voßkamp, »Grenzüberschreitungen«.
19. Freiburg Institute for Advanced Studies (FRIAS), *Forschungskollegs und ihre Funktion im deutschen Wissenschaftssystem*, S. 7.
20. Wissenschaftsrat, *Entwicklungsperspektiven von* Institutes for Advanced Studies *(IAS) in Deutschland*, S. 6 f.
21. Zit. nach Krull, »Forschungskollegs und Institutes for Advanced Study«, S. 13.
22. Pörksen, *Camelot im Grunewald*, S. 219.
23. Krull, »Forschungskollegs und Institutes for Advanced Study«, S. 13.
24. Krull, »Forschungskollegs und Institutes for Advanced Study«, S. 14.
25. Vgl. Böhmer u. a., *Wissenschaftler-Befragung 2010*, S. 11, S. 36, S. 86.
26. Böhmer u. a., *Wissenschaftler-Befragung 2010*, S. 40.
27. Strohschneider, »Kolleg und Projekt«, S. 23-25.
28. Vgl. zur Planung von Jauß' Vertretungsprofessur an der FU Szondi, Peter: Peter Szondi an den Rektor der Freien Universität Berlin, Brief vom 4.12.1967, in: FU Berlin, UA: PA Szondi, Bd. V.

28. Konferieren

1. Hamann, »The Making of Professors«, S. 922. Vgl. zur Aktivitätsfülle von Tagungen: Friese, »Thresholds in the Ambit of Discourse«.
2. Vgl. Etzemüller, »›It's the performance, stupid‹«, z. B. S. 21. Als exemplarische ethnografische Feldstudie in diesem Sinn: Querfurt, »Wissenschaft auf der Bühne«; vgl. auch Friese, »Thresholds in the Ambit of Discourse«, S. 288-290 (zum ›Prätext‹ der Tagung).
3. Vgl. Hirschauer, »Intersituativität«, S. 122.
4. Vgl. dazu generell: Schruhl, *Formationen der Praxis*, insbes. S. 80-103.

5. Vgl. dazu Schruhl, *Formationen der Praxis*, S. 93, S. 102.
6. Vgl. etwa die Materialien zu Gastvorträgen und -aufenthalten im Ausland (Szondi, Peter: Materialien zu Gastvorträgen und -aufenthalten im Ausland, in: A: Szondi, Zugehörige Materialien, 88.9.1325/1-6) während der Gastprofessur im April 1965 in New Jersey (Princeton), Cambridge, Ms. (Harvard University) und im März 1965 in New York (College of Mount Saint Vincent), im März 1967 in Paris (Collège de France), im Oktober 1967 in Dublin (German Institute), im September 1970 in Brighton (University of Sussex). Weiter die Hinweise bei König, *Engführungen*, S. 109-111 (Chronik von Andreas Isenschmid).
7. Alewyn, Richard: Richard Alewyn an Peter Szondi, Brief vom 13. 3. 1969, in: DLA, A: Szondi: Briefe an ihn, 88.9.431/4.
8. Siegfried Kracauer hatte Szondi bereits 1964 ins Spiel gebracht: Amslinger, *Eine neue Form von Akademie*, S. 350.
9. Jauß, Hans Robert: Hans Robert Jauß an Peter Szondi, Brief vom 28. 2. 1968, in: DLA, A: Szondi: Briefe an ihn, 88.9.725/9.
10. Vgl. zu einer Vortragseinladung auch Amslinger, *Eine neue Form von Akademie*, S. 306.
11. Amslinger, *Eine neue Form von Akademie*, S. 147.
12. Szondi, Peter: Materialien zur *Poetik und Hermeneutik*-Tagung zur »Realität mythischer Späthorizonte«, in: DLA, A: Szondi: Zugehörige Materialien, 88.9.1326/1 – mit Dank an Petra Boden.
13. Szondi, Peter: Materialien zur *Poetik und Hermeneutik*-Tagung zur »Realität mythischer Späthorizonte«, in: DLA, A: Szondi: Zugehörige Materialien, 88.9.1326/1 – mit Dank an Petra Boden.
14. Möllmann/Schmitz, »Editorial«, S. 51; vgl. Boden, »Vom Protokoll zum idealen Gespräch«; Amslinger, *Eine neue Form von Akademie*, S. 146-171.
15. So auch Amslinger, *Eine neue Form von Akademie*, S. 154.
16. Fuhrmann (Hg.), *Terror und Spiel*, S. 544 f. Hier steht in der Druckfassung folgende Fußnote: »Vgl. R. GERARD, *L'orient et la pensée romantique allemande,* Paris 1963, p. 163 sq.«
17. Fuhrmann (Hg.), *Terror und Spiel*, S. 545.
18. Fuhrmann, Manfred: Manfred Fuhrmann an Peter Szondi, Brief vom [o.T.]. 3. 1969, in: DLA, A: Szondi: Zugehörige Materialien, Materialien zur *Poetik und Hermeneutik*-Tagung zur »Realität mythischer Späthorizonte«, 88.9.1326/1 – mit Dank an Petra Boden.
19. Szondi, Peter: Peter Szondi an Manfred Fuhrmann, Brief vom 2. 5. 1970, in: DLA, A: Szondi: Briefe von ihm, 88.9.191./17 – mit Dank an Petra Boden.
20. Szondi, Peter: Peter Szondi an Manfred Fuhrmann, Brief vom 2. 5. 1970, in: DLA, A: Szondi: Briefe von ihm, 88.9.191./17 – mit Dank an Petra Boden.

21. Vgl. Jauß, Hans Robert: Hans Robert Jauß an Peter Szondi, Brief vom 21.5.1970, in: DLA, A: Szondi: Briefe an ihn, 88.9.725/16.
22. Fuhrmann (Hg.), *Terror und Spiel*, S. 639.
23. Szondi, Peter: Materialien zur *Poetik und Hermeneutik*-Tagung zur »Realität mythischer Späthorizonte«, in: DLA, A: Szondi: Zugehörige Materialien, 88.9.1326/1 – mit Dank an Petra Boden.
24. Das schriftliche Pendant zur Vielstimmigkeit des Vortrags sind Seiten mit Anmerkungen. Es ist kein Zufall, dass Texte, die ›wissenschaftlich‹ aussehen dürfen, Fußnoten setzen (und keine Endnoten). Ebenso symptomatisch ist es, dass Adepten das Fußnotengeschäft hoch problematisch erscheint (Wo sollte man eine Fußnote setzen? Welchen Fußnotenkonventionen folgen bibliografische Angaben? Wann hat man zu viele oder zu wenige Fußnoten gesetzt?).
25. Goffman, *Der Vortrag*, S. 40 f.
26. Vgl. Goffman, *Der Vortrag*, S. 20.
27. Goffman, *Der Vortrag*, S. 22.
28. Goffman, *Der Vortrag*, S. 22. Vgl. zum Übergang zwischen »Non-Talk« und »Talk« ausführlich: Rendle-Short, *The Academic Presentation*, S. 79-106.
29. Vgl. Goffman, *Der Vortrag*, S. 23-25.
30. Goffman, *Der Vortrag*, S. 31.
31. Goffman, *Der Vortrag*, S. 31.
32. Zum Folgenden: Hyland, *Disciplinary Discourses*, S. 109-128.
33. Aufderheide, »Stand, Perspektiven und Rolle der Forschungskollegs«, S. 19. Vgl. zur internationalen Rezeption und den Übersetzungen von Szondis Werken: König, *Engführungen*, S. 83-97.
34. Vgl. Gross/Fleming, »Academic Conferences and the Making of Philosophical Knowledge«, S. 153-158, S. 167-170.

29. Die Vielfalt des Teilnehmens

1. Vgl. Engert/Krey, »Das lesende Schreiben und das schreibende Lesen«, S. 372 f.
2. Szondi, »*Amphitryon*. Kleists *Lustspiel nach Molière*«, S. 249.
3. Vgl. z. B. Nicolini, *Practice Theory*.
4. Vgl. Verwaltungsgerichtshof Baden-Württemberg, *Universität Mannheim: Präsenzpflicht für Lehrveranstaltungen unwirksam*.
5. Vgl. Humboldt-Universität zu Berlin, *Anwesenheitspflicht. Text aus dem ABC der Widrigkeiten*.
6. Vgl. Schulmeister, *Abwesenheit von Lehrveranstaltungen*, S. 13.
7. Vgl. Tyagunova, *Interaktionsmanagement im Seminar*, S. 121-131.
8. So auch Tyagunova, *Interaktionsmanagement im Seminar*, S. 90.

9. Vgl. in diesem Zusammenhang auch zum »Rausgehen« während des Seminars: Tyagunova, *Interaktionsmanagement im Seminar*, S. 61-64.
10. Ministerium für Innovation, Wissenschaft und Forschung des Landes Nordrhein-Westfalen (Hg.), *Hochschulgesetz Nordrhein-Westfalen*, S. 316.
11. Pausch/Hartung, »Soll man Studenten zwingen, im Hörsaal zu sitzen?«, S. 61.
12. Ministerium für Innovation, Wissenschaft und Forschung des Landes Nordrhein-Westfalen (Hg.), *Hochschulgesetz Nordrhein-Westfalen*, S. 318.
13. Vgl. Schulmeister, *Abwesenheit von Lehrveranstaltungen*, S. 25-30.
14. Schulmeister, *Abwesenheit von Lehrveranstaltungen*, S. 2, S. 15-20.
15. So immer wieder z. B. bei Handke, *Handbuch Hochschullehre Digital.*
16. Hinter der politischen Bereitschaft zur Lockerung oder sogar Aufhebung der Anwesenheitspflicht darf man nicht zuletzt pragmatische Zwänge vermuten. Als die nordrhein-westfälische Regierung die Anwesenheitspflicht 2014 kassiert hat, hatten sich die Studierendenzahlen seit einigen Jahren enorm erhöht. Zwischen 1995 und 2008 waren 1,8 bis 1,9 Millionen Studierende immatrikuliert. Im WS 2008/09 wurde dann die Zwei-Millionen-Marke geknackt. Seitdem steigen die Zahlen kontinuierlich an: WS 2016/2017: 2.807.010; WS 2017/2018: 2.844.978; WS 2018/2019: 2.868.222; WS 2019/2020: 2.891.049; WS 2020/2021: 2.944.145 (Statistisches Bundesamt, *Bildung und Kultur. Studierende an Hochschulen*, S. 28).
17. Hirschauer, »Verhalten, Handeln, Interagieren«, S. 62.
18. Hirschauer scheint diese Option für die Interaktion zu reservieren (»Verhalten, Handeln, Interagieren«, S. 62).
19. Szondi, Peter: Materialien zum Seminar »Dramatik des Sturm und Drang«, in: DLA, A: Szondi: Verschiedenes, Seminare, 88.9.1260.
20. Szondi, Peter: Materialien zum Seminar über Adornos *Ästhetische Theorie*, in: DLA, A: Szondi: Verschiedenes, Seminare, 88.9.1253.
21. Szondi, Peter: Annotierte Abschrift von Gryphius' »Abend«, in: DLA, A: Szondi: Verschiedenes, Seminare, 88.9.1268.
22. Vgl. hierzu und zum Folgenden das blaue Ringbuch in: Szondi, Peter: Materialien zum Seminar »Einführung in die Methoden der Vergleichenden Literaturwissenschaft«, in: DLA, A: Szondi: Verschiedenes, Seminare, 88.9.1261.
23. Szondi, Peter: Materialien zum Seminar »Einführung in die Methoden der Vergleichenden Literaturwissenschaft«, in: DLA, A: Szondi: Verschiedenes, Seminare, 88.9.1261.
24. Hirschauer, »Intersituativität«, S. 113 (Hervorhebung Verf.).
25. Hirschauer, »Intersituativität«, S. 119 (Hervorhebung Verf.).

26. Tomasello/Rakoczy, »Was macht menschliche Erkenntnis einzigartig?«, S. 700, S. 719. Vgl. zu einer ethnografischen Beschreibung wissenschaftlichen Verhaltens: Arnold, »Disziplin & Initiation«.

30. Kommunikation unter Anwesenden

1. Williams, *Stoner*, S. 18-20.
2. Williams, *Stoner*, S. 26.
3. Kappes/Passig, »Einfach alles richtig machen«, S. 32.
4. N. N., »Protokoll zu Organisationsfragen des Colloquiums vom 2. Juni 1969«, S. 72.
5. Vgl. Tyagunova, *Interaktionsmanagement im Seminar*, S. 13.
6. Vgl. Tyagunova, *Interaktionsmanagement im Seminar*, S. 11 f.; Barthes, »An das Seminar«, S. 364.
7. Vgl. Tyagunova, *Interaktionsmanagement im Seminar*, S. 38 f., auch S. 196 f.
8. Tomasello, *Die kulturelle Entwicklung des menschlichen Denkens*, S. 15.
9. Vgl. Tyagunova, *Interaktionsmanagement im Seminar*, S. 217.
10. Hans Blumenberg, zitiert nach Zill, *Der absolute Leser*, S. 288.
11. Hans Blumenberg, zitiert nach Zill, *Der absolute Leser*, S. 320.
12. Vgl. Lave/Wenger, *Situated Learning*.
13. Wenzl, »Sich-Melden«, S. 35.
14. Wenzl betont deutlich den Ausnahmecharakter der markierten Frage. Dagegen wendet Tyagunova ein, in ihren empirischen Studien hätten die entsprechenden Kommunikationssequenzen immer zur regulären Verhandlung des Unterrichtsgegenstands beigetragen. Vermutlich handelt es sich um ein Skalierungsproblem. Die entscheidende Pointe dürfte in der reflexiven Leistung liegen, die in der »Ich habe eine Frage«-Geste liegt: Markiert wird damit ein Situationsbewusstsein, das auf verschiedene Grade der Abweichung vom ›gerade‹ Verhandelten hinweist, ohne dass das ›im Prinzip‹ Verhandelte deswegen verfehlt wird. Dazu zählt auch ein außerordentliches Interesse an den verhandelten Themen: Tyagunova, *Interaktionsmanagement im Seminar*, S. 173. Zudem kann die Bedeutung des Frageakts variieren und sich auch auf die Interaktionsordnung beziehen: ebda., S. 174-176.
15. Wenzl, »Sich-Melden«, S. 43.
16. Vgl. zum Folgenden: Wenzl, »Bildungsanspruch und Interaktionswirklichkeit«.
17. Wenzl, »Bildungsanspruch und Interaktionswirklichkeit«, S. 177 (Hervorhebung Verf.).
18. Hierzu und zum Folgenden Wenzl: »Bildungsanspruch und Interaktionswirklichkeit«, S. 181-190.

19. So im Handout zur »Vorbesprechung«: DLA, A: Szondi: Verschiedenes, Seminare, 88.9.1278.
20. Szondi, Peter: Protokoll der Sitzung vom 23. 4. 1970: DLA, A: Szondi: Verschiedenes, Seminare, 88.9.1278.
21. Szondi, Peter: Protokoll der Sitzung vom 23. 4. 1970, in: DLA, A: Szondi: Verschiedenes, Seminare, 88.9.1278 [Ausschnitt der letzten Seite].
22. Wenzl, »Bildungsanspruch und Interaktionswirklichkeit«, S. 185.
23. Wenzl, »Bildungsanspruch und Interaktionswirklichkeit«, S. 185 (Hervorhebung Verf.).
24. Vgl. Tyagunova, *Interaktionsmanagement im Seminar*, S. 55, S. 222-228, S. 255f.
25. Wenzl, »Bildungsanspruch und Interaktionswirklichkeit«, S. 186.
26. Vgl. N. N., »Protokoll zu Organisationsfragen des Colloquiums vom 2 Juni 1969«, S. 72.
27. Wenzl, »Bildungsanspruch und Interaktionswirklichkeit«, S. 187.
28. Zu Unterschieden vgl. Wenzl, »Bildungsanspruch und Interaktionswirklichkeit«, S. 185.
29. Vgl. Dainat, »Mitschrift, Nachschrift, Referat, Koreferat«, S. 317-319.
30. Zur Philosophie vgl. Schneider, *Philosophie und Universität*, S. 42 f., ausführlich S. 151-246. Hier auch zur Etablierung des Seminarbetriebs in der Universitätsphilosophie: Schneider, *Philosophie und Universität*, S. 114-119.
31. Michler, »Die Vorlesung als soziales Ereignis«, S. 25.
32. So auch der Ansatz von Wenzl, »Die Vorlesung«. Grundsätzlich dazu: Prinz, »Kommunikationsgeschichte der Vorlesung«, z. B. S. 464-466, S. 478.
33. Vgl. Prinz, »Kommunikationsgeschichte der Vorlesung«, z. B. S. 461, S. 463.
34. Z. B. Rendle-Short, *The Academic Presentation*, S. 4 f.
35. Vgl. Rendle-Short, *The Academic Presentation*, S. 9, S. 14 f.
36. Vgl. Rendle-Short, *The Academic Presentation*, S. 41.
37. Peters, *Der Vortrag als Performance*, S. 70.
38. Ausführlicher dazu: Rendle-Short, *The Academic Presentation*, S. 131-146.
39. Zum Beispiel durch die Begrüßung eines Dozenten: Francis/Hester, *An Invitation to Ethnomethodology*, S. 116-121.
40. Wenzl, »Die Vorlesung«, S. 298 (Hervorhebung Verf.).
41. Wenzl, »Die Vorlesung«, S. 300 f.
42. Wenzl, »Die Vorlesung«, S. 307.
43. Wenzl, »Die Vorlesung«, S. 309.

31. Praktiken der Soziabilität

1. Vgl. Mercier, *Perlmanns Schweigen*, S. 45.
2. Vgl. zur Geschichte des Sonderdrucks ausführlicher Spoerhase, »Offprints«. – Die Ergebnisse dieses Aufsatzes haben in dieses und die folgenden Kapitel Eingang gefunden.
3. Mercier, *Perlmanns Schweigen*, S. 54 f.
4. Sengle, Friedrich: Friedrich Sengle an Günter Häntzschel, Brief vom 7. 1. 1987, in: HHI: Nachlass Friedrich Sengle: Korr. Häntzschel.
5. Sengle, Friedrich: Friedrich Sengle an den Metzler Verlag, Brief vom 30. 6. 1980, in: HHI: Nachlass Friedrich Sengle: Metzler Verlag.
6. Sengle, »Goethes Nekrolog ›Zu brüderlichem Andenken Wielands‹«, S. 158, Anm. 1.
7. Siegfried Kracauer an Erwin Panofsky, Brief vom 18. 2. 1965, in: Kracauer/Panofsky, *Briefwechsel 1941-1966*, S. 75.
8. Vgl. Erwin Panofsky an Siegfried Kracauer, Brief vom 22. 2. 1965, in: Kracauer/Panofsky, *Briefwechsel 1941-1966*, S. 77.
9. Sengle, Friedrich: Friedrich Sengle an Günter Häntzschel, Brief vom 7. 1. 1987, in: HHI: Nachlass Friedrich Sengle: Korr. Häntzschel.
10. Sengle, Friedrich: Sonderdruck »Goethes Ikarus-Flug. Zur Forcierung des Homerisierens im Achilleis-Plan«, in: Gerhart Hoffmeister (Hg.), *Goethezeit. Studien zur Erkenntnis und Rezeption Goethes und seiner Zeitgenossen. Festschrift für Stuart Atkins*, Bern, München 1981, S. 179-191, Cover. Abdruckgenehmigung freundlicherweise erteilt durch Jörg Schönert.
11. Sengle, Friedrich: Sonderdruck »Goethes Ikarus-Flug. Zur Forcierung des Homerisierens im Achilleis-Plan«, in: Gerhart Hoffmeister (Hg.), *Goethezeit. Studien zur Erkenntnis und Rezeption Goethes und seiner Zeitgenossen. Festschrift für Stuart Atkins*, Bern, München 1981, S. 179-191, hier S. 179. Abdruckgenehmigung freundlicherweise erteilt durch Jörg Schönert.
12. Vgl. zum PDF-Format Gitelman, *Paper Knowledge*, S. 111-135.
13. Vgl. Benne, »Ausdrucken«.
14. Oder als eine von den Wissenschaftlerinnen und Wissenschaftlern selbst hergestellte, den Scan eines Dokuments im PDF-Format abspeichernde Datei; vgl. Friedrich, »Scannen«.
15. Vgl. zur Geschichte obsoleter Medienformate Wolf (Hg.), *The Routledge Companion to Media Technology and Obsolescence*.
16. Fuchs, *Kommentar zu den Instruktionen für die alphabetischen Kataloge der Preußischen Bibliotheken*, S. 119.
17. Seit dem 19. Jahrhundert scheint es zudem auch praktiziert worden zu sein, Sonderdrucke gar nicht eigens für die Autorinnen und Autoren

der Artikel abzuziehen, sondern die bereits vollständig gedruckten Zeitschriftenbände in einem weiteren Arbeitsschritt wieder auseinanderzunehmen und in ihre Einzelaufsätze zu zerlegen. Vgl. Wells, »Reprint«, S. 391.

18. [Johann Gottfried Herder], »Wie die Alten den Tod gebildet?«, S. [3].
19. [Johann Gottfried Herder], »Wie die Alten den Tod gebildet?«, 95. Stück, Sp. 1505 f.
20. Vgl. zur Zirkulation des Sonderabzugs auch den Brief von Herder an den Grafen Friedrich Ernst Wilhelm zu Schaumburg-Lippe, 26. 12. 1774: »da erst mit der heutigen Post mir Exemplare einer Abhandlung zugeschickt sind, die ich, auf Begehren auch etwas zum Hannöverschen Magazin beizutragen, dahin im Sommer gegeben: so bin ich so kühn, sie mit zu überreichen« (Herder, *Briefe*, 3. Bd., S. 140). – Vgl. eine ähnliche Konstellation bei Winckelmann: Stoll, *Winckelmann, seine Verleger und seine Drucker*, S. 25.
21. Vgl. N. N., »Instruktion für die Aufnahme der Titel des alphabetischen Zettelkatalogs bei der Königlichen Bibliothek zu Berlin und den Universitätsbibliotheken«, S. 25 (§ 23, Abs. 4-5).
22. Vgl. N. N., »Instruktion für die Aufnahme der Titel des alphabetischen Zettelkatalogs bei der Königlichen Bibliothek zu Berlin und den Universitätsbibliotheken«, S. 49 (Bsp. 68-70).
23. Vgl. N. N., »Instruktion für den Gesamtkatalog«, S. 151 (§ 1, Abs. 2). Vgl. auch den umfassenderen Kommentar in Fuchs, *Kommentar zu den Instruktionen für die alphabetischen Kataloge der Preußischen Bibliotheken*, S. 119-121.
24. Eine Ausnahme ist die Sonderdrucksammlung des italienischen Philologen Carli, *Catalogo del Fondo Estratti Plinio Carli*. Vgl. zur Sammlung von Sonderdrucken auch Sandler, »Offprints«.
25. Vgl. Wells, »Reprint«, S. 385: »Reprints are a form of ephemera which many librarians wish would go away.«
26. Vgl. als Beispiel vom Ende des 18. Jahrhunderts: Krünitz, *Die Land-Straßen und Chausseen*.
27. Vgl. die konzise Darstellung des Sonderdrucks im 18. Jahrhundert, der zeitlich sowohl vor als auch nach der Veröffentlichung der umfangreicheren ›Originalpublikation‹ zirkulieren kann, bei Petit, *L'éphémère, l'occasionnel et le non livre*, S. 150-156.

32. Das langsame Entstehen einer Praxis

1. Vgl. zur Geschichte des naturwissenschaftlichen Sonderdrucks: Csiszar, *The Scientific Journal*, v. a. S. 54-57, S. 59 f., S. 265 f.; Csiszar, »Seriality and the Search for Order«, S. 414 f.

2. Vgl. Csiszar, *The Scientific Journal*; vgl. auch Corsi, »What Do You Mean by A Periodical?«.
3. Vgl. Wells, »Reprint«; Knight, *Public Understanding of Science*, S. 139 f.; Fyfe, »Journals, Learned Societies and Money«.
4. Vgl. Fyfe/McDougall-Waters/Moxham, »Credit, Copyright, and the Circulation of Scientific Knowledge«, S. 601 f.
5. Vgl. zum Verhältnis von Sonderdruck und Fotokopiergerät die – allerdings aus der parteiischen Perspektive der Interessenlage des Verlags formulierte – Darstellung bei Götze, *Der Springer-Verlag*, S. 254-257.
6. Vgl. Kaulen, »Die literaturwissenschaftliche Monographie«.
7. Vossler, Karl: Sonderdruck »Die Grenzen der Sprachsoziologie«, in: Melchior Palyi (Hg.), Hauptprobleme der Soziologie. Erinnerungsgabe für Max Weber, München 1923, Bd. 1, S. 361-389, Umschlag, mit einer Widmung an Hugo von Hofmannsthal, in: DLA, C7:Rara.
8. So z. B. die frühen Sonderdrucke in der Sammlung Glück, darunter etwa Haupt, Moritz, *Zu Endlicher's und Hoffmann's Ausgabe der Wiener althochdeutschen Fragmente. Aus dem LXVII. Bande der Jahrbücher der Literatur besonders abgedruckt*, Wien 1834; Schmidt, Erich, *Zur Vorgeschichte des Goethe'schen Faust. Sonder-Abdruck aus dem Goethe-Jahrbuch. Zweiter Band* 1881. Vgl. zur Sammlung Glück: Bendt, *Die Bibliothek Glück*.
9. Vgl. Richter/Müller, »August Sauer, die Gründung des ›Euphorion‹«; Adam, »Die Zeitschrift ›Euphorion‹ in den Jahren 1950-1970«.
10. August Sauer an Bernhard Seuffert, Brief vom 5. 4. 1900, in: *Briefwechsel Sauer/Seuffert* (online). Im Folgenden wird der Briefwechsel von Sauer und Seuffert nach der genannten digitalen Ausgabe zitiert (mit dem Abrufdatum 28. 10. 2021). Aus dem Gesamtbestand von mehr als 1200 Briefen ist auch eine Auswahl von rund 300 Briefen in einer kommentierten Druckausgabe erschienen; vgl. Nottscheid u. a. (Hg.), *Der Briefwechsel zwischen August Sauer und Bernhard Seuffert 1880 bis 1926*.
11. August Sauer an Bernhard Seuffert, Brief vom 16. 8. 1897; August Sauer an Bernhard Seuffert, Brief vom 26. 12. 1911. Möglich sind 100 »Abzüge« bei Vortragsabdrucken: »Ihr Oberonaufsatz ist ausgezeichnet u. wird der Sammlung zur Zierde gereichen. Hauffen wird Ihnen selbst schreiben, bis wann er gedruckt werden kann etc. Verlangen Sie ruhig 100 Abzüge; es macht gar keinen Anstand; ich selbst habe so viel bekommen.« August Sauer an Bernhard Seuffert, Brief vom 4. 4. 1900. Hier handelt es sich aber nicht um einen Zeitschriftenaufsatz, sondern auch um ein monografisches Aufsatzheft: Seuffert, *Der Dichter des Oberon*.
12. August Sauer an Bernhard Seuffert, Brief vom 9. 6. 1894.

13. Vgl. August Sauer an Bernhard Seuffert, Brief vom 8. 11. 1902.
14. August Sauer an Bernhard Seuffert, Brief vom 6. 12. 1894.
15. August Sauer an Bernhard Seuffert, Brief vom 22. 10. 1902 (editorischer Klammerzusatz).
16. August Sauer an Bernhard Seuffert, Brief vom 6. 12. 1893.
17. August Sauer an Bernhard Seuffert, Brief vom 17. 6. 1896.
18. August Sauer an Bernhard Seuffert, Brief vom 16. 7. 1902.
19. Vgl. Müller/Schwarke (Hg.), *Otmar Schissel von Fleschenberg – Bernhard Seuffert.*
20. August Sauer an Bernhard Seuffert, Brief vom 9. 3. 1894.
21. August Sauer an Bernhard Seuffert, Brief vom 6. 2. 1903.
22. Vgl. Seuffert, *Teplitz in Goethes Novelle.*
23. Bernhard Seuffert an August Sauer, Brief vom 16. 4. 1897; vgl. auch Sauer an Seuffert, Brief vom 17. 4. 1897; Sauer an Seuffert, Brief vom 21. 4. 1897.
24. Vgl. dazu Diers, *Warburg aus Briefen*, S. 136.
25. Vgl. dazu Diers, *Warburg aus Briefen*, S. 137-143.
26. Walter Benjamin an Max Horkheimer, Brief vom 29. 3. 1936, in: Benjamin, *Das Kunstwerk im Zeitalter seiner technischen Reproduzierbarkeit*, S. 610.
27. Hans Klaus Brill an Max Horkheimer, Brief vom 11. 4. 1936, in: Benjamin, *Das Kunstwerk im Zeitalter seiner technischen Reproduzierbarkeit*, S. 620.
28. Vgl. das entsprechende Protokoll vom 11. 4. 1936, in: Benjamin, *Das Kunstwerk im Zeitalter seiner technischen Reproduzierbarkeit*, S. 619-621, hier S. 620: »Der Einband des Sonderdruckes wird wie folgt aussehen: / Seite 1: Autor und Titel des Aufsatzes, nebst einem Zusatz, der ungefaehr lautet: Extrait de la Zeitschrift fuer Sozialforschung, publiée par Max Horkheimer au nom de l'Institut de Recherches Sociales«.
29. Friedrich Pollock an Walter Benjamin, Brief vom 12. 5. 1936, in: Benjamin, *Das Kunstwerk im Zeitalter seiner technischen Reproduzierbarkeit*, S. 625.
30. Friedrich Pollock an Walter Benjamin, Brief vom 12. 5. 1936, in: Benjamin, *Das Kunstwerk im Zeitalter seiner technischen Reproduzierbarkeit*, S. 626.
31. Walter Benjamin an Friedrich Pollock, Brief vom 28. 5. 1936, in: Benjamin, *Das Kunstwerk im Zeitalter seiner technischen Reproduzierbarkeit*, S. 628.
32. Benjamin, Walter: Sonderdruck »Zum gegenwärtigen gesellschaftlichen Standort des französischen Schriftstellers«, in: *Zeitschrift für Sozialforschung* 3 (1934), H. 1, S. 54-78, Umschlag und unpaginierte

Seite mit einer Widmung an Arnold Levy-Ginsberg, in: Akademie der Künste, Berlin, Walter Benjamin Archiv 1061 (Dr 694). Hamburger Stiftung zur Förderung von Wissenschaft und Kultur. – Vgl. zur Exilsituation Benjamins, die in einem engen Zusammenhang mit seinen Bemühungen steht, Sonderdrucke in Frankreich zu verteilen, Kambas, *Walter Benjamin im Exil.*

33. Benjamin, Walter: Namensliste, in: Akademie der Künste, Berlin, Walter Benjamin Archiv 458/3v (Ms 385v). Hamburger Stiftung zur Förderung von Wissenschaft und Kultur. Vgl. auch den Hinweis zur Quelle in Benjamin, *Das Kunstwerk im Zeitalter seiner technischen Reproduzierbarkeit*, S. 405.
34. Petersen, Julius: Liste, Bl. 1, in: DLA, A: Petersen, 72.24.
35. Benjamin, Walter: Sonderdruck »Zum gegenwärtigen gesellschaftlichen Standort des französischen Schriftstellers«, in: *Zeitschrift für Sozialforschung* 3 (1934), H. 1, S. 54-78, Umschlag, in: Akademie der Künste, Berlin, Walter Benjamin Archiv 1061 (Dr 694). Hamburger Stiftung zur Förderung von Wissenschaft und Kultur. Abdruckgenehmigung freundlicherweise erteilt durch die Hamburger Stiftung zur Förderung von Wissenschaft und Kultur.
36. Benjamin, Walter: Sonderdruck »Zum gegenwärtigen gesellschaftlichen Standort des französischen Schriftstellers«, in: *Zeitschrift für Sozialforschung* 3 (1934), H. 1, S. 54-78, unpaginierte Seite mit einer Widmung an Arnold Levy-Ginsberg, in: Akademie der Künste, Berlin, Walter Benjamin Archiv 1061 (Dr 694). Hamburger Stiftung zur Förderung von Wissenschaft und Kultur. Abdruckgenehmigung freundlicherweise erteilt durch die Hamburger Stiftung zur Förderung von Wissenschaft und Kultur.
37. Benjamin, Walter: Namensliste, in: Akademie der Künste, Berlin, Walter Benjamin Archiv 458/3v (Ms 385v). Hamburger Stiftung zur Förderung von Wissenschaft und Kultur. Abdruckgenehmigung freundlicherweise erteilt durch die Hamburger Stiftung zur Förderung von Wissenschaft und Kultur. [Ediert und kommentiert in: Benjamin, Walter, *Werke und Nachlaß, Kritische Gesamtausgabe.* Im Auftrag der Hamburger Stiftung zur Förderung von Wissenschaft und Kultur herausgegeben von Christoph Gödde und Henri Lonitz in Zusammenarbeit mit dem Walter Benjamin Archiv. Band 16: Das Kunstwerk im Zeitalter seiner technischen Reproduzierbarkeit. Herausgegeben von Burkhardt Lindner unter Mitarbeit von Simon Broll und Jessica Nitsche. Berlin 2012, S. 312.]
38. Petersen, Julius: Liste, Bl. 1, in: DLA, A: Petersen, 72.24.
39. Vgl. auch die ironische Darstellung des Sonderdrucks bei Pym, *Less than Angels*, S. 59 f.

40. Vgl. Dommann, *Autoren und Apparate*, S. 249.
41. Vgl. Page/Campbell/Meadows, *Journal Publishing*, S. 222.
42. Vgl. etwa Peter Szondi an Siegfried Unseld, Brief vom 21. 11. 1964, in: Szondi, *Briefe*, S. 176: »Die Sonderdrucke meines eben erschienenen Euphorion-Aufsatzes über Hölderlin scheinen verloren gegangen zu sein. Sie bekommen bald ein photokopiertes Exemplar.«
43. Reichlin, »Wissenschaftliche Tauschpraktiken«, S. 156.

33. Kollegiale Papierpraktiken

1. In Marbach befinden sich die Sonderdrucksammlungen unter anderem von Philologen wie Richard Brinkmann, Walter Burkert, Friedhelm Kemp, Fritz Martini, Paul Raabe, Jean Starobinski, Erich Trunz, Wilhelm Voßkamp und Bernhard Zeller, und von Philosophen und Theoretikern wie Hans Blumenberg, Hans-Georg Gadamer, Ludwig Klages, Reinhart Koselleck, Karl Löwith und Dolf Sternberger. Die dortige Sammlung von Kemp enthält seine eigenen Sonderdrucke (meist in mehreren Exemplaren), teilweise aber bereits mit Grußformeln versehen. Bei Löwith handelt es sich nicht um seine Sonderdrucksammlung, sondern um eine Sammlung von Löwith-Sonderdrucken, die ursprünglich im Philosophischen Seminar der Universität Heidelberg lagen. In Princeton wurden die Sonderdrucksammlungen von Andrew Alföldi, Marshall Clagett, Ernst Kantorowicz, Erwin Panofsky und Kurt Gödel autopsiert.
2. Eine vergleichende Studie des Sonderdrucks müsste den Unterschieden zwischen den Geisteswissenschaften und anderen Wissenschaftsfeldern systematisch nachgehen. Es ist auffällig, dass die mathematischen und philosophischen Sonderdrucke in der Sammlung von Kurt Gödel meist keine handschriftlichen Widmungen enthalten – das ist ein klarer Kontrast zu den autopsierten geisteswissenschaftlichen Sammlungen. In der Sonderdrucksammlung von Gödel finden sich zudem sowohl gedruckte Sonderdrucke als auch maschinenschriftliche Vorabdrucke. Jenseits der geisteswissenschaftlichen Fächer scheint der breite Austausch von nicht begutachteten maschinenschriftlichen Vorfassungen in einem engen kommunikativen Zusammenhang mit dem Austausch von Sonderdrucken zu stehen.
3. Gombrich, E. H.: Sonderdruck »Ritualized Gesture and Expression in Art«, in: *Philosophical Transactions of the Royal Society of London*, Series B, 251 (1966), S. 393-401, mit Widmung an Erwin Panofsky: »For PAN / not as a ritualized gesture / EG.«, in: Erwin Panofsky offprint collection, Historical Studies-Social Science Library, Institute for Advanced Study, Princeton, NJ, USA.

4. Auerbach, Erich: Sonderdruck »Dante's Prayer to the Virgin (Paradiso, XXXIII) and Earlier Eulogies«, in: *Romance Philology* 3 (1949), S. 1-26, mit Widmung an Erwin Panofsky, in: Erwin Panofsky offprint collection, Historical Studies-Social Science Library, Institute for Advanced Study, Princeton, NJ, USA.
5. Spitzer, Leo: Sonderdruck »Wiederum Mörikes Gedicht ›Auf eine Lampe‹«, in: *Trivium* 9 (1951), H. 3, S. 133-146, mit einer Widmung an Erwin Panofsky: »Hab ich recht? / Herzlich, / L. Sp.«, in: Erwin Panofsky offprint collection, Historical Studies-Social Science Library, Institute for Advanced Study, Princeton, NJ, USA.
6. So fügt Armand Nivelle dem Sonderdruck über »Das Bild des Menschen bei Novalis« (in: Albert Fuchs und Helmut Motekat (Hg.), *Stoffe, Formen, Strukturen. Hans Heinrich Borcherdt zum 75. Geburtstag*, München 1962, S. 274-283), den er an Brinkmann sendet, die Widmung hinzu: »Zur Ergänzung Ihrer Sammlung im schönen Schrank und zur dankbaren Erinnerung an den freundlichen Empfang in Tübingen. [Unterschrift] 26/10/62«, in: DLA Richard Brinkmann, Sonderdruck-Sammlung. – Vgl. zum Schrank als wissenschaftlichem Möbel Heesen/Michels (Hg.), *auf \zu. Der Schrank in den Wissenschaften*.
7. Kristeller, Paul Oskar: Sonderdruck »The European Diffusion of Italian Humanism«, in: *Italica* 39 (1962), H. 1, S. 1-20, mit beigefügtem Typoskript, in: Erwin Panofsky offprint collection, Historical Studies-Social Science Library, Institute for Advanced Study, Princeton, NJ, USA. Teilweise sind umfassende Korrekturen und Ergänzungen auch handschriftlich in den Sonderdruck eingetragen wie z. B. bei Wind, Edgar: Sonderdruck »The Ark of Noah: A Study in the Symbolism of Michelangelo«, in: *Measure: A Critical Journal* 1 (1950) H. 4, S. 411-421, hier S. 412 f., in: Erwin Panofsky offprint collection, Historical Studies-Social Science Library, Institute for Advanced Study, Princeton, NJ, USA; Zilsel, Edgar: Sonderdruck »The Genesis of the Concept of Physical Law«, in: *The Philosophical Review* 51 (1942), S. 245-279, mit Widmung an Erwin Panofsky und beiliegendem Typoskript, in: Erwin Panofsky offprint collection, Historical Studies-Social Science Library, Institute for Advanced Study, Princeton, NJ, USA.
8. Wind, Edgar: Sonderdruck »The Ark of Noah: A Study in the Symbolism of Michelangelo«, in: *Measure: A Critical Journal* 1 (1950) H. 4, S. 411-421, hier S. 412 f., in: Erwin Panofsky offprint collection, Historical Studies-Social Science Library, Institute for Advanced Study, Princeton, NJ, USA.
9. Kristeller, Paul Oskar: Sonderdruck »The European Diffusion of Italian Humanism«, in: *Italica* 39 (1962), H. 1, S. 1-20, hier S. 1, in:

Erwin Panofsky offprint collection, Historical Studies-Social Science Library, Institute for Advanced Study, Princeton, NJ, USA.

10. Zilsel, Edgar: Sonderdruck »The Genesis of the Concept of Physical Law«, in: *The Philosophical Review* 51 (1942), S. 245-279, hier S. 245, in: Erwin Panofsky offprint collection, Historical Studies-Social Science Library, Institute for Advanced Study, Princeton, NJ, USA.
11. Zilsel, Edgar: Sonderdruck »The Genesis of the Concept of Physical Law«, in: *The Philosophical Review* 51 (1942), S. 245-279 [beigelegter Lebenslauf], in: Erwin Panofsky offprint collection, Historical Studies-Social Science Library, Institute for Advanced Study, Princeton, NJ, USA.
12. Vgl. z. B. Auerbach, Erich: Sonderdruck »Dante's Prayer to the Virgin (Paradiso, XXXIII) and Earlier Eulogies«, in: *Romance Philology* 3 (1949), S. 1-26, hier S. 1, in: Erwin Panofsky offprint collection, Historical Studies-Social Science Library, Institute for Advanced Study, Princeton, NJ, USA. Hervorzuheben ist, dass sich nur in einem Bruchteil der gesammelten Sonderdrucke handschriftliche Lektürezeugnisse ausmachen lassen. Hier wären hinsichtlich der Sonderdrucklektüre vermutlich auch unterschiedliche Wissenschaftlerinnen- bzw. Wissenschaftlertypen zu unterscheiden. In den Sonderdrucksammlungen mancher Wissenschaftlerinnen und Wissenschaftler, wie z. B. in der Sammlung Reinhart Kosellecks, lassen sich untypisch häufig umfassende Lektürespuren nachweisen.
13. Vgl. dazu etwa Malicky, *Vom Handwerk der Entomologie*, S. 101-103.
14. Vgl. den Aufruf an nordamerikanische Kolleginnen und Kollegen, ihre Sonderdrucke nach England zu senden, von Larsen, »An Appeal from England for Offprints«.
15. Vgl. Budzier, »Sonderdrucke«.
16. Benedetto Croce an Karl Vossler, Brief vom 21. 1. 1933, in: *Briefwechsel Benedetto Croce – Karl Vossler* [1951], S. 335.
17. Karl Vossler an Benedetto Croce, Brief vom 25. 1. 1933, in: *Briefwechsel Benedetto Croce – Karl Vossler* [1951], S. 336.
18. Ein weiteres Beispiel aus den Marbacher Beständen ist ein Sonderdruck von Käte Hamburger (»Die phänomenologische Struktur der Dichtung Rilkes«, in: *Jahrbuch für Ästhetik und Allgemeine Kunstwissenschaft* 10 (1965), S. 217-234), der Hilde Domin gewidmet ist (auf dem Umschlag: »Für Hilde Domin / herzlich! / K. H.«), sich nun aber in der Sonderdrucksammlung von Gadamer befindet. Hilde Domin hatte den Sonderdruck offenbar an Gadamer weitergegeben. Ein kleiner Zettel, der dem Sonderdruck einst mit einer Büroklammer angeheftet gewesen ist, enthält folgende Bemerkung von Hilde Domin: »Ich dachte, es interessiert Sie. / Sehr klug. Was die / ›Farbe‹

betrifft, sehe ich / es ein wenig anders. / Herzlich / H. D.« (in: DLA: Hans-Georg Gadamer, Sonderdruck-Sammlung).

19. Vgl. auch Wells, »Reprint«, S. 393.
20. Vgl. Carter/Barker, *ABC for Book Collectors*, S. 155: »The interchange of offprints between scholars working in the same field has, indeed, become a regular method of correspondence.«
21. Vgl. etwa das Beispiel Paul Oskar Kristellers in Obermayer, *Deutsche Altertumswissenschaftler im amerikanischen Exil*, S. 480 f.
22. Vgl. Altick, *A Little Bit of Luck*, S. 104.
23. Helmut Schelsky an René König, Brief vom 16. 8. 1960, in: König, *Briefwechsel*, S. 166.
24. Vgl. *pars pro toto* ein Beispiel aus den Marbacher Sonderdruckbeständen: den Sonderdruck des Aufsatzes von Geoffrey Barraclough über »History, Morals, and Politics« (in: *International Affairs* 34 (1958), H. 1, S. 1-15), den Barraclough an Dolf Sternberger »Mit freundlichem Grusse / zum neuen Jahre. / G. B.« übersendet (in: DLA: Dolf Sternberger, Sonderdruck-Sammlung).
25. Vgl. den Sonderdruck von Albrecht Schöne, »Soziale Kontrolle als Regulativ der Textverfassung. Über Goethes ersten Brief an Ysenburg von Buri« (in: Alexander von Bormann (Hg.), *Wissen aus Erfahrungen. Werkbegriff und Interpretation heute. Festschrift für Herman Meyer zum 65. Geburtstag*, Tübingen 1976, S. 217-241), in: DLA: Richard Brinkmann, Sonderdruck-Sammlung.
26. Jacob Taubes an Hans Blumenberg, Brief vom 1. 8. 1961, in: Blumenberg/Taubes, *Briefwechsel 1961-1981*, S. 19.
27. Jacob Taubes an Hans Blumenberg, Brief vom 9. 8. 1963, in: Blumenberg/Taubes, *Briefwechsel 1961-1981*, S. 28.
28. Hans Blumenberg an Jacob Taubes, Brief vom 19. 6. 1964, in: Blumenberg/Taubes, *Briefwechsel 1961-1981*, S. 34.
29. Hans Blumenberg an Jacob Taubes, Brief vom 12. 10. 1965, in: Blumenberg/Taubes, *Briefwechsel 1961-1981*, S. 86. Im Marbacher Blumenberg-Nachlass sind Sonderdrucke von Jacob Taubes aus den 1960er Jahren enthalten: A: Blumenberg: Widmungen auf Sonderdrucken, 03.1.
30. Vgl. Carl Schmitt an Hans Blumenberg, Brief vom 28. 1. 1978, in: Blumenberg/Schmitt, *Briefwechsel 1971-1978*, S. 156.
31. Zill, *Der absolute Leser*, S. 19.
32. Vgl. Zill, *Der absolute Leser*, S. 21.
33. Zill, *Der absolute Leser*, S. 19.
34. Zill, *Der absolute Leser*, S. 231.
35. Der Herausgeber des Briefwechsels behandelt die Übersendung von Sonderdrucken deshalb zu Recht als gleichwertig mit der Übersen-

dung von Briefen; Koselleck/Schmitt, *Der Briefwechsel 1953-1983 und weitere Materialien*, S. 426 (vgl. dort auch die Abbildungen von Sonderdrucken, S. 399-401, S. 406).

36. Jacques Derrida an Emmanuel Levinas, 15. 6. 1964. Zit. nach Peeters, *Derrida. Eine Biographie*, S. 202 (die Auslassung findet sich bereits bei Peeters, S.M./C.S.).
37. Vgl. auch Diers, *Warburg aus Briefen*.
38. Vgl. für ein Beispiel aus der zweiten Hälfte des 20. Jahrhunderts Jackson, *The Business of Letters*, S. 237-239. Vgl. zur Soziologie der Reziprozität vor allem die Beiträge in Adloff/Mau (Hg.), *Vom Geben und Nehmen*.
39. Vgl. Mehring, »Der esoterische Diskurspartisan«. Schmitt ließ unter den Teilnehmerinnen und Teilnehmern der Ebracher Ferienseminare auch Privatdrucke zirkulieren; vgl. Blumenberg/Schmitt, *Briefwechsel 1971-1978*, S. 157.
40. Paul Feyerabend an Hans Albert, 20. 12. 1969, in: Feyerabend/Albert, *Briefwechsel*, Bd. 1, S. 200-201.
41. Hans Albert an Paul Feyerabend, 10. 1. 1970, in: Feyerabend/Albert, *Briefwechsel*, Bd. 1, S. 202-203.

34. Praktiken der Selbstdarstellung

1. Vgl. Trüper, *Topography of a Method*, S. 285.
2. Vgl. Kreutel u. a., »Die Germanistik der *Germanistik*«, S. 371.
3. Vgl. Crosland, »Scientific Credentials«, S. 618.
4. So erhält der im Preußischen Kultusministerium für Hochschulfragen verantwortliche Friedrich Althoff auch Sonderdrucke aus den geisteswissenschaftlichen Disziplinen, darunter von Simmel, vgl. den Hinweis in Simmel, *Aufsätze und Abhandlungen 1894 bis 1900*, S. 586 f.
5. Vgl. für eine praxisorientierte Theoretisierung von Formaten Spoerhase, *Das Format der Literatur*.
6. Vgl. Hamacher, Werner: Materialsammlung/ Projekt für eine Aufsatzsammlung zur literaturwissenschaftlichen Methodendiskussion, in: DLA, A: Hamacher: Verschiedenes, 17.74; Hamacher, Werner: Verlagskorrespondenz und Verlagsvertrag, in: DLA, A: Hamacher: C.H. Beck'sche Verlagsbuchhandlung, 1981-1983, 17.74.
7. Vorbild für das Vorhaben war der Band von Dijk/Petöfi (Hg.), *Grammars and Descriptions*. Vgl. zur literaturwissenschaftlichen Gattung der »Modellinterpretation« die Hinweise bei Sittig, »Zur Praxis von literaturwissenschaftlichen ›Modellinterpretationen‹«.
8. Zimmer, Reinhold: Reinhold Zimmer an Werner Hamacher, Brief vom 2. 12. 1981, in: DLA, A: Hamacher: Verschiedenes, Materialsamm-

lung/ Projekt für eine Aufsatzsammlung zur literaturwissenschaftlichen Methodendiskussion, 17.74.

9. Heesen/Groebner/Wildt (Hg.), *Sonderdruck. Wissenschaftliche Texte mit Widmungsqualität.*
10. Trüper, *Topography of a Method*, S. 285.
11. Vgl. zum Konzept einer unpersönlichen Öffentlichkeit u. a. Warner, *Publics and Counterpublics.*
12. Vgl. dazu Csiszar, *The Scientific Journal*, S. 266.
13. Vgl. dagegen aber Stichweh, »Die Autopoiesis der Wissenschaft«.
14. Vgl. zur »translokalen und transsequenziellen« Untersuchung von Situationen im Hinblick auf ihre »Vorgänger-, Nachfolger- und Nachbarsituationen« vor allem Hirschauer, »Intersituativität«, S. 130 f.
15. Hirschauer, »Intersituativität«, S. 118 (Hervorhebung Verf.).
16. Vgl. Hirschauer, »Intersituativität«, S. 118, S. 127.
17. Hirschauer, »Intersituativität«, S. 118, S. 129 f.
18. Vgl. Dawson/Topham, »Introduction: Constructing Scientific Communities«, S. 13.
19. Vgl. zu diesem Konzept Füssel, »Die moralische Ökonomie des Wissens«; Daston, »The Moral Economy of Science«.

35. Das unmerkliche Ende einer Praxis

1. Vgl. den Überblick in Nicolini, *Practice Theory*, S. 3-8. Vgl. zur materiellen Dimension Shove, »Matters of Practice«.
2. Vgl. Paul, »What Is a Scholarly Persona?«.
3. Vgl. Frietsch/Rogge (Hg.), *Über die Praxis des kulturwissenschaftlichen Arbeitens*; Christians/Bickenbach/Wegmann (Hg.), *Historisches Wörterbuch des Mediengebrauchs.* – Auch in der Elementarisierung findet, wenn man genau hinschaut, fast immer bereits eine implizite Zuordnung einer Einzelpraktik zu einem übergreifenden Praxiszusammenhang statt.
4. Vgl. zu diesem theoretischen Zusammenhang die Ausführungen von Müller/Ringel/Werron, *In der Mitte liegt die Kraft.*
5. Vgl. zum Lesen mit Stift in der Hand die systematischen Überlegungen in Bamert, *Stifte am Werk.*
6. Sharrock/Whelan, »What a Publisher Does«, S. 126.
7. Nicolini, *Practice Theory*, S. 224.
8. Peter Szondi an Rainer Gruenter, Brief vom 10. 2. 1971, in: Szondi, *Briefe*, S. 336 f.
9. Schlaffer, »Über den Geist der Geisteswissenschaften«, S. 101. Vgl. auch die feuilletonistische Diskussion bei Janz, »Unding«; Müller, »Der Sonderdruck«.

Nachwort: »… denn sie wissen nicht, was sie tun«

1. Betteridge, »German Universities«, S. 661: »Conformity is the *sine qua non* of an academic career.« Vgl. zur Situation des akademischen Nachwuchses Ende der 1950er Jahre auch Spoerhase, »Der akademische Nachwuchs stellt sich vor«.
2. Betteridge, »German Universities«, S. 661: »– M. attends tutorials and writes essays industriously; who passes judgement on his work? Professor X. – M. cannot pay his way as a student; who in the last resort decides whether or not he shall receive help from public funds? Professor X. – M. is ready to submit himself for examination; who alone decides whether he shall pass or fail? Professor X. – M. wishes to pursue further studies or to travel abroad; who makes this possible by recommending the necessary financial assistance? Professor X. – M. would like to start at the foot of the academic ladder; who is the only person who can make available an assistantship? Only Professor X. – Who is thenceforth answerable for everything that happens to M., not only in his teaching and research, his eventual appointment to the permanent staff (›Habilitation‹), but also every step in his subsequent career right up to the hoped-for call to a chair? Every time the answer is: Professor X.«
3. Stahl, »In the Universities«, S. 620: »This means that the old relationship between professor and student in the *Seminar*, on which to a large extent the idea of academic education formerly rested, has become impracticable. Many *Seminars* at the lower level contain several hundred members, most of whom the professor is unable to know personally. He has lost contact with those who study under him, since the proven method of reading and general discussion of essays on chosen topics by the members of the *Seminar* can no longer be realized in its old form.«
4. Barthes, »An das Seminar«, S. 363.
5. Bahr/Eichhorn/Kubon, *#IchBinHanna*, S. 104.

Dank

1. Es wurde versucht, alle Rechteinhaberinnen und Rechteinhaber zu ermitteln. Rechteinhaberinnen bzw. Rechteinhaber, die nicht ausfindig gemacht werden konnten, werden gebeten, sich beim Verlag zu melden. Berechtigte Ansprüche von Urheberrechtsinhaberinnen und Urheberrechtsinhabern werden auch nachträglich abgegolten.

Abbildungsverzeichnis

Die nachfolgend aufgeführten Archivalien und Fotografien aus dem Rheinischen Literaturarchiv des Heinrich-Heine-Instituts Düsseldorf, aus dem Deutschen Literaturarchiv Marbach, aus der Historical Studies-Social Science Library des Institute for Advanced Study in Princeton sowie aus dem Universitätsarchiv der Freien Universität Berlin dürfen mit freundlicher Genehmigung der Archive sowie der jeweiligen Rechteinhaberinnen und Rechteinhaber abgebildet werden. Ausnahmen hiervon sind separat ausgewiesen.

Einleitung, Abb. 1: Werke im Vergleich: Friedrich Sengles dreibändige *Biedermeierzeit. Deutsche Literatur im Spannungsfeld zwischen Restauration und Revolution 1815-1848* (Stuttgart: Metzler 1971-1980) und die Neuausgabe von Peter Szondis *Theorie des modernen Dramas* in der *edition suhrkamp* 27 (Frankfurt/M.: Suhrkamp 1963), Fotografie: Chris Korner, Deutsches Literaturarchiv Marbach.

Einleitung, Abb. 2: Gansberg, Marie-Luise: Bibliografie und Zusammenfassung der Schriften Szondis, in: HHI: Nachlass Friedrich Sengle: Ordner Gutachten II.

Kap. 1, Abb. 1: Szondi, Peter: »Korrekturexemplar« von Szondis Habilitationsvortrag [S. 13], in: DLA, A: Szondi: Prosa, Sammlungen, 88.9.1140/1.

Kap. 1, Abb. 2: Szondi, Peter: »Korrekturexemplar« von Szondis Habilitationsvortrag [S. 1], in: DLA, A: Szondi: Prosa, Sammlungen, 88.9.1140/1.

Kap. 2, Abb. 1: Szondi, Peter: »Korrekturexemplar« von Szondis Habilitationsvortrag [S. 3], in: DLA, A: Szondi: Prosa, Sammlungen, 88.9.1140/1.

Kap. 3, Abb. 1: Sengle, Friedrich: Annotiertes Exzerpt zu Karl-Heinz Käfers »Versöhnt ohne Opfer«, in: HHI: Nachlass Friedrich Sengle: Biedermeierzeit, Mappe: Heine, letzte Durchsicht.

Kap. 3, Abb. 2: Sengle, Friedrich: Handschriftliche und maschinenschriftliche Exzerpte von Friedrich Sengle und Hans Göttler, in: HHI: Nachlass Friedrich Sengle: Biedermeierzeit, Mappe: Selbst exzerpierte und auf Stichwortlisten ausgewertete Briefe.

Kap. 3, Abb. 3: Göttler, Hans: Exzerpt zu Biologismus (Geschlechter) mit Notizen Sengles, in: HHI: Nachlass Friedrich Sengle: Biedermeierzeit, Mappe: Selbst exzerpierte und auf Stichwortlisten ausgewertete Briefe.

Kap. 3, Abb. 4: Sengle, Friedrich, *Biedermeierzeit. Deutsche Literatur im Spannungsfeld zwischen Restauration und Revolution 1815-1848*, Bd. III, Stuttgart 1980, S. 344–345, Hervorhebungen S.M./C.S.

Kap. 3, Abb. 5: Sengle, Friedrich: Exzerpt zu Joachim Goths »Nietzsche und die Rhetorik«, in: HHI: Nachlass Friedrich Sengle: Biedermeierzeit, Mappe: Nachtrag Lit.sprache.

Kap. 3, Abb. 6: Sengle, Friedrich, *Biedermeierzeit. Deutsche Literatur im Spannungsfeld zwischen Restauration und Revolution 1815-1848*, Bd. I, Stuttgart 1971, S. 279, Anm., Hervorhebungen S.M./C.S.

Kap. 3, Abb. 7: Windfuhr, Manfred: Notizen zu F. Sengle »Heinrich Heine« (Kapitel der Biedermeierzeit) von Manfred Windfuhr, in: HHI: Nachlass Friedrich Sengle: Biedermeierzeit, Mappe: Heine, ungeordnetes Material, 8.

Kap. 5, Abb. 1: Sengle, Friedrich: Handschriftliche Fassung des Heine-Kapitels, in: HHI: Nachlass Friedrich Sengle: Biedermeierzeit, Mappe: Biedermeierzeit I, 1–2 (1/2) (aus der 1. Arbeitsphase Frühjahr 1956). Ferner: Erstfassung für den späteren Bd. III Die Dichter [S. 1].

Kap. 13, Abb. 1: Szondi, Peter: Sonderdruck »Der tragische Weg von Schillers Demetrius«, in: *Die Neue Rundschau* 72 (1961), H. 1, S. 162-177, in: DLA, SUA: Suhrkamp/01 Verlagsleitung/Autorenkonv./Szondi, Peter 1960-1962 [Deckblatt mit Widmung Szondis an Unseld].

Kap. 13, Abb. 2: Friedrich Sengles dreibändige *Biedermeierzeit. Deutsche Literatur im Spannungsfeld zwischen Restauration und Revolution 1815-1848* (Stuttgart: Metzler 1971-1980) und die Erstausgabe von Peter Szondis *Theorie des modernen Dramas* (Frankfurt/M.: Suhrkamp 1956), Fotografie: Chris Korner, Deutsches Literaturarchiv Marbach.

Kap. 13, Abb. 3: Die Neuausgabe von Peter Szondis *Theorie des modernen Dramas* in der *edition suhrkamp* 27 (Frankfurt/M.: Suhrkamp 1963), Fotografie: Chris Korner, Deutsches Literaturarchiv Marbach.

Kap. 14, Abb. 1: Boltanski, Luc/Laurent Thévenot, *Les Économies de la gran-*

deur, Cahiers du centre d'études de l'emploi 31, Paris: Presses Universitaires de France 1987 [Cover].

Kap. 14, Abb. 2: Boltanski, Luc/Laurent Thévenot, *Les Économies de la grandeur*, Cahiers du centre d'études de l'emploi 31, Paris: Presses Universitaires de France 1987, S. 69.

Kap. 14, Abb. 3: Boltanski, Luc/Laurent Thévenot, *De la justification. Les économies de la grandeur*, Collection NRF Essais, Paris: Gallimard 1991 [Cover]. © Éditions Gallimard.

Kap. 14, Abb. 4: Boltanski, Luc/Laurent Thévenot, *De la justification. Les économies de la grandeur*, Collection NRF Essais, Paris: Gallimard 1991, S. 115. © Éditions Gallimard.

Kap. 14, Abb. 5: Boltanski, Luc/Laurent Thévenot, *On Justification. Economies of Worth*, translated by Catherine Porter, Princeton Studies in Cultural Sociology, Princeton: Princeton University Press 2006 [Cover].

Kap. 16, Abb. 1: Szondi, Peter: Annotierte Reclam-Ausgabe von Kleists *Amphitryon*, in: DLA, A: Szondi: Verschiedenes, Seminare, 88.9.1269, S. 16-17.

Kap. 17, Abb. 1: Jauß, Hans Robert: Erste Seite von Hans Robert Jauß' Exzerpten zu Proust, in: DLA, A: Jauss: Verschiedenes. K 25, M3, S. 1.

Kap. 18, Abb. 1: Szondi, Peter: Notizen zu Kleists *Amphitryon*, in: DLA, A: Szondi: Prosa, Sammlungen, 88.9.1140/3.

Kap. 19, Abb. 1: Szondi, Peter: Auszug aus Szondis Seminararbeit über *Das mittelalterliche geistliche Spiel und das Problem des epischen Theaters*, in: DLA, A: Szondi: Prosa, Sammlungen, 88.9.1152, S. 7.

Kap. 20, Abb. 1: Szondi, Peter: Annotierte Abschrift von Gryphius' »Abend« aus den Unterlagen zu Szondis Seminar »Interpretation von Gedichten« (WS 1962/63), in: DLA, A: Szondi: Verschiedenes, Seminare, 88.9.1268.

Kap. 21, Abb. 1: Sengle, Friedrich, *Biedermeierzeit. Deutsche Literatur im Spannungsfeld zwischen Restauration und Revolution 1815-1848*, Bd. III, Stuttgart 1980, S. 1073-1074.

Kap. 23, Abb. 1: Deckblatt der Fachbereichszeitung 4/76, Rote Zelle Germanistik, Rote Zellen/AK, München, in: HHI: Nachlass Friedrich Sengle: München Fakultät II.

Kap. 24, Abb. 1: Szondi, Peter: Notizen für Berufungsverhandlungen, in: DLA, A: Mattenklott ° Szondi, 10.26.

Kap. 24, Abb. 2: Szondi, Peter: Peter Szondi an das Dekanat der Philosophischen Fakultät, Telegramm o.D., in: FU Berlin, UA: PA Szondi, Bd. V.

Kap. 24, Abb. 3: Sengle, Friedrich: Oberseminar 1970/71, Themenplan, in: HHI: Nachlass Friedrich Sengle: Haupt/Oberseminar.

Kap. 30, Abb. 1: Szondi, Peter: Protokoll der Sitzung vom 23.4.1970, in: DLA, A: Szondi: Verschiedenes, Seminare, 88.9.1278 [Ausschnitt der letzten Seite].

Kap. 31, Abb. 1: Sengle, Friedrich: Sonderdruck »Goethes Ikarus-Flug. Zur Forcierung des Homerisierens im Achilleis-Plan«, in: Gerhart Hoffmeister (Hg.), *Goethezeit. Studien zur Erkenntnis und Rezeption Goethes und seiner Zeitgenossen. Festschrift für Stuart Atkins*, Bern, München 1981, S. 179-191, Cover. Abdruckgenehmigung freundlicherweise erteilt durch Jörg Schönert.

Kap. 31, Abb. 2: Sengle, Friedrich: Sonderdruck »Goethes Ikarus-Flug. Zur Forcierung des Homerisierens im Achilleis-Plan«, in: Gerhart Hoffmeister (Hg.), *Goethezeit. Studien zur Erkenntnis und Rezeption Goethes und seiner Zeitgenossen. Festschrift für Stuart Atkins*, Bern, München 1981, S. 179-191, hier S. 179 [mit Widmung an Jörg Schönert]. Abdruckgenehmigung freundlicherweise erteilt durch Jörg Schönert.

Kap. 32, Abb. 1: Benjamin, Walter: Sonderdruck »Zum gegenwärtigen gesellschaftlichen Standort des französischen Schriftstellers«, in: *Zeitschrift für Sozialforschung* 3 (1934), H. 1, S. 54-78, Umschlag, in: Akademie der Künste, Berlin, Walter Benjamin Archiv 1061 (Dr 694). Hamburger Stiftung zur Förderung von Wissenschaft und Kultur. Abdruckgenehmigung freundlicherweise erteilt durch die Hamburger Stiftung zur Förderung von Wissenschaft und Kultur.

Kap. 32, Abb. 2: Benjamin, Walter: Sonderdruck »Zum gegenwärtigen gesellschaftlichen Standort des französischen Schriftstellers«, in: *Zeitschrift für Sozialforschung* 3 (1934), H. 1, S. 54-78, unpaginierte Seite mit einer Widmung an Arnold Levy-Ginsberg, in: Akademie der Künste, Berlin, Walter

Benjamin Archiv 1061 (Dr 694). Hamburger Stiftung zur Förderung von Wissenschaft und Kultur. Abdruckgenehmigung freundlicherweise erteilt durch die Hamburger Stiftung zur Förderung von Wissenschaft und Kultur.

Kap. 32, Abb. 3: Benjamin, Walter: Namensliste, in: Akademie der Künste, Berlin, Walter Benjamin Archiv 458/3v (Ms 385v). Hamburger Stiftung zur Förderung von Wissenschaft und Kultur. Abdruckgenehmigung freundlicherweise erteilt durch die Hamburger Stiftung zur Förderung von Wissenschaft und Kultur. [Ediert und kommentiert in: Benjamin, Walter, *Werke und Nachlaß, Kritische Gesamtausgabe*. Im Auftrag der Hamburger Stiftung zur Förderung von Wissenschaft und Kultur herausgegeben von Christoph Gödde und Henri Lonitz in Zusammenarbeit mit dem Walter Benjamin Archiv. Band 16: Das Kunstwerk im Zeitalter seiner technischen Reproduzierbarkeit. Herausgegeben von Burkhardt Lindner unter Mitarbeit von Simon Broll und Jessica Nitsche. Berlin 2012, S. 312.]

Kap. 32, Abb. 4: Petersen, Julius: Liste, Bl. 1, in: DLA, A: Petersen, 72.24.

Kap. 33, Abb. 1: Wind, Edgar: Sonderdruck »The Ark of Noah: A Study in the Symbolism of Michelangelo«, in: *Measure: A Critical Journal* 1 (1950) H. 4, S. 411-421, hier S. 412-413, in: Erwin Panofsky offprint collection, Historical Studies-Social Science Library, Institute for Advanced Study, Princeton, NJ, USA.

Kap. 33, Abb. 2: Kristeller, Paul Oskar: Sonderdruck »The European Diffusion of Italian Humanism«, in: *Italica* 39 (1962), H. 1, S. 1-20, hier S. 1, in: Erwin Panofsky offprint collection, Historical Studies-Social Science Library, Institute for Advanced Study, Princeton, NJ, USA.

Kap. 33, Abb. 3: Zilsel, Edgar: Sonderdruck »The Genesis of the Concept of Physical Law«, in: *The Philosophical Review* 51 (1942), S. 245-279, hier S. 245, in: Erwin Panofsky offprint collection, Historical Studies-Social Science Library, Institute for Advanced Study, Princeton, NJ, USA.

Kap. 33, Abb. 4: Zilsel, Edgar: Sonderdruck »The Genesis of the Concept of Physical Law«, in: *The Philosophical Review* 51 (1942), S. 245-279 [beigelegter Lebenslauf], in: Erwin Panofsky offprint collection, Historical Studies-Social Science Library, Institute for Advanced Study, Princeton, NJ, USA.

Unveröffentlichte Quellen

Akademie der Künste

Walter Benjamin Archiv

Benjamin, Walter: Sonderdruck »Zum gegenwärtigen gesellschaftlichen Standort des französischen Schriftstellers«, in: *Zeitschrift für Sozialforschung* 3 (1934), H. 1, S. 54-78 [Umschlag und unpaginierte Seite mit einer Widmung an Arnold Levy-Ginsberg], in: Akademie der Künste, Berlin, Walter Benjamin Archiv 1061 (Dr 694). Hamburger Stiftung zur Förderung von Wissenschaft und Kultur.

Benjamin, Walter: Namensliste, in: Akademie der Künste, Berlin: Walter Benjamin Archiv 458/3v (Ms 385v). Hamburger Stiftung zur Förderung von Wissenschaft und Kultur [ediert und kommentiert in: Benjamin, Walter, *Werke und Nachlaß, Kritische Gesamtausgabe*. Im Auftrag der Hamburger Stiftung zur Förderung von Wissenschaft und Kultur herausgegeben von Christoph Gödde und Henri Lonitz in Zusammenarbeit mit dem Walter Benjamin Archiv. Band 16: Das Kunstwerk im Zeitalter seiner technischen Reproduzierbarkeit. Herausgegeben von Burkhardt Lindner unter Mitarbeit von Simon Broll und Jessica Nitsche. Berlin 2012, S. 312].

Deutsches Literaturarchiv Marbach

Nachlass Peter Szondi

Materialien

[Anonym]: Darstellung der Situation der Assistentenschaft. Ein Diskussionsbeitrag [...], in: DLA, A: Szondi: Zugehörige Materialien. Stellungnahmen zum Status der wissenschaftlichen Assistenten, 88.9.1299.

Szondi, Peter: Annotierte Abschrift von Gryphius' »Abend«, in: DLA, A: Szondi: Verschiedenes, Seminare, 88.9.1268.

Szondi, Peter: Annotierte Reclam-Ausgabe von Kleists *Amphitryon*, in: DLA, A: Szondi: Verschiedenes, Seminare, 88.9.1269.

Szondi, Peter: Auswahlbibliografie zu Kleist, in: DLA, A: Szondi: Verschiedenes, Seminare, 88.9.1269.

Szondi, Peter: »Einführung in die literarische Hermeneutik« (Exzerpte, Stichwortregister, Bibliographie), in: DLA, A: Szondi: Prosa, Vorlesungen, 88.9.1193.

Szondi, Peter: Einleitung zu einem Vortrag, in: DLA, A: Szondi: Prosa, Sammlungen, 88.9.1125/2.
Szondi, Peter: Fassung von *Amphitryon, Kleists ›Lustspiel nach Molière‹*, in: DLA, A: Szondi: Prosa, Sammlungen, 88.9.1140/1.
Szondi, Peter: Fassung von *Amphitryon, Kleists ›Lustspiel nach Molière‹*, in: DLA, A: Szondi: Prosa, Sammlungen, 88.9.1140/2.
Szondi, Peter: Fassungen und Materialien zur Seminararbeit über *Das mittelalterliche geistliche Spiel und das Problem des epischen Theaters*, in: DLA, A: Szondi: Prosa, Sammlungen, 88.9.1152.
Szondi, Peter: Fassungen und Materialien zur Seminararbeit über *Das mittelalterliche geistliche Spiel und das Problem des epischen Theaters*, in: DLA, A: Szondi: Prosa, Sammlungen, 88.9.1152/1.
Szondi, Peter: Fassungen und Materialien zur Seminararbeit über *Das mittelalterliche geistliche Spiel und das Problem des epischen Theaters*, in: DLA, A: Szondi: Prosa, Sammlungen, 88.9.1152/3.
Szondi, Peter: Französische Fassung von *Amphitryon, Kleists ›Lustspiel nach Molière‹*, in: DLA, A: Szondi: Prosa, Sammlungen, 88.9.1140/4.
Szondi, Peter: Handout zur »Vorbesprechung«, in: DLA, A: Szondi: Verschiedenes, Seminare, 88.9.1278.
Szondi, Peter: Korrekturen der ersten Vortragsfassung, in: DLA, A: Szondi: Prosa, Sammlungen, 88.9.1140/1.
Szondi, Peter: »Korrekturexemplar« von Szondis Habilitationsvortrag, in: DLA, A: Szondi: Prosa, Sammlungen, 88.9.1140/1.
Szondi, Peter: Materialien zu Gastvorträgen und -aufenthalten im Ausland, in: DLA, A: Szondi: Zugehörige Materialien, 88.9.1325/1-6.
Szondi, Peter: Materialien zum Seminar »Dramatik des Sturm und Drang«, in: DLA, A: Szondi: Verschiedenes, Seminare, 88.9.1260.
Szondi, Peter: Materialien zum Seminar »Einführung in die Methoden der Vergleichenden Literaturwissenschaft«, in: DLA, A: Szondi: Verschiedenes, Seminare, 88.9.1261.
Szondi, Peter: Materialien zum Seminar »Probleme der literarischen Hermeneutik«, in: DLA, A: Szondi: Verschiedenes, Seminare, 88.9.1274.
Szondi, Peter: Materialien zum Seminar über Adornos *Ästhetische Theorie*, in: DLA, A: Szondi: Verschiedenes, Seminare, 88.9.1253.
Szondi, Peter: Materialien zum »Traktat« *Über philologische Erkenntnis*, in: DLA, A: Szondi: Prosa, Sammlungen, 88.9.1124.
Szondi, Peter: Materialien zur *Poetik und Hermeneutik*-Tagung zur »Realität mythischer Späthorizonte«, in: DLA, A: Szondi: Zugehörige Materialien, 88.9.1326/1.
Szondi, Peter: Notizen zu Kleists *Amphitryon*, in: DLA, A: Szondi: Prosa, Sammlungen, 88.9.1140/3.
Szondi, Peter: Protokoll der Sitzung vom 23.4.1970, in: DLA, A: Szondi: Verschiedenes, Seminare, 88.9.1278.

Szondi, Peter: Rezensionen und Texte zum *Versuch über das Tragische*, in: DLA, A: Szondi: Prosa, Sammlungen, 88.9.1162.

Szondi, Peter: Rezensionen zu *Satz und Gegensatz*, in: DLA, A: Szondi: Prosa, Sammlungen, 88.9.1138.

Szondi, Peter: Sonderdruck »Der tragische Weg von Schillers Demetrius«, in: *Die Neue Rundschau* 72 (1961), H. 1, S. 162-177, in: DLA, SUA: Suhrkamp/01 Verlagsleitung/Autorenkonv./Szondi, Peter 1960-1962.

Szondi, Peter: Stellungnahmen zum Status der wissenschaftlichen Assistenten, in: DLA, A: Szondi: Zugehörige Materialien, 88.9.1299.

Szondi, Peter: Vorlesung über *Interpretationsprobleme*, in: DLA, A: Szondi: Prosa, Vorlesungen, 88.9.1197.

Szondi, Peter: Zum »Ausbau der Bibliothek des Seminars für Vergleichende Literaturwissenschaft« der Universität Zürich, in: DLA, A: Szondi: Verschiedenes, 88.9.1227.

Korrespondenzen

Alewyn, Richard: Richard Alewyn an Peter Szondi, Brief vom 13.3.1969, in: DLA, A: Szondi: Briefe an ihn, 88.9.431/4.

Alewyn, Richard: Richard Alewyn an Peter Szondi, Briefe über die »Tafelrunde«, in: DLA, A: Szondi: Alewyn, Richard/Szondi, Peter, 1964-1970, 88.9.431/1-11.

Fuhrmann, Manfred: Manfred Fuhrmann an Peter Szondi, Brief vom [o.T.].3.1969, in: DLA, A: Szondi: Zugehörige Materialien, Materialien zur *Poetik und Hermeneutik*-Tagung zur »Realität mythischer Späthorizonte«, 88.9.1326/1.

Jauß, Hans Robert: Hans Robert Jauß an Peter Szondi, Brief vom 28.2.1968, in: DLA, A: Szondi: Briefe an ihn, 88.9.725/9.

Jauß, Hans Robert: Hans Robert Jauß an Peter Szondi, Brief vom 21.5.1970, in: DLA, A: Szondi: Briefe an ihn, 88.9.725/16.

Singer, Herbert: Herbert Singer »An die Mitglieder von ›Alewyns Tafelrunde‹«, Brief vom 12.2.1970, in: DLA, A: Szondi: Singer, Herbert/Szondi, Peter, 1969-1970, 88.9.970/1-4.

Singer, Herbert: Herbert Singer »An die Mitglieder von ›Alewyns Tafelrunde‹«, Brief vom 4.3.1970, in: DLA, A: Szondi: Singer, Herbert/Szondi, Peter, 1969-1970, 88.9.970/1-4.

Singer, Herbert: Herbert Singer an Peter Szondi, Brief vom 9.3.1970, in: DLA, A: Szondi: Singer, Herbert/Szondi, Peter, 1969-1970, 88.9.970/1-4.

Szondi, Peter: Peter Szondi an Richard Alewyn, Brief vom 26.3.1969, in: DLA, A: Szondi°Bollack: Briefaktion, Szondi, Peter/Alewyn, Richard, 1969, 88.9.1610 [Pendant dieses Durchschlags (»Original«), in: DLA, A: Alewyn: Szondi, Peter/Alewyn, Richard, 1969, 90.34.16/1-6].

Szondi, Peter: Peter Szondi an Richard Alewyn, Brief vom 22.4.1969, in: DLA, A: Szondi: Szondi, Peter/Alewyn, Richard, 1969-1970, 88.9.4./1-7.
Szondi, Peter: Peter Szondi an Fritz Arnold, Brief vom 17.12.1960, in: DLA, A: Szondi, Briefe von ihm, 88.9.183/9.
Szondi, Peter: Peter Szondi an Manfred Fuhrmann, Brief vom 2.5.1970, in: DLA, A: Szondi: Briefe von ihm, 88.9.191./17.
Szondi, Peter: Peter Szondi an Rudolf Hirsch, Brief vom 24.4.1964, in: DLA, A: Szondi, Briefe von ihm, 92.106.1/2.
Szondi, Peter: Peter Szondi an Rudolf Hirsch, Brief vom 1.5.1964, in: DLA, A: Szondi: Briefe von ihm, 88.9.184/19.
Szondi, Peter: Peter Szondi an Rudolf Hirsch, Brief vom 27.9.1964, in: DLA, A: Szondi: Briefe von ihm, 88.9.185/11.
Szondi, Peter: Peter Szondi an Rudolf Hirsch, Brief vom 7.11.1964, in: DLA, A: Szondi: Briefe von ihm, 88.9.185/12.

Siegfried Unseld Archiv

Arnold, Fritz: Fritz Arnold an Peter Szondi, Brief vom 29.3.1961, in: DLA, SUA: Insel-Verlag / Autoren, Insel-Verlag, Briefwechsel, Peter Szondi 1960-61, 10.01.
Hirsch, Rudolf: Rudolf Hirsch an Peter Szondi, Brief vom 22.4.1964, in: DLA, SUA: Insel-Verlag / Autoren, Insel-Verlag, Briefwechsel, Peter Szondi 1962-63, 10.01.
Insel Verlag: Insel Verlag an Peter Szondi, Brief vom 11.8.1964, in: DLA, SUA: Insel-Verlag / Autoren, Insel-Verlag, Briefwechsel, Peter Szondi 1964-65, 10.01.
Szondi, Peter: Disposition zu *Satz und Gegensatz*, in: DLA, SUA: Insel-Verlag / Autoren, Insel-Verlag, Briefwechsel, Peter Szondi 1962-63, 10.01.
Szondi, Peter: Peter Szondi an Fritz Arnold, Brief vom 30.1.1961, in: DLA, SUA: Insel-Verlag / Autoren, Insel-Verlag, Briefwechsel, Peter Szondi 1960-61, 10.01.
Szondi, Peter: Peter Szondi an Fritz Arnold, Brief vom 13.3.1961, in: DLA, SUA: Insel-Verlag / Autoren, Insel-Verlag, Briefwechsel, Peter Szondi 1962-63, 10.01.
Szondi, Peter: Peter Szondi an Fritz Arnold, Brief vom 10.4.1963, in: DLA, SUA: Insel-Verlag / Autoren, Insel-Verlag, Briefwechsel, Peter Szondi 1962-63, 10.01.
Szondi, Peter: Peter Szondi an Walter Boehlich, Brief vom 25.7.1960, in: DLA, SUA: Suhrkamp/01 Verlagsleitung/Autorenkonv./Szondi, Peter 1960-1962.
Szondi, Peter: Peter Szondi an Anneliese Botond, Brief vom 23.7.1964, in: DLA, SUA: Insel-Verlag / Autoren, Insel-Verlag, Briefwechsel, Peter Szondi 1964-65, 10.01.

Szondi, Peter: Peter Szondi an Hans Magnus Enzensberger, Brief vom 7.7.1960, in: DLA, SUA: Suhrkamp/01 Verlagsleitung/Autorenkonv./Szondi, Peter 1960-1962.
Szondi, Peter: Peter Szondi an Rudolf Hirsch, Brief vom 28.2.1964, in: DLA, SUA: Insel-Verlag / Autoren, Insel-Verlag, Briefwechsel, Peter Szondi 1962-63, 10.01.
Szondi, Peter: Peter Szondi an Rudolf Hirsch, Brief vom 23.3.1964, in: DLA, SUA: Insel-Verlag / Autoren, Insel-Verlag, Briefwechsel, Peter Szondi 1962-63, 10.01.
Szondi, Peter: Peter Szondi an Siegfried Unseld, Brief vom 26.1.1961, in: DLA, SUA: Suhrkamp/01 Verlagsleitung/Autorenkonv./Szondi, Peter 1960-1962.
Szondi, Peter: Peter Szondi an Siegfried Unseld, Brief vom 6.7.1962, in: DLA, SUA: Suhrkamp/01 Verlagsleitung/Autorenkonv./Szondi, Peter 1960-1962.
Szondi, Peter: Peter Szondi an Siegfried Unseld, Brief vom 22.6.1963, in: DLA, SUA: Suhrkamp/01 Verlagsleitung/Autorenkonv./Szondi, Peter 1963-1966.
Szondi, Peter: Peter Szondi an Siegfried Unseld, Brief vom 23.8.1965, in: DLA, SUA: Insel-Verlag / Autoren, Insel-Verlag, Briefwechsel, Peter Szondi 1964-65, 10.01.
Szondi, Peter: Peter Szondi an Siegfried Unseld, Brief vom 27.11.1969, in: DLA, SUA: Suhrkamp/ 03 Lektorate / 1969-1970.
Unseld, Siegfried: Siegfried Unseld an Peter Szondi, Brief vom 2.7.1962, in: DLA, SUA: Suhrkamp/ 01 Verlagsleitung/ Autorenkonv./ Szondi, Peter 1960-1962.
Unseld, Siegfried: Siegfried Unseld an Peter Szondi, Brief vom 27.9.1962, in: DLA, SUA: Suhrkamp/ 01 VL/ Autorenkonv./ Szondi, Peter 1962.

Nachlass Richard Alewyn

Alewyn, Richard: Exposition zur »Tafelrunde«, in: DLA, A: Alewyn: Tafelrunde, Alewyn, Richard, Verschiedenes, 89.5.2989.
Alewyn, Richard: »Klopstock« Exposé / Oberseminar Wintersemester 1966/67, in: DLA, A: Alewyn: Prosa, Vorlesungen, 89.5.68.
Alewyn, Richard: Konv. Exposés zu Mittel- und Oberseminaren, in: DLA, A: Alewyn: Prosa, Vorlesungen, 89.5.69.
Alewyn, Richard: Notiz- und Exzerptsammlung, in: DLA, A: Alewyn: Prosa, 89.5.34.
Alewyn, Richard: Richard Alewyn an verschiedene Empfänger, Rundschreiben vom 17.2.1969 und 1.7.1969, in: DLA, A: Alewyn: Tafelrunde, 1969, 89.5.2993.

Nachlass Friedrich Beißner

Beißner, Friedrich: »Beurteilungen und Zeugnisvorschläge«, in: DLA, A: Beißner: Verschiedenes, 79.725.

Nachlass Werner Hamacher

Hamacher, Werner: Materialsammlung/ Projekt für eine Aufsatzsammlung zur literaturwissenschaftlichen Methodendiskussion, in: DLA, A: Hamacher: Verschiedenes, 17.74.

Hamacher, Werner: Verlagskorrespondenz und Verlagsvertrag, in: DLA, A: Hamacher: C.H. Beck'sche Verlagsbuchhandlung, 1981-1983, 17.74.

Zimmer, Reinhold: Reinhold Zimmer an Werner Hamacher, Brief vom 2.12.1981, in: DLA, A: Hamacher: Verschiedenes, Materialsammlung/ Projekt für eine Aufsatzsammlung zur literaturwissenschaftlichen Methodendiskussion, 17.74.

Nachlass Käte Hamburger

Hamburger, Käte: Exzerpte ›Mitleid I‹, in: DLA, A: Hamburger, 91.4.159.

Hamburger, Käte: Materialsammlung, in: DLA, A: Hamburger, 91.4.161.

Hamburger, Käte: Notizheft, in: DLA, A: Hamburger, 91.4.160.

Nachlass Hans Robert Jauß

Jauß, Hans Robert: Exzerpte zu Proust, in: DLA, A: Jauss: Verschiedenes, K 25, M3.

Jauß, Hans Robert: Exzerpte zu Texten der Neuzeit, nach Autoren alphabetisch geordnet, in: DLA, A: Jauss: Verschiedenes, K 25, M4.

Jauß, Hans Robert: Exzerpte zu »Zeit«, in: DLA, A: Jauss: Verschiedenes, K 25, M2.

Jauß, Hans Robert: Exzerpte zu verschiedenen Themen, in: DLA, A: Jauss: Verschiedenes, K 26, M1.

Jauß, Hans Robert: Philosophische Probleme, in: DLA, A: Jauss: Verschiedenes, K 26, M5.

Nachlass Friedrich Kittler

Kittler, Friedrich: Exzerpte zu ›Aufschreibesysteme 1800 · 1900‹, in: DLA, A: Kittler, K104, M2.

Nachlass Reinhart Koselleck

Koselleck, Reinhart: »Unterlagen zum Seminar ›Historiographie 16.-18. Jh.‹«, 2 Mappen, in: DLA, A: Koselleck: Dokumente, Zugangsnummer HS.2008.0095, Mediennummer HS005966980.

Nachlass Fritz Martini

Martini, Fritz: Fritz Martini an Friedrich Sengle, Brief vom 10. 6. 1973, in: DLA, A: Martini.

Martini, Fritz: Fritz Martini an Friedrich Sengle, Brief vom 2. 8. 1973, in: DLA, A: Martini.

Sengle, Friedrich: Friedrich Sengle an Fritz Martini, Brief vom 12. 7. 1973, in: DLA, A: Martini.

Nachlass Gert Mattenklott

Szondi, Peter: Notizen für Berufungsverhandlungen, in: DLA, A: Mattenklott ° Szondi, 10.26.

Nachlass Julius Petersen

Petersen, Julius: Liste, Bl. 1, in: DLA, A: Petersen, Zugangsnummer 72.24.

Heinrich-Heine-Institut Düsseldorf

Nachlass Friedrich Sengle

Materialien

[Anonym]: Die Liebesverhältnisse der Assistenten, in: unireport Jg. 22, Nr. 11 (Juni 1969), S. 2, in: HHI: Nachlass Friedrich Sengle: Ordner München II.

[Anonym]: Fachbereichszeitung 4/76, Rote Zelle Germanistik, Rote Zellen/AK, München, in: HHI: Nachlass Friedrich Sengle: München Fakultät II.

[Anonym]: Universität München, Aktenzeichen, IV - 14a - Bus, in: HHI: Nachlass Friedrich Sengle: Biedermeierzeit.

Gansberg, Marie-Luise: Bibliografie und Zusammenfassung der Schriften Szondis, in: HHI: Nachlass Friedrich Sengle: Ordner Gutachten II.

Göttler, Hans: Exzerpt zu Biologismus (Geschlechter) mit Notizen Sengles, in: HHI: Nachlass Friedrich Sengle: Biedermeierzeit, Mappe: Selbst exzerpierte und auf Stichwortlisten ausgewertete Briefe.

Jäger, Georg: Maschinenschriftliche Exzerpte von Georg Jäger, in: HHI: Nachlass Friedrich Sengle: Biedermeierzeit, Mappe: hellrote DIN-A4-Mappe.

Ratzow, Brunhild: Protokoll der Oberseminarsitzung vom 31.1.69, in: HHI: Nachlass Friedrich Sengle: Biedermeierzeit, Mappe: Nachtrag Lit.sprache.

Sengle, Friedrich: Bescheinigung, 29.3.1968, in: HHI: Nachlass Friedrich Sengle: München Fakultät I.

Sengle, Friedrich: Exzerpt zu Joachim Goths »Nietzsche und die Rhetorik«, in: HHI: Nachlass Friedrich Sengle: Biedermeierzeit, Mappe: Nachtrag Lit.sprache.

Sengle, Friedrich: Gutachten für das Frankfurter Berufungsverfahren, 13.10.1964, in: HHI: Nachlass Friedrich Sengle: Ordner Gutachten II.

Sengle, Friedrich: Handschriftliche Fassung des Heine-Kapitels, in: HHI: Nachlass Friedrich Sengle: Biedermeierzeit, Mappe: Biedermeierzeit I, 1–2 (1/2).

Sengle, Friedrich: Handschriftliche und maschinenschriftliche Exzerpte von Friedrich Sengle und Hans Göttler, in: HHI: Nachlass Friedrich Sengle: Biedermeierzeit, Mappe: Selbst exzerpierte und auf Stichwortlisten ausgewertete Briefe.

Sengle, Friedrich: Maschinenschriftliches Exzerpt, in: HHI: Nachlass Friedrich Sengle: Biedermeierzeit, Mappe: Literatursprache.

Sengle, Friedrich: Maschinenschriftliches Exzerpt, in: HHI: Nachlass Friedrich Sengle: Biedermeierzeit, Mappe: Nachtrag, Bd. III, Heine, 2b.

Sengle, Friedrich: Oberseminar 1970/71, Themenplan, in: HHI: Nachlass Friedrich Sengle: Haupt/Oberseminar.

Sengle, Friedrich: Teilnehmerliste, Oberseminar Prof. Dr. Sengle, WS 1970/71, in: HHI: Nachlass Friedrich Sengle: Haupt/Oberseminar.

Sengle, Friedrich: Visitenkarte, in: HHI: Nachlass Friedrich Sengle: Biedermeierzeit, Mappe: Heine, ungeordnetes Material, 8.

Windfuhr, Manfred: Maschinenschriftliche Exzerpte von Manfred Windfuhr, in: HHI: Nachlass Friedrich Sengle: Biedermeierzeit, Mappe: Immermann, I.

Windfuhr, Manfred: Notizen zu F. Sengle »Heinrich Heine« (Kapitel der Biedermeierzeit) von Manfred Windfuhr, in: HHI: Nachlass Friedrich Sengle: Biedermeierzeit, Mappe: Heine, ungeordnetes Material, 8.

Korrespondenzen

Becker, Eva D.: Eva D. Becker an Friedrich Sengle, Brief vom 15.1.1979, in: HHI: Nachlass Friedrich Sengle: Biedermeierzeit, Mappe: Heine, letzte Durchsicht.

Bode, Dietrich: Dietrich Bode an Friedrich Sengle, Brief vom 8.1.1976, in: HHI: Nachlass Friedrich Sengle: Metzler Verlag.
Burkhardt, Rolf: Rolf Burkhardt (Vizepräsident III) an die Dekane und Hochschullehrer der Universität München, November 1976, Anlage »Forschungsberichterstattung«, in: HHI: Nachlass Friedrich Sengle: Forschergruppe III.
Fallbacher, Karl-Heinz: Karl-Heinz Fallbacher an Friedrich Sengle, Brief vom 2.7.1979, in: HHI: Nachlass Friedrich Sengle: Biedermeierzeit, Mappe: Immermann.
Frühwald, Wolfgang: Wolfgang Frühwald an Friedrich Sengle, Brief vom 4.10.1983, in: HHI: Nachlass Friedrich Sengle: Korr. Frühwald.
Jäger, Georg: Georg Jäger an Friedrich Sengle, Brief vom 14.4.1966, in: HHI: Nachlass Friedrich Sengle: Biedermeierzeit, Mappe: Töne, Ia, Allg., Declamation.
Häntzschel, Günter: Günter Häntzschel an Friedrich Sengle, Brief vom 28.8.1970, in: HHI: Nachlass Friedrich Sengle: Korr. Häntzschel.
Heselhaus, Clemens: Clemens Heselhaus an Friedrich Sengle, Brief vom 17.12.1952, in: HHI: Nachlass Friedrich Sengle: Korr. Heselhaus.
Metelmann, Ernst: Ernst Metelmann an Friedrich Sengle, Brief vom 11.6.1952, in: HHI: Nachlass Friedrich Sengle: Metzler Verlag.
Metelmann, Ernst: Ernst Metelmann an Friedrich Sengle, Brief vom 25.6.1952, in: HHI: Nachlass Friedrich Sengle: Metzler Verlag.
Metelmann, Ernst: Ernst Metelmann an Friedrich Sengle, 6.1.1953, in: HHI: Nachlass Friedrich Sengle: Metzler Verlag.
Metelmann, Ernst: Ernst Metelmann an Friedrich Sengle, Brief vom 25.6.1964, in: HHI: Nachlass Friedrich Sengle: Metzler Verlag.
Metelmann, Ernst: Ernst Metelmann an Friedrich Sengle, Brief vom 15.2.1965, in: HHI: Nachlass Friedrich Sengle: Metzler Verlag.
Metelmann, Ernst: Ernst Metelmann an Friedrich Sengle, Brief vom 24.3.1965, in: HHI: Nachlass Friedrich Sengle: Metzler Verlag.
Metzler Verlag: Metzler Verlag an Friedrich Sengle, Brief vom 18.9.1970, in: HHI: Nachlass Friedrich Sengle: Metzler Verlag.
Neumaier, Herbert: Herbert Neumaier an Friedrich Sengle, Brief vom 14.4.1975, in: HHI: Nachlass Friedrich Sengle: Biedermeierzeit, Mappe: Nachtrag, Bd. III, Heine, 2b.
Polenz, Peter von: Peter von Polenz an Friedrich Sengle, Brief vom 23.7.1969, in: HHI: Nachlass Friedrich Sengle: Biedermeierzeit.
Sengle, Friedrich: Friedrich Sengle an Dietrich Bode, Brief vom 13.1.1976, in: HHI: Nachlass Friedrich Sengle: Metzler Verlag.
Sengle, Friedrich: Friedrich Sengle an Manfred Briegel, Brief vom 6.7.1977, in: HHI: Nachlass Friedrich Sengle: Deutsche Forschungsgemeinschaft.
Sengle, Friedrich: Friedrich Sengle an Manfred Briegel, Brief vom

6.10.1977, in: HHI: Nachlass Friedrich Sengle: Deutsche Forschungsgemeinschaft.
Sengle, Friedrich: Friedrich Sengle an Manfred Briegel, Brief vom 20.2.1978, in: HHI: Nachlass Friedrich Sengle: Forschergruppe III.
Sengle, Friedrich: Friedrich Sengle an die Deutsche Forschungsgemeinschaft, Brief vom 10.3.1956, in: HHI: Nachlass Friedrich Sengle: Deutsche Forschungsgemeinschaft.
Sengle, Friedrich: Friedrich Sengle an die Deutsche Forschungsgemeinschaft, Brief vom 28.3.1957, in: HHI: Nachlass Friedrich Sengle: Deutsche Forschungsgemeinschaft.
Sengle, Friedrich: Friedrich Sengle an die Deutsche Forschungsgemeinschaft, Brief vom 4.9.1960, in: HHI: Nachlass Friedrich Sengle: Deutsche Forschungsgemeinschaft.
Sengle, Friedrich: Friedrich Sengle an die Deutsche Forschungsgemeinschaft, Brief vom 14.11.1963, in: HHI: Nachlass Friedrich Sengle: Deutsche Forschungsgemeinschaft.
Sengle, Friedrich: Friedrich Sengle an die Deutsche Forschungsgemeinschaft, Brief vom 18.10.1969, in: HHI: Nachlass Friedrich Sengle: Deutsche Forschungsgemeinschaft.
Sengle, Friedrich: Friedrich Sengle an die Deutsche Forschungsgemeinschaft, Brief vom 6.3.1973, in: HHI: Nachlass Friedrich Sengle: Deutsche Forschungsgemeinschaft.
Sengle, Friedrich: Friedrich Sengle an die Deutsche Forschungsgemeinschaft, Brief vom 3.6.1977, in: HHI: Nachlass Friedrich Sengle: Deutsche Forschungsgemeinschaft.
Sengle, Friedrich: Friedrich Sengle an Günter Häntzschel, Brief vom 7.1.1987, in: HHI: Nachlass Friedrich Sengle: Korr. Häntzschel.
Sengle, Friedrich: Friedrich Sengle an Renate von Heydebrand, Brief vom 29.7.1987, in: HHI: Nachlass Friedrich Sengle: Forschergruppe, März 79 – März 84.
Sengle, Friedrich: Friedrich Sengle an Ernst Metelmann, Brief vom 1.2.1965, in: HHI: Nachlass Friedrich Sengle: Metzler Verlag.
Sengle, Friedrich: Friedrich Sengle an den Metzler Verlag, Brief vom 20.10.1969, in: HHI: Nachlass Friedrich Sengle: Metzler Verlag.
Sengle, Friedrich: Friedrich Sengle an den Metzler Verlag, Brief vom 20.2.1970, in: HHI: Nachlass Friedrich Sengle: Metzler Verlag.
Sengle, Friedrich: Friedrich Sengle an den Metzler Verlag, Brief vom 22.11.1975, in: HHI: Nachlass Friedrich Sengle: Metzler Verlag.
Sengle, Friedrich: Friedrich Sengle an den Metzler Verlag, Brief vom 25.5.1976, in: HHI: Nachlass Friedrich Sengle: Metzler Verlag.
Sengle, Friedrich: Friedrich Sengle an den Metzler Verlag, Brief vom 30.6.1980, in: HHI: Nachlass Friedrich Sengle: Metzler Verlag.

Sengle, Friedrich: Friedrich Sengle an den Metzler Verlag, Brief vom 18. 7. 1987, in: HHI: Nachlass Friedrich Sengle: Metzler Verlag.
Sengle, Friedrich: Friedrich Sengle an Thomas Nipperdey, Brief vom 24. 1. 1978, in: HHI: Nachlass Friedrich Sengle: Forschergruppe III.
Sengle, Friedrich: Friedrich Sengle an Peter von Polenz, Brief vom 19. 6. 1969, in: HHI: Nachlass Friedrich Sengle: Biedermeierzeit.
Sengle, Friedrich: Friedrich Sengle an Peter von Polenz, Brief vom 13. 2. 1970, in: HHI: Nachlass Friedrich Sengle: Biedermeierzeit.
Sengle, Friedrich: Friedrich Sengle an die Stiftung Volkswagenwerk, Brief vom 13. 5. 1968, in: HHI: Nachlass Friedrich Sengle: Gutachten III.
Sengle, Friedrich: Friedrich Sengle an Wolfgang Treue, Brief vom 21. 3. 1962, in: HHI: Nachlass Friedrich Sengle: Deutsche Forschungsgemeinschaft.
Sengle, Friedrich: Friedrich Sengle an Wolfgang Treue, Brief vom 27. 5. 1966, in: HHI: Nachlass Friedrich Sengle: Deutsche Forschungsgemeinschaft.
Sengle, Friedrich: Friedrich Sengle an Eberhard Weis, Brief vom 9. 5. 1978, in: HHI: Nachlass Friedrich Sengle: Forschergruppe, März 79 - März 84.
Windfuhr, Manfred: Manfred Windfuhr an Friedrich Sengle, Brief vom 3. 7. 1970, in: HHI: Nachlass Friedrich Sengle: Korr. Windfuhr, I (1952-1970).
Windfuhr, Manfred: Manfred Windfuhr an Friedrich Sengle, Brief vom 22. 8. 1970, in: HHI: Nachlass Friedrich Sengle: Korr. Windfuhr, I (1952-1970).
Windfuhr, Manfred: Manfred Windfuhr an Friedrich Sengle, Brief vom 1. 9. 1970, in: HHI: Nachlass Friedrich Sengle: Korr. Windfuhr, I (1952-1970).
Windfuhr, Manfred: Manfred Windfuhr an Friedrich Sengle, Brief vom 18. 9. 1970, in: HHI: Nachlass Friedrich Sengle: Korr. Windfuhr, I (1952-1970).
Windfuhr, Manfred: Manfred Windfuhr an Friedrich Sengle, Brief vom 24. 12. 1970, in: HHI: Nachlass Friedrich Sengle: Korr. Windfuhr, I (1952-1970).
Windfuhr, Manfred: Manfred Windfuhr an Friedrich Sengle, Brief vom 4. 1. 1972, in: HHI: Nachlass Friedrich Sengle: Allg. Korrespondenz Windfuhr.

Universitätsarchiv Freie Universität Berlin

Materialien

[Anonym]: Fakultätsgutachten, in: FU Berlin, UA: Personalakten, PA Szondi.

[Anonym]: Kommissionsurteil zu Peter Szondis Habilitation, in: FU Berlin, UA: HabilA-Szondi in PA-Szondi-Bd. V.
[Anonym]: Protokoll Habilitationsvortrag, in: FU Berlin, UA: Habil A-Szondi in PA-Szondi-Bd. V.
David, Claude: Gutachten, in: FU Berlin, UA: Phil-V, Sig. 74.
Emrich, Wilhelm: Gutachten, in: FU Berlin, UA: HabilA-Szondi in PA-Szondi-Bd. V.
Killy, Walther: Gutachten, in: FU Berlin, UA: HabilA-Szondi in PA-Szondi-Bd. V.
Meyer, Herman: Gutachten, in: FU Berlin, UA: Phil-V, Sig. 74.
Szondi, Peter: Berufungsangebot vom 25.3.1965, in: FU Berlin, UA: PA Szondi, Bd. II.
Szondi, Peter: Gesuch um Zulassung zur Habilitation, in: FU Berlin, UA: HabilA-Szondi in PA-Szondi-Bd. V.
Szondi, Peter: Kommissionsbeschluss zum Thema des Habilitationsvortrags, in: FU Berlin, UA: HabilA-Szondi in PA-Szondi-Bd. V.

Korrespondenzen

[Anonym]: Dekanat an Peter Szondi, o. D., in: FU Berlin, UA: PA Szondi, Bd. IV.
Rektorat der Freien Universität Berlin an Peter Szondi, o. D., in: FU Berlin, UA: PA Szondi, Bd. IV.
Szondi, Peter: Peter Szondi an das Dekanat der Philosophischen Fakultät, Telegramm o. D., in: FU Berlin, UA: PA Szondi, Bd. V.
Szondi, Peter: Peter Szondi an Fakultätsleitung, Brief o. D., in: FU Berlin, UA: PA Szondi, Bd. IV.
Szondi, Peter: Peter Szondi an den Präsidenten der Freien Universität Berlin, Brief vom 30.12.1970, in: FU Berlin, UA: PA Szondi, Bd. IV.
Szondi, Peter: Peter Szondi an den Rektor der Freien Universität Berlin, Brief vom 9.6.1965, in: FU Berlin, UA: PA Szondi, Bd. IV.
Szondi, Peter: Peter Szondi an den Rektor der Freien Universität Berlin, Brief vom 31.7.1967, in: FU Berlin, UA: PA Szondi, Bd. IV.
Szondi, Peter: Peter Szondi an den Rektor der Freien Universität Berlin, Brief vom 4.12.1967, in: FU Berlin, UA: PA Szondi, Bd. V.
Szondi, Peter: Peter Szondi an den Rektor der Freien Universität Berlin, Brief vom 8.4.1969, in: FU Berlin, UA: PA Szondi, Bd. IV.

Staatsbibliothek zu Berlin

Prieger, Margarete: Heinrich Zschokkes Erzählungskunst [Dissertation], in: Staatsbibliothek zu Berlin, MS 25/7424.

Archivbestände zu Sonderdrucken

Auerbach, Erich: Sonderdruck »Dante's Prayer to the Virgin (Paradiso, XXXIII) and Earlier Eulogies«, in: *Romance Philology* 3 (1949), S. 1-26, in: Erwin Panofsky offprint collection, Historical Studies-Social Science Library, Institute for Advanced Study, Princeton, NJ, USA.

Barraclough, Geoffrey: Sonderdruck »History, Morals, and Politics«, in: *International Affairs* 34 (1958), H. 1, S. 1-15, in: DLA: Dolf Sternberger, Sonderdruck-Sammlung.

Gombrich, E. H.: Sonderdruck »Ritualized Gesture and Expression in Art«, in: *Philosophical Transactions of the Royal Society of London*, Series B, 251 (1966), S. 393-401, in: Erwin Panofsky offprint collection, Historical Studies-Social Science Library, Institute for Advanced Study, Princeton, NJ, USA.

Hamburger, Käte: Sonderdruck »Die phänomenologische Struktur der Dichtung Rilkes«, in: *Jahrbuch für Ästhetik und Allgemeine Kunstwissenschaft* 10 (1965), S. 217-234, in: DLA: Hans-Georg Gadamer, Sonderdruck-Sammlung.

Haupt, Moritz, *Zu Endlicher's und Hoffmann's Ausgabe der Wiener althochdeutschen Fragmente. Aus dem LXVII. Bande der Jahrbücher der Literatur besonders abgedruckt*, Wien 1834.

Kristeller, Paul Oskar: Sonderdruck »The European Diffusion of Italian Humanism«, in: *Italica* 39 (1962), H. 1, S. 1-20, in: Erwin Panofsky offprint collection, Historical Studies-Social Science Library, Institute for Advanced Study, Princeton, NJ, USA.

Nivelle, Armand: Sonderdruck »Das Bild des Menschen bei Novalis«, in: Albert Fuchs und Helmut Motekat (Hg.), *Stoffe, Formen, Strukturen. Hans Heinrich Borcherdt zum 75. Geburtstag*, München 1962, S. 274-283, in: DLA: Richard Brinkmann, Sonderdruck-Sammlung.

Schmidt, Erich, *Zur Vorgeschichte des Goethe'schen Faust. Sonder-Abdruck aus dem Goethe-Jahrbuch. Zweiter Band* 1881.

Schöne, Albrecht: Sonderdruck »Soziale Kontrolle als Regulativ der Textverfassung. Über Goethes ersten Brief an Ysenburg von Buri«, in: Alexander von Bormann (Hg.), *Wissen aus Erfahrungen. Werkbegriff und Interpretation heute. Festschrift für Herman Meyer zum 65. Geburtstag*, Tübingen 1976, S. 217-241, in: DLA: Richard Brinkmann, Sonderdruck-Sammlung.

Sengle, Friedrich: Sonderdruck »Goethes Ikarus-Flug. Zur Forcierung des Homerisierens im Achilleis-Plan«, in: Gerhart Hoffmeister (Hg.), *Goethezeit. Studien zur Erkenntnis und Rezeption Goethes und seiner Zeitgenossen. Festschrift für Stuart Atkins*, Bern, München 1981, S. 179-191 (wir danken Jörg Schönert für die Überlassung des Sonderdrucks aus seinen privaten Beständen, S.M./C.S.).

Spitzer, Leo: Sonderdruck »Wiederum Mörikes Gedicht ›Auf eine Lampe‹«, in: *Trivium* 9 (1951), H. 3, S. 133-146, in: Erwin Panofsky offprint collection, Historical Studies-Social Science Library, Institute for Advanced Study, Princeton, NJ, USA.

Taubes, Jacob: Sonderdrucke aus den 1960er Jahren an Hans Blumenberg, in: DLA: A: Blumenberg: Widmungen auf Sonderdrucken, 03.1.

Vossler, Karl: Sonderdruck »Die Grenzen der Sprachsoziologie«, in: Melchior Palyi (Hg.), *Hauptprobleme der Soziologie. Erinnerungsgabe für Max Weber,* München 1923, Bd. 1, S. 361-389, in: DLA, C7:Rara.

Wind, Edgar: Sonderdruck »The Ark of Noah: A Study in the Symbolism of Michelangelo«, in: *Measure: A Critical Journal* 1 (1950) H. 4, S. 411-421, in: Erwin Panofsky offprint collection, Historical Studies-Social Science Library, Institute for Advanced Study, Princeton, NJ, USA.

Zilsel, Edgar: Sonderdruck »The Genesis of the Concept of Physical Law«, in: *The Philosophical Review* 51 (1942), S. 245-279, in: Erwin Panofsky offprint collection, Historical Studies-Social Science Library, Institute for Advanced Study, Princeton, NJ, USA.

Literatur

Abbott, Andrew, »Library Research Infrastructure for Humanistic and Social Scientific Scholarship in the Twentieth Century«, in: Charles Camic/Neil Gross/Michèle Lamont (Hg.), *Social Knowledge in the Making*, Chicago 2011, S. 43-87.

Abbott, Andrew, *Digital Paper: A Manual for Research and Writing with Library and Internet Materials*, Chicago 2014.

Abbott, Andrew, »On Being the Editor of AJS«, in: *Serendipities* 3 (2018), S. 29-41.

Abel, Günter, »Epistemische Objekte – was sind sie und was macht sie so wertvoll? Programmatische Thesen im Blick auf eine zeitgemäße Epistemologie«, in: Kai-Michael Hingst/Maria Liatsi (Hg.), *Pragmata. Festschrift für Klaus Oehler zum 80. Geburtstag*, Tübingen 2008, S. 285-298.

Abel, Günter, »Epistemische Objekte als Zeichen- und Interpretationskonstrukte«, in: Stefan Tolksdorf/Holm Tetens (Hg.), *In Sprachspiele verstrickt – oder: Wie man der Fliege den Ausweg zeigt. Verflechtungen von Wissen und Können*, Berlin, New York 2010, S. 127-156.

Abend, Gabriel, »The Meaning of ›Theory‹«, in: *Sociological Theory* 26 (2008), S. 173-199.

Adam, Wolfgang, »Die Zeitschrift ›Euphorion‹ in den Jahren 1950-1970«, in: Petra Boden/Rainer Rosenberg (Hg.), *Deutsche Literaturwissenschaft 1945-1965. Fallstudien zu Institutionen, Diskursen, Personen*, Berlin 1997, S. 241-260.

Adloff, Frank/Steffen Mau (Hg.), *Vom Geben und Nehmen. Zur Soziologie der Reziprozität*, Frankfurt/M., New York 2005.

Adorno, Theodor W., »Valérys Abweichungen«, in: Theodor W. Adorno: Noten zur Literatur II, Frankfurt/M. 1961, S. 42-94.

Albers, Irene, »Formen und Reformen der Lehre«, in: Irene Albers (Hg.), *Nach Szondi. Allgemeine und Vergleichende Literaturwissenschaft an der Freien Universität Berlin 1965–2015*, Berlin 2016, S. 76-77.

Albers, Irene (Hg.), *Nach Szondi. Allgemeine und Vergleichende Literaturwissenschaft an der Freien Universität Berlin 1965–2015*, Berlin 2016.

Albers, Irene, »Vorbemerkung«, in: Irene Albers (Hg.), *Nach Szondi. Allgemeine und Vergleichende Literaturwissenschaft an der Freien Universität Berlin 1965–2015*, Berlin 2016, S. 9-15.

Albrecht, Andrea, »Analogieschlüsse und metaphorische Extensionen in der interdisziplinären literaturwissenschaftlichen Praxis«, in: Andrea Albrecht/Lutz Danneberg/Olav Krämer/Carlos Spoerhase (Hg.), *Theorien, Methoden und Praktiken des Interpretierens*, Berlin u. a. 2015, S. 271-299.

Albrecht, Andrea/Jens Krumeich, *Fritz Martini und die deutsche Literaturwissenschaft vor und nach 1945*, Heidelberg 2022.

Alewyn, Richard, *Probleme und Gestalten. Essays*, Frankfurt/M. 1974.

Alewyn, Richard, »Klopstocks Leser«, in: Bernhard Fabian (Hg.), *Festschrift für Rainer Gruenter*, Heidelberg 1978, S. 100-121.

Alewyn, Richard, »Klopstock!«, in: *Euphorion* 73 (1979), S. 357-364.

Alker, Stefan, »Die Bibliothek in literaturwissenschaftlichen Einführungen«, in: Stefan Alker/Achim Hölter (Hg.), *Literaturwissenschaft und Bibliotheken*, Göttingen 2015, S. 27-48.

Alt, Peter-André, *Exzellent!? Zur Lage der deutschen Universität*, München 2021.

Altenhofer, Norbert, »Geselliges Betragen – Kunst – Auslegung. Anmerkungen zu Peter Szondis Schleiermacher-Interpretation und zur Frage einer materialen Hermeneutik«, in: Ulrich Nassen (Hg.), *Studien zur Entwicklung einer materialen Hermeneutik*, München 1979, S. 165-211.

Altick, Richard D., *A Little Bit of Luck: The Making of an Adventurous Scholar*, Philadelphia 2002.

American Academy of Arts & Sciences, *The State of the Humanities in Four-Year Colleges and Universities (2017). A Summary of Findings Prepared by the Staff of the Humanities Indicators.*

Amlinger, Carolin, *Schreiben. Eine Soziologie literarischer Arbeit*, Berlin 2021.

Amslinger, Julia, *Eine neue Form von Akademie. ›Poetik und Hermeneutik‹ – die Anfänge*, Paderborn 2017.

Amslinger, Tobias, *Verlagsautorschaft. Enzensberger und Suhrkamp*, Göttingen 2018.

Anderson, Chris, »Das Ende der Theorie. Die Datenschwemme macht wissenschaftliche Methoden obsolet«, in: Heinrich Geiselberger/Tobias Moorstedt (Hg.), *Big Data. Das neue Versprechen der Allwissenheit*, Berlin [2]2013, S. 124-130.

Angermüller, Johannes, »How to Become an Academic Philosopher: Academic Discourse as Multi-leveled Positioning Practice« [Como ser un filosofo academico: el discurso como practica de posicionamiento en varios niveles], in: *Sociología Histórica* 2 (2013), S. 263-320.

Antonijević, Smiljana, *Amongst Digital Humanists. An Ethnographic Study of Digital Knowledge Production*, Basingstoke, New York 2015.

Anz, Thomas, »Positionen der Literaturwissenschaft. Acht Modellanalysen am Beispiel von Kleists ›Das Erdbeben in Chili‹, hg. v. David E. Wellbery, München 1985« [Rez.], in: *Arbitrium* 1 (1989), S. 18-25.

Arnold, Heinz Ludwig, »Das Fach in Dauerkrise. Drei Bücher zum Deutschunterricht«, in: *Die Zeit* 17 (23. 4. 1971), S. 24-25.

Arnold, Markus, »Disziplin & Initiation. Die kulturellen Praktiken der

Wissenschaft«, in: Markus Arnold/Roland Fischer (Hg.), *Disziplinierungen. Kulturen der Wissenschaft im Vergleich*, Wien 2004, S. 18-52.

Arnold, Markus/Roland Fischer (Hg.), *Disziplinierungen. Kulturen der Wissenschaft im Vergleich*, Wien 2004.

Attig, Matthias: »Metapher, Metadiskursivität und Form-Semantik. Linguistische Bemerkungen zur Sprachtheorie Peter Szondis«, in: *Wirkendes Wort* 65 (2015) H. 1, S. 129-141.

Auerbach, Bruno, »Génétique de l'imprimé et sociologie: à propos de deux éditions d'un texte de sociologie«, in: *Genesis* 29 (2008), S. 29-41.

Aufderheide, Enno, »Stand, Perspektiven und Rolle der Forschungskollegs«, in: Freiburg Institute for Advanced Studies (FRIAS) (Hg.), *Forschungskollegs und ihre Funktion im deutschen Wissenschaftssystem. Dokumentation der Tagung Mai 2016*, Freiburg 2016, S. 18-21.

Autorenkollektiv unter Leitung und Gesamtbearbeitung von Kurt Böttcher in Zusammenarbeit mit Rainer Rosenberg und Helmut Richter und Mitarbeit von Kurt Krolop, Bd. 8.1: *Von 1830 bis zum Ausgang des 19. Jahrhunderts*, in: *Geschichte der deutschen Literatur von den Anfängen bis zur Gegenwart*, hg. v. Hans-Günther Thalheim/Günter Albrecht/Kurt Böttcher/Hans Jürgen Geerdts/Horst Haase/Hans Kaufmann/Paul Günter Krohn/Dieter Schiller, Berlin (DDR) 1975.

Autorenkollektiv unter Leitung und Gesamtbearbeitung von Kurt Böttcher in Zusammenarbeit mit Paul Günter Krohn und Peter Wruck, Bd. 8.2: *Von 1830 bis zum Ausgang des 19. Jahrhunderts*, in: *Geschichte der deutschen Literatur von den Anfängen bis zur Gegenwart*, hg. v. Hans-Günther Thalheim/Günter Albrecht/Kurt Böttcher/Hans Jürgen Geerdts/Horst Haase/Hans Kaufmann/Paul Günter Krohn/Dieter Schiller, Berlin (DDR) 1975.

Autorenkollektiv unter Leitung von Hans Kaufmann unter Mitarbeit von Silvia Schlenstedt, Bd. 9: *Vom Ausgang des 19. Jahrhunderts bis 1917*, in: *Geschichte der deutschen Literatur von den Anfängen bis zur Gegenwart*, hg. v. Hans-Günther Thalheim/Günter Albrecht/Kurt Böttcher/Hans Jürgen Geerdts/Horst Haase/Hans Kaufmann/Paul Günter Krohn/Dieter Schiller, Berlin (DDR) 1974.

Baecker, Dirk, »Forschung im Medium der Universität«, in: *Merkur* 74 (2020) H. 848, S. 89-93.

Bahr, Amrei/Kristin Eichhorn/Sebastian Kubon, #IchBinHanna. Prekäre Wissenschaft in Deutschland, Berlin 2022.

Bahrdt, Hans Paul/Helmut Krauch/Horst Rittel, »Die wissenschaftliche Arbeit in Gruppen«, in: *Kölner Zeitschrift für Soziologie und Sozialpsychologie* 12 (1960), S. 1-40.

Bamert, Manuel, *Stifte am Werk. Phänomenologie, Epistemologie und Poeto-*

logie von Lesespuren am Beispiel der Nachlassbibliothek Thomas Manns, Göttingen 2021.

Banscherus, Ulf/Alena Baumgärtner/Uta Böhm/Olga Golubchykova/Susanne Schmitt/Andrä Wolter, *Wandel der Arbeit in wissenschaftsunterstützenden Bereichen an Hochschulen. Hochschulreformen und Verwaltungsmodernisierung aus Sicht der Beschäftigten*, Düsseldorf 2017.

Bargheer, Stefan, »The Invention of Theory: A Transnational Case Study of the Changing Status of Max Weber's Protestant Ethic Thesis«, in: *Theory and Society* 46 (2017), S. 497-541.

Barner, Ines, *Von anderer Hand. Praktiken des Schreibens zwischen Autor und Lektor*, Göttingen 2021.

Barnes, Barry, »Practice as Collective Action«, in: Theodore R. Schatzki/Karin Knorr-Cetina/Eike von Savigny (Hg.), *The Practice Turn in Contemporary Theory*, London, New York 2001, S. 25-36.

Barthes, Roland, »An das Seminar«, in: Roland Barthes, *Das Rauschen der Sprache*, Bd. IV: *Kritische Essays*, aus dem Französischen v. Dieter Hornig, Frankfurt/M. 2006, S. 363-373.

Batchelor, Kathryn, *Translation and Paratexts*, London, New York 2018.

Becker, Eva D., *Der deutsche Roman um 1780*, Stuttgart 1964.

Becker, Howard S., *Art Worlds*, Berkeley 1982.

Beese, Henriette, »Für die ›Orientierungsveranstaltung für Anfangssemester‹ am 10. Mai 1972«, in: Irene Albers (Hg.), *Nach Szondi. Allgemeine und Vergleichende Literaturwissenschaft an der Freien Universität Berlin 1965–2015*, Berlin 2016, S. 114-115.

Ben-Ari, Eyal, »On Acknowledgements in Ethnographies«, in: *Journal of Anthropological Research* 43 (1987) H. 1, S. 63-84.

Bendt, Jutta, *Die Bibliothek Glück. Vorstellung einer Wiener Sammlung. Mit Titelkarten und Mikrofiche als Beilage*, Marbach am Neckar 1998.

Benesch, Klaus, *Mythos Lesen. Buchkultur und Geisteswissenschaften im Informationszeitalter*, Bielefeld 2021.

Benjamin, Walter, *Das Kunstwerk im Zeitalter seiner technischen Reproduzierbarkeit*, hg. v. Burkhardt Lindner/Simon Broll/Jessica Nitsche, Berlin 2012.

Benne, Christian, »Ausdrucken«, in: Heiko Christians/Matthias Bickenbach/Nikolaus Wegmann (Hg.), *Historisches Wörterbuch des Mediengebrauchs*, Bd. 2, Köln u. a. 2018, S. 53-68.

Bennett, Karen (Hg.), *The Semiperiphery of Academic Writing: Discourses, Communities and Practices*, Basingstoke 2014.

Berensmeyer, Ingo, »Gestus und Geltung: Zur Rhetorik der Theorie (de Man/Miller)«, in: *Deutsche Vierteljahrsschrift für Literaturwissenschaft und Geistesgeschichte* 75 (2001) H. 3, S. 491-536.

Bermann, Sandra/Catherine Porter (Hg.), *A Companion to Translation Studies*, Malden, Mass. 2014.

Berning, Nora/Ansgar Nünning/Christine Schwanecke, »(Trans-)National Criteria, Norms and Standards in Literary Studies: A Comparative Analysis of Criteria-Based ›ex ante‹ Evaluation Forms of Funding Proposals in the Humanities«, in: *Germanisch-Romanische Monatsschrift* 65 (2015) H. 1, S. 115-135.

Betteridge, H. T., »German Universities«, in: *Times Literary Supplement* (14. 10. 1960), S. 661.

Binczek, Natalie/Remigius Bunia/Till Dembeck/Alexander Zons (Hg.), *Dank sagen: Politik, Semantik und Poetik der Verbindlichkeit*, Paderborn 2013.

Birnstiel, Klaus, *Wie am Meeresufer ein Gesicht im Sand. Eine kurze Geschichte des Poststrukturalismus*, Paderborn 2016.

Blair, Ann, »Early Modern Attitudes toward the Delegation of Copying and Note-Taking«, in: Alberto Cevolini (Hg.), *Forgetting Machines: Knowledge Management Evolution in Early Modern Europe*, Leiden, Boston 2016, S. 265-285.

Blöcker, Günter, »Konfigurationen des Tragischen«, in: *Frankfurter Allgemeine Zeitung* 263 (2. 9. 1961), S. BuZ5.

Bloor, David, »Wittgenstein and the Priority of Practice«, in: Theodore R. Schatzki/Karin Knorr-Cetina/Eike von Savigny (Hg.), *The Practice Turn in Contemporary Theory*, London, New York 2001, S. 103-114.

Blumenberg, Hans/Carl Schmitt, *Briefwechsel 1971-1978 und weitere Materialien*, hg. v. Alexander Schmitz/Marcel Lepper, Frankfurt/M. 2007.

Blumenberg, Hans/Jacob Taubes, *Briefwechsel 1961-1981 und weitere Materialien*, hg. v. Herbert Kopp-Oberstebrink u. Martin Treml unter Mitarbeit v. Anja Schipke u. Stephan Steiner, mit einem Nachwort v. Herbert Kopp-Oberstebrink, Berlin 2013.

Bock, Klaus Dieter, *Strukturgeschichte der Assistentur. Personalgefüge, Wert- und Zielvorstellungen in der deutschen Universität des 19. und 20. Jahrhunderts*, Düsseldorf 1972.

Bode, Christoph, *Ästhetik der Ambiguität. Zu Funktion und Bedeutung von Mehrdeutigkeit in der Literatur der Moderne*, Tübingen 1988.

Boden, Petra, »Vom Protokoll zum idealen Gespräch. Einblicke in die Werkstatt von Poetik und Hermeneutik«, in: *Zeitschrift für Germanistik N.F.* 23 (2013) H. 2, S. 359-373.

Boden, Petra/Rüdiger Zill (Hg.), *Poetik und Hermeneutik im Rückblick. Interviews mit Beteiligten*, Paderborn 2017.

Böck, Dorothea, »Archäologie in der Wüste. Jean Paul und das ›Biedermeier‹ – Eine Provokation für das Fach (ante portas)«, in: Petra Boden/Holger Dainat (Hg.), *Atta Troll tanzt noch. Selbstbesichtigungen der literaturwissenschaftlichen Germanistik im 20. Jahrhundert*, Berlin 1997, S. 241-269.

Boeckh, August, »Ueber die Pflichten der Männer der Wissenschaft gemäß der bisherigen Entwickelung und dem gegenwärtigen Standpunct derselben« [1855], in: Ferdinand Ascherson (Hg.), *August Boeckh's Reden. Gehalten auf der Universität und in der Akademie der Wissenschaften zu Berlin*, Leipzig 1859, S. 115-130.

Böhme, Hartmut, *Fetischismus und Kultur. Eine andere Theorie der Moderne*, Reinbek bei Hamburg 2006.

Böhmer, Susan/Jörg Neufeld/Sybille Hinze/Christian Klode/Stefan Hornbostel, *Wissenschaftler-Befragung 2010: Forschungsbedingungen von Professorinnen und Professoren an deutschen Universitäten*, iFQ-Working Paper No. 8, März 2011.

Böschenstein-Schäfer, Renate, *Idylle*, Stuttgart [2]1977.

Bogdal, Klaus-Michael (Hg.), *Neue Literaturtheorien in der Praxis. Textanalysen von Kafkas ›Vor dem Gesetz‹*, Opladen 1993.

Bogdal, Klaus-Michael, »EIN(FACH)? Komplexität, Wissen, Fortschritt und die Grenzen der Germanistik«, in: Walter Erhart (Hg.), *Grenzen der Germanistik. Rephilologisierung oder Erweiterung?*, Stuttgart, Weimar 2004, S. 104-127.

Bogdal, Klaus-Michael, »Anleitung zum Erlernen des Ungenauen. Die Leistung ›weicher‹ Theorien in den Geisteswissenschaften«, in: *Textpraxis* 6 (2013) H. 1, URL: ⟨https://www.textpraxis.net/klaus-michael-bogdal-anleitung-zum-erlernen-des-ungenauen⟩ (Download vom 10. 1. 2022).

Bollack, Jean, »Zukunft im Vergangenen. Peter Szondis materiale Hermeneutik«, in: *Deutsche Vierteljahrsschrift für Literaturwissenschaft und Geistesgeschichte* 64 (1990) H. 1, S. 370-390.

Bollack, Jean, »Szondis ›Celan-Studien‹ heute«, in: *Mitteilungen des Marbacher Arbeitskreises für Geschichte der Germanistik* 19/20 (2001), S. 5-9.

Boltanski, Luc/Laurent Thévenot, *Über die Rechtfertigung. Eine Soziologie der kritischen Urteilskraft*, Hamburg 2014.

Bolter, Jay David/Richard Grusin, »Remediation«, in: *Configurations* 4 (1996) H. 3, S. 311-358.

Bolter, Jay David/Richard Grusin, *Remediation. Understanding New Media*, Cambridge, Mass. 1999.

Borkowski, Jan/Stefan Descher/Felicitas Ferder/Philipp David Heine, »Probleme der Interpretation von Literatur. Ein Überblick«, in: Jan Borkowski/Stefan Descher/Felicitas Ferder/Philipp David Heine (Hg.), *Literatur interpretieren: Interdisziplinäre Beiträge zur Theorie und Praxis*, Münster 2015, S. 11-70.

Borutta, Manuel, »Braudel in Algier. Die kolonialen Wurzeln der ›Méditerranée‹ und der ›spatial turn‹«, in: *Historische Zeitschrift* 303 (2016) H. 1, S. 1-38.

Bourdieu, Pierre, *Homo academicus*, Frankfurt/M. 1988.
Bourdieu, Pierre, *Sozialer Sinn. Kritik der theoretischen Vernunft*, Frankfurt/M. 1993.
Bourdieu, Pierre, *Praktische Vernunft. Zur Theorie des Handelns*, Frankfurt/M. 1998.
Brand, Kaspar, »Fußnoten und Anmerkungen als charakteristisches Element wissenschaftlicher Darstellungsformen, untersucht am Beispiel der Sprachwissenschaft«, in: Lutz Danneberg/Jürg Niederhauser (Hg.), *Darstellungsformen der Wissenschaften im Kontrast. Aspekte der Methodik, Theorie und Empirie*, Tübingen 1998, S. 213-240.
Brand, Sebastian, »Wissens-Dinge: Eine Phänomenologie des Wissen organisierenden Inventars im Library Life«, in: Friedolin Krentel/Katja Barthel/Sebastian Brand/Alexander Friedrich/Anna Rebecca Hoffmann/Laura Meneghello/Jennifer Ch. Müller/Christian Wilke (Hg.), *Library Life: Werkstätten kulturwissenschaftlichen Forschens*, Lüneburg 2015, S. 99-133.
Brandom, Robert B., *Expressive Vernunft. Begründung, Repräsentation und diskursive Festlegung*, Frankfurt/M. 2000.
Brandom, Robert B., *Begründen und Begreifen. Eine Einführung in den Inferentialismus*, Frankfurt/M. [2]2016.
Bremer, Kai, »Szondis Trauerspielbuch? Zur programmatischen Benjamin-Rezeption in den Vorlesungen zum bürgerlichen Trauerspiel«, in: *Weimarer Beiträge* 62 (2016) H. 2, S. 199-211.
Bremer, Kai, *Postskriptum Peter Szondi. Theorie des Dramas seit 1956*, Bielefeld 2017.
Brenner, Peter J., »Das Verschwinden des Eigensinns. Der Strukturwandel der Geisteswissenschaften in der modernen Gesellschaft«, in: Peter J. Brenner (Hg.), *Geist, Geld und Wissenschaft. Arbeits- und Darstellungsformen von Literaturwissenschaft*, Frankfurt/M. 1993, S. 21-65.
Brenner, Peter J., »Einleitung: Die ›Lebenswelt‹ der Literaturwissenschaft als Forschungsgegenstand«, in: Peter J. Brenner (Hg.), *Geist, Geld und Wissenschaft. Arbeits- und Darstellungsformen von Literaturwissenschaft*, Frankfurt/M. 1993, S. 7-17.
Brenner, Peter J. (Hg.), *Geist, Geld und Wissenschaft. Arbeits- und Darstellungsformen von Literaturwissenschaft*, Frankfurt/M. 1993.
Brenner, Peter J., »Habilitation als Sozialisation«, in: Peter J. Brenner (Hg.), *Geist, Geld und Wissenschaft. Arbeits- und Darstellungsformen von Literaturwissenschaft*, Frankfurt/M. 1993, S. 318-356.
Brenner, Peter J., *Das Problem der Interpretation. Eine Einführung in die Grundlagen der Literaturwissenschaft*, Tübingen 1998.
Brinkmann, Richard, »Gedanken über einige Kategorien der Literaturgeschichtsschreibung. Anläßlich der ersten beiden Bände von Friedrich Sengles ›Biedermeierzeit‹«, in: *Euphorion* 69 (1975), S. 41-68.

Brückner, Tobias, *Auf dem Weg zur Philosophie. Friedrich Nietzsche schreibt »Der Wanderer und sein Schatten«*, Paderborn 2019.

Budzier, Hans Heinrich, »Sonderdrucke: Informationsquellenarten, Erwerbschancen, Lieferfristen, territoriale Herkunft. Eine bibliometrische Studie zur Präzisierung einiger Gebrauchseigenschaften und des Gebrauchswertes von ausländischen Sonderdrucken«, in: *Zentralblatt für Bibliothekswesen* 100 (1986), S. 93-101.

Bülow, Ulrich von/Dorit Krusche, »Nachrichten an sich selbst. Der Zettelkasten von Hans Blumenberg«, in: Heike Gfrereis/Ellen Strittmatter (Hg.), *Zettelkästen. Maschinen der Phantasie*, Marbach am Neckar 2013, S. 113-119.

Bunia, Remigius, »Der Sonderweg des Ordinariats. Das Lehrstuhlprinzip ist das große Reformhindernis der deutschen Universität. Doch statt die professorale Monokratie abzubauen, hat man sie jahrzehntelang zementiert. Und fördert sie noch heute«, in: *Frankfurter Allgemeine Zeitung* 114 (18. 5. 2016), S. N4.

Burdach, Konrad, »Die deutschen wissenschaftlichen Akademien und der schöpferische nationale Geist« [1923, publiziert 1924], in: Konrad Burdach, *Vorspiel. Gesammelte Schriften zur Geschichte des deutschen Geistes*, Bd. 2: *Goethe und sein Zeitalter*, Halle/Saale 1926, S. 546-580.

Burdorf, Dieter/Christoph Fasbender/Burkhard Moenninghoff (Hg.), *Metzler Lexikon Literatur*, begründet v. Günther u. Irmgard Schweikle, Stuttgart, Weimar [3]2007.

Burdorf, Dieter, »Der letzte Textgelehrte. Bemerkungen zu Peter Szondi«, in: Nicolas Berg/Dieter Burdorf (Hg.), *Textgelehrte. Literaturwissenschaft und literarisches Wissen im Umkreis der Kritischen Theorie*, Göttingen 2014, S. 409-425.

Burke, Kenneth, *Permanence and Change. An Anatomy of Purpose*, Berkeley u. a. [3]1984.

Cahill, Kevin M., »The *Habitus*, Coping Practices, and the Search for the Ground of Action«, in: *Philosophy of the Social Sciences* 46 (2016) H. 5, S. 498-524.

Callaci, Emily, »On Acknowledgements«, in: *American Historical Review* 125 (2020), S. 126-131.

Campe, Rüdiger, »Intensiv und Extensiv. Kleists *Penthesilea* und falsche Alternativen der Literaturtheorie«, in: Rüdiger Campe (Hg.), *Penthesileas Versprechen. Exemplarische Studien über die literarische Referenz*, Freiburg u. a. 2008, S. 7-15.

Campe, Rüdiger, »Verfahren. Kleists Allmähliche Verfertigung der Gedanken beim Reden«, in: *Sprache und Literatur* 43 (2012) H. 2, S. 2-21.

Carli, Plinio, *Catalogo del Fondo Estratti Plinio Carli*, hg. v. Ranieri Carli/Mario Ceroti, Siena 1997.

Carter, John/Nicolas Barker, *ABC for Book Collectors*, New Castle, London [8]2004.
Celan, Paul/Peter Szondi, *Briefwechsel. Mit Briefen von Gisèle Celan-Lestrange an Peter Szondi und Auszügen aus dem Briefwechsel zwischen Peter Szondi und Jean und Mayotte Bollack*, hg. v. Christoph König, Frankfurt/M. 2005.
Chihaya, Sarah/Merve Emre/Katherine Hill/Jill Richards, »Introduction: Collective Criticism«, in: Sarah Chihaya/Merve Emre/Katherine Hill/Jill Richards (Hg.), *The Ferrante Letters. An Experiment in Collective Criticism*, New York 2020, S. 1-13.
Christians, Heiko/Matthias Bickenbach/Nikolaus Wegmann (Hg.), *Historisches Wörterbuch des Mediengebrauchs*, 2 Bde, Wien u. a. 2014, 2018.
Christmann, Ursula, »Kognitionspsychologische Ansätze«, in: Ursula Rautenberg/Ute Schneider (Hg.), *Lesen. Ein interdisziplinäres Handbuch*, Berlin, Boston 2015, S. 21-45.
Christmann, Ursula, »Lesen als Sinnkonstruktion«, in: Ursula Rautenberg/Ute Schneider (Hg.), *Lesen. Ein interdisziplinäres Handbuch*, Berlin, Boston 2015, S. 169-184.
Clark, William, *Academic Charisma and the Origins of the Research University*, Chicago, London 2006.
Collins, Harry M., »What Is Tacit Knowledge?«, in: Theodore R. Schatzki/Karin Knorr-Cetina/Eike von Savigny (Hg.), *The Practice Turn in Contemporary Theory*, London, New York 2001, S. 83-101.
Corsi, Pietro, »What Do You Mean by A Periodical? Forms and Functions«, in: *Notes and Records* 70 (2016) H. 4, S. 325-341.
Coulter, Jeff, »Human Practices and the Observability of the ›Macro-Social‹«, in: Theodore R. Schatzki/Karin Knorr-Cetina/Eike von Savigny (Hg.), *The Practice Turn in Contemporary Theory*, London, New York 2001, S. 37-49.
Cox, Andrew, »What are Communities of Practice? A Comparative Review of Four Seminal Works«, in: *Journal of Information Science* 31 (2005) H. 6, S. 527-540.
Creppell, Ingrid, »On Justification: Economies of Worth by Luc Boltanski, Laurent Thévenot and Catherine Porter« [Rez.], in: *Perspectives on Politics* 5 (2007) H. 1, S. 144-146.
Croce, Benedetto/Karl Vossler, *Briefwechsel Benedetto Croce – Karl Vossler* [1951], hg. v. Otto Vossler, Berlin, Frankfurt/M. 1955.
Cronin, Blaise, »Bowling Alone Together: Academic Writing as Distributed Cognition«, in: *Journal of the American Society for Information Science and Technology* 55 (2004) H. 6, S. 557-560.
Crosland, Maurice, »Scientific Credentials: Record of Publications in the Assessment of Qualifications for Election to the French Académie des Sciences«, in: *Minerva* 19 (1981) H. 4, S. 605-631.

Csiszar, Alex, »Seriality and the Search for Order: Scientific Print and Its Problems During the Late Nineteenth Century«, in: *History of Science* 48 (2010), S. 399-434.

Csiszar, Alex, *The Scientific Journal. Authorship and the Politics of Knowledge in the Nineteenth Century*, Chicago 2018.

Culler, Jonathan, *Literaturtheorie. Eine kurze Einführung*, Stuttgart 2002.

Cunningham, Valentine, *Reading After Theory*, Oxford 2002.

Cusset, François, *French Theory. Foucault, Derrida, Deleuze & Cie et les mutations de la vie intellectuelle aux États-Unis*, Paris 2003.

Dainat, Holger, »Von der Neueren deutschen Literaturgeschichte zur Literaturwissenschaft. Die Fachentwicklung von 1890 bis 1913/14«, in: Jürgen Fohrmann/Wilhelm Voßkamp (Hg.), *Wissenschaftsgeschichte der Germanistik im 19. Jahrhundert*, Stuttgart, Weimar 1994, S. 494-537.

Dainat, Holger, »Mitschrift, Nachschrift, Referat, Koreferat. Über studentisches Schreiben im 19. Jahrhundert«, in: *Internationales Archiv für Sozialgeschichte der deutschen Literatur* 40 (2015) H. 2, S. 306-328.

Dalferth, Ingolf U., »Vor der Selbstabschaffung?«, in: *Frankfurter Allgemeine Zeitung* 169 (23. 7. 2020), S. 6.

Danneberg, Lutz/Hans-Harald Müller, »Wissenschaftstheorie, Hermeneutik, Literaturwissenschaft. Anmerkungen zu einem unterbliebenen und Beiträge zu einem künftigen Dialog über die Methodologie des Verstehens«, in: *Deutsche Vierteljahrsschrift für Literaturwissenschaft und Geistesgeschichte* 58 (1984) H. 2, S. 177-237.

Danneberg, Lutz, »›Ich habe nichts Neues zu sagen …‹«, in: *Jahrbuch der deutschen Schillergesellschaft* 39 (1995), S. 434-438.

Danneberg, Lutz, »Zur Theorie der werkimmanenten Interpretation«, in: Wilfried Barner/Christoph König (Hg.), *Zeitenwechsel. Germanistische Literaturwissenschaft vor und nach 1945*, Frankfurt/M. 1996, S. 313-342.

Danneberg, Lutz, »Dissens, *ad-personam*-Invektiven und wissenschaftliches Ethos in der Philologie des 19. Jahrhunderts: Wilamowitz-Moellendorff *contra* Nietzsche«, in: Ralf Klausnitzer/Carlos Spoerhase (Hg.), *Kontroversen in der Literaturtheorie / Literaturtheorie in der Kontroverse*, Bern 2007, S. 93-147.

Danneberg, Lutz, *Hermeneutiken. Bedeutung und Methodologie*, Berlin, Boston 2019.

Daston, Lorraine, »The Moral Economy of Science«, in: *Osiris* 10 (1995), S. 3-24.

Daston, Lorraine, »Die unerschütterliche Praxis«, in: Rainer Maria Kiesow/Dieter Simon (Hg.), *Auf der Suche nach der verlorenen Wahrheit. Zum Grundlagenstreit in der Geschichtswissenschaft*, Frankfurt/M. 2000, S. 13-25.

Daston, Lorraine/H. Otto Sibum (Hg.), »Scientific Personae and Their Histories«, in: *Science in Context* [Special Issue] 16 (2003) H. 1-2.

Daston, Lorraine/Sharon Marcus, »Undead Texts and the Disciplines That Love to Hate Them«, in: *Public Culture* 32 (2020) H. 2, S. 349-354.

Dawson, Gowan/Jonathan R. Topham, »Introduction: Constructing Scientific Communities«, in: Gowan Dawson/Bernard Lightman/Sally Shuttleworth/Jonathan R. Topham (Hg.), *Science Periodicals in Nineteenth-Century Britain. Constructing Scientific Communities*, Chicago 2020, S. 1-32.

Denkler, Horst, »Friedrich Sengle: Biedermeierzeit« [Rez.], in: *Zeitschrift für deutsche Philologie* 91 (1972), S. 288-292.

Denkler, Horst, »Literaturgeschichte für Mündige. Zum Abschluß von Friedrich Sengles Monumentalwerk über die ›Biedermeierzeit‹«, in: *Zeitschrift für Deutsche Philologie* 102 (1983) H. 2, S. 266-278.

Dennerlein, Christoph/Tilmann Köppe/Jan C. Werner, »Interpretation: Struktur und Evaluation in handlungstheoretischer Perspektive«, in: *Journal of Literary Theory* 2 (2008) H. 1, S. 1-18.

Descher, Stefan/Thomas Petraschka, »Die Explizierung des Impliziten. Zu einem Grundlagenproblem der Untersuchung literaturwissenschaftlicher Interpretationspraktiken am Beispiel von Droste-Hülshoffs ›Der Knabe im Moor‹«, in: *Scientia Poetica* 22 (2018), S. 180-207.

Diels, Hermann, »Die Organisation der Wissenschaft«, in: Wilhelm Lexis/Friedrich Paulsen/Adolf Matthias (Hg.), *Die allgemeinen Grundlagen der Kultur der Gegenwart*, Berlin, Leipzig 1906, S. 591-649.

Diers, Michael, *Warburg aus Briefen. Kommentare zu den Kopierbüchern der Jahre 1905-1918*, Weinheim 1991.

Dijk, Teun A. van/János S. Petöfi (Hg.), *Grammars and Descriptions (Studies in Text Theory and Text Analysis)*, Berlin, New York 1977.

Dill, Hans-Otto, »Interdisziplinäre Beziehungen zwischen Literaturwissenschaft und Natur- und Sozialwissenschaften – Defizite und Perspektiven«, in: Gerhard Banse/Lutz-Günther Fleischer (Hg.), *Wissenschaft im Kontext. Inter- und Transdisziplinarität in Theorie und Praxis*, Berlin 2011, S. 187-199.

Dipper, Christof, »Die italienische Zeitgeschichtsforschung. Eine Momentaufnahme«, in: *Vierteljahrshefte für Zeitgeschichte* 63 (2015), S. 351-377.

Dittmann, Ulrich, »›1968‹, das Institut für Deutsche Philologie und Walter Müller-Seidel. Erinnerungen eines ehemaligen Assistenten an der Universität München«, in: literaturkritik.de (8. 7. 2018), URL: ⟨https://literaturkritik.de/1968-das-institut-fuer-deutsche-philologie-und-walter-mueller-seidel,24694.html⟩ (Download vom 10. 1. 2022).

Doerry, Martin, »Schiller war Komponist«, in: *Der Spiegel* 6 (4. 2. 2017), S. 104-109.

Dommann, Monika, *Autoren und Apparate. Die Geschichte des Copyrights im Medienwandel*, Frankfurt/M. 2014.

Drews, Jörg, »Philologie mit Noblesse. Zum Tode des Literaturwissenschaftlers Peter Szondi«, in: *Süddeutsche Zeitung* 269 (10.11.1971), S. 12.

Dreyfus, Hubert/Paul Rabinow, »Can there Be a Science of Existential Structure and Social Meaning?«, in: Craig Calhoun/Edward LiPuma/ Moishe Postone (Hg.), *Bourdieu: Critical Perspectives*, Cambridge, Oxford 1993, S. 35-44.

Durzak, Manfred, »Peter Szondi. Ein Gelehrtenleben in Briefen«, in: Alo Allkemper/Norbert Otto Eke (Hg.), *Literatur und Demokratie. Festschrift für Hartmut Steinecke zum 60. Geburtstag*, Berlin 2000, S. 313-325.

Dzwonnek, Dorothee, »Gefahr oder Garant? Drittmittelforschung und Forschungsfreiheit – Anmerkungen zu einem unvermuteten Zusammenhang«, in: *Forschung & Lehre* 21 (2014) H. 2, S. 92-94.

Eagleton, Terry, *After Theory*, New York 2003.

Ebel, Else, »Jacob und Wilhelm Grimm und ihre Vorlesungstätigkeit in Göttingen 1830-1837«, in: *Brüder Grimm Gedenken* 4 (1984), S. 56-98.

Eidelpes, Rosa, »Vergleich ohne feste Regeln«, in: Irene Albers (Hg.), *Nach Szondi. Allgemeine und Vergleichende Literaturwissenschaft an der Freien Universität Berlin 1965-2015*, Berlin 2016, S. 67-69.

Enders, Jürgen, *Die wissenschaftlichen Mitarbeiter. Ausbildung, Beschäftigung und Karriere der Nachwuchswissenschaftler und Mittelbauangehörigen an den Universitäten*, Frankfurt/M., New York 1996.

Enders, Jürgen, »Professor werden ist sehr schwer, Professor sein dann gar nicht mehr? Ein Beitrag zur Personalstrukturreform an den Hochschulen«, in: Hildegard Matthies/Dagmar Simon (Hg.), *Wissenschaft unter Beobachtung. Effekte und Defekte von Evaluationen*, Wiesbaden 2008, S. 83-99.

Enfield, N. J., »Distribution of Agency«, in: N. J. Enfield/Paul Kockelman (Hg.), *Distributed Agency*, Oxford 2017, S. 9-14.

Engert, Kornelia/Björn Krey, »Das lesende Schreiben und das schreibende Lesen«, in: *Zeitschrift für Soziologie* 42 (2013) H. 5, S. 366-384.

Epple, Angelika/Walter Erhart/Johannes Grave (Hg.), *Practices of Comparing. Towards a New Understanding of a Fundamental Human Practice*, Bielefeld 2020.

Erhart, Walter, »Die Zeitschrift ›Germanistik‹«, in: Robert Harsch-Niemeyer (Hg.), *Beiträge zur Methodengeschichte der neueren Philologien. Zum 125jährigen Bestehen des Max Niemeyer-Verlages*, Tübingen 1995, S. 211-224.

Erhart, Walter, »Generationen – zum Gebrauch eines alten Begriffes für die jüngste Geschichte der Literaturwissenschaft«, in: Jörg Schönert

(Hg.), *Literaturwissenschaft und Wissenschaftsforschung*, Stuttgart, Weimar 2000, S. 77-100.

Erhart, Walter/Hans-Ulrich Treichel, »Editorial«, in: *Internationales Archiv für Sozialgeschichte der deutschen Literatur* 40 (2015) H. 2, S. 267-280.

Eskildsen, Kasper Risbjerg, »Scholarship as a Way of Life – Character and Virtue in the Age of Big Humanities«, in: *History of Humanities* 1 (2016) H. 2, S. 387-397.

Etzemüller, Thomas, »Der ›Vf.‹ als Subjektform. Wie wird man zum ›Wissenschaftler‹ und (wie) lässt sich das beobachten?«, in: Thomas Alkemeyer/Gunilla Budde/Dagmar Freist (Hg.), *Selbst-Bildungen. Soziale und kulturelle Praktiken der Subjektivierung*, Bielefeld 2013, S. 175-196.

Etzemüller, Thomas, »›It's the performance, stupid‹. Performanz → Evidenz: Der Auftritt in der Wissenschaft«, in: Thomas Etzemüller (Hg.), *Der Auftritt. Performanz in der Wissenschaft*, Bielefeld 2019, S. 9-43.

Fassin, Didier, »Crisis«, in: Veena Das/Didier Fassin (Hg.), *Words and Worlds. A Lexicon for Dark Times*, Durham, London 2021, S. 261-276.

Felsch, Philipp, *Der lange Sommer der Theorie. Geschichte einer Revolte 1960-1990*, München 2015.

Fertig, Ludwig, *Der Adel im deutschen Roman des 18. und 19. Jahrhunderts*, Heidelberg 1965.

Feyerabend, Paul/Hans Albert, *Briefwechsel*, Bd. 1: *1958-1971*, hg. v. Wilhelm Baum, Wien 2008.

Fleck, Ludwik, *Entstehung und Entwicklung einer wissenschaftlichen Tatsache. Einführung in die Lehre vom Denkstil und Denkkollektiv*, hg. v. Lothar Schäfer/Thomas Schnelle, Frankfurt/M. 1980.

Fleig, Anne, »Towards a Sociology of Literature: Szondi's Theory of Bourgeois Tragedy«, in: Susanne Zepp (Hg.), *Textual Understanding and Historical Experience. On Peter Szondi*, Paderborn 2015, S. 105-115.

»Forum: Rez: Einleitung: Buchrezensionen in den Geschichtswissenschaften«, in: *H-Soz-Kult* (1. 7. 2021), URL: ⟨https://www.hsozkult.de/debate/id/diskussionen-5192⟩ (Download vom 10. 1. 2022).

Fox, Richard/Diamantis Panagiotopoulos/Christina Tsouparopoulou, »Affordanz«, in: Thomas Meier/Michael R. Ott/Rebecca Sauer (Hg.), *Materiale Textkulturen: Konzepte – Materialien – Praktiken*, Berlin 2015, S. 63-70.

Francis, David/Stephen Hester, *An Invitation to Ethnomethodology. Language, Society and Social Interaction*, London u. a. 2004.

Franken, Lina, »Kulturwissenschaftliches digitales Arbeiten. Qualitative Forschung als ›digitale Handarbeit‹?«, in: *Berliner Blätter* 82/2020, S. 107-118.

Freiburg Institute for Advanced Studies (FRIAS), *Forschungskollegs und ihre*

Funktion im deutschen Wissenschaftssystem. Dokumentation der Tagung Mai 2016, Freiburg 2016.

Freie Universität Berlin, *Namen- und Vorlesungsverzeichnis Sommersemester* 1960, [o.O.] [o.J.].

Fricke, Gerhard, *Gefühl und Schicksal bei Heinrich von Kleist. Studien über den inneren Vorgang im Leben und Schaffen des Dichters*, Berlin 1929.

Friedrich, Alexander, »Medienwahl und Medienwechsel: Zur Organisation von Operationsketten in Aufschreibesystemen«, in: Friedolin Krentel/Katja Barthel/Sebastian Brand/Alexander Friedrich/Anna Rebecca Hoffmann/Laura Meneghello/Jennifer Ch. Müller/Christian Wilke (Hg.), *Library Life: Werkstätten kulturwissenschaftlichen Forschens*, Lüneburg 2015, S. 135-193.

Friedrich, Kathrin, »Scannen«, in: Heiko Christians/Matthias Bickenbach/Nikolaus Wegmann (Hg.), *Historisches Wörterbuch des Mediengebrauchs*, Bd. 2, Köln u. a. 2018, S. 397-411.

Friese, Heidrun, »Thresholds in the Ambit of Discourse: On the Establishment of Authority at Academic Conferences«, in: Peter Becker/William Clark (Hg.), *Little Tools of Knowledge: Historical Essays on Academic and Bureaucratic Practices*, Ann Arbor 2001, S. 285-312.

Frietsch, Ute/Jörg Rogge (Hg.), *Über die Praxis des kulturwissenschaftlichen Arbeitens. Ein Handwörterbuch*, Bielefeld 2013.

Fromm, Hans, »Bibliographie und deutsche Philologie«, in: *Deutsche Vierteljahrsschrift für Literaturwissenschaft und Geistesgeschichte* 33 (1959) H. 3, S. 446-502.

Fuchs, Hermann, *Kommentar zu den Instruktionen für die alphabetischen Kataloge der Preußischen Bibliotheken*, Wiesbaden [5]1973.

Füssel, Marian, »Die moralische Ökonomie des Wissens«, in: Ulrich Johannes Schneider (Hg.), *Kulturen des Wissens im 18. Jahrhundert*, Berlin 2008, S. 259-261.

Füssel, Marian, »Praktiken historisieren«, in: Franka Schäfer/Anna Daniel/Frank Hillebrandt (Hg.), *Methoden einer Soziologie der Praxis*, Bielefeld 2015, S. 267-288.

Fuhrmann, Manfred (Hg.), *Terror und Spiel. Problem der Mythenrezeption*, München 1971.

Fyfe, Aileen, »Journals, Learned Societies and Money: Philosophical Transactions, ca. 1750-1900«, in: *Notes and Records* 69 (2015) H. 3, S. 277-299.

Fyfe, Aileen/Julie McDougall-Waters/Noah Moxham, »Credit, Copyright, and the Circulation of Scientific Knowledge: The Royal Society in the Long Nineteenth Century«, in: *Victorian Periodicals Review* 51 (2018), S. 507-615.

Gärtner, Marcus, *Kontinuität und Wandel in der neueren deutschen Literaturwissenschaft nach 1945*, Bielefeld 1997.

Gansberg, Marie Luise, *Der Prosa-Wortschatz des deutschen Realismus. Unter besonderer Berücksichtigung des vorausgehenden Sprachwandels 1835-1855*, Bonn 1964.

Garber, Klaus, »Richard Alewyn (1902-1979)«, in: Christoph König/Hans-Harald Müller/Werner Röcke (Hg.), *Wissenschaftsgeschichte der Germanistik in Portraits*, Berlin, New York 2000, S. 211-220.

Garber, Klaus/Ute Széll (Hg.), *Das Projekt Empfindsamkeit und der Ursprung der Moderne. Richard Alewyns Sentimentalismusforschungen und ihr epochaler Kontext*, München 2005.

Geisenhanslüke, Achim, *Textkulturen. Literaturtheorie nach dem Ende der Theorie*, München 2015.

Gellhaus, Axel/Rolf Bücher/Sabria Filali/Peter Gossens/Ute Harbusch/Thomas Heck/Christine Ivanovic/Andreas Lohr/Barbara Wiedemann/Petra Plättner, *»Fremde Nähe«. Celan als Übersetzer. Eine Ausstellung des Deutschen Literaturarchivs in Verbindung mit dem Präsidialdepartement der Stadt Zürich im Schiller-Nationalmuseum Marbach am Neckar und im Stadthaus Zürich*, Marbach am Neckar 1997.

Gerbaudo, Analía, »How Does Literary Theory Cross Boundaries (or Not)?«, in: *Journal of World Literature* 2 (2017), S. 92-103.

Germano, William/Kit Nicholls, *Syllabus. The Remarkable, Unremarkable Document That Changes Everything*, Princeton, Oxford 2020.

Geulen, Eva, »Altes und Neues aus den Literaturwissenschaften«, in: *Merkur* 75 (2021) H. 855, S. 55-64.

Gitelman, Lisa, *Paper Knowledge: Toward a Media History of Documents*, Durham, London 2014.

Glaser, Marie Antoinette, »Kommentar und Bildung. Zur Wissenschaftskultur der Literaturwissenschaft«, in: Markus Arnold/Roland Fischer (Hg.), *Disziplinierungen. Kulturen der Wissenschaft im Vergleich*, Wien 2004, S. 127-164.

Glaser, Marie Antoinette, *Literaturwissenschaft als Wissenschaftskultur. Zu den Praktiken, Mechanismen und Prinzipien einer Disziplin*, Hamburg 2005.

Go, Julian, *Postcolonial Thought and Social Theory*, Oxford 2016.

Göttler, Hans, *Der Pfarrer im Werk Jeremias Gotthelfs. Ein Beitrag zur Stellung des Geistlichen in der Literatur der Biedermeierzeit*, Bern u. a. 1979.

Götze, Heinz, *Der Springer-Verlag. Stationen seiner Geschichte. Teil II: 1945-1992*, Berlin u. a. 1994.

Goffman, Erving, *Der Vortrag*, aus dem Englischen v. Hubert Knoblauch unter Mitarbeit v. Christine Leuenberger, Berlin 2005.

Grafton, Anthony, *The Culture of Correction in Renaissance Europe*, London 2011.

Greiner, Ulrich, »Die Krise der Germanistik – vorbei. Annäherungen an den Stand der Dinge in fünf Schritten«, in: *Die Zeit* 14 (28.3.1997), S.45.

Griem, Julika, »Standards für Gegenwartsliteraturforschung«, in: *Germanisch-Romanische Monatsschrift* 65 (2015) H. 1, S.97-114.

Griem, Julika: *Szenen des Lesens. Schauplätze einer gesellschaftlichen Selbstverständigung*, Bielefeld 2021.

Grimm, Reinhold/Jost Hermand, »Vorwort«, in: Reinhold Grimm/Jost Hermand (Hg.), *Methodenfragen der deutschen Literaturwissenschaft*, Darmstadt 1973, S.IX-XI.

Grizelj, Mario/Oliver Jahraus (Hg.), *Theorietheorie. Wider die Theoriemüdigkeit in den Geisteswissenschaften*, München 2011.

Groddeck, Wolfram, »Peter Szondi. ›Das philologische Wissen hat seinen Ursprung, die Erkenntnis, nie verlassen, Wissen ist hier perpetuierte Erkenntnis – oder sollte es doch sein‹«, in: Thomas Fries/Sandro Zanetti (Hg.), *Revolutionen der Literaturwissenschaft 1966-1971*, Zürich 2019, S.461-476.

Gross, Neil/Crystal Fleming, »Academic Conferences and the Making of Philosophical Knowledge«, in: Charles Camic/Neil Gross/Michèle Lamont (Hg.), *Social Knowledge in the Making*, Chicago, London 2011, S.151-179.

Grünnagel, Christian/Natascha Ueckmann/Gisela Febel (Hg.), *García Lorcas Drama ›Bodas de sangre‹ und die Literaturtheorie. 17 Modellanalysen*, Stuttgart 2016.

Guggenheim, Michael/Monika Krause, »How Facts Travel: The Model System of Sociology«, in: *Poetics* 40 (2012) H. 2, S.101-117.

Guillory, John, »›Flipping‹ the History of Literary Studies«, in: *Los Angeles Review of Books* (29.7.2021), URL: ⟨https://www.lareviewofbooks.org/article/flipping-the-history-of-literary-studies/⟩ (Download vom 10.1.2022).

Gumbrecht, Hans Ulrich, »Mehr Geist, weniger Wissenschaft. Verschwänden die Geisteswissenschaften eines Tages – wer würde sie vermissen?«, in: *Neue Zürcher Zeitung* (30.10.2019), S.25.

Gymnich, Marion/Gesa Stedman, »Doktorandenbetreuung: Betreuungsmodelle und Qualitätskriterien«, in: Ansgar Nünning/Roy Sommer (Hg.), *Handbuch Promotion. Forschung – Förderung – Finanzierung*, Stuttgart, Weimar 2007, S.78-91.

Habermas, Jürgen, »In unverkennbar aggressiver Tonlage. Aus aktuellem Anlaß: Erinnerungen an die ›Szondi-Affäre‹ in Frankfurt«, in: *Frankfurter Allgemeine Zeitung* (13.7.2005), S. N3.

Hacking, Ian, »Paradigms«, in: Robert J. Richards/Lorraine Daston (Hg.), *Kuhn's ›Structure of Scientific Revolutions‹ at Fifty. Reflections on a Science Classic*, Chicago, London 2016, S.96-112.

Hagner, Michael, *Zur Sache des Buches*, Göttingen 2015.
Halewood, Michael, »Facts as Social Things«, in: Roland Faber/Andrew Goffey (Hg.), *The Allure of Things: Process and Object in Contemporary Philosophy*, London 2014, S. 123-142.
Hamacher, Werner, »Unlesbarkeit«, in: Paul de Man, *Allegorien des Lesens*, aus dem Amerikanischen v. Werner Hamacher/Peter Krumme, Frankfurt/M. 1988, S. 7-26.
Hamacher, Werner, »Ein Brief«, in: Irene Albers (Hg.), *Nach Szondi. Allgemeine und Vergleichende Literaturwissenschaft an der Freien Universität Berlin 1965-2015*, Berlin 2016, S. 293-298.
Hamann, Julian, »The Making of Professors: Assessment and Recognition in Academic Recruitment«, in: *Social Studies of Science* 49 (2019) H. 6, S. 919-941.
Hamann, Julian, »Zum Auftritt der Figur ›Professor‹ in Berufungsverfahren«, in: Thomas Etzemüller (Hg.), *Der Auftritt. Performanz in der Wissenschaft*, Bielefeld 2019, S. 291-306.
Hand, Martin/Dale Southerton, »Explaining Showering: a Discussion of the Material, Conventional, and Temporal Dimensions of Practice«, in: *Sociological Research Online* 10 (2005) H. 2, URL: ⟨https://www.socresonline.org.uk/10/2/hand/hand.pdf⟩ (Download vom 10. 1. 2022).
Handke, Jürgen, *Handbuch Hochschullehre Digital. Leitfaden für eine moderne und mediengerechte Lehre*, Baden-Baden [3]2020.
Hartmer, Michael/Hubert Detmer (Hg.), *Hochschulrecht. Ein Handbuch für die Praxis*, Heidelberg [3]2017.
Heesen, Anke te/Anette Michels (Hg.), *auf \ zu. Der Schrank in den Wissenschaften*, Berlin 2007.
Heesen, Anke te/Valentin Groebner/Michael Wildt (Hg.), *Sonderdruck. Wissenschaftliche Texte mit Widmungsqualität*, URL: ⟨https://www.geschichte.hu-berlin.de/de/bereiche-und-lehrstuehle/wissenschaftsgeschichte/sonderdruck/⟩ (zuletzt aufgerufen am 10. 1. 2022).
Heidbrink, Ludger/Harald Welzer (Hg.), *Das Ende der Bescheidenheit. Zur Verbesserung der Geistes- und Kulturwissenschaften*, München 2007.
Hempfer, Klaus W., »Die Angst vor dem Text und wie man sie überwindet«, in: *Germanisch-Romanische Monatsschrift* 65 (2015) H. 1, S. 43-61.
Hempfer, Klaus W., *Literaturwissenschaft – Grundlagen einer systematischen Theorie*, Stuttgart 2018.
Henriksen, Dorte, »The Rise in Co-Authorship in the Social Sciences (1980-2013)«, in: *Scientometrics* 107 (2016) H. 2, S. 455-476.
Hentschel, Klaus (Hg.), *Unsichtbare Hände. Zur Rolle von Laborassistenten, Mechanikern, Zeichnern u. a. Amanuenses in der physikalischen Forschungs- und Entwicklungsarbeit*, Diepholz u. a. 2008.
Hentschel, Klaus, »Wie kann Wissenschafts- und Technikgeschichte die

vielen ›unsichtbaren Hände‹ der Forschungspraxis sichtbar machen?«, in: Klaus Hentschel (Hg.), *Unsichtbare Hände. Zur Rolle von Laborassistenten, Mechanikern, Zeichnern u. a. Amanuenses in der physikalischen Forschungs- und Entwicklungsarbeit*, Diepholz u. a. 2008, S. 11-25.

Herbold, Astrid, »Weg vom Klischee«, in: *Die Zeit* 21 (16. 5. 2019), S. 67.

[Herder, Johann Gottfried], »Wie die Alten den Tod gebildet?«, in: *Hannoverisches Magazin* 95. Stück (28. 11. 1774), Sp. 1505-1520, und 96. Stück (2. 12. 1774), Sp. 1521-1532.

Herder, Johann Gottfried, *Briefe*, 3. Bd.: *Mai 1773-September 1776*, bearb. v. Wilhelm Dobbek u. Günter Arnold, Weimar 1978.

Hermand, Jost, »Allgemeine Epochenprobleme«, in: Jost Hermand/Manfred Windfuhr (Hg.), *Zur Literatur der Restaurationsepoche 1815-1848. Forschungsreferate und Aufsätze*, Stuttgart 1970, S. 3-61.

Hermand, Jost, »Literaturwissenschaft und ökologisches Bewußtsein. Eine mühsame Verflechtung«, in: Anne Bentfeld/Walter Delabar (Hg.), *Perspektiven der Germanistik. Neueste Ansichten zu einem alten Problem*, Opladen 1997, S. 106-125.

Hermand, Jost, *Zuhause und anderswo. Erfahrungen im Kalten Krieg*, Köln u. a. 2001.

Hermand, Jost, »›Biedermeier‹ oder ›Vormärz‹? Zum Kalten Krieg in der ost-westdeutschen Literaturwissenschaft zwischen 1950 und 1980« [2008], in: Jost Hermand, *Fünfzig Jahre Germanistik. Aufsätze, Statements, Polemiken, 1959-2009*, Oxford u. a. 2009, S. 323-340.

Hermand, Jost/Manfred Windfuhr (Hg.), *Zur Literatur der Restaurationsepoche 1815-1848. Forschungsreferate und Aufsätze*, Stuttgart 1970.

Herméren, Göran, »Interpretation: Typen und Kriterien«, in: Tom Kindt/Tilmann Köppe (Hg.), *Moderne Interpretationstheorien. Ein Reader*, Göttingen 2008, S. 251-276.

Hess, Volker/J. Andrew Mendelsohn, »Paper Technology und Wissensgeschichte«, in: *NTM Zeitschrift für Geschichte der Wissenschaften, Technik und Medizin* 21 (2013), S. 1-10.

Heuts, Frank/Annemarie Mol, »What Is a Good Tomato? A Case of Valuing in Practice«, in: *Valuation Studies* 1 (2013) H. 2, S. 125-146.

Hildebrandt, Dieter, »Peter Szondi: Satz und Gegensatz« [Rez.], in: *Frankfurter Allgemeine Zeitung* (29. 5. 1965), S. BuZ5.

Hillebrandt, Frank, *Soziologische Praxistheorien. Eine Einführung*, Wiesbaden 2014.

Hillebrandt, Frank, »Die Soziologie der Praxis als poststrukturalistischer Materialismus«, in: Hilmar Schäfer (Hg.), *Praxistheorie. Ein soziologisches Forschungsprogramm*, Bielefeld 2016, S. 71-93.

Hirschauer, Stefan, »Publizierte Fachurteile. Lektüre und Bewertungspraxis im Peer Review«, in: *Soziale Systeme* 11 (2005) H. 1, S. 52-82.

Hirschauer, Stefan, »Intersituativität. Teleinteraktionen und Koaktivitäten jenseits von Mikro und Makro«, in: *Zeitschrift für Soziologie* (2014) Sonderheft, S. 109-133.

Hirschauer, Stefan, »Verhalten, Handeln, Interagieren. Zu den mikrosoziologischen Grundlagen der Praxistheorie«, in: Hilmar Schäfer (Hg.), *Praxistheorie. Ein soziologisches Forschungsprogramm*, Bielefeld 2016, S. 45-67.

Hirschmann, Günter, *Kulturkampf im historischen Roman der Gründerzeit 1859-1878*, München 1978.

Höppner, Wolfgang, »Wilhelm Scherer, Erich Schmidt und die Gründung des Germanischen Seminars an der Berliner Universität«, in: *Zeitschrift für Germanistik* 9 (1988) H. 5, S. 545-557.

Hösle, Vittorio, *Kritik der verstehenden Vernunft. Eine Grundlegung der Geisteswissenschaften*, München 2018.

Hoffmann, Anna Rebecca, »Library Life? Räume kulturwissenschaftlichen Arbeitens«, in: Friedolin Krentel/Katja Barthel/Sebastian Brand/Alexander Friedrich/Anna Rebecca Hoffmann/Laura Meneghello/Jennifer Ch. Müller/Christian Wilke (Hg.), *Library Life: Werkstätten kulturwissenschaftlichen Forschens*, Lüneburg 2015, S. 77-93.

Hoffmann, Christoph, »Festhalten, Bereitstellen. Verfahren der Aufzeichnung«, in: Christoph Hoffmann (Hg.), *Daten sichern. Schreiben und Zeichnen als Verfahren der Aufzeichnung*, Berlin 2008, S. 7-20.

Hoffmann, Christoph, *Schreiben im Forschen. Verfahren, Szenen, Effekte*, Tübingen 2018.

Hoffmann, Petra, *Weibliche Arbeitswelten in der Wissenschaft. Frauen an der Preußischen Akademie der Wissenschaften zu Berlin 1890-1945*, Bielefeld 2011.

Hoffmann, Stefan-Ludwig, »Koselleck in America«, in: *New German Critique* 44 (2017) H. 3 (132), S. 167-187.

Holl, Ute/Claus Pias (Hg.), »Aufschreibesysteme 1980/2010. In memoriam Friedrich Kittler (1943-2011)«, in: *Zeitschrift für Medienwissenschaft* 6 (2012) H. 1, S. 114-192.

Holthusen, Hans Egon, »Kontrapunktisches Denken. Zu Friedrich Sengles ›Biedermeierzeit‹«, in: *Merkur* 37 (1983) H. 417, S. 332-337.

Horn, Eva/Peter Schnyder (Hg.), »Herbst der Theorie?« [Debatte], in: *Zeitschrift für Kulturwissenschaften* 10 (2016) H. 1, S. 119-146.

Horstmann, Axel, »Qualität und Qualitätsprüfung in den Geisteswissenschaften. Perspektiven der Wissenschaftsförderung«, in: *Journal of Literary Theory* 5 (2011) H. 2, S. 209-228.

Hottner, Wolfgang, »Theorieübersetzungsgeschichte: Versuch einer Annäherung«, in: Wolfgang Hottner (Hg.), *Theorieübersetzungsgeschichte. Deutsch-französischer und transatlantischer Theorietransfer im 20. Jahrhundert*, Berlin 2021, S. 1-24.

Hühn, Helmut/Jan Urbich/Uwe Steiner (Hg.), *Benjamins Wahlverwandtschaften. Zur Kritik einer programmatischen Interpretation*, Berlin 2015.

Hughes, Jason/Nick Jewson/Lorna Unwin (Hg.), *Communities of Practice: Critical Perspectives*, Abingdon, New York 2007.

Humboldt-Universität zu Berlin, *Anwesenheitspflicht. Text aus dem ABC der Widrigkeiten*, URL: ⟨https://vertretungen.hu-berlin.de/de/stupa/refrat/ersties/glossar/anwesenheitspflicht⟩ (zuletzt aufgerufen am 10.1.2022).

Huttner, Markus, »Historische Gesellschaften und die Entstehung historischer Seminare – zu den Anfängen institutionalisierter Geschichtsstudien an den deutschen Universitäten des 19. Jahrhunderts«, in: Matthias Middell/Gabriele Lingelbach/Frank Hadler (Hg.), *Historische Institute im internationalen Vergleich*, Leipzig 2001, S. 39-83.

Hyland, Ken, *Disciplinary Discourses. Social Interactions in Academic Writing*, Ann Arbor 2004.

Hyland, Ken, »Writing in the University: Education, Knowledge and Reputation«, in: *Language Teaching* 46 (2013) H. 1, S. 53-70.

Hyland, Ken, *Academic Publishing. Issues and Challenges in the Construction of Knowledge*, Oxford 2015.

Isenschmid, Andreas, »›Die philologische Leidenschaft des Differenzierens‹: lebensgeschichtliche Hintergründe von Philologie und Politik bei Peter Szondi«, in: Ueli Mäder/Hans Saner (Hg.), *Realismus und Utopie. Zur politischen Philosophie von Arnold Künzli*, Zürich 2003, S. 267-297.

Isenschmid, Andreas, »›In mancher Hinsicht ein Glaubensbekenntnis‹. Peter Szondis Benjamin-Rezeption«, in: Detlev Schöttker (Hg.), *SCHRIFT BILDER DENKEN. Walter Benjamin und die Künste*, Frankfurt/M. 2004, S. 82-93.

Isenschmid, Andreas, »Emil Staiger und Peter Szondi«, in: Joachim Rickes/Volker Ladenthin/Michael Baum (Hg.), *1955-2005: Emil Staiger und* ›Die Kunst der Interpretation‹ *heute*, Bern u. a. 2007, S. 173-188.

Isenschmid, Andreas, »›Self Displaced Person‹. Peter Szondis problematisches Judentum«, in: *Akzente* 56 (2009), S. 130-147.

Isenschmid, Andreas, »Peter Szondi. Portrait des Literaturwissenschaftlers als junger Mann«, in: Nicolas Berg/Dieter Burdorf (Hg.), *Textgelehrte. Literaturwissenschaft und literarisches Wissen im Zeichen der Kritischen Theorie*, Göttingen 2014, S. 389-408.

Jackson, Leon, *The Business of Letters: Authorial Economies in Antebellum America*, Stanford 2008.

Jäger, Lorenz, »Ende Legende. Peter Szondi und Frankfurt«, in: *Frankfurter Allgemeine Zeitung* (6.7.2005), S. N3.

Jaeggi, Rahel, *Kritik von Lebensformen*, Berlin 2013.

Jahraus, Oliver, *Literaturtheorie. Theoretische und methodische Grundlagen der Literaturwissenschaft*, Tübingen, Basel 2004.

Jahraus, Oliver (Hg.), *Zugänge zur Literaturtheorie. 17 Modellanalysen zu E.T.A. Hoffmanns »Der Sandmann«*, Stuttgart 2016.

Jahraus, Oliver/Stefan Neuhaus (Hg.), *Kafkas »Urteil« und die Literaturtheorie. Zehn Modellanalysen*, Stuttgart 2002.

Jannidis, Fotis/Gerhard Lauer/Simone Winko, »Geschichte und Emphase. Zur Theorie und Praxis des erweiterten Literaturbegriffs«, in: Jürn Gottschalk/Tilmann Köppe (Hg.), *Was ist Literatur? Basistexte Literaturtheorie*, Paderborn 2006, S. 123-154.

Jannidis, Fotis/Leonard Konle/Steffen Martus, »Stil der Literaturwissenschaft? Vorläufige Überlegungen aus der Perspektive quantitativer Verfahren (mit einem Seitenblick auf Peter Szondi)«, in: *Zeitschrift für deutsche Philologie* (2021) Sonderheft, S. 155-182.

Janz, Norbert, »Unding. Der Sonderdruck«, in: *Frankfurter Allgemeine Zeitung* (5. 11. 2003), S. 40.

Jaspers, Anke/Andreas B. Kilcher, *Randkulturen. Lese- und Gebrauchsspuren in Autorenbibliotheken des 19. und 20. Jahrhunderts*, Göttingen 2020.

Jessen, Jens, »Schellingstraße, dicht vor Augen, hingekniet«, in: Insa Wilke (Hg.): *Der leidenschaftliche Zeitgenosse. Zum Werk von Roger Willemsen*, Frankfurt/M. ²2016, S. 40-45.

Kablitz, Andreas, »Apokalyptiker und Alimentierte. Hans Ulrich Gumbrecht verkündet das nahe Ende der Geisteswissenschaften. Sind sie wirklich nur noch dafür gut, Hochschullehrern das Niveau ihres Einkommens zu garantieren?«, in: *Frankfurter Allgemeine Zeitung* 258 (6. 11. 2019), S. N3.

Kämper-van den Boogaart, Michael/Steffen Martus/Carlos Spoerhase, »Entproblematisieren: Überlegungen zur Vermittelbarkeit von Forschungswissen, zur Vermittlung von ›falschem‹ Wissen und zur Funktion literaturwissenschaftlicher Terminologie«, in: *Zeitschrift für Germanistik* 21 (2011) H. 1, S. 8-24.

Kämper-van den Boogaart, Michael, »Praktiken, Praxen und Kulturen des Literaturunterrichts«, in: Helmuth Feilke/Dorothee Wieser (Hg.), *Kulturen des Deutschunterrichts – kulturelles Lernen im Deutschunterricht*, Stuttgart 2019, S. 195-218.

Kahlert, Torsten, »›Große Projekte‹: Mommsens Traum und der Diskurs um Big Science und Großforschung«, in: Harald Müller/Florian Eßer (Hg.), *Wissenskulturen. Bedingungen wissenschaftlicher Innovation*, Kassel 2012, S. 67-86.

Kahlert, Torsten, *›Unternehmungen großen Stils‹. Wissenschaftsorganisation, Objektivität und Historismus im 19. Jahrhundert*, Berlin 2017.

Kambas, Chryssoula, *Walter Benjamin im Exil: Zum Verhältnis von Literaturpolitik und Ästhetik*, Tübingen 1983.

Kappes, Christoph/Kathrin Passig, »Einfach alles richtig machen: 14 leicht fassliche Ratschläge zur Zukunft der Hochschule«, in: Marko Demantowsky/Gerhard Lauer/Robin Schmidt/Bert te Wildt (Hg.), *Was macht die Digitalisierung mit den Hochschulen? Einwürfe und Provokationen*, Berlin, Boston 2020, S. 27-39.

Karagianni, Angeliki/Jürgen Paul Schwindt/Christina Tsouparopoulou, »Materialität«, in: Thomas Meier/Michael R. Ott/Rebecca Sauer (Hg.), *Materiale Textkulturen. Konzepte – Materialien – Praktiken*, Berlin u.a. 2015, S. 33-46.

Karger, Irmingard, *Heinrich Heine. Literarische Aufklärung und wirkbetonte Textstruktur. Untersuchungen zum Tierbild*, Göppingen 1975.

Kaube, Jürgen, »Der eine und der andere Pfeil. Eine Ausstellung im Marbacher Literaturarchiv zeigt Dokumente zu Leben und Werk des Philologen Peter Szondi«, in: *Frankfurter Allgemeine Zeitung* (17.12.2004), S. 31.

Kaube, Jürgen, »Die bibliometrische Verblendung. Wie viel ein Forscher publiziert und wie oft er zitiert wird, entscheidet oft über Mittelvergabe, Gehälter und Karrieren. Ein Gutachten bezweifelt die Nützlichkeit der gängigen Beurteilungsverfahren«, in: *Frankfurter Allgemeine Zeitung* 171 (24.7.2008), S. 36.

Kaube, Jürgen, »Im Tornister. Hoffmann und Stalingrad«, in: *Frankfurter Allgemeine Zeitung* 121 (27.5.2009), S. N4.

Kaufmann, Therese, »Materialität des Wissens«, in: *transversal* (2012) H. 1, URL: ⟨https://transversal.at/transversal/0112/kaufmann/de⟩ (Download vom 10.1.2022).

Kaulen, Heinrich, »Die literaturwissenschaftliche Monographie. Begriff, Entwicklung und Funktionswandel einer Darstellungsform«, in: Peter J. Brenner (Hg.), *Geist, Geld und Wissenschaft. Arbeits- und Darstellungsformen von Literaturwissenschaft*, Frankfurt/M. 1993, S. 141-174.

Keil, Maria, *Die Ordnung des Feldes. Reproduktionsmechanismen sozialer Ungleichheit in der Wissenschaft*, Weinheim, Basel 2020.

Keller, Johannes/Lydia Miklautsch (Hg.), *Walther von der Vogelweide und die Literaturtheorie. Neun Modellanalysen von »Nemt, frouwe, disen kranz«*, Stuttgart 2008.

Kemmerling, Andreas, »Gilbert Ryle: Können und Wissen«, in: Josef Speck (Hg.), *Grundprobleme der großen Philosophen. Philosophie der Gegenwart*, Bd. III: *Moore, Goodman, Quine, Ryle, Strawson, Austin*, Göttingen ²1984, S. 127-167.

Kemp, Wolfgang, »Wehe, Behemoth erwacht – harmlose und weniger harmlose Moden in den Geisteswissenschaften«, in: Elisabeth Lack/Christoph Markschies (Hg.), *What the Hell is Quality? Qualitätsstan-*

dards in den Geisteswissenschaften, Frankfurt/M., New York 2008, S. 145-149.
Kemp, Wolfgang, »Gruppentexte. Ein kritischer Blick auf Sammelband und Forschergruppe«, in: *Merkur* 63 (2009) H. 726, S. 1013-1022.
Kieserling, André, »Die Habermasindustrie«, in: *Soziologische Revue* 23 (2000), S. 43-51.
Kindt, Tom, »Nachlassphilologie um 1900. Wilhelm Diltheys Archive für Literatur«, in: Kai Sina/Carlos Spoerhase (Hg.), *Nachlassbewusstsein. Literatur, Archiv, Philologie 1750-2000*, Göttingen 2017, S. 332-345.
Kindt, Tom/Tilmann Köppe, »Moderne Interpretationstheorien. Eine Einleitung«, in: Tom Kindt/Tilmann Köppe (Hg.), *Moderne Interpretationstheorien. Ein Reader*, Göttingen 2008, S. 7-26.
Kindt, Tom/Hans-Harald Müller, »Dilthey gegen Scherer. Geistesgeschichte contra Positivismus. Zur Revision eines wissenschaftshistorischen Stereotyps«, in: *Deutsche Vierteljahrsschrift für Literaturwissenschaft und Geistesgeschichte* 74 (2000) H. 4, S. 685-709.
Kittler, Friedrich, *Aufschreibesysteme 1800 · 1900*, München [3]1995.
Kittler, Wolf, *Die Geburt des Partisanen aus dem Geist der Poesie. Heinrich von Kleist und die Strategie der Befreiungskriege*, Freiburg 1987.
Klausnitzer, Ralf/Carlos Spoerhase/Dirk Werle, »Ethos und Pathos der Geisteswissenschaften. Forschungsbericht und Problemskizze«, in: Ralf Klausnitzer/Carlos Spoerhase/Dirk Werle (Hg.), *Ethos und Pathos der Geisteswissenschaften. Konfigurationen der wissenschaftlichen Persona seit 1750*, Berlin 2015, S. 13-38.
Kleist, Heinrich von, *Werke*, Bd. 3, hg. v. Erich Schmidt im Verein mit Georg Minde-Pouet u. Reinhold Steig, neu durchges. u. erw. v. Georg Minde-Pouet, Leipzig [2]1938.
Kleist, Heinrich von, *Sämtliche Werke und Briefe*, 2 Bde, hg. v. Helmut Sembdner, München 1952.
Kleist, Heinrich von, *Amphitryon. Ein Lustspiel nach Molière*, mit einem Nachwort v. Bruno Markwardt, Stuttgart 1957.
Knight, David, *Public Understanding of Science: A History of Communicating Scientific Ideas*, London 2006.
Knorr-Cetina, Karin, »Objectual Practice«, in: Theodore R. Schatzki/Karin Knorr-Cetina/Eike von Savigny (Hg.), *The Practice Turn in Contemporary Theory*, London, New York 2001, S. 184-197.
König, Christoph, »›Kein Komparatist, wie es im Buche dieser Disziplin steht.‹ Peter Szondis Einführung zu einem Vortrag von Jean Starobinski am 15. Juni 1966 in Berlin«, in: *Mitteilungen. Marbacher Arbeitskreis für Geschichte der Germanistik* (1991) H. 1, S. 17-20.
König, Christoph, *Engführungen. Peter Szondi und die Literatur*, unter Mitarbeit v. Andreas Isenschmid, Marbach am Neckar 2004.

König, Christoph, *Hofmannsthal. Ein moderner Dichter unter den Philologen*, Göttingen [2]2006.
König, Christoph, »Reflections of Reading: On Paul Celan and Peter Szondi«, in: *Telos* 140 (2007), S. 147-175.
König, Christoph, »Nachwort«, in: Peter Szondi, *Schriften*, Bd. 2, hg. v. Jean Bollack u. a., Frankfurt/M. 2011, S. 459-480.
König, Christoph, »Peter Szondis Ethik des wissenschaftlichen Essays«, in: *Geschichte der Germanistik. Historische Zeitschrift für die Philologien* 43/44 (2013), S. 36-48.
König, Christoph, »Klar und dunkel: Zu Stilformen im Werk von Peter Szondi und Jean Bollack«, in: *LEA - Lingue e letterature d'Oriente e d'Occidente* 7 (2018), S. 629-647.
König, René, *Briefwechsel*, Bd. 1, hg. v. Mario König/Oliver König, Opladen 2000.
Kolk, Rainer, »Wahrheit – Methode – Charakter. Zur wissenschaftlichen Ethik der Germanistik im 19. Jahrhundert«, in: *Internationales Archiv für Sozialgeschichte der Literatur* 14 (1989) H. 1, S. 50-73.
Kolk, Rainer, *Berlin oder Leipzig? Eine Studie zur sozialen Organisation der Germanistik im »Nibelungenstreit«*, Tübingen 1990.
Kolk, Rainer, »Liebhaber, Gelehrte, Experten. Das Sozialsystem der Germanistik bis zum Beginn des 20. Jahrhunderts«, in: Jürgen Fohrmann/Wilhelm Voßkamp (Hg.), *Wissenschaftsgeschichte der Germanistik im 19. Jahrhundert*, Stuttgart, Weimar 1994, S. 48-114.
Kolk, Rainer, »›Repräsentative Theorie‹. Institutionengeschichtliche Beobachtungen zur Geistesgeschichte«, in: Petra Boden/Holger Dainat (Hg.), *Atta Troll tanzt noch. Selbstbesichtigungen der literaturwissenschaftlichen Germanistik im 20. Jahrhundert*, Berlin 1997, S. 81-101.
Koloch, Sabine, »Briefliche Begegnungen. Marie Luise Gansberg und Friedrich Sengle«, in: Sabine Koloch (Hg.), *1968 in der deutschen Literaturwissenschaft*, Sonderausgabe v. literaturkritik.de (15. 7. 2018), URL: ⟨https://literaturkritik.de/public/Koloch_Briefliche_Begegnungen_Gans berg_Sengle.pdf⟩ (Download vom 10. 1. 2022), S. 1-18.
Koloch, Sabine (Hg.), *1968 in der deutschen Literaturwissenschaft*, Sonderausgabe v. literaturkritik.de (15. 7. 2018), URL: ⟨https://literaturkritik.de/public/Koloch_Briefliche_Begegnungen_Gansberg_Sengle.pdf⟩ (Download vom 10. 1. 2022).
Koschorke, Albrecht, »Über die angebliche Krise der Geisteswissenschaften«, in: *Aus Politik und Zeitgeschichte* 57 (2007) H. 46, S. 21-25.
Koselleck, Reinhart, »Über die Theoriebedürftigkeit der Geschichtswissenschaft«, in: Werner Conze (Hg.), *Theorie der Geschichtswissenschaft und Praxis des Geschichtsunterrichts*, Stuttgart 1972, S. 10-28.
Koselleck, Reinhart, »Dankrede am 23. November 2004«, in: Stefan Wein-

furter (Hg.), *Reinhart Koselleck (1923-2006). Reden zum 50. Jahrestag seiner Promotion in Heidelberg*, Heidelberg 2006, S. 33-60.

Koselleck, Reinhart/Carl Schmitt, *Der Briefwechsel 1953-1983 und weitere Materialien*, hg. v. Jan Eike Dunkhase, Berlin 2019.

Kracauer, Siegfried/Erwin Panofsky, *Briefwechsel 1941-1966, mit einem Anhang: Siegfried Kracauer »under the spell of the living Warburg tradition«*, hg. v. Volker Breidecker, Berlin 1996.

Krämer, Sybille »›Operationsraum Schrift‹. Über einen Perspektivenwechsel in der Betrachtung der Schrift«, in: Gernot Grube/Werner Kogge/Sybille Krämer (Hg.), *Schrift. Kulturtechnik zwischen Auge, Hand und Maschine*, München 2005, S. 24-57.

Kraus, Helene/Fabienne Steeger, »›Zwischen den Stühlen‹. Die Zeitschrift *Internationales Archiv für Sozialgeschichte der deutschen Literatur* (*IASL*) im (fach)politischen Spannungsgefüge der 1970er Jahre«, in: *Scientia Poetica* 25 (2021), S. 381-405.

Krause, Marcus/Nicolas Pethes, »Scholars in Action. Zur Autoreferentialität philologischen Wissens im Wandel medialer Praktiken«, in: *Deutsche Vierteljahrsschrift für Literaturwissenschaft und Geistesgeschichte* 91 (2017) H. 1, S. 73-108.

Krause, Monika, »The Meanings of Theorizing«, in: *The British Journal of Sociology* 67 (2016) H. 1, S. 23-29.

Krause, Monika, »›Western Hegemony‹ in the Social Sciences: Field and Model Systems«, in: *The Sociological Review* 64 (2016) H. 2, S. 194-211.

Krause, Monika, *Model Cases. On Canonical Research Objects and Sites*, Chicago, London 2021.

Kraut, Philipp, *Exzerpieren und Ordnen. Studien zu wissenschaftlichen Arbeitsmaterialien und philologischen Praktiken der Brüder Grimm* [Masch. Diss.], HU Berlin 2020.

Kreutel, Jörn/Steffen Martus/Erika Thomalla/Daniel Zimmer, »Die Germanistik der *Germanistik*: Qualitative und quantitative Studien zur Wissenschaftsgeschichte eines ›Referatenorgans‹«, in: *Internationales Archiv für Sozialgeschichte der Literatur* 44 (2019) H. 2, S. 302-379.

Kreuzer, Helmut, »Archäologie einer Epoche, Erkundung des Zeitgeistes. Der erste Band von Friedrich Sengles großem literaturhistorischem Werk ›Biedermeierzeit‹«, in: *Frankfurter Allgemeine Zeitung* (30. 11. 1971), S. 13L.

Kreuzer, Helmut, »Zwischen Restauration und Revolution. Friedrich Sengles große Darstellung der Biedermeierzeit ist abgeschlossen«, in: *Frankfurter Allgemeine Zeitung* (7. 10. 1980), S. L12.

Kreuzpaintner, Katharina, »*Ideologie der Ideologiefreiheit*«. *Theoriebildung von der Germanistik zur Medienwissenschaft am Beispiel des Deutschen Seminars der Albert-Ludwigs-Universität Freiburg 1960-1990* [Masch. Diss.], HU Berlin 2020.

Krey, Björn, *Textarbeit. Die Praxis des wissenschaftlichen Lesens*, Berlin, Boston 2020.
Kronthaler, Ludwig, »Nur die besten sollen bleiben. Die Hochschulen dürfen nicht gezwungen werden, die prekäre Lage des Mittelbaus auf Kosten wissenschaftlicher Qualität zu verbessern. Vielmehr muss eine frühe Entscheidung getroffen werden, wer in der Wissenschaft bleiben darf«, in: *Frankfurter Allgemeine Zeitung* 268 (17.11.2021), S. N4.
Krohn, Rüdiger, »Ulrich Eisenbeiß: Das Idyllische in der Novelle der Biedermeierzeit« [Ref.], in: *Germanistik* (1974), S. 5333.
Kroll, Joe Paul, »(Mis)reading the Market? The Publishing Business and Theory Transfer«, in: *New German Critique* 44 (2017) H. 3 (132), S. 39-60.
Krücken, Georg/Frank Meier, »Turning the University into an Organizational Actor«, in: Gili S. Drori/John W. Meyer/Hokyu Hwang, *Globalization and Organization: World Society and Organizational Change*, Oxford 2006, S. 241-257.
Krünitz, D. Johann Georg, *Die Land-Straßen und Chausseen, wie auch Meilen-Säulen und Weg-Weiser, historisch, technisch, polizeymäßig und cameralistisch abgehandelt [...]. Aus der oekonomisch-technologischen Encyklopädie 62 und 63sten Theil gezogen, und besonders abgedruckt*, Berlin 1794.
Krull, Wilhelm, »Forschungskollegs und Institutes for Advanced Study im deutschen Wissenschaftssystem«, in: Freiburg Institute for Advanced Studies (FRIAS) (Hg.), *Forschungskollegs und ihre Funktion im deutschen Wissenschaftssystem. Dokumentation der Tagung Mai 2016*, Freiburg 2016, S. 10-17.
Kuchenbuch, David, »Zum Diktieren in den Geisteswissenschaften 1800-1989«, in: *Merkur* 75 (2021) H. 869, S. 27-40.
Kurz, Gerhard, *Hermeneutische Künste. Die Praxis der Interpretation*, Stuttgart 2018.

Lahusen, Christiane/Christoph Markschies (Hg.), *Zitat, Paraphrase, Plagiat. Wissenschaft zwischen guter Praxis und Fehlverhalten*, Frankfurt/M. 2015.
Laks, André, »Präliminarien zu den hermeneutischen Vorgehensweisen von Jean Bollack und Peter Szondi«, in: *Geschichte der Germanistik. Historische Zeitschrift für die Philologien* 49/50 (2016), S. 76-89.
Lamm, Marianne, *Die Übersetzung als Stilproblem. Vergleich zweier deutscher Übersetzungen von 1845 und 1905 aus Balzacs ›Eugénie Grandet‹* [Staatsexamensarbeit], München [o.J.].
Lämmert, Eberhard, »Peter Szondi. Ein Rückblick zu seinem 65. Geburtstag«, in: *Poetica* 26 (1994), S. 1-30.
Lämmert, Eberhard, »Theorie und Praxis der Kritik. Peter Szondis Herme-

neutik«, in: Michael Klein/Sieglinde Klettenhammer (Hg.), *Literaturwissenschaft als kritische Wissenschaft*, Wien 2005, S. 77-99.
Lamont, Michèle, *How Professors Think. Inside the Curious World of Academic Judgement*, Cambridge, London 2009.
Lamont, Michèle, »Toward a Comparative Sociology of Valuation and Evaluation«, in: *Annual Review of Sociology* 38 (2012), S. 201-221.
Lamont, Michèle/Katri Huutoniemi, »Comparing Customary Rules of Fairness. Evaluative Practices in Various Types of Peer Review Panels«, in: Charles Camic/Neil Gross/Michèle Lamont (Hg.), *Social Knowledge in the Making*, Chicago, London 2011, S. 209-232.
Lamping, Dieter, »Zur Lage der Geisteswissenschaften. Einleitung«, in: Dieter Lamping (Hg.), *Geisteswissenschaften heute. Die Sicht der Fächer*, Stuttgart 2015, S. XI-XXIX.
Larsen, J. A. O., »An Appeal from England for Offprints«, in: *Classical Philology* 37 (1942) H. 2, S. 196.
Latour, Bruno, »The Powers of Association«, in: John Law (Hg.), *Power, Action and Belief. A New Sociology of Knowledge?*, London u. a. 1986.
Latour, Bruno, »On Interobjectivity«, in: *Mind, Culture, and Activity* 3 (1996) H. 4, S. 228-245.
Latour, Bruno, *Elend der Kritik. Vom Krieg um Fakten zu Dingen von Belang*, Zürich, aus dem Englischen v. Heinz Jatho, Berlin 2007.
Latour, Bruno, *Eine neue Soziologie für eine neue Gesellschaft. Einführung in die Akteur-Netzwerk-Theorie*, aus dem Englischen v. Gustav Roßler, Frankfurt/M. 2010.
Lave, Jean/Etienne Wenger, *Situated Learning. Legitimate Peripheral Participation*, Cambridge 1991.
Leendertz, Ariane, »Wettbewerbsorientierung und Flexibilisierung in der Wissenschaft. Eine gegenwartsgeschichtliche Perspektive«, in: *Merkur* 75 (2021) H. 868, S. 43-54.
Lenger, Alexander/Tobias Rieder/Christian Schneickert, »Theoriepräferenzen von Soziologiestudierenden. Welche Autor*innen Soziologiestudierende tatsächlich lesen«, in: *Soziologie* 43 (2014) H. 3, S. 450-467.
Levine, Steven, »Norms and Habits: Brandom on the Sociality of Action«, in: *European Journal of Philosophy* 23 (2015) H. 2, S. 248-272.
Limpinsel, Mirco, *Angemessenheit und Unangemessenheit. Studien zu einem hermeneutischen Topos*, Berlin 2013.
Lodge, David, *Schnitzeljagd. Ein satirischer Roman*, Berlin [6]1997.
Louis, Annick, *Sans objet. Pour une épistémologie de la discipline littéraire*, Paris 2021.
Löwenstein, David, *Know-how as Competence. A Rylean Responsibilist Account*, Frankfurt/M. 2017.
Löwenstein, David, »Précis zu ›Know-how as Competence. A Rylean Re-

sponsibilist Account‹«, in: *Zeitschrift für philosophische Forschung* 72 (2018) H. 1, S. 95-99.

Lorenz, Stefan, »Die ›Judenfrage‹ im Spiegel nationalsozialistischer ›Wissenschaft‹ am Beispiel der Zeitschrift ›Weltkampf‹«, in: *Archiv für Kulturgeschichte* 89 (2007), S. 427-446.

Lucas, Solange, »Um der französischen Kritik willen. Pierre Bourdieu liest Peter Szondis Aufsatz ›Über philologische Erkenntnis‹ (1962)«, in: *Geschichte der Philologien* 57/58 (2020), S. 114-122.

Luhmann, Niklas, »Institutionalisierung. Funktion und Mechanismus im sozialen System der Gesellschaft«, in: Helmut Schelsky (Hg.), *Zur Theorie der Institution*, Düsseldorf 1970, S. 27-41.

Luhmann, Niklas, »Die Praxis der Theorie«, in: Niklas Luhmann, *Soziologische Aufklärung 1. Aufsätze zur Theorie sozialer Systeme*, Opladen [6]1991, S. 253-267.

Luhmann, Niklas, »Die Universität als organisierte Institution«, in: Niklas Luhmann, *Universität als Milieu. Kleine Schriften*, hg. v. André Kieserling, Bielefeld 1992, S. 90-99.

Luhmann, Niklas, »Die Soziologie des Wissens: Probleme ihrer theoretischen Konstruktion«, in: Niklas Luhmann, *Gesellschaftsstruktur und Semantik. Studien zur Wissenssoziologie der modernen Gesellschaft*, Bd. 4, Frankfurt/M. 1995, S. 151-180.

Luhmann, Niklas, »Lesen lernen«, in: Niklas Luhmann, *Short Cuts*, hg. v. Peter Gente/Heidi Paris/Martin Weinmann, Berlin 2000, S. 150-157.

Luhmann, Niklas, *Das Erziehungssystem der Gesellschaft*, hg. v. Dieter Lenzen, Frankfurt/M. 2002.

Luhmann, Niklas, *Systemtheorie der Gesellschaft*, hg. v. Johannes F. K. Schmidt/André Kieserling unter Mitarbeit v. Christoph Gesigora, Berlin 2017.

Luhmann, Niklas, *Die Grenzen der Verwaltung*, hg. v. Johannes F. K. Schmidt/Christoph Gesigora, mit einem Nachwort v. André Kieserling/Johannes F. K. Schmidt, Berlin 2021.

Macfarlane, Bruce, »The Ethics of Multiple Authorship: Power, Performativity and the Gift Economy«, in: *Studies in Higher Education* 42 (2015) H. 7, S. 1194-1210.

Macfarlane, Bruce, »The Paradox of Collaboration: A Moral Continuum«, in: *Higher Education Research & Development* 36 (2017) H. 3, S. 472-485.

Malicky, Hans, *Vom Handwerk der Entomologie*, Berlin 2019.

Man, Paul de, »The Resistance to Theory«, in: *Yale French Studies* 63 (1982), S. 3-20.

Man, Paul de, *Allegorien des Lesens*, aus dem Amerikanischen v. Werner Hamacher/Peter Krumme, Frankfurt/M. 1988.

Marchand, Suzanne, »Weighing Context and Practices: Theodor Mommsen and the Many Dimensions of Nineteenth-Century Humanistic Knowledge«, in: *History and Theory* 58 (2020), S. 144-167.

Markschies, Christoph, »Plagiate in der Wissenschaft«, in: *Gegenworte* 29 (2013), Sp. 74-79.

Martus, Steffen, »Emil Staiger und die Emotionsgeschichte der Philologie«, in: Joachim Rickes/Michael Baum/Volker Ladenthin (Hg.), *1955-2005: Emil Staiger und ›Die Kunst der Interpretation‹ heute*, Bern u. a. 2006, S. 111-133.

Martus, Steffen, »›jeder Philolog ist eine Sekte für sich‹. Wilhelm Scherer als Klassiker des Umgangs mit Klassikern«, in: *Mitteilungen des Deutschen Germanistenverbandes* 53 (2006) H. 1, S. 8-26.

Martus, Steffen, *Werkpolitik zur Literaturgeschichte kritischer Kommunikation vom 17. bis ins 20. Jahrhundert. Mit Studien zu Klopstock, Tieck, Goethe und George*, Berlin u. a. 2007.

Martus, Steffen, »Philo-Logik. Zur kulturwissenschaftlichen Begründung von Literaturwissenschaft«, in: Uwe Wirth (Hg.), *Logiken und Praktiken der Kulturforschung*, Berlin 2008, S. 125-147.

Martus, Steffen, »Die Geistesgeschichte der Gegenwartsliteratur. Wissenschaftliche Aufmerksamkeit für Thomas Mann zwischen 1900 und 1933«, in: Michael Ansel/Hans-Edwin Friedrich/Gerhard Lauer (Hg.), *Die Erfindung des Schriftstellers Thomas Mann*, Berlin, New York 2009, S. 47-84.

Martus, Steffen, »›Zu Professoren taugen wir wohl beide nicht‹ – die Vorlesungen von Jacob und Wilhelm Grimm«, in: *Zeitschrift für Germanistik N.F.* 1 (2010), S. 79-103.

Martus, Steffen, »Der Mut des Fehlens«, in: Ralf Klausnitzer/Carlos Spoerhase/Dirk Werle (Hg.), *Ethos und Pathos der Geisteswissenschaften. Konfigurationen der wissenschaftlichen Persona seit 1750*, Berlin, Boston 2015, S. 61-78.

Martus, Steffen, »Epistemische Dinge der Literaturwissenschaft?«, in: Andrea Albrecht/Lutz Danneberg/Olav Krämer/Carlos Spoerhase (Hg.), *Theorien, Methoden und Praktiken des Interpretierens*, Berlin u. a. 2015, S. 23-51.

Martus, Steffen, »Wandernde Praktiken ›after theory‹? Praxeologische Perspektiven auf ›Literatur/Wissenschaft‹«, in: *Internationales Archiv für Sozialgeschichte der deutschen Literatur* 40 (2015) H. 1, S. 177-195.

Martus, Steffen, »Zur normativen Modellierung und Moderation von epistemischen Situationen in der Literaturwissenschaft aus praxeologischer Perspektive«, in: *Scientia Poetica* 20 (2016), S. 220-233.

Martus, Steffen, »Interpretieren – Lesen – Schreiben. Zur hermeneutischen Praxis aus literaturwissenschaftlicher Perspektive«, in: Andreas Kablitz/

Christoph Markschies/Peter Strohschneider (Hg.), *Hermeneutik unter Verdacht*, Berlin 2021, S. 45-81.

Martus, Steffen, »Verstehen als Arrangement von Praktiken und Normen«, in: Lydia Brenz/Thorsten Pflugmacher (Hg.), *Normativität und literarisches Verstehen. Interdisziplinäre Perspektiven auf Literaturvermittlung*, Berlin u. a. 2021, S. 49-67.

Martus, Steffen/Carlos Spoerhase, »Praxeologie der Literaturwissenschaft«, in: *Geschichte der Germanistik* 35/36 (2009), S. 89-96.

Martus, Steffen/Carlos Spoerhase, »Eine praxeologische Perspektive auf Einführungen«, in: Claudius Sittig/Jan Standke (Hg.), *Literaturwissenschaftliche Lehrbuchkultur. Zu Geschichte und Gegenwart germanistischer Bildungsmedien*, Würzburg 2013, S. 25-39.

Martus, Steffen/Erika Thomalla/Daniel Zimmer, »Die Normalität der Krise. Beobachtungen zur Geschichte der deutschen Literaturwissenschaft aus Fußnotenperspektive«, in: *Deutsche Vierteljahrsschrift für Literaturwissenschaft und Geistesgeschichte* 89 (2015) H. 4, S. 510-520.

Martus, Steffen/Erika Thomalla/Daniel Zimmer, »›Dass keine Atomphysiker dabei waren, hat mich auch nicht gewundert‹. Zur Praxis der Interdisziplinarität aus literaturwissenschaftlicher Perspektive«, in: *Angewandte Philosophie. Eine internationale Zeitschrift* 1 (2019), S. 76-98.

Marquard, Odo, »Ein Plädoyer für die Geisteswissenschaften«, in: *Süddeutsche Zeitung* (15./16. 11. 1986), S. ROM1.

Marquard, Odo, »Entlastung vom Absoluten. In memoriam Hans Blumenberg«, in: Gerhart v. Graevenitz/Odo Marquard (Hg.), *Kontingenz*, München 1998, S. XVII-XXV.

Marx, Peter W., »Theater als literarische Institution«, in: Norbert Otto Eke/Stefan Elit (Hg.), *Grundthemen der Literaturwissenschaft: Literarische Institutionen*, Berlin, Boston 2019, S. 421-437.

Mattenklott, Gert, »Peter Szondi als Komparatist«, in: Jürgen Sieß (Hg.), *Vermittler. H. Mann/Benjamin/Groethuysen/Kojève/Szondi. Heidegger in Frankreich. Goldmann/Sieburg*, Frankfurt/M. 1981, S. 127-141.

Matthes, Jörg, *Framing*, Baden-Baden 2014.

Maye, Harun, *Blättern/Zapping. Studien zur Kulturtechnik der Stellenlektüre seit dem 18. Jahrhundert*, Zürich 2019.

Maye, Harun, »Die Grenzobjekte der Literatur. ›Unveränderlich mobile Elemente‹ in einer literaturwissenschaftlichen Netzwerkforschung«, in: *Zeitschrift für Germanistik N. F.* 29 (2019) H. 1, S. 47-64.

McLuhan, Marshall, *Understanding Media. The Extensions of Man*, New York u. a. 1964.

Mehring, Reinhard, »Der esoterische Diskurspartisan. Carl Schmitt in der Bundesrepublik« [2013], in: Reinhard Mehring, *Kriegstechniker des Begriffs. Biographische Studien zu Carl Schmitt*, Tübingen 2014, S. 173-190.

Menand, Louis, »Too Good for This World. What Do We Want from Great-Books Courses?«, in: *The New Yorker* (20.12.2021), S. 64-68.

Menger, Pierre-Michel, *La différence, la concurrence et la disproportion. Sociologie du travail créateur*, Paris 2014.

Menke, Cornelis/Moritz Schularick/Sibylle Baumbach/Robert Wolf u.a., *Nach der Exzellenzinitiative. Personalstruktur als Schlüssel zu leistungsfähigeren Universitäten. Positionspapier der AG Wissenschaftspolitik der Jungen Akademie*, Berlin 2013.

Mercer, Ben, »The Paperback Revolution: Mass-circulation Books and the Cultural Origins of 1968 in Western Europe«, in: *Journal of the History of Ideas* 72 (2011), S. 613-636.

Mercier, Pascal, *Perlmanns Schweigen. Roman*, Berlin 1995.

Merton, Robert K., »A Note on Science and Democracy«, in: *Journal of Legal and Political Sociology* 1 (1942), S. 115-126.

Merton, Robert K., *Social Theory and Social Structure*, New York 1968.

Merton, Robert K., »The Matthew Effect in Science: The Reward and Communication Systems of Science are Considered«, in: *Science* 159 (1968), S. 56-63.

Merton, Robert K., »The Matthew Effect in Science, II: Cumulative Advantage and the Symbolism of Intellectual Property«, in: *Isis* 79 (1988) H. 4, S. 606-623.

Metscher, Thomas, »Dialektik und Formalismus. Kritik des literaturwissenschaftlichen Idealismus am Beispiel Peter Szondis«, in: *Das Argument* 49 (1968), S. 466-492.

Meves, Uwe, »Die Gründung germanistischer Seminare an den preußischen Universitäten (1875-1895)«, in: Uwe Meves (Hg.), *Ausgewählte Beiträge zur Geschichte der Germanistik und des Deutschunterrichts im 19. und 20. Jahrhundert*, Hildesheim 2004, S. 279-327.

Meves, Uwe (Hg.), *Deutsche Philologie an den preußischen Universitäten im 19. Jahrhundert. Dokumente zum Institutionalisierungsprozess*, 2 Teilbde, Berlin, New York 2011.

Meyer, Richard M., *Gestalten und Probleme*, Berlin 1905.

Michler, Werner, »Die Vorlesung als soziales Ereignis«, in: Arno Dusini/Lydia Miklautsch (Hg.), *Vorlesung*, Wien 2007, S. 23-40.

Ministerium für Innovation, Wissenschaft und Forschung des Landes Nordrhein-Westfalen (Hg.), *Hochschulgesetz Nordrhein-Westfalen*, Düsseldorf 2015, URL: ⟨https://www.mkw.nrw/system/files/media/document/file/mkw_nrw_hochschulgesetz-nrw.pdf⟩ (Download vom 10.1.2022).

Minor, Jakob, »Centralanstalten für die literaturgeschichtlichen Hilfsarbeiten«, in: *Euphorion* 1 (1894) S. 17-26.

Möllers, Christoph, *Die Möglichkeit der Normen. Über eine Praxis jenseits von Moralität und Kausalität*, Berlin 2015.

Möllmann, Christopher/Alexander Schmitz, »Editorial. ›Es war einmal …‹ – Einige Distanz wahrende Annäherungen an die Forschungsgruppe ›Poetik und Hermeneutik‹«, in: *Internationales Archiv für Sozialgeschichte der deutschen Literatur* 35 (2010) H. 1, S. 46-52.

Mommsen, Theodor, »Akademische Antrittsrede« [1858], in: Theodor Mommsen, *Reden und Aufsätze*, Berlin 1905, S. 35-38.

Mommsen, Theodor, »Rede am Leibnizschen Gedächtnistage« [1874], in: Theodor Mommsen, *Reden und Aufsätze*, Berlin 1905, S. 39-49.

Morstein, Tanja/Ulrike Preußer, »›Das Buch muss mich von der ersten Seite an fesseln … sonst lese ich es nicht‹ – Das Leseverhalten von BA-Studierenden der Germanistik und seine Konsequenzen für die Kompetenzentwicklung«, in: Ulrike Preußer/Nadja Sennewald (Hg.), *Literale Kompetenzentwicklung an der Hochschule*, Frankfurt/M. u. a. 2012, S. 119-141.

Müller, Hans-Harald, »Keine Forschung zur geisteswissenschaftlichen Großforschung?«, in: *Geschichte der Germanistik* 37/38 (2010), S. 27-31.

Müller, Hans-Harald/Myriam Isabell Richter, *Praktizierte Germanistik. Die Berichte des Seminars für deutsche Philologie der Universität Graz 1873-1918*, Stuttgart 2013.

Müller, Hans-Harald, »Groß- (und) Forschung? Symphilologie, geselliges Arbeiten und Großforschung in den Geisteswissenschaften des 19. Jahrhunderts«, in: Stefanie Stockhorst/Marcel Lepper/Vinzenz Hoppe (Hg.), *Symphilologie. Formen der Kooperation in den Geisteswissenschaften*, Göttingen 2016, S. 27-45.

Müller, Hans-Harald/Cosima Schwarke (Hg.), *Otmar Schissel von Fleschenberg – Bernhard Seuffert. Ein ungewöhnlicher Gelehrtenbriefwechsel aus der Germanistik am Beginn des 20. Jahrhunderts*, Innsbruck 2018.

Müller, Jennifer Ch., »Arbeit – Macht – Sinn: Zur Entgrenzung von Arbeit im Wissenschaftsbetrieb«, in: Friedolin Krentel/Katja Barthel/Sebastian Brand/Alexander Friedrich/Anna Rebecca Hoffmann/Laura Meneghello/Jennifer Ch. Müller/Christian Wilke (Hg.), *Library Life: Werkstätten kulturwissenschaftlichen Forschens*, Lüneburg 2015, S. 37-75.

Müller, Lothar, »Der Sonderdruck. Von der Kollegen-Gabe zur PDF-Datei«, in: *Süddeutsche Zeitung* 298 (27. 12. 2013), S. 11.

Müller, Oliver, *Germanistik in Siegen. Eine fachgeschichtliche Untersuchung zur Germanistik an einer Universitätsneugründung*, Heidelberg 2013.

Müller, Philipp, »Geschichte machen. Überlegungen zu lokal-spezifischen Praktiken in der Geschichtswissenschaft und ihrer epistemischen Bedeutung im 19. Jahrhundert. Ein Literaturbericht«, in: *Historische Anthropologie* 12 (2004), S. 415-433.

Müller, Philipp, *Geschichte machen. Historisches Forschen und die Politik der Archive*, Göttingen 2019.

Müller, Thomas, »›Das Moment des Fragens‹. Literarische Gegenwärtigkeit bei Peter Szondi«, in: Stefanie Heine/Sandro Zanetti (Hg.), *Transaktualität. Ästhetische Dauerhaftigkeit und Flüchtigkeit*, Paderborn 2017, S. 261-269.

Müller, Thomas/Leopold Ringel/Tobias Werron, *In der Mitte liegt die Kraft: Eine praxistheoretische Perspektive auf die »Mesoebene«* [Working Paper des SFB 1288; 8], Bielefeld 2020, URL: ⟨https://pub.uni-bielefeld.de/record/2945010⟩ (Download vom 22. 5. 2022).

Müller-Seidel, Walter, »Friedrich Sengle. 14. 11. 1909 – 14. 3. 1994«, in: Bayerische Akademie der Wissenschaften, *Jahrbuch 1994*, München 1995, S. 259-265.

Müller-Wille, Staffan/Hans-Jörg Rheinberger, *Das Gen im Zeitalter der Postgenomik. Eine wissenschaftshistorische Bestandsaufnahme*, Frankfurt/M. 2009.

Münch, Richard, *Akademischer Kapitalismus. Über die politische Ökonomie der Hochschulreform*, Berlin 2011.

Nassehi, Armin, *Der soziologische Diskurs der Moderne*, Frankfurt/M. 2006.

Negt, Oskar, *Erfahrungsspuren. Eine autobiographische Denkreise*, Göttingen 2019.

Negt, Oskar/Alexander Kluge, *Geschichte und Eigensinn*, Frankfurt/M. 1981.

Neumaier, Herbert, *Der Konversationston in der frühen Biedermeierzeit 1815-1830*, Bergatreute 1974.

Nicolini, Davide, *Practice Theory, Work, & Organization. An Introduction*, Oxford 2012.

Nicolini, Davide, »Is Small the Only Beautiful? Making Sense of ›Large Phenomena‹ from a Practice-Based Perspective«, in: Allison Hui/Theodore Schatzki/Elizabeth Shove (Hg.), *The Nexus of Practices. Connections, Constellations, Practitioners*, London, New York 2017, S. 98-113.

Niefanger, Dirk, »Friedrich Sengle«, in: *Internationales Germanistenlexikon 1800-1950*, Bd. 3, hg. u. eingel. v. Christoph König, Berlin, New York 2003, S. 1714-1715.

Nielsen, Helge, »Probleme der Lenau-Rezeption 1945-1980«, in: Antal Mádl/Anton Schwob (Hg.), *Vergleichende Literaturforschung. Internationale Lenau-Gesellschaft 1964 bis 1984*, Wien 1984, S. 374-384.

Niemann, Robert, *Wissenschaftssprache praxistheoretisch. Handlungstheoretische Überlegungen zu wissenschaftlicher Textproduktion*, Berlin, Boston 2018.

Nießen, Manfred, »Begutachtung als Urteilsbildung im sozialen Kontext«, in: Elisabeth Lack/Christoph Markschies (Hg.), *What the Hell is Quality? Qualitätsstandards in den Geisteswissenschaften*, Frankfurt/M., New York 2008, S. 259-272.

Nietzsche, Friedrich, *Sämtliche Werke. Kritische Studienausgabe in 15 Bänden*, Bd. 2: *Menschliches, Allzumenschliches I und II*, hg. v. Giorgio Colli/ Mazzino Montinari, München u. a. 1999.

Nietzsche, Friedrich, *Sämtliche Werke. Kritische Studienausgabe in 15 Bänden*, Bd. 3: *Morgenröte. Idyllen aus Messina. Die fröhliche Wissenschaft*, hg. v. Giorgio Colli/Mazzino Montinari, München u. a. 1999.

Nietzsche, Friedrich, *Sämtliche Werke. Kritische Studienausgabe in 15 Bänden*, Bd. 8: *Nachgelassene Fragmente 1875-1879*, hg. v. Giorgio Colli/Mazzino Montinari, München u. a. 1999.

Niewel, Gianna, »Raus aus der Misere«, in: *Süddeutsche Zeitung* 215 (18. 9. 2017), S. 14.

N. N., »Instruktion für den Gesamtkatalog«, in: N. N., *Instruktionen für die alphabetischen Kataloge der preussischen Bibliotheken und für den preussischen Gesamtkatalog, vom 10. Mai 1899*, Berlin 1899, S. 147-163.

N. N., »Instruktion für die Aufnahme der Titel des alphabetischen Zettelkatalogs bei der Königlichen Bibliothek zu Berlin und den Universitätsbibliotheken«, in: N. N., *Instruktionen für die alphabetischen Kataloge der preussischen Bibliotheken und für den preussischen Gesamtkatalog, vom 10. Mai 1899*, Berlin 1899, S. 7-59.

N. N., »Protokoll zu Organisationsfragen des Colloquiums vom 2. Juni 1969«, in: Irene Albers (Hg.), *Nach Szondi. Allgemeine und Vergleichende Literaturwissenschaft an der Freien Universität Berlin 1965-2015*, Berlin 2016, S. 72-73.

Nolte, Paul, »Handschrift und Helfer. Thomas Nipperdeys ›Deutsche Geschichte‹«, in: *Sinn und Form* 70 (2018) H. 1, S. 98-111.

Nolte, Paul, *Lebens Werk. Thomas Nipperdeys ›Deutsche Geschichte‹. Biographie eines Buches*, München 2018.

Nottscheid, Mirko, »›vorbild und muster‹. Praxeologische Aspekte in Wilhelm Scherers Korrespondenz mit deutschen und österreichischen Schülern in der Konstitutionsphase der Neueren deutschen Literaturgeschichte (1876-1886)«, in: *Zeitschrift für Germanistik N.F.* 23 (2013) H. 2, S. 374-389.

Nottscheid, Mirko/Marcel Illetschko/Desiree Hebenstreit/Bernhard Fetz/ Hans-Harald Müller (Hg.), *Der Briefwechsel zwischen August Sauer und Bernhard Seuffert 1880 bis 1926*, Wien u. a. 2019.

Obermayer, Hans Peter, *Deutsche Altertumswissenschaftler im amerikanischen Exil. Eine Rekonstruktion*, Berlin, Boston 2014.

Oellers, Norbert, »Das Elend des Krisengeredes. Die gegenwärtige Kritik an der Germanistik verkennt die Aufgabe der Literaturwissenschaft«, in: *Frankfurter Allgemeine Zeitung* (4. 3. 1987), S. 31.

Ollion, Étienne/Andrew Abbott, »French Connections: The Reception of

French Sociologists in the USA (1970-2012)«, in: *European Journal of Sociology* 57 (2016) H. 2, S. 331-372.

Page, Gillian/Robert Campbell/Jack Meadows, *Journal Publishing*, Cambridge 1997.

Pandel, Hans-Jürgen, »Von der Teegesellschaft zum Forschungsinstitut. Die historischen Seminare vom Beginn des 19. Jahrhunderts bis zum Ende des Kaiserreiches«, in: Horst Walter Blanke (Hg.), *Transformation des Historismus. Wissenschaftsorganisationen und Bildungspolitik vor dem Ersten Weltkrieg*, Waltrop 1994, S. 1-31.

Partl, Kurt, *Friedrich Schillers ›Wallenstein‹ und Franz Grillparzers ›König Ottokars Glück und Ende‹. Eine vergleichende Interpretation auf geschichtlicher Grundlage*, Bonn 1960.

Paul, Herman, »What Is a Scholarly Persona? Ten Theses on Virtues, Skills, and Desires«, in: *History and Theory* 53 (2014), S. 348-371.

Paul, Morten, »Theorieübersetzungen. Die frühen Bücher Jacques Derridas im Suhrkamp Verlag«, in: *Internationales Archiv für Sozialgeschichte der deutschen Literatur* 43 (2018) H. 1, S. 198-233.

Paul, Morten, »Ist das Deutsch, oder kann das weg? Eselsbrückenbauer unter sich: Eine Tagung über das Übersetzen von Theorie«, in: *Frankfurter Allgemeine Zeitung* 79 (3. 4. 2019), S. N3.

Paulin, Roger, *Gryphius' ›Cardenio und Celinde‹ und Arnims ›Halle und Jerusalem‹. Eine vergleichende Untersuchung*, Tübingen 1968.

Pausch, Robert/Manuel J. Hartung, »Soll man Studenten zwingen, im Hörsaal zu sitzen?«, in: *Die Zeit* 2 (4. 1. 2018), S. 61.

Pawlicka-Deger, Urszula, »Place Matters: Thinking about Spaces for Humanities Practices«, in: *Arts and Humanities in Higher Education* 20 (2021) H. 3, S. 320-338.

Peeters, Benoît, *Derrida. Eine Biographie* [2010], aus dem Französischen v. Horst Brühmann, Berlin 2013.

Perels, Christoph, »Carla Freudenreich: Zwischen Loen und Gellert« [Ref.], in: *Germanistik* (1982), S. 739.

Perels, Joachim, »Die Ablehnung Szondis« [Briefe an die Herausgeber], in: *Frankfurter Allgemeine Zeitung* (3. 8. 2005), S. 6.

Pessin, Alain, *The Sociology of Howard S. Becker. Theory with a Wide Horizon*, Chicago 2017.

Peters, Sibylle, *Der Vortrag als Performance*, Bielefeld 2011.

Pethes, Nicolas, »Philological Paperwork. The Question of Theory within a Praxeological Perspective on Literary Scholarship«, in: *Komparatistik. Jahrbuch der Deutschen Gesellschaft für Allgemeine und Vergleichende Literaturwissenschaft* 17 (2017), S. 99-111.

Petit, Nicolas, *L'éphémère, l'occasionnel et le non livre à la bibliothèque Sainte-Geneviève (XVe-XVIIIe siècles)*, Paris 1997.

Petraschka, Thomas, »Takt als heuristische Kategorie in Erkenntnis- und Interpretationsprozessen«, in: Andrea Albrecht/Lutz Danneberg/Olav Krämer/Carlos Spoerhase (Hg.), *Theorien, Methoden und Praktiken des Interpretierens*, Berlin u.a. 2015, S. 591-608.

Pillau, Helmut, »Kontroversen um die ›Hauptseminarprüfung‹«, in: Irene Albers (Hg.), *Nach Szondi. Allgemeine und Vergleichende Literaturwissenschaft an der Freien Universität Berlin 1965-2015*, Berlin 2016, S. 38-39.

Piper, Andrew, *Can We Be Wrong? The Problem of Textual Evidence in a Time of Data*, Cambridge 2020.

Pörksen, Uwe, *Camelot im Grunewald. Szenen aus dem intellektuellen Leben der achtziger Jahre*, München 2014.

Pohl, Thorsten, *Studien zur Ontogenese wissenschaftlichen Schreibens*, Tübingen 2007.

Pohl, Thorsten, *Die studentische Hausarbeit. Rekonstruktion ihrer ideen- und institutionsgeschichtlichen Entstehung*, Heidelberg 2009.

Polanyi, Michael, *Implizites Wissen*, übers. v. Horst Brühmann, Frankfurt/M. 1985.

Poovey, Mary, »The Model System of Contemporary Literary Criticism«, in: *Critical Inquiry* 27 (2001) H. 3, S. 408-438.

Prawer, S. S., »The Metternich Years«, in: *Times Literary Supplement* (20.3.1981), S. 319.

Prinz, Wolfgang/Peter Weingart, »Innenansichten geisteswissenschaftlicher Forschung: Einleitende Bemerkungen«, in: Wolfgang Prinz/Peter Weingart (Hg.), *Die sog. Geisteswissenschaften: Innenansichten*, Frankfurt /M. 1990, S. 9-23.

Prinz, Michael, »Kommunikationsgeschichte der Vorlesung: Linguistische Zugänge zur historischen Wissenschaftskommunikation im akademischen Hörsaal«, in: *Zeitschrift für germanistische Linguistik* 49 (2021), S. 457-504.

Pym, Barbara, *Less than Angels* [1955], London 1993.

Querfurt, Andrea, »Wissenschaft auf der Bühne. Eine ethnographische Beobachtung von der Grenze aus«, in: Thomas Etzemüller (Hg.), *Der Auftritt. Performanz in der Wissenschaft*, Bielefeld 2019, S. 177-201.

Raible, Wolfgang, »Über das Entstehen der Gedanken beim Schreiben«, in: Sybille Krämer (Hg.), *Performativität und Medialität*, München 2004, S. 191-214.

Rebenich, Stefan, *Theodor Mommsen und Adolf Harnack. Wissenschaft und Politik im Berlin des ausgehenden 19. Jahrhunderts. Mit einem Anhang: Edition und Kommentierung des Briefwechsels*, Berlin, New York 1997.

Rebenich, Stefan/Gisa Franke (Hg.), *Theodor Mommsen und Friedrich Althoff. Briefwechsel 1882-1903*, München 2012.

Reckwitz, Andreas, »Grundelemente einer Theorie sozialer Praktiken. Eine sozialtheoretische Perspektive«, in: *Zeitschrift für Soziologie* 32 (2003) H. 4, S. 282-301.

Reckwitz, Andreas, »Die Reproduktion und die Subversion sozialer Praktiken. Zugleich ein Kommentar zu Pierre Bourdieu und Judith Butler«, in: Karl H. Hörning (Hg.), *Doing Culture. Zum Begriff der Praxis in der gegenwärtigen soziologischen Theorie*, Bielefeld 2004, S. 40-53.

Reckwitz, Andreas, »Auf dem Weg zu einer kultursoziologischen Analytik zwischen Praxeologie und Poststrukturalismus«, in: Monika Wohlrab-Sahr (Hg.), *Kultursoziologie. Paradigmen – Methoden – Fragestellungen*, Wiesbaden 2010, S. 179-205.

Reckwitz, Andreas, *Kreativität und soziale Praxis. Studien zur Sozial- und Gesellschaftstheorie*, Bielefeld 2016.

Reckwitz, Andreas, »Ein großer Kleinunternehmer. Kollektiv soll die Forschung sein, um politisch etwas zu bewegen: Franz Schultheis untersucht, wie Pierre Bourdieu Soziologie betrieb«, in: *Frankfurter Allgemeine Zeitung* 159 (12. 7. 2019), S. 10.

Reckwitz, Andreas, »Gesellschaftstheorie als Werkzeug«, in: Andreas Reckwitz/Hartmut Rosa, *Spätmoderne in der Krise. Was leistet die Gesellschaftstheorie?*, Berlin 2021, S. 23-150.

Reed, Isaac Ariail/Mayer N. Zald, »The Unsettlement of Communities of Inquiry«, in: Richard Swedberg (Hg.), *Theorizing in Social Science. The Context of Discovery*, Stanford 2014, S. 85-105.

Reichert, Klaus, »Zum Bilde Szondis. Gespräche und Begegnungen aus diskreter Nähe«, in: *Neue Zürcher Zeitung* (19. 2. 2005), S. 65.

Reichlin, Susanne, »Wissenschaftliche Tauschpraktiken«, in: Christian Kiening/Barbara Naumann (Hg.), *Lieblingsstücke. Germanistik in Zürich. 125 Jahre Deutsches Seminar*, Zürich 2011, S. 156-157.

Reinhardt, George, »Inge Graichen: Der frühe Gottfried Keller« [Ref.], in: *Germanistik* (1981), Nr. 6167.

Reinisch, Sima, »Derrida in Dahlem«, in: Irene Albers (Hg.), *Nach Szondi. Allgemeine und Vergleichende Literaturwissenschaft an der Freien Universität Berlin 1965-2015*, Berlin 2016, S. 51-53.

Reiß, Gunter (Hg.), *Materialien zur Ideologiegeschichte der deutschen Literaturwissenschaft*, Bd. 1: *Von Wilhelm Scherer bis 1945*, Tübingen 1973.

Reitter, Paul/Chad Wellmon, *Permanent Crisis. The Humanities in an Disenchanted Age*, Chicago, London 2021.

Rendle-Short, Johanna, *The Academic Presentation: Situated Talk in Action*, Hampshire, Burlington 2006.

Rheinberger, Hans-Jörg, »Kritzel und Schnipsel«, in: Bernhard J. Dotzler/Sigrid Weigel (Hg.), *›fülle der combination‹. Literaturforschung und Wissenschaftsgeschichte*, München 2005, S. 343-356.

Rheinberger, Hans-Jörg, *Experimentalsysteme und epistemische Dinge. Eine Geschichte der Proteinsynthese im Reagenzglas*, Frankfurt/M. 2006.

Rheinberger, Hans-Jörg, *Spalt und Fuge. Eine Phänomenologie des Experiments*, Berlin 2021.

Richter, Elke/Karen Struve/Natascha Ueckmann (Hg.), *Balzacs ›Sarrasine‹ und die Literaturtheorie. Zwölf Modellanalysen*, Stuttgart 2011.

Richter, Myriam/Hans-Harald Müller, »August Sauer, die Gründung des ›Euphorion‹ und die Modernisierung der Germanistik im Ausgang des 19. Jahrhunderts«, in: Steffen Höhne (Hg.), *August Sauer (1855-1926). Ein Intellektueller in Prag zwischen Kultur- und Wissenschaftspolitik*, Köln u. a. 2011, S. 147-174.

Riechers, Hans-Christian, »Wahlverwandtschaften. Peter Szondi und die Patriarchen«, in: *LEA – Lingue e letterature d'Oriente e d'Occidente* 7 (2018), S. 649-661.

Riechers, Hans-Christian, *Peter Szondi. Eine intellektuelle Biographie*, Frankfurt/M. 2020.

Roethe, Gustav, »Die Deutsche Kommission der Königlich Preussischen Akademie der Wissenschaften, ihre Vorgeschichte, ihre Arbeiten und Ziele«, in: *Neue Jahrbücher für das klassische Altertum, Geschichte und deutsche Literatur und für Pädagogik* 31 (1913), S. 37-74.

Rolf, Eckard, »Textuelle Grundfunktionen«, in: Klaus Brinker/Gerd Antos/Wolfgang Heinemann/Sven F. Sager (Hg.), *Text- und Gesprächslinguistik. Linguistics of Text and Conversation. Ein internationales Handbuch zeitgenössischer Forschung. An International Handbook of Contemporary Research*, 1. Halbbd., Berlin, New York 2000, S. 422-435.

Rosenberg, Rainer, »Friedrich Sengle: Biedermeierzeit« [Rez.], in: *Referatedienst zur Literaturwissenschaft* 4 (1972), S. 307-310.

Rosenberg, Rainer, »Die sechziger Jahre als Zäsur in der deutschen Literaturwissenschaft. Theoriegeschichtlich«, in: Rainer Rosenberg, *Verhandlungen des Literaturbegriffs. Studien zu Geschichte und Theorie der Literaturwissenschaft*, Berlin 2003, S. 243-268.

Rosenberg, Rainer, »Die Semantik der ›Szientifizierung‹. Die Paradigmen der Sozialgeschichte und des linguistischen Strukturalismus als Modernisierungsangebote an die deutsche Literaturwissenschaft«, in: Rainer Rosenberg, *Verhandlungen des Literaturbegriffs. Studien zu Geschichte und Theorie der Literaturwissenschaft*, Berlin 2003, S. 225-234.

Ross, Werner, »Rekonstruktion des Biedermeier. Zum ersten Band von Friedrich Sengles großer Epochendarstellung«, in: *Süddeutsche Zeitung* 293 (8. 12. 1971), S. 10.

Ross, Werner, »Biedermeierzeit als Denkmal. Zum Abschluß von Friedrich Sengles Epochendarstellung«, in: *Süddeutsche Zeitung* 106 (9./10. 5. 1981), S. 148.

Rouse, Joseph, »Two Concepts of Practices«, in: Theodore R. Schatzki/Karin Knorr-Cetina/Eike von Savigny (Hg.), *The Practice Turn in Contemporary Theory*, London, New York 2001, S. 198-208.

Rouse, Joseph, »Social Practices and Normativity«, in: *Philosophy of the Social Sciences* 37 (2007) H. 1, S. 46-56.

Ryle, Gilbert, *Der Begriff des Geistes*, übers. v. Kurt Baier, Stuttgart 1992.

Ryle, Gilbert, *The Concept of Mind* [1949], *60th Anniversary Edition*, London und New York 2009.

Sagner Buurma, Rachel/Laura Heffernan, *The Teaching Archive. A New History for Literary Study*, Chicago, London 2021.

Sandler, Max, »Offprints: Their Significance and Collectability«, in: Pieter E. Westra/Leonie Twentyman Jones (Hg.), *The Love of Books. Proceedings of the Seventh South African Conference of Bibliophiles Held at the South African Library, Cape Town, 8-10 May 1996*, Kapstadt 1997, S. 94-100.

Sapiro, Gisèle (Hg.), *Sciences humaines en traduction. Les livres français aux États-Unis, au Royaume-Uni et en Argentine*, Paris 2014.

Sapiro, Gisèle/Mauricio Bustamante, »Translation as a Measure of International Consecration. Mapping the World Distribution of Bourdieu's Books in Translation«, in: *Sociologica* 3 (2009) H. 2-3, S. 1-45.

Sapiro, Gisèle/Marco Santoro/Patrick Baert (Hg.), *Ideas on the Move in the Social Sciences and Humanities. The International Circulation of Paradigms and Theorists*, Cham 2020.

Sauer, August/Bernhard Seuffert, *Briefwechsel August Sauer und Bernhard Seuffert* (online), URL: ⟨http://sauer-seuffert.onb.ac.at/node/8962⟩ (Download vom 10. 1. 2022).

Schadewaldt, Wolfgang, *Hellas und Hesperien. Gesammelte Schriften*, Bd. 2, Zürich, Stuttgart [2]1970.

Schäfer, Hilmar, *Die Instabilität der Praxis. Reproduktion und Transformation des Sozialen in der Praxistheorie*, Weilerswist 2013.

Schäfer, Hilmar, »Einleitung. Grundlagen, Rezeption und Forschungsperspektiven der Praxistheorie«, in: Hilmar Schäfer (Hg.), *Praxistheorie. Ein soziologisches Forschungsprogramm*, Bielefeld 2016, S. 9-25.

Schäfer, Hilmar, »Praxis als Wiederholung. Das Denken der Iterabilität und seine Konsequenzen für die Methodologie praxeologischer Forschung«, in: Hilmar Schäfer (Hg.), *Praxistheorie. Ein soziologisches Forschungsprogramm*, Bielefeld 2016, S. 137-159.

Schäfer, Hilmar (Hg.), *Praxistheorie. Ein soziologisches Forschungsprogramm*, Bielefeld 2016.

Schaeffer, Jean-Marie, *Petite écologie des études littéraires. Pourquoi et comment étudier la littérature?*, Vincennes 2011.

Schatzki, Theodore R., *Social Practices. A Wittgensteinian Approach to Human Activity and the Social*, Cambridge 1996.
Schatzki, Theodore R., »Practice Minded Orders«, in: Theodore R. Schatzki/Karin Knorr-Cetina/Eike von Savigny (Hg.), *The Practice Turn in Contemporary Theory*, London, New York 2001, S. 50-63.
Schatzki, Theodore R., »Praxistheorie als flache Ontologie«, in: Hilmar Schäfer (Hg.), *Praxistheorie. Ein soziologisches Forschungsprogramm*, Bielefeld 2016, S. 29-44.
Scherer, Stefan, »Philologische Modernisierung in der Restauration. Literaturwissenschaft in den 1950er Jahren: Peter Szondi«, in: Jörg Schönert (Hg.), *Literaturwissenschaft und Wissenschaftsforschung*, Stuttgart, Weimar 2000, S. 292-316.
Scherer, Wilhelm, »*Kleinere Schriften* von Karl Lachmann« [Rez.], in: *Preußische Jahrbücher* 38 (1876), S. 597-604.
Scherer, Wilhelm, *Jacob Grimm*, Berlin ²1885.
Scherer, Wilhelm, »*Promemoria* betreffend das Germanische Seminar, die *Müllenhoffsche* Bibliothek und *Müllenhoffs* Nachlaß« [1884], in: Uwe Meves (Hg.), *Deutsche Philologie an den preußischen Universitäten im 19. Jahrhundert. Dokumente zum Institutionalisierungsprozess*, Teilbd. 2, Berlin, New York 2011, S. 843-849.
Schivelbusch, Wolfgang, *Die andere Seite. Leben und Forschen zwischen New York und Berlin*, Hamburg 2021.
Schlaffer, Heinz, *Poesie und Wissen. Die Entstehung des ästhetischen Bewußtseins und der philologischen Erkenntnis*, Frankfurt/M. 1990.
Schlaffer, Heinz, »Der Umgang mit Literatur. Diesseits und jenseits der Lektüre«, in: *Poetica* 31 (1999), S. 1-25.
Schlaffer, Heinz, »Über den Geist der Geisteswissenschaften. Akademische Glossen«, in: Jürgen Wertheimer/Peter V. Zima (Hg.), *Strategien der Verdummung. Infantilisierung in der Fun-Gesellschaft*, München 2001, S. 92-109.
Schleiermacher, Friedrich Daniel Ernst, *Hermeneutik und Kritik. Mit einem Anhang sprachphilosophischer Texte Schleiermachers*, hg. u. eingel. v. Manfred Frank, Frankfurt/M. ⁵1993.
Schmidt, Robert, *Soziologie der Praktiken. Konzeptionelle Studien und empirische Analysen*, Berlin 2012.
Schmidt, Robert, »Theoretisieren. Fragen und Überlegungen zu einem konzeptionellen und empirischen Desiderat der Soziologie der Praktiken«, in: Hilmar Schäfer (Hg.), *Praxistheorie. Ein soziologisches Forschungsprogramm*, Bielefeld 2016, S. 245-263.
Schmidt, Robert/Jörg Volbers, »Öffentlichkeit als methodologisches Prinzip. Zur Tragweite einer praxistheoretischen Grundannahme«, in: *Zeitschrift für Soziologie* 40 (2011) H. 1, S. 24-41.

Schneickert, Christian/Alexander Lenger, »Studentische Hilfskräfte im deutschen Bildungswesen«, in: *Berliner Journal für Soziologie* 20 (2010) H. 2, S. 203-224.

Schneider, Ulrich Johannes, *Philosophie und Universität. Historisierung der Vernunft im 19. Jahrhundert*, Hamburg 1999.

Schönert, Jörg, »Konstellationen und Perspektiven kooperativer Forschung«, in: Peter J. Brenner (Hg.), *Geist, Geld und Wissenschaft. Arbeits- und Darstellungsformen von Literaturwissenschaft*, Frankfurt/M. 1993, S. 384-408.

Schönert, Jörg, »Sozialgeschichte der Literatur – ein vorübergehendes Meteor? Ein Rückblick auf die DFG-Forschergruppe ›Sozialgeschichte der Literatur‹ (1979-1986) an der Universität München« [2008] (2010), URL: ⟨http://fheh.org/wp-content/uploads/2016/07/schoenertmuenchensoz.pdf⟩ (Download vom 10. 1. 2022).

Schönert, Jörg, »Normen und Standards als notwendige Regulierungen (literatur-)wissenschaftlicher Praxis«, in: *Journal of Literary Theory* 5 (2011) H. 2, S. 233-244.

Schönert, Jörg, »Zu Nutz und Frommen kooperativer Praxis in der Literaturwissenschaft«, in: Ralf Klausnitzer/Carlos Spoerhase/Dirk Werle (Hg.), *Ethos und Pathos der Geisteswissenschaften. Konfigurationen der wissenschaftlichen Persona seit 1750*, Berlin, Boston 2015, S. 295-319.

Schönert, Jörg, »Durchsetzungsstrategien für Wissensansprüche in der literaturwissenschaftlichen Praxis 1965-1985«, in: *Scientia Poetica* 20 (2016), S. 234-253.

Schönert, Jörg, »Einleitung: Wilhelm Emrich im Zwielicht«, in: Ralf Klausnitzer/Wilhelm Schernus/Jörg Schönert (Hg.), *Wilhelm Emrich. Zur Lebensgeschichte eines Geisteswissenschaftlers vor, in und nach der NS-Zeit*, Bd. 1: *1929-1945: Der Werdegang eines »Geistigen« im Einflussspektrum akademischer, beruflicher und politischer Institutionen*, Stuttgart 2018, S. 13-19.

Schönert, Jörg, »Walter Müller-Seidel in Konfliktkonstellationen an den Seminaren für Deutsche Philologie der LMU München in den Jahren um 1970«, in: literaturkritik.de (7. 7. 2018/10. 8. 2018), URL: ⟨https://literaturkritik.de/walter-mueller-seidel-konfliktkonstellationen-an-seminaren-fuer-deutsche-philologie-lmu-muenchen-jahren-um-1970,24692.html⟩ (Download vom 10. 1. 2022).

Scholz, Anna-Lena, »Kleist/Kafka. Annäherung an ein Paradigma«, in: *Kleist-Jahrbuch* (2010), S. 78-91.

Scholz, Anna-Lena, »Jammern die nur? Der Hochleistungsbetrieb Wissenschaft verschleißt sein Personal. Ein Stimmungsbild ergibt, dass Forscher vor allem über aggressiven Umgang und steigenden Zeitdruck klagen«, in: *Die Zeit* 8 (13. 2. 2020), S. 33.

Schröder, Rolf, *Novelle und Novellentheorie in der frühen Biedermeierzeit*, Tübingen 1970.
Schröder, Thomas, »Undeutbarkeit. Annäherungen an Peter Szondi anläßlich seiner Fragment gebliebenen Celan-Interpretation Eden, Berlin«, in: Richard Faber/Eva-Maria Ziege (Hg.), *Das Feld der Frankfurter Kultur- und Sozialwissenschaften nach 1945*, Würzburg 2008, S. 123-136.
Schruhl, Friederike, *Formationen der Praxis. Studien zu Darstellungsformen von Digital Humanities und Literaturwissenschaft*, Göttingen 2020.
Schüttpelz, Erhard, »Der Punkt des Archimedes: Einige Schwierigkeiten des Denkens in Operationsketten«, in: Georg Kneer/Markus Schroer/Erhard Schüttpelz (Hg.), *Bruno Latours Kollektive: Kontroversen zur Entgrenzung des Sozialen*, Frankfurt/M. 2008, S. 234-258.
Schulmeister, Rolf, *Abwesenheit von Lehrveranstaltungen. Ein nur scheinbar triviales Problem. Eine Meta-Studie von 300 empirischen Arbeiten*, Hamburg 2015, URL: ⟨https://www.campus-innovation.de/fileadmin/dokumente/Schulmeister_Anwesenheit__Abwesenheit__2_.pdf⟩ (Download vom 10. 1. 2022).
Schultheis, Franz, *Unternehmen Bourdieu. Ein Erfahrungsbericht*, Bielefeld 2019.
Schulz, Gerhard, »Germanistik als Bildersturm. Bücher zur Modernität der Romantik«, in: *Frankfurter Allgemeine Zeitung* (10. 6. 1978), S. BuZ5.
Schwartz, Michael, »Leviathan oder Lucifer. Reinhart Kosellecks ›Kritik und Krise‹ revisited«, in: *Zeitschrift für Religions- und Geistesgeschichte* 45 (1993), S. 33-57.
Secord, James A., »Knowledge in Transit«, in: *Isis* 95 (2004) H. 4, S. 654-672.
See, Klaus von, *Die Göttinger Sieben. Kritik einer Legende*, Heidelberg [3]2000.
See, Klaus von, »Peter Szondi und die Frankfurter Universität. Eine Recherche aus aktuellem Anlaß«, in: *Deutsche Vierteljahrsschrift für Literaturwissenschaft und Geistesgeschichte* 79 (2005) H. 2, S. 341-356.
See, Klaus von, »Unspektakulärer Vorgang. Nochmals zur Frankfurter ›Szondi-Affäre‹«, in: *Frankfurter Allgemeine Zeitung* (20. 7. 2005), S. N3.
See, Klaus von, »Szondis Frankfurter ›Nichtberufung‹« [Briefe an die Herausgeber], in: *Frankfurter Allgemeine Zeitung* (6. 8. 2005), S. 8.
Seel, Martin, »Lob der Einzelforschung oder: Auszüge aus dem Wörterbuch des universitären juste milieu«, in: *Neue Rundschau* 117 (2006) H. 2, S. 41-53.
Sengle, Friedrich, »Baruch-Börne als Kritiker Deutschlands und Deutscher Dichtung«, in: *Weltkampf: Die Judenfrage in Geschichte und Gegenwart* 3 (Oktober-Dezember 1941), S. 129-144.
Sengle, Friedrich, »Zum Problem der modernen Dichterbiographie«, in:

Deutsche Vierteljahrsschrift für Literaturwissenschaft und Geistesgeschichte 26 (1952), S. 100-111.
Sengle, Friedrich, *Vorschläge zur Reform der literarischen Formenlehre*, Stuttgart [2]1969.
Sengle, Friedrich, *Biedermeierzeit. Deutsche Literatur im Spannungsfeld zwischen Restauration und Revolution 1815-1848*, 3 Bde., Stuttgart 1971-1980.
Sengle, Friedrich, »Binsenwahrheiten. Vorläufige Bemerkungen zu dem Thema Fehlerquellen der sozialgeschichtlichen Literaturwissenschaft«, in: *Jahrbuch der deutschen Schillergesellschaft* 22 (1978), S. 657-673.
Sengle, Friedrich, »Goethes Nekrolog ›Zu brüderlichem Andenken Wielands‹. Die gesellschaftliche und historische Situation«, in: Friedrich Sengle, *Neues zu Goethe. Essays und Vorträge*, Stuttgart 1989, S. 157-172.
Sengle, Friedrich, *Das Genie und sein Fürst. Die Geschichte der Lebensgemeinschaft Goethes mit dem Herzog Carl August von Sachsen-Weimar-Eisenach. Ein Beitrag zum Spätfeudalismus und zu einem vernachlässigten Thema der Goetheforschung*, Stuttgart, Weimar 1993.
Sengle, Friedrich, »E.T.A. Hoffmann-Probleme«, hg. v. Wulf Segebrecht, in: *E.T.A. Hoffmann Jahrbuch* 16 (2008), S. 40-52.
Seuffert, Bernhard, *Der Dichter des Oberon*, Prag 1900.
Seuffert, Bernhard, *Teplitz in Goethes Novelle*, Weimar 1903.
Shapin, Steven, »The Invisible Technician«, in: *American Scientist* 77 (1989) H. 6, S. 554-563.
Sharrock, Gavin/Elizabeth Whelan, »What a Publisher Does«, in: George M. Hall (Hg.), *How to Write a Paper*, Oxford [5]2013, S. 124-132.
Shove, Elizabeth, »Matters of Practice«, in: Allison Hui/Theodore Schatzki/Elizabeth Shove (Hg.), *The Nexus of Practices. Connections, Constellations, Practitioners*, London, New York 2017, S. 155-168.
Sieber, Sharon/Angela Petit, »Introduction: The State of the Humanities«, in: *Rendezvous Journal of Arts & Letters* 43 (2017) H. 1-2, S. I-VIII, URL: ⟨https://www.researchgate.net/publication/336011242_The_State_of_the_Humanities_Rendezvous_Journal_of_Arts_Letters_431-2_2017_i-viii⟩ (Download vom 10. 1. 2022).
Silva, Filipe Carreira da/Marta Bucholc, »On the Pragmatics of Social Theory: The Case of Elias's ›On the Process of Civilization‹«, in: *Journal of the History of the Behavioral Sciences* 52 (2016) H. 4, S. 392-407.
Silva, Filipe Carreira da/Mónica Brito Vieira, *The Politics of the Book. A Study on the Materiality of Ideas*, University Park 2019.
Simmel, Georg, *Gesamtausgabe in 24 Bänden*, Bd. 5: *Aufsätze und Abhandlungen 1894 bis 1900*, hg. v. Heinz-Jürgen Dahme/David P. Frisby, Frankfurt/M. 1992.
Simmel, Georg, *Gesamtausgabe in 24 Bänden*, Bd. 6: *Philosophie des Geldes*, hg. v. David P. Frisby/Klaus Christian Köhnke, Frankfurt/M. 2017.

Sina, Kai, »Krise der Germanistik? Ein Topos der Disziplin«, in: *Frankfurter Allgemeine Zeitung* 52 (2.3.2016), S. N3.
Sittig, Claudius, »Zur Praxis von literaturwissenschaftlichen ›Modellinterpretationen‹«, in: Andrea Albrecht/Lutz Danneberg/Olav Krämer/Carlos Spoerhase (Hg.), *Theorien, Methoden und Praktiken des Interpretierens*, Berlin u.a. 2015, S. 367-383.
Sparr, Thomas, »Poetik nach dem Strukturalismus: Derrida, de Man, Szondi«, in: *Zeitschrift für Semiotik* 15 (1993) H. 3-4, S. 253-268.
Sparr, Thomas, »Kürze. Zu einem Motiv bei Peter Szondi«, in: *Neue Rundschau* 113 (2002) H. 1, S. 165-171.
Sparr, Thomas, »Peter Szondi: *Über philologische Erkenntnis*«, in: Nicolas Berg/Dieter Burdorf (Hg.), *Textgelehrte. Literaturwissenschaft und literarisches Wissen im Umkreis der Kritischen Theorie*, Göttingen 2014, S. 427-438.
Sparr, Thomas, »Peter Szondi in Jerusalem«, in: Susanne Zepp (Hg.), *Textual Understanding and Historical Experience. On Peter Szondi*, Paderborn 2015, S. 155-162.
Spiewak, Martin, »Rettet euch selbst, sonst tut es keiner. Die Geisteswissenschaften sind für die Zukunft schlecht gerüstet. Sie müssen sich ändern. Oder untergehen«, in: *Die Zeit* 18 (22.4.2004), S. 45-46.
Spiewak, Martin, »›Es gibt keine Krise‹. Wie geht es den deutschen Geisteswissenschaften? Blendend, sagen der Kunsthistoriker Horst Bredekamp und der Historiker Ulrich Herbert« [Interview], in: *Die Zeit* 6 (2.2.2006), S. 39.
Spoerhase, Carlos, *Autorschaft und Interpretation: Methodische Grundlagen einer philologischen Hermeneutik*, Berlin, Boston 2007.
Spoerhase, Carlos, »Was ist kein Problem?«, in: *Scientia Poetica* 13 (2009), S. 318-328.
Spoerhase, Carlos, »Big Humanities. ›Größe‹ und ›Großforschung‹ als Kategorien geisteswissenschaftlicher Selbstbeobachtung«, in: *Geschichte der Germanistik* 37/38 (2010), S. 9-27.
Spoerhase, Carlos, »Dramatisierungen und Entdramatisierungen der Problemgeschichte«, in: Riccardo Pozzo/Marco Sgarbi (Hg.), *Eine Typologie der Formen der Begriffsgeschichte* (*Archiv für Begriffsgeschichte*, Sonderheft 7), Hamburg 2010, S. 107-123.
Spoerhase, Carlos, »Rezeption und Resonanz: Zur Faszinationsgeschichte der Forschungsgruppe *Poetik und Hermeneutik*«, in: *Internationales Archiv für Sozialgeschichte der deutschen Literatur* 35 (2010) H. 1, S. 122-142.
Spoerhase, Carlos/Mark-Georg Dehrmann, »Die Idee der Universität. Friedrich August Wolf und die Praxis des Seminars«, in: *Zeitschrift für Ideengeschichte* V (2011) H. 1, S. 105-117.
Spoerhase, Carlos, »Seminar versus MOOC«, in: *New Left Review* 96 (2015) H. 6, S. 77-82.

Spoerhase, Carlos, »Gegen Denken? Über die Praxis der Philologie«, in: *Deutsche Vierteljahrsschrift für Literaturwissenschaft und Geistesgeschichte* 89 (2015) H. 4, S. 637-646.

Spoerhase, Carlos, *Das Format der Literatur. Praktiken materieller Textualität zwischen 1740 und 1830*, Göttingen 2018.

Spoerhase, Carlos, »Fortsetzung im nächsten Heft«, in: *Frankfurter Allgemeine Zeitung* 55 (6. 3. 2019), S. N3.

Spoerhase, Carlos, »Seminar Libraries as Laboratories of Philology: The Modern Seminar Model in Nineteenth-Century German Philology«, in: *History of Humanities* 4 (2019) H. 1, S. 103-123.

Spoerhase, Carlos, »Offprints: Modern Media of Academic Sociability«, in: *History of Humanities* 5 (2020) H. 2, S. 383-409.

Spoerhase, Carlos, »Der akademische Nachwuchs stellt sich vor«, in: *Zeitschrift für Ideengeschichte* XV (2021) H. 3, S. 16-18.

Spoerhase, Carlos (Hg.), »Publikationsregime«, in: *Mittelweg 36* (2022) H. 2, S. 1-122.

Spoerhase, Carlos/Steffen Martus, »Die Quellen der Praxis. Probleme einer historischen Praxeologie der Philologie«, in: *Zeitschrift für Germanistik* 23 (2013) H. 2, S. 221-225.

Spoerhase, Carlos/Caspar Hirschi, »Zwischen Bleiwüste und Bilderflut: Formen und Funktionen des geisteswissenschaftlichen Buches«, in: *Kodex: Jahrbuch der Internationalen Buchwissenschaftlichen Gesellschaft* 5 (2015), S. 1-17.

Spoerhase, Carlos/Erika Thomalla, »Werke in Netzwerken: Kollaborative Autorschaft und literarische Kooperation im 18. Jahrhundert«, in: *Zeitschrift für deutsche Philologie* 139 (2020), S. 145-163.

Stahl, Ernest Ludwig, »In the Universities. A Clear Call for Reform«, in: *Times Literary Supplement* (23. 9. 1960), S. 620.

Star, Susan Leigh/James R. Griesemer, »Institutional Ecology, ›Translations‹ and Boundary Objects: Amateurs and Professionals in Berkeley's Museum of Vertebrate Zoology, 1907-39«, in: *Social Studies of Science* 19 (1989) H. 3, S. 387-420.

Star, Susan Leigh, »This is Not a Boundary Object: Reflections on the Origin of a Concept«, in: *Science, Technology, & Human Values* 35 (2010) H. 5, S. 601-617.

Starre, Alexander, »The Document as Epistemic Object: Notes on Archival Knowledge Cultures«, in: *Anglia* 138 (2020) H. 3, S. 404-427.

Stary, Joachim/Horst Kretschmer, *Umgang mit wissenschaftlicher Literatur. Eine Arbeitshilfe für das sozial- und geisteswissenschaftliche Studium*, Frankfurt/M. 1994.

Statistisches Bundesamt, *Bildung und Kultur. Personal an Hochschulen*, [o.O.] 2020.

Statistisches Bundesamt, *Bildung und Kultur. Studierende an Hochschulen. Wintersemester 2020/2021*, [o.O.] 2021.

Steedman, Carolyn, *Dust. The Archive and Cultural History*, New Brunswick 2002.

Stein, Peter, »Zur Börne-Rezeption im Dritten Reich. Friedrich Sengles Beitrag zur Judenforschung und sein Börne-Bild heute«, in: Inge Rippmann/Wolfgang Labuhn (Hg.), *»Die Kunst – eine Tochter der Zeit«. Neue Studien zu Ludwig Börne*, Bielefeld 1988, S. 51-73.

Stein, Peter, »Sengles Heine. Eine Entgegnung«, in: *Heine-Jahrbuch* 36 (1997), S. 186-193.

Steinecke, Hartmut, »Herbert Neumaier: Der Konversationston in der frühen Biedermeierzeit« [Ref.], in: *Germanistik* (1976), S. 1168.

Steiner, George, »On Difficulty«, in: George Steiner, *On Difficulty and Other Essays*, Oxford 1978, S. 18-47.

Steinhoff, Torsten, »Zum *ich*-Gebrauch in Wissenschaftstexten«, in: *Zeitschrift für germanistische Linguistik* 35 (2007) H. 1-2, S. 1-26.

Stern, David G., »The Practical Turn«, in: Stephen P. Turner/Paul A. Roth (Hg.), *The Blackwell Guide to the Philosophy of the Social Sciences*, Oxford 2003, S. 185-206.

Stichweh, Rudolf, »Die Autopoiesis der Wissenschaft«, in: Dirk Baecker/Jürgen Markowitz/Rudolf Stichweh/Hartmann Tyrell/Helmut Willke (Hg.), *Theorie als Passion. Niklas Luhmann zum 60. Geburtstag*, Frankfurt/M. 1987, S. 447-481.

Stichweh, Rudolf, »Die Universität als Anwesenheitsinstitution«, in: *Forschung & Lehre* 22 (2015) H. 2, S. 85.

Stillinger, Jack, *Multiple Authorship and the Myth of the Solitary Genius*, Oxford 1991.

Stinchcombe, Arthur L., »On Getting ›Hung-up‹ and Other Assorted Illnesses«, in: Arthur L. Stinchcombe, *Stratification and Organization. Selected Papers*, Cambridge 1986, S. 271-281.

Stockhorst, Stefanie/Marcel Lepper/Vinzenz Hoppe (Hg.), *Symphilologie. Formen der Kooperation in den Geisteswissenschaften*, Göttingen 2016.

Stoll, Heinrich Alexander, *Winckelmann, seine Verleger und seine Drucker*, Berlin 1960.

Stollberg-Rilinger, Barbara/Barbara Groß, »Torwächter oder Marktschreier? Zur Lage des Rezensionswesens in den Geisteswissenschaften«, in: *H-Soz-Kult* (2.7.2021), URL: ⟨www.hsozkult.de/debate/id/diskussionen-5195⟩ (Download vom 10.1.2022).

Stover, Justin, »Warum es keine guten Gründe zur Verteidigung der Geisteswissenschaften gibt«, in: *Merkur* 72 (2018) H. 828, S. 25-39.

Strand, Michael, »Practice Theory and Conservative Thought«, in: *History of the Human Sciences* 32 (2019) H. 5, S. 108-134.

Strohschneider, Peter, »Kolleg und Projekt. Forschungskollegs im Kontext der Forschungsförderung«, in: Freiburg Institute for Advanced Studies (FRIAS) (Hg.), *Forschungskollegs und ihre Funktion im deutschen Wissenschaftssystem. Dokumentation der Tagung Mai 2016*, Freiburg 2016, S. 22-27.

Strube, Werner, *Analytische Philosophie der Literaturwissenschaft. Untersuchungen zur literaturwissenschaftlichen Definition, Klassifikation, Interpretation und Textbewertung*, Paderborn u. a. 1993.

Swedberg, Richard, »On Charles S. Peirce's Lecture ›How to Theorize‹ (1903)«, in: *Sociologica* 6 (2012) H. 2, S. 1-27.

Swedberg, Richard, »From Theory to Theorizing«, in: Richard Swedberg (Hg.), *Theorizing in Social Science. The Context of Discovery*, Stanford 2014, S. 1-28.

Swedberg, Richard, *The Art of Social Theory*, Princeton, Oxford 2014.

Swedberg, Richard, »Theorizing in Sociological Research«, in: *Annual Review of Sociology* 43 (2017), S. 189-206.

Swidler, Ann, »What Anchors Cultural Practices«, in: Theodore R. Schatzki/Karin Knorr-Cetina/Eike von Savigny (Hg.), *The Practice Turn in Contemporary Theory*, London, New York 2001, S. 83-101.

Szondi, Peter, »Friedrich Schlegel und die romantische Ironie. Mit einem Anhang über Ludwig Tieck«, in: *Euphorion* 48 (1954), S. 397-411.

Szondi, Peter, »*Amphitryon*. Kleists *Lustspiel nach Molière*«, in: *Euphorion* 55 (1961), S. 249-259.

Szondi, Peter, »Amphitryon, Kleists ›Lustspiel nach Molière‹«, in: Peter Szondi, *Satz und Gegensatz. Sechs Essays*, Frankfurt/M. 1964, S. 44-57.

Szondi, Peter, »Friedrich Schlegel und die romantische Ironie. Mit einem Anhang über Ludwig Tieck«, in: Peter Szondi, *Satz und Gegensatz: Sechs Essays*, Frankfurt/M. 1964, S. 71-78.

Szondi, Peter, »L'›Amphitryon‹ de Kleist, une ›Comédie d'après Molière‹«, in: *Revue des Sciences Humaines* 113 (1964), S. 37-39.

Szondi, Peter, *Satz und Gegensatz: Sechs Essays*, Frankfurt/M. 1964.

Szondi, Peter, »L'herméneutique de Schleiermacher«, in: *Poétique* 2 (1970), S. 141-155.

Szondi, Peter, »Stellungnahmen zu Stellungnahmen – 30. 7. 1970«, in: Peter Szondi, *Über eine »Freie (d. h. freie) Universität«. Stellungnahmen eines Philologen*, Frankfurt/M. 1973, S. 148-152.

Szondi, Peter, *Schriften I. Theorie des modernen Dramas (1880-1950)*, hg. v. Jean Bollack u. a., Frankfurt/M. 1978.

Szondi, Peter, *Briefe*, hg. v. Christoph König/Thomas Sparr, Frankfurt/M. 1993.

Szondi, Peter, *Schriften II. Essays: Satz und Gegensatz. Lektüren und Lektionen. Celan-Studien. Anhang: Frühe Aufsätze*, hg. v. Jean Bollack u.a, Frankfurt/M. ³1996.

Szondi, Peter, *Einführung in die literarische Hermeneutik*, hg. v. Jean Bollack/Helen Stierlin, Frankfurt/M. [6]2012.

Szondi, Peter, »Brief an den Dekan vom 26. Mai 1965«, in: Irene Albers (Hg.), *Nach Szondi. Allgemeine und Vergleichende Literaturwissenschaft an der Freien Universität Berlin 1965-2015*, Berlin 2016, S. 20-21.

Szondi, Peter, »Das Studium der Allgemeinen und Vergleichenden Literaturwissenschaft an der Freien Universität Berlin (Februar 1969)«, in: Irene Albers (Hg.), *Nach Szondi. Allgemeine und Vergleichende Literaturwissenschaft an der Freien Universität Berlin 1965-2015*, Berlin 2016, S. 62-64.

Szondi, Peter, »Einführung zu dem Vortrag von Jean Starobinski am 15. Juni 1966«, in: Irene Albers (Hg.), *Nach Szondi. Allgemeine und Vergleichende Literaturwissenschaft an der Freien Universität Berlin 1965-2015*, Berlin 2016, S. 24-25.

Szondi, Peter, »Einführung zum ›literaturwissenschaftlichen Colloquium‹ vom 28. April 1969«, in: Irene Albers (Hg.), *Nach Szondi. Allgemeine und Vergleichende Literaturwissenschaft an der Freien Universität Berlin 1965-2015*, Berlin 2016, S. 70-71.

Thadden, Elisabeth von, »Professoren protestieren gegen die Uni. Wir können das nicht verantworten. Forschen, Lehren, Publizieren unter immer größerem Druck – sieben Wissenschaftler setzen sich zur Wehr«, in: *Die Zeit* 24 (11. 6. 2015), S. 59.

The Multigraph Collective, »The Multigraph Collective: Preface; or, What Is a Multigraph?«, in: The Multigraph Collective, *Interacting with Print. Elements of Reading in the Era of Print Saturation*, Chicago, London 2018, S. XI-XVII.

Thieberger, Richard, »Rolf Schröder: Novelle und Novellentheorie in der frühen Biedermeierzeit« [Ref.], in: *Germanistik* (1971), S. 1391.

Thoma, Heinz (Hg.), *Handbuch Europäische Aufklärung. Begriffe – Konzepte – Wirkung*, Stuttgart, Weimar 2015.

Thomalla, Erika, *Anwälte des Autors. Zur Geschichte der Herausgeberschaft im 18. und 19. Jahrhundert*, Göttingen 2020.

Thouard, Denis, »Philosophie, Philologie und Hermeneutik bei Peter Szondi«, in: *Internationales Jahrbuch für Hermeneutik* 5 (2006), S. 347-357.

Thouard, Denis, »Szondi, Adorno und die ›Logik [des] Produziertseins‹. Versuch einer Auslegung«, in: *Geschichte der Philologien* 59/60 (2021), S. 121-126.

Tilly, Charles, *Why?*, Princeton, Oxford 2006.

Tomasello, Michael, *Die kulturelle Entwicklung des menschlichen Denkens. Zur Evolution der Kognition*, aus dem Englischen v. Jürgen Schröder, Frankfurt/M. 2002.

Tomasello, Michael/Hannes Rakoczy, »Was macht menschliche Erkenntnis einzigartig? Von individueller über geteilte zu kollektiver Intentionalität«, in: Hans Bernhard Schmid/David P. Schweikard (Hg.), *Kollektive Intentionalität. Eine Debatte über die Grundlagen des Sozialen*, Frankfurt/M. 2009, S. 697-737.

Torka, Marc, *Die Projektförmigkeit der Forschung*, Baden-Baden 2009.

Trüper, Henning, *Topography of a Method: François Louis Ganshof and the Writing of History*, Tübingen 2014.

Tyagunova, Tanya, *Interaktionsmanagement im Seminar. Empirische Untersuchungen zu studentischen Partizipationspraktiken*, Wiesbaden 2017.

Vaughan, Diane, »Analogy, Cases, and Comparative Social Organization«, in: Richard Swedberg (Hg.), *Theorizing in Social Science. The Context of Discovery*, Stanford 2014, S. 61-84.

Venzl, Tilman/Yvonne Zimmermann, »Die *Biedermeierzeit* als verfallenes Forschungsmonument? Anmerkungen zu Friedrich Sengle am Beispiel der Droste-Forschung«, in: *Scientia Poetica* 21 (2017), S. 64-97.

Verheyen, Nina, *Die Erfindung der Leistung*, München 2018.

Verheyen, Nina, »Wer schreibt Geschichte für wen? ›Fachsachbücher‹ in Geschichtskultur und Geschichtswissenschaft«, in: Cord Arendes/Karoline Döring/Claudia Kemper/Mareike König/Thorsten Logge/Angela Siebold/Nina Verheyen (Hg.), *Geschichtswissenschaft im 21. Jahrhundert. Interventionen zu aktuellen Themen*, Berlin, Boston 2020, S. 27-36.

Verwaltungsgerichtshof Baden-Württemberg, *Universität Mannheim: Präsenzpflicht für Lehrveranstaltungen unwirksam*, URL: ⟨http://vghmannheim.de/pb/,Lde/5005269/?LISTPAGE=5004767⟩ (Download am 10. 1. 2022).

Vogt, Michael, »Die Achtundvierziger und die Achtundsechziger. Zur Konjunktur germanistischer Vormärz-Forschung in den Bahnen der Studentenbewegung«, in: Rainer Rosenberg/Inge Münz-Koenen/Petra Boden (Hg.), *Der Geist der Unruhe. 1968 im Vergleich. Wissenschaft – Literatur – Medien*, Berlin 2000, S. 227-236.

Vollhardt, Friedrich, »Der Ursprung der Empfindsamkeitsdebatte in der ›Tafelrunde‹ um Richard Alewyn«, in: Klaus Garber/Ute Széll (Hg.), *Das Projekt Empfindsamkeit und der Ursprung der Moderne. Richard Alewyns Sentimentalismusforschungen und ihr epochaler Kontext*, München 2005, S. 53-63.

Voßkamp, Wilhelm, »Grenzüberschreitungen: zur Entstehung und Konzeption des Bielefelder ›Zentrums für interdisziplinäre Forschung‹«, in: Klaus-Michael Bogdal/Oliver Müller (Hg.), *Innovation und Modernisierung*, Heidelberg 2005, S. 139-146.

Wagner, Reinhard, *Wesen und Geltung der erzählenden Prosa im Urteil der Biedermeierzeit* [Masch. Diss.], Tübingen 1952.

Waquet, Françoise, *Les enfants de Socrate. Filiation intellectuelle et transmission du savoir XVIIe-XXIe siècle*, Paris 2008.

Waquet, Françoise, *Dans les coulisses de la science. Techniciens, petites mains et autres travailleurs invisibles*, Paris 2022.

Warner, Michael, *Publics and Counterpublics*, New York 2002.

Weber, Regina, »Berufungen. Szondi, Adorno, Politzer«, in: *Frankfurter Allgemeine Zeitung* (17.8.2005), S. N3.

Wedekind, Angelika, *Zwei deutsche Übersetzungen des Romans »Eugénie Grandet« von Honoré de Balzac, 1845 und 1905* [Staatsexamensarbeit], München 1969.

Weick, Karl E., »What Theory Is *Not*, Theorizing *Is*«, in: *Administrative Science Quarterly* 40 (1995) H. 3, S. 385-390.

Weimar, Klaus: »Text, Interpretation, Methode. Hermeneutische Klärungen«, in: Lutz Danneberg/Friedrich Vollhardt (Hg.), *Wie international ist die Literaturwissenschaft? Methoden- und Theoriediskussion in den Literaturwissenschaften: kulturelle Besonderheiten und interkultureller Austausch am Beispiel des Interpretationsproblems (1950-1990)*, Stuttgart, Weimar 1996, S. 110-122.

Weimar, Klaus, »Was ist Interpretation?«, in: *Mitteilungen des Deutschen Germanistenverbandes* 49 (2002), S. 104-115.

Weimar, Klaus, *Geschichte der deutschen Literaturwissenschaft bis zum Ende des 19. Jahrhunderts*, Paderborn 2003.

Weingart, Peter/Wolfgang Prinz/Maria Kastner/Sabine Maasen/Wolfgang Walter (Hg.), *Die sog. Geisteswissenschaften: Außenansichten. Die Entwicklung der Geisteswissenschaften in der BRD 1954-1987*, Frankfurt/M. 1991.

Wellbery, David E. (Hg.), *Positionen der Literaturwissenschaft. Acht Modellanalysen am Beispiel von Kleists ›Das Erdbeben in Chili‹*, München 1985.

Wellbery, David E., »Interpretation versus Lesen. Posthermeneutische Konzepte der Texterörterung«, in: Lutz Danneberg/Friedrich Vollhardt (Hg.), *Wie international ist die Literaturwissenschaft? Methoden- und Theoriediskussion in den Literaturwissenschaften: kulturelle Besonderheiten und interkultureller Austausch am Beispiel des Interpretationsproblems (1950-1990)*, Stuttgart, Weimar 1996, S. 123-138.

Wellbery, David E., »*Literaturwissenschaft*: A Personal Reflection«, in: *Deutsche Vierteljahrsschrift für Literaturwissenschaft und Geistesgeschichte* 89 (2015) H. 4, S. 608-615.

Wells, Ellen B., »Reprint«, in: Allen Kent (Hg.), *Encyclopedia of Library and Information Sciences*, Bd. 40, Suppl. 5, New York, Basel 1986, S. 385-394.

Wenger, Etienne, *Communities of Practice: Learning, Meaning, and Identity*, Cambridge 1998.

Wenzl, Thomas, »Sich-Melden – Zur inhärenten Spannung zwischen individuellem Schülerinteresse und klassenöffentlichem Unterrichtsgespräch«, in: *sozialer sinn. Zeitschrift für hermeneutische Sozialforschung* 11 (2010) H. 1, S. 33-52.

Wenzl, Thomas, »Bildungsanspruch und Interaktionswirklichkeit. Eine vergleichende Analyse der Interaktionsordnungen des klassenöffentlichen Unterrichts und des universitären Seminars«, in: Andrea Kleeberg-Niepage/Sandra Rademacher (Hg.), *Kindheits- und Jugendforschung in der Kritik. (Inter-)Disziplinäre Perspektiven auf zentrale Begriffe und Konzepte*, Wiesbaden 2018, S. 171-193.

Wenzl, Thomas, »Die Vorlesung: Zur Bildungsbedeutsamkeit eines vielkritisierten Lehrformats«, in: *sozialer sinn. Zeitschrift für hermeneutische Sozialforschung* 20 (2019) H. 2, S. 293-312.

Werle, Dirk, »Forschungsdiskussionen zur Problemgeschichte«, in: *Scientia Poetica* 13 (2009), S. 255-338.

Werle, Dirk, »Problemgeschichte II«, in: *Scientia Poetica* 14 (2010), S. 238-348.

Werner, Michael, »Friedrich Sengle: Biedermeierzeit« [Rez.], in: *Francia. Forschungen zur westeuropäischen Geschichte* 11 (1983), S. 843-846.

Whidden, Seth, »On Collaboration«, in: Seth Whidden (Hg.), *Models of Collaboration in Nineteenth-Century French Literature. Several Authors, One Pen* [2009], London, New York 2016, S. 1-16.

Wieckenberg, Ernst-Peter, »Killy, Hans Walther Theodor Maria«, in: *Internationales Germanistenlexikon 1800-1950*, Bd. 2, hg. u. eingel. v. Christoph König, bearb. v. Birgit Wägenbaur u. a., Berlin, New York 2003, S. 926-928.

Wiele, Jan, »Dieser Schuss zielt aufs Herz. Spät übersetzt, aber rechtzeitig: Richard Russos Campusroman ›Mittelalte Männer‹ trifft die Gegenwart aus der Vergangenheit«, in: *Frankfurter Allgemeine Zeitung* 277 (27. 11. 2021), S. L2.

Wiemer, Thomas, »Ideen messen, Lektüren verwalten? Über Qualitätskriterien literaturwissenschaftlicher Forschung«, in: *Journal of Literary Theory* 5 (2011) H. 2, S. 263-278.

Wilamowitz-Moellendorff, Ulrich von, *Geschichte der Philologie*, mit einem Nachwort u. Register v. Albrecht Henrichs [Nachdruck der Erstauflage von 1921], Stuttgart, Leipzig ^{3}1998.

Willand, Marcus, »Autorfunktionen in literaturwissenschaftlicher Theorie und interpretativer Praxis. Eine Gegenüberstellung«, in: *Journal of Literary Theory* 5 (2011) H. 2, S. 279-302.

Willand, Marcus, »Historische Angemessenheit als hermeneutisches Konzept, Argument oder Problem?«, in: *Journal of Literary Theory* 10 (2016) H. 1, S. 170-198.

Willer, Stefan, »Was ist ein Beispiel? Versuch über das Exemplarische«, in: Gisela Fehrmann/Erika Linz/Eckhard Schumacher/Brigitte Weingart (Hg.), *Originalkopie. Praktiken des Sekundären*, Köln 2004, S. 51-65.

Williams, Jeffrey J., »The Posttheory Generation«, in: David R. Shumway/Craig Dionne (Hg.), *Disciplining English. Alternative Histories, Critical Perspectives*, Albany 2002, S. 115-134.

Williams, Jeffrey J., »The Little Magazine and the Theory Journal. A Response to Evan Kindley's ›Big Criticism‹«, in: *Critical Inquiry* 39 (2013) H. 2, S. 402-411.

Williams, John, *Stoner*, München [4]2013.

Wimmer, Mario, »Der Geschmack des Archivs und der historische Sinn«, in: *Historische Anthropologie* 20 (2012), S. 90-107.

Wimmer, Mario, »Über die Wirkung geschichtswissenschaftlicher Texte oder warum *impact* eine zu einfache Lösung für ein komplexes Problem ist«, in: *Schweizerische Zeitschrift für Geschichte* 62 (2012) H. 2, S. 217-238.

Windfuhr, Manfred, *Immermanns erzählerisches Werk. Zur Situation des Romans in der Restaurationszeit*, Gießen 1957.

Windfuhr, Manfred, *Die barocke Bildlichkeit und ihre Kritiker. Stilhaltungen in der deutschen Literatur des 17. und 18. Jahrhunderts*, Stuttgart 1966.

Windfuhr, Manfred, »Benno von Wiese: Karl Immermann« [Ref.], in: *Germanistik* 11 (1970), S. 568-569.

Windfuhr, Manfred, »Heinrich Heines Modernität«, in: Jost Hermand/Manfred Windfuhr (Hg.), *Zur Literatur der Restaurationsepoche 1815-1848. Forschungsreferate und Aufsätze*, Stuttgart 1970, S. 441-459.

Windfuhr, Manfred, »Spannungen als autorspezifischer Strukturzug. Friedrich Sengles Heinebild und der Stand der Heinediskussion«, in: *Heine-Jahrbuch* 34 (1995), S. 183-202.

Windfuhr, Manfred, »Einführung in den Sengle-Nachlaß«, in: *Heine-Jahrbuch* 38 (1999), S. 242-245.

Winkler, Iris, »Welches Wissen fördert das Verstehen literarischer Texte? Zur Frage der Modellierung literarischen Wissens für den Deutschunterricht«, in: *Didaktik Deutsch* 12 (2007) H. 22, S. 71-88.

Winko, Simone, »Autor-Funktionen. Zur argumentativen Verwendung von Autorkonzepten in der gegenwärtigen literaturwissenschaftlichen Interpretationspraxis«, in: Heinrich Detering (Hg.), *Autorschaft. Positionen und Revisionen*, Stuttgart, Weimar 2002, S. 334-354.

Winko, Simone, »Lektüre oder Interpretation?«, in: *Mitteilungen des Deutschen Germanistenverbandes* 49 (2002) H. 2, S. 128-141.

Winko, Simone, »Standards literaturwissenschaftlichen Argumentierens. Grundlagen und Forschungsfragen«, in: *Germanisch-Romanische Monatsschrift* 65 (2015) H. 1, S. 13-29.

Winko, Simone, »Zur Plausibilität als Beurteilungskriterium literaturwissenschaftlicher Interpretation«, in: Andrea Albrecht/Lutz Danneberg/Olav Krämer/Carlos Spoerhase (Hg.), *Theorien, Methoden und Praktiken des Interpretierens*, Berlin u.a. 2015, S. 483-511.

Winko, Simone, »Zum Werkbegriff in der gegenwärtigen Interpretationspraxis: Exemplarische Untersuchungen«, in: Lutz Danneberg/Annette Gilbert/Carlos Spoerhase (Hg.), *Das Werk. Zum Verschwinden und Fortwirken eines Grundbegriffs*, Berlin, Boston 2019, S. 131-165.

Wissenschaftsrat, *Empfehlungen zur Doktorandenausbildung* (Drs. 5459/02), Saarbrücken November 2002.

Wissenschaftsrat, *Empfehlungen zu Karrierezielen und -wegen* (Drs. 4009-14), Dresden Juli 2014.

Wissenschaftsrat, *Entwicklungsperspektiven von Institutes for Advanced Studies (IAS) in Deutschland* (Drs. 8958-21), Köln April 2021.

Wobbe, Theresa (Hg.), *Zwischen Vorderbühne und Hinterbühne. Beiträge zum Wandel der Geschlechterbeziehungen in der Wissenschaft vom 17. Jahrhundert bis zur Gegenwart*, Bielefeld 2003.

Wolf, Mark J. P. (Hg.), *The Routledge Companion to Media Technology and Obsolescence*, New York 2019.

Zabka, Thomas, *Pragmatik der Literaturinterpretation. Theoretische Grundlagen – kritische Analysen*, Tübingen 2005.

Zanetti, Sandro, »Einleitung«, in: Sandro Zanetti (Hg.), *Schreiben als Kulturtechnik. Grundlagentexte*, Berlin 2012, S. 7-34.

Zanetti, Sandro, »Literaturwissenschaftliches Schreiben zwischen Mimesis und Abstraktion. Von Jean Leclerc zu Peter Szondi und Roland Barthes«, in: *Internationales Archiv für Sozialgeschichte der deutschen Literatur* 40 (2015) H. 2, S. 348-373.

Zelle, Carsten, »Von der Empfindsamkeit zum l'art pour l'art. Zu Richard Alewyns geplantem Sentimentalismus-Buch«, in: *Euphorion* 87 (1993), S. 90-105.

Zepp, Susanne, »Mallarmé in Jerusalem. Peter Szondi's Lectures on French Literature«, in: Susanne Zepp (Hg.), *Textual Understanding and Historical Experience. On Peter Szondi*, Paderborn 2015, S. 139-153.

Zill, Rüdiger, »Dank in der Wissenschaft«, in: *Gegenworte* 24 (2010), Sp. 54-59.

Zill, Rüdiger, *Der absolute Leser. Hans Blumenberg – Eine intellektuelle Biographie*, Berlin 2020.

Zima, Peter V., *Was ist Theorie? Theoriebegriff und Dialogische Theorie in den Kultur- und Sozialwissenschaften*, Tübingen 2017.

Zuckerman, Harriet, »Dynamik und Verbreitung des Matthäus-Effekts. Eine kleine soziologische Bedeutungslehre«, in: *Berliner Journal für Soziologie* 20 (2010) H. 3, S. 309-340.

Literatur- und Kulturwissenschaft im Suhrkamp Verlag Eine Auswahl

Michail M. Bachtin
- Die Ästhetik des Wortes. Herausgegeben und eingeleitet von Rainer Grübel. Übersetzt von Rainer Grübel und Sabine Reese. es 967. 366 Seiten
- Autor und Held in der ästhetischen Tätigkeit. Herausgegeben von Rainer Grübel, Edward Kowalski und Ulrich Schmid. Aus dem Russischen von Hans-Günter Hilbert, Rainer Grübel, Alexander Haardt und Ulrich Schmid. stw 1878. 356 Seiten
- Chronotopos. Aus dem Russischen von Michael Dewey. Mit einem Nachwort von Michael C. Frank und Kirsten Mahlke. stw 1879. 242 Seiten
- Rabelais und seine Welt. Volkskultur als Gegenkultur. Übersetzt von Gabriele Leupold. Herausgegeben und Vorwort von Renate Lachmann. stw 1187. 546 Seiten

Roland Barthes
- Fragmente einer Sprache der Liebe. Übersetzt von Hans-Horst Henschen. st 1586. 279 Seiten
- Die helle Kammer. Bemerkungen zur Photographie. Übersetzt von Dietrich Leube. Mit zahlreichen Abbildungen. st 1642. 138 Seiten
- Die Körnung der Stimme. Interviews 1962-1980. Übersetzt von Agnès Bucaille-Euler, Birgit Spielmann und Gerhard Mahlberg. es 2278. 404 Seiten
- Mythen des Alltags. Übersetzt von Helmut Scheffel. es 92. 152 Seiten
- Das Neutrum. Übersetzt von Horst Brühmann. es 2377. 342 Seiten

NF 104/1/3.13

Roland Barthes. Eine Biographie. Von Louis-Jean Calvet. Übersetzt von Wolfram Beyer. Mit zahlreichen Abbildungen. 376 Seiten. Gebunden

Karl Heinz Bohrer
- Plötzlichkeit. Zum Augenblick des ästhetischen Scheins. es 1058. 261 Seiten

Pierre Bourdieu. Die Regeln der Kunst. Genese und Struktur des literarischen Feldes. Übersetzt von Bernd Schwibs und Achim Russer. stw 1539. 552 Seiten

Peter Bürger. Theorie der Avantgarde. es 727. 147 Seiten

Arthur C. Danto. Die Verklärung des Gewöhnlichen Eine Philosophie der Kunst. Übersetzt von Max Looser. stw 957. 321 Seiten

Jacques Derrida
- Grammatologie. Übersetzt von Hans-Jörg Rheinberger und Hanns Zischler. stw 417. 541 Seiten
- Die Schrift und die Differenz. Übersetzt von Rodolphe Gasché. stw 177. 451 Seiten

Jacques Derrida/Hans-Georg Gadamer. Der ununterbrochene Dialog. es 2357. 112 Seiten

John Dewey. Kunst als Erfahrung. Übersetzt von Christa Velten, Gerhard vom Hofe und Dieter Sulzer. stw 703. 411 Seiten

NF 104/2/3.13

Michel Foucault. Schriften zur Literatur. Herausgegeben von Daniel Defert und François Ewald unter Mitarbeit von Jacques Lagrange. Übersetzt von Michael Bischoff, Hans-Dieter Gondek und Hermann Kocyba. Auswahl und Nachwort von Martin Stingelin. stw 1675. 402 Seiten

Peter Gendolla/Thomas Kamphusmann (Hg.). Die Künste des Zufalls. stw 1432. 302 Seiten

Michael Giesecke
- Der Buchdruck in der frühen Neuzeit. 944 Seiten. Kartoniert
- Sinnenwandel, Sprachwandel, Kulturwandel. Studien zur Vorgeschichte der Informationsgesellschaft. stw 997. 374 Seiten

Ernst H. Gombrich/Julian Hochberg/Max Black. Kunst, Wahrnehmung, Wirklichkeit. Übersetzt von Max Looser. es 860. 156 Seiten

Nelson Goodmann. Sprachen der Kunst. Entwurf einer Symboltheorie Übersetzt von Bernd Philippi. stw 1304. 254 Seiten

Jack Goody (Hg.). Literalität in traditionellen Gesellschaften. Übersetzt von Friedhelm Herborth und Thomas Lindquist. 502 Seiten. Leinen

Hans Ulrich Gumbrecht
- Diesseits der Hermeneutik. Über die Produktion von Präsenz. es 2364. 190 Seiten
- Die Macht der Philologie. Über einen verborgenen Impuls im wissenschaftlichen Umgang mit Texten. 140 Seiten. Kartoniert
- 1926. Ein Jahr am Rand der Zeit. 540 Seiten. Gebunden. stw 1655. 544 Seiten

Anselm Haverkamp. Figura cryptica. Theorie der literarischen Latenz. stw 1574. 272 Seiten

Jochen Hörisch
- Brot und Wein. Die Poesie des Abendmahls. es 1692. 297 Seiten
- Kopf oder Zahl. Die Poesie des Geldes. es 1998. 370 Seiten

Wolfgang Iser. Das Fiktive und das Imaginäre. Perspektiven literarischer Anthropologie. stw 1101. 522 Seiten

Vladimir Jankélévitch. Das Verzeihen. Essays zur Moral und Kulturphilosophie. Herausgegeben von Ralf Konersmann. Übersetzt von Claudia Brede-Konersmann. Mit einem Vorwort von Jürg Altwegg. Gebunden und stw 1731. 292 Seiten

Hans Robert Jauß
- Ästhetische Erfahrung und literarische Hermeneutik. 877 Seiten. Leinen
- Zeit und Erinnerung in Marcel Prousts »A la recherche du temps perdu«. Ein Beitrag zur Theorie des Romans. stw 587. 366 Seiten

Renate Lachmann. Erzählte Phantastik. Zu Phantasiegeschichte und Semantik phantastischer Texte. stw 1578. 502 Seiten

Wolf Lepenies. Melancholie und Gesellschaft. Mit einer neuen Einleitung: Das Ende der Utopie und die Wiederkehr der Melancholie. stw 967. 337 Seiten

Niklas Luhmann. Die Kunst der Gesellschaft. stw 1303. 517 Seiten

NF 104/4/3.13

Paul de Man. Allegorien des Lesens. Übersetzt von Werner Hamacher und Peter Krumme. es 1357. 233 Seiten

Christoph Menke

- Die Souveränität der Kunst. Ästhetische Erfahrung nach Adorno und Derrida. stw 958. 311 Seiten
- Die Gegenwart der Tragödie. stw 1649. 300 Seiten

Winfried Menninghaus

- Walter Benjamins Theorie der Sprachmagie. stw 1168. 282 Seiten
- Paul Celan. Magie der Form. es 1026. 291 Seiten
- Ekel. Theorie und Geschichte einer starken Empfindung. stw 1634. 592 Seiten
- Hälfte des Lebens. Versuch über Hölderlins Poetik. 142 Seiten. Gebunden
- Lob des Unsinns. Über Kant, Tieck und das Märchen vom Blaubart. 272 Seiten. Gebunden
- Das Versprechen der Schönheit. 386 Seiten. Gebunden
- Wozu Kunst? Ästhetik nach Darwin. 318 Seiten. Gebunden

K. Ludwig Pfeiffer. Das Mediale und das Imaginäre. Dimensionen kulturanthropologischer Medientheorie. 624 Seiten. Gebunden

Peter Szondi

- Schriften II. Essays: Satz und Gegensatz. Lektüren und Lektionen. Celan-Studien. Anhang. Frühe Aufsätze. Leinen und stw 220. 458 Seiten
- Studienausgabe der Vorlesungen in fünf Bänden. stw 15/stw 40/stw 72/stw 90/stw 124. 2158 Seiten. Die Bände sind auch einzeln lieferbar.
- Band 1: Die Theorie des bürgerlichen Trauerspiels im 18. Jahrhundert. Der Kaufmann, der Hausvater und der Hofmeister. stw 15. 280 Seiten

- Band 2: Poetik und Geschichtsphilosophie I. Antike und Moderne in der Ästhetik der Goethezeit. stw 40. 537 Seiten
- Band 3: Poetik und Geschichtsphilosophie II. Von der normativen zur spekulativen Gattungspoetik. Schellings Gattungspoetik. Herausgegeben von Wolfgang Fietkau. stw 72. 354 Seiten
- Band 4: Das lyrische Drama des Fin de siècle. Herausgegeben von Henriette Beese. stw 90. 532 Seiten
- Band 5: Einführung in die literarische Hermeneutik. Herausgegeben von Jean Bollack und Helen Stierlin. stw 124. 455 Seiten

Einzelausgaben:

- Lektüren und Lektionen. Versuche über Literatur, Literaturtheorie und Literatursoziologie. 202 Seiten. Kartoniert
- Theorie des modernen Dramas. es 27. 169 Seiten

Robert Weimann (Hg.). Ränder der Moderne. Repräsentation und Alterität im (post)kolonialen Diskurs. stw 1311. 356 Seiten

Richard Weisberg. Rechtsgeschichten. Über Gerechtigkeit in der Literatur. Aus dem Amerikanischen von Walter Popp. Mit einem Nachwort von Bernhard Schlink. stw 2010. 291 Seiten

Cornelia Zumbusch. Die Immunität der Klassik. stw 2014. 372 Seiten

NF 104/6/3.13

Pierre Bourdieu
im Suhrkamp Verlag

Algerische Skizzen. Übersetzt von Andreas Pfeuffer, Achim Russer, Bernd Schwibs u. a. 523 Seiten. Gebunden

Ein soziologischer Selbstversuch. Übersetzt von Stephan Egger. Mit einem Nachwort von Franz Schultheis. es 2311. 151 Seiten

Entwurf einer Theorie der Praxis. Übersetzt von Cordula Pialoux und Bernd Schwibs. Mit Abbildungen. stw 291. 493 Seiten

Die feinen Unterschiede. Kritik der gesellschaftlichen Urteilskraft. Übersetzt von Bernd Schwibs und Achim Russer. Gebunden und stw 658. 910 Seiten

Homo academicus. Übersetzt von Bernd Schwibs. Gebunden, kartoniert und stw 1002. 455 Seiten

Die männliche Herrschaft. Übersetzt von Jürgen Bolder. 211 Seiten. Gebunden

Meditationen. Zur Kritik der scholastischen Vernunft. Übersetzt von Achim Russer. Gebunden und stw 1695. 335 Seiten

Praktische Vernunft. Zur Theorie des Handelns. Übersetzt von Hella Beister. es 1985. 226 Seiten

Rede und Antwort. Übersetzt von Bernd Schwibs. es 1547. 237 Seiten

Reflexive Anthropologie. Mit Loïc J. D. Wacquant. Übersetzt von Hella Beister. stw 1793. 351 Seiten

NF 147/1/10.15

Die Regeln der Kunst. Genese und Struktur des literarischen Feldes. Übersetzt von Bernd Schwibs und Achim Russer. stw 1539. 552 Seiten

Sozialer Sinn. Kritik der theoretischen Vernunft. Übersetzt von Günther Seib. stw 1066. 503 Seiten

Soziologische Fragen. Übersetzt von Hella Beister und Bernd Schwibs. es 1872. 256 Seiten

Über den Staat. Vorlesungen am Collège de France 1989-1992. Übersetzt von Horst Brühmann und Petra Willim. 722 Seiten. Gebunden

Zur Soziologie der symbolischen Formen. Übersetzt von Wolfgang Fietkau. stw 107. 201 Seiten

Schriften

Band 7: Politik. Schriften zur Politischen Ökonomie 2. Herausgegeben von Franz Schultheis und Stephan Egger. Übersetzt von Roswitha Schmid, Hella Beister, Eva Kessler, Achim Russer und Bernd Schwibs. stw 2056. 374 Seiten

Band 12.1: Kunst und Kultur. Zur Ökonomie symbolischer Güter. Schriften zur Kultursoziologie 4. Herausgegeben von Franz Schultheis und Stephan Egger. Übersetzt von Hella Beister. stw 2106. 256 Seiten

Band 12.2: Kunst und Kultur. Kunst und künstlerisches Feld. Schriften zur Kultursoziologie 4. Herausgegeben von Franz Schultheis und Stephan Egger. Übersetzt von Michael Tillmann, Bernd Schwibs, Hella Beister, Wolfgang Fietkau und Bernhard Dieckmann. stw 2126. 546 Seiten

NF 147/2/10.15

Band 12.3: Kunst und Kultur. Kultur und kulturelle Praxis. Schriften zur Kultursoziologie 4. Herausgegeben von Franz Schultheis und Stephan Egger. Übersetzt von Bernd Schwibs, Achim Russer, Udo Rennert, Michael Tillmann und Hella Beister. stw 2146. 684 Seiten

Band 13: Religion. Schriften zur Kultursoziologie 5. Herausgegeben von Franz Schultheis und Stephan Egger. Übersetzt von Andreas Pfeuffer, Hella Beister und Bernd Schwibs. stw 1975. 278 Seiten

Zu Pierre Bourdieu

Bourdieu und Luhmann. Ein Theorienvergleich. Herausgegeben von Armin Nassehi und Gerd Nollmann. stw 1696. 350 Seiten

Pierre Bourdieu: Deutsch-französische Perspektiven. Herausgegeben von Catherine Colliot-Thélène, Etienne François und Gunter Gebauer. stw 1752. 329 Seiten

Hans-Peter Müller. Pierre Bourdieu. Eine systematische Einführung. stw 2110. 372 Seiten

Soziologie ist ein Kampfsport. Pierre Bourdieu im Portrait. Von Pierre Carles. fes 5. DVD, OmU, 140 min.

NF 147/3/10.15